台股安穩因子投資法

葉怡成——著

序
PREFACE

常受邀演講談計量投資，當我看到底下聽眾是一群年輕人時，我都會眼睛一亮，很高興地跟他／她們說：「恭喜各位年輕人，你們有我沒有的絕對優勢：可以比我多投資三十年！」

巴菲特是股神，顯然投資人不能指望任何投資方法的報酬率能在長期上超越他。那麼他的年報酬率是多少呢？這個數字當然會隨時間持續地變動。根據許多人的研究，巴菲特早期的年化報酬率約在 25%至 30%之間。

但近年來這個數字有些下降。有人算出巴菲特自 1965 至 2021 年的年化報酬率為 19.6%，標準差 14.5%。因此，在美國只要年化報酬率 20%就可與股神並肩了，可見年化報酬率 20%絕非易事。

請注意，特定年獲得 20%的年度報酬率不難，例如在 2004 到 2013 年這十年間，S&P500 在 2009、2013 這兩年的年度報酬率都高於 20%，在 2006、2010、2012 這三年也都高於 15%，因此看起來 20%並不神奇。但問題是也要考慮「歹年冬」，例如 2008 年的-37%。

因此「平均」達 20%並非易事，特別是用幾何平均值來看。在 1965 至 2013共49年期間，巴菲特的年化報酬率比S&P500高出約 10%，如此算來每一個月不到1%，可見即使投資人盡得巴菲特真傳，也沒有快速致富這回事。

假設有一位年輕的投資人，他的年化報酬率是很普通的 5%。如果他能學到一種方法，讓他的年化報酬率達 15%，那麼差距有多大呢？假定他每年投資 12 萬元，

10 年：151 萬 vs 244 萬（1.6 倍，有差嗎？）
20 年：397 萬 vs1,229 萬（3.1 倍，有差！）
30 年：797 萬 vs 5,217 萬（6.5 倍，差不少。）
40 年：1,450 萬 vs 21,349 萬（14.7 倍，差很大！）
50 年：2,512 萬 vs 86,613 萬（34.5 倍，驚人吧！）

投資不只需要 IQ，更需要 EQ — 至少三十年的恆心，與臨危不亂的毅

力。西方人說的滾石不長苔（A rolling stone gathers no moss），投資是耐力賽，不是百米衝刺。今日的巴菲特是在投資路上已經跑了將近七十年的健將，如果他少跑 30 年，他的資產將只有今日的 1/300。我們投資人除了景仰他的 IQ，也當景仰他的 EQ。

我自己原本是土木系教授，專長人工智慧、統計分析、營建管理。後來因系所調整，42 歲才到資管系服務，研究主題自然是要另起爐灶。因有人工智慧、統計分析專長，選擇了資料最豐富的投資分析領域。在資管系研究了七年，到了快 50 歲才敢說自己有一點懂這個領域了。

現在已再次回到土木系任教。大學教授大都是一群嚴謹、保守的人，對投資也是一樣，不懂不出手。所以嚴格來說，個人實際投資年資僅十五年（47 歲至 61 歲），但「他謹慎，您發財」。年輕人能善用嚴謹、保守的人的多年研究成果，不是很幸福嗎？

本書最大特色是「方法簡單，績效可靠」。一年只需依據四次財報換股，每次約需二小時。本書最後一章的回測實證（回測期 2000 至 2020，共 21 年），年化報酬率 19.53%，月報酬率超越大盤次數：146／252（57.9%）。

為了更進一步證明此選股策略的市場操作實際績效，從 2021 年 3 月 31 日，使用 2020／Q4 財報選股，並投入可觀資金實際買入股票。之後一直持續在財報公告日隔日換股，直到在 2023 年 5 月 15 日依照 2023／Q1 財報換股，一共 10 個財報季。截至本書截稿的 2023 日 7 月 7 日，年化報酬率 18.6%，同期的 0050 ETF 年化報酬率則為 -0.8%／年。

投資股市不外乎「選股」、「擇時」以及兩者的混合方法，這些方法各有特性與優缺點，適合不同個性與環境的投資人。這本書談選股，從原理、驗證、回測，一直到如何實踐市場實戰。希望對投資人，特別是 40 歲以下的年輕投資人有所助益。

葉怡成

目錄
CONTENTS

P.002　自序
P.004　目錄
P.014　符號表

第一篇　導論篇：報酬與選股因子

第 1 章　縱橫解剖股市，探索股票本質

股市解剖 1：市場報酬率與風險

P.017　1-01 投資人對股票投資方法的需求
P.020　1-02 本書投資方法的基礎
P.022　1-03 投資報酬率與風險的計算
P.024　1-04 投資工具的報酬率與風險
P.025　1-05 台灣股市的報酬率特性
P.034　1-06 國際股市的報酬率比較
P.036　1-07 股市長期的股東權益報酬率的平均值與標準差
P.037　1-08 股市報酬率股東權益報酬率的關係
P.041　1-09 暴躁市場假說
P.045　1-10 股市的年投資報酬率的均值回歸
P.049　1-11 股市的日投資報酬率的自我相關係數
P.050　1-12 個股報酬率之觀察
P.055　1-13 個股報酬率之間的相關係數
P.057　1-14 提高報酬：指數成長法則
P.062　1-15 降低風險：大數法則
P.065　1-16 對投資人的忠告
P.069　1-17 對投資人的啟發：投資六大基本原則

第 2 章　選股還是擇時，這是首要問題

股市解剖 2：選股與擇時策略

P.071　2-01 股票投資策略的分類：被動投資與主動投資
P.073　2-02 主動投資策略的分類：選股與擇時
P.074　2-03 股票的主動投資策略：選股
P.076　2-04 股票的主動投資策略：擇時
P.077　2-05 選股的報酬率
P.078　2-06 擇時的報酬率
P.079　2-07 選股與擇時的報酬率比較
P.080　2-08 選股策略的報酬率：作多／作空
P.081　2-09 擇時策略的報酬率：順勢系統／擺盪系統
P.082　2-10 選股與擇時策略市場面比較：選股好於擇時
P.083　2-11 選股與擇時策略心理面比較：選股易於擇時
P.084　2-12 對投資人的啟發：選股為主

第 3 章　因子兵團圍攻效率市場城堡

股市解剖 3：報酬異常與因子投資

P.085　3-01 投資績效的衡量：報酬、風險與流動性
P.092　3-02 效率市場假說：古典的學術堡壘
P.096　3-03 單因子資本資產定價模型
P.097　3-04 多因子資本資產定價模型
P.100　3-05 股票市場的報酬異常
P.101　3-06 五種主要的報酬異常
P.106　3-07 報酬異常的四種解釋
P.107　3-08 行為財務學：另一座學術堡壘
P.114　3-09 能否擊敗市場的三種觀點：不行、可以、可能
P.115　3-10 因子投資的超額報酬來源
P.117　3-11 選股因子的初步篩選：績效與綜效
P.121　3-12 選股因子的綜效建構：加權評分法

P.124 3-13 選股因子的綜效現象：綜效前緣
P.126 3-14 選股因子的輪動現象：風格輪動
P.128 3-15 選股因子的擁擠現象：因子擁擠
P.130 3-16 選股因子的失效現象：解釋與原因
P.132 3-17 因子投資的重點
P.134 3-18 因子投資的實證研究回顧
P.137 3-19 對投資人的啟發：提高績效的三大法寶

第 4 章 複製巴菲特的報酬異常

股市解剖 4：巴菲特與因子投資

P.141 4-01 巴菲特：市場的股神
P.142 4-02 葛拉漢的價值投資哲學
P.145 4-03 巴菲特的價值投資哲學
P.150 4-04 巴菲特的報酬異常觀察 1：從分年報酬率來看
P.153 4-05 巴菲特的報酬異常觀察 2：從十年一期來看
P.154 4-06 巴菲特的報酬異常觀察 3：從財富累積曲線來看
P.157 4-07 巴菲特的報酬異常觀察 4：從年報酬率散布圖來看
P.158 4-08 巴菲特的報酬異常觀察 5：從夏普比率直方圖來看
P.159 4-09 巴菲特的報酬異常觀察 6：與其他投資大師比較
P.161 4-10 巴菲特的報酬異常觀察 7：與凡人比較
P.162 4-11 巴菲特的報酬異常解析 1：財務槓桿
P.163 4-12 巴菲特的報酬異常解析 2：選股能力 vs 經營能力
P.164 4-13 巴菲特的報酬異常解析 3：報酬的來源
P.168 4-14 巴菲特的報酬異常複製 1：因子投資
P.169 4-15 巴菲特的報酬異常複製 2：綜效選股、持續投資、財務槓桿
P.172 4-16 巴菲特的報酬異常複製 3：路線圖
P.174 4-17 對投資人的啟發：如何複製巴菲特的報酬異常

第二篇　選股原理篇：價值、成長、趨勢創造綜效

Contents 目錄

第 5 章　股票內在價值的評估
股價的成長價值模型（GVM）

P.181　5-01 內在價值估計的起點 — 股東有何權益？
P.185　5-02 內在價值估計方法分類
P.185　5-03 內在價值估計方法 1：收益基礎法（盈餘分配請求權）
P.187　5-04 內在價值估計方法 2：資產基礎法（剩餘財產請求權）
P.188　5-05 內在價值估計方法 3：市場基礎法(市場比較法)
P.188　5-06 股票、房地產、商品定價方法之比較：殊途同歸
P.189　5-07 股利貼現模型
P.192　5-08 各種評價方法的原理與優缺點
P.192　5-09 成長價值模型的假設：股東權益報酬率的均值回歸
P.198　5-10 成長價值模型的推導
P.198　5-11 成長價值模型的改進
P.202　5-12 成長價值模型的參數：價值係數與成長係數
P.204　5-13 成長價值模型的運用：股東權益報酬率的決定
P.205　5-14 成長價值模型的解析：淨值價值與盈餘價值
P.207　5-15 成長價值模型的解析：初始價值與未來價值
P.209　5-16 對投資人的啟發：高價值股票的三條件

第 6 章　股票定價與報酬估計合一
預期報酬率模型（ERRM）

P.215　6-01 內在價值增長定價模型的假設與推導
P.216　6-02 外在價值增長定價模型的假設與推導
P.220　6-03 預期報酬率模型 1：假設與推導
P.222　6-04 預期報酬率模型 2：特例的意義
P.224　6-05 預期報酬率模型 3：實例的計算
P.225　6-06 預期報酬率模型 4：參數的影響

P.227 6-07 預期報酬率模型與資本資產定價模型的關係
P.230 6-08 對投資人的啟發：一公式，五原則，二提示

第 7 章 價值投資與趨勢投資合一
股價與報酬的動態過程

P.235 7-01 股價的形態：趨近型、振盪型
P.242 7-02 股市的投資人 1：價值投資人、趨勢投資人
P.245 7-03 股市的投資人 2：交易行為
P.247 7-04 股市的投資人 3：實例解說
P.251 7-05 投資人理論的股價方程式 1：假設
P.252 7-06 投資人理論的股價方程式 2：推導
P.254 7-07 投資人理論的股價方程式 3：參數的影響
P.256 7-08 投資人理論的股價方程式 4：數據的匹配
P.261 7-09 投資人理論的選股策略 1：啟發—融合價值投資與趨勢投資
P.264 7-10 投資人理論的選股策略 2：實現—加權評分法
P.265 7-11 投資人理論的選股策略 3：分析—振盪型
P.272 7-12 投資人理論的選股策略 4：分析—趨近型
P.276 7-13 投資人理論的選股策略 5：回測
P.282 7-14 對投資人的啟發：以加權評分法融合價值投資與趨勢投資

第三篇 數據驗證篇：資料視覺化的運用

Contents 目錄

第 8 章 價值因子與獲利因子的股票報酬率歷程完全不同

資料視覺化 1：股價與報酬的一維動態分析

P.285 8-01 價值股與成長股：傳統的理解
P.286 8-02 價值股與成長股：常見的誤解
P.289 8-03 價值股與成長股：績效的綜效
P.295 8-04 價值股與成長股：股價與報酬之假說
P.299 8-05 價值股與成長股：股價與報酬之實證 — 前後五季
P.303 8-06 價值股與成長股：報酬之建模 — 前後五季
P.305 8-07 價值股與成長股：股價與報酬之實證 — 前後十季
P.307 8-08 價值股與成長股：報酬之建模 — 前後十季
P.309 8-09 對投資人的啟發：價值、成長是二維的概念

第 9 章 股價淨值比與股東權益報酬率的關聯性

資料視覺化 2：股票的二維靜態與動態分析

P.311 9-01 資料視覺化（Data visualization）
P.313 9-02 P／B 與 ROE 的關係：成長價值模型
P.315 9-03 P／B 與 ROE 的靜態關係 1：投組
P.317 9-04 P／B 與 ROE 的靜態關係 2：個股
P.320 9-05 P／B 與 ROE 的動態關係 1：方法
P.322 9-06 P／B 與 ROE 的動態關係 2：數據
P.323 9-07 P／B 與 ROE 的動態關係 3：全部股
P.331 9-08 P／B 與 ROE 的動態關係 4：低風險股和高風險股
P.335 9-09 P／B 與 ROE 的動態關係5：小市值股和大市值股
P.339 9-10 P／B 與 ROE 的動態關係6：小動量股和大動量股
P.343 9-11 對投資人的啟發：股價趨勢是選股的佐證

第 10 章 股價趨勢是投資的輔助因子
資料視覺化 3：預期報酬率的 2D 與 3D 分析

P.347 10-01 報酬率與 P／B 及 ROE 的關係：預期報酬率模型
P.348 10-02 報酬率與 P／B 及 ROE 的 2D 觀察
P.352 10-03 報酬率與 P／B 及 ROE 的 3D 觀察
P.359 10-04 報酬率與 P／B 及 ROE 的曲面 1：方法
P.360 10-05 報酬率與 P／B 及 ROE 的曲面 2：數據
P.362 10-06 報酬率與 P／B 及 ROE 的曲面 3：結果
P.364 10-07 報酬率與 P／B 及 ROE 的曲面 4：方法的修正與結果
P.368 10-08 對投資人的啟發：報酬率是 P／B 與 ROE 的函數

第 11 章 篩選法、排序法、成長價值法比一比
選股方法概論

P.371 11-01 選股模型的優點與缺點
P.373 11-02 選股模型的難點與要點
P.375 11-03 選股模型的架構與參數
P.376 11-04 選股模型的四種方法
P.381 11-05 選股模型的實例 1：篩選法（Filter Based Method）
P.384 11-06 選股模型的實例 2：排序法（Sorting Based Method）
P.386 11-07 選股模型的實例 3：成長價值法（GVI）
P.388 11-08 對投資人的啟發：評分排序法式是較佳的選股方法

第 12 章 選股方法，殊途同歸

加權評分法與成長價值法之比較

P.391 12-01 選股模型的實證比較
P.392 12-02 選股模型 I：成長價值法
P.396 12-03 選股模型 II：加權評分法
P.397 12-04 回測方法
P.398 12-05 實證結果 I：全體股票
P.405 12-06 實證結果 II：大型股票
P.411 12-07 報酬與風險的趨勢之比較
P.412 12-08 對投資人的啟發：加權評分法更具整合性

第 13 章 因子兵團展開陣勢

加權評分法：2 階模型之實驗設計與模型建構

P.415 13-01 選股模型：加權評分法
P.418 13-02 實驗設計：配方設計
P.425 13-03 以實驗設計優化選股模型
P.427 13-04 步驟 1：實驗設計與實施
P.435 13-05 步驟 2：模型建構與分析
P.456 13-06 步驟 3：權重優化與驗證
P.463 13-07 對投資人的啟發：因子綜效明確存在

第 14 章 往高報酬中風險的方向，開疆闢土

加權評分法：綜效前緣

P.465 14-01 綜效前緣：投資人的邊疆
P.467 14-02 步驟 1：設計配方實驗
P.467 14-03 步驟 2：回測選股模型
P.470 14-04 步驟 3：建立預測模型
P.477 14-05 步驟 4：探索綜效前緣

P.481 14-06 步驟 5：建構綜效前緣
P.484 14-07 對投資人的啟發：風險承擔能力不同應採用不同選股模型

第 15 章 選股模型是否吃得好，也睡得好？
加權評分法：績效的穩健性

P.487 15-01 選股效果的時間穩健性：投資人的城堡
P.488 15-02 回測方法
P.492 15-03 外顯穩健性
P.495 15-04 內隱穩健性
P.497 15-05 對投資人的啟發：多因子模型具有時間穩健性

第 16 章 優化模型參數，提高績效
加權評分法：績效的最佳化

P.499 16-01 選股效果的參數最佳化：投資人的聖殿
P.501 16-02 買入規則：選股股數—以排名 2%股票最佳
P.502 16-03 賣出規則：賣出門檻—以排名 10%股票最佳
P.504 16-04 交易規則：換股週期—以交易日為準時 30 日最佳
P.505 16-05 賣出門檻與換股週期—交互作用
P.507 16-06 交易規則：換股時機—以日曆天為準時財報公告日隔日最佳
P.509 16-07 對投資人的啟發：最佳交易規則必須由回測決定

第 17 章 機動調整選股風格，擴大戰果
加權評分法：風格擇時策略

P.511 17-01 風格擇時策略：投資人的錦囊
P.513 17-02 設計各種風格模型

P.513 17-03 回測各種風格模型
P.537 17-04 實證風格擇時策略
P.557 17-05 對投資人的啟發：風格擇時策略具有應用的價值

第 18 章 回測實證，市場實戰
加權評分法：最佳選股策略

P.559 18-01 最佳選股策略：從 2010 至 2022 年共 13 年之回測
P.560 18-02 巨觀：投資組合的績效統計
P.561 18-03 組成的微觀 1：個股報酬統計
P.563 18-04 組成的微觀 2：交易報酬統計
P.565 18-05 時間的微觀 1：年報酬率統計
P.567 18-06 時間的微觀 2：年報酬率分解
P.569 18-07 時間的微觀 3：日報酬率統計
P.572 18-08 時間的微觀 4：日報酬率累積過程
P.574 18-09 時間的微觀 5：日報酬率最大回撤
P.576 18-10 最佳選股策略：從 2000 至 2020 年共 21 年之回測
P.584 18-11 最佳選股策略：從 2021 至 2023 年之市場實戰
P.588 18-12 對投資人的啟發：最佳選股策略經得起考驗

附錄

P.591 附錄A 成長價值模型（GVM）的股價評價公式
P.593 附錄B 投資人理論的股價方程式
P.597 附錄C 加權評分法：八組選股因子實驗設計
P.609 附錄D 加權評分法：離線與線上回測之比較
P.620 附錄E 加權評分法：3 階模型之建構與優化
P.632 附錄F 財報選股實戰交易紀錄
P.635 附錄G 基於成長價值模型（GVM）之統一價值成長 ETN（020018）

符號表

希臘字母

α（或 alpha）	超額報酬率、異常報酬率
β（或 beta）	系統性風險（systematic risk）係數
σ（或 sigma）	標準差（standard deviation）

英文字母

B／P（或 BP, BPR）	淨值股價比（book value-to-price ratio）
BVPS（或 B）	每股淨值（book value per share）
D／P	股利率（dividend-price ratio）
E／P	益本比（earnings-to-price ratio）
EPS（或 E）	每股盈餘（earnings per share）
GVI	成長價值指標（Growth Value Index）
GVM	成長價值模型（Growth Value Model）
k	價值係數
m	持續係數（或稱成長係數）
MV	總市值（market value）
P	股價（price）
P／B（或 PB, PBR）	股價淨值比（price-to-book value ratio）
P／E（或 PE, PER）	本益比（price-to-earnings ratio）
P／S	股價營收比（price-to-sale ratio）
R	報酬率、慣性因子
r	報酬率、折現率
ROA	資產報酬率（return on asset）
ROE	股東權益報酬率（return on equity）
W	權重（weight）

第一篇
導論篇

報酬與選股因子

證券投資的第一件事，也就是要在股市獲利最基本的知識，是了解報酬率與風險的特性。此外，比較選股與擇時策略的報酬、探索報酬異常與因子投資的觀念、以因子投資解析巴菲特的投資策略，將提供讀者許多經得起歷史考驗的投資原則。

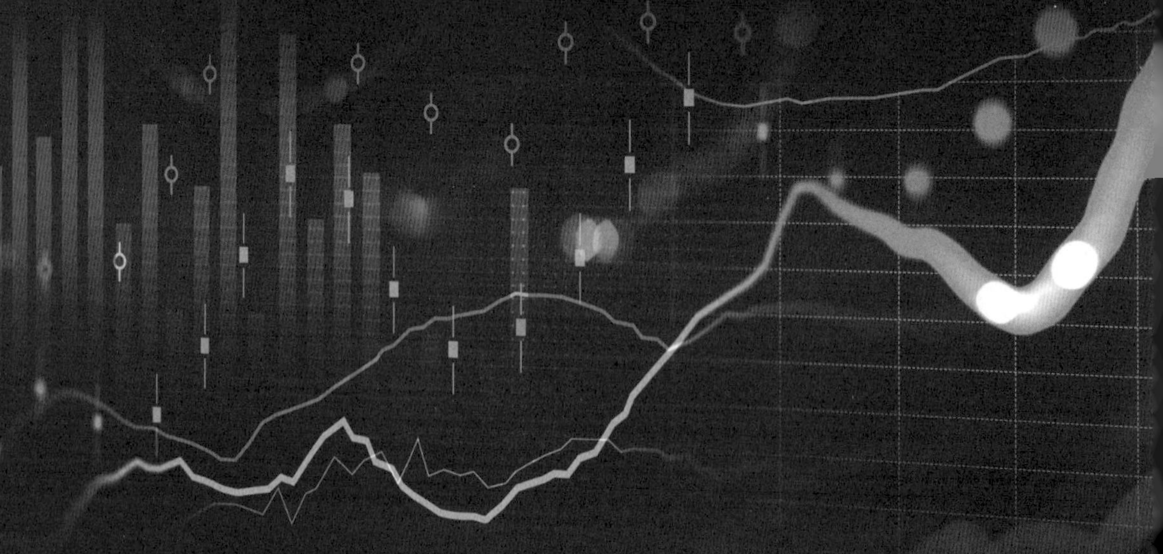

第一章
CH.01

縱橫解剖股市，探索股票本質

股市解剖 1：市場報酬率與風險

股市很有效率，投資人要擊敗股市絕非易事。想要擊敗市場就必須先探討股市與股票的報酬率特性是甚麼，藉由統計分析變幻莫測的股市與個股的報酬歷史，一些經得起歷史考驗的投資原則就能清晰呈現出來。

1-01 投資人對股票投資方法的需求

投資人對股票投資方法的需求，不外乎三點：

1. 吃得好

投資人最重要的就是希望有「合理」的「超額報酬率」。所謂「超額報酬率」是指跟股市大盤相較，多出來的報酬率。所謂「合理」是指不能太低，太低無法致富；不必太高，太高不切實際。舉一個具體實例，假定您每年投資 12 萬，30 年後，會有多少萬？結果如表 1-1。其中 0%是 360 萬，15%是 5,217 萬，30%超過 10 億。

股市大盤長期的年化報酬率平均約 7%，如果選股方法的超額報酬率平均能達 8%，加起來就有 15%。巴菲特也只有 25%，但他已是世界第一名，那麼宣稱每年報酬率平均能達 30%的專家無疑是吹牛了。每年平均 15%就可以贏過 99%的投資人了，這是本書設定的投資目標。

表 1-1 每年投資 12 萬，30 年後，會有多少萬？

年報報酬率	終值	評論
0%	360 萬	很遜
1%	417 萬	相當於定存
2%	487 萬	略高於定存
5%	797 萬	相當於大盤
10%	1,974 萬	略高於大盤
15%	5,217 萬	股市達人
20%	14,183 萬	接近巴菲特
25%	38,726 萬	巴菲特
30%	104,760 萬	超越巴菲特

資料來源：作者提供

2. 睡得好

有許多股票投資方法投資人敢把小比例的資金或小金額的資金依該方法投資，但卻不敢把大比例、大金額投入，原因是擔心風險，不能安心，睡不好。投資人如果睡不好，自然就不敢把全部資金投入。

因此投資人常自我欺騙。例如有 100 萬，只敢投入 50 萬，如賺 10 萬就宣稱報酬率＝10 萬／50 萬＝20%。但如賠 10 萬，就宣稱報酬率＝ 10 萬／100 萬 ＝ 10%。但很明顯，這只是自我欺騙，實際上，這兩種情形賺賠都是 10%。

3. 不影響本業

投資方法除了能吃得好又睡得好，投資人還需要這個方法不影響本業。如果必須一天到晚盯盤，對於小資金的投資人根本不划算。擁有一億資金的大型投資人花全部工作時間使年報酬率提升 5%，一年就有 500 萬；但只擁有 100 萬資金的小型投資人的 5%才 5 萬，根本不值得把全部工作時間投入股市。

因此簡單地說，投資人對股票投資方法的需求是：

1. 有合理的超額報酬率。本書提出的選股方法經過回測實證與市場實戰，年超額報酬率超過 8%，加上股市大盤長期的年化報酬率約 7%，加起來年報酬率超過 15%。

2. 大比例、大金額投入股市還是能安心。本書的方法是基於合理的金融財務學原理，並歷經 25 年以上的市場考驗，包括 2000 年網路股泡沫化，2008 年金融海嘯，以及 2020 年新冠疫情，值得投資人信賴。

3. 最多每月檢視一次，每次花費最多半天。本書提出的方法是「一年根據四次財報換股四次，每次只需 2 至 4 小時」（如圖 1-1），方法簡單可行，不影響本業。本書將詳細說明這個方法，並在最後一章回測實證與市場實戰。

圖 1-1 本書提出的選股策略

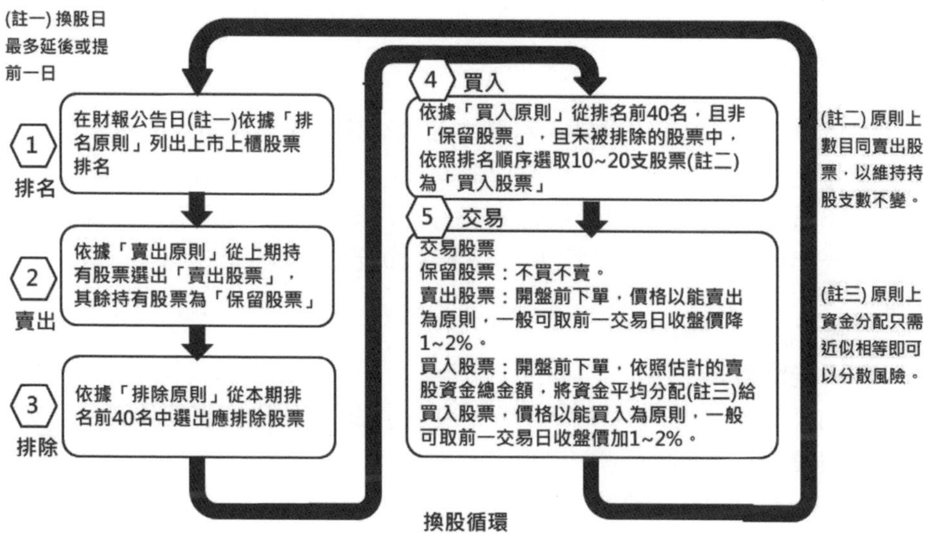

資料來源：作者整理

1-02 本書投資方法的基礎

股市很有效率，要擊敗股市絕非易事，**如果沒有不一樣的方法，就不會有不一樣的績效**。市場在進化，投資人也要跟著進化。「能吃得好又睡得好，又不影響本業的投資方法」必須是一個不需主觀判斷、不需天縱英明、不需幸運女神眷顧的方法。這種方法必然是以客觀事實的歸納、合理邏輯的推論為基礎，有幾分證據講幾分話，能產生可複製知識的**科學化方法**。因此，本書的投資方法

◎ 不是基於個人投資經驗
◎ 不是基於學術殿堂理論
◎ 是基於科學方法論
◎ 是基於回測實證與市場實戰

本書的最大特色就是強調用科學方法論來建構適合投資人的投資策略：
◎ 年化報酬率＞15%（市場報酬率 7%，加上超額報酬率＞8%）。
◎ 不看盤、不技術分析、不程式交易、不跟主力、不聽明牌、不賭運氣。
◎ 一年根據四次財報換股四次，持有 10 至 20 支股票。

這個方法可以讓投資人
◎ **少走彎路**
　如果多花了 20 年才弄通，等於浪費了 20 年的投資複利效果。
　假設只考慮市場報酬率 7%，浪費了：
$(1+r)^T = (1+0.07)^{20} = 3.87$ 倍

如果只考慮超額年報酬率 8%，浪費了
$(1+r)^T = (1+0.08)^{20} = 4.66$ 倍

兩者合計 8%+7%=15%，浪費了
$(1+r)^T = (1+0.15)^{20} = 16.4$ 倍

◎ **少繳學費**

在市場實戰中自行摸索，繳的「學費」以百萬元計。

事實上，財富累積公式很簡單：

$W = A \times (1+r)^T$

W＝財富

A＝你的第一桶金，例如 100 萬

r＝你的年化報酬率＝市場報酬率（靠市場）＋超額報酬率（靠 IQ）

T＝你的投資年數（靠 EQ）

你的第一桶金要靠自己努力，市場報酬率長期而言就是 7%至 8%，跟運氣與努力都無關。投資人可以控制的是：超額報酬率（靠 IQ）、投資年數（靠 EQ）。本書可以讓投資人：

◎ 直接提升 IQ，以提高超額報酬率。
◎ 間接提升 EQ，以培養長期投資的耐心。

總之，財富自由要早日達成有三條件：
◎ 走得快（報酬高），放大財富公式中的年化報酬率（r）。
◎ 走得穩（風險低），能持續投資不中斷，此外還要
◎ 起步早（時間長），靠這兩點投資人才能拉長財富公式中的投資年數 T。

投資人要注意的是：投資成敗的關鍵是時間（Time），不是時機（Timing）。但不幸的是，絕大多數的投資人都把心力擺在時機（Timing），夢想一夕致富。非洲經濟學家丹碧莎 莫約（Dambisa Moyo）說「種樹的最佳時間是十年前，其次是現在。」（“The best time to plant a tree was ten years ago. The second best time is now.”）我說「投資股市的最佳時間是三十年前，其次是現在。」（“The best time to invest in the stock market was 30 years ago. The second best time is now.”）

本書的投資方法雖然簡單，但投資人有必要仔細讀完此書，因為財商（WQ）＝智商（IQ）+情商（EQ）。在大風大浪的股市，信心（EQ）比黃金珍貴。投資方法必有風險，即使是本書的方法，以日為單位，持股報酬率勝過大盤的機率只有 53%，但以週、月、季、年來論可以提高到 57%、60%、70%、90%。每筆交易贏過同期大盤的機率 58%。因此不能徹底了解、信服，必難以生信心；無信心，必難以持續。

1-03
投資報酬率與風險的計算

股市很有效率，要擊敗股市絕非易事。想要擊敗市場就必須回到一個核心問題：股市與股票的報酬率特性是甚麼。證券投資的第一件事，也就是要在股市獲利最基本的知識，是了解報酬率與風險的特性。藉由觀察變幻莫測的股市與個股的報酬歷史，一些經得起歷史考驗的投資原則就能清晰呈現出來。由於股市波動很大，因此股市報酬率的特性必須是基於過去大量數據的計量統計的結果。這些統計結果可以讓我們免於貪婪、恐慌，產生信心、恆心、耐心，讓投資人立於不敗之地。這「三心」可能比起一般的投資知識或技巧還要重要。本節先介紹計算股票報酬率與風險的方法。

◎ 報酬率

首先談報酬率。當已知各期的報酬率（R），其報酬平均值的衡量有兩個方式：

（1）算術平均值＝$(R_1+R_2+\cdots+R_c)/n$ （1-1）

（2）幾何平均值（複利）＝$\sqrt[n]{(1+R_1)\cdot(1+R_2)\cdots(1+R_n)}-1$ （1-2）

或 幾何平均值（複利）＝$\sqrt{\frac{P_n}{P_0}}-1$ （1-3）

其中 P_n＝期末資產，P_0＝期初資產。

◎ 風險

證券投資的總風險是系統風險和非系統風險的總和。總風險的衡量通常以報酬率的標準差表達：

報酬率的標準差（STD）＝$\sqrt{\frac{\sum(R_i-\overline{R})^2}{n-1}}$ （1-4）

標準差與常態分佈的關係如圖 1-2。1 倍與 2 倍標準差的範圍約 68%與 95%。

圖 1-2 標準差與常態分佈的關係

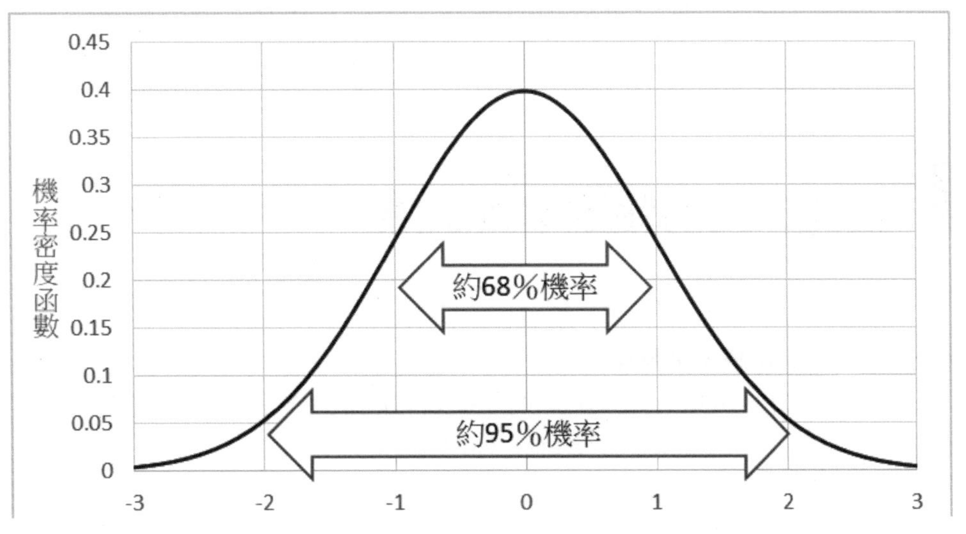

資料來源：作者整理

◎ 最大回撤（maximum drawdown）

在考慮股市投資的風險時，最大回撤是一個很重要的指標。最大回撤是指投資組合從最高點到最低點的下跌幅度百分比。公式如下：

最大回撤 ＝（歷史最高點 － 歷史最低點）／歷史最高點　　(1-5)

其中：

歷史最高點：投資組合在某一時間點以來的最高點。

歷史最低點：投資組合在某一時間點以來的最低點。

例如，投資組合的歷史最高點是 100，最低點是 40，那麼最大回撤就是（100 － 40）／100 ＝ 60%，也就是投資組合在歷史上曾經下跌過 60%。

影響最大回撤的因素包括：

- 投資標的：波動性較高的投資標的，最大回撤較大。
- 投資策略：風險較高的投資策略，最大回撤較大。
- 投資期間：納入計算的時間越長，最大回撤越大。

最大回撤可以用來衡量投資組合在市場下跌時的抵抗力。如果最大回撤較小，說明投資組合在市場下跌時受到的衝擊較小，風險較低。最大回撤也可以用來比較不同投資組合的風險。如果一個投資組合的最大回撤高於另一個，代表前者的風險較高。因此，投資者在選擇投資標的與策略時，應該注意投資組合的最大回撤，以降低投資風險。

1-04 投資工具的報酬率與風險

◎ 投資工具的報酬率與風險

美國股市自 1926 至 2001 年的年投資報酬率（未扣除通貨膨脹率）的歷史統計如下（±號前後為平均值、標準差）：

- 小型股年報酬率 18.3% ± 39.3%
- 大型股年報酬率 12.5% ± 20.3%
- 長期公債 5.5% ± 8.2%
- 中期公債 5.3% ± 6.3%
- 國庫券 3.9% ± 3.3%
- 通膨率 3.2% ± 4.4%

從上述數據有幾點歸納

(1) 報酬越高，風險越大（注意千萬別理解成風險越大，報酬越高）。
(2) 無投資風險的國庫券報酬率約等於通膨率。
(3) 股票報酬率約 10%，不足以快速致富，但遠高於無風險的投資工具。
(4) 股票報酬率標準差約 20%，代表 95%的信賴區間＝平均值 ± 2 倍標準差＝ 10% ± 2×20% ＝ 10% ± 40% ＝ -30%至 50%，代表每隔 20 年就會發生一件報酬率超過這個範圍的事件，風險極大。

◎ 投資股市的優缺點

投資股市的三大優點：

- ☐ 高獲利：股市的報酬率遠高於無風險的投資工具。由於後者在扣掉通膨率後，報酬率約為 0%，因此這種優點在考慮通膨率後更加明顯。
- ☐ 高流動性：易買易賣。

□ 低門檻：少量資金也能投資。

投資股市的一大缺點：

□ 高風險：股市年化報酬率標準約 20%。

因此股票可以說是最佳投資工具，但也有人認為股市是賭場。事實上，股市不是賭場，它的長期年化報酬率在 7%以上，而賭場的長期年化報酬率是負值。但股市確實充滿了具有賭徒心態的投資人，夢想透過明牌，孤注一擲，一夕致富，可惜的是，那是不可能成功的。

1-05 台灣股市的報酬率特性

◎「股價指數」與「股價報酬指數」

要了解台灣股市的報酬率特性，先看看 2003 年 1 月 2 日至 2023 年 7 月 7 日台灣發行量加權「股價指數」與「股價報酬指數」之比較（圖 1-3）。「股價指數」是不考慮股利下的指數，而「股價報酬指數」是考慮股利下的指數，它以 2003 年初時的「股價指數」4,524.92 為起點，隨著時間的推移，兩者的差距逐漸拉開。

接下來，在圖 1-4 的發行量加權股價報酬指數上以 9.84%（日報酬率 0.0394%乘以 250 個交易日）固定成長率繪出曲線，可以發現此曲線與「股價報酬指數」相當貼近，代表這段時間股市的報酬率（含股利）約 9.84%。

將上述報酬率乘以 0.85 與 1.1，在圖 1-5 與圖 1-6 的發行量加權股價報酬指數上繪出曲線，可以發現在這段時間股市的「股價報酬指數」很少超出這個範圍，這二條曲線可視為「股價報酬指數」的下限與上限。因此，雖然每年的報酬率標準差高達 20%，但長期而言，累積報酬率換算的「年化報酬率」很穩定。

圖 1-3 2003 至 2023 台灣發行量加權「股價指數」與「股價報酬指數」之比較

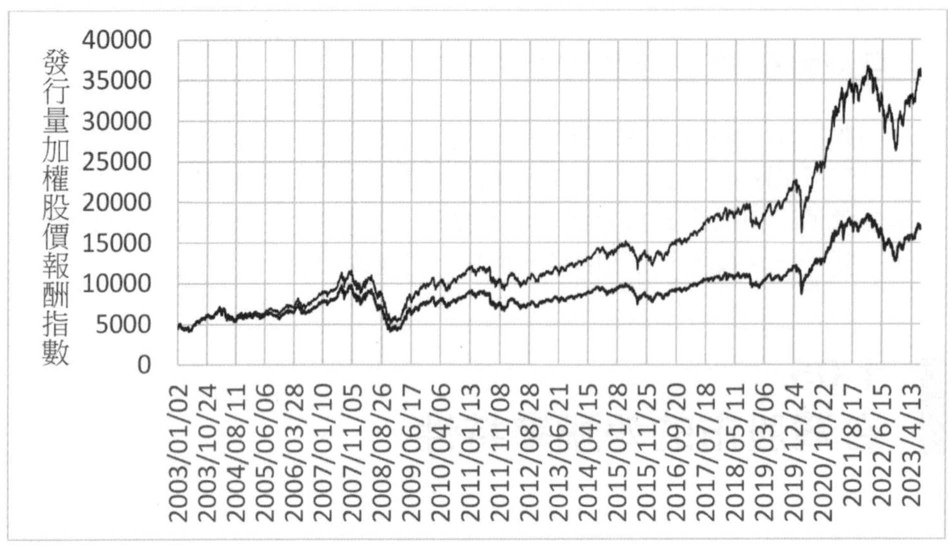

資料來源：作者整理

圖 1-4 發行量加權股價報酬指數（2003 年 1 月 2 日至 2023 年 7 月 7 日）（虛線為以 9.84%固定成長曲線）：線性尺度

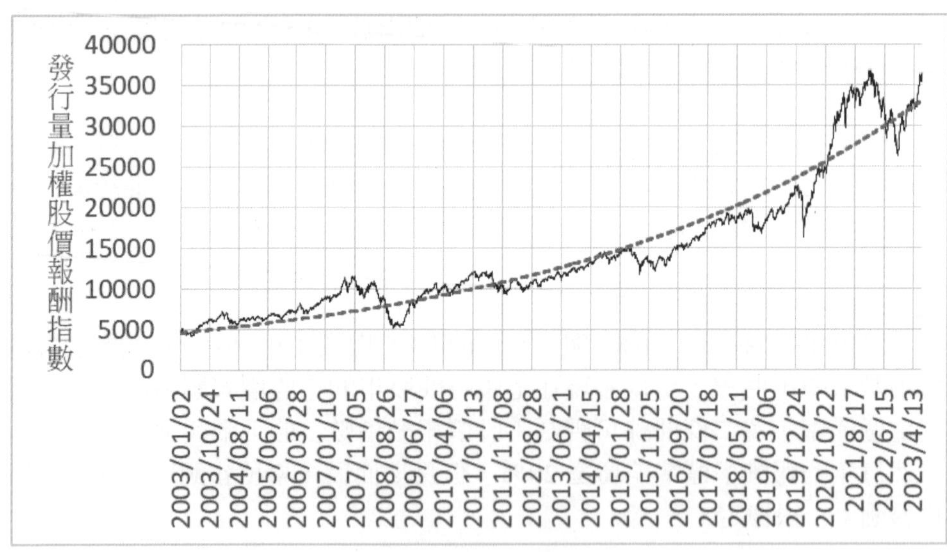

資料來源：作者整理

圖 1-5 發行量加權股價報酬指數（2003 年 1 月 2 日至 2023 年 7 月 7 日）（虛線為以 8.37%固定成長曲線）：線性尺度

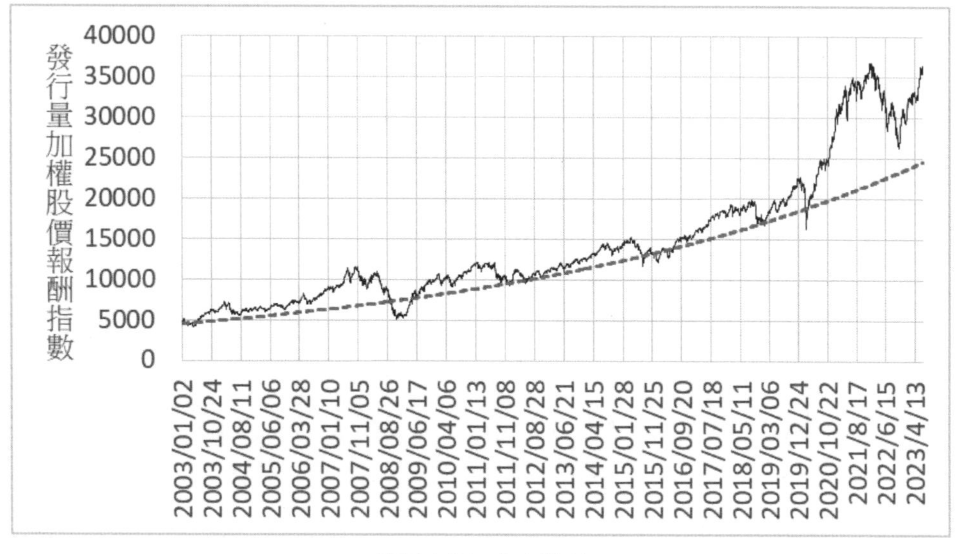

資料來源：作者整理

圖 1-6 發行量加權股價報酬指數（2003 年 1 月 2 日至 2023 年 7 月 7 日）（虛線為以 10.83%固定成長曲線）：線性尺度

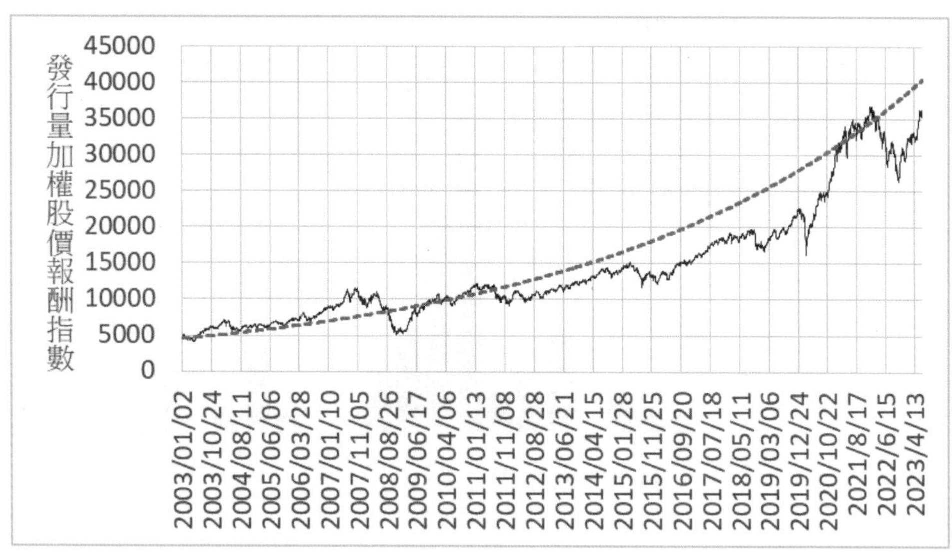

資料來源：作者整理

◎ 台股 1982-2022 之年報酬率（含股利）

台股在 1982 至 2022 年的每年報酬率（含股利）如圖 1-7。台股在 1967 至 2022 年的統計分布如圖 1-8。可以發現在 0%~20%的年份很多，然而在+40%與-20%之外，似乎各有一群離群值。

圖 1-7 台股 1982 至 2022 之年報酬率（含股利）

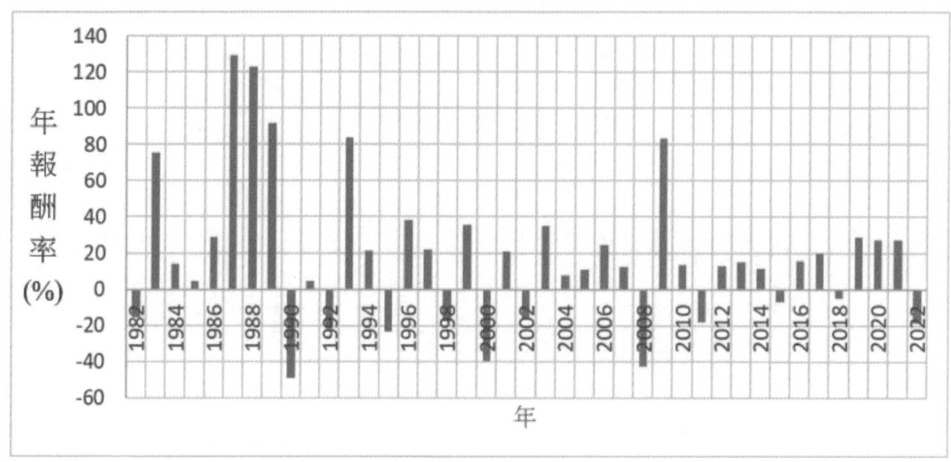

資料來源：作者整理

圖 1-8 1967 至 2022 年台股（不含現金股利）

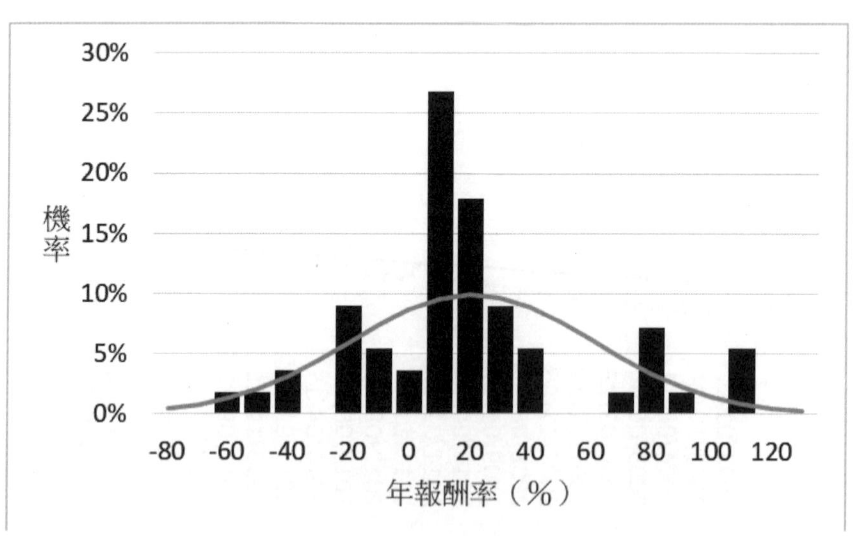

資料來源：作者整理

為了進一步了解，我們繪出台股 1982 至 2022 年之累積資金（1982 年初＝1，含股利）的對數尺度圖（圖 1-9）。累積資金圖的縱座標使用對數尺度的好處有：

(1) 在線性尺度下，早期數值較低的數據因其變化的絕對值差異很小，而易被忽略，但其變化的相對大小可能很大，不該被忽略。例如在 1,000 點時漲跌 100 點，在一個最大值已經 10,000 點的折線圖中，因絕對值很小，而易被忽略。但 100 點的漲跌在 1,000 點時漲跌達 10%，不該被忽略。在對數尺度下，在 1,000 點變化 100 點，與在 10,000 點變化 1,000 點都是 10%，在對數尺度上是一樣的，因此早期數值較低的數據其變化仍可看得清楚，不會被忽略。
(2) 在線性尺度下，當報酬率固定時，指數呈現曲線成長，斜率越來越大，難以觀察報酬率的趨勢特徵。在對數尺度下，當報酬率固定時，指數呈現直線成長，斜率不變，直線的斜率與報酬率成正比，易於觀察報酬率的趨勢特徵。

從圖 1-9 累積資金對數尺度圖可以看出，台股在 1966-2022 年間可以分成兩期：

(1) 未成熟期（1989 之前）：在 1986-1989 年間台股飆漲，年化報酬率高達 25%。
(2) 成熟期（1990 之後）：台股邁入成熟期，年化報酬率 7.6%。

圖 1-9 台股 1966 至 2022 年之累積資金（1966 年初＝1，含股利）：對數尺度

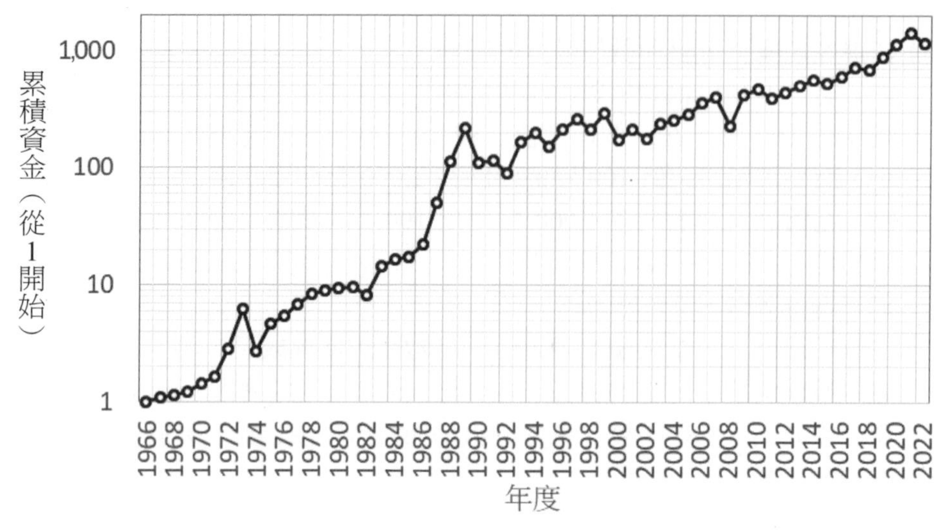

資料來源：作者整理

◎ 近 10, 20, 30, 40, 50 年的台股年報酬率統計（以 2020 年為準）

以 2020 年為準，統計近 10、20、…、50 年的台股年化報酬率與標準差如圖 1-10、圖 1-11 與表 1-2。可見無論報酬或風險，台灣股市都逐漸邁入相對穩定的成熟期。

表 1-2 近 10, 20, 30, 40, 50 年的台股年報酬率統計（以 2020 年起算）

年報酬率	近 50 年	近 40 年	近 30 年	近 20 年	近 10 年
平均值（%）	17.2	15.0	7.8	8.6	6.1
標準差（%）	41.9	40.3	28.8	24.5	14.7
中位數（%）	10.5	9.8	9.2	9.2	9.9

資料來源：作者整理

圖 1-10 近 10、20、30、40、50 年的台股年報酬率平均值（以 2020 年起算）

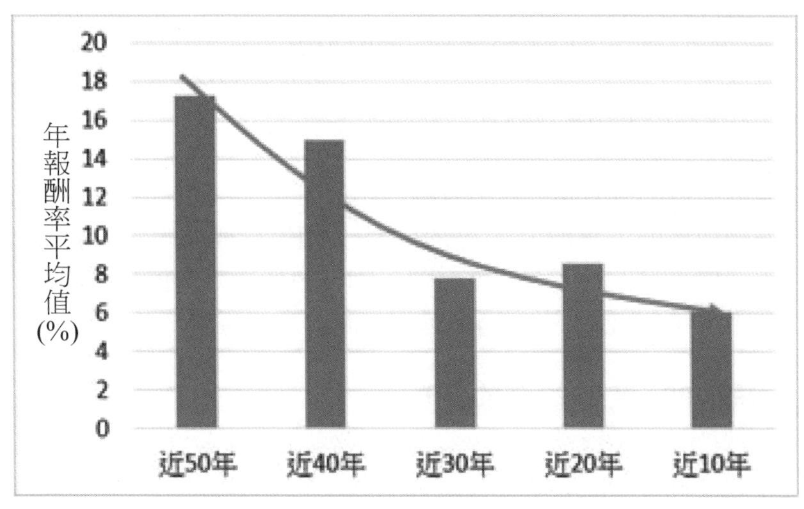

資料來源：作者整理

圖 1-11 近 10、20、30、40、50 年的台股年報酬率標準差（以 2020 年起算）

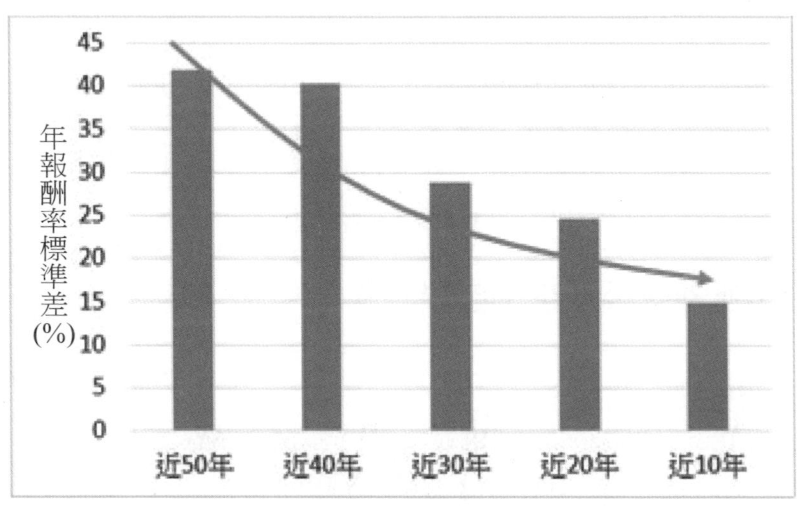

資料來源：作者整理

◎ 最大回撤

台股 2000 至 2023 年的指數與最大回撤如圖 1-12 與圖 1-13。同一時期的 0050 ETF 的淨值與最大回撤如圖 1-14 與圖 1-15。由此可見：

(1) 在大空頭，例如 2000 年的網路泡沫化，以及 2008 年的金融海嘯，最大回撤可達 65%，十分驚人。
(2) 排除大空頭時期，則股市的最大回撤約 35%。

總之，台灣股市報酬率特性的結論如下：

◎ 股價指數：長期向上，中有劇烈起伏。
◎ 報酬與風險：平均值（7%到 8%）相對於標準差（大於 20%）很小，但「七上八下」非常合理。因為，如果平均值 12%以上，誰會拿錢定存？如果平均值 4%以下，誰會拿錢買股？

圖 1-12 台股 2000 至 2023 年的指數

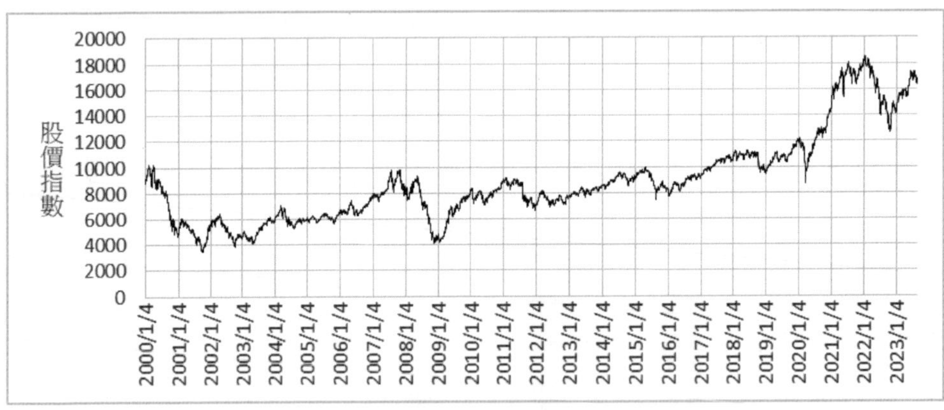

資料來源：作者整理

圖 1-13 台股 2000 至 2023 年的最大回撤

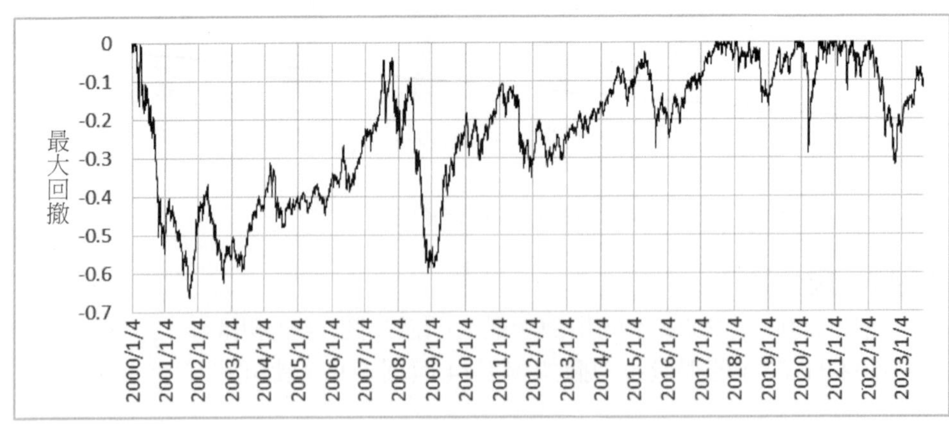

資料來源：作者整理

圖 1-14 0050 ETF 台股 2003 至 2023 年的淨值

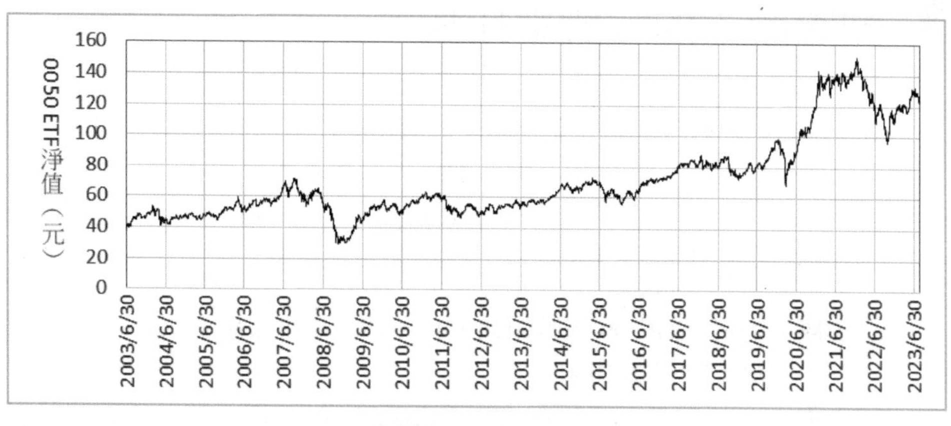

資料來源：作者整理

圖 1-15 0050 ETF 台股 2003 至 2023 年的最大回撤

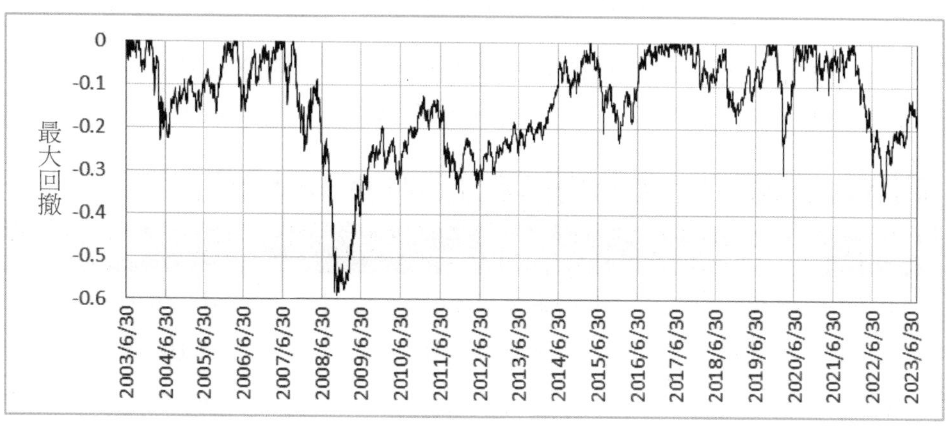

資料來源：作者整理

1-06
國際股市的報酬率比較

截至 2023 年 9 月 6 日，世界各國的股市總市值前三名如表 1-3，前兩名為美國與中國。為了進一步了解台灣以外市場的報酬率特性，在此以美股與陸股為例。為了看清許多早期的細節，以及易於觀察報酬率的趨勢特徵，以對數尺度繪出美國指數圖。

◎ **美國：**美國 S&P 500 指數如圖 1-16。估計年化報酬率 7.8%（不含股利），加上股利為 10.4%。

◎ **上海：**上海證券交易所綜合股價指數如圖 1-17。估計年化報酬率 4.9%（不含股利），再考慮 2.6%股利，合計 7.5%。

◎ **台灣：**台灣股市加權指數如圖 1-18。估計年化報酬率 4.2%（不含股利），再考慮 3.5%股利，合計 7.7%。

從上面的分析可知，長期而言，世界各地股市的考慮現金股利後之年化報酬率差異沒有想像中大。可以說，對金錢而言，地球是平的。

表 1-3 世界各國的股市總市值前三名（2023 年 9 月 6 日）

排名	國家	股市	總市值（美元）
1	美國	紐約證券交易所	33.24 兆
2	中國	上海證券交易所	8.02 兆
3	日本	東京證券交易所	6.45 兆

資料來源：作者整理

圖 1-16 S&P 500 指數（對數尺度）1972 至 2023 年（對數尺度下斜率代表報酬率）

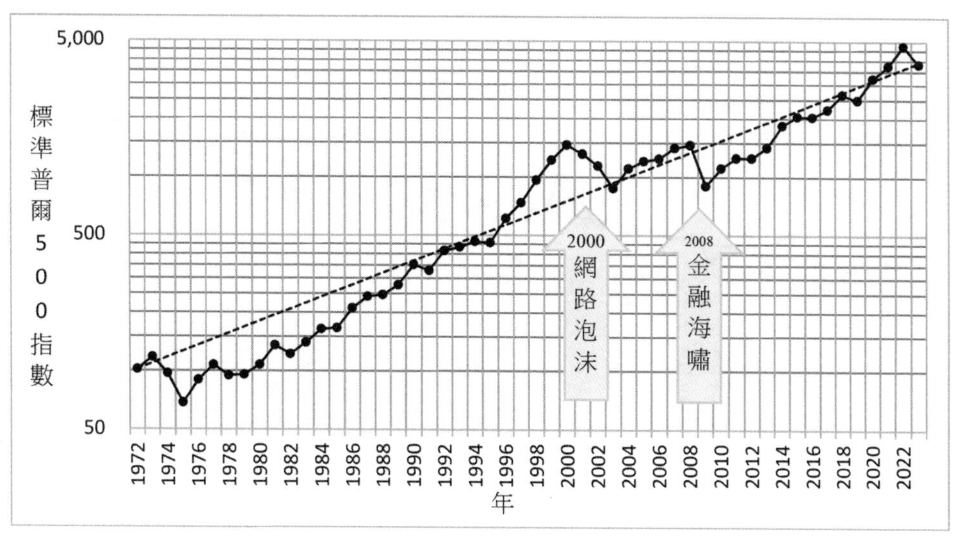

資料來源：作者整理

圖 1-17 上海股市（線性尺度）1990 至 2021 年

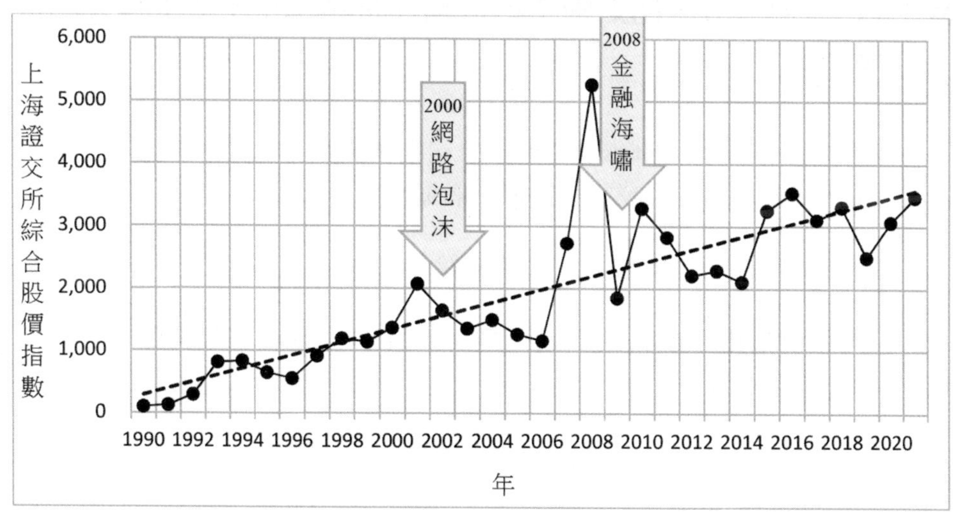

資料來源：作者整理

圖1-18 台灣股市（線性尺度）2000 至 2023 年

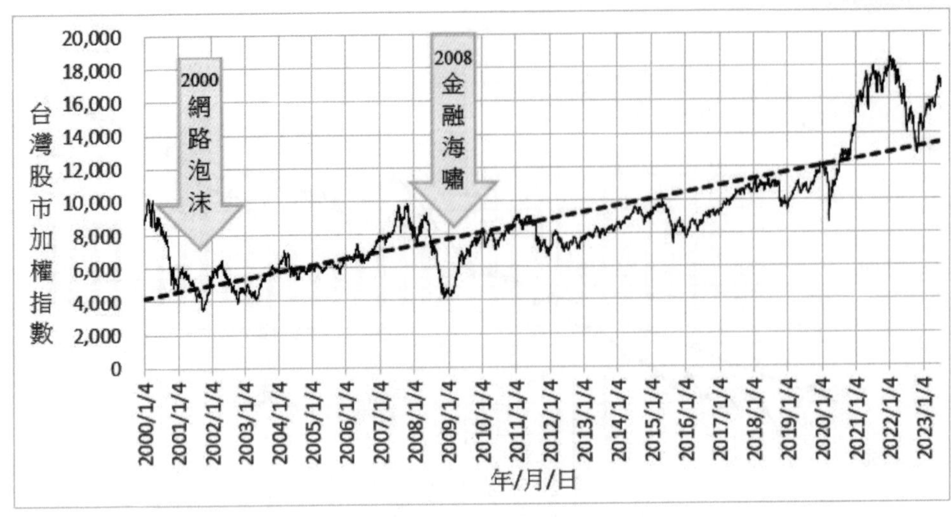

資料來源：作者整理

1-07 股市長期的股東權益報酬率的平均值與標準差

股東權益報酬率（ROE）為衡量公司利用資產淨值（股東權益）產生純益之能力，是所有的企業獲利指標中最重要者。公式為

股東權益報酬率（ROE）＝ 每股盈餘（EPS）／每股淨值　　　（1-6）

台灣股市上市企業長期的股東權益報酬率（ROE）中位數統計如圖 1-19：

◎ 1990 至 2022 年：平均值＝8.8%，標準差＝1.7%。
◎ 2008 至 2022 年：平均值＝7.6%，標準差＝1.2%。

可見台灣企業近年來的獲利能力略有下降。

圖 1-19 1990 至 2022 年 台灣股市上市企業長期的股東權益報酬率（ROE）中位數

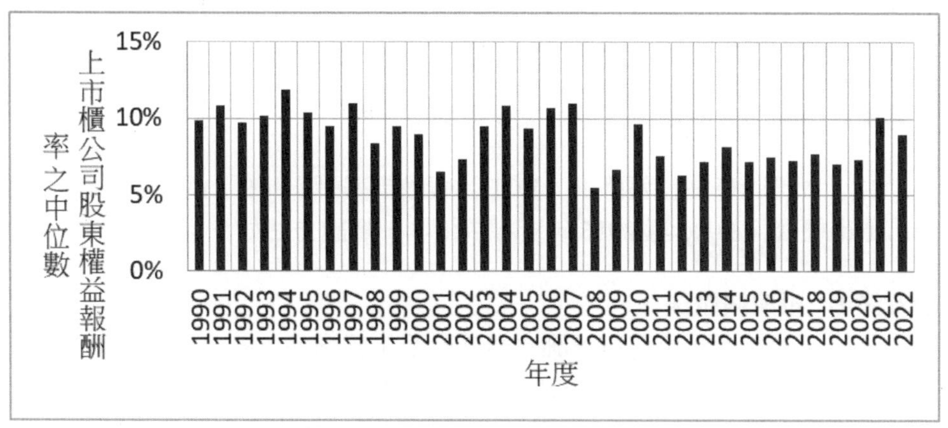

資料來源：作者整理

1-08 股東權益報酬率與股票報酬率的關係

股東權益報酬率（ROE）反映公司利用資產淨值（股東權益）產生純益之能力。公司股東與股票投資人是一體兩面，故股東權益報酬率越大代表公司越賺錢，越可能在未來提供股票投資人較高的報酬（圖 1-20）。

圖 1-20 股東與投資人是一體兩面

資料來源：作者整理

股東權益報酬率（ROE）只是影響股票報酬率的因素之一，若僅以單年度來看，高股東權益報酬率的公司未必會有高股票報酬率。但如果一家公司股東權益報酬率長期很高，股票最後總會在長時間內有高報酬。對股市整體而言，更該如此。因此長期整體而言，下式成立：

股東權益報酬率（ROE）＝股票投資報酬率（R） （1-7）

為了實證股東權益報酬率（ROE）與股市報酬率（R）的關係，以台灣股市上市櫃公司 2000 至 2016 年資料為樣本，實證方法如下：

◎方法 1：短期個體法

將公司的年度股東權益報酬率與其股票年報酬率（R）依照其對應年份整理，以股東權益報酬率（ROE）為橫坐標，股票年報酬率（R）為縱坐標，繪製散布圖（圖 1-21）。可以發現股東權益報酬率與股票報酬率約略正相關。

◎方法 2：長期個體法

用 2000 至 2016 年上市櫃公司的年股東權益報酬率計算年化股東權益報酬率，用股票的年報酬率計算年化報酬率。再以公司年化股東權益報酬率做為橫坐標，股票年化報酬率做為縱坐標，繪製散佈圖（圖 1-22）。可以發現公司年化股東權益報酬率與股票報酬率明顯為 1:1 的正比關係。

◎方法 3：長期總體法

將 1998 至 2022 年（共 25 年）的台灣股市報酬累積與股東權益累積繪成圖 1-23，兩者都假設 1998 年的起點為 1，可見兩者累積趨勢十分接近。

圖 1-21 台灣股市上市櫃公司 2000 至 2016 年公司年股東權益報酬率（ROE）與股票年報酬率（R）

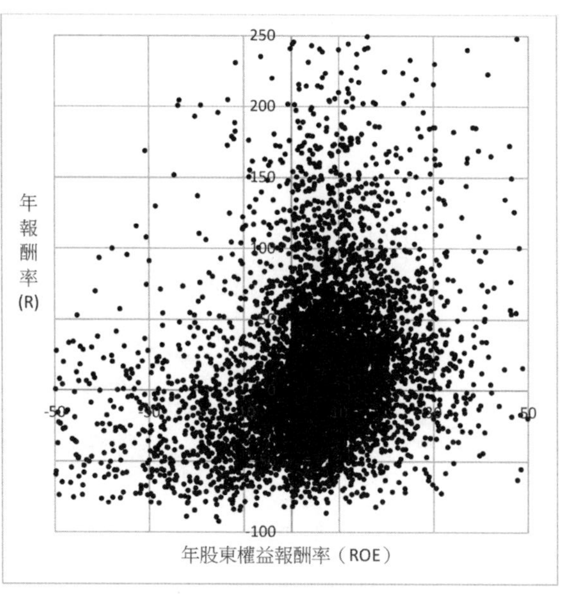

資料來源：作者整理

圖 1-22 台灣股市 2000 至 2016 年公司年化股東權益報酬率（ROE）與股票年化報酬率（R）

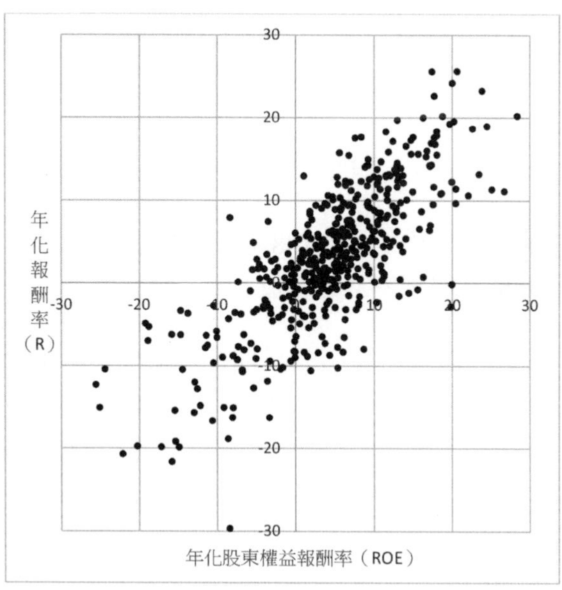

資料來源：作者整理

圖 1-23 台灣股市 1998 至 2022 年（共 25 年）的股市報酬累積與股東權益累積

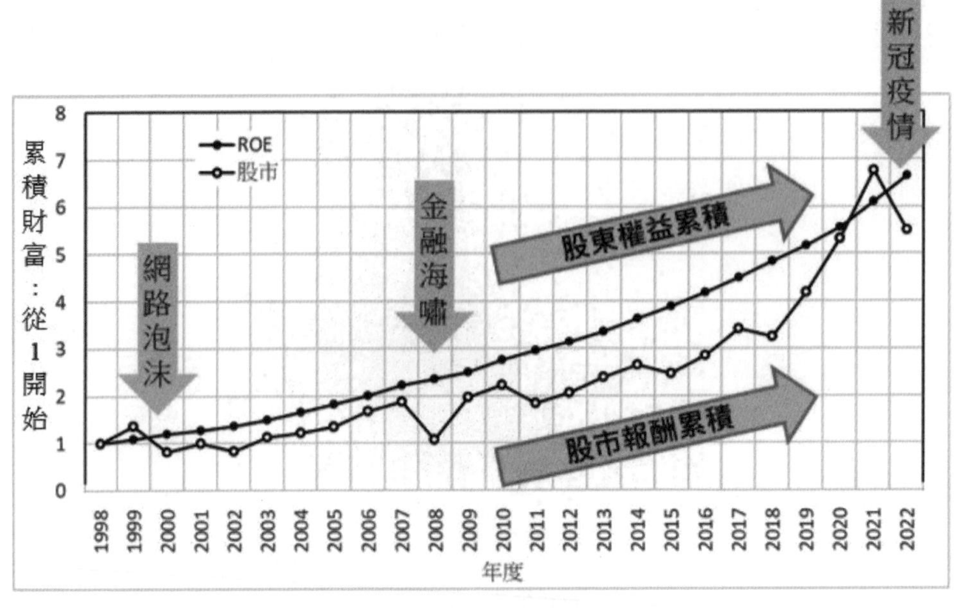

資料來源：作者整理

◎ 股票報酬率 vs 股東權益報酬率

根據上述的方法可以證明，股市的長期投資報酬率（R）期望值等於股市的全體公司長期股東權益報酬率（ROE）期望值

$$\overline{R}=\overline{ROE} \quad (1\text{-}8)$$

由前兩節，我們知道在台灣股市：

◎ 股票年報酬率：平均值 7%至 8%，標準差大於 20%

◎ 公司年股東權益報酬率：平均值 8%，標準差小於 3%

顯然兩者平均值接近，證實了股市的長期投資報酬率（R）期望值等於股市的全體公司長期股東權益報酬率（ROE）期望值。然而，標準差卻相差七倍，也就是股市的年報酬率（R）標準差遠大於股市的全體公司長期股東權益報酬率（ROE）標準差（圖 1-24）：

$$\sigma_R \gg \sigma_{ROE} \quad (1\text{-}9)$$

這是怎麼一回事呢？下一節的「暴躁市場假說」將解釋此一現象。

圖 1-24 股市的年報酬率（R）標準差遠大於股市的全體公司長期股東權益報酬率（ROE）標準差

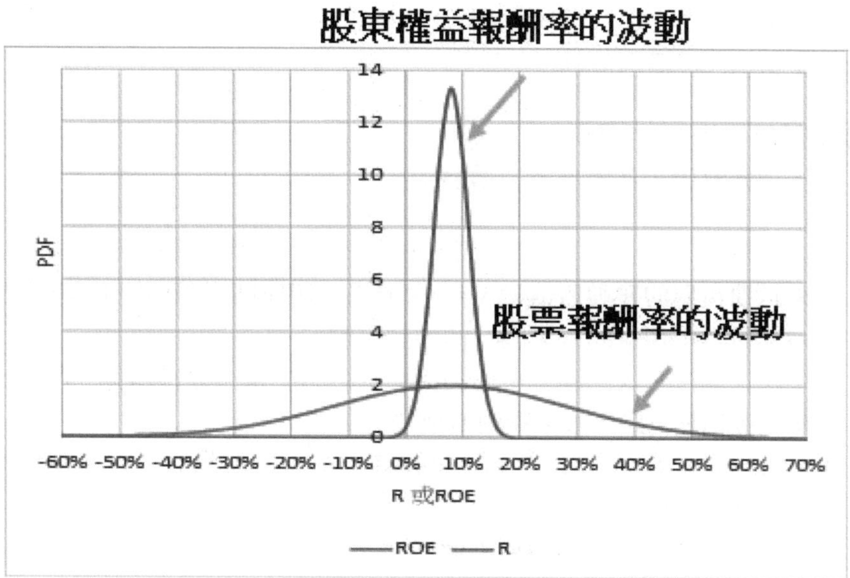

資料來源：作者整理

1-09 暴躁市場假說

◎ 價值與價格的意義

投資人必須分清楚兩個觀念：價值與價格。

□ 價值（value）

價值是事物本質，遵守物質不滅法則。例如汽油一公升產生多少能量，一家公司的資產減去負債後的淨值（股東權益）。因此物質不滅可引伸出價值不滅。

□ 價格（price）

價格是事物在市場的評價，也就是人們願意用多少錢去交易。例如汽油一公升在市場能賣多少錢，一家公司的股票在股市能賣多少錢。價值不會變，但價格隨時可變。

因此價值投資主張：買價值大於價格的股票，這是天經地義。那麼為何價格波動遠大於價值波動？

◎ 價值對價格的影響過程

為了深入解說，首先參考圖 1-25：

1. 企業經營會改變企業的價值，價值的變動是由實體企業緩慢實現的，故：
   未來長期預期的變動價值 $\Delta V = k \times$ 過去一段時間累積的變動價值 ΔV_0
   其中 k 是對可預見的未來的一個估計倍數。
2. 市場理性的投資人認同未來變動價格應該等於未來變動價值，故：
   未來變動價格 ΔP ＝未來變動價值 ΔV
3. 由於在金融市場買入股票可立即擁有資產的未來價值，因此價格的變動是由金融市場快速實現的，故：
   現在變動價格 ΔP_0 ＝未來變動價格 ΔP

圖 1-25 企業的價值與股票的價格

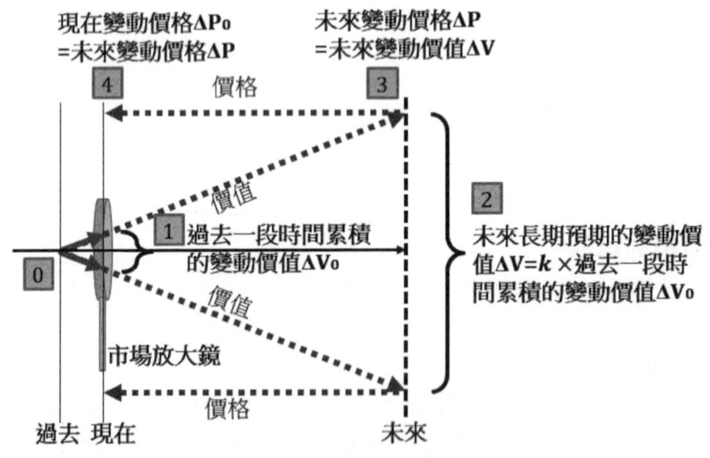

資料來源：作者整理

由以上三點可推論**現在變動價格 $\Delta P_0 = k \times$ 過去一段時間累積的變動價值 ΔV_0**。

其中 k 由市場評價決定；ΔV_0 由企業經營決定。

由於 k 常大於 1，可能高達 10 至 20 倍，故市場評價經常具有放大鏡的效果（圖 1-26）：**現在變動價格 $\Delta P_0 \gg$ 過去一段時間累積的變動價值 ΔV_0**。

圖 1-26 企業的價值與股票的價格：心理預期放大鏡

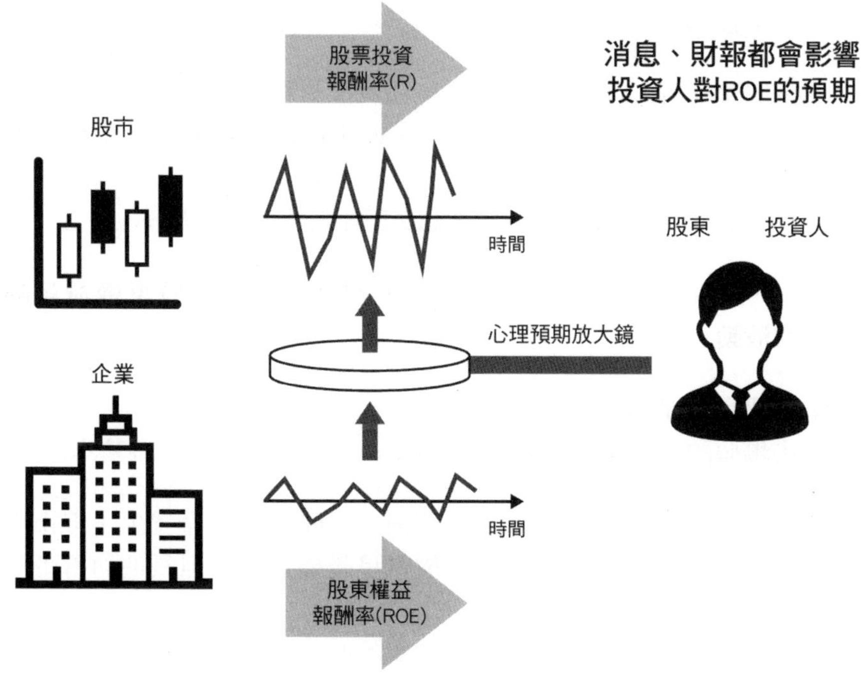

資料來源：作者整理

接著，過去一段時間累積的變動價值 ΔV 是由股東權益報酬率（ROE）推動，故：

$$\Delta V = V_0 \times (1 + ROE_1) \times (1 + ROE_2) \times \cdots \times (1 + ROE_n) - V_0$$

$$\Delta V = V_0 ((1 + ROE_1) \times (1 + ROE_2) \times \cdots \times (1 + ROE_n) - 1)$$

故可推論：

過去一段時間累積的變動價值ΔV正比於**「企業的股東權益報酬率」**。

同理，過去一段時間累積的變動價值 ΔP 是由股票報酬率（R）推動，故：

$$\Delta P = P_0 \times (1+R_1) \times (1+R_2) \times \cdots \times (1+R_n) - P_0$$
$$\Delta P = P_0 ((1+R_1) \times (1+R_2) \times \cdots \times (1+R_n) - 1)$$

故可推論：
過去一段時間累積的變動價值 ΔP 正比於「股票報酬率」。

以上三點推論如下：

1. 現在變動價格 ΔP_0 遠大於過去一段時間累積的變動價值 ΔV_0
2. 過去一段時間累積的變動價值 ΔV 正比於企業的「股東權益報酬率」。
3. 過去一段時間累積的變動價值 ΔP 正比於「股票報酬率」。

由此，可以推論：**股票報酬率（R）的波動遠大於股東權益報酬率（ROE）的波動**。

◎ 暴躁市場假說的假設

暴躁市場假說（Irritable market hypothesis, IMH）建立在三個基本假設上：

1. 新資訊的出現呈隨機性，即好、壞消息以隨機的順序發生，但市場上的好消息略多於壞消息，因此股價雖呈隨機走勢，但長期而言走勢向上。故 $\overline{\Delta P} > 0, \overline{R} > 0$。
2. 市場投資人依據消息將股價調整至新的價位，此價位反映的是消息對未來無限遠股價的影響。故價位的變化 **ΔP＝f（資訊∞）**。
3. 市場投資人企圖在「有限」時間內反應新資訊在「無限」時間外的價值，因此單位時間內股價的波動很劇烈，故報酬率的標準差很大。

總之，由於：
✓ 價值的變動是由實體企業緩慢實現的。
✓ 價格的變動是由金融市場快速實現的。

造成市場價格在「有限」時間內反應消息對未來「無限」遠的影響，使得價格變動劇烈，而「股票報酬率＝單位時間內股價變化率」，故股票報酬率變動劇烈。

◎ **個股股價的波動**

股市是個股的集合體，上述定理也適用在個股：

✓ 推論 1：個股的長期投資報酬率（R）期望值等於個股的公司長期股東權益報酬率（ROE）期望值

$$\overline{R}=\overline{ROE} \quad (1\text{-}10)$$

✓ 推論 2：個股的投資報酬率（R）標準差（σ_R）遠大於公司的股東權益報酬率（ROE）標準差（σ_{ROE}）

$$\sigma_R \gg \sigma_{ROE} \quad (1\text{-}11)$$

1-10 股市的年投資報酬率的均值回歸

股市的各年度的報酬率之間有縱向相關性嗎？簡單地說，大跌之後接著常大漲嗎？圖 1-27 顯示從 1967 至 2019 年台灣股市的年投資報酬率，由圖可知，股市確實經常在大跌之後大漲。

再將 1991 至 2022 年，第 t-1 年的報酬率以 X 軸表達，第 t 年的報酬率以 Y 軸表達，繪成 XY 散布圖（圖 1-28），可發現多數數據集中在「反向對角線」附近，代表第 t-1 年的報酬率越低，則第 t 年的報酬率越高；反之，亦然。這種現象稱為「均值回歸」現象。

均值回歸（mean reversion）是統計學中的一個概念，指的是如果隨機變數的一個樣本是極端值，下一個樣本可能更接近其平均值。這個概念用在金融領域是指一項資產的價格，如果在某期出現一個偏離平均很多的極端值，那下一期很可能往反方向發展，向平均值靠攏。

在金融市場上，資產的價格在短期內可能會受到各種因素，例如消息面、情緒面等影響，而出現大幅波動。然而，長期來看，資產的價格將回歸到其基本價值。例如，如果一項資產的價格在短期內大幅上漲，那麼可能反映了市場情緒過度樂觀，未來資產的價格就很可能回歸到其基本價值，產生了均值回歸的現象。

然而，需要注意的是，均值回歸的理論並不是絕對的，在實際應用中也可能存在一些例外。例如，如果一項資產的價格原本具有均值回歸的特性，但如果在短期內大幅漲跌是因為其基本面發生了變化，那麼該資產的價格不一定會回歸到其原來的水平。

圖 1-27 1967 至 2019 年的台灣股市年投資報酬率

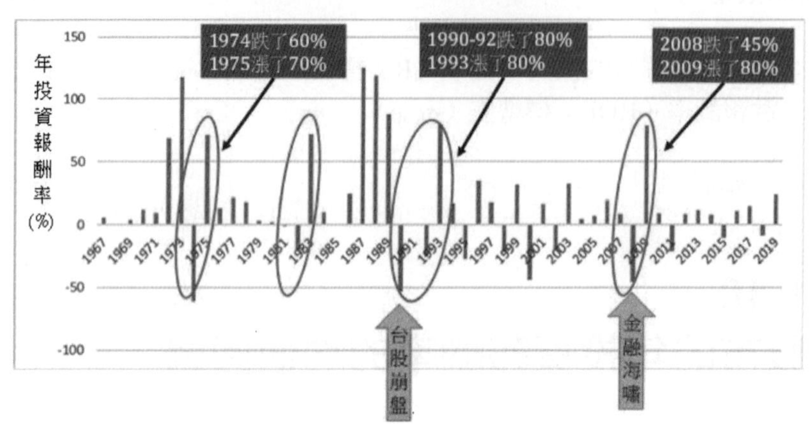

資料來源：作者整理

圖 1-28 年報酬率的均值回歸現象（1991 至 2022 年）

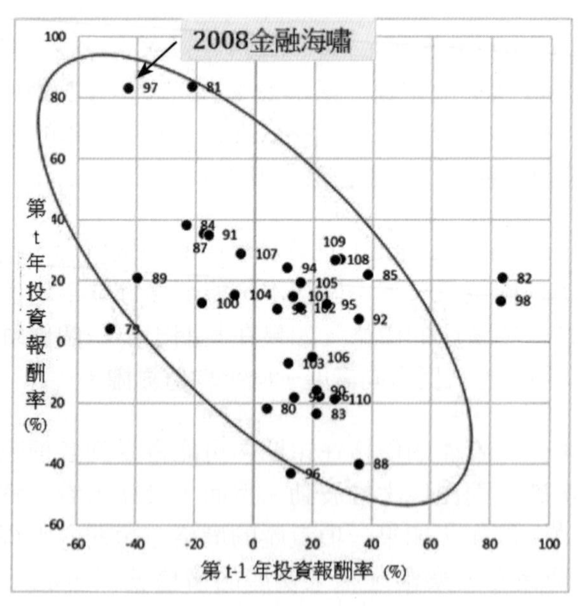

資料來源：作者整理

◎ 黑天鵝與白天鵝

均值回歸的現象對投資人而言是一項好消息，因為雖然這代表大漲之後，可能會大跌，但也代表大跌之後，可能會大漲，兩者均避免價格偏離持續擴大，降低了投資風險。因為股市具有均值回歸的現象，欲躲過偶爾出現的黑天鵝，而錯失經常出現的白天鵝，並不划算。以 1970 至 2020 年的台灣股市為例，如圖 1-29 所示，許多投資人可能認為，要是能避過：

- 1974 年（-61%）
- 1990 至 1992 年（-80%）
- 2000 年（-44%）
- 2002 年（-20%）
- 2008 年（-46%）

那幾年的大跌期，不就賺翻了？但我們沒有預測未來的能力，過度謹慎（或者取巧）也很可能錯過它們隔年那幾年的大漲期：

- 1975 年（71%）
- 1993 年（80%）
- 2001 年（17%）
- 2003 年（32%）
- 2009 年（78%）

這不是太可惜了嗎？

圖 1-29 欲躲過股市偶爾出現的黑天鵝，而錯失經常出現的白天鵝，並不划算。

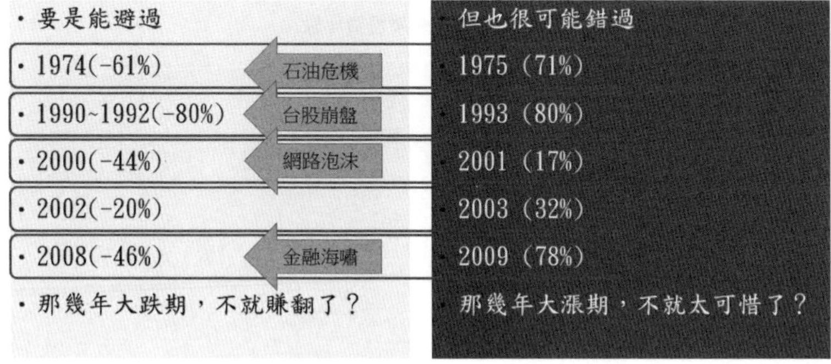

資料來源：作者整理

◎ 持續投資可降低風險

因為我們沒有預測未來的能力，那如何趨吉避凶呢？由於股市長期而言，白天鵝（大漲）多過黑天鵝（大跌），在無預測未來的能力下，最佳策略就是「以不變應萬變」，不融資、不融券、不操作財務槓桿，熬過空頭市場，等待多頭市場。以台灣股市為例，假設從以 1967 年為起點開始投資，連續投資 n 年，其年化報酬率的變化過程如圖 1-30 所示。連續投資年數越長，年化報酬率越接近一個固定值（約 9%）。

◎ 化不確定為確定。

總結本節可得以下結論：

- ✓ 股市的年投資報酬率具有均值回歸現象。
- ✓ 因為股市有均值回歸現象，長期報酬率比預期更穩定。

圖 1-30 以 1967 年為起點，連續投資 n 年，其年化報酬率的變化過程

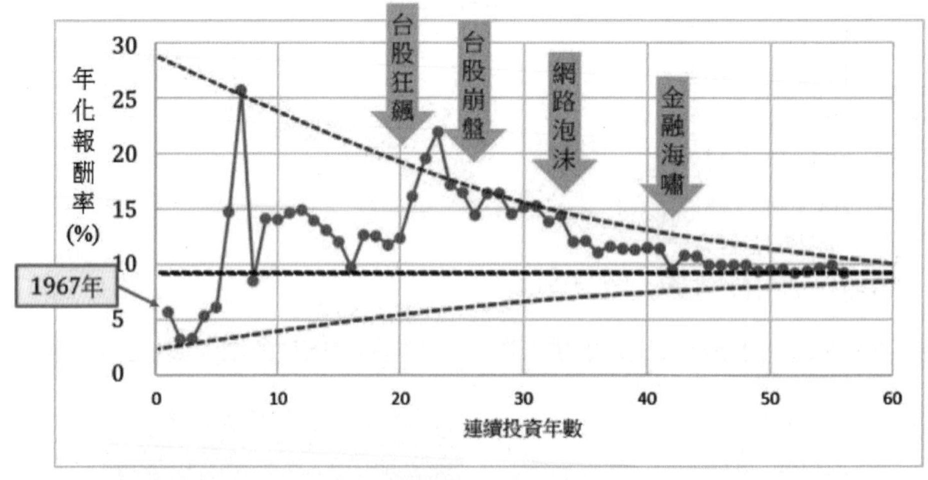

資料來源：作者整理

1-11 股市的日投資報酬率的自我相關係數

前一節探討了股市各年度報酬率之間的縱向相關性，發現股市具有大跌之後接著常大漲的均值回歸現象。本節將探討股市各交易日報酬率之間的縱向相關性。圖 1-31 顯示 2000 年 1 月 4 日至 2020 年 12 月 31 日，相隔 1 至 30 個交易日之間的股市日投資報酬率的自我相關係數。可見相隔一日只有輕微的正相關。相隔 30 日內的正相關只略多於負相關。

圖 1-31 2000 年 1 月 4 日至 2020 年 12 月 31 日，相隔 1 至 30 個交易日之間的股市日投資報酬率的自我相關係數

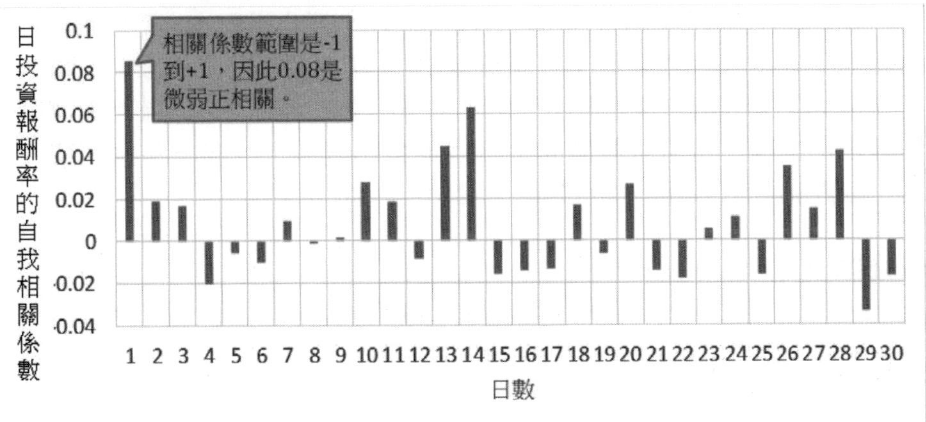

資料來源：作者整理

◎ 化不確定為確定。

上述實證可以歸納與推論如下：

✓ 股市的每日投資報酬率的遠期相關係數接近 0。

✓ 當自我相關係數接近 0，則

(1) N 天的標準差是 1 天的標準差的倍：

$$\sigma_N = \sqrt{N} \cdot \sigma_{day} \qquad (1\text{-}12)$$

(2) 股市的 N 日投資報酬率是 1 日投資報酬率的 N 倍：

$$\mu_N = N \cdot \mu_{day} \quad (1\text{-}13)$$

(3) 投資報酬率的資訊比（μ / σ）如下：

$$\frac{\mu_N}{\sigma_N} = \frac{N \cdot \mu_{day}}{\sqrt{N} \cdot \sigma_{day}} = \sqrt{N}\ \frac{\mu_{day}}{\sigma_{day}} \quad (1\text{-}14)$$

故時間越久，N 越大，資訊比越高，這代表持續投資可以化不確定為確定。

1-12 個股報酬率之觀察

為了觀察個股報酬率的長期（大於 20 年）變化過程，本節取五支具有代表性的股票，以 2000 年 1 月 1 日至 2023 年 7 月 7 日還原股價（圖 1-32 至圖 1-36）來分析。還原股價考慮了除權除息，因此可以正確判斷個股的報酬變化過程。當還原股價向上，代表報酬率為正，向下為負。坡度越大，報酬率越大。各圖分析如下：

- **台積電**（2330）（圖 1-32）

  到 2009 年之前，你以為乏善可陳，結果到 2010 年後一路狂飆。

- **聯電**（2303）（圖 1-33）

  到 2020 年之前，你以為從此殞落，結果到 2020 年，忽然一飛衝天。

- **宏達電**（2498）（圖 1-34）

  到 2011 年之前，有多次你以為一飛衝天，結果到 2011 年後一瀉千里。

- **大立光**（3008）（圖 1-35）

  到 2017 年之前，你以為可以永遠一路飆，結果到 2017 年後先是震盪，接著下跌。

- **鴻海**（2317）（圖 1-36）

  到 2004 年之前，你以為乏善可陳，但在 2004~2007 上漲快四倍，之後經歷多次上漲下跌震盪起伏，難以捉摸。

看了個股還原股價的長期（大於 20 年）變化過程，結論是個股興衰難料！在 2000 年，無人能預知往後 2023 年，哪一支股票會勝出。請讀者由各圖的左端向右端逐年檢視，就能深刻體會個股未來趨勢難以預料。

圖 1-32 台積電（2330）還原股價：2000 年 1 月 1 日至 2023 年 7 月 7 日

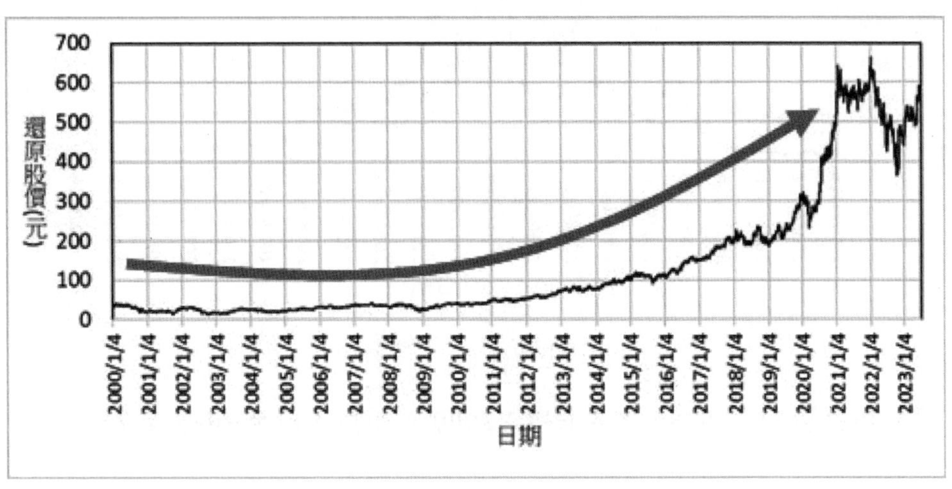

資料來源：作者整理

圖 1-33 聯電（2303）還原股價：2000 年 1 月 1 日至 2023 年 7 月 7 日

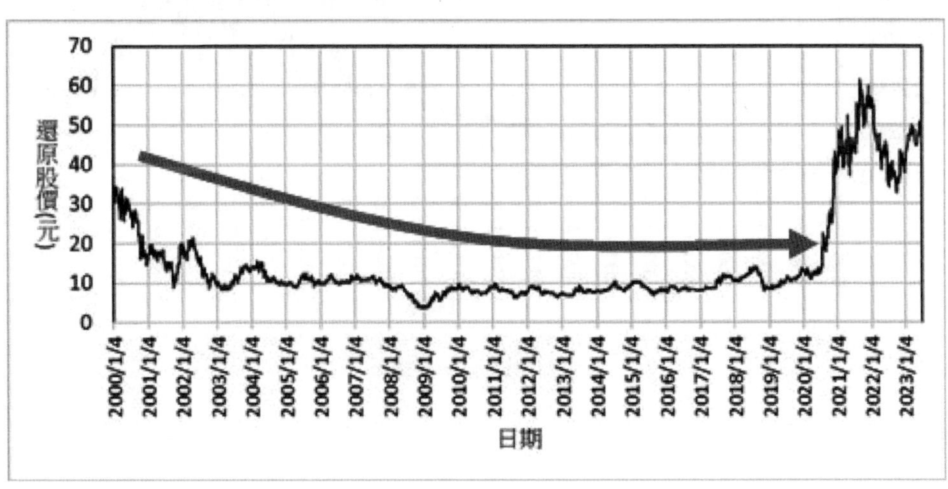

資料來源：作者整理

圖 1-34 宏達電（2498）還原股價：2000 年 1 月 1 日至 2023 年 7 月 7 日

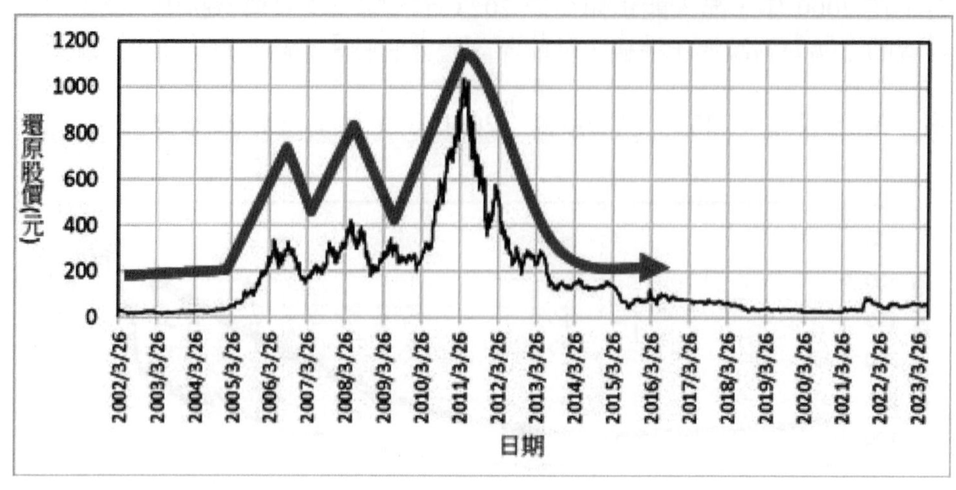

資料來源：作者整理

圖 1-35 大立光（3008）還原股價：2000 年 1 月 1 日至 2023 年 7 月 7 日

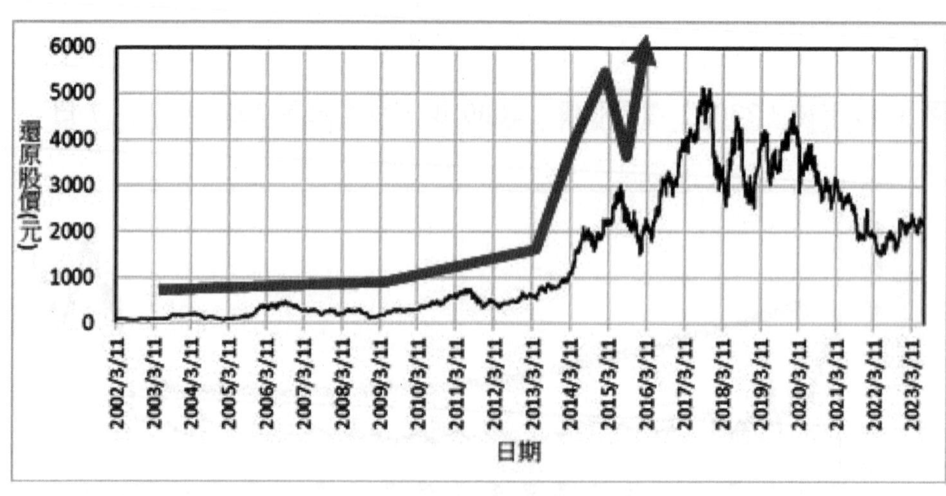

資料來源：作者整理

圖 1-36 鴻海（2317）還原股價：2000 年 1 月 1 日至 2023 年 7 月 7 日

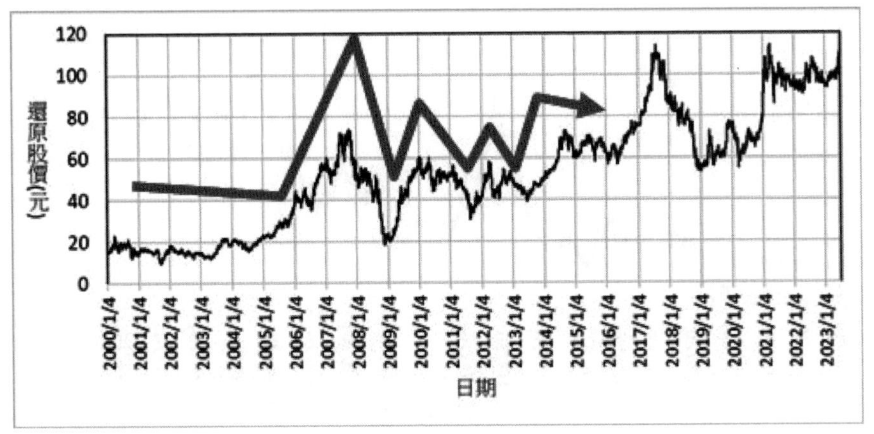

資料來源：作者整理

為了降低個股未來趨勢難以預料的風險，將資金分散在多支股票的多元分散投資是可行方法，例如

• 投資組合 A. 五支股票

假設資金平均分散投資聯電、鴻海、台積電、宏達電、大立光，即各投資 1／5 的資金，其累積資產如圖 1-37。假設一開始投資 1 元，21 年內漲到 10.2 元，全期年化報酬率約 11.7%。

• 投資組合 B. 三支股票

假設排除表現特優的大立光、震盪極大的宏達電，另外三支股票組合的累積資產如圖 1-38。則 21 年內從 1 元到 8.9 元，全期年化報酬率約 11.0%。

由這兩個實例可以發現，即使投資組合只包含 3 到 5 支股票，都可大幅降低波動。

圖 1-37 分散投資聯電、鴻海、台積電、宏達電、大立光的累積資產

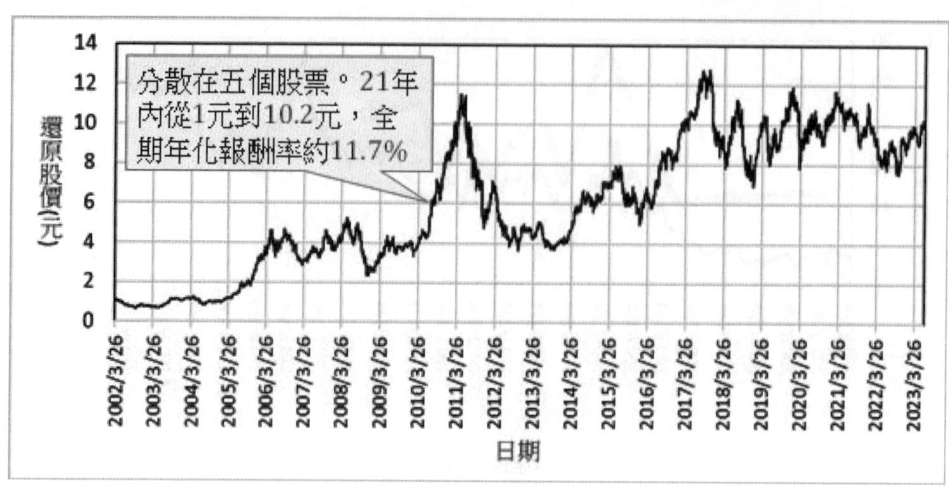
分散在五個股票。21年內從1元到10.2元，全期年化報酬率約11.7%
還原股價(元)
日期

資料來源：作者整理

圖 1-38 分散投資聯電、鴻海、台積電的累積資產

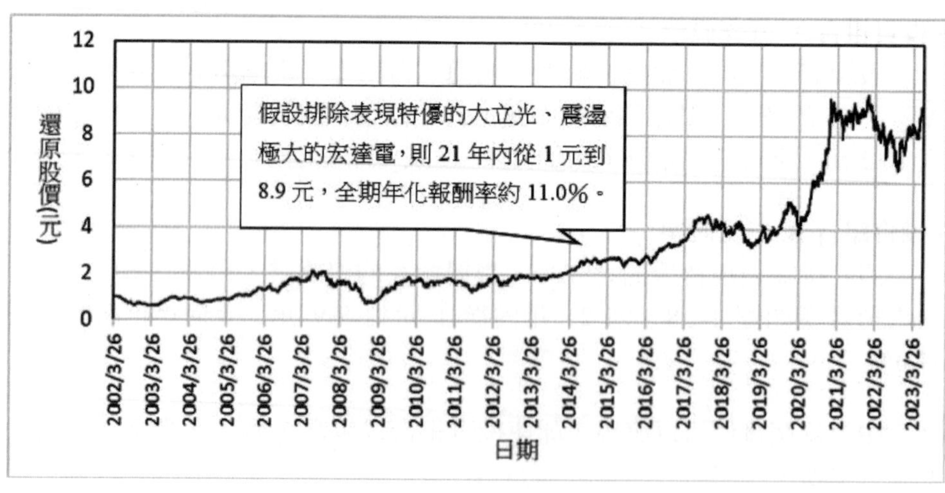
假設排除表現特優的大立光、震盪極大的宏達電，則 21 年內從 1 元到 8.9 元，全期年化報酬率約 11.0%。
還原股價(元)
日期

資料來源：作者整理

1-13 個股報酬率之間的相關係數

上一節談到為了降低個股風險，可採用多元分散投資策略。但多元分散的效果與個股報酬率之間的相關係數有關。組合相關係數為 1 的兩支股票無法降低風險。相關係數為-1 的兩支股票降低風險的效果最好。但大多數股票之間的相關係數在 0.2 至 0.5 之間，小於 0 的情況很罕見。

當投資組合中所有個股的風險相同（$\sigma_i=\sigma$），相關係數都為 0（$\rho_{ij}=0$），則投資組合的風險如下

$$\sigma_P=\frac{\sigma}{\sqrt{N}} \tag{1-15}$$

當投資組合中所有個股的風險相同（$\sigma_i=\sigma$），相關係數都相同（$\rho_{ij}=\rho$），且投資組合中的股數很多時（例如 N 大於 30），則投資組合的風險近似於下式

$$\sigma_P=\sigma\cdot\sqrt{\rho} \tag{1-16}$$

圖 1-39 為 20 支各產業代表性股票的報酬率相關係數，結果如下：

(1) 個股報酬率之間的相關係數全部都大於 0，相關係數小於 0.3 與大於 0.5 採用不同底色，介於 0.3 至 0.5 者以白色為底色，所有相關係數的平均值 0.38。
(2) 個股的所屬產業相差越遠，相關係數越小。

總結歸納如下：

(1) 股市的各股票投資報酬率的相關係數幾乎都大於 0（$\rho_{ij}>0$），產業特性越相關，相關係數越大。
(2) 如果投資組合中所有個股的風險相同（$\sigma_i=\sigma$），相關係數都為 0（$\rho_{ij}=0$），N＝30，根據(1-15)式，其投資組合的風險如下

$$\sigma_P=\frac{\sigma}{\sqrt{N}}=\frac{\sigma}{\sqrt{30}}=0.18\sigma \tag{1-17}$$

由於多數個股之間的相關係數，上式在實務上並不現實。

(3) 由於股市個股報酬率之間的相關係數大約 0.4，因此當投資組合中的股

數很多時，根據（1-16）式，其風險大約如下：

$$\sigma_P = \sigma \cdot \sqrt{\rho} = \sigma \cdot \sqrt{0.4} = 0.63\sigma \qquad (1\text{-}18)$$

上式在實務上相當現實。如果投資人刻意挑選相關係數較小的股票組成投資組合，例如 $\rho_{ij} = 0.3$，則 $\sigma_P = \sigma \cdot \sqrt{\rho} = \sigma \cdot \sqrt{0.3} = 0.55\sigma$。由此可見，實務上，多元分散投資策略只能讓總風險減少一半，剩下的風險大多屬於無法消散的系統風險。

因此對投資人以多元分散投資降低投資組合風險的建議如下：

(1) 至少應包含 20 支資金大約相等的股票。

(2) 持股不可過度集中在單一產業，否則多元分散效果會降低。

圖 1-39 20 支各產業代表性股票的報酬率相關係數

	1101	1201	1301	1402	1503	1603	1701	1802	1903	2002	2101	2201	2303	2317	2330	2501	2603	2705	2801	2903
1101	1																			
1201	0.41	1.00																		
1301	0.48	0.30	1.00																	
1402	0.56	0.41	0.48	1.00																
1503	0.43	0.40	0.36	0.43	1.00															
1603	0.40	0.38	0.28	0.38	0.40	1.00														
1701	0.38	0.40	0.29	0.38	0.40	0.40	1.00													
1802	0.45	0.34	0.42	0.42	0.37	0.33	0.35	1.00												
1903	0.39	0.38	0.30	0.40	0.50	0.41	0.41	0.35	1.00											
2002	0.47	0.30	0.47	0.44	0.35	0.31	0.30	0.38	0.32	1.00										
2101	0.35	0.35	0.25	0.33	0.38	0.34	0.33	0.28	0.41	0.27	1.00									
2201	0.45	0.41	0.41	0.47	0.45	0.39	0.38	0.44	0.43	0.40	0.38	1.00								
2303	0.36	0.25	0.38	0.40	0.29	0.26	0.25	0.34	0.28	0.36	0.22	0.33	1.00							
2317	0.36	0.24	0.38	0.39	0.29	0.25	0.23	0.33	0.26	0.37	0.25	0.35	0.49	1.00						
2330	0.36	0.23	0.41	0.39	0.28	0.24	0.22	0.33	0.25	0.39	0.18	0.31	0.65	0.54	1.00					
2501	0.45	0.42	0.36	0.45	0.47	0.43	0.42	0.38	0.48	0.39	0.43	0.46	0.31	0.32	0.31	1.00				
2603	0.41	0.33	0.39	0.42	0.37	0.32	0.31	0.38	0.32	0.39	0.29	0.41	0.32	0.30	0.32	0.37	1.00			
2705	0.41	0.42	0.32	0.41	0.45	0.41	0.41	0.34	0.44	0.31	0.38	0.43	0.28	0.27	0.25	0.46	0.35	1.00		
2801	0.50	0.38	0.44	0.49	0.42	0.38	0.38	0.42	0.38	0.41	0.32	0.48	0.40	0.39	0.40	0.48	0.41	0.44	1.00	
2903	0.50	0.44	0.38	0.54	0.45	0.42	0.40	0.40	0.41	0.39	0.37	0.46	0.32	0.31	0.30	0.47	0.39	0.48	0.46	1.00

資料來源：作者整理

1-14
提高報酬：指數成長法則

◎ 指數成長法則

財富的成長不是以加法增加，而是以乘法增加，因此是一個複利過程，即一個指數成長過程。股市的累積投資報酬就是一個複利過程。複利有原子彈的威力，舉證如下：

- ✓ **證據 1**：元大台灣卓越 50 證券投資信託基金（簡稱元大台灣 50，臺證所：0050）是在 2003 年 6 月 25 日成立的指數股票型基金（ETF），成立日發行價格為新台幣 36.98 元。2023 年 7 月 11 日收盤 129.2 元，年化報酬率約 6.5%。投資人甚麼都不用做，累積報酬率 249%。
- ✓ **證據 2**：SPY 是以複製 S&P 500 Index 的市場表現為投資目標的 ETF（指數型基金），在 NYSE 掛牌，是美國 ETF 中交易最熱絡的標的之一。圖 1-40 顯示，從 1993 年 2 月的 44.4 元，到 2023 年 7 月的 440.6 元，年化報酬率 7.9%（不含現金股利）。
- ✓ **證據 3**：有一檔美國股市的共同基金，在 60 年內淨值成長了 1,179 倍，這很驚人嗎？一點也不。因為從年化報酬率來看，只有 $1{,}179^{1/60}-1=1.125-1=0.125=12.5\%$。美國股市在這段期間年化報酬率大約 10%，因此 12.5%並不驚人。
- ✓ **證據 4**：台灣有一家企業，500 萬起家，30 年下來，變 2,500 億，成長 50,000 倍。但其實只要這家公司每天成長 0.1%，30 年下來就能成長 5 萬倍。

圖 1-40 以複製 S&P 500 Index 的市場表現為投資目標的 ETF（指數型基金）

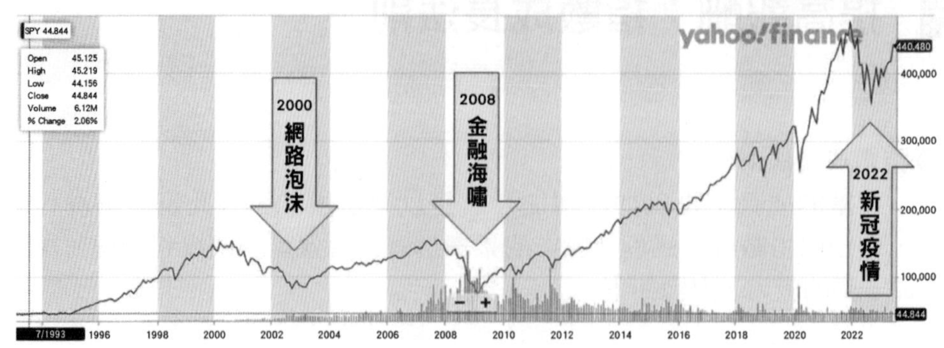

資料來源：作者整理

◎ 投資凡人、達人與神人的差異就在每天 0.03%（圖 1-41）

如果我們把投資人分成三級，並假設其每天的報酬率分別為 0.03%, 0.06%, 0.09%，則一年（250 交易日）下來的報酬率分別為 7.8%、16%、25%。這大約就是投資凡人、達人與神人的年化報酬率。當時間拉長到 30 年，其累積資產分別為 9.5 倍、90 倍、851 倍。將凡人的每天的報酬率 0.03%提升到 0.06%和 0.09%，就可以變成投資達人與神人（巴菲特等級）。驚人吧？

圖 1-41 投資凡人、達人與神人的差異就在每天 0.03%

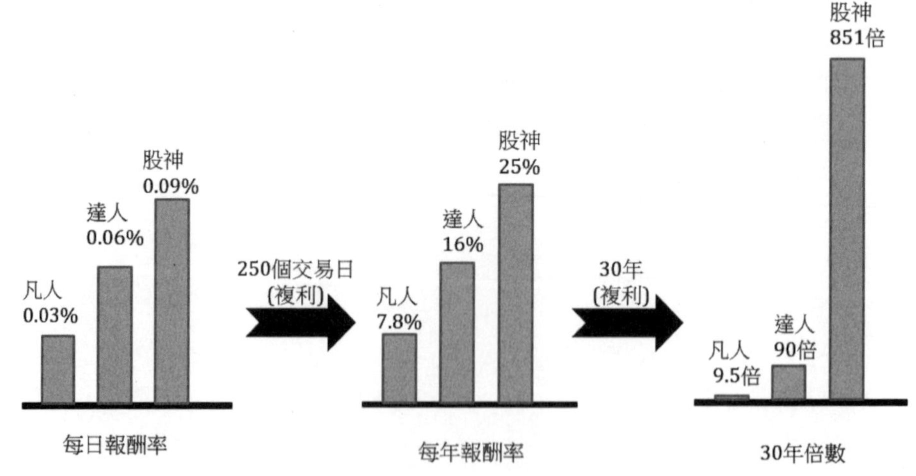

資料來源：作者整理

但指數成長過程反過來就成了指數衰減法則。假設每天大盤本身約有 0.03%的報酬率，30 年有（1+0.03%）^{30*250}＝9.5 倍

✓ 假設 A. 每天比大盤多 0.03%的報酬率
30 年有（1+0.03%）^{30*250}＝9.5 倍
所以當初的一塊錢投資會變成 9.5×9.5＝90 元
相反的…

✓ 假設 B. 每天比大盤少 0.03%的報酬率
30 年有（1-0.03%）^{30*250}＝0.105

所以當初的一塊錢投資會變成 9.5×0.105＝1 元（還沒扣掉交易成本與通膨）

圖 1-42 顯示，不同年報酬率下，30 年的累積財富。在第 10 年、20 年股神與凡人差距不過 2.9 倍、8.2 倍，要到 30 年才有 23.6 倍，可見即使股神也需要長時間投資才能拉開與凡人的距離。當投資時間拉長到 60 年時，這個差距拉開到 557 倍。

圖 1-42 不同年報酬率下，30 年的累積財富

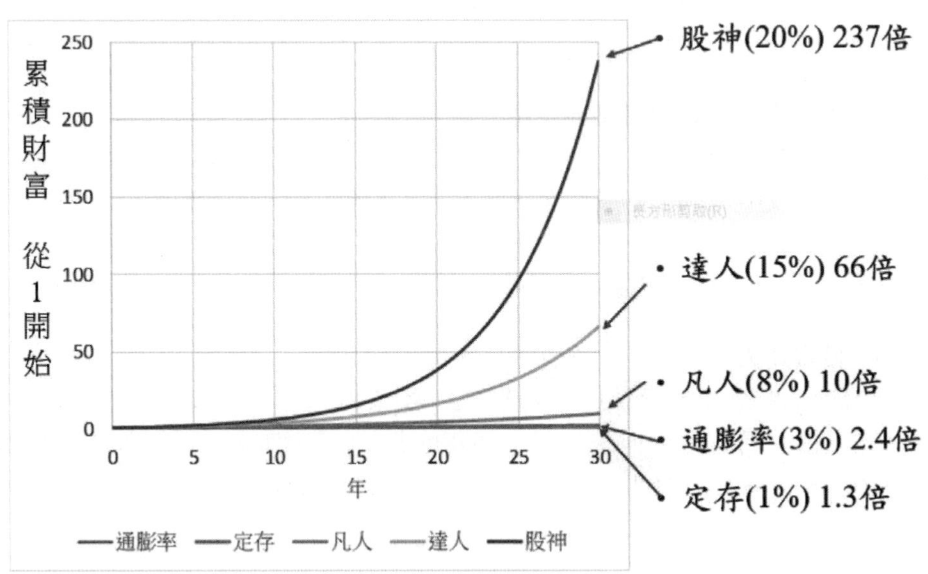

資料來源：作者整理

◎ 從多勝到必勝之法則

如果你有一個方法每年的超額報酬率是 7.5%，其報酬率的標準差 19%，那麼每天的超額報酬率平均值只有 7.5%／250＝0.03%，標準差則有 19%／$\sqrt{250}$＝1.20%，這是否微不足道？

- **一天的資訊比**

$$\frac{\mu_{day}}{\sigma_{day}}=\frac{0.03\%}{1.2\%}=0.025 \qquad (1\text{-}19)$$

對常態分佈而言，日超額報酬率在這個資訊比下，大於 0 的機率 51.0%。

- **十年（2500 個交易日）的資訊比**

$$\frac{\mu_N}{\sigma_N}=\frac{N\cdot\mu_{day}}{\sqrt{N}\cdot\sigma_{day}}=\sqrt{N}\cdot\frac{\mu_{day}}{\sigma_{day}}=\sqrt{2500}\cdot\frac{0.03\%}{1.2\%}=1.25 \qquad (1\text{-}20)$$

對常態分佈而言，十年超額報酬率在這個資訊比下，大於 0 的機率 89%。但別忘了股市年報酬率有「均值回歸」現象，因此實際機率接近 100%。

◎ 別忘了通膨：實質的財富成長率

✓ 投資凡人

表面上股市報酬率約 7%至 8%，但再扣除 （1） 交易成本 （2） 稅 （3） 通貨膨脹，實質的財富成長率只有約 3%至 4%。假設財富成長率 3%，30 年下來，1 元的財富會變成 2.4 元。

✓ 投資達人

因此，投資人無不想提高報酬率。如果能把年報酬率從 8%提高到 15%（已扣交易成本，但未扣稅、通貨膨脹），再扣稅、通貨膨脹，則實質的財富成長率大約 10%，30 年下來，1 元的財富會變成 17.4 元。達人與凡人相差 7.2 倍。

◎ 別忘了再投資率：有效的財富成長率 — 投資學之外的人生哲學

前述的討論背後都有一個關鍵假設：賺的錢要繼續投資。但我們很難要求賺到的錢完全不消費 30 年，這也有違人性。但把賺到的錢消費掉一定會降低財富累積的速度。

✓ **企業**

如果股東權報酬率（ROE）＝10%，把賺的錢拿一半發現金股利，剩下一半再投資，那麼企業的淨值（股東權益）實質成長率只有 5%。

實質成長率＝再投資率×獲利率＝50% ×10%＝5%（1-21）

✓ **個人**

同理，如果你個人每年賺 10%，把賺的錢花掉一半，剩下一半再投資，那麼你的長期財富實質成長率只有 5%。

實質成長率＝再投資率×獲利率＝50% ×10%＝5%（1-22）

但理財時也不能剝削青春，原則上，年輕時再投資率應該高一點，老年時低一點。然而再投資率應該多少，這是個人生哲學問題。兩個用年齡決定再投資率的方法如下：

✓ **方法 1：再投資率＝50%＋30%×（80-年齡）／50**

30 歲、50 歲、80 歲時的再投資率分別為 80%、68%、50%。

✓ **方法 2：再投資率＝30%＋50%×（80-年齡）／50**

30 歲、50 歲、80 歲時的再投資率分別為 80%、60%、30%。

◎ 別忘資金的實際投入率

前述的討論背後都還有一個關鍵假設：全部的錢都投資。如果我們只投入部份資金，那麼複利效果就要大打折扣。

實質成長率＝資金投入率×獲利率　（1-23）

例如投資人雖擁有 100 萬，如果只投入市場 60 萬，其餘 40 萬在睡覺（報酬率 0）。即使投入市場的 60 萬的年報酬率跟巴菲特一樣是 20%，則

實質成長率＝資金投入率×獲利率＝60% ×20%＝12%

1-15
降低風險：大數法則

◎ 大數法則

大數法則是描述相當多次數重複實驗的結果的法則。根據這個法則，樣本數量越多，其算術平均值就有越高的機率接近期望值。以丟骰子為例，點數有可預測性嗎？有，丟越多次骰子，越能預測。圖 1-43 橫軸為丟骰子次數的對數尺度，縱軸是丟骰子的點數的期望值，因為點數為 1 到 6，故期望值（水平線）為 3.5 點：

骰子點數期望值＝（1＋2＋3＋4＋5＋6）／6＝3.5

用電腦模擬丟 10,000 次骰子，可以計算出點數的標準差。圖 1-43 的上下曲線是一倍標準差的範圍。隨著丟骰子次數的增加，一倍標準差的範圍越來越小，也就是點數的期望值已逐漸化不確定為確定。

圖 1-43 丟骰子為例，點數有可預測性嗎？有，丟越多次骰子，越能預測。

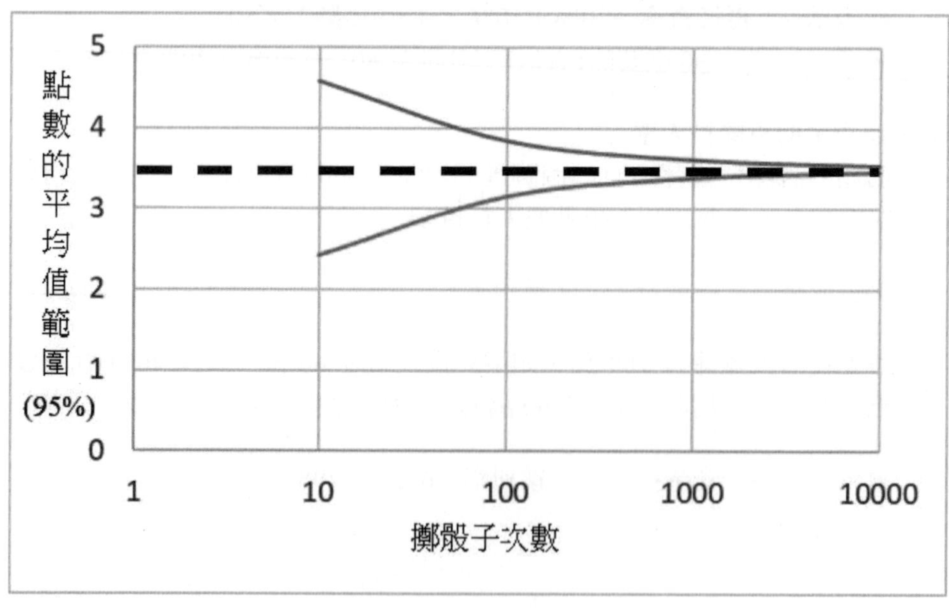

資料來源：作者整理

大數法則的應用很普遍，例如民調如果取樣跟丟骰子一樣是隨機的，那麼「量小不準，量大必準」。同理，大數法則也可應用在降低股市的「風險」上。

◎ 股票檔少不穩，檔多必穩。

因此投資人要遵守「分散持股」的紀律，不要取巧全押兩三支股票。試問，巴菲特曾經全押兩三支股票嗎？

◎ 持股短期不穩，長期必穩。

因此投資人要遵守「持續投資」的紀律，不要取巧三天打魚，兩天晒網。試問，巴菲特曾經一日中斷投資嗎？

圖 1-44 顯示持續投資與分散持股如何消散投資的風險：

◎ 分散持股

圖 1-44 的橫軸為持股的檔數，縱軸是剩餘風險相對總風險的大小。最上方的曲線為投資 1 年下，持股的檔數與剩餘風險的關係曲線。可見分散持股的檔數越多，剩餘風險越小。分散持股檔數增加而消除的風險為「非系統風險」，其效果隨檔數增加而逐漸遞減。

◎ 持續投資

圖 1-44 還有其他曲線，分別是持續投資 3、5、10、15、20、30 年下，持股的檔數與剩餘風險的關係曲線。可見持續投資年數越多，剩餘風險越小。持續投資年數增加而消除的風險為「系統風險」，其效果也隨年數增加而逐漸遞減。

圖 1-45 顯示持續投資與分散持股如何消散投資的風險。分散持股是股市橫軸（股票軸）的多元分散，而持續投資是股市縱軸（時間軸）的多元分散。

圖 1-44 持續投資與分散持股如何消散投資的風險

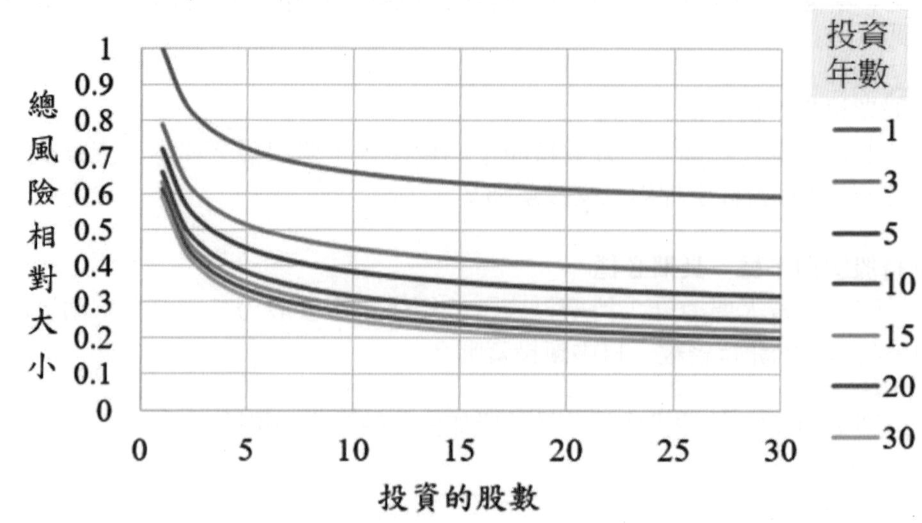

資料來源：作者整理

圖 1-45 持續投資與分散持股如何消散投資的風險

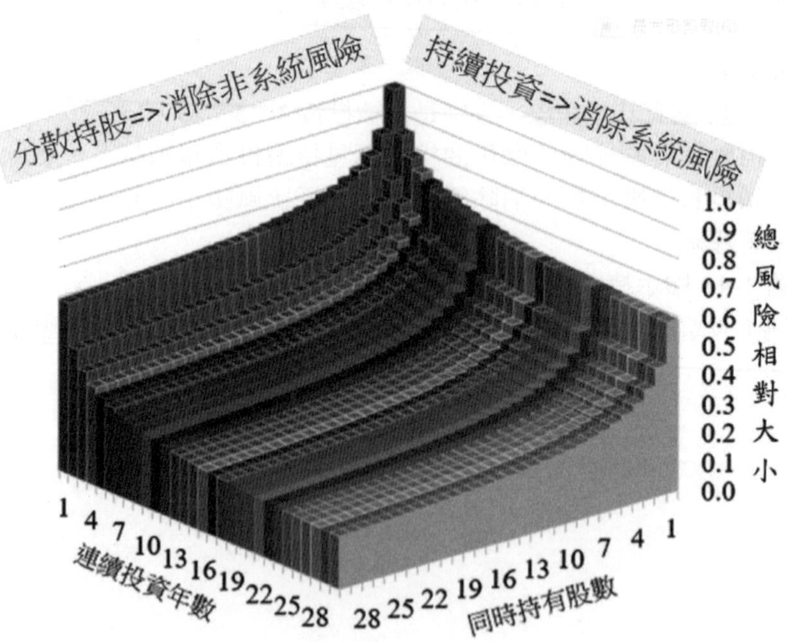

資料來源：作者整理

1-16
對投資人的忠告

◎ 股市與良田

良田努力耕耘當然會提高收穫，但有其極限。當地力的發揮接近極限，更多的耕耘只是浪費力氣。股市跟良田一樣，投入心力研究當然會提高報酬，但有其極限。當投資策略的發揮接近極限，更多的心力只是浪費力氣。

圖 1-46 解釋了一般投資人投入心力研究股票與獲得的報酬率之關係（學習曲線），我們把它分成幾個階段：

第 1 階段：反效學習

一知半解，自以為是，弄巧成拙，報酬率低於凡人。

第 2 階段：前低效學習

開始有一點了解股市，減少犯錯，但犯錯仍比對多。

第 3 階段：前中效學習

學習開始步入正軌，報酬率開始接近凡人。

第 4 階段：高效學習

學習開始全面加速，報酬率開始超越凡人。

第 5 階段：後中效學習

能學得會的知識，幾乎都學了，學習開始減速。

第 6 階段：後低效學習

遇到學習瓶頸，無法突破。

S第 7 階段：無效學習

越學越糟，毫無效果，甚至亂出怪招，產生反效果。

當然每一位投資人的天賦不同，學習的資源不同，學習曲線也會不同，特別是能達到的最高境界（年化報酬率）差異很大。有些人能在遇到學習瓶頸而無法突破之前就成為投資達人（15%），有些人或許終生最高境界無法突破 10%。有些人能在 5 年內成為投資達人，有些人或許要 20 年。投資人的天賦是天生，但優良的學習資源可以提升投資人能達到的最高境界，並加速這個過程。本書就是要扮演優良學習資源的腳色。

圖 1-46 投入心力研究與報酬率的關係（學習曲線）。

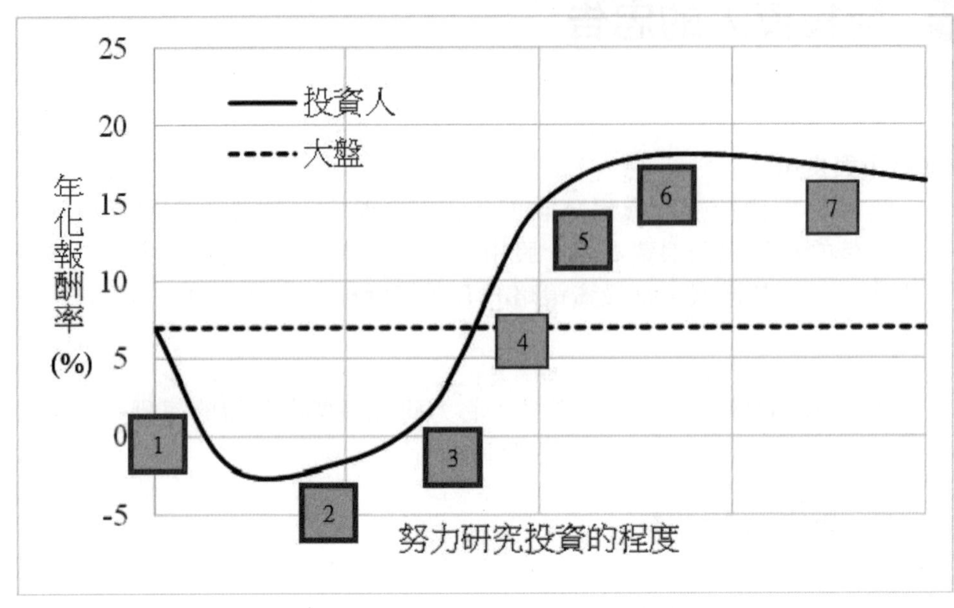

資料來源：作者整理

◎ 股票投資的四境界

- 沒看到山：只看見股票非本質的部份（價格）
- 見山是山：看到了股票本質的部份（價值）
- 見山不是山：重新發現股票非本質的部份（價格）
- 見山還是山：能把股票的本質（價值）與非本質（價格）部份結合。

◎ 股票投資與個性

怎樣的性格最適合投資股？答案就在行為財務學中的「展望理論」（Prospect Theory）。它是指，在股票投資中，人們會因為損失規避、確定效應、反射效應和參照依賴等心理因素，做出與理性模型不一致的決策。例如：

- **損失規避**

是指人們對損失的痛苦感覺比對收益的喜悅感覺更強烈。在股票投資中，這意味著投資人在面臨虧損時，會更加不願意放棄虧損的股票，即使這些股票的預期未來損失會擴大。即俗稱的住套房。

- **確定效應**

是指人們傾向於選擇確定的收益，而不是可能獲得更高收益但也可能虧損的機會。在股票投資中，這意味著投資人在面臨不確定的投資機會時，會傾向於選擇風險較低的投資。

- **反射效應**

是指人們在面臨損失的不確定性時，會比在面臨收益的不確定性時更傾向於承擔風險。在股票投資中，這意味著投資人在虧損的股票上，會更願意加碼買進，以期挽回損失。即俗稱的攤平。

- **參照依賴**

是指人們在做出決策時，會以某個參照點為基準。在股票投資中，這意味著投資人會以買入股票的價格為參照點，在股票上漲時願意賣出，在股票下跌時不願意賣出，而不管當初買入的價格是否高過股票的內在價值。

了解展望理論，可以幫助投資人更好地理解自己的投資行為，並做出更理性的投資決策。展望理論中，**損失規避**是指人們對損失的痛苦感覺比對收益的喜悅感覺更強烈。圖 1-47 的 X 軸為投資人投資的虧損或者獲利，Y 軸為投資人心理的痛苦或快樂。一般投資人具有兩個特性：

- **坡度鈍化效應**

投資人無論投資虧損或者獲利，隨著虧損或者獲利的擴大，心理上的痛苦或快樂的增幅逐漸變小。特別是超過某個門檻後，更是如此。例如賺到第二個 100 萬，其快樂的強度遠比賺到第一個 100 萬小；同理，賠掉的第二個 100 萬，其痛苦強度遠比賠掉的第一個 100 萬小。

- **不對稱坡度效應**

投資人對投資虧損與獲利在心理上的痛苦或快樂的坡度總是不對稱，前者遠大於後者。例如賠掉 100 萬，其痛苦的強度遠比賺到 100 萬的快樂大。

上述兩個效應對理性投資決策都是不利的。因此，怎樣的性格最適合投資股？答案是股票漲 1%的快樂等於跌 1%的痛苦的人。這樣的人比較不會因為股票下跌而恐慌，或因為股票上漲而貪婪，而較能以理性做出正確的投資決策，堅持持續投資，這些都有利於提高投資報酬。

展望理論可以用來解釋以下一些常見的股票市場現象：

- **處分效應**

投資人在獲利的股票上，會更傾向於賣出，以落袋為安。

- **追漲殺跌**

投資人在股票上漲時，會更願意買進，在股票下跌時，會更願意賣出。

- **從眾行為**

投資人會傾向於跟隨其他人的投資行為，即使這些行為是錯誤的。

圖 1-47 展望理論（Prospect Theory）的投資人損失規避現象。

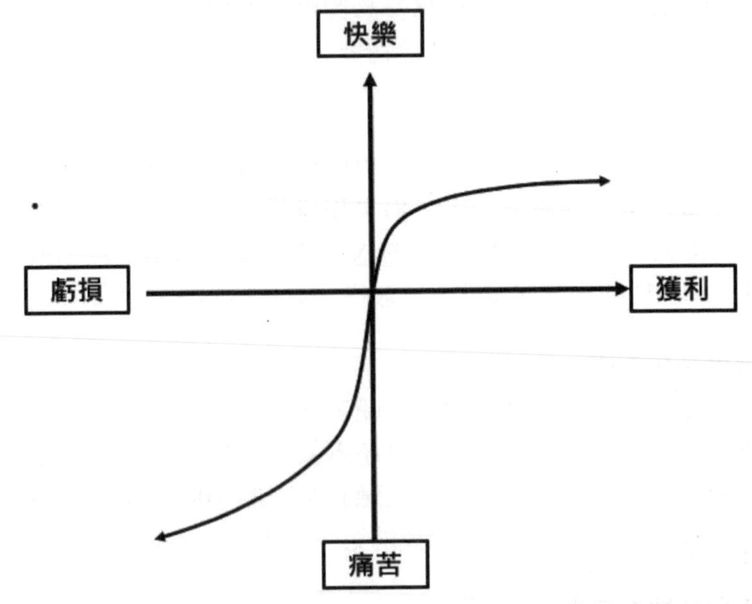

資料來源：作者整理

然而個性常是天生，江山易改，本性難移。在此提供一個克服的方法：當投資人在自評投資績效時，只要以下兩個條件之一成立就在「心理上」宣稱投資成功：

- ✓ **股市大盤當日報酬率＞0**
- ✓ **自選投資組合當日報酬率＞股市大盤當日報酬率**

這樣即使選股能力跟亂猜一樣，理論上，有 3／4 的日子可以宣稱投資成功。如果選股能力比亂猜好，很可能有 4／5 的日子心情都很愉快。更重要的是即使遇到股市空頭時期，個股天天下跌時，如果選股得當，仍有 50%以上的機會自選投資組合當日報酬率會高於股市大盤當日報酬率，依然可以在「心理上」自認投資成功，保持投資信心。這有助於投資人坦然面對股市漲跌，做出理性的投資決策。

至於遇到股市上漲就擔心下跌，下跌就更加崩潰的人，作者建議他遠離股市，因為他無法承擔適度的風險，做出理性的投資決策。

1-17 對投資人的啟發：投資六大基本原則

本章以統計學分析股票報酬率的特性，啟發了以下投資原則：

✓ 原則 1. 值得投資原則

（1）股市長期向上，中有劇烈起伏。

（2）股市年報酬率經常會均值回歸。

因此，股市值得投資，但要注意風險。

✓ 原則 2. 分散投資原則

（1）這世界上沒有一定會漲或跌的股票。

（2）投資人應該分散持股以消除非系統風險。

因此，為了消除非系統風險投資，組合應該包含 10 至 30 支股票。手上有 20 支股票，一支地雷股又如何？

✓ 原則 3. 持續投資原則

（1）這世界上沒有一定漲或跌的年份。

（2）投資人應該持續投資以消除系統風險。

因此，為了消除系統風險，投資股市期間至少連續 10 年，最好永續投資股市。持續投資 20 年，中間遇到一隻黑天鵝又如何？

✓ 原則 4. 資金可持續原則

（1）股市有劇烈起伏，20 年內最差的一年跌幅可能超過 50%。

（2）雖然股市報酬率有均值回歸現象，但不能排除空頭長達3年的可能。

因此，為了能作到持續投資，投資的資金必須具有可持續性，才能愛熬多久就多久，撐過空頭期！

✓ 原則 5. 資金再投資原則

（1）複利效果的先決條件之一是獲利要再投資。

（2）實質成長率＝再投資率×獲利率。

因此，為了充份利用複利效果，不能賺了就立即消費，必須有足夠高的再投資率。

✓ 原則 6. 資金投入率原則

（1）複利效果的先決條件之一是資金要實際投入。

（1）實質成長率＝資金投入率×獲利率

因此，為了充份利用複利效果，不能使用高風險的投資方法，必須使用能安心把很高比例資金投入的投資方法，保持高資金投入率。

第二章
CH.02

選股還是擇時，這是首要問題

股市解剖 2：選股與擇時策略

投資股票就跟打籃球一樣，投籃進框的方法不只一種，可以遠射，亦可擦板。投資股票也可以有很多種策略。本章會深入探討選股、擇時這兩種策略的報酬潛力，幫助投資人邁出正確的第一步。

2-01 股票投資策略的分類：被動投資與主動投資

投資股票就跟打籃球一樣，投籃進框的方法不只一種，可以遠射，亦可擦板。投資股票也可以有很種方法，其分類如圖 2-1。

◎ 被動投資

被動投資旨在追蹤特定市場指標的表現，例如標準普爾 500 指數或 MSCI 世界指數。被動投資者不試圖選股或擇時，而是透過購買指數基金或交易所買賣基金（ETF）來投資一籃子股票。

被動投資的優點包括：

(1) 成本較低：成本通常比主動投資低，因為被動投資者不需要支付基金經理的費用來選股或擇時。
(2) 簡單易行：不需要分析或研究股票與股市，因此適合沒有能力或時間研究分析的投資人。
(3) 分散風險：透過投資一籃子股票來分散風險，降低投資風險。

被動投資的缺點包括：

(1) 無法跑贏市場：只追蹤市場的表現，無法跑贏市場。

(2) 無法避免市場波動：績效會隨市場波動而波動。

◎ 主動投資

主動投資旨在透過證券分析來選出優質的股票（選股），並且（或者）在合適的時機買進和賣出股票（擇時）。主動投資者認為，他們可以透過選股和擇時來擊敗市場，獲得比市場平均更高的回報。

主動投資的優點包括：

(1) 可能跑贏市場：有機會透過選股和擇時來擊敗市場，獲得更高的回報。

(2) 可以滿足偏好：投資人可以根據自己的投資目標和偏好來調整投資策略，例如根據自己的風險承受能力，選擇偏積極或偏保守的投資策略。

主動投資的缺點包括：

(1) 成本較高：成本比被動投資高，因為主動投資者需要自己花費心力研究，或者支付基金經理的費用來選股和擇時。

(2) 決策風險：投資人可能會做出錯誤的決策，導致擴大投資損失。

圖 2-1 股票投資策略的分類：被動投資與主動投資

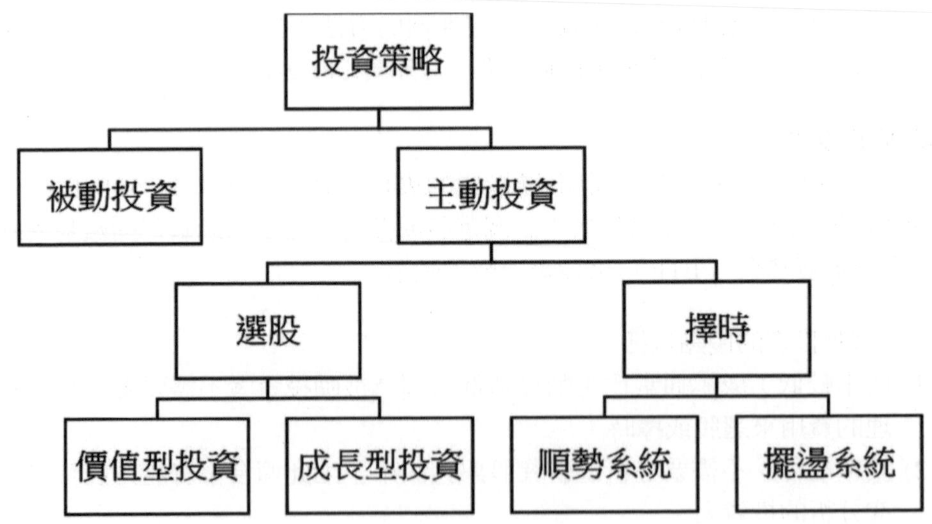

資料來源：作者整理

2-02
主動投資策略的分類：選股與擇時

股市在時間軸上有上漲下跌的日子，在股票軸上有上漲下跌的股票，形成了縱斷面（時間軸）與橫斷面（股票軸）的變化（圖 2-2）。這兩種變化讓投資者有兩種主動投資的方法：

◎ 選股

選股是指透過研究和分析股票的相關資訊來選出優質的股票。選股的目的是找到具有良好基本面和成長潛力的股票。投資者可以根據以下因素來選股：

(1) 公司財報：包括公司盈利、營收狀況等。
(2) 產業趨勢：包括行業發展前景、競爭格局等。
(3) 技術分析：包括個股的股價與成交量走勢、技術指標等。

◎ 擇時

擇時是指透過研究和分析市場趨勢，在合適的時機買進和賣出股票。擇時的目的是找到買進和賣出的最佳時機。投資者可以根據以下因素來擇時：

(1) 技術分析：包括市場與個股的股價與成交量走勢、技術指標等。
(2) 宏觀經濟：包括經濟增長、失業率、通貨膨脹等。
(3) 公司財報：包括市場與公司盈利、營收趨勢等。

選股和擇時是兩種完全不同投資策略，選股可以幫助投資者鎖定優質的股票，而擇時可以幫助投資者在合適的時機買進和賣出股票。然而，選股和擇時都不容易。選股的困難在於，即使投資者能從財報等資訊就準確判斷出誰是優質公司，但市場可能早已給這些公司很高的股價，好公司未必是好股票，這些公司的股票未必能讓投資人擊敗市場。擇時的困難在於，投資者可能無法準確預測市場趨勢，而錯過最佳的買賣時機，或者在未來遇到不可預期的突發事件，使原本合理的預測失效。因此，投資人在進行選股和擇時時，要做好風險管理，隨時做好應對不可避免的市場波動，以及可能發生的決策錯誤，造成投資損失的財務與心理準備。

圖 2-2 主動投資策略：選股（橫斷面）與擇時（縱斷面）

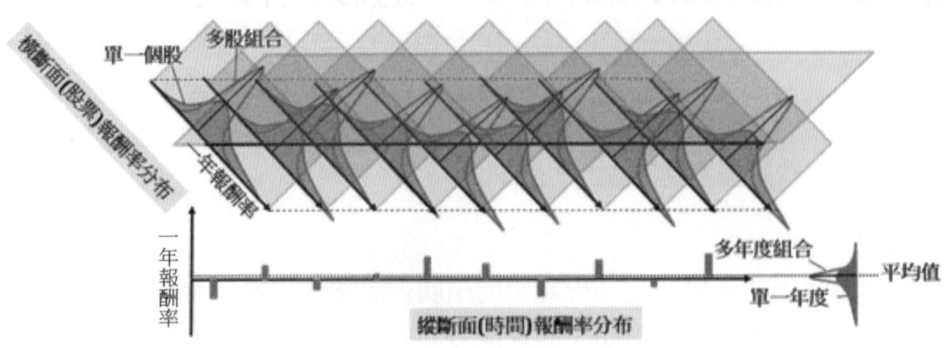

資料來源：作者整理

2-03
股票的主動投資策略：選股

選股是指透過研究和分析股票的相關資訊來選出優質的股票。股票的橫斷面差異產生了選股的機會。例如台灣股市在 2006 年第三季的個股季報酬率分布如圖 2-3。這一季個股的季報酬率平均值＝2.7%，標準差（風險）＝17.2%，算是一個很典型很正常的一季。從圖可以看出，個股的季報酬率差異極大，有相當多的股票報酬率低於 -15%或高於 15%，這種差異產生了選股的機會。

圖 2-4 是一個典型的選股績效圖，它在 2000 至 2016 年，以美國 S&P500 成分股為選股池，用「等權五因子模型」在每個月月初選出 20 股，比較的基準是 S&P 500。圖中縱軸是累積報酬率，起點為 0%，歷經 17 年，大盤的累積報酬率達到 280%（年化報酬率 8.1%），而選股方法高達 1,600%（年化報酬率 18.1%）。雖然選股投資績效高，但會隨著大盤波動。例如在 2000 年網路泡沫、2008 年金融海嘯均損失慘重。

圖 2-3 台灣股市在 2006 年 Q3 的個股季報酬率分佈（平均值＝2.7%，標準差＝17.2%）

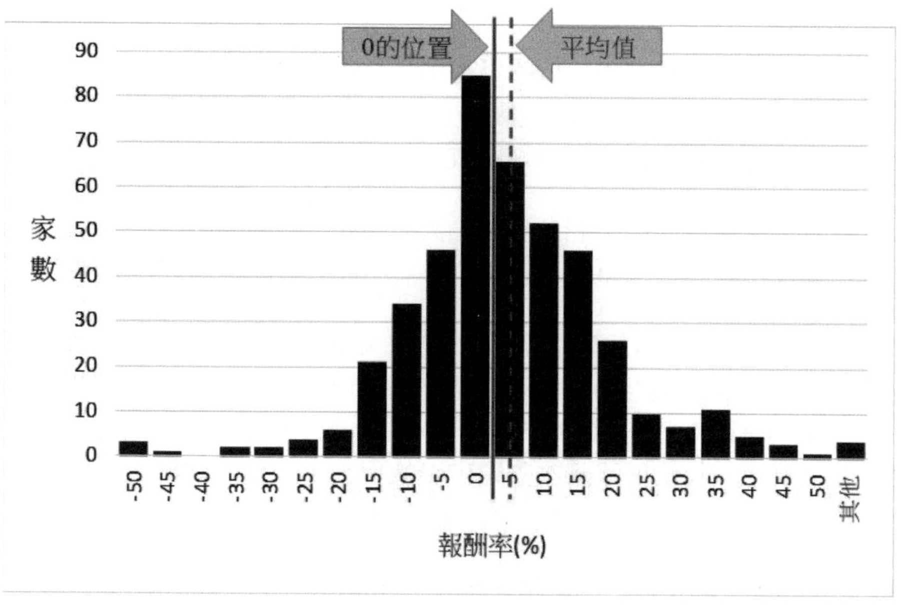

資料來源：作者整理

圖 2-4 等權五因子模型的 20 股選股的累積報酬率：2000 至 2016 年 S&P 500（基準為 S&P500 等權指數）

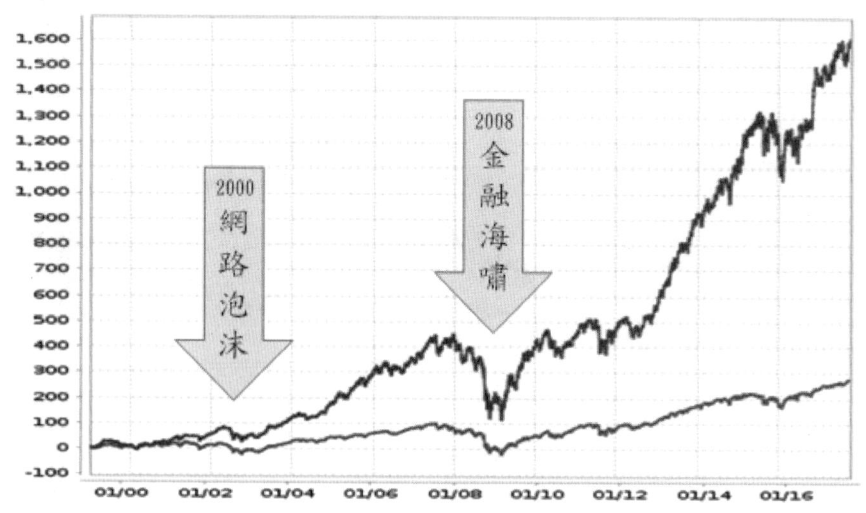

資料來源：作者整理

2-04 股票的主動投資策略：擇時

擇時是指透過研究和分析市場趨勢，在合適的時機買進和賣出股票。股票的縱斷面波動產生了擇時的機會。例如圖 2-5 是一個與圖 2-4 時間軸相同、市場相同的典型的擇時績效圖。它採用以下擇時方法：

✓ 進入市場規則：50 日移動平均大於 200 日移動平均
✓ 離開市場規則：50 日移動平均小於 200 日移動平均

這個擇時方法累積報酬率高達 900%（年化報酬率 14.5%）。雖然其投資績效低於圖 2-4 的選股，但可以避開空頭市場。例如圖中的累積報酬率曲線在 2000 年網路泡沫、2008 年金融海嘯時為水平線，代表系統採取退出市場的空手策略，避免了這兩次空頭市場的損失。但也有許多次系統太晚退出空頭期，也太晚進入反彈期，反而造成更大的損失。

圖 2-5 以移動平均法擇時的累積報酬率：2000 至 2016 年 S&P 500（基準為 S&P 500 等權指數）

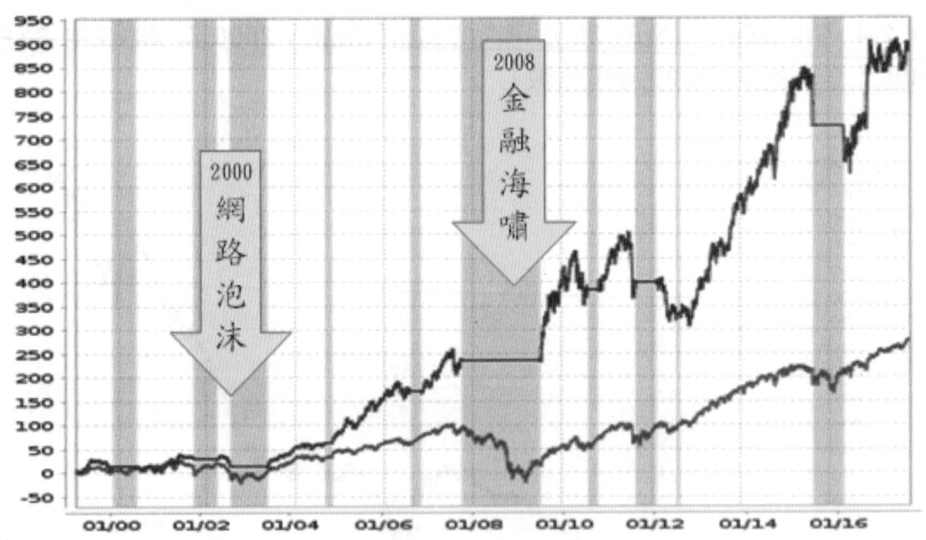

資料來源：作者整理

2-05
選股的報酬率

選股策略的報酬潛力如何呢？為了解釋，在此假設：

- 假設 1： 股市只有 A、B 兩位投資人，他們的資金長期投資股市，但他們選股。也就是會互相買賣交換持股（圖 2-6）。
- 假設 2： 因為只有 A、B 兩位投資人，故 A 多賺超額報酬 α，則 B 少賺超額報酬 α。

故他們將賺得股市報酬 R_m 加或減超額報酬 α，再扣除交易成本 R_{SC}。

A 投資人報酬 R_S（A）＝股市報酬 R_m+超額報酬 α－交易成本 R_{SC}
B 投資人報酬 R_S（B）＝股市報酬 R_m－超額報酬 α－交易成本 R_{SC}

A 與 B 投資人報酬合計：

$R_S(A)+R_S(B) = (R_m+\alpha-R_{SC}) + (R_m-\alpha-R_{SC}) = 2R_m-2R_{SC}$

A 與 B 投資人報酬平均：

$(R_S(A)+R_S(B))/2=(2R_m-2R_{SC})/2=R_m-R_{SC}$

這代表 A 與 B 投資人報酬平均值是「股市報酬 R_m」減去交易成本 R_{SC}，因此還不如股市。

圖 2-6 選股策略的報酬潛力：假設只有 A、B 兩個選股投資人

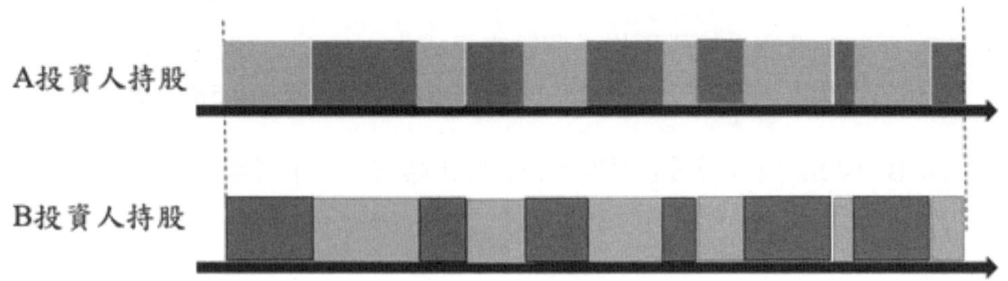

資料來源：作者整理

2-06
擇時的報酬率

股市雖非定存，但也是一種提供資金賺取報酬的投資活動，差別只在風險。提供資金的時間很短，卻企圖賺取很高的報酬無疑是極為困難的。但這卻是很多投資人的心願。

擇時策略的報酬潛力如何呢？為了解釋，在此假設：

- □ **假設 1**：股市只有 A、B1、B2 三位投資人。
- □ **假設 2**：A 投資人的資金長期投資股市，他將賺得該長期的股市報酬
- □ **假設 3**：B1 與 B2 都是趨勢投資人，他們會評估股價趨勢，通過對買賣雙方力量的分析，以技術分析等方法研究股票趨勢，波段操作。
- □ **假設 4**：B1 是慣性投資人，他主張「漲者恆漲、跌者恆跌」，即當漲或跌形成某一趨勢時，會持續一個波段。因此買入最近上漲幅度最大的股價，來獲得高報酬率。
- □ **假設 5**：B2 是反向投資人，他主張「漲多必跌、跌多必漲」，即當股價短期上漲或下跌超過一個合理股價範圍時，終會回到合理範圍。因此買入最近下跌幅度最大的股價，來獲得高報酬率。
- □ **假設 6**：B1 與 B2 的投資策略剛好互補，當 B1 投資人的資金在股市時，B2 投資人的資金不在股市，反之亦然（圖 2-7）。因此他們兩人合計將賺得該長期的股市報酬 R_m。再考慮交易成本，故 B1 與 B2 投資人報酬合計

B1 投資人報酬 R_T（B1）+ B1投資人報酬 R_T（B2）
＝股市報酬R_m－交易成本R_{TC}（$B1$）－ 交易成本R_{TC}（$B2$）

B1 與 B2 投資人報酬平均（假設交易成本 $R_{TC}(B1)=R_{TC}(B2)=R_{TC}$）
（R_T（$B1$）+R_T（$B2$））/2＝（$R_m-R_{TC}-R_{TC}$）/2＝$0.5R_m-R_{TC}$

這代表 B1 與 B2 投資人報酬平均值只有股市報酬的一半再減去，遠不如股市。

圖 2-7 擇時策略的報酬潛力：假設只有被動投資人 A 與 B1、B2 兩個擇時投資人

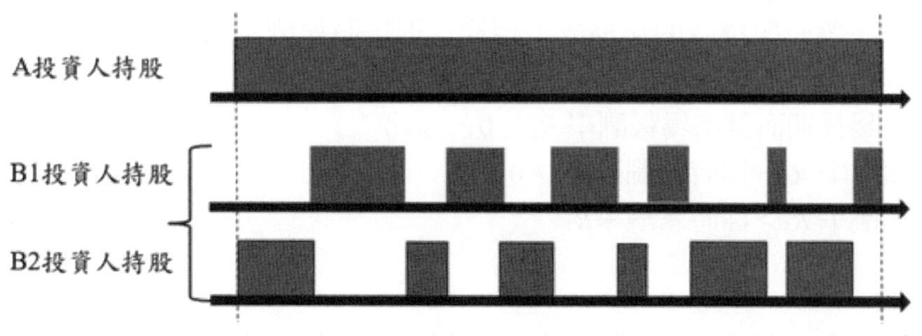

資料來源：作者整理

2-07 選股與擇時的報酬率比較

◎ 選股報酬率

選股報酬率＝市場報酬率＋選股超額報酬率 － 選股交易成本

$$R_S = R_m + \alpha - R_{SC}$$

如果無選股能力，即 $\alpha = 0$，則

$$R_S = R_m - R_{SC} < R_m$$

這代表如果無選股能力，選股只是浪費了交易成本，報酬不如大盤。

◎ 擇時報酬率

擇時報酬率＝持股機率×（市場報酬率＋擇時超額報酬率）－擇時交易成本

$$R_T = p \cdot (R_m + \gamma) - R_{TC}$$

如果無擇時能力 $\gamma = 0$，持股機率 $p = 0.5$

$$R_T = 0.5R_m - R_{TC} < R_m$$

這代表如果無擇時能力，擇時報酬只有股市報酬的一半再減去交易成本。

◎ **報酬率之比較**

假設選股與擇時的交易成本相等，則選股報酬率與擇時報酬率相減得
選股報酬率 R_S－擇時報酬率 R_T＝（R_m-R_{SC}）－（$0.5R_m-R_{TC}$）＝$0.5R_m$

市場長期而言市場報酬率 $R_m>0$，因此
選股報酬率 R_S－擇時報酬率 $R_T>0$
選股報酬率 $R_S>$擇時報酬率R_T

◎ **結論**

在沒有選股與擇時能力下，選股優於擇時，相差約大盤報酬率的一半。市場長期而言市場報酬率 $R_m>0$ 是擇時不如選股的根本原因。

2-08 選股策略的報酬率：作多／作空

前面已經對選股的報酬潛力做了解說，選股還可分作多與作空兩種，以下解析這兩種策略的報酬潛力。

◎ **作多選股報酬率**

作多選股報酬率＝市場報酬率＋選股超額報酬率 － 選股交易成本

$$R_S(L)=R_m+\alpha(L)-R_{SC}(\mathrm{L})$$

◎ **作空選股報酬率**

作空選股報酬率＝-市場報酬率＋選股超額報酬率－選股交易成本

$$R_S(S)=-R_m+\alpha(S)-R_{SC}(\mathrm{S})$$

◎ **報酬率之比較**

如果選股能力 $\alpha(L)=\alpha(S)=\alpha$，且選股交易成本 $R_{SC}(\mathrm{L})=R_{SC}(\mathrm{S})=R_{SC}$，則

作多選股報酬率 ＝$R_S(L)=R_m+\alpha-R_{SC}$

作空選股報酬率 ＝$R_S(S)=-R_m+\alpha-R_{SC}$

則作多報酬率與作空報酬率相減得

R_S（L）$-R_S$（S）$=2R_m$

市場長期而言市場報酬率 $R_m>0$，因此
R_S（L）$-R_S$（S）>0
故 R_S（L）$>R_S$（S）

◎ 結論

在作多與作空選股能力相等（α（L）$=\alpha$（S）$=\alpha$）下，作多優於作空，相差約大盤報酬率的 2 倍。簡單地說，作多可賺得市場報酬率，而作空卻賠掉市場報酬率，兩者相較差了兩倍市場報酬率。市場長期而言市場報酬率 $R_m>0$ 是作空不如作多的根本原因。

2-09 擇時策略的報酬率：順勢系統／擺盪系統

前面已經對擇時的報酬潛力做了解說，擇時方法還可分順勢系統與擺盪系統兩種，以下解析這兩種策略作多下的報酬潛力。

◎ 順勢系統報酬率

主張「漲者恆漲、跌者恆跌」，即當漲或跌形成某一趨勢時，會持續一個波段。因此買入最近上漲幅度最大的股價，來獲得高報酬率。例如股價或指數短期移動平均線從下方穿越長期移動平均線為買入訊號，從上方穿越為賣出訊號。因此順勢系統在股市有波段漲跌趨勢時績效佳。順勢系統在持有期與空手期的報酬如下：

持有期報酬率＝市場報酬率+順勢系統的超額報酬－擇時交易成本
空手期報酬率＝0

假設持有期與空手期的機率相，都是 0.5。

順勢系統在股市全期的期望報酬
＝0.5×持有期報酬率 +0.5×空手期報酬率
＝0.5×（市場報酬率+順勢系統的超額報酬－擇時交易成本）+0.5×0
＝0.5×（市場報酬率+順勢系統的超額報酬－擇時交易成本）

推論：如果順勢系統要打敗市場

0.5×（市場報酬率+順勢系統的超額報酬－擇時交易成本）＞市場報酬率

順勢系統的超額報酬－擇時交易成本＞市場報酬率

這代表順勢系統的超額報酬在扣除交易成本後，要大於市場報酬率，這在市場上十分困難。

◎ 擺盪系統報酬率

主張「漲多必跌、跌多必漲」，即當股價短期上漲或下跌超過一個合理股價範圍時，終會回到合理範圍。因此買入最近下跌幅度最大的股價，來獲得高報酬率。例如 RSI 指標＜20，股價超跌，為買入訊號，RSI 指標＞80，股價超漲，為賣出訊號。因此擺盪系統在股市處於盤整期時績效佳。擺盪系統在持有期與空手期的報酬如下：

持有期報酬率＝市場報酬率+擺盪系統的超額報酬－擇時交易成本

空手期報酬率＝0

假設持有期與空手期的機率相，都是 0.5。

同理，如果擺盪系統要打敗市場

擺盪系統的超額報酬－擇時交易成本 > 市場報酬率

這代表擺盪系統的超額報酬在扣除交易成本後，要大於市場報酬率，這在市場上十分困難。

2-10 選股與擇時策略市場面比較：選股好於擇時

◎ 選股原理

- ✓ 金融資產的權益建立在實體（企業）資產之上，實體（企業）資產的運作遵循一定的財務原理。選股即基於此一原理，有一定的邏輯。
- ✓ 雖然個股也有一些完全不可預測的問題會在未來發生，但投資組合如果由 20 支股票組成，單一個股的不可預測事件之衝擊有限。

◎ **擇時原理**

- ✓ 市場的價量趨勢確實會透漏一部分基於投資人心理面的市場氛圍。擇時即建立在此，但投資人無法預知未來市場價量趨勢會展現持續性或反向性。
- ✓ 此外，總是有一些完全不可預測的問題會在未來發生，例如 911 事件、新冠疫情。我們沒有預知未來事件的水晶球。

因此，擇時的理論基礎比選股更弱。

2-11 選股與擇時策略心理面比較：選股易於擇時

◎ **選股策略**

- ✓ 定期買、賣股票，買入股價低估股，賣出股價高估股，是一種個股之間的「交換」。
- ✓ 當大盤向上時，股票賺錢，買賣股票的心理衝擊小。當大盤向下時，雖然股票賠錢，賣掉已經賠錢的股票令投資人感到心痛。但此時股價便宜，買入便宜股票可以彌補賣掉賠錢股票的心理衝擊。
- ✓ 即使遇到空頭市場，持股大都賠錢，但持有幾十支股票總是有表現優於大盤的持股，投資人的心理衝擊較小，對選股策略的信心不至於崩潰。

◎ **擇時策略**

- ✓ 不定期買、賣股票，在大盤看多時買入股票，在大盤看空時賣出股票，是一種個股票與現金之間的「交換」。
- ✓ 當大盤向下，季線死亡交叉時，投資人可能因之前在股市多頭嚐了甜頭，這時可能不願相信趨勢已經逆轉，捨不得賣股。相反地，當大盤向上，季線黃金交叉時，投資人可能因之前在股市空頭損失慘重，這時可能沒勇氣買股。這種大買大賣的動作需要極大的決心。
- ✓ 萬一賣掉後，大盤反轉向上，或買入後，大盤反轉向下，投資人無不痛心疾首，心理衝擊巨大，對擇時策略的信心崩潰。

因此，擇時的心理面震撼衝擊遠比選股更劇烈。投資人要有紀律地執行擇時策略要比執行選股策略需要更強大的意志力，但大多數的投資人並沒有這種意志力。

2-12 對投資人的啟發：選股為主

◎ 原則 1. 選股優於擇時

從市場面來看，選股策略好於擇時策略；從心理面來看，選股策略易於擇時策略。不幸的是，對初入股市的投資人而言，擇時那種活蹦亂跳大賺大賠的特性總是十分吸引人，無不夢想自己能擁有非凡的預知未來能力，透過擇時策略大賺。但現實是殘酷的，每年這種夢想破滅者，不知幾凡。

◎ 原則 2. 作多優於作空

作空有可能讓投資人在空頭市場獲利，總是能吸引一批膽子大的投資人。然而基於股市長期趨勢向上的特性，作空比作多更危險，獲利更小。

◎ 原則 3. 選股不擇時，但可以把反映趨勢的慣性因子納入選股因子。

投資人投資股票應該選股不擇時，但可以把反映趨勢的慣性因子納入選股因子，本書的第七章將介紹這種價值投資與趨勢投資合一的投資策略。

因子兵團圍攻效率市場城堡

股市解剖 3：報酬異常與因子投資

因子投資利用具有異常報酬或風險溢酬的因子來建構選股策略，再用選股策略建立投資組合。常用的選股因子包括獲利（profitability）、價值（value）、動量（momentum）、風險（risk）、規模（size）。這些因子對投資組合的報酬、風險、流動性的影響如何？各因子之間是否具有綜效（synergy）？本章帶你探索因子投資與異常報酬的世界。

3-01 投資績效的衡量：報酬、風險與流動性

投資的廣義定義是「為了期望獲利而配置金錢或資金於企業。」（Laying out money or capital in an enterprise with the expectation of profit.）狹義的投資並不包含一般實質資產的投資（那是經理人的事），而只含金融資產的投資（這是投資人的事）。因此投資是拿金錢去換取金融資產（如股票），而金融資產對營利的實質資產（如企業）具有權利，從而獲取更多的金錢。

投資績效的衡量首先當然是報酬，例如年化報酬率。此外，還要考慮風險與流動性（圖 3-1）。報酬的部分在第一章已經談了很多，在此解說風險與流動性。

圖 3-1 投資績效的衡量

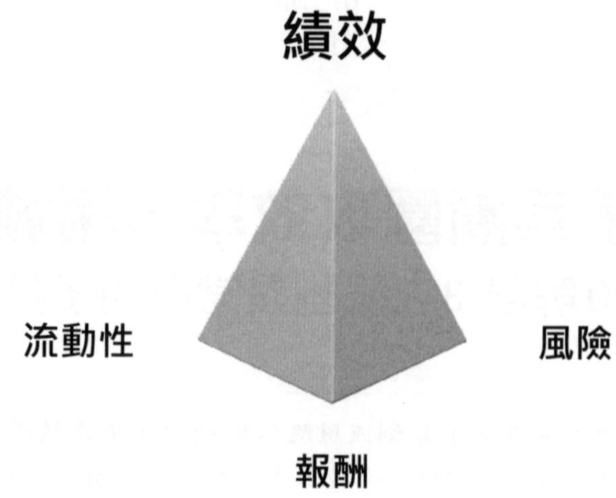

資料來源：作者整理

□ 風險分類

◎ 系統性風險

系統性風險又稱市場風險，或不可分散風險，是指那些影響市場上所有公司的因子導致的風險。系統性風險是由公司外部因子引起的，例如：戰爭、政權更迭、自然災害、經濟週期、通貨膨脹、能源危機、宏觀政策調整等。雖然系統性風險是公司自身無法控制的，但不同的公司對系統性風險的敏感程度不一樣。系統性風險的大小通常用 β 係數來表示。

由於系統性風險影響所有公司，因此系統性風險無法通過投資組合進行有效的分散。系統性風險被稱為不可分散風險很容易引起誤解。事實上，系統性風險可以看成是時間軸上的風險，自然無法用多元投資不同股票來消散風險。但透過持續投資每一個「時期」的市場即可消散時間軸上的風險。

◎ 非系統性風險

非系統性風險又稱非市場風險，或可分散風險，是指那些影響特定公司的因子導致的風險。它是由特殊因子引起的，如企業的高階管理人員的任免、智慧產權訴訟的勝負、產品研發的成敗、競爭對手的進退、工安環安意外、勞資糾紛等。由於非系統性風險只和特定公司有關，不影響其他公司，因此非系統性風險可以透過多元投資組合進行有效的分散。

◎ 實例

有個老奶奶，有兩個兒子，大兒賣鹽，二兒子賣傘。天下雨，老人家就愁大兒子沒法曬鹽；天一晴，老人家又愁二兒子賣不掉雨傘。事實上：晴天賣鹽獲利三兩銀子；雨天獲利一兩銀子。晴天賣傘獲利一兩銀子；雨天獲利三兩銀子。故無論晴天、雨天，全家人永遠獲利四兩銀子，是一個可以完全消除晴雨天影響的投資組合。但仍有景氣風險，景氣差時，無論賣鹽、賣傘都受衝擊。因此對這個老奶奶而言，天氣是非系統性風險；景氣是系統性風險。

□ 系統性風險的衡量（β 係數）

雖然系統性風險是公司自身無法控制的，但不同的公司對系統性風險的敏感程度不一樣。例如股市受到剛公布的景氣數字優於或劣於預期而上漲 1%或下跌 1%，A 公司分別上漲 1.5%與下跌 1.5%，而 B 公司分別上漲 0.5%與下跌 0.5%，可見 A 公司對系統性風險的敏感程度高於 B 公司。

因此可以用股市報酬率為橫軸，個股報酬率為縱軸，繪成散布圖，兩者的關係通常接近一直線，觀察直線的斜率，斜率越大代表個股對系統性風險的敏感程度越高，反之，越低。定量的方法是用單變數迴歸分析，計算其斜率 β_i：

$$R_i = \alpha_i + \beta_i R_M \qquad (3\text{-}1)$$

其中

$R_i = r_i - r_f$

即投資組合的實質報酬率 ＝ 投資組合的名目報酬率 － 無風險報酬率

$R_M = r_M - r_f$

即市場的實質報酬率 ＝ 市場的名目報酬率 － 無風險報酬率

α_i＝超額報酬率。理論上 α_i 應該等於 0，α_i 大於 0，則投資組合享有超額報酬率。

β_i＝系統性風險。

斜率 β_i 可以用來定量衡量個股的系統性風險的大小。係數等於 1 時，代表個股的報酬率與市場平均報酬率呈同比例變化，也就是說，該資產所含的系統性風險與市場組合的風險一致。係數大於（或小於） 1 時，代表個股所含的系統性風險大於（或小於）市場組合的風險。

β_i係數實際計算時面對的問題如下：

✓ R_M如何決定？R_M是 CAPM 理論中的「市場投資組合」的報酬率，但「市場投資組合」是理想中的產物，在現實世界無法找到，一般以當地股票市場指數的報酬率代替。

✓ 樣本頻率與樣本期間：頻率是日資料、週資料、或月資料？取樣的長度為何？一般可取 250 日的日報酬率資料。

圖 3-2 是九個系統性風險的模擬實例，橫軸是大盤的季報酬率，縱軸是投資組合的季報酬率。由上而下假設季超額報酬率 $\alpha = 3\%, 0\%, -3\%$，由左而右假設系統性風險係數 $\beta = 1.5, 1.0, 0.5$。由於 $R_i = \alpha_i + \beta_i R_M$，在 $\alpha_i = 0$ 之下，$R_i = \beta_i R_M$，由於市場的實質報酬率 R_M 長期而言期望值大於 0，因此系統性風險係數會放大投資組合的實質報酬率 R_i。

圖 3-2 系統性風險的模擬實例

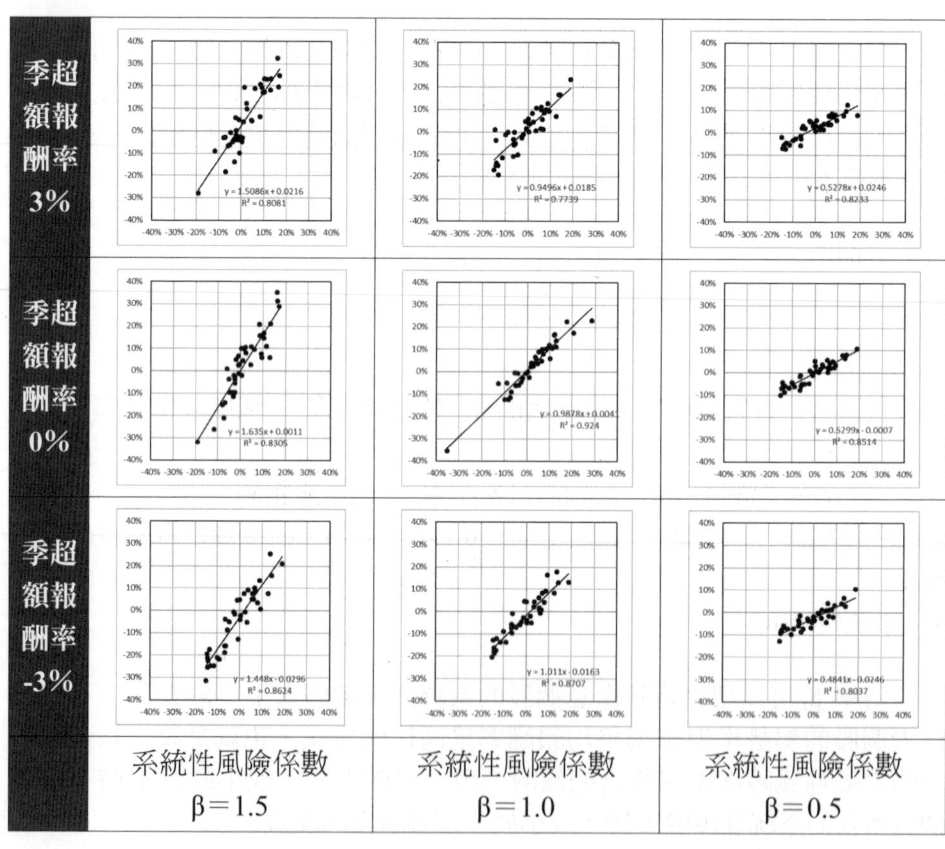

資料來源：作者整理

□ 最大回撤（Maximum drawdown）

在考慮股市投資的風險時，最大回撤是一個很重要的指標。最大回撤是指投資組合從最高點到最低點的下跌幅度百分比。公式如下：

最大回撤 ＝ －（歷史最高點 － 歷史最低點）／歷史最高點　　（3-2）

其中：
歷史最高點：投資組合在某一時間點以來的最高點。
歷史最低點：投資組合在某一時間點以來的最低點。

例如，如果投資組合的歷史最高點是 100，最低點是 40，那麼最大回撤就是（100－40）／100＝60％，也就是投資組合在歷史上曾經下跌過 60％。

最大回撤衡量了在指定時間內，投資組合的價值從最高點到最低點的最大下跌幅度，即資產損失的最大值。影響最大回撤的因素包括：

□ 投資標的：波動性較高的投資標的，最大回撤較大。
□ 投資策略：風險較高的投資策略，最大回撤較大。
□ 投資期間：納入計算的時間越長，最大回撤越大。

最大回撤有助於投資人判斷一個投資策略是否能度過空頭期。例如一個回測結果顯示最大回撤 50％的投資策略，如果採用 2 倍的財務槓桿，它將會面臨破產。二十年的長期投資的典型最大回撤超過 50％。這意味著投資組合的價值會從峰值下跌超過 50％才能恢復。最大回撤越大，代表投資策略在市場下跌時受到的衝擊越大，投資策略的風險越高。

最大回撤也可以用來比較不同投資策略的風險。如果一個投資策略的最大回撤高於另一個，代表前者的風險較高。因此，投資者應該避免最大回撤過高的投資標的與投資策略，以降低投資風險。

圖 3-3 是某一投資策略在 2010 至 2022 年間台灣股市的最大回撤，可以看出在 2020 年的三月初有一個明顯的最大值－33％，這正是 2020 年三月美國疫情擴大所造成的全球性股市恐慌。也就是說在當時買進股票，會虧損 33％後才反彈。

圖 3-3 最大回撤的實例：某一投資策略在 2010 至 2022 年間台灣股市

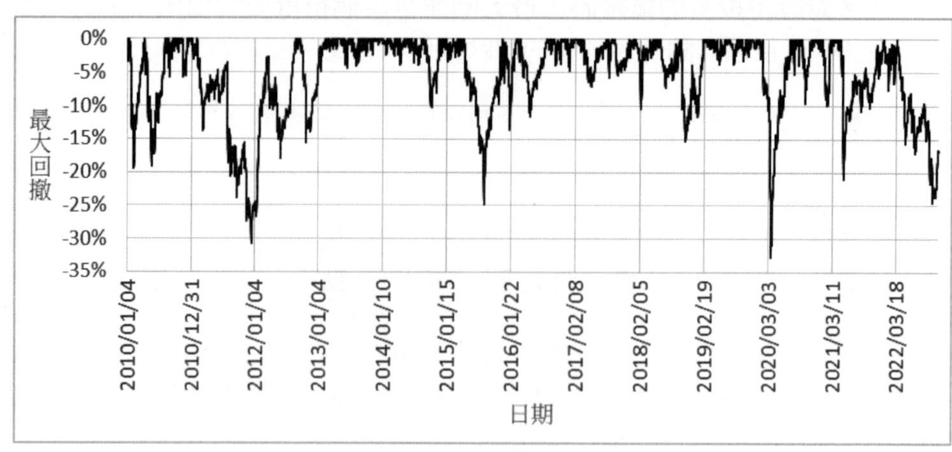

資料來源：作者整理

□ 風險報酬圖

為了同時觀察報酬與風險，可以採用「風險報酬圖」，橫軸是投資組合的風險，例如系統性風險係數（β）或報酬率的標準差，縱軸是投資組合的報酬率，例如年化報酬率。由於投資人總是希望報酬越高越好，風險越小越好，因此左上方是好的投資組合。

圖 3-4 的風險報酬圖中間是基準點，例如大盤或者一個投資組合足夠多元化的 ETF 的績效。投資策略往不同的方向發展分別代表

- ✓ A 方向：報酬增加，但風險也增加，是高風險高報酬策略，適合風險承受度高的投資人。
- ✓ B 方向：報酬增加，而風險不增加，是中風險高報酬策略，是次佳策略。
- ✓ C 方向：報酬增加，且風險也降低，是低風險高報酬策略，是最佳策略，但也是最難達成的策略。
- ✓ D 方向：報酬不增加，而風險降低，是低風險中報酬策略，是次佳策略。
- ✓ E 方向：報酬降低，但風險也降低，是低風險低報酬策略，適合風險承受度低的投資人。

圖 3-4 風險報酬圖

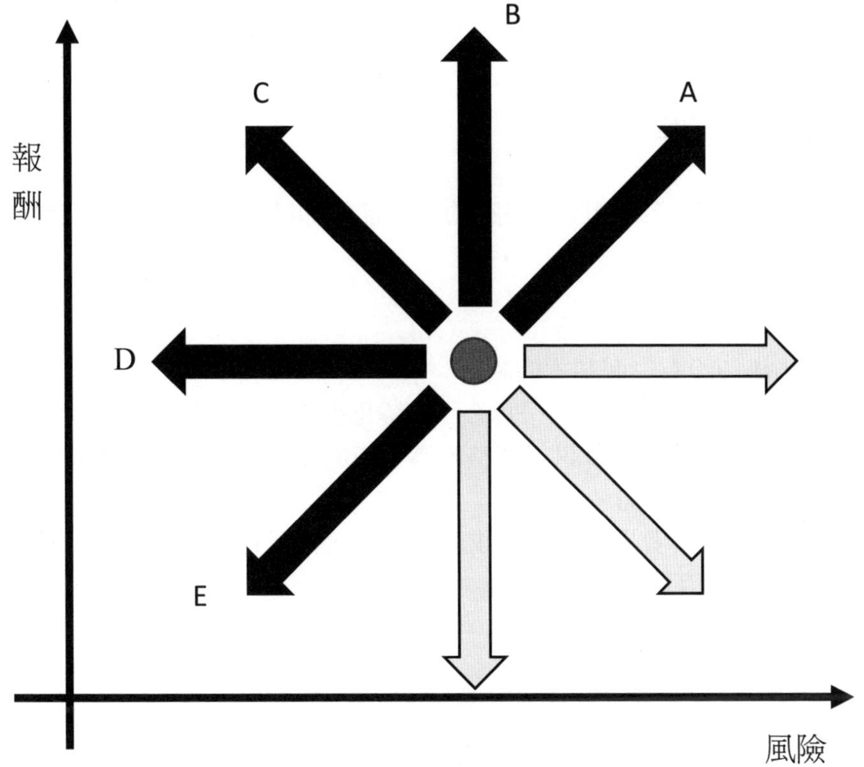

資料來源：作者整理

□ 流動性

任何投資策略都有其「胃納量」，也就是一個原本有效的投資策略在大量使用後，可能會變得無效。例如一個選出股票以冷門小型股為主的投資策略其胃納量可能很小。而一個選出股票以熱門大型股為主的投資策略其胃納量就會大得多。

3-02
效率市場假說：學術的堡壘

A. 效率市場假說的定義與假設

□ 定義

市場中所有可能影響股票漲跌的因子都能即時且完全反應在股票漲跌上面。

□ 基本假設

效率市場假說有三個基本假設：

(1) 新資訊的出現是呈隨機性，即好、壞資訊是相伴而來的。

(2) 市場能立即反應新的資訊，調整股價至新的價位。因此股價隨資訊的隨機發生而呈隨機走勢。

(3) 市場上多數投資者是理性且追求最大利潤，而且每人對於股票分析是獨立的，不會相互影響。

B. 效率市場假說的論證

有人從三段式論證，為效率市場假說辯護：

(1) 論證一：投資人是理性的，可以對新資訊作出即時且適當的反應，因此股票價格始終維持在合理價格。

(2) 論證二：即使論證一不正確，有許多投資人不是理性的，這些非理性投資人對新資訊作出過度樂觀或悲觀的買賣決策，但他們的決策對價格的影響互相抵消，因此股票價格始終維持在合理價格。

(3) 論證三：即使論證一、論證二不正確，有許多投資人不是理性的，且他們的決策對價格的影響無法互相抵消，但由於這些非理性的投資人會因為對資訊的非理性決策而在交易中受損，因此長期下來其擁有的投資資金減少，最終退出市場。因此長期而言，股票價格仍可維持在合理價格。

事實上，仔細檢視上述三段式論證就可以發現：

(1) 論證一：認為股票價格始終維持在合理價格，未曾一刻偏離合理價格。

(2) 論證二：認為股票價格經常維持在合理價格，但承認市場可能短暫、局部地偏離合理價格。

(3) 論證三：認為股票價格最終會回到合理價格，但承認市場可能短暫、全面地偏離合理價格。

C. 效率市場的層級

市場的效率可以分成三個層級（圖 3-5）

(1) 弱式效率市場（Weak Form Efficiency）（技術分析無效）

目前股票價格已充分反應過去股票價格所提供各項情報，所以投資人無法運用各種方法對過去股票價格進行分析來預測未來股票價格，意即投資者無法利用過去價量資訊來獲得超額報酬。

(2) 半強式效率市場（Semi-Strong Form Efficiency）（基本分析無效）

目前股票價格已充分反應於所有公開資訊（財務報表、經濟情況及政治情勢），所以投資人無法運用各種方法對公開資訊進行分析來預測未來股票價格，意即投資者無法利用基本面資訊來獲得超額報酬。

(3) 強式效率市場（Strong Form Efficiency）（內線消息無效）

目前股票價格充分反應了所有已公開和未公開之所有情報。雖然部份情報未公開，但投資者能利用各種管道來獲得資訊。所以所謂未公開的消息，實際上是已公開的資訊，並且已反應於股票價格上。在這種情形下，投資者無法因擁有某些股票內線消息而獲取超額報酬。

D. 效率市場的層級與證券分析資訊的層級

市場上用來分析證券的資訊可以依照取得的難易程度分成三個層級：

(1) 技術分析：股市交易的價量資訊，是最容易取得的資訊。

(2) 基本分析：財務報表、總經情勢資訊，是較難取得的資訊。

(3) 內線消息：未公開的資訊，是最不易取得的資訊。

雖然市場上的投資人會用各種資訊來分析證券，但效率市場假說的支持者有不同的看法：

(1) 技術分析：技術分析是瞎子摸象；市場價格是隨機漫步（random walk）。

(2) 基本分析：好公司未必是好股票；壞公司未必是壞股票。

(3) 內線消息：當你得知消息時，很可能大家都知道了！

圖 3-5 效率市場層級與證券分析資訊層級之關係

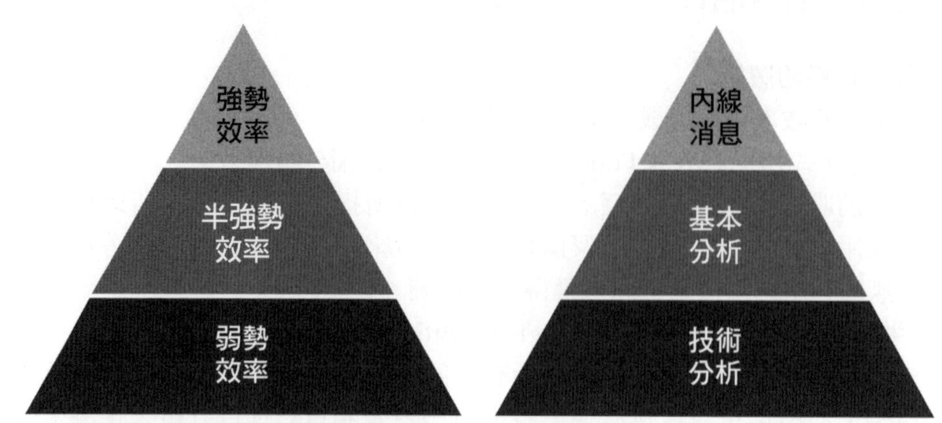

資料來源：作者整理

E. 效率市場假說下的證券分析價值

即使效率市場假說成立，證券分析仍有其價值：

(1) 效率市場假說並非「資訊無用論」，而是說使用資訊進行證券分析並不能獲得超額報酬，但不使用資訊可能連正常報酬都達不到（圖 3-6）。
(2) 效率市場假說並非指你可以隨便買賣股票，而是你在很認真地進行證券分析的情況下，只能得到正常報酬。
(3) 投資人之間的買賣決策競爭使市場價格能達到動態平衡，因此效率市場的源頭是有效的競爭，而有效的競爭來自證券分析。
(4) 證券分析提供不同投資人不同報酬與風險的金融商品。
(5) 多元資產配置證券分析提供有效率地消散非系統性風險的多元資產配置。

圖 3-6 效率市場的意義

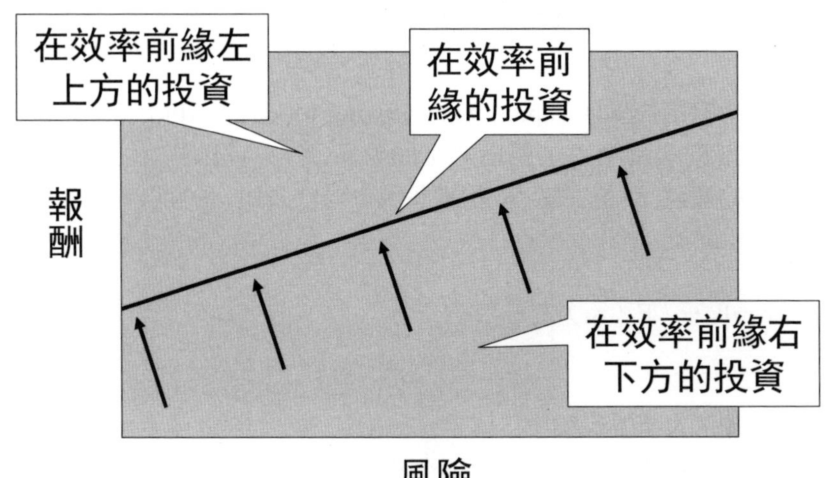

資料來源：作者整理

F. 效率市場的考量

效率市場是否成立要考量：

◎ **交易成本大小**

有些方法在未考慮交易成本下可以擊敗市場，但考慮交易成本後，並無法擊敗市場。

◎ **資訊成本大小**

有些方法在未考慮資訊成本下可以擊敗市場，但考慮資訊成本後，並無法擊敗市場。

◎ **投資規模大小**

有些方法在小規模投資時可以擊敗市場，但在大規模投資時，並無法擊敗市場，例如投資小型股獲利可能高於投資大型股，但小型股因流動性不足，並不適合大規模投資。有些方法則剛好相反，例如需要複雜分析的方法，資訊成本很高，大規模投資可以負擔此一成本，但小規模投資無法負擔。

◎ **投資運氣好壞**

已知的擊敗市場的方法可能只是運氣好，並無法在未來擊敗市場。

◎ **投資方法隱匿**

即使所有已公開的方法無法擊敗市場，仍無法排除真正能擊敗市場的方法可能尚未被公開。

3-03 單因子資本資產定價模型

資本資產定價模型（Capital Asset Pricing Model, CAPM）試圖解釋資本市場如何決定資本資產（主要指的是股票資產）的報酬率。此理論認為對於一個給定的資產 i，它的期望報酬率和市場投資組合的期望報酬率之間的關係可以表示為：

$$E(r_i) = r_f + \beta_i \cdot (E(r_M) - r_f) \quad (3\text{-}3)$$

其中

$E(r_i)$ 是資產 i 的期望報酬率

$E(r_M)$ 是市場投資組合 M 的期望報酬率

r_M 是無風險報酬率

$(E(r_M) - r_f)$ 是市場風險溢價（Market Risk Premium），即市場投資組合的期望報酬率與無風險報酬率之差

β_i 是資產 i 的系統性風險，衡量對市場溢價的敏感度。

上式可以改寫成

$$E(r_i) - r_f = \beta_i \cdot (E(r_M) - r_f) \quad (3\text{-}4)$$

此理論認為股票的預期收益總是與其承受的系統性風險成正比，不可分散的系統性風險導致了「溢酬」。此理論主張系統性風險溢酬是解釋股票市場的平均報酬率的唯一因子，因此可以稱為單因子資產定價模型。如果報酬高的股票沒有高的系統性風險，則被視為「報酬異常」現象。

為了證明 CAPM 是否正確，可用下式進行迴歸分析：

$$E(r_i) - r_f = \alpha_i + \beta_i \cdot (E(r_M) - r_f) \quad (3\text{-}5)$$

其中 α_i 是異常報酬。如果迴歸分析發現 α_i 顯著異於 0，那就出現報酬異常現象。

3-04 多因子資本資產定價模型

尤金・法瑪（Eugene Fama）和肯尼斯・法蘭奇（Kenneth French）是兩位在金融領域做出重大貢獻的經濟學家。他們以對效率市場假說（EMH）的研究而聞名，該假說認為市場價格完全反映了所有可用資訊。他們的另一個貢獻是提出 Fama-French 多因子資產定價模型，用於解釋投資組合或個股的報酬受到哪些風險溢酬因子的影響，可視為前述的資本資產定價模型（CAPM）的改進理論。

最初的 Fama-French 模型包括三個因子（市場風險、規模和價值）。他們的研究表明，即使在控制了市場風險之後，仍然有一些因子可以預測股票報酬。這些因子包括公司的規模（小市值股票往往跑贏大市值股票）和股票的價值（高淨值股價比往往跑贏低淨值股價比）。Fama–French 三因子模型已被學術界廣泛用來解釋股票報酬，並被投資人用來開發尋找利用規模因子溢酬和價值因子溢酬相關的投資策略。

此模型自 1992 年發表以來，為了更好地解釋資產報酬，已經演變成包含更多因子的模型。以下是多因子資產定價模型的演進：

❐ Fama-French 三因子模型（1992 年）

Fama-French 三因子模型認為除了系統性風險溢酬之外，還有另外兩個因子具有風險溢酬：

$$r - r_f = \beta_1 \cdot (E(r_M) - r_f) + \beta_2 \cdot SMB + \beta_3 \cdot HML + \alpha \quad (3\text{-}6)$$

其中

- ✓ $E(r_M) - r_f$ 是市場風險因子的溢酬，由市場報酬扣除無風險報酬後的市場溢酬表示。它衡量股票市場的總體表現。市場報酬通常由足夠多元的市場指數（例如標準普爾 500 指數）代表。
- ✓ SMB 是規模因子（Small-Minus-Big, SMB）的溢酬，由市值小（小型股）與市值大（大型股）的股票組成的投資組的報酬之差表示。它有助於捕捉公司市值對其報酬的影響。
- ✓ HML 是價值因子（High-Minus-Low, HML）的溢酬，由淨值市值比

高（價值股）與低 （成長股）的股票組成的投資組合的報酬之差表示。它捕捉公司價值特徵對其報酬的影響。

✓ β_1、β_2、β_3 分別是市場組合風險溢酬的迴歸係數、規模溢酬的迴歸係數、價值溢酬的迴歸係數。如果 β_1、β_2、β_3 在統計學上顯著異於 0，則代表投資組合的超額報酬 $r-r_f$ 可以用它們的溢酬解釋。

✓ 是異常報酬率（超額報酬率）。如果 α 在統計學上顯著異於 0，則代表投資組合的報酬 $r-r_f$ 無法全部用三個因子的溢酬解釋，有報酬異常現象存在。

迴歸分析的步驟如下：

(1) 藉由淨值市值比（Book value／Market value）的高與低、公司規模的小與大，將股票市場上所有股票分組。
(2) 利用歷史數據計算各組的報酬率。
(3) 計算淨值市值比的高與低、公司規模的小與大分組的報酬率差額，即價值溢酬與規模溢酬。
(4) 以市場溢酬、規模溢酬、價值溢酬為自變數，投資組合的報酬為因變數，用線性迴歸分析得到（3-6）式的迴歸係數。

他們的研究結果顯示，CAPM 模型可以解釋約 70%的報酬率；而 Fama-French 三因子模型可以解釋超過 90%的報酬率。規模溢酬、價值溢酬的迴歸係數在統計學意義上顯著異於 0，意味著三因子模型可能捕捉到了市場組合風險溢酬尚不能解釋的資訊。

此外，規模溢酬與價值溢酬的係數為正，意味著那些市值較小的公司股票（小型股），以及淨值市值比較高的股票（價值股）組成的投資組合，預期會帶來規模溢酬與價值溢酬，提高投資組合的報酬率，但與規模與價值特性相關的系統性風險也較高。

他們的發現被不同人以不同的方式解釋：

• **系統性風險的解釋：**一些人認為他們的發現支持了效率市場假說（EHM），認為他們識別出的因子只是市場風險因子沒有完全捕捉到的系統性風險因子，不是異常報酬因子，投資者必須承受市場風險以外的系統性風險才能提高報酬率。

- **異常報酬的解釋：**其他人認為他們的發現違反了效率市場假說（EMH），認為他們識別出的因子是異常報酬因子，投資者可以利用市場效率不足來獲得超額報酬。

  總之，關於市場是否有效率的辯論仍在進行中，學術界尚無明確的共識。

❒ Carhart 四因子模型

在三因子模型出現不久後，即有學者 Mark Carhart 加入動量因子，將三因子模型擴展成四因子模型。動量因子（Winer-Minus-Loser momentum factor, WML）衡量近期報酬高和低的股票的報酬率之差異。

❒ Fama-French 五因子模型（2014 年）

五因子模型在 Fama-French 三因子模型之外，添加了兩個額外的因子：

✓ 獲利因子（Robust-Minus-Weak profitability factor, RMW）
此因子衡量穩健獲利和微弱獲利公司股票的報酬率之差異。

✓ 投資因子（Conservative-Minus-Aggressive investment factor, CMA）
此因子捕捉保守投資和激進投資公司股票的報酬率之差異。

❒ AQR 七因子模型

此模型在 Fama-French 五因子模型的基礎上增加了動量因子，再加上流動性因子，將五因子模型擴展成七因子模型。流動性衡量流動性低和高的股票的報酬率之差異。

❒ 其他多因子模型

事實上，因子可以任意組成多因子模型，常見的因子包括：

✓ 市場風險因子（R_m-R_f）：市場報酬率與無風險報酬率之差異。
✓ 規模因子（SMB）：小型股和大型股的股票的報酬率之差異。
✓ 價值因子（HML）：淨值市值比高和低的股票的報酬率之差異。
✓ 動量因子（WML）：近期報酬高和低的股票的報酬率之差異。
✓ 獲利因子（RMW）：獲利穩健和微弱的公司股票的報酬率之差異。
✓ 投資因子（CMA）：投資保守和積極的公司股票的報酬率之差異。
✓ 流動性因子（VOL）：流動性低和高的股票的報酬率之差異。

3-05 股票市場的報酬異常

股市中的異常現象是在效率市場假說（EMH）的框架下進行討論的。效率市場假說表明，金融市場，包括股市，能高度有效地處理和反映所有可用資訊。因此，目前股票價格已充分反應於所有公開資訊（財務報表、經濟情況及政治情勢），股價始終反映資產的內在價值。所以投資人無法運用各種方法對公開資訊進行分析來預測未來股票價格，意即投資者無法長期利用資訊進行交易來獲得異常報酬。

然而，在股市中有許多報酬無法以風險來解釋，被視為異常報酬，而以定價錯誤來解釋。這顯示市場違反了效率市場假說的假設，代表投資人有機會透過分析股票資訊，選出定價錯誤的股票，來獲得超額報酬。以下是一些違反效率市場假說的著名的報酬異常現象：

❑ 規模異常

是指小型公司的股票報酬率高於大型公司的股票的現象，原因可能是小型公司具有較高的風險，或者投資人低估了知名度較低的小型公司。

❑ 價值異常

是指便宜的股票報酬率高於昂貴的股票的現象，便宜的股票通常是指股價淨值比或本益比小的股票。原因可能是便宜的股票具有較高的風險，或者投資人低估了這些股票的內在價值，創造了獲得超額報酬的機會。

❑ 動量異常

是指近期報酬高的股票報酬率會高於近期報酬低的股票的現象。這與效率市場假說的價格隨機波動的概念相矛盾，表明股票報酬率存在一定的持續性。原因可能是投資人的非理性行為偏差。

❑ 流動性異常

是指流動性低的股票報酬率高於流動性高的股票的現象，流動性低通常是指成交量低的股票。原因可能是市場對其流動性低帶來的限制提供了補償。

❑ 波動性異常

是指股價波動較小的股票報酬率高於波動性較大的股票的現象。這與高風險應該高報酬的古典理論矛盾。原因可能是低波動股票往往比高波動股票更具防禦性，即它們在市場下跌時期往往表現優異，或者這類股票的公司獲利能力更具持續性。

❑ 股息收益率異常

股息收益率異常是指股息收益率較高的股票報酬率高於股息收益率較低的股票的現象。原因可能是投資人低估了這些股票的內在價值，創造了獲得超額報酬的機會。

❑ 盈利公告後的價格漂移（PEAD）

是指在公司公布正面的盈利公告後，股價繼續上升的現象。這顯然違反了效率市場假說「市場中所有可能影響股票漲跌的因子都能即時且完全反應在股票漲跌上面」的主張。原因可能是投資人對財報資訊「反應不足」。

❑ 首次公開募股（IPO）異常

首次公開募股異常是指股票 IPO 時，IPO 價格低於首日收盤價，這使得能夠以發行價獲得 IPO 股票的投資者，能在短期內獲得顯著的利潤。原因之一可能是 IPO 時為了確保股票能順利賣出，因此將 IPO 價格定在市場合理股價以下。但這種價差利潤越大，通常市場投資人反應越踴躍，抽中 IPO 股票的機率越低。

❑ 日曆異常

日曆異常是指股票在每年某些固定日期出現報酬異常的現象。例如，美國股市有元月效應的說法，認為股市有在元月的報酬高於其他月份的現象，這與效率市場假說的價格隨機波動的概念相矛盾。

3-06 五種主要的報酬異常

前一節介紹了一些違反效率市場假說的著名的報酬異常現象，本節就其中最重要的五種現象詳細討論。這五項報酬異常現象與本書因子投資的選股因子有密切的關係。

1. 規模效應

Banz （1981）提出規模效應，指出小型股有較高的報酬率。小型股是指總市值較低的股票。對於小型股為何有較高之報酬率有幾種解釋：

(1) 風險補償解釋：小型股的公司經常處於開創期，對市場景氣敏感，故系統性風險較高，高報酬率是對高系統性風險的補償。
(2) 流動性補償解釋：小型股的公司經常因為總市值很低，造成成交值很低而流動性不足，高報酬率是對低流動性的補償。
(3) 錯誤定價解釋：小型股的公司比起大型股的公司知名度不足，在市場上較為冷門，投資人低估了它們的合理價格，造成它們有較高的報酬率。

2. 動能效應與反轉效應

弱式效率市場（Weak Form Efficiency）認為目前股票價格已充分反應過去股票價格所提供各項情報，所以投資人無法運用各種方法對過去股票價格進行分析來預測未來股票價格，意即投資者無法利用過去價量資訊來獲得超額報酬。但許多研究指出，市場可能存在兩種違反弱式效率市場，而且性質相反的異常效應：

◎ 慣性效應

是指最近績效好的股票會持續績效好；最近績效差的股票會持續績效差。故基於慣性效應的「慣性策略」是買入贏家；賣出輸家。

◎ 反轉效應

是指最近績效好的股票會變成績效差；最近績效差的股票會變成績效好。故基於反轉效應的「反向策略」是買入輸家；賣出贏家。

上述兩種交易策略得實施均分成二個階段：

◎ 形成期

計算每個股票在 M 個月（或季、年）的報酬率；根據報酬率從大到小進行排序，分成多組，其中最高的一組被定義為贏家組合，最低的一組為輸家組合。

◎ 持有期

如果是「慣性策略」，則通過買入贏家組合、賣空輸家組合；如果是「反轉策略」，則反向操作。並持有 N 個月（或季、年）。在持有期結束時，重複形成期計算，形成下一個持有期的投資組合。

一般而言，股票是：

- ✓ 短期：當股價短期上漲或下跌超過一個合理股價範圍時，終會回到合理範圍。因此投資人會買入數日內下跌幅度最大的股價，來獲得高報酬率，而有「反轉效應」。
- ✓ 中期：當股價上漲或下跌一段時間，會形成趨勢。因此投資人會買入數月內上漲幅度最大的股價，來獲得高報酬率，而有「慣性效應」。
- ✓ 長期：長達數年下，產業可能因產能過剩或不足，獲利降低或提升，原本報酬低（高）的產業報酬變高（低），其股票也跟著產業報酬由低（高）變高（低），而有「反轉效應」。

3. 價值股效應

由於持股的股東擁有盈餘分配請求權、剩餘財產請求權，因此當股東買入一股時，理論上此一股擁有分配每股盈餘、每股淨值的權益。如果這二個權益相對於購入股票價格的比值較大，代表權益大、代價小、股價便宜。因此價值股通常是指益本比大（即本益比小），或淨值股價比大（即股價淨值比小）的股票。許多學者主張，價值股有較高的報酬率，稱之為價值股效應。這也是巴菲特等價值投資擁護者的核心理念之一。

4. 成長股效應

由於股東交付公司經營的資源是股東權益（淨值），公司經營的產出是盈餘，因此衡量公司的獲利能力的最佳指標是把盈餘除以股東權益（淨值），以一股來看就是把每股盈餘除以每股淨值，此一比率即「**股東權益報酬率**」（ROE），又稱為淨值報酬率。這個比值越大，代表公司運用股東權益（淨值）產生盈餘的效率越高，未來的盈餘、股東權益（淨值）的成長性也會越高。因此成長股通常是指股東權益報酬率高的股票。

雖然也有人偏重營收成長率，以營收成長率高的股票為成長股。但此觀點並不正確，營收高盈餘未必高。而股東權益報酬率（ROE）越高，未來的盈餘、股東權益（淨值）的成長性也會越高。當公司除了內部產生的資金之外，在維持負債比率固定的條件下，同時以發行新債取得資金，此時公司的成長率稱為「可持續成長率」，公式為：

可持續增長率＝股東權益報酬率（ROE）×盈餘保留率

因此以股東權益報酬率高的股票為成長股才是正確的看法。許多學者主張，成長股有較高的報酬率，稱之為成長股效應。這也是巴菲特等價值投資擁護者的核心理念之一。

5. 價值與成長綜合效應

許多人把價值股與成長股視為對立的股票，以淨值股價比或益本比大者為價值股，小者為成長股。但此觀點並不正確，應以淨值股價比或益本比大者為價值股，股東權益報酬率（ROE）大者為成長股。

但為何過去會有此誤謬？原因可能是股東權益報酬率（ROE）比值越大，代表公司運用股東權益（淨值）產生盈餘的效率越高，未來的盈餘、股東權益（淨值）的成長性也會越高。因此，市場上的投資人十分看好這些成長股的未來，願意用高價買入，導致益本比、淨值市值比都偏小。造成高成長股經常是低價值股。反之，低成長股經常是高價值股。

然而股票的價值性與成長性是兩個不同的概念，兩者應該是二維的關係，因此股票可分成四種：

- ✓ 低成長—低價值股
- ✓ 低成長—高價值股
- ✓ 高成長—低價值股
- ✓ 高成長—高價值股

當然在市場上，低成長—低價值股較少，高成長—高價值股的股票更少，大部分的股票屬於低成長—高價值股、高成長—低價值股。

例如圖 3-7 為 1996 至 2006 年台灣股市股票的成長性與價值性散布圖，橫軸為以股東權益報酬率表達的成長性，縱軸為以淨值股價比表達的價值性。圖中變數採用「排序正規化」，即將各股票的各變數分季排序，該季最大者其排序值 Rank＝1；最小者 Rank＝0，其餘依此內插。例如中位數的 Rank＝0.5。

由圖可知多數股票在左上方「低成長—高價值股」與右下方「高成長—低價值股」的對角線上，甚至在左上角、右下角有很多股票。顯示股東權益報酬率與淨值股價比成反比，印證好公司（高股東權益報酬率）的股票通常較貴（低淨值股價比）；壞公司（低股東權益報酬率）的股票通常較便宜（高淨值股價比）。

有趣的是左下角「低成長—低價值股」的股票較少，但「高成長—高價值股」的股票更少。這個現象代表股市還是有不少壞公司的昂貴股票，但很少好公司的便宜股票。這是為什麼？一個合理的解釋是，股市中大多數的投資人相當聰明理性，當股市出現好公司的便宜股票時，必會競相買入，導致股價上漲，這些股票最終會成為好公司的昂貴股票。

但股市中仍有些投資人喜歡道聽途說，追高殺低，使得股市出現壞公司的昂貴股票時，仍然願意買入、賣出，導致少數這類股票在市場上仍可維持股價，繼續維持壞公司的昂貴股票的特性。簡言之，只要市場上還有聰明理性的投資人，市場上就不容易出現「高成長—高價值股」的股票，但只要市場上還有非理性的投資人，市場上就可能出現「低成長—高價值股」的股票。

圖 3-7 1996 至 2006 年台灣股市股票的成長性與價值性

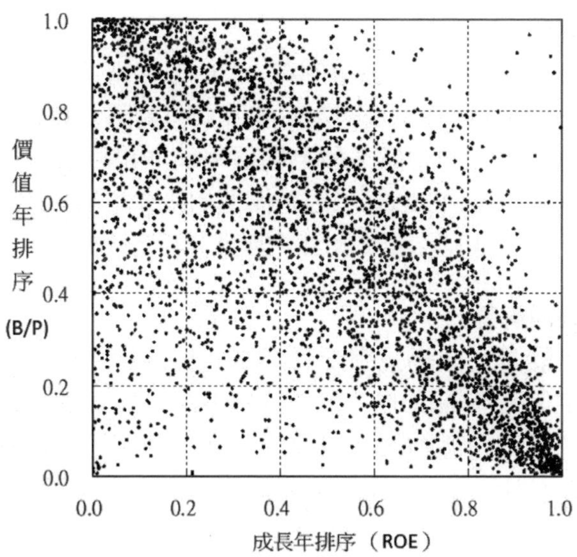

資料來源：作者整理

3-07 報酬異常的四種解釋

股市的報酬異常現象的解釋一直是研究人員和股市參與者之間持續辯論的話題。有許多解釋被提出來，以下是四個最主要的解釋（圖 3-8）：

❑ 數據窺視的解釋

報酬異常可能只是數據挖掘的結果。由於有大量的歷史數據可用，研究人員和分析師可以測試眾多因子與策略。然而，在研究樣本所發現的報酬異常，可能在樣本外或市場實際環境中並未出現。報酬異常現象可能只是用複雜的選股因子組合，在無數反覆嘗試錯誤下，對樣本內數據的輝煌戰果，但這些複雜的選股因子組合對樣本外的數據無效。

這種現象在統計學上稱為「數據窺視」（data-snooping）。當人們觀察市場的期間越短，樣本越少，但模式越複雜，嘗試錯誤次數越多，越可能發現報酬異常現象，但這些可能只是短期現象或局部現象，一旦拉長時間或擴大範圍來觀察，經常可發現這些報酬異常現象並不存在。

❑ 風險暴露的解釋

報酬異常可以通過風險暴露來解釋。有些學者堅持效率市場假說，認為價值股、小型股報酬率較高，是因為這些股票可能隱含特定不可分散的系統性風險，因此需要更大的報酬率做為補償，而非市場無效率導致的異常現象。例如，前述的 Fama-French 三因子模型的研究指出，規模、價值有關的異常可以歸因於古典的市場風險單因子模型未能充分捕捉的系統性風險。

❑ 市場效率限制的解釋

報酬異常可能是在市場效率受到限制的情況下，市場未能納入所有可用資訊來準確定價資產造成的。市場效率限制可能源於資訊不對稱、交易成本、制度限制或套利活動的局限性等因素。例如用小型股因子選股會偏好市值小的股票，但市值小股票可能有低流動性的問題。

❑ 投資人行為偏差的解釋

報酬異常可以歸因於投資者展現的各種行為偏差。如果排除前三者，則有必要發展新理論來解釋。「行為財務學」是近年來流行的一個理論，認為投資者可能普遍存在行為偏差，例如對新資訊的過度反應或不足反應、群體行為或錨定偏差。這些偏差可能造成股票的定價錯誤，導致異常報酬的發生。

上述四個解釋為理解股市中許多具有報酬異常現象的因子提供了理論框架。需要注意的是，這些解釋並不是相互排斥的，一個因子可能同時有多個解釋。例如投資者用益本比（E／P）選股會偏好盈餘高但股價低的股票，但股票為何盈餘高但股價低？雖然有可能是因為這些價值股隱含特定不可分散的系統性風險，因此有溢酬做為補償，但也可能投資者低估了該股票的內在價值，創造了異常報酬的機會。

圖 3-8 報酬異常的四種解釋

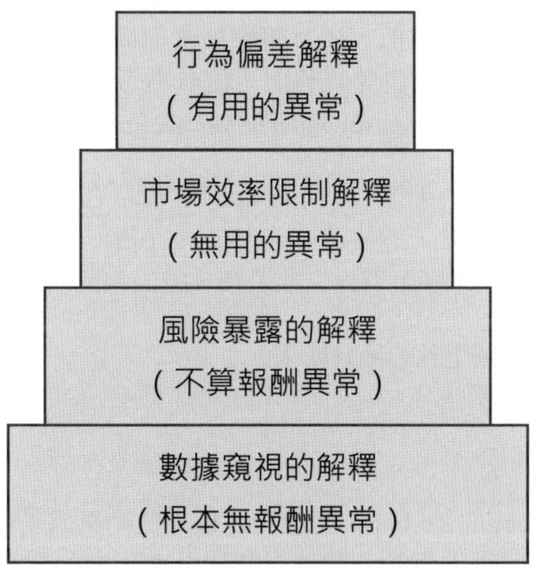

資料來源：作者整理

3-08 行為財務學：另一座學術堡壘

由於不斷地有實證研究對效率市場假說提出質疑，有必要發展新理論來解釋。古典理論認為投資是理性行為，但事實上，投資也是感性行為。「行為財務學」就是近年來流行的一個理論，它是金融學、心理學、行為學、社會學等學科相交叉的邊緣學科，旨在研究金融市場的非理性行為和決策規律。它是和效率市場假說（EMH）相對應的一種學說。行為金融理論認為，證券的市場價格並不只由證券內在價值所決定，還在相當大程度上受到投資者主觀行為的影響。

效率市場假說認為市場上多數投資者是理性、追求最大利潤、厭惡風險，而且每人對於股票分析是獨立的，不會相互影響。行為財務學認為投資者的行為並非總是理性的，他們未必追求最大利潤，也並非總是厭惡風險，主張投資者的非理性理財行為導致了異常報酬。而非理性行為可分成「過度反應」和「不足反應」兩種，兩者都可能造成報酬異常現象。

恐慌與貪婪導致了過度反應。在股市崩盤時，多數投資人瘋狂拋售持股，造成股價低於內在價值，這為報酬異常創造了機會。所以巴菲特最經典的一句話是：「在市場貪婪時恐懼，在市場恐懼時貪婪。」（Be greedy when others are fearful; be fearful when others are greedy.）

相反地，猶豫不決則造成了不足反應。有時過去默默無聞，或者曾讓投資人感到挫折的股票，即使這些股票的內在價值已經提升，投資人在心理上還是猶豫不決，不願意買入這些股票，這為報酬異常創造了機會。

以下介紹這一個學說的部分成果。

A. 認知偏誤

認知偏誤（cognitive bias）是有特定模式的判斷偏差，主要是由於人們經常根據主觀感受而非客觀資訊建立起對社會現實的認識。認知偏誤可以導致判斷不合邏輯、預測不精準，是「不理性」的行為。常見的認知偏誤如下：

❑ 認知失調（cognitive dissonance）

當客觀證據與自己的主觀信念或假設不符時，人們會經歷心理衝突（mental confliction）。為了避免心理衝突，追求認知一致性，人們會改變自己對客觀證據的認知，以減少因心理衝突產生的不愉快感。例如，剛買入股票不久的人，遇到突如其來的下跌，為了避免覺得自己很笨，會以各種說法來避免心理衝突，例如「股價很快就會漲回來」、「很多人都跟我一樣買了這檔股票」。

❑ 選擇性認知（selection perception）

人們會為了得到期望的訊息而對資訊進行篩選，即肯證偏誤（Confirmation bias）。人們有想要找到資訊以符合既有主觀觀點的傾向，因此有時會盡極大的努力去尋找資訊以支持自己的觀點，但當接收到與既有觀點相衝突的資訊時，會故意忽略這些資訊。換言之，人們只聽自己想聽的。例如，支持學歷無用論的人會努力搜尋沒讀過書的人事業成功的故事，但對同樣的人的事業失敗的故事卻視而不見。又例如，手上有股票的人會努力尋找利多的資訊，但對利空的資訊卻視而不見。相反地，剛賣掉手上股票的人會努力尋找利空的資訊，但對利多的資訊視而不見。

❑ 選擇性記憶（selective retention）

人們經常需面對大量的訊息，往往無法全部記住，因此經常選擇性地記憶，往往只記住突出的事件，而忽略日常事件。例如，投資人對和公司相關的聳動新聞印象深刻，對定期發布的財報內容容易遺忘。前者往往造成對股價反應過度，而後者往往造成對股價反應不足。

❑ 選擇性曲解（selective distortion）

人們經常對熟悉的事物有固定的主觀觀點，當客觀事實與主觀觀點衝突時，往往選擇性地解釋、判斷客觀事實，甚至扭曲了客觀事實的意涵。例如，投資人對某股票的股東權益報酬率長期維持超過市場平均值有很高的信心，即使出現負面的資訊顯示這個預期已經難以成真，卻往往將這個負面資訊解釋成短期現象，或假消息。甚至扭曲成正面的資訊，認為這個資訊雖會造成股價短期下跌，但正是撿便宜貨的好機會。

❑ 光環效應（halo effect）

人們對於一個人或事物的某種特性有非常好的印象，在這種印象的影響下，人們對這個人或事物的其他特性也經常會給予較好的評價。例如名人效應就是一種光環效應。巴菲特說過：「我 21 歲時最有能力提供財務建議，但人們都敬謝不敏。即使我提出最卓越的看法，也不會有人太在意我。現在我就算說了世界上最蠢的話，還是有許多人會認為，我的話裡一定隱含某種重要的意義。」又例如，投資人對某一股票的某個特性有非常好的印象，比如卓越的股東權益報酬率，往往對其他特性也抱持正面看法，比如對超高的股價淨值比也抱持這是市場對這個股票未來展望的肯定，而非股價已經過度反應公司卓越的股東權益報酬率。

❑ 刻板印象（stereotype）

人們對於一個人或事物的某種特性有長期累積的印象，往往會形成刻板印象，即將其「貼標籤」而形成難以改變的看法。例如，投資人發現某一股票的報酬率長期很好或很差，會認定這是一個「好」或「壞」股票，即使客觀事實已經改變，人們往往不願意改變既有的認知。

❑ 代表性捷思（representative heuristic）

人們對於事情發生的可能性，傾向於按照它們與某件事情的主觀相似程度來判斷，而不是以客觀機率來判斷。例如如果問 John 是奧運百米冠軍，試問 John 最可能是（A）黑人（B）美國人（C）美國黑人？很多人會答（C），但那絕對不是最可能的答案。統計學的基本原理告訴我們，John 是美國黑人的機率絕不會比（A）黑人、（B）美國人來得更高。

❑ 可取性捷思（availability heuristic）

人們評估某一事件發生的頻率或機率，是按照該發生情境容易被記起來的程度做判斷。例如自己曾經出過車禍就認定車禍的可能性極高。「何不食肉糜」的起因就是因為自己可以天天吃肉糜，就以為每個人都可以。一位曾在多頭股市獲利很高的投資人會認為投資股票獲利很容易，相反地，一位曾在空頭股市損失慘重的投資人會認定投資股票經常會虧損。

❑ 對照偏誤

人們在相對比較下經常產生認知偏誤。例如當班級中的其他學生表現太好時，會覺得一位表現平平的學生表現太差。反之，當其他學生表現太差時，會覺得這一位學生表現很好。

❑ 壓力偏誤

人們在強大壓力下經常產生認知偏誤。例如當人們在處理一件簡單但處理不當後果卻極為嚴重的事情時，表現出的處理能力常低於平常水準。

❑ 複雜偏誤

人們在處理複雜問題時，經常過度簡化問題而產生認知偏誤。例如當人們判斷一件因果關係極為複雜的車禍時，常省略一些重要的因子，以便判斷因果關係。

❑ 以偏概全

人們經常用對極少數樣本的認知，去判斷全體樣本而產生認知偏誤。例如只因自己認識某國的幾位人士都不愛運動，就認定該國國民都不愛運動。

❑ 風險吸收

人們對某件事有高度的慾望時，經常會低估此事潛在的風險。例如當一個小偷很想偷珠寶展中的鑽石時，他可能會低估被逮捕的機率。又例如當一個投資人在股市多頭時很想買股票大賺一筆時，他可能會低估股市崩盤的機率。

❑ 越陷越深

人們在投資有重大損失時，普遍不願承認投資錯誤。當損失擴大時，就更不願意放棄。直到損失極大時，才肯放棄。例如一個在股市套牢的投資人，即使有證據顯示股市會繼續下跌，他也可能不願意認賠賣出。

❑ 盲目跳動

人們因不知道自己做了一個成功的決策，由於缺少耐心，經常輕易放棄原決策，使得決策反覆。例如投資人由於缺少耐心，導致買賣頻繁，交易成本偏高，使投資報酬被耗損。

B. 錨定效應與框架相依

❑ 錨定效應（anchoring effect）

人們在估計某事物時，常常會先建立一個初始估計做為參考點，然後再根據所觀察的資訊，調整原先的參考點。例如投資人經常用自己買入股票時的股價當參考點，去判斷未來的某一時刻該股票的股價偏高或偏低。一位用 120 元賣出股票的投資人可能會覺得股價變動到 100 元已經跌很多，股價已經很便宜而考慮買入。相反地，一位用 80 元買入同一股票的投資人可能會覺得股價變動到 100 元已經漲很多，股價已經很昂貴而考慮賣出。錨定效應可能導致投資人不能完整反應新資訊的內容，造成錯誤的估計與決策。

❑ 框架相依（frame dependence）

人們對事物的判斷常會受到情境背景的影響，或受到他們自己的興趣、背景、經驗和態度的影響，去理解、判斷他們所觀察到的事物。例如有一位陸軍上將有位弟弟，但弟弟卻從不承認他有位哥哥，為什麼？多數人都答不出來，原因是一般人認定陸軍上將是男性，但如果這位上將是女性，那麼其弟弟從不承認他有位哥哥就完全合理。

❑ 心理帳戶 （mental account）

人們常對不同來源的錢擁有不同的效用與風險的心態，好像這些錢是被放在不同的「帳戶」一般。例如人們經常把買彩券、摸彩等輕鬆賺得的錢拿去作高風險投資；而每天加班辛苦賺來的薪水拿去作低風險投資。事實上，錢就是錢，其效用和風險與錢的來源無關。

❑ 客戶效應

人們比起從賣股票的價差賺到錢，經常更樂意見到「現金股利」賺到錢。一塊錢股利對投資人的效用，常常大於一塊錢資本利得的效用。例如投資人擁有價值 100 萬的股票，假設股價上漲了 10%，則他可以賣掉 1／11 的股票賺得 10 萬現金；假設公司發 10%現金股利，也同樣可以賺到 10 萬現金。但多數投資人更樂於透過後者賺到相同金額的現金。

❑ 沉沒成本

人們經常將已經損失的錢看成尚未損失，導致在決策時作出錯誤的選擇。例如投資人買入的股票大跌，但常抱著不賣不賠的心態。事實上，股票大跌已經導致投資人的資產縮水，與是否賣出無關，是一種已經發生的事實，即已經發生沉沒成本。

C. 保守偏誤與過度自信

❑ 保守偏誤 （conservation bias）

人們有堅持既定的觀點或是預測的傾向，經常因此導致對新資訊「反應不足」。證據之一是盈餘宣告效應：公司公布正面的盈利公告後，股價經常繼續上升，顯示投資人對財報資訊有「反應不足」的現象。這顯然違反了效率市場假說「市場中所有可能影響股票漲跌的因子都能即時且完全反應在股票漲跌上面」的主張。

❑ 現狀偏好（status quo bias）

人們有情緒性地維持現狀的傾向。當維持現狀在客觀上優於其它選項時，維持現狀才是理性的。但人們普遍偏好現狀，任何改變都被視為一種損失。

❑ 模糊嫌惡（ambiguous aversion）

人們偏好已知的或是熟悉的事物。證據之一是投資人經常喜好投資自己上班的公司或產業，投資多元化經常嚴重不足。

❑ 羊群效應（herd behavior）

人們容易受到多數人的思想或行動的影響而盲從，即從眾行為。例如曾有學者調查股票在媒體披露的程度與股票未來報酬率的關係，發現披露程度很高的股票在接下來的二年報酬率較差。原因是人們受到媒體報導的影響，積極買入某些股票，導致這些股票的股價超過合理價格，最終導致未來報酬率較低。

❑ 控制幻覺（illusion of control）

人們往往傾向誇大自己的能力，經常過度樂觀地把隨機事件視為自己能力掌控的結果。西諺「拋錢幣正面是我贏了，背面只是運氣不好。」（Heads I win, tails it's chance.）很能說明這種人性特質。

❑ 自我歸因（self-attribution）：

人們判斷個體行為的結果時，會將結果的原因分成二種：

(1) 外部因子：外在環境的不可控因子，例如運氣。

(2) 內部因子：內在意志的可控因子，例如努力。

當人們在判斷自己的失敗時，傾向於高估外部因子的影響，而低估內部因子的影響。反之，在判斷自己的成功時，剛好相反。例如買一支股票賠了錢，明明是自己決策錯誤，但投資人常歸因於只是運氣差。反之，買一支股票賺了錢，雖然只是運氣好，但投資人常歸因於自己很「英明」。相反地，人們在判斷別人的失敗或成功時，會採用與上述相反的原則，認為別人的失敗是不認真，成功是狗屎運。

❑ 自信不足（under-confidence）

人們對近期決策的重大失誤會使其低估自己的能力，即蛇咬效應。例如，投資人在空頭市場中虧損累累，經常會因此懷疑自己的投資能力，導致之後有很長一段時間不敢買股票。

❑ 自信過度（over-confidence）

人們普遍高估自己的能力。證據之一是多數的駕駛人自信駕駛技術在平均以上。多數的投資人過度自信自己的投資能力。過度自信的程度越大，其投資股市的週轉率越高，而週轉率越高經常導致報酬率偏低。例如男性比女性更過度自信，其週轉率更高、報酬率更低。此外，股市大多頭之後的無敵心態，也會助長過度自信的偏差。

3-09 能否擊敗市場的三種觀點：不行、可以、可能

效率市場假說（EMH）是研究資本市場上證券價格對信息反映程度的理論。若資本市場在證券價格中充分反映了全部相關信息，則稱資本市場為有效率的。在這種市場上，沒有投資策略可以擊敗市場。但巴菲特曾說過：「如果市場總是有效率的，我將會流落街頭，沿街乞討。」所以到底能否擊敗市場？對於這個問題有三種觀點（圖 3-9）：

❑ 保守派的觀點

不行。報酬較高的股票是因為這些股票風險較大。他們主張，如果根據某一個因子選出來的股票投資組合報酬率較高，一定是因為這個投資組合具有不可分散的系統性風險。這種以風險為代價的報酬，不算擊敗市場。

❑ 自由派的觀點

可以。報酬高是因投資人的非理性理財行為讓理性投資人有機可乘。他們主張投資者可能普遍存在行為偏差，例如對新資訊的過度反應或不足反應。這些偏差可能導致股票的定價錯誤，產生異常報酬。

❑ 折衷派的觀點

可能。報酬較高的股票雖然經常是因為這些股票風險較大，但有時是因投資人的非理性理財行為導致股票的定價錯誤而產生異常報酬。他們主張市場很有效率，但並不完美。擊敗市場非常困難，但並非不可能。認為股票價格最終會回到合理價格，但承認市場可能短暫、全面地偏離合理價格。

圖 3-9 能否擊敗市場

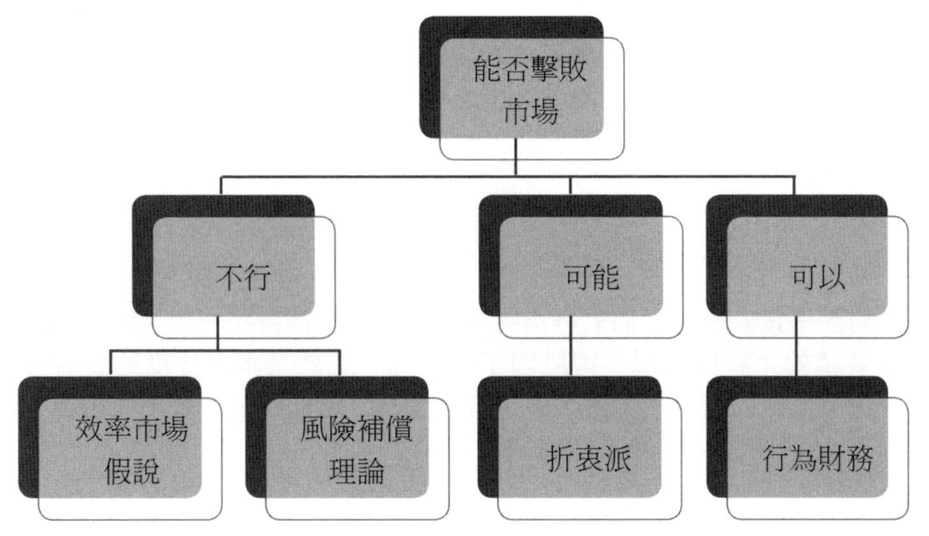

資料來源：作者整理

3-10 因子投資的超額報酬來源

選股因子（factor）是指在長期投資中能夠產生超額報酬的股票特徵。例如，價值因子認為，價格低於其內在價值的股票能帶來較高的報酬率。一個選股因子可以選出報酬率較高的股票經常有多種解釋。例如，價值因子可能反映了價值股的系統性風險，或者投資人對股票內在價值的低估。小型股因子可能反映了小型股的高風險性，或者投資人對小型股高成長潛力的低估。動能因子可能反映了投資人對近期上漲股票會持續上漲的心理預期。

因子投資是一種主動投資策略，透過系統性地選擇具有特定特徵的股票，以獲得超越市場平均的報酬。常見的因子投資的選股因子包括：

- ✓ 價值因子：選擇股價低於其內在價值的股票。
- ✓ 獲利因子：選擇具有高獲利能力公司的股票。
- ✓ 動能因子：選擇近期報酬率高的股票。

✓ 風險因子：選擇風險較小的股票（為了風險）或風險較大的股票（為了報酬）。

✓ 規模因子：選擇小型股（為了報酬）或大型股（為了流動性或風險）。

要注意的是各因子之間可能具有綜效。**綜效（synergy）**一般是指將兩個或多個不同的事業、活動或過程結合在一起，所創造出來的整體價值大於結合前個別價值之總和的現象。

對因子投資而言，綜效是指將多個選股因子結合在一起，所創造出來的投資績效大於任何單一選股因子的概念。綜效是本書提供給讀者最核心、最有價值的概念，本書多數內容都是為了幫助投資人發現、實證、利用因子之間的綜效，以提高投資績效。

因子投資的具體步驟如下：

(1) 選擇選股因子
首先選擇適合自己的選股因子。追求報酬最大化應該是所有投資人的共同目標，但每位投資人的風險承受能力不同，須考慮投資策略的風險性。另外，投資人的資金規模也不同，所以須考慮投資策略的流動性。

(2) 建立因子模型
整合各因子為一個選股模型，通常可用加權評分法。

(3) 建立投資組合
用選股模型選出股票，建立投資組合。

(4) 定期換股
定期用選股模型決定賣出那些持股，買入那些股票。

因子投資的優點包括：

(1) 能夠在長期投資中獲得超越市場平均的報酬率。
(2) 能夠降低投資組合的風險。
(3) 具備系統化和量化的特點，易於投資者理解和複製。

因子投資的缺點包括：

(1) 因子溢酬可能具有風格輪動現象，會在某些時期消失，甚至反轉。
(2) 因子投資比被動投資更需投資人投入心力來操作。

因子投資與報酬異常現象之間存在密切的關聯。報酬異常現象是指經過實證，無法用傳統的風險補償模型解釋的現象。因子投資會在報酬異常現象中尋找具有提高報酬、降低風險等潛力的因子，並使用加權評分法來整合這些因子為一個選股模型。

因子投資的超額報酬來自兩類因子：

❑ **風險溢酬**（β）

某些超額報酬可以通過風險暴露來解釋。有些學者堅持效率市場假說，認為價值股、小型股報酬率較高，是因為這些股票可能隱含特定不可分散的系統性風險，因此需要更大的報酬率做為補償，而非市場無效率導致的異常現象。投資者可以冒著較高的風險，獲取較高的報酬。

❑ **異常報酬**（α）

某些超額報酬無法透過風險暴露的差異來解釋，必須以市場效率不足，或者投資人行為偏差來解釋。投資者如果能克服市場效率限制，或者投資行為偏差，就可以獲取較高的報酬。

總之，這些因子在長期內具有高報酬，可以是理性的金融原理，是對那些能承受因子帶來的風險的投資人之補償；也可以是非理性的行為偏差，是對那些能克服行為偏差的理性投資人的獎勵。因為他們在非理性投資人行為出現偏差，對股票錯誤定價而急於賣出（買入）時，願意買入（賣出）那些股票。

3-11 選股因子的初步篩選：績效與綜效

因子投資利用已識別的異常報酬因子來構建選股策略，再用選股策略建立投資組合。我們參考各方專家心得，測試了以下五類選股因子，包括獲利（profitability）、價值（value）、動量（momentum）、風險（risk）、規模（size）。這些因子對投資組合的報酬、風險、流動性具有明顯的影響力。

◎ **獲利因子**：是基於成長股效應的選股因子，包括：

✓ 股東權益報酬率（ROE）、
✓ 資產報酬率（ROA）、
✓ 銷貨利潤率（E／S）。

◎ **價值因子：**是基於價值股效應的選股因子，包括：
✓ 股價淨值比（P／B）
✓ 股價營收比（P／S）
✓ 本益比（P／E）
✓ 殖利率（D／P）

◎ **慣性因子：**是基於慣性效應的選股因子，包括：
✓ 前週股票報酬率
✓ 前月股票報酬率
✓ 前季股票報酬率
✓ 前年股票報酬率

◎ **風險因子：**是基於古典理論的選股因子。包括：
✓ 系統風險係數（β）

◎ **規模因子：**是基於規模效應的選股因子。包括：
✓ 總市值

上述選股因子的定義與公式整理如表 3-1。基於大量的實證，這五類選股因子的效應摘要如下：

表 3-1 選股因子的定義與公式

	選股因子	定義與公式
獲利因子	股東權益報酬率（ROE）	$\frac{每股盈餘}{每股淨值}\times 100\%=\frac{E}{B}$
	資產報酬率（ROA）	$\frac{每股盈餘}{每股資產}\times 100\%=\frac{E}{A}$
	銷貨利潤率（E／S）	$\frac{每股盈餘}{每股營收}\times 100\%=\frac{E}{S}$
價值因子	股價淨值比（P／B）	$\frac{股價}{每股淨值}=\frac{P}{B}$ 註：淨值股價比（B／P）$=\frac{每股淨值}{股價}$
	股價營收比（P／S）	$\frac{股價}{每股營收}=\frac{P}{S}$ 註：營收股價比（S／P）$=\frac{每股營收}{股價}$
	本益比（P／E）	$\frac{股價}{每股盈餘}=\frac{P}{E}$ 註：益本比（E／P）$=\frac{每股盈餘}{股價}$
	殖利率（D／P）	$\frac{每股股利}{股價}=\frac{D}{P}$
慣性因子	前週股票報酬率	前 5 日總報酬率
	前月股票報酬率	前 20 日總報酬率
	前季股票報酬率	前 60 日總報酬率
	前年股票報酬率	前 250 日總報酬率
系統風險係數（beta, β）		最近 250 日個股報酬率對大盤報酬率迴歸之斜率
總市值（Market Value）		股價×流通在外股數

資料來源：作者整理

原則 1 獲利因子效應原則

- ✓ 報酬：原則上成長股效應是成立的，企業的獲利能力越大，報酬率越高。股東權益報酬率（ROE）是獲利因子中表現最佳者。
- ✓ 風險：用獲利因子組成的投資組合比用價值因子組成者波動更小，即風險更低。
- ✓ 流動性：在大型股中，獲利因子比價值因子的選股效果更佳。
- ✓ 綜效：獲利因子與價值因子、慣性因子、風險因子均具有明顯的報酬綜效。

原則 2 價值因子效應原則

- ✓ 報酬：原則上價值股效應是成立的，股價淨值比、股價營收比、本益比越小、殖利率越大，報酬率越高。本益比、股價淨值比是價值因子中表現最佳、次佳的因子。
- ✓ 風險：用價值因子組成的投資組合比用獲利因子組成者波動更大，即風險更高。
- ✓ 流動性：價值因子選出的股票總市值偏低，以小型股居多。在大型股中，價值因子的選股效果不如獲利因子。
- ✓ 綜效：本益比（P／E）與獲利因子的報酬綜效小，這是因為 P／E 兼具價值因子、獲利因子特性。股價淨值比（P／B）與獲利因子的綜效大，這是因為 P／B 完全不具獲利因子特性。股東權益報酬率與股價淨值比的綜效是所有綜效中最強大者。此外，價值因子與慣性因子、風險因子也具有明顯的報酬綜效。

原則 3 慣性因子效應原則

- ✓ 報酬：慣性效應在慣性因子的形成期採用月、季時成立。在採用週、年時不成立。這是因為慣性的形成需要足夠的時間，一週的時間太短。但慣性無法維持太久，一年的時間太長。因此中等時間長度，也就是以月、季為形成期的慣性因子才具有慣性效應。
- ✓ 風險：用慣性因子組成的投資組合波動較大，即風險較高。
- ✓ 流動性：慣性因子在大型股效應較明顯；在小型股效應較弱。
- ✓ 綜效：慣性因子與獲利因子、價值因子、風險因子均具有明顯報酬綜效。用前月股票報酬率結合這些因子的綜效，高於用前季股票報酬率。

原則 4 風險因子效應原則

- ✓ 報酬：實證發現系統性風險係數（β）與報酬率關係並不明顯，與古典理論認為系統風險係數高，報酬率高的推論不同。
- ✓ 風險：用風險因子選小組成的投資組合波動較小，即風險較低。
- ✓ 流動性：用風險因子選小來降低投資組合風險的效應在大型股較明顯；在小型股較弱。
- ✓ 綜效：用風險因子選小結合獲利因子、價值因子、慣性因子雖然有報酬綜效，但把風險因子選小加入選股策略仍經常會降低報酬，這是因為採用加權平均法結合各因子來選股時，加入風險因子會降低其他選股因子的權重，為了顧及股票的風險，無法全力選出高報酬的股票。

原則 5 規模因子效應原則

- ✓ 報酬：規模效應成立，總市值越小，報酬率越高，但只有在總市值最小的 1／10 較明顯，而這些小型股的流動性很差。
- ✓ 風險：用規模因子選大組成的投資組合波動較小，即風險較低。
- ✓ 流動性：用規模因子選大組成的投資組合總市值當然高，因為總市值有極強的持續性。
- ✓ 綜效：用規模因子選大結合上述四個因子並無報酬綜效，反而會降低報酬。這是因為採用加權平均法結合各因子來選股時，加入規模因子會降低其他選股因子的權重，為了顧及股票的規模，無法全力選出高報酬的股票。此外，加入規模因子會使大型股有較高的機會入選，但大型股的報酬率經常較低。

3-12 選股因子的綜效建構：加權評分法

許多因子雖然具有選股能力，但效果仍然不強，特別是對大型股而言，選股能力更是有限，年化報酬率只能提升不到 2%。由於這些因子分別反應了價值、獲利、慣性、規模、風險等效應，那麼結合多個因子是否可以結合多個效應，產生具有綜效的多因子選股模型？答案是肯定的。近年來已有許多文獻證實結合各種不同效應，建構多因子選股模型可以提高報酬率。

在過去的多因子選股模型的研究當中，許多研究者採用加權評分法，透過給予各選股因子不同的權重配置，來建構最大化報酬的選股模型。加權評分法的步驟如下：

(1) 因子篩選

首先，必須先從各種可以用來選股的量化因子中，挑選出能提升績效的因子。

(2) 因子評分

其次，將股票依因子大小排序，如果該因子預期愈大越好，則最小值給 0 分，最大值給 100 分，其餘用內插原則評分。反之，如果該因子預期愈小越好，則最小值、最大值分別給 100 分、0 分，其餘用內插原則評分。

(3) 權重分配

接著，指定各評分因子的權重，權重總和必須為 100％。

(4) 加權評分

然後，計算每支股票的加權總分，得分最高的股票就是最好的股票，得分最低的股票就是最差的股票。

(5) 股票排序

最後，由於每一個股票都有一個總分，加以排序後可以取出特定數目的股票檔數。一般可選出得分最高的 10 至 30 支股票組成投資組合。

加權評分的計算舉例如下：例如要結合股東權益報酬率（選大）、股價淨值比（選小）這兩個因子，假設以 60％與 40％做為權重，如果某一個股票股東權益報酬率比 80％的股票高，因為股東權益報酬率選大，故得 80 分，但股價淨值比也比 70％的股票高，因為股價淨值比選小，故得 30 分，則：

加權總分＝ ROE 權重×ROE 評分 ＋ P／B 權重×P／B 評分
＝60％×80分＋40％×30分＝48分＋12分＝60分

但這類方法通常只是用主觀的方式設定不同權重，因此這種方法有幾個缺點：

(1) 無法瞭解因子權重與選股績效之間的關係。

(2) 無法有系統地發現最佳因子權重組合。

(3) 只單純追求最大化報酬的選股模型，不考慮風險與規模的限制，無法滿足不同需求的投資人。

為了最佳化投資績效，可以設定不同的權重分配，回測其績效。例如當只結合兩個因子時，可以用（0%, 100%）、（10%, 90%）、（20%, 80%）…（100%, 0%）等 11 個權重組合。例如圖 3-10 以這 11 種權重組合來回測「股東權益報酬率＋股價淨值比」雙因子模型，並取第十等分，即「加權總分」最高的 10%股票構成的投資組合。其季報酬率平均值如下：

- ❑ 純股價淨值比模型（0%, 100%）：4.9%
- ❑ 純股東權益報酬率模型（100%, 0%）：4.3%
- ❑ 股東權益報酬率＋股價淨值比等權模型（50%, 50%）：6.5%
- ❑ 股東權益報酬率＋股價淨值比最佳模型（60%, 40%）：6.6%

如果兩個因子之間沒有「綜效」，那麼季報酬率平均值應該是「純股價淨值比模型」與「純股東權益報酬率模型」的線性內插（圖 3-10 的斜虛線）。但此雙因子模型的實際回測季報酬率平均值是一個向上凸出的曲線。以「最佳模型（60%, 40%）」，即股東權益報酬率權重 60%，股價淨值比權重 40%為例，其季報酬率平均值的線性內插值為

線性內插值 ＝ 股東權益報酬率權重 × 純股東權益報酬率模型報酬率
＋ 股價淨值比權重 × 純股價淨值比模型報酬率
＝ 60%×4.3%＋40%×4.9%＝2.58%＋1.96%＝4.54%

因此「綜效」為

綜效＝實際回測值－線性內插值＝6.6%－4.54%＝2.06%　　（3-7）

此多出的差額 2.06%即這兩個因子的「綜效」。因此多因子模型的重點在於發掘具有最高「綜效」的因子權重組合。

但當要結合三個以上的因子時，這個方法不可行，因為可能的權重組合太多了。為了克服這個問題，作者提出以配方設計（mixture design）系統化地回測三因子以上的多因子選股模型。這個方法會在本書第 13 章介紹。本節只舉例證明，以加權評分法結合價值因子與獲利因子兩個因子的效應，可以產生具有報酬綜效的選股模型。

圖 3-10 選股因子的綜效

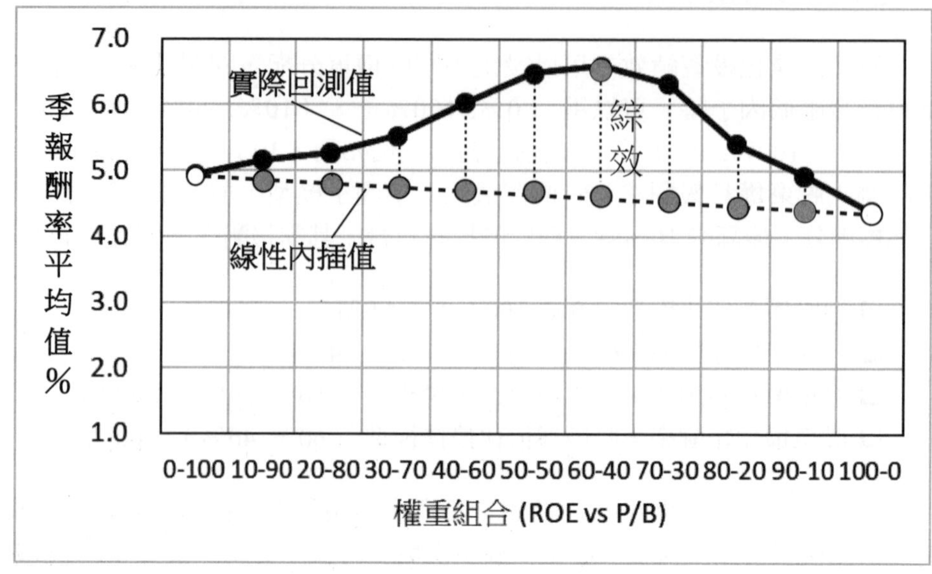

資料來源：作者整理

3-13 選股因子的綜效現象：綜效前緣

圖 3-11 為當代投資組合理論的「**效率前緣**」，它是由多個個股（或投資組合）以不同比例的投資金額組合下能達到的邊界。當個股（或投資組合）之間的報酬率的相關係數越小，組合的風險越小，甚至有可能比其組成的風險之最小者更小；但報酬率會介於其組成的報酬率之間，無法提升。因此，單純地以相等資金的方式，將多個單因子策略的投資組合組成一個更多元的投資組合可能可以降低風險，但不可能提高報酬。因為這種作法只是將具有單一因子特徵的股票組成投資組合，無法產生報酬綜效。

但對投資人更有意義的是提高報酬，而非降低風險。前述加權評分法給每一支股票的每一個因子評分，然後把評分加權得到加權總分，選出加權總分最高的股票組合成一個投資組合。因為這種作法能選出具有多種因子特徵的股票來組成投資組合，才可能產生報酬綜效。圖 3-12 為多因子選股模型的「**綜效前緣**」，它是由多個選股因子以不同權重組成多因子選股模型下能達到的邊界。當因子之間的報酬綜效越大，投資組合的報酬率越高，甚至有可能比所有因子的報酬之最大者更大；但風險通常會介於其組成的所有因子的風險之間，無法降低。

圖 3-11 當代投資組合理論的「效率前緣」

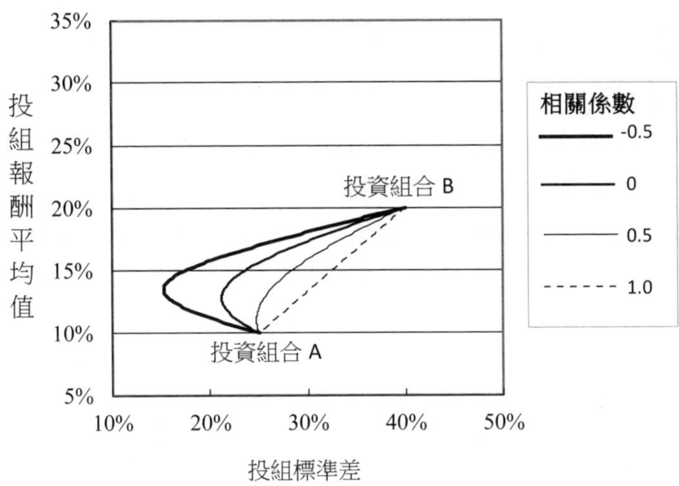

資料來源：作者整理

圖 3-12 多因子選股模型的「綜效前緣」

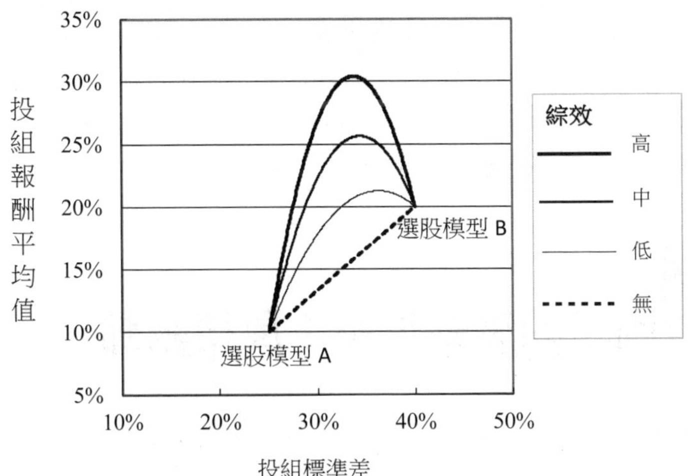

資料來源：作者整理

常見的因子之間的綜效性包括：

❐ 價值因子與獲利因子

價值投資是指買入價格低於內在價值的資產，賣出價格高於內在價值的資產。傳統上，價值投資主要關注價值因子，例如本益比、股價淨值比。近年來，越來越多的研究表明以獲利因子結合價值因子可產生報酬綜效。高獲利的低估值資產才是真正有價值的資產。作者多年來的許多研究均指出，獲利因子與價值因子之間的綜效是最強大也最可靠的綜效。

❐ 價值因子與動量因子

趨勢投資是指在市場上追逐表現較好的股票。動量因子可以幫助投資者識別出那些可能繼續表現良好的股票。股價被市場低估的價值股，有可能被市場持續低估。但如果一支價值股近期的報酬率高於市場報酬率可能代表市場開始認同它價值被低估，因此開始買進，導致報酬率高於市場。因此動量因子與價值因子之間可能具有報酬綜效。

❐ 獲利因子與動量因子

獲利改善的公司可能被市場忽略，而沒有高報酬。但如果一支高獲利公司的股票近期的報酬率高於市場，可能代表市場開始認同它獲利已經改善，值得更高的估值，因此開始買進，導致報酬率高於市場。因此動量因子與獲利因子之間可能具有報酬綜效。

總之，「**效率前緣**」重視的是組合具有負相關或低相關的股票，以降低投資組合的可分散風險。「**綜效前緣**」重視的是組合具有「報酬綜效」的選股因子，以強化選股模型的選股能力，提升報酬率。因此「綜效前緣」與「效率前緣」是兩個完全不同的概念。本書將在第 14 章詳細討論「綜效前緣」，並提出建構綜效前緣的方法。

3-14 選股因子的輪動現象：風格輪動

股市的「風格輪動」是指市場有時某一種選股風格占優勢，有時不同甚至相反的風格占優勢，例如有時成長股風格占優勢，有時價值股風格占優勢。風格輪動會使原本表現很好的策略變得不佳，甚至很差。

關於股市的「風格輪動」，許多文獻指出：

❐ 多因子模型較為穩健

單因子模型容易受風格輪動的影響，造成報酬率不穩定，而結合多個因子的多因子模型常較穩健。例如結合成長與價值風格之選股模型的績效經常較穩健。

❐ 風格輪動具有持續性

一種占優勢的選股風格，通常會持續數個月甚至數年。

許多研究指出，「風格輪動」在價值風格與成長風格之間最為明顯。為了探討價值成長風格輪動現象，我們將代表價值風格的股價淨值比單因子模型的季超額報酬率減去代表成長風格的股東權益報酬率者得到「風格差距」，公式如下：

風格差距＝價值風格（P／B）季超額報酬率 – 成長風格（ROE）季超額報酬率

為了更清楚觀察其趨勢，我們將上面一季的風格差距以 4 季的移動平均繪成圖 3-13，可以發現回測期間兩種風格都有多次出現連續多季佔優勢期間，最長期間可達三年。本書將在第 17 章詳細討論「風格輪動」現象，並提出「風格擇時策略」來克服及利用這種現象，以改善報酬的穩定性。

圖 3-13 價值風格對成長風格的風格差距：4 季移動平均

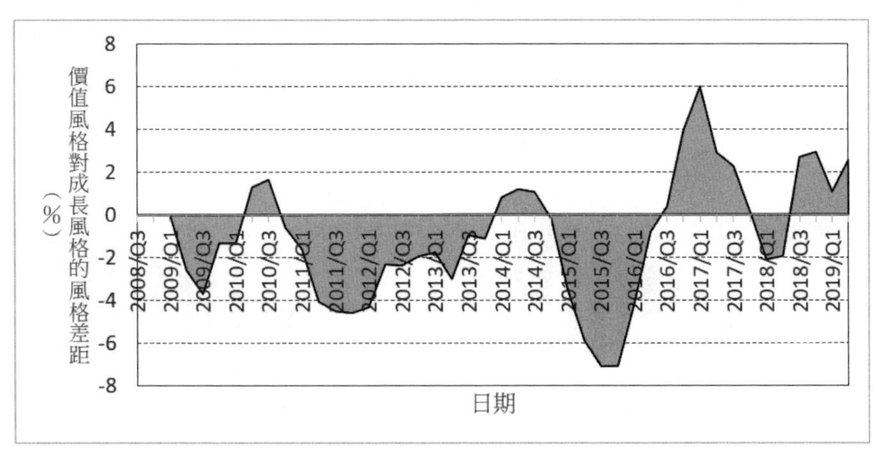

資料來源：作者整理

3-15
選股因子的擁擠現象：因子擁擠

因子擁擠是指當大量的投資人都使用同一個因子選股時，因子會喪失原有的效果之現象。例如當大量的投資人都買入淨值股價比（B／P）較大的股票時，會使得這些原本便宜的股票不再便宜，導致淨值股價比選大的選股策略不再有效。

因子擁擠不難理解：當大家都用淨值股價比選股時，例如淨值股價比小於 0.5 賣，淨值股價比大於 1.0 買，股市股票的淨值股價比將會集中在 0.5 至 1.0 之間，因此，觀察因子是否擁擠的方法之一是把股票依照因子大小十等分，計算最大與最小等分的中位數比值，公式如下：

$$\text{淨值股價比之價值因子價差}=\frac{\text{淨值股價比最大等分的中位數}}{\text{淨值股價比最小等分的中位數}}$$

此比值越小，代表淨值股價比差異越小，因子越擁擠，顯示大家都用淨值股價比選股。此公式使用中位數而不是平均值，是因為平均值易受到例外值的影響，而中位數不會。使用比率值，而不是差值，是因為差值易受到整體市場估值的影響，而比率值不會。例如，當把股票依照淨值股價比排序，通常淨值股價比最小的十分位的中位數大約 0.3, 最大者大約 1.5，相差 1.5／0.3＝5 倍。當大量的投資人都買入 B／P 較大，而賣出 B／P 較小的股票，有可能 B／P 最小的十分位的中位數變成 0.4, 最大者變成 1.2，相差 1.2／0.4＝3 倍，發生價值因子擁擠現象，如圖 3-14。

圖 3-14 價值因子擁擠：淨值股價比 （B／P）的相對差異變小

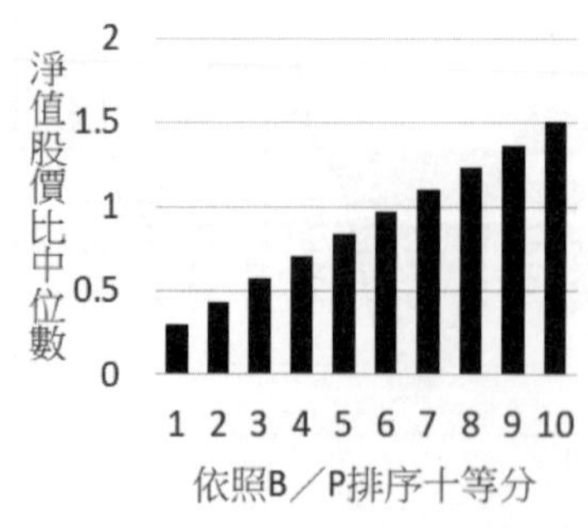

（a）一般情況下的淨值股價比

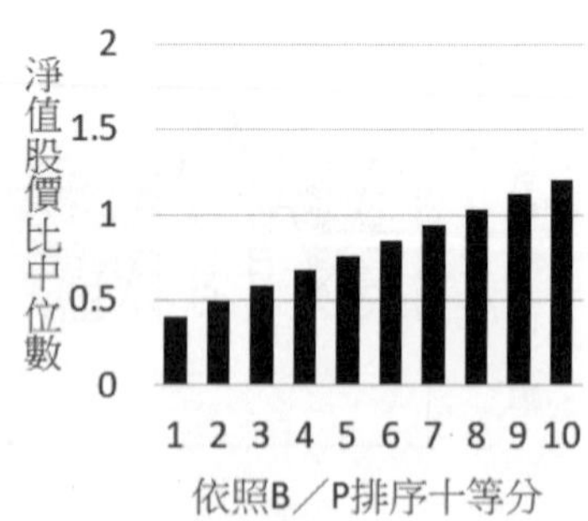

（b）因子擁擠情況下的淨值股價比

資料來源：作者整理

上述方法也適用在營收股價比（Sales／Price，S／P）估值比率。但是，因為益本比（E／P）理論上可以變為負值或接近零，因此要用差值，而非比率。

益本比之價值因子價差＝（益本比最大等分股票的益本比中位數）
－（益本比最小等分股票的益本比中位數）

接著使用淨值股價比、營收股價比、益本比的時間序列，對每一個進行標準化，然後使用三者的等權平均值作為市場是否發生價值因子擁擠現象的度量。

此外，當大量的投資人都買入股東權益報酬率較大，而賣出股東權益報酬率較小的股票，因為股東權益報酬率較大、較小的股票原本淨值股價比就較小、較大，在大量買入、賣出後股票會變得更極端，淨值股價比小者更小，大者更大；有可能淨值股價比最小的十分位的中位數變成 0.2, 最大者變成 2，相差 2／0.2＝10 倍，發生獲利因子擁擠現象，如圖 3-15。因此當價值因子發生因子擁擠現象時，獲利因子的表現經常較好；反之，當獲利因子發生因子擁擠現象時，價值因子的表現經常較好。這也是價值股與成長股兩者會風格輪動的原因之一。

圖 3-15 獲利因子擁擠：淨值股價比的差異變大，股東權益報酬率的差異不變

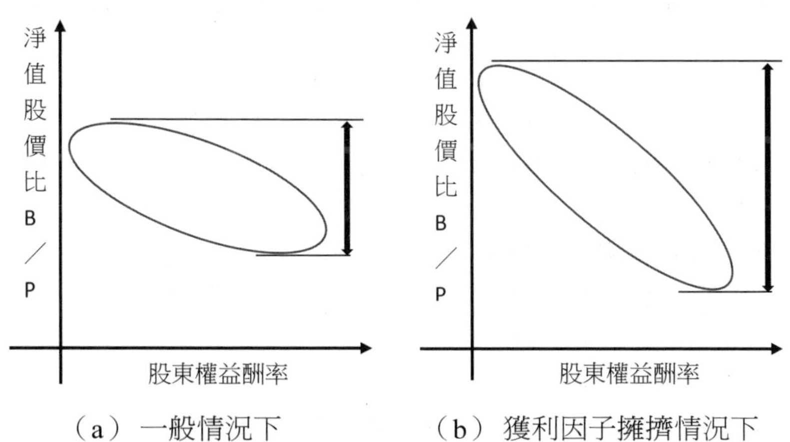

（a）一般情況下　　（b）獲利因子擁擠情況下

實證結果顯示：

- ❐ 價值因子發生擁擠現象時，使用價值因子投資的績效在未來 1 至 12 個月間會比沒有擁擠現象時低很多。
- ❐ 當價值因子發生擁擠現象時，使用獲利因子投資的績效會高很多。這與上述預期一致。
- ❐ 單因子較容易發生「因子擁擠」現象，多因子較不易發生「因子擁擠」現象。

因子投資的普及可能導致因子擁擠現象，因為大量資本追逐具有某一因子特徵的股票時，會導致它們變得比其他股票更昂貴，造成因子投資失效。因此，投資人須檢視自己的因子投資是否發生因子擁擠現象，以適時調整策略。

3-16 選股因子的失效現象：解釋與原因

實證表明，長期使用因子投資可以產生高於市場的報酬，或者可以幫助降低風險，甚至同時達成兩者。然而，投資人必須注意到因子投資是一種長期投資策略，雖然長期績效良好，但因為風格輪動與因子擁擠現象的干擾，有可能連續數年無法優於大盤，甚至比大盤還差。但拉長到 5 年以上的時間來看，因子投資可以擊敗市場。

一些專家指出，在 2015 年之後，因子投資在美國股市失敗了。圖 3-16 顯示美國 S&P 500 的在 1999 年至 2019 年的五種單因子選股的累積超額報酬率。包括

- 股東權益報酬率（ROE）
- 股價淨值比（P／B）
- 股價營收比（P／S）
- 資本報酬率（ROC）
- 盈餘產出率（EY，是類似 E／P 益本比的比率）

其中股東權益報酬率與資本報酬率為獲利因子，雖然累積超額報酬率較低，但在 2015 年後累積超額報酬率仍然持續增加，特別是股東權益報酬

率。而股價淨值比、股價營收比、盈餘產出率為價值因子，雖然累積超額報酬率較高，但在 2015 年後累積超額報酬率卻持續降低，顯示價值因子投資陷入困境。

圖 3-16 美國 S&P 500 的因子投資績效：1999 年至 2019 年

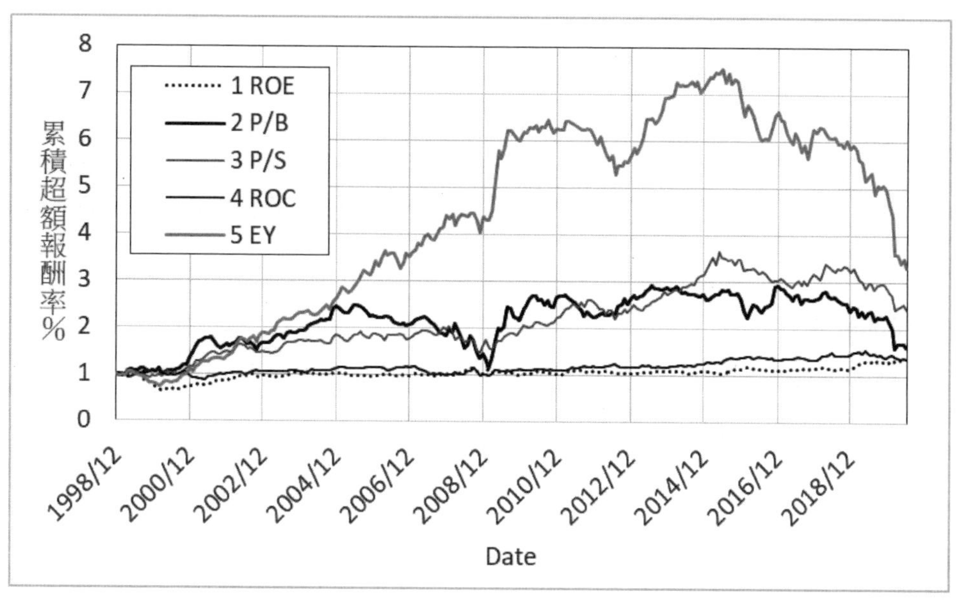

資料來源：作者整理

❐ 因子投資失效的原因

最近幾年，可能有幾個因素導致了因子投資在美國股市的失效。包括：

◎ 低利率經濟環境

美聯儲在最近幾年一直將利率保持在歷史低位。這使得價值投資者更難找到被低估的股票。

◎ 因子投資普遍化

因子投資的普及可能導致因子擁擠現象，因為大量資本追逐具有某一因子特徵的股票時，會導致它們變得比其他股票更昂貴，造成因子投資失效。

◎ 演算法交易興起

因子投資策略通常是基於基本面分析，而演算法交易是指使用電腦程式來執行價量技術分析以自動買賣股票。近年來，基於技術分析的演算法交易越來越普遍，這使得基於基本面分析的因子投資不再有效。

❐ 因子投資失效的解釋

許多因子策略，例如價值因子投資和動量因子投資，在美國股市於 2015 至 2019 年這段時期都跑輸了市場。但對於此現象專家們有二種解釋：

◎ 短期現象

他們認為，因為過去的實證表明，長期使用因子投資可以產生高於市場的報酬，因此雖然這些因子在短期內表現不佳，它們的失效可能只是暫時的。在市場環境回歸正常時，因子投資策略將會再次表現出優勢。總之，目前還不能說因子投資是否失敗了，需要更長的時間才能看到這些策略在長期內的表現如何。

◎ 局部現象

他們認為，雖然部分因子，如價值投資和動量投資，在這個時期都跑輸了市場，只是局部的現象，因為仍有一些因子的投資跑贏了市場，此外，還有許多「多因子」模型靠著綜效擊敗了市場。

3-17 因子投資的重點

長期的實證表明，長期使用因子投資可以產生高於市場的報酬。如果投資人願意承擔風險並且正在尋找長期投資策略，那麼因子投資可能是一個不錯的選擇。但在採用因子投資時要注意以下幾點。

❐ 科學性原則：建構因子投資模型要理論與實證並重

物理學知識的確立必須同時通過理論與實驗的考驗。同理，可靠的選股因子必須在理論上先符合傳統金融學或行為金融學的邏輯，在實驗上通過回測實證的考驗。回測必須是基於長時間市場數據，最好能包含多個多空市場、不同股票市場的數據。

❐ 保守性原則：對因子投資模型回測績效不可過度樂觀

統計方法可以從大量數據中識別出有意義的模式。在因子投資中，統計分析回測的數據可以用來識別過去表現良好的選股因子。然而，在股票投資中，過去的表現不一定是未來表現的保證。因此，投資者不應該過度依賴統計分析的結果。但是許多投資者卻對統計分析回測數據發現的因子表現產生了過度樂觀的預期。

❐ 綜效性原則：利用多因子選股綜效是因子投資模型致勝關鍵

單一因子通常很難擊敗大盤，多因子可以產生「綜效」，發揮「1 加 1 大於 2」的效果，例如獲利因子、價值因子與慣性因子三者之間常常具有明顯的綜效。這也是本書最主要的重點。

❐ 適應性原則：根據風格輪動與因子擁擠調整因子投資模型

股市的「風格輪動」是指市場有時某一種選股風格佔優勢，有時不同甚至相反的風格占優勢，例如有時成長股風格占優勢，有時價值股風格占優勢。風格輪動會使原本表現很好的策略變得不佳，甚至很差。因子擁擠是指當大量的投資人都使用同一個因子選股時，因子會喪失原有的效果之現象。因此，投資人須檢視自己的因子投資是否發生不利的風格輪動與因子擁擠現象，適時調整選股因子的權重組合。

❐ 風險性原則：配合風險承受能力選擇因子投資模型

因子投資可以是一種有效的投資策略，但它也存在風險。因子投資並非保證能賺錢，它始終存在虧損的風險。投資者通常會被誤導，認為他們的因子投資組合是多元化的。然而，在某些市場環境中，當因子報酬變得更加相關時，多元化可能會消失，報酬可能會遭受超過預期的下跌衝擊。如果投資人有能力承擔風險，能夠承受在空頭市場虧損，就有很大的機會在多頭市場享受可觀的風險溢酬，特別是對價值股而言。因此，投資人在投資之前應仔細研究投資因子和相關風險，檢視自己的風險承受能力，選擇風險在可承受範圍的選股因子。

❐ 穩健性原則：配合資金可持續性選擇因子投資模型

前述的風險性強調的是損失的幅度與可能性，穩健性強調的是持續無法打敗大盤的時間長度。實證表明，長期使用因子投資可以產生高於市場的報酬。然而，投資人必須注意到因子投資有可能連續數年無法優於大盤，甚至比大盤還差。因此，投資人須檢視自己的資金的可持續性，選擇獲利穩健性能配合自己資金可持續性的選股因子。如果資金可持續性長，例如十年以上，那麼像價值因子、慣性因子這一類穩健性較差的因子就可以賦予較高的權重；反之，五年以下，那麼像獲利因子這一類穩健性較佳因子就應該賦予較高的權重。

❒ 流動性原則：配合資金規模大小選擇因子投資模型

部分因子投資方法可能缺少足夠的流動性，而沒有實用的價值。例如交易成本是指買賣證券時產生的費用，投資者在計算因子報酬時必須考慮交易成本。如果他們低估了交易成本，他們可能會對因子報酬的預期過高。此外有些因子投資方法很容易發生因子擁擠，也就是這種因子的「胃納量」很小。因此，投資人須檢視自己的資金規模，選擇流動性足夠的選股因子。

3-18 因子投資的實證研究回顧

以下回顧近年來一些具有代表的因子投資的實證研究的結論：

❒ 447 個因子的大規模實證回測：資本市場比以前認為的更有效率

過去數十年，大量文獻對異常報酬因子進行挖掘。但缺少一個由第三方執行，大規模、具有一致性、可比較性的回測研究。因此文獻[7]（2020）對大量異常報酬因子進行了回測實證。他們將異常報酬因子分為六類：

- 獲利能力
- 價值因子
- 動量因子
- 投資因子
- 無形資產因子
- 交易摩擦因子

這篇文獻建構了一個包含 447 個異常因子的迄今為止最大的資料庫，複製了金融和會計領域文獻的所有異常現象。通過紐約證券交易所（NYSE）的歷史資料的回測實證後發現：

✓ 在常規的 5%水準上，64%（286 個）的異常現象統計上不顯著。

✓ 在常規的 5%水準上，36%（161 個）統計上顯著的異常現象，它們異常報酬的大小也常常遠低於最初文獻的水準。

- ✓ 這 161 個統計上顯著的異常現象，用 q 因子模型作迴歸分析，只有 46 個的異常報酬 alpha 值統計上顯著，也就是只有 10%（46／447）的因子通過報酬異常檢定。
- ✓ 過去的研究經常高估異常報酬的原因是未排除微型股。在美國股市，市值最小的 60%股票的總市值只占市場的 3%，而且它們的交易成本也較高，因此流動性不足。
- ✓ 總體而言，資本市場比以前認為的更有效率。

❒ 交易策略的市場容量差異很大

文獻〔8〕（2016）研究了交易策略的市場容量，以及降低交易成本方法。他們發現：

- ✓ 交易策略的市場容量被量化為邊緣交易者（定義為最後交易的交易者）不再發現這些策略有利可圖之前，可以將多少資本用於交易策略。結果如下：
  - (1) 低周轉率策略往往具有更高的容量。基於獲利能力的策略大都可容納數百億美元的套利資本，然後才變得無利可圖。價值策略的容量大約是其一半。
  - (2) 中等周轉率策略的容量要小一個數量級，基於動量策略的獲利能力在大約 50 億美元的資本追逐該策略時消失。
  - (3) 高周轉率策略的容量可能僅限於幾百萬美元。
- ✓ 降低交易成本方法最有效的方法是在買入時取較高的門檻，賣出時取較低的門檻，例如指買入排名最佳的前 2%股票，但買入後，持票排名退步到最佳的前 10%才賣出。

❒ 全球股市的因子投資回測：多因子選股具有綜效，價值因子在 2015 至 2020 年失效

文獻〔9〕（2020）提出五個因子回測全球股市：

- ✓ 品質因子：高品質
- ✓ 價值因子：高價值
- ✓ 慣性因子：向上性
- ✓ 波動因子：低波動
- ✓ 規模因子：小型股

他們以 STOXX Global 1800 為基準，這是歐洲指數公司（STOXX）編製的全球股票指數，包含全球 1800 家市值最大的上市公司。該指數由歐洲、北美和亞太地區的股票組成，每一個地區的股票數量為 600 家。STOXX Global 1800 是衡量全球股市表現的一個重要指標。該指數可以用來跟踪全球股市的整體趨勢，也可以用來比較不同地區股市的表現。

從 2004 至 2019 共 16 年，STOXX Global 1800 的年化報酬率為 7.7%，回測實證顯示同期各因子的年化報酬率如下：

- ✓ 品質因子：10.0%，且效果相當穩定。
- ✓ 價值因子：7.3%，比市場基準還略差一點，主要是因為在 2015 年以後價值因子選股效果差，出現因子失效的現象。
- ✓ 慣性因子：10.9%，但效果不穩定。
- ✓ 波動因子：9.9%，且效果相當穩定。
- ✓ 規模因子：8.5%，只比市場基準還略好一點。
- ✓ 多因子：11.4%，比所有的單因子都要好，且效果相當穩定，顯示因子之間具有報酬綜效。

❒ 日本股市的因子投資回測：價值因子是對報酬貢獻最大的因子

文獻〔6〕（2019）提出五類選股因子，包括

- 品質（Quality）：ROE、ROA
- 價值（Value）：P／B、P／E、P／S
- 慣性（Momentum）：近 1 個月、近 12 個月股票報酬率
- 風險（Risk）：beta、月報酬率標準差（近 60 個月）
- 規模：總市值

與本書表 3-1 使用的因子分類十分相似。他們準備了 TOPIX500 指數成分股的資料集。TOPIX500 是日本東京證券交易所（TSE）公認的股市指數，包括日本市場的大中型股。回測時間從 1990 年 12 月到 2015 年 3 月，超過 24 年。實證顯示對報酬貢獻最大的因子，依序是價值因子、規模因子、品質因子（由獲利因子組成）、風險因子、慣性因子。價值因子是對報酬貢獻最大的因子。

❒ 台灣股市的因子投資回測：價值與獲利兩因子有風格輪動現象

TEJ 市場面多因子資料庫對下列因子進行了回測，包括

- 獲利因子
- 價值因子：淨值市價比（B／P）、益本比（E／P）、股利殖利率（D／P）
- 動能因子：慣性因子、短期反轉因子、長期反轉因子
- 市場風險因子
- 規模因子
- 投資因子

發現各因子的溢酬之間關係如下：

✓ 獲利因子、益本比、殖利率溢酬與市場風險溢酬負相關；淨值股價比溢酬與市場風險溢酬正相關。這代表跟獲利有關的因子在市場下跌期表現較佳，而跟獲利無關的因子淨值股價比在市場上漲期表現較佳。這與在市場反彈期價值股表現最好的現象一致。

✓ 殖利率（D／P）溢酬與市場風險溢酬有最強的負相關（相關係數-0.56）。這代表殖利率的溢酬在市場下跌期較佳，可以抵消部分市場風險。

✓ 獲利因子溢酬與淨值股價比溢酬有很強的負相關（相關係數-0.71），這代表價值與獲利兩因子有風格輪動現象。

3-19 對投資人的啟發：提高績效的三大法寶

對投資人而言，想要用因子投資提高報酬、降低風險，有幾個法寶：

1. 多因子選股模型的綜效

由於單一因子通常很難擊敗大盤，實務上因子投資通常採用可以產生「綜效」的多因子選股模型，發揮「1 加 1 大於 2」的效果。使用可以產生「綜效」的多因子選股模型主要目的是提高超額報酬，次要目的是控制風險不要太高。

2. 長期持續投資的指數成長

長期持續投資可以讓投資人的投資期間涵蓋多頭市場與空頭市場，降低市場系統性風險的影響，並讓資產價值以指數成長法則大幅成長，特別是在投資有高報酬率之下，長期持續投資的指數成長的爆發力更為驚人。

3. 適應市場變動

即使投資人能有系統地回測，找到一個具有高報酬綜效的選股模型，這個模型也並非在整個回測期間都可以擊敗大盤，有時甚至可能連續數年績效比大盤還差。因此投資人應每年定期檢視選股模型建構的投資組合，是否發生風格輪動與因子擁擠現象，並在必要時調整選股模型，以主動利用這些現象，化危機為擴大獲利的機會。

投資人在進行因子投資時，應先仔細考慮自身三個投資條件：

◎ **風險承受能力**

◎ **資金可持續性**

◎ **資金規模大小**

來選擇適當的選股模型。如果投資人風險承受能力大、資金可持續性長、資金規模不會太大，那麼就很有機會利用因子投資提高超額報酬率。

總之，投資人應用因子投資時，應該選擇一個符合傳統金融學或行為金融學的邏輯，並經過長時間市場實證的考驗，還能配合自身投資條件，而且有信心的因子投資模型。畢竟沒有信心就很難長期投資，不能長期投資，就不能等到雲開月明，獲得豐厚的超額報酬。

參考文獻

1. Eugene, F., & French, K. （1992）. The cross-section of expected stock returns. Journal of Finance, 47（2）, 427-465.
2. Fama, E. F., & French, K. R. （2015）. A five-factor asset pricing model. Journal of financial economics, 116（1）, 1-22.
3. Fama, E. F., & French, K. R. （2016）. Dissecting anomalies with a five-factor model. The Review of Financial Studies, 29（1）, 69-103.
4. Fama, E. F., & French, K. R. （2017）. International tests of a five-factor asset pricing model. Journal of financial Economics, 123（3）, 441-463.

5. Bonne, G., Roisenberg, L., Kouzmenko, R., & Zangari, P. （2020）. MSCI integrated factor crowding model.
6. Nakagawa, K., Ito, T., Abe, M., & Izumi, K. （2019）. Deep recurrent factor model: interpretable non-linear and time-varying multi-factor model. arXiv preprint arXiv:1901.11493.
7. Hou, K., Xue, C., & Zhang, L. （2020）. Replicating anomalies. *The Review of financial studies*, 33（5）, 2019-2133.
8. Novy-Marx, R., & Velikov, M. （2016）. A taxonomy of anomalies and their trading costs. *The Review of Financial Studies,* 29（1）, 104-147.
9. Jenna Ross （2020）. Unlocking the Return Potential in Factor Investing, https://www.visualcapitalist.com/factor-investing/

第四章
C H . 0 4

複製巴菲特的報酬異常

股市解剖 4：巴菲特與因子投資

巴菲特無疑是史上最成功的股票投資人。談巴菲特的書很多，但很少人用計量的方法去解析巴菲特為何成功，又如何複製巴菲特的成功。本章將用前一章因子投資的方法去計量解析巴菲特超額報酬的來源，以及複製巴菲特投資風格的方法。

4-01 巴菲特：市場的股神

華倫・巴菲特（Warren E. Buffett, 1930－），美國投資家。1954 至 1956 年在葛拉漢的公司擔任證券分析師，1956 至 1969 年在巴菲特合夥事業有限公司擔任合夥人，以及 1970 年至今，在波克夏・海瑟威公司擔任董事長兼執行長。美國華爾街有許多赫赫有名的投資界大亨，但是單靠投資而擠身世界前十大富豪者，惟有巴菲特一人。

1951 年碩士畢業後，巴菲特想要進入葛拉漢創立的投資公司－葛拉漢－紐曼公司工作，起初被葛拉漢婉拒，於是他回到父親的證券公司上班，從事業務方面的工作。終於在 1954 年，他如願以償，進入了葛拉漢－紐曼公司。葛拉漢是個嚴格的老闆與投資者，嚴格遵行價值投資法，即要求極寬的安全邊際（內在價值－市價）。巴菲特認為合理，但也有疑問此嚴格執行規則是否會漏失某些有成長潛力的股票。1956 年，葛拉漢退休並結束公司。1956 年起，巴菲特陸續創立了幾個合夥事業，最後一起合併成巴菲特合夥事業有限公司。

巴菲特徹底實踐葛拉漢的價值投資哲學，這些投資在 1956 到 1969 年間，以 30%以上的複利成長率成長，而一般市場的常態只有 7% 至 11%。此時資金尚不多的巴菲特遵行葛拉漢的價值投資，即嚴格強調「價格低於價值」的作法，與後期的作法有很大不同。雖然這種策略在早期得到很好的成效，但隨著資金越來越多，巴菲特發現這做法無法用於巨大的資金與長久的經營。這時，好友暨事業夥伴芒格（Charlie Munger）的建議幫助了他。巴菲特回憶：「他給我的建議很簡單：忘記你過去用很棒的價格買進普通的企業的作法，而該用普通的價格買進很棒的企業。」由於過去的成功，剛開始巴菲特並不想採納這個作法。但在芒格不斷的提醒與說服之下，巴菲特的投資風格還是跳脫了原本恪守的專注於價格低於價值的葛拉漢原則，開始專注在一些具有持久性競爭優勢的優質企業上，這個作法終於成為巴菲特日後最重要的投資哲學。

4-02 葛拉漢的價值投資哲學

巴菲特徹底實踐葛拉漢的價值投資哲學，這些投資在 1956 到 1969 年間，以 30%以上的複利成長率成長，而一般市場的常態只有 7%至 11%。因此，先談談葛拉漢的「古典」的價值投資哲學。

班傑明・葛拉漢（Benjamin Graham,1894－1976），美國學者兼投資家，價值型投資策略之父。1928 年起在哥倫比亞大學執教。1934 年年底出版《有價證券分析》（Security Analysis）。1949 年出版《智慧型股票投資人》（The Intelligent Investor）。1956 年退休，並解散葛拉漢・紐曼公司。談股票投資的書很多，但出版超過八十年，作者過世超過 40 年，還繼續出版，並且繼續被全世界眾多投資人閱讀的書，大概只有《有價證券分析》這本書了。這本書被全球投資人譽為必讀經典，書中的價值分析理論對當今投資界影響甚遠。葛拉漢被尊稱為「證券分析之父」的原因在於在他之前並沒有一套有系統的證券分析法，一切分析方法可以說是以葛拉漢為起點。

投資理念

一、內在價值（intrinsic value）

葛拉漢認為投資最重要的資訊就是公司的「內在價值」（真實價值）（intrinsic value），而投資人最重要的工作則是正確的計算出公司的內在價值，並在市場價格低於這個內在價值時買入公司的股票。內在價值是採用可靠的事實來定義：資產、盈餘、股利、明確的前景。一般情況下，未來盈餘被認為是評價股票最重要的因子。計算內在價值的第一步就是先估算未來盈餘，然後再將此估計值乘上適當的「折現因子」。

二、安全邊際（margin of safety）

安全邊際是指內在價值高於市場價格的部分。安全邊際法則是指投資於公司內在價值大於公司市值，並且安全邊際達到一定程度以上的公司。在市場大跌時，較容易找到擁有足夠安全邊際的股票，因此價值投資認為「市場先生是你的僕人」。

葛拉漢的弟子華倫・巴菲特曾轉述恩師的話指出，如果只能用一個詞彙來形容正確投資的秘密，那必定是「安全邊際」。這種注重價值與價格（成本）之間距離的投資風格，形成了巴菲特獨特的投資觀點：「在別人貪婪時恐懼，在別人恐懼時貪婪」。前者意指因為市場過熱（別人貪婪時）、安全邊際降低，應該特別謹慎；而後者因為市場行情冷清（別人恐懼時）安全邊際提升，形成明智投資者低價收購股權的絕佳機會。巴菲特在股市大跌、市場普遍看壞前景時（如金融海嘯發生後的 2008 年底），敢於大舉收購股權的理論依據即在於此。

三、投資事業化管理

葛拉漢在《智慧型股票投資人》一書中指出，「最明智的投資，是朝向事業化發展」（Investment is most intelligent when it is most businesslike），這段話形成巴菲特的重要投資策略：深入了解公司營運特質後，長期持有，享受公司成長的果實，而不專注在股價漲跌起伏。此一理念亦是巴菲特跳脫股票操作、而晉升投資事業家的重要基石。

四、投資與投機的區別

葛拉漢最大的貢獻之一，就是他定義了投資和投機的不同，他認為「所謂的投資，就是在經過了完整又仔細的分析之後，為了確保本金的安全，並且能得到滿意的報酬率所做的行為。除此之外都是投機。」

投資名言

葛拉漢在《有價證券分析》與《智慧型股票投資人》兩本書中的觀點如下：

◎ 證券分析的基本假設：
(1)市場價格經常偏離證券的真正價值。
(2)當市場價格偏離證券的真正價值時，市場會自行調整。
前者無庸置疑；後者界線不明，有時偏離，不論高估或低估，會持續相當久的時間。

◎ 證券分析的主要障礙：(1) 沒有足夠的數據。(2) 數據不正確。(3) 未來的不確定性。(4) 市場的非理性行為。

◎ 證券分析的運氣成分越大，分析越無價值。

◎ 直覺並非正規的投資方法。

◎ 決定合理本益比的因素有 (1) 配息率（D／P）(2) 公司地位 (3) 所屬產業 (4) 市場狀況。

◎ 盈餘不僅是波動的，而且受到人為的操控。常見手法有 (1) 非經常性的利益與虧損。例如出售固定資產、有價證券的損益。(2) 子公司與關係企業的不當運作。(3) 多報或少報攤提金額及其他準備費用。

◎ 巨額利潤往往只是曇花一現。

◎ 股東權益報酬率（ROE）在正常的負債水準下，是最佳的公司獲利指標。而每股盈餘成長率有遇到基期過低的缺點。

◎ 沒有甚麼客觀方法可以評估公司高層的管理能力。

◎ 經營階層的持股比例不可過少，母公司對賺錢的子公司持股比例不可過少。因為這些事關管理團隊誠信。

投資準則

葛拉漢在「智慧型股票投資人」一書中，建議七條定性與定量準則來選股：

◎ 足夠大的企業規模以渡過經濟蕭條期：營業額大於 1 億美元

◎ 強大的財務流動性：流動比率大於 2
◎ 盈餘的穩定性：連續有盈餘年度大於 10 年
◎ 盈餘的成長性：十年內每股盈餘成長大於 1／3
◎ 股息的穩定性：連續發放股息年度大於 20 年
◎ 股價相對於盈餘便宜：本益比（每股盈餘取三年平均）小於 15
◎ 股價相對於淨值便宜：股價淨值比小於 1.5

前五個條件試圖確保買到高品質的公司，而後二個條件試圖確保以合理的價格買到。

4-03 巴菲特的價值投資哲學

投資理念

以下將巴菲特的言論整合成十項投資理念：

一、內在價值（intrinsic value）

◎ 內在價值的定義很簡單：一家企業在其壽命史中可以產生的現金的折現值。
◎ 內在價值是一個非常重要的概念，它為評估投資和企業的相對吸引力提供了唯一的合乎邏輯的手段。
◎ 對於購併的對象，我們偏愛那些會「產生現金」而非「消化現金」的公司。
◎ 我們只是對於估計一小部分股票的內在價值還有點自信，但也只限於一個價值區間，而絕非那些貌似精確，實為謬誤的數字。
◎ 我寧要模糊的正確，也不要精確的錯誤。
◎ 價值評估既是藝術，又是科學。

二、　安全邊際（margin of safety）

◎ 價格是你所付出的，價值是你所得到的。
◎ 我從不購買價格並不明顯低於公司價值的股票。（註：此為早年的

看法）

◎ 我們看的是公司本質的表現，而非其股價的表現；如果我們對公司的看法正確，市場終將還它一個公道。

◎ 投資成功的關鍵是：在一家好公司的市場價格相對於它的內在企業價值大打折扣時，買入其股份。

◎ 當一些大企業暫時出現危機或股市下跌，出現有利可圖的交易價格時，應該毫不猶豫買進它們的股票。

◎ 我們歡迎市場下跌，因為它使我們能以新的、令人感到恐慌的便宜價格撿到更多的股票。

三、把投資股票當經營企業

◎ 因為我把自己當成是企業的經營者，所以我成為更優秀的投資人；而因為我把自己當成是投資人，所以我成為更優秀的企業經營者。

◎ 在投資時，我們把自己看成是企業分析師 — 而不是市場分析師，也不是宏觀經濟分析師，甚至不是證券分析師。

◎ 投資者應考慮企業的長期發展，而不是股票市場的短期前景。價格最終將取決於未來的收益。

◎ 在投資過程中如同棒球運動中那樣，要讓記分牌不斷翻動，你就必須盯著球場而不是記分牌。（註：球場是企業；記分牌是股市）

四、偏好有護城河企業（高獲利且持續性高）

巴菲特將企業的競爭優勢比喻成「護城河」，這種優勢具有一定程度的壟斷，使企業能夠將競爭對手隔絕在安全距離之外。缺少這種護城河保護的公司，經常面臨巨大的競爭壓力。具有寬廣護城河的企業中，可口可樂可說是最典型的範例。因為即使口味類似，消費者還是願意支付較高的價錢來購買可口可樂，也不願嘗試其他飲料。投資在這類寬廣護城河的企業成為巴菲特最令人矚目的事蹟，特別是傾向買下整間企業，而非透過公開市場交易。有鑒於此，波克夏目前持有為數眾多、在不同產業中稱霸的事業群。它們之中有些具備某種可在競爭對手中脫穎而出的特性，有些專注於個別的利基市場。

◎ 有的企業有高聳的護城河，裡頭還有兇猛的鱷魚、海盜與鯊魚守護著，這才是你應該投資的公司。

◎ 消費者特許權是指消費者偏愛而願意付額外的代價購買某個牌子的

產品。

◎ 擁有特許權的事業是指那些可以輕易提高價格，且只需額外多投入一些資金，便可增加銷售量與市場占有率的企業。

◎ 一家卓越的報社可將發行報紙售價調高一倍，而仍保有百分之九十的讀者。

◎ 經驗表明，獲利能力最好的企業，經常是那些現在的經營方式與 5 年前甚至 10 年前幾乎完全相同的企業。而一家公司如果經常發生重大變化，將可能因此經常遭受重大失誤。換言之，在一塊總是動盪不安的企業土地之上，是不太可能建造一座固若金湯的企業特許權城堡，而這樣的企業特許權正是企業持續獲得超額利潤的關鍵所在。

五、價值面與成長面並重

◎ 以普通的價格購買高獲利公司的股票，跟以低價購買獲利普通公司的股票，兩者都是價值投資。

◎ 與其把時間和精力花在購買價廉的普通公司上，還不如以公道的價格投資在一些物美的卓越公司上。

◎ 近年來，我的投資重點已經轉移。我們不想以最便宜的價格買最糟糕的家具，我們要的是按合理的價格買最好的家具。

◎ 過去投資人必須在「價值」與「成長」之間來選擇股票，但成長與價值的投資其實是相通的。價值是一項投資其未來現金流量的折現值，而成長則是用來決定價值的一個預測過程。

◎ 我認為投資專業的學生只需要兩門教授得當的課堂：如何評估一家公司優劣，以及如何考慮市場價格高低。（註：前一門課強調成長面，後一門課強調價值面）

◎ 我們判斷一家公司經營的好壞，取決於排除不當的財務槓桿或會計操作後的股東權益報酬率。

六、堅持長期投資

◎ 如果你不願意擁有一家公司十年，那就不要考慮擁有它十分鐘。

◎ 人們買股票，根據第二天早上股票價格的漲跌，決定他們的投資是否正確，這簡直荒謬。

◎ 時間是好生意的朋友，卻是壞生意的敵人。

◎ 我們偏愛的持股期限是永遠。

◎ 不要不經思索就急著賺小錢。

七、面對市場起伏

◎ 市場先生是你的僕人，而不是你的嚮導。（註：不要盲從市場）

◎ 如果你不能確定你遠比「市場先生」更加了解你的公司，並能夠正確估價，那麼你就不要參加遊戲。

◎ 人性的弱點總是充滿貪婪、恐懼或者是愚蠢，這是完全可以預測的，但是我們無法預測這種人性弱點的發生順序。

◎ 恐懼和貪婪這兩種傳染性極強的災難的「偶然」爆發會「永遠」在投資界出現。這些流行病的發作時間難以預料，由它們引起的市場精神錯亂，無論是持續時間還是傳染程度同樣難以預料。因此我們永遠無法預測任何一種災難的降臨或離開。

◎ 在市場貪婪時恐懼；在市場恐懼時貪婪。

◎ 每一個泡沫都有一根針在等著，兩者最終會相遇。

◎ 只有當大潮退去的時候，你才能知道誰在「裸泳」。（註：潮汐是股市起伏；泳衣是企業本質）

◎ 我在歷史中學到的唯一東西就是：大眾從未從歷史中汲取教訓。

◎ 被網絡公司引誘的投資人就好像參加舞會的灰姑娘一樣，沒有在午夜的期限之前趕緊離開，結果漂亮的馬車又變回南瓜。不過最大的問題在於，這場舞會上的時鐘並沒有指針。

◎ 可口可樂在 1890 年時整個公司大約值 2,000 美元，今天它的市值為 500 億美元。如某個人在 1890 年時買該公司股票時，有人可能會對他說：「我們將會有兩次世界大戰，會有 1907 年的大崩盤。是不是最好等一等？」我們不能犯這個錯誤。

八、行業與公司

◎ 你應該選擇投資一些連笨蛋都會經營的企業，因為總有一天這些企業會落入笨蛋的手中。

◎ 當一個經歷輝煌的經營階層遇到一個逐漸沒落的夕陽工業，往往是後者占了上風。

◎ 所謂有「轉機」的公司，最後很少有成功的案例。

◎ 我們把錢擺在吃得到的地方。（註：在購併國際乳品公司時）

◎ 在拖拉機問世的時候做一匹馬，或在汽車問世的時候做一名馬蹄鐵工匠，都不是一件有趣的事。

九、股市預測

◎ 想要在股市從事波段操作是神做的事，不是人做的事。

◎ 我們一直覺得股市預測的惟一價值在於讓算命先生過得體面一點。
◎ 我不認為包含我自己在內能夠「成功」地預測股市短期間的波動。
◎ 短期股市的預測是毒藥，應該把它擺在最安全的地方，遠離兒童以及那些在股市中的行為像小孩般幼稚的投資人。

十、效率市場

◎ 若有人跟你談諸如 beta 等效率市場理論的東西時，趕快閃人。
◎ 相信效率市場就好比在打橋牌時認為不需看牌一樣。
◎ 如果市場總是有效率的，我將會流落街頭，沿街乞討。

投資準則

巴菲特很少談及具體的投資準則，人們只能收集它的言談、書信來理解其投資哲學。基本上，他的投資哲學已從早年嚴格的價值投資轉變到「價值面與成長面並重」。

他特別重視股東權益報酬率。他指出：「價值型投資人特別喜歡投資每年至少能夠創造 15%股東權益報酬率的公司，設定這麼高的門檻是要把投資組合侷限於盈餘成長強勁且穩定的公司。若公司不支付任何股利，且股東權益報酬率一直超過 15%，其每年的盈餘成長將會達到 15%，可以轉變成長期股價每年至少成長 15%。」一般而言，普通公司的股東權益報酬率約 8%至 10%，因此 15%是一個相當高的門檻。

此外，他偏好有護城河，即高獲利且高持續性的企業。因為高獲利也必需有高持續性才能發揮複利效果；如果公司的高獲利只是曇花一現，對增加企業內在價值的效果有限。持續性與穩定性並不相同，但兩者有密切關聯。公司獲利的穩定性可以用過去資料來定量衡量，但獲利的持續性屬於超長期的未來趨勢，只能以定性分析來研判。通常穩定性高也意味著持續性高，因此他也看重獲利的穩定性。

最後，雖然好公司很重要，但也要遵守價值投資的基本原則：以公道的價格買到。但他對便宜的條件比他的老師葛拉漢放寬了一些。

綜合上述關於巴菲特價值投資的精神，建議以下列條件來選股：

◎ 獲利的成長性：近四季股東權益報酬率大於 15%
◎ 獲利的穩定性：股東權益報酬率五年平均大於 15%
◎ 股價相對於盈餘便宜：本益比（每股盈餘取三年平均）小於 20
◎ 股價相對於淨值便宜：股價淨值比（P／B）小於 2

4-04 巴菲特的報酬異常觀察 1：從分年報酬率來看

巴菲特自 1965 至 2021 的年化報酬率與標準差如表 4-1。觀察巴菲特與 S&P 500 在 1965 至 2021 共 57 年的報酬率，可以發現：

◎ 年化報酬率（圖 4-1 與圖 4-2）

S&P 500 年化報酬率 10.5%，而巴菲特也不過 18.7%。這個數字應該遠低於一般人的想像，但別小看複利法則的威力：
S&P 500：$(1+0.105)^{57}$＝298 倍
巴菲特：$(1+0.187)^{57}$＝17,575 倍
巴菲特的 18.7%，在長達 57 年的耐心下，成長超過一萬七千倍！夠讓巴菲特變成世界首富。

◎ 年度報酬率最大值

S&P 500 漲最多那年是 37.6%，而巴菲特也只有 59.3%，不需要 100%、200%這種誇張數字，就足夠成為巨富。

◎ 年度報酬率最小值

在 57 年中，S&P 500 有 12 年賠錢，最多賠 37%，而巴菲特雖然有 13 年輸給 S&P 500，卻只有 3 年賠錢，最多賠 12.5%。原因是巴菲特輸給 S&P 500 的年度大多數都發生在股市大漲的年份；相反地，在股市大跌的年份，巴菲特只有兩年輸給 S&P 500。可見安全長久的投資，不要受重傷，才是投資王道！

◎ **超額報酬率**（圖 4-3 與圖 4-4）

在 57 年中，巴菲特有 13 年的超額報酬率小於 0，即輸給 S&P 500，最多輸了 20.5%。有 44 年贏過 S&P 500，最多贏了 39.3%。輸最多的兩年分別是 1999 與 2019，都輸了 20.5%，而那兩 S&P 500 分別大漲 21.0%與 31.5%。巴菲特的超額年化報酬率只有 7.4%，這個數字應該也是遠低於一般人的想像，但在複利法則的威力下

$(1+0.074)^{57}=58.5$

等於多出 58.5 倍的財富。

圖 4-1 巴菲特的年報酬率

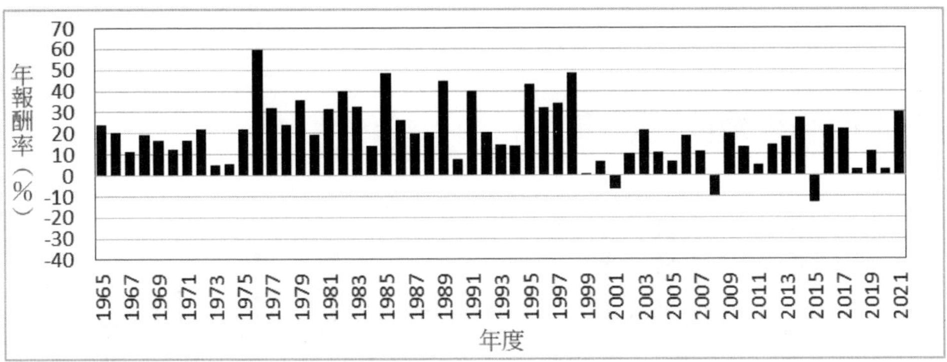

資料來源：作者整理

圖 4-2 S&P 500 的年報酬率

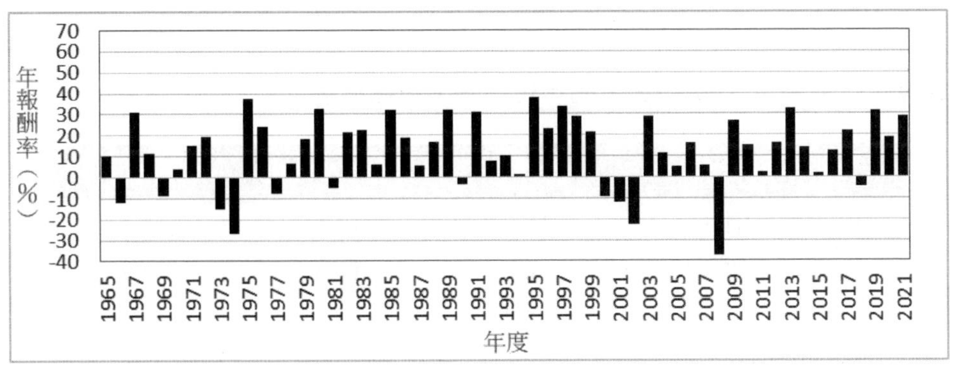

資料來源：作者整理

圖 4-4 巴菲特與 S&P 500 的年報酬率

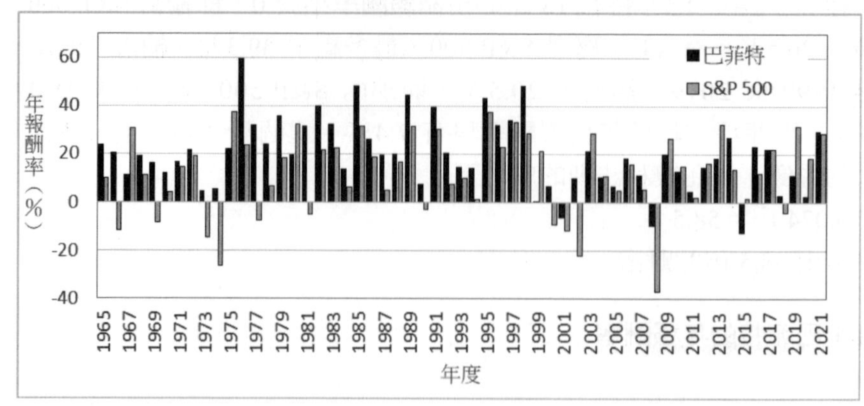

資料來源：作者整理

圖 4-3 巴菲特的超額年報酬率

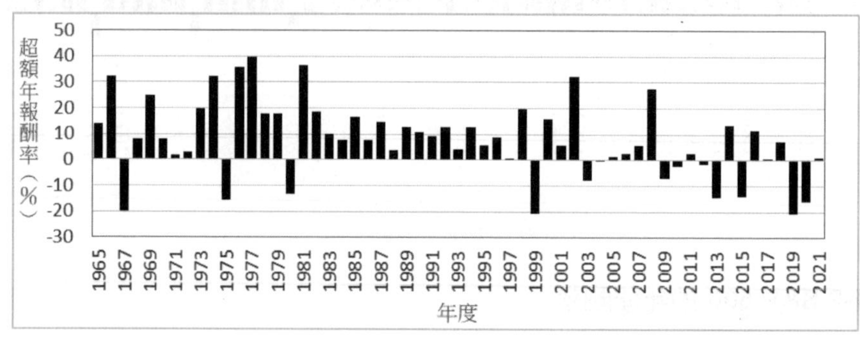

資料來源：作者整理

表 4-1 巴菲特自 1965-2021 的年化報酬率與標準差

年報成率	巴菲特	美股 S&P500	年報酬差額
幾何平均值（%）	18.7	10.5	7.4
算術平均值（%）	19.6	11.9	7.7
標準差（%）	14.5	16.8	14.6
最小值（%）	-12.5	-37.0	-20.5
最大值（%）	59.3	37.6	39.3

資料來源：作者整理

4-05 巴菲特的報酬異常觀察 2：從十年一期來看

觀察股神巴菲特與 S&P 500 在 1965 到 2021 每十年一期的績效（表 4-2、圖 4-5 與圖 4-6），可以發現巴菲特早年的績效高過大盤 10%以上，但自 1995 年以來已經降低至 5%以下。最主要的原因是 1995 年前巴菲特管理的資金不過數十億美金，但到了 2020 年已經超過 1,000 億美金，龐大的資金很難尋找到高投資報酬率的股票。

圖 4-5 巴菲特自 1965-2015 每十年一期的年化報酬率

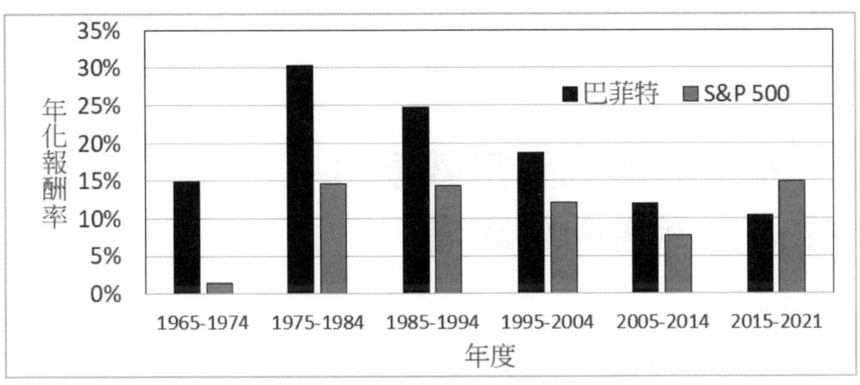

資料來源：作者整理

圖 4-6 巴菲特自 1965-2015 每十年一期的超額年化報酬率

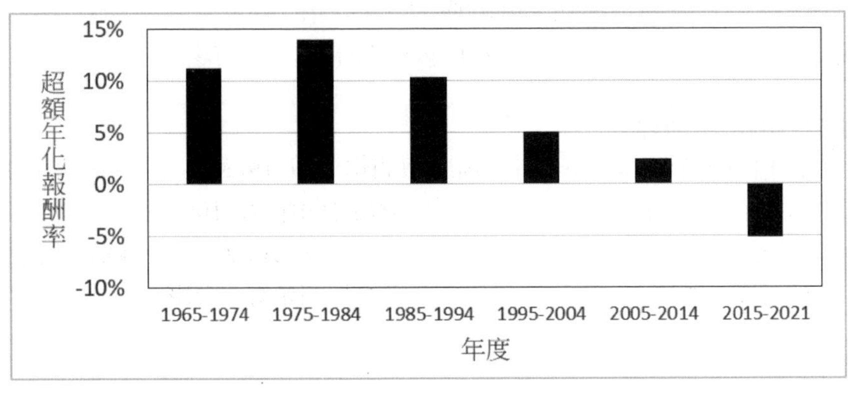

資料來源：作者整理

表 4-2 巴菲特自 1965 至 2015 每十年一期的年化報酬率與年化超額報酬率

	開始	結束	巴菲特	S&P 500	年報酬差額
1	1965	1974	14.9%	1.4%	11.2%
2	1975	1984	30.4%	14.6%	13.9%
3	1985	1994	24.7%	14.4%	10.3%
4	1995	2004	18.7%	12.1%	5.0%
5	2005	2014	11.9%	7.7%	2.3%
6	2015	2021	10.4%	14.9%	-5.1%
全部	1965	2021	18.7%	10.5%	7.4%

資料來源：作者整理

4-06 巴菲特的報酬異常觀察 3：從財富累積曲線來看

◎ 財富累積曲線

股神與 S&P 500 的財富累積曲線（以 1965 為 1）的線性尺度圖如圖 4-7，但股神的成績好到讓 S&P 500 的財富累積曲線看不見，必須改用對數尺度圖如圖 4-8。可以發現，無論巴菲特或 S&P 500，1999 年都是一個關鍵年，在這一年之後兩者在對數尺度圖上的斜率都大幅下降。因此，美國大盤獲利下降也是巴菲特獲利下降的原因之一。在 2009 之後，也就是金融海嘯後，大盤進入多頭市場，但巴菲特獲利開始跟不上市場。

◎ 超額報酬累積曲線

股神相對 S&P 500 的超額報酬累積曲線（以 1965 為 1）的線性尺度圖與對數尺度圖如圖 4-9 與圖 4-10。可以發現巴菲特在 1999 年以後，曲線的斜率開始降低，代表超額報酬率開始降低。到了 2009 年，也就是金融海嘯後，曲線的斜率開始變負值，代表巴菲特獲利開始輸給市場。

圖 4-7 股神的自 1965 至 2021 的財富累積曲線（以 1965 為 1）：線性尺度

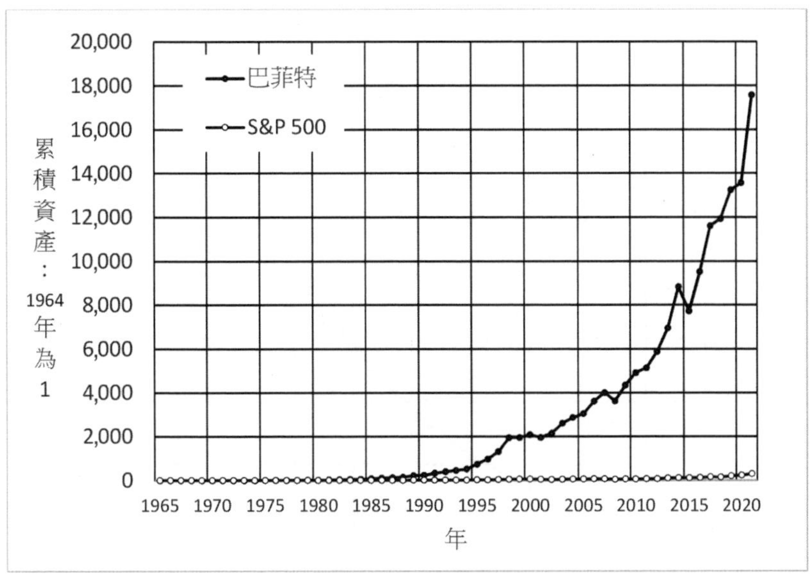

資料來源：作者整理

圖 4-8 股神的自 1965 至 2015 的財富累積曲線（以 1965 為 1）：對數尺度

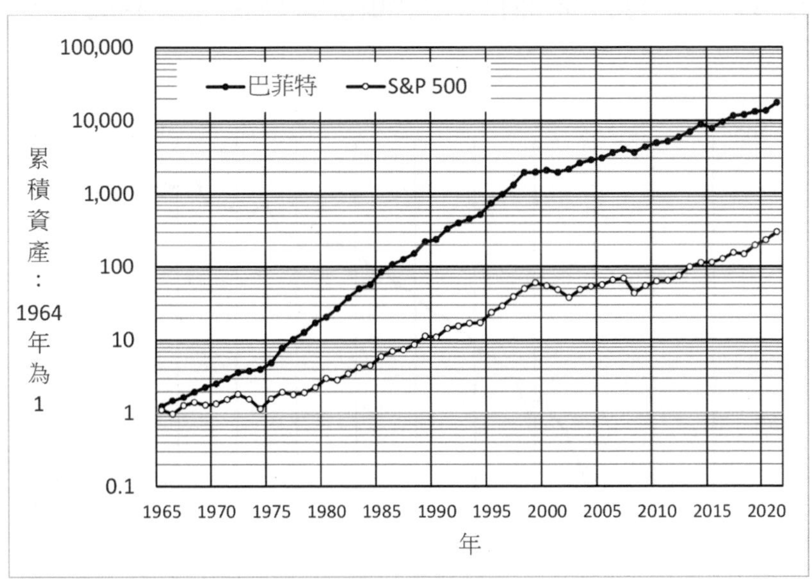

資料來源：作者整理

圖 4-9 股神的自 1965 至 2015 的超額財富累積曲線（以 1965 為 1）：線性尺度

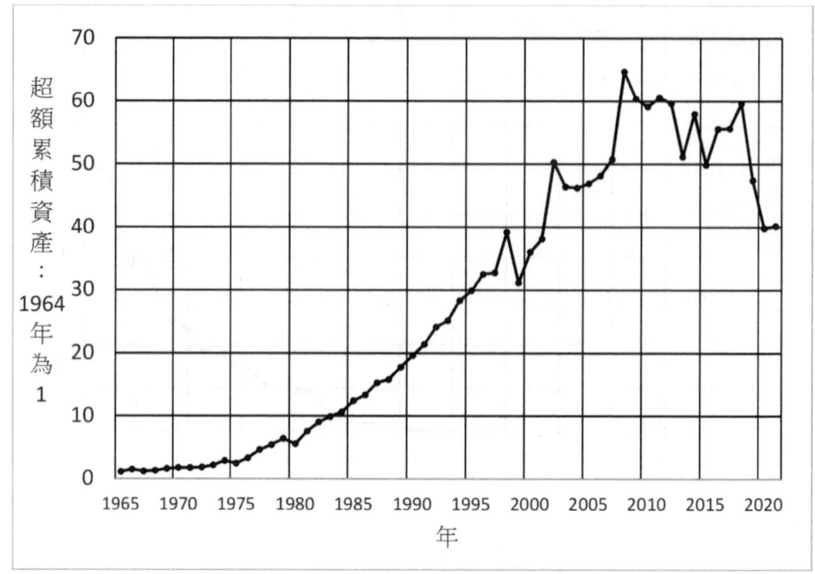

資料來源：作者整理

圖 4-10 股神的自 1965 至 2015 的超額財富累積曲線（以 1965 為 1）：對數尺度

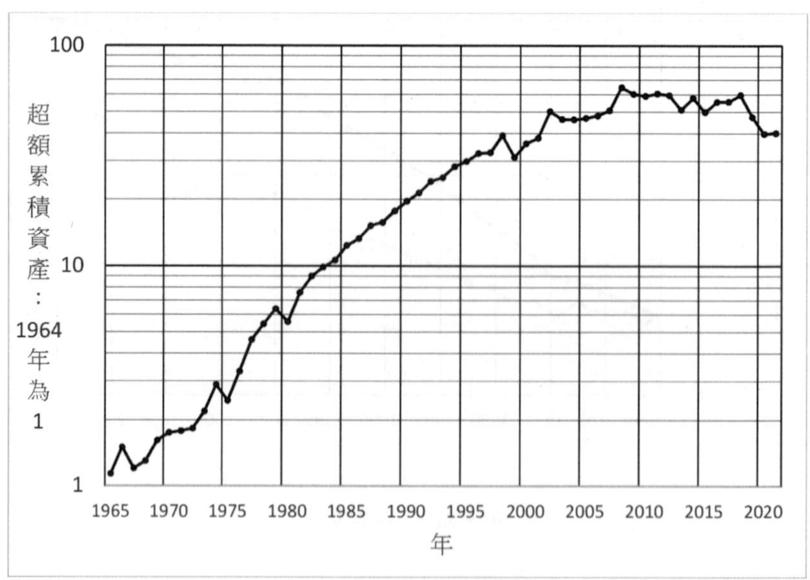

資料來源：作者整理

4-07 巴菲特的報酬異常觀察 4：從年報酬率散布圖來看

觀察圖 4-11 巴菲特與 S&P 500 在 1965 至 2021 共 57 年的報酬率的散布圖，可以發現：

◎ 選股能力

巴菲特的報酬率在大多數的年份超越大盤（45 度對角線上方），迴歸直線的截距 13.6%，因此有充分的證據顯示他有卓越的選股能力。

◎ 風險

雖然巴菲特有卓越的選股能力，但報酬率仍隨市場波動。在 S&P500 的報酬率小於 0 的空頭市場，巴菲特的報酬率也會大幅降低。以年來看，勝率 77%（44／57），迴歸直線的斜率 0.4985，兩者都顯示巴菲特的投資風險控制良好。

圖 4-11 巴菲特與 S&P500 在 1965 至 2021 共 57 年的報酬率的散布圖

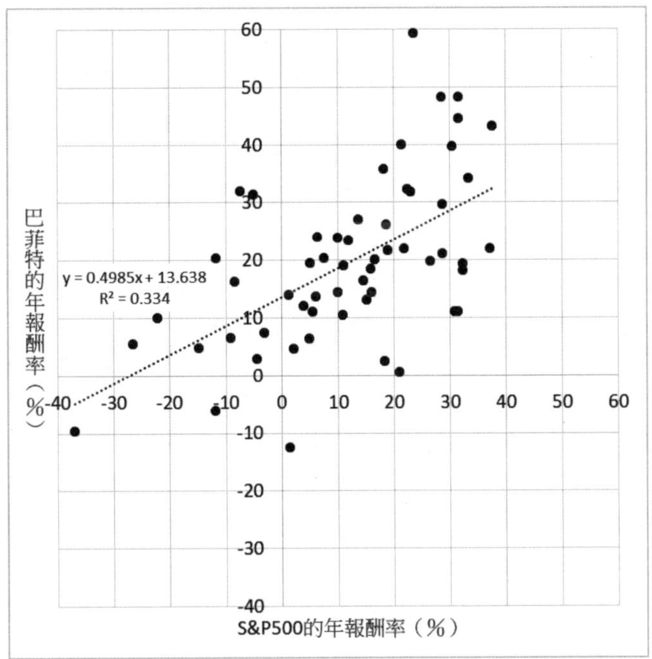

資料來源：作者整理

4-08
巴菲特的報酬異常觀察 5：從夏普比率直方圖來看

在巴菲特的管理下，波克夏（Berkshire Hathaway）公司的股票績效顯然非常出色。1976 年 11 月（數據樣本開始時）投資於波克夏的一美元價值在 2011 年底超過 1500 美元，年化報酬率 23.2%，明顯優於股票市場的年化報酬率 10.1%。

然而波克夏股票的波動也很高，例如，從 1998 年 6 月 30 日到 2000 年 2 月 29 日的「網路泡沫化」之前的一段期間，它損失了 44%的市場價值，而整體股市卻反而上漲了 32%，中間差異達 76%。一般的基金經理人很可能因為在如此短的時間內輸給大盤 76%而失去職位，但巴菲特無可挑剔的聲譽和獨特的公司結構使他能夠堅持到底，並隨著互聯網泡沫的破滅而反敗為勝。

夏普比率（Sharpe Ratio）是一種衡量投資組合績效的風險調整指標，是投資組合收益與無風險資產收益之間的超額收益除以投資組合的標準差，公式為：

$$\text{夏普比率（Sharpe Ratio）} = \frac{\text{投資組合的報酬率} - \text{無風險資產的報酬率}}{\text{投資組合的報酬率之標準差}}$$

那麼夏普比率有多大，讓巴菲特成為世界上最富有的人之一？雖然波克夏的股票年化報酬率標準差 24.9%的波動率，遠高於市場波動率的 15.8%，但是波克夏的超額報酬高於增加的風險，夏普比率為（23.2%-4%）／24.9%＝ 0.76，幾乎是市場的夏普比率（10.1%-4%）／15.8%＝0.39 的兩倍。

跟美股股市從 1926 年至 2011 年間，至少有 30 年歷史的 1,777 支股票與 196 支共同基金比較，波克夏股票都實現了最高的**夏普比率**。如果你能回到 1976 年，並選擇一支股票或共同基金，波克夏股票將是你的最佳選擇。上述 1,777 支股票的夏普指標的分布接近常態分布，計算其平均值與標準差繪成圖 4-12 的理論分布直方圖，可見巴菲特 0.76 的夏普比率位於整體分布的最佳一端，說明了在至少持續 30 年的 1,777 支股票中，巴菲特的投資績效遙遙領先。

圖 4-12 巴菲特的投資績效在至少持續 30 年的 1,777 支股票中的位置

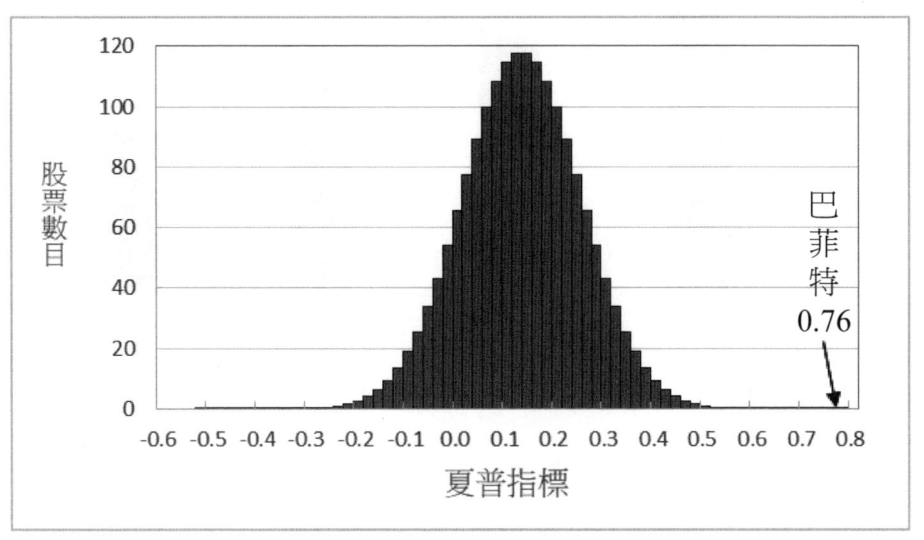

資料來源：Frazzini, et al.（2013）

4-09 巴菲特的報酬異常觀察 6：與其他投資大師比較

巴菲特與其他知名的投資大師績效比較並不出色（圖 4-13），但關鍵是沒有一人的投資時間超過巴菲特，他似乎永不退休，也永遠不退出市場（圖 4-14 到 2018 為止）。因此巴菲特的長期投資績效未必輸給這些投資大師。畢竟短跑冠軍未必贏得了馬拉松長跑，而要發揮複利效果，投資人就得跑馬拉松。而巴菲特本人就是投資馬拉松的冠軍。

圖 4-13 巴菲特與其他知名的投資大師績效的比較

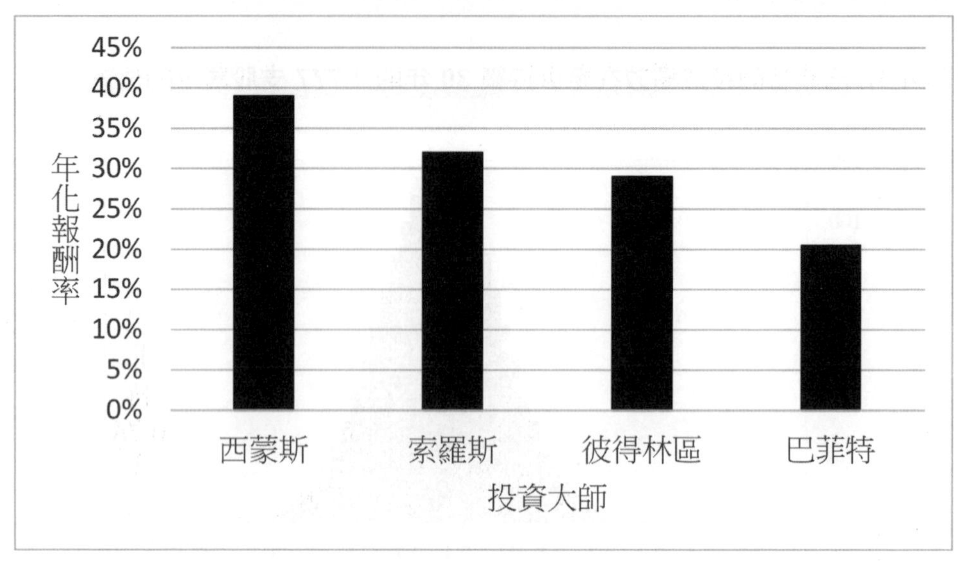

資料來源：作者整理

圖 4-14 巴菲特與其他知名的投資大師投資期間的比較

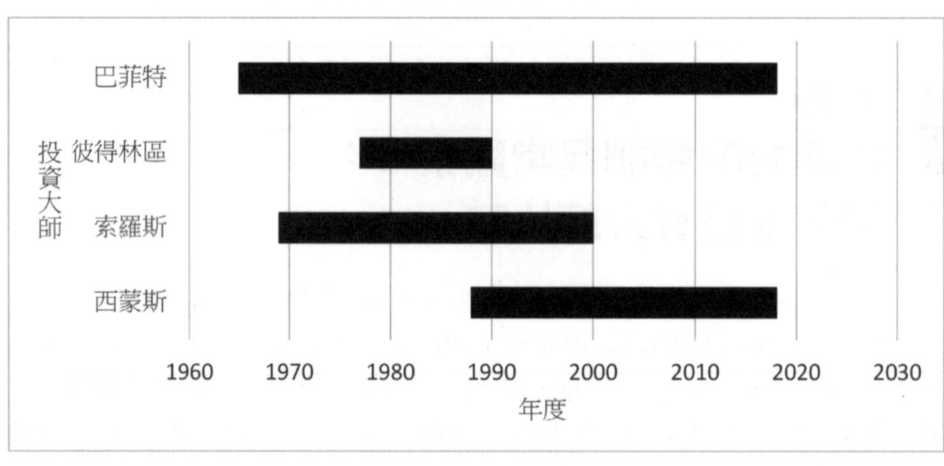

資料來源：作者整理

4-10
巴菲特的報酬異常觀察 7：與凡人比較

◎ 報酬

在此先假設

- 大盤長期的年報酬率約 8%
- 凡人每年也賺 8%，因此每天約賺 0.03%（＝8%／250 日）
- 巴菲特每年賺 23%，因此每天約賺 0.09%（＝23%／250 日）
- 凡人跟巴菲特的差異是每天 0.06%（15%／年）

因此

- 凡人買入股價 100 元股票，每天「平均」漲 0.03 元。
- 巴菲特買入股價 100 元股票，每天「平均」漲 0.09 元。
- 一個交易日的差異微不足道，所以不要買了股票天天看它漲了沒。

一個交易日的差異 0.06%，似乎微不足道，但 30 年 7,500 個交易日下來

- 凡人每天 0.03%，7,500 天累積報酬率 848%，1 元變 9.48 元。
- 股神每天 0.09%，7,500 天累積報酬率 85000%，1 元變 851 元。

因此股神與凡人一個交易日的差異 0.06%，30 年下來相差 90 倍，這個差異並非微不足道。巴菲特已經投資超過 60 年，60 年下來相差 8,100 倍。羅馬不是一天造成的，股神也不是。

◎ 風險

其次，假設

- 大盤的年報酬率的標準差 19%
- 凡人的年報酬率的標準差也是 19%，則日報酬率的標準差 1.2%（$=19\%/\sqrt{250}$）。
- 巴菲特的年報酬率的標準差也跟大盤一樣，則日報酬率的標準差 1.2%
- 假設日報酬率為常態分布

因此

- 凡人的日報酬率相對大盤勝率 50%。

- 巴菲特的日報酬率相對大盤勝率 51.4%
  （用試算表算＝NORMDIST（(0.09-0.03)／sqrt（1.2^2+1.2^2）,0,1,1）＝51.4%）
- 凡人買入股票，250 交易日中贏大盤 125 天
- 巴菲特買入股票，250 交易日中贏大盤 128.5 天（＝51.4%×250）。
- 巴菲特跟凡人的差異是每年多贏 3.5 交易日。
- 所以，不要買了股票天天看它贏了大盤沒。

4-11 巴菲特的報酬異常解析 1：財務槓桿

在傳統金融經濟學理論中的效率市場假說認為，投資者無法透過分析公開或未公開的資訊來獲取超額報酬。毫無疑問，股神巴菲特的存在對「效率市場假說」是「芒刺在背」。

由於巴菲特在投資上的巨大成功，許多投資人很想知道，在考慮交易成本和融資成本之後，現實世界的投資者是否可以複製這種驚人的報酬？2013 年美國的弗拉齊尼（Andrea Frazzini）、卡比勒（David Kabiller），和佩德森（Lasse Heje Pedersen）三位學者發表了一篇題為「 巴菲特的超額報酬」（Buffett's Alpha）的論文〔1〕，仔細探討了這個問題。

巴菲特的波克夏公司除了投資公開上市的股票，也直接購買私人公司來營運。因此在論文中，研究者除了收集波克夏的股市持股數據，也收集它購併的超過 1 億美元的企業投資。有關公共股票持有量的數據從 1980 年到 2009 年。他們研究了巴菲特的持股，分析出巴菲特的選股風格。這些研究回答了幾個投資人關切的問題，分述如下各節。本節先探討巴菲特的財務槓桿。

投資人知道巴菲特利用財務槓桿來放大報酬，但他使用了多少槓桿？槓桿來源、條款和成本是什麼？為了回答這些問題，他們研究了波克夏公司的資產負債表，其總結如下：

◎ 估計平均槓桿比率為 1.6 比 1。事實上，波克夏公司的股票波動率

24.9%，比一般股票投資組合的 15.8%波動率高 1.6 倍，這為上述估計平均槓桿率為 1.6 比 1 提供了佐證。

◎ 巴菲特的融資成本（保險浮流量）僅 2.2%，比平均美國短期國庫券利率 3%還要低。

因此，巴菲特用了相當大的財務槓桿，又擁有相當低的融資成本，無疑這也是他驚人的投資報酬率的原因之一。但可惜的是，這是投資人無法複製的部分。

4-12 巴菲特的報酬異常解析 2：選股能力 vs 經營能力

巴菲特的波克夏公司除了投資公開上市的股票，也直接購買私人公司來營運。那麼巴菲特的非凡成就是因為他的選股能力？還是來自對購併私人公司的經營能力？換句話說，巴菲特主要是「投資人」還是「經理人」？為了解決這個問題，他們將波克夏公司的報酬分解為歸因於對公開交易股票的投資，與歸因於對私人公司的營運。其總結如下：

◎ 公開交易股票的投資績效非常好。

◎ 私人公司的營運績效也很好，但略低於公開交易股票的投資績效。

那麼，為什麼巴菲特也會購併私人公司來營運，包括保險和再保險企業？一個原因可能是這種結構提供了穩定的融資來源，使他能夠充分發揮他的選股能力。事實上，他們發現巴菲特負債中 36%為保險浮流量，其平均成本低於美國短期國庫券利率。

巴菲特的選股能力優於經營能力，因此投資人無須成為經理人，只需探討是否能複製巴菲特的選股能力。

4-13 巴菲特的報酬異常解析 3：報酬的來源

學術界解釋股票超額報酬的標準模型有

(1) CAPM 單因子模型，認為不可分散的「市場風險」是報酬率高低的唯一因子。

(2) Fama-French 三因子模型，認為除了市場風險，股市還有規模效應（Small-Minus-Big, SMB）、價值效應（High-Minus-Low, HML）這兩因子可以解釋報酬率，因此加入這兩個因子，成為三因子模型。

(3) 四因子模型，認為除了市場風險、規模效應、價值效應，股市還有慣性效應（Up-Minus-Down, UMD）這個因子可以解釋報酬率，因此加入這個個因子，成為四因子模型。

然而這些標準模型無法解釋巴菲特的表現，因此他的成功迄今為止一直是個謎。有鑒於巴菲特傾向購買具有低風險、高品質公司的股票，弗拉齊尼等三位學者加入風險因子（Betting-Against-Beta, BAB）與品質因子（Quality-Minus-Junk, QMJ），成為如下六因子模型：

$$r_t - r_t^f = \alpha + \beta_1 MKT_t + \beta_2 SMB_t + \beta_3 HML_t + \beta_4 UMD_t + \beta_5 BAB_t + \beta_6 QMJ_t + \varepsilon_t$$

◎ 風險因子（Betting-Against-Beta, BAB）

是波動因子的溢酬，由波動小與波動大的股票組成的投資組的報酬之差表示。它有助於捕捉波動對其回報的影響。風險因子的策略是買入低風險股票並賣空高風險股票。低風險股票的波動性低於市場。風險因子是基於觀察到歷史數據中，低風險股票在風險調整後的回報優於高風險股票。原因可能是低風險股票往往比高風險股票更具防禦性，即它們在市場下跌時期往往表現優異。

◎ 品質因子（Quality-Minus-Junk, QMJ）

是品質因子的溢酬，由品質高與品質低的股票組成的投資組的報酬之差表示。它有助於捕捉品質對其回報的影響。品質因子的策略是買入高品質股票並賣空低品質股票。文獻〔5〕提出 Quality Minus Junk 因子，他們將優質證券定義為具有以下特徵的證券：高盈利、高增長、高安全。投資者願意為這類股票支付更高的股價。計算方法如下：

(1) 盈利能力得分

是股票的 ROE 與 ROA 等獲利因子的 Z 評分的平均值。Z 評分代表著原始分數和母體平均值之間的距離以標準差為單位之數值。在原始分數低於平均值時 Z 評分為負數，反之為正數。換句話說，Z 評分是原始值到平均值之間的距離有多少個標準差。

(2) 成長能力得分

是股票的 ROE 與 ROA 等獲利因子差額 ΔROE 與 ΔROA 的平均值。其中 Δ 表示五年內的增長。具體來說，對於每一個盈利能力指標，我們將五年內的增長定義為分子（例如利潤）除以分母（例如股東權益或資產）。

(3) 安全性得分

安全證券定義為具有低系統性風險（beta）、低財務槓桿、低破產風險、低 ROE 波動性的公司。

(4) 總品質得分

最後，將三個得分合併成一個單一的質量得分，再以 Z 得分來表示。

品質因子是基於觀察到歷史數據中，高品質股票在風險調整後的回報優於低品質股票。這被認為是由於以下幾個因素造成的：

(1) 生存能力：高品質公司更有可能在經濟不景氣的情況下生存。
(2) 獲利能力的持續性：高品質公司的獲利能力持續性較高，更有可能在長期下來發揮指數成長效果。
(3) 與價值因子的綜效性：品質因子與價值因子具有強烈的報酬綜效，高品質公司的便宜股票在未來總是能為投資人帶來高獲利。

為了解釋巴菲特的超額報酬，弗拉齊尼等三位學者用四因子、五因子、六因子三種模型，對波克夏股票、向政府申報的投資組合（13F）、持有的公司等三種投資組合的歷史數據進行迴歸分析，其總結如表 4-3，討論如下：

1. 波克夏股票

巴菲特是波克夏（Berkshire Hathaway）執行長。這是一家總部位於美國內布拉斯加州奧馬哈的跨國多元控股公司，旗下掌管多家子公司。前身為一家紡織公司，在巴菲特於 1965 年取得波克夏經營權後妥善配置它的保留盈餘而轉型為控股公司，旗下包括物業、意外險、再保險、及特殊類保險。波克夏是世界上最大的保險公司集團之一，其保險業務為公司其它投資項目提供了穩定的現金流。

波克夏還擁有大量的股票投資，包括蘋果、可口可樂、美國銀行、富國銀行等。波克夏的投資業績非常出色，其股價在過去 50 年裡上漲了超過 2,000,000%，年化報酬率超過 22%，為其股東帶來了巨大的收益。波克夏是世界上最知名的企業之一，其投資策略和管理理念對全球投資界產生了深遠的影響。

弗拉齊尼等三位學者研究了波克夏的報酬率，結果如下：

❑ **迴歸公式的 α**

如果迴歸公式的 α 顯著異於 0，代表投資組合具有異常報酬。無論是四因子、五因子、六因子模型 α 都顯著大於 0，代表投資組合具有異常報酬。

❑ **迴歸公式的 β**

如果迴歸公式的 β 顯著異於 0，代表投資組合能以風險解釋超額報酬的來源。由於六因子模型的解釋能力最佳，在此只討論六因子模型的結果如下（表 4-3 中括號內為統計量（t），小於 1.96 可通過 5%顯著水準）：

- 市場風險（MKT）：極為顯著，這是所有選股策略的必然結果，股票市場的報酬是任何選股策略形成的投資組合的主要報酬來源。其係數略小於 1，代表其系統風險略低於市場。
- 規模效應（SMB）：不顯著，且為負值，代表巴菲特並不傾向購買小型股。
- 價值股效應（HML）：很顯著，且為正值，代表巴菲特傾向購買便宜股票（例如股價淨值比較小的股票）。
- 慣性效應（UMD）：很不顯著，且接近 0，代表巴菲特不傾向利用慣性，也就是不追高。
- 風險因子（Betting-Against-Beta, BAB）：顯著，且為正值，代表巴菲特傾向購買報酬波動較小的股票（例如系統性風險較小）。
- 品質因子（Quality Minus Junk, QMJ）：顯著，且為正值，代表巴菲特傾向購買高品質公司的股票（例如股東權益報酬率較大的股票）。

2. 機構投資管理人持有的證券組合（13F portfolio）

機構投資管理人持有的證券組合是指由管理資產規模超過 1 億美元的機構投資管理人持有的證券組合。機構投資管理人必須每季向美國證券交易委員會（SEC）提交 Form 13F 文件披露其持股。投資者經常跟蹤機構投資管理人持有的證券組合，因為從觀察成功的機構投資者的投資組合的動向，可以一窺他們的投資策略的焦點與輪廓。然而，重要的是要注意，機構投資管理人持有的證券組合只是機構投資者在特定時間點的持股情況的快照。它們不提供有關投資者的交易活動或投資目標的資訊。最受投資人青睞的機構投資管理人持有的證券組合如波克夏（巴菲特）、橋水、文藝復興科技等。弗拉齊尼等三位學者研究了波克夏的機構投資管理人持有的證券組合，結果如下（為避免重複，與上述波克夏股票結果相同者省略）：

❑ **迴歸公式的 α**

無論是四因子、五因子、六因子模型 α 都大幅降低，其中六因子模型 α 最小，接近 0，代表在六因子模型下，投資組合不具有異常報酬。

❑ **迴歸公式的 β**

六因子模型的結果如下：

- 顯著的因子依序是（括號內為 t 統計量）品質因子（4.55）、價值因子（4.24）、風險因子（2.58），而且迴歸係數都是顯著的正值。代表巴菲特傾向購買高品質公司（例如股東權益報酬率較大）的便宜（例如股價淨值比較小）、波動小的股票（例如系統性風險較小）。
- 無論是四因子、五因子、六因子模型判定係數都大幅提高，13F 的投資組合文件更能用因子模型解釋投資組合的報酬。

3. 持有的私人公司

波克夏是跨國多元控股公司，旗下掌管多家子公司。弗拉齊尼等三位學者研究了波克夏持有的私人公司，結果如下（為避免重複，與上述波克夏股票結果相同者省略）：

❑ **迴歸公式的 α**

無論是四因子、五因子、六因子模型 α 都大於 0，但無法通過 5%的顯著門檻，代表投資組合的異常報酬並不顯著。

❑ **迴歸公式的 β**

六因子模型的結果如下：

- 雖然價值股效應、風險因子，迴歸係數仍是正值，但無法通過 5% 的顯著門檻。
- 無論是四因子、五因子、六因子模型判定係數都大幅降低，持有的私人公司無法用因子模型解釋投資組合的報酬。

表 4-3 因子模型（括號內為 t 統計量）

	Berkshire stock 1976 - 2011			13F portfolio 1980 - 2011			Private Holdings 1984 - 20011		
Alpha	12.1%	9.2%	6.3%	5.3%	3.5%	0.3%	5.6%	4.6%	4.9%
	(3.19)	(2.42)	(1.58)	(2.53)	(1.65)	(0.12)	(1.35)	(1.08)	(1.09)
MKT	0.84	0.83	0.95	0.86	0.86	0.98	0.40	0.40	0.39
	(11.65)	(11.70)	(10.98)	(21.55)	(21.91)	(20.99)	(5.01)	(5.01)	(3.94)
SMB	-0.32	-0.32	-0.15	-0.18	-0.18	0.00	-0.29	-0.29	-0.31
	-(3.05)	-(3.13)	-(1.15)	-(3.14)	-(3.22)	(0.02)	-(2.59)	-(2.53)	-(2.17)
HML	0.63	0.38	0.46	0.39	0.24	0.31	0.39	0.28	0.27
	(5.35)	(2.79)	(3.28)	(6.12)	(3.26)	(4.24)	(3.07)	(1.89)	(1.81)
UMD	0.06	-0.03	-0.05	-0.02	-0.08	-0.10	0.09	0.04	0.05
	(0.90)	-(0.40)	-(0.71)	-(0.55)	-(1.98)	-(2.66)	(1.13)	(0.52)	(0.55)
BAB		0.37	0.29		0.22	0.15		0.16	0.17
		(3.61)	(2.67)		(4.05)	(2.58)		(1.40)	(1.41)
QMJ			0.43			0.44			-0.05
			(2.34)			(4.55)			-(0.24)
R2 bar	0.25	0.27	0.28	0.57	0.58	0.60	0.08	0.08	0.08

資料來源：Frazzini, et al.（2013）

4-14 巴菲特的報酬異常複製 1：因子投資

在解析了巴菲特的超額報酬的來源後，現實世界的投資者在考慮交易成本和融資成本之後，是否可以複製他驚人的報酬？他們的答案是明確的「是」。他們複製巴菲特投資風格的方法概述如下：

(1) 利用表 4-3 的六因子模型預測股市所有股票的預期報酬率。

(2) 選出股票預測報酬率最高的 50 支股票組成做多投資組合，最低的 50 支股票組成作空投資組合。

(3) 每月換股一次。

因為複製的方法相當的複雜難懂，因此不在此詳述，有興趣的讀者可閱讀他們的論文。但基本上投資人要複製巴菲特的投資風格，應該購買便宜（例如股價淨值比較小）、波動較小（例如系統性風險較小）、高品質公司的股票（例如股東權益報酬率較大）。

上述複製的方法在 1976 年 10 月到 2011 年 10 月，共 35 年間的績效比較如下（超額年化報酬率以美國短期國庫券的年化報酬率 4.2%為基準報酬率）：

◎ 複製巴菲特投資風格的投資組合：年化報酬率約 32.4%，超額年化報酬率 28.2%。
◎ 波克夏公司：年化報酬率 23.2%，超額年化報酬率 19.0%。
◎ 整體股市：年化報酬率約 10.3%，超額年化報酬率 6.1%。

可見投資人複製巴菲特的驚人報酬是可能的，但前提是投資人必須有跟巴菲特一樣充裕、穩定、廉價的資金來源，以便複製其財務槓桿。但即使除以 1.6 倍財務槓桿，複製的投資組合年化報酬率仍有 20.25%，依然十分驚人。

4-15 巴菲特的報酬異常複製 2：綜效選股、財務槓桿、持續投資

巴菲特到底有何密技可以成為「股神」？弗拉齊尼等三位學者的研究發現，巴菲特成功的秘訣在於以下三點：

◎ 綜效選股：結合多個選股因子產生具有綜效的選股模型

巴菲特的選股成功不是靠運氣或者只是偶然，實證結果顯示他的投資策略的超額報酬一部分來自異常報酬，但更多的是來自三個因子的溢酬：

- ❑ **品質因子**（Quality Minus Junk, QMJ）：他傾向購買高品質公司的股票（例如 ROE 較大的股票）。
- ❑ **價值因子**（SHigh Minus Low, HML）：他傾向購買便宜股票 （例如股價淨值比較小的股票）。
- ❑ **風險因子**（Betting Against Beta, BAB）：他傾向購買報酬波動較小的股票。

由於他偏好優質（成長股）、便宜（價值股）、安定（低風險股）的股票，導致他的投資組合具有高報酬、低風險的特性。

◎ **財務槓桿：高槓桿放大投資組合的報酬與風險**

弗拉齊尼等三位學者的研究發現，巴菲特通過槓桿作用提高了他的報酬，他們估計巴菲特使用的槓桿比率約為 1.6。高財務槓桿雖然可以放大報酬，但也會放大風險，特別是在投資組合的風險大、融資的成本高昂期限短暫的條件下，高財務槓桿可能讓投資人撐不過最大回撤的摧殘而破產。但由於巴菲特擁有三個非凡的條件，使他能長期使用財務槓桿來放大報酬。

- ❑ 主觀條件：巴菲特的 IQ 與 EQ 讓他在很長一段時間內堅持了一個很好的選股策略，使他的投資組合具有高報酬、低風險的特性。
- ❑ 客觀條件：他的職務與地位允許他能在不可避免的股市巨大的絕對和相對下跌衝擊中倖存下來。這對許多經理人而言是不可能的。雖然理論上，這對一般投資大眾不是個問題，但投資大眾的投資決策被干擾也是十分常見的事。
- ❑ 財務條件：他擁有長期、低成本的融資管道。

◎ **持續投資：長期持續不間斷的投資發揮複利法則的指數爆炸威力**

股神巴菲特，1930 年出生。

- ❑ 他在 20 歲擁有資產 9,800 美元（1950 年）。
- ❑ 葛拉漢退休並結束公司時，26 歲的員工巴菲特已有 174,000 美元（1956 年）。
- ❑ 他經營巴菲特有限合夥事業時，32 歲的他擁有 1,025,000 美元（1962 年）。
- ❑ 他經營波克夏時，60 歲的巴菲特身價達到 10 億美元（1990 年）。
- ❑ 《2017 胡潤全球富豪榜》指出，巴菲特資產僅低於微軟總裁比爾蓋茲成為世界第二首富，87 歲的巴菲特身價達到 756 億美元（2017 年）。

表 4-4 與圖 4-15 列出巴菲特的資產與年化報酬率的歷程，可見隨著資產增加，年化報酬率從早期（1950 至 1956 年間）的 61.5%，逐漸降低到近期（1990 至 2017 年間）的 17.4%。這並不是股神功力大減，也不是美國股市不行了，而是隨著資產增加，好的投資機會相對於龐大的資產顯得越來越稀少，使得投資的難度越來越大，是一種正常的現象。即使是股神巴菲特，他達到世界第二首富是花了超過 67 年的時間（從 1950 到 2017）。

請注意，到 87 歲時，股神已經在股海縱橫 67 年，假設他在 60 歲時退休，也已經在股海縱橫 40 年，當時巴菲特身價達到 10 億美元，雖然算得上富翁，但算不上巨富，還能稱得上股神這個頭銜嗎？好像不行。但是報酬的「指數成長法則」是可怕的，即使在 1990 到 2017 年間他的年化報酬率只有 17.4%，27 年後的 2017 年他已經成了身價達到 756 億美元世界第二首富。這告訴我們，即使是股神，也得靠時間累積投資成果，何況是我們一般人。

如果報酬率能維持 26.7%不變，在 1950 年擁有資產 9,800 美元，到了 1990 年就能達到 1.3 億美元，但到了 2017 年就能擁有資產 756 億美元。可見「恆心是投資人致富的必要條件」這句話是有道理的。

許多投資人在看巴菲特的成就時都忽略了一個最重要的事實：到了 2019 年，他已經在股市投資了 69 年。假設給你 100 萬，就算你的投資報酬率有 25%，你投資 10、30、60 年的累積財富分別是 900 萬、8 億、6500 億。如果你的投資報酬率有 15%，你投資 10、30、60 年的累積財富分別是 400 萬、7000 萬、40 億。因此最重要的關鍵是「時間」。沒有耐心，就不能長期投資，自然沒辦法讓時間站在自己這一邊。而耐心來自信心，沒有信心如何熬過股市的大風大浪？

巴菲特說過：無論我們是在談論襪子還是股票，我都喜歡在市場向下時購買商品。（Whether we’re talking about socks or stocks, I like buying quality merchandise when it is marked down. – Warren Buffett, Berkshire Hathaway Inc., Annual Report, 2008.）投資人在「市場向下時購買股票」顯然需要非凡的信心。信心有來自何方？可靠且合乎邏輯的科學化回測是最好的答案，這也正是本書將提供給讀者的主要內容。

表 4-4 巴菲特的資產與年化報酬率的歷程

年代	資產（百萬美元）	年化報酬率
1950	0.0098	NA
1956	0.174	61.5%
1962	1.025	34.4%
1990	1000	27.9%
2017	75600	17.4%
	平均	26.7%

資料來源：作者整理

圖 4-15 巴菲特的資產累積過程

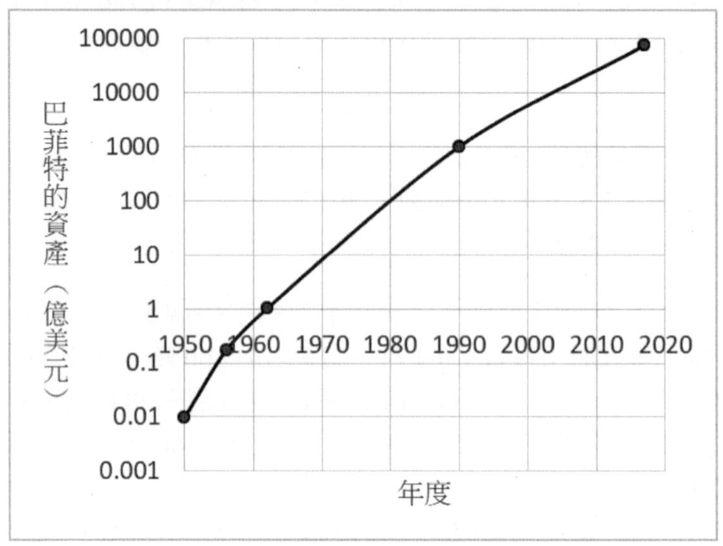

資料來源：作者整理

4-16 巴菲特的報酬異常複製 3：路線圖

上述的綜效選股、財務槓桿、持續投資可以由圖 4-16 與圖 4-17 來解釋。圖 4-16 中的黑點是市場報酬，其系統性風險係數為 1.0。雖然可以由財務槓桿放大報酬，但同時也會放大風險。為了避免最大回落造成破產，可以想像投資人會面臨一個「風險之牆」限制了財務槓桿的作用。

圖 4-17 為巴菲特的報酬異常複製的路線圖：

(1) 綜效選股貢獻

巴菲特透過選擇具有優質、便宜、安定特徵的股票，產生選股綜效，使得投資組合具有高報酬率、低風險的特性。

(2) 財務槓桿的貢獻

巴菲特透過財務槓桿提高報酬率、提高風險。由於他的投資組合風險較低，在風險提高到撞到「風險之牆」前，報酬率可顯著地提高。

(3) 持續投資的貢獻

由於巴菲特的投資組合風險較低，允許他持續長期投資，再加上較高的報酬率，因此能夠充分發揮「指數成長」的威力。例如圖 4-18 顯示，當年報酬率為 5%時，30 年只成長 4.3 倍，但 15%與 25%分別為 66 倍、808 倍。

圖 4-16 一實施財務槓桿就撞上風險之牆

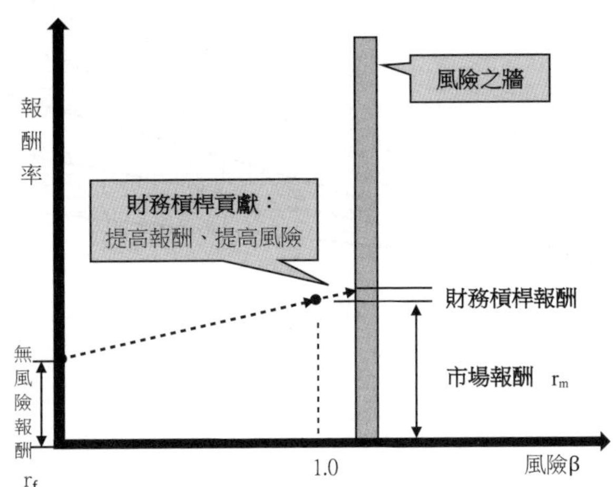

資料來源：作者整理

圖 4-17 巴菲特的報酬異常複製之路線圖

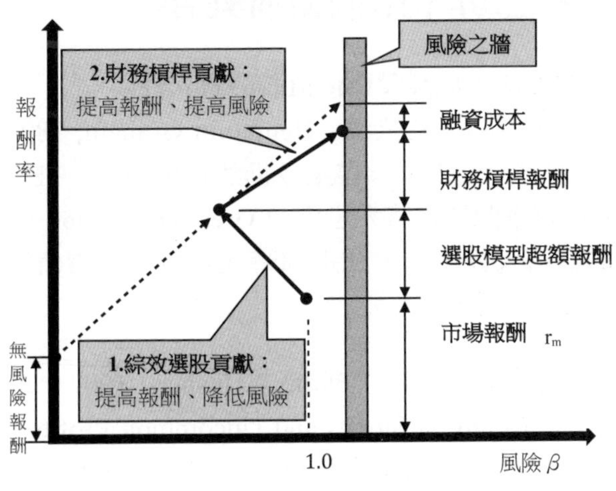

資料來源：作者整理

圖 4-18 持續投資：長期持續不間斷的投資發揮複利法則的指數爆炸威力

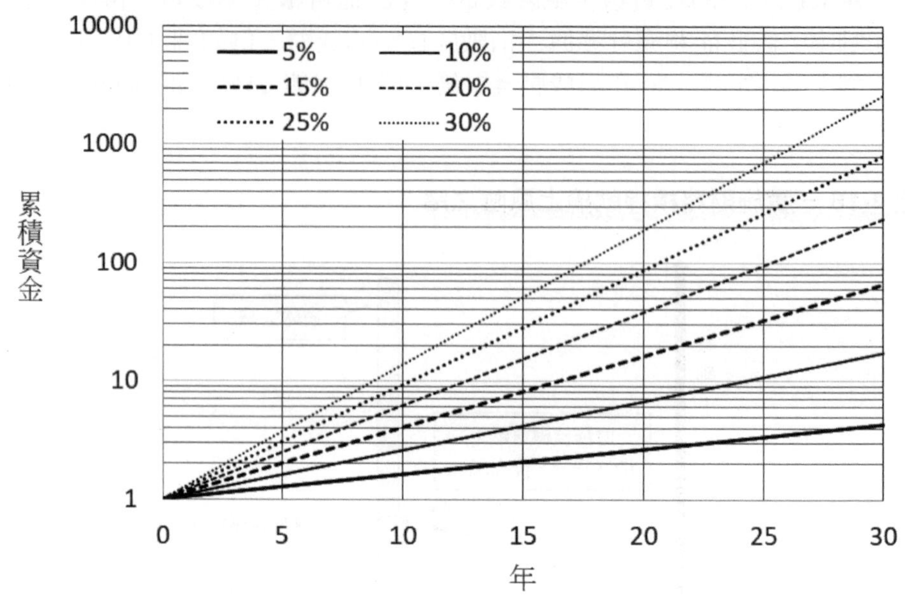

資料來源：作者整理

4-17 對投資人的啟發：如何複製巴菲特的報酬異常

◎ 古典價值投資的方法：成長股與價值股的對立性

價值投資之父班傑明・葛拉漢（Benjamin Graham, 1894－1976）1934 年年底出版《有價證券分析》一書至今仍然在出版中，被全球譽為投資人必讀經典。價值投資發源於經濟大恐慌（Great Depression，1929 年至 1933 年之間全球性的經濟大衰退）。在那種時代背景下，價值投資保守的特性自然容易被投資大眾接受。

成長投資之父菲利普・費雪（Philip A. Fisher，1907－2004）1957 年出版《非常潛力股》（Common Stocks and Uncommon Profits）一書，至今仍是許多美國投資管理研究所的指定教科書。成長投資發源於二次大戰後的經濟復甦期，科技也有突破，例如商用電腦（1950）、噴射客機

（1952）、彩色電視（1952）、核能發電（1954）、腎臟移植（1954）。在那種時代背景下，成長投資積極的特性自然容易被投資大眾追捧。

◎ 巴菲特的方法：成長面與價值面的對稱性

從人類知識體系的發展歷史來看，經常出現兩種相反的理論，接著有人融會貫通，集其大成，發展出一套能結合看似相反、實為一體兩面的兩個對立理論的新理論。例如在管理學的領導風格理論方面，有主張任務導向的領導風格，認為領導者的責任與功能在於規劃排程、制定程序、指派任務、設定標準等行為。也有主張部屬導向的領導風格，認為領導者的責任與功能在於關心福利、信賴授權、友善溝通、讚美成就等行為。兩派爭論不休。之後有「情境權變學說」提出新理論指出，當情境對領導者非常不利或非常有利時，應採取任務導向的領導風格；當情境對領導者不好不壞時，應採取部屬導向的領導風格。

價值投資與成長投資這兩種投資理念看似對立，其實乃廣義價值投資的兩個面向。巴菲特稱自己的投資策略是「85%的葛拉漢（價值投資之父）和15%的費雪（成長投資之父）」。

◎ 本書的方法：以加權評分法選股複製巴菲特的報酬異常

最簡單的價值投資方法可以用「股價淨值比」（P／B）選低為準來選股，但這種股票的公司經常獲利較差，甚至為負值。相反的，最簡單的成長投資方法可以用「股東權益報酬率」（ROE）選高為準來選股，但這種公司的股票經常受市場投資人的青睞而股價偏高，有較高的股價淨值比，甚至已經高到不合理的程度。

然而價值投資的真正意義是「投資價格低於其內在價值的股票能帶來較高的報酬率」。因此，只看每股淨值與每股盈餘，而不管公司使用每股淨值產生每股盈餘的效率，即代表公司獲利能力的股東權益報酬率，並不能正確評估內在價值，當然就無法判斷價格是否低於其內在價值。本書將介紹一個從財務基本原理的基礎上發展起來，結合了價值投資與成長投資觀點的因子投資方法 — 成長價值法。這個方法可以根據每股淨值、每股盈餘、以及股東權益報酬率評估股票的內在價值，再判斷價格是否低於其內在價值。這種方法才能真正符合價值投資的精髓，並藉由結合價值因子與成長因子，產生明顯的報酬綜效。

投資股票要同時重視價值面與成長面並非只有上述的方法，「加權評分法」也可以實現結合兩者的優點，還可以結合慣性因子、風險因子等異常報酬因子，達到更好的選股績效。這兩種方法都將在本書後續各章詳加介紹。

章末補充：巴菲特的 50 則投資智慧格言

《價值與價格》

1. 只用低於內在價值的股價買進股票。
2. 用普通的價錢買下好公司，遠比用便宜的價錢買下普通的公司來得更好。
3. 價格是您付出的代價，價值是您得到的。
4. 不要老是想著買入時的價格。
5. 股票是最好的長期投資，只要買進的價格合理，而且費用低。
6. 會計報表只是評估企業價值的起點，而非終點。
7. 投資是關於價格和價值之間的差距，而不是關於預測未來。
8. 投資是關於估值，而不是關於預測。
9. 投資是關於價值，而不是關於價格。
10. 投資是關於做好基本面研究，而不是追逐市場情緒。
11. 投資是關於買入優秀的公司，而不是買入熱門的股票。
12. 投資只需要問兩件事：一是可以回收多少；二是何時可以回收。

《風險管理》

13. 不能承受股價下跌 50%的人就不應該投資股票。
14. 投資是一種遊戲，但它不是一種賭博。
15. 風險來自你不知道自己正做些什麼。
16. 除非很有把握，否則不要為別人的錢負責。
17. 如果你不知道什麼是好的投資，那麼最好的投資就是不投資。
18. 槓桿操作好比汽油，在市場大好時，汽車為了跑得更快而使用更多汽油；但一旦市場崩盤，汽油就會導致爆炸。

《紀律與情緒》

19. 投資是關於耐心，而不是關於投機。
20. 投資是關於紀律，而不是關於情緒。

21. 投資是關於學習，而不是關於智商。
22. 投資是關於專注，而不是關於分散。
23. 投資是關於簡單，而不是關於複雜。
24. 投資是關於保持紀律，而不是隨波逐流。
25. 投資是關於學習和成長，而不是一蹴可就。
26. 投資的成功來自於耐心和決心，而不是運氣。
27. 投資是一種複雜的遊戲，但它不需要成為一種困難的遊戲。
28. 投資最重要的是認清你知道什麼，並學習你不知道的事物。
29. 投資就像是養育孩子，你需要耐心等待它成長。
30. 當別人恐懼的時候，我貪婪，當別人貪婪的時候，我戒慎恐懼。

《時機與耐心》

31. 我們最喜歡的持有期是永遠。
32. 投資的關鍵是買對股票，而不是買對時間。
33. 投資是一場馬拉松，而不是一場百米賽跑。
34. 投資是關於長期投資，而不是短期投機。
35. 投資是關於耐心等待，而不是急於求成。
36. 股市是把錢從急躁的人轉移到有耐心的人手中的工具。
37. 別因為覺得明天可能會找到更好的投資標的，就放棄你今天看好的項目。
38. 假如你不開始去做，你就不可能成功。賺錢的第一步就是開始去做。

《投資哲理》

39. 退潮之後，你才知道誰在裸泳。
40. 在短期內，市場是投票機；但從長期看，它是體重計。
41. 投資的規則一：不要賠錢。規則二：不要忘記規則一。
42. 投資是一門科學，也是一門藝術。
43. 投資是關於找到適合自己的方法，而不是盲目追隨他人。

《專業與工作》

44. 最終只有一個投資可以取代所有其它投資，那就是投資自己。
45. 投資是一種艱苦的工作，但也是一種有趣的工作。
46. 幾乎在任何領域，專業人員取得的成就明顯地高於門外漢。但在金錢的管理上往往並非如此。

47. 學術界喜歡獎賞複雜行為，而不是簡單行為，但簡單的行為更有效。
48. 我 21 歲時最有能力提供財務建議，但人們都敬謝不敏。即使我提出最卓越的看法，也不會有人太在意我。現在我就算說了世界上最蠢的話，還是有許多人會認為，我的話裡一定隱含某種深奧的意義。
49. 富有，都是因為有這個社會，所以要對社會有最基本的回饋；富有的人何其幸運和有福，因此更應該樂於繳稅才對。

巴菲特的投資哲學總結論：

50. 買入優秀公司的便宜股票，然後長期持續持有。

參考文獻

1. Frazzini, A., Kabiller, D., & Pedersen, L. H.（2013）. Buffett's alpha（No. w19681）. National Bureau of Economic Research.
2. Frazzini, A. and L. H. Pedersen（2014）, "Betting Against Beta", Journal of Financial Economics, Vol. 111, No. 1, 1-25.
3. Asness, C., A. Frazzini, and L. H. Pedersen（2018）, "Quality Minus Junk", Review of Accounting Studies, https://doi.org/10.1007/s11142-018-9470-2
4. Otuteye, E., & Siddiquee, M.（2019）. Buffett's alpha: further explanations from a behavioral value investing perspective. Financial Markets and Portfolio Management, 33（4）, 471-490.
5. Asness, C. S., Frazzini, A., & Pedersen, L. H.（2019）. Quality minus junk. Review of Accounting Studies, 24（1）, 34-112.

第二篇

選股原理篇

價值、成長、趨勢創造綜效

證券價值不會無中生有，也不會憑空消失。證券投資雖有藝術的一面，也有科學的一面。如同物理學的發展，物理理論的發展總是趨於統一，例如電、磁統一，再到電、磁、光統一。證券分析也一樣，本篇從「現在價值與未來價值合一」到「股票定價與報酬估計合一」，最後「價值投資與趨勢投資合一」建構簡單明瞭的理論體系。

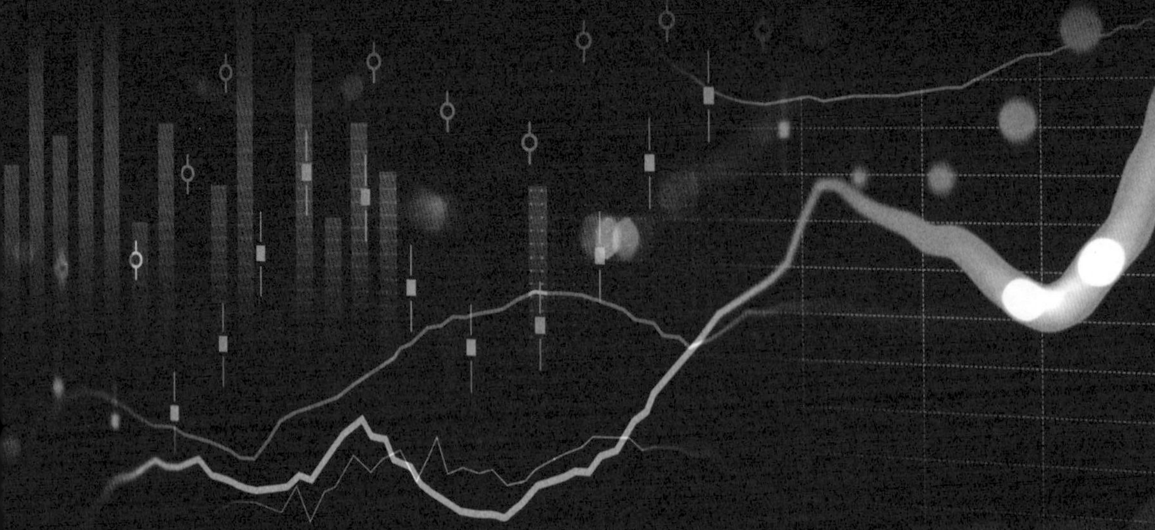

股票內在價值的評估
股價的成長價值模型（GVM）

價值投資的精髓是「當市場股價大於內在價值，則賣出股票；當市場股價小於內在價值，則買入股票。」因此價值投資的核心是股票內在價值的評價。本章除了介紹三種傳統的評價方法：收益基礎法、資產基礎法、市場基礎法，還將介紹一種克服傳統評價方法缺點的新方法：收益資產複合基礎法 — 成長價值模型。

5-01 內在價值估計的起點 — 股東有何權益？

價值投資的精髓是市場股價（P）與內在價值（intrinsic value, V）的關係：

- 如果市場股價（P）大於內在價值（V），則賣出股票。
- 如果市場股價（P）小於內在價值（V），則買入股票。

因此價值投資的核心是股票內在價值的評價（valuation），即合理價格的估計。在談評價之前，先提出一個問題給讀者思考，假設有兩檔股票，條件如下：

股票	股價	每股盈餘	每股淨值	本益比	股價淨值比	股東權益報酬率
A	10	1	20	10	0.5	5%
B	10	1	5	10	2	20%

這兩支股票具有相同的本益比（P／E），但是：

A 股：股價較便宜，但公司較不賺錢，屬於價值股。

B 股：股價較昂貴，但公司較會賺錢，屬於成長股。

哪一檔股票更值得買呢？讀者讀完本章就能了解，關鍵在於股東權益報酬率（ROE）持續性的高低，持續性高，B 股（成長股）較佳；反之，ROE 持續性低，A 股（價值股）較佳。這個答案在本章最後一節。

由於股東與投資人是一體兩面（圖 5-1），因此長期而言，投資人持有的股票的內在價值來自股東的兩個權利：

□ 盈餘分配請求權

當公司經營有盈餘時，股東有權分配這些盈餘，這些盈餘可用現金股利的形式分配給股東。

□ 剩餘財產請求權

當公司清算時，股東有權分配公司的淨值，即扣除負債後的資產。

圖 5-1 股東與投資人是一體兩面

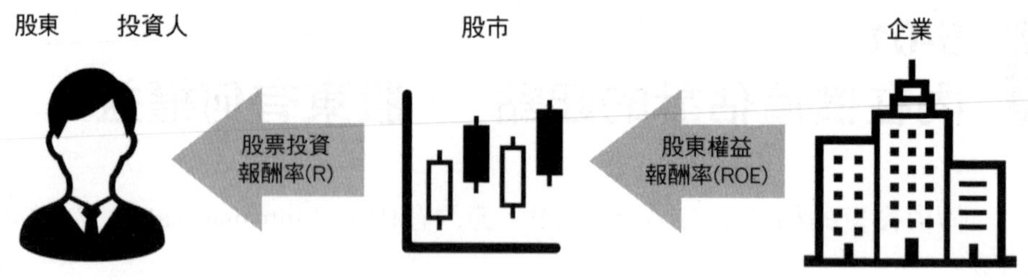

資料來源：作者整理

因此，財務報表是了解股票內在價值的起點。財務報表包括 （圖 5-2 與圖 5-3）：

□ 損益表

表達企業的損益，是一種「流量」概念，基本公式為：

收入 － 成本 ＝ 利潤

□ 資產負債表

表達企業的資產、負債、股東權益，是一種「存量」概念，基本公式為：

資產＝負債＋股東權益，或
股東權益＝資產－負債

◘ 現金流量表

表達在一固定期間內，一家機構的現金（包含銀行存款）的增減變動情形。現金流量表反映出資產負債表中各個項目對現金流量的影響，並根據其用途劃分為經營、投資及融資三個活動的現金流量。現金流量表可用於分析一家機構在短期內有沒有足夠現金去應付支出。

股票內在價值與市場價格的關係可以從圖 5-4 的簡化的資金循環來觀察。

- ✓ 股價：投資人付出股價，買入股票，成為股東。
- ✓ 盈餘：股東對企業盈餘擁有盈餘分配請求權。
- ✓ 淨值：即股東權益，股東對企業淨值擁有剩餘財產請求權。

圖 5-2 財務報表：損益表、資產負債表、現金流量表

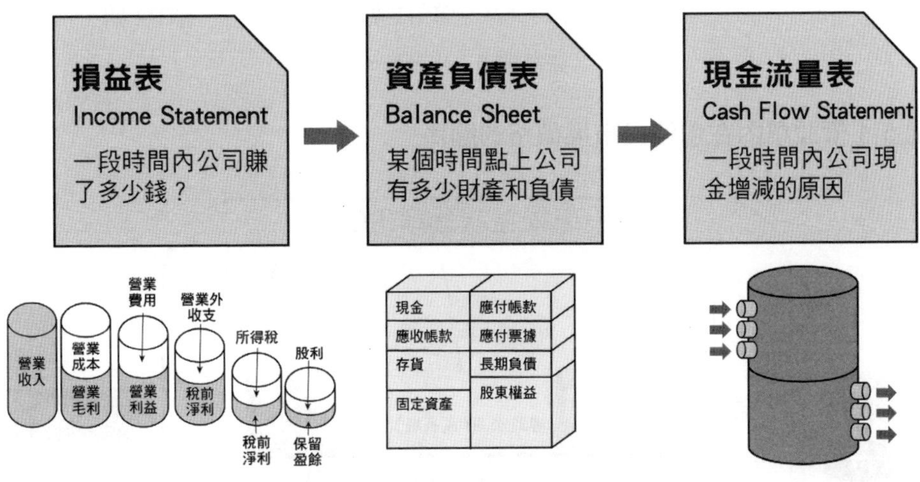

資料來源：作者整理

圖 5-3 資產負債表（存量）與損益表（流量）之間的關係

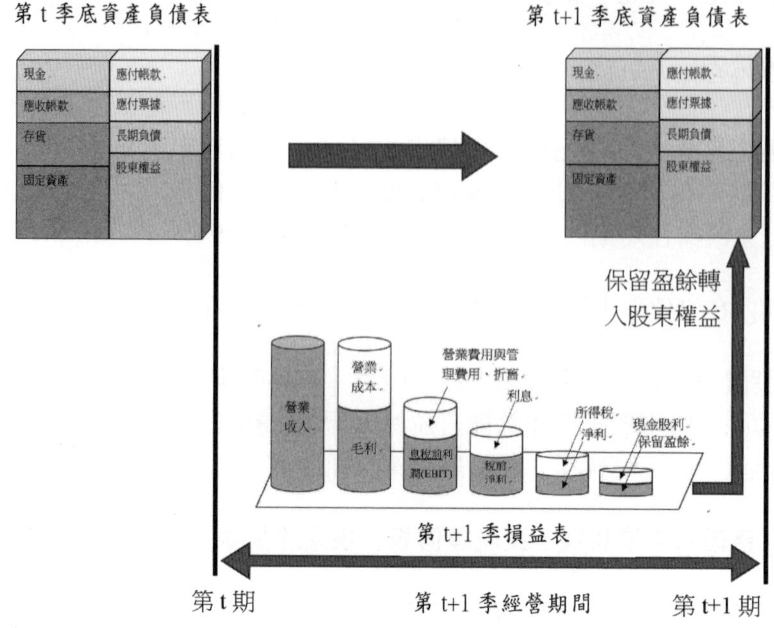

資料來源：作者整理

圖 5-4 價股票內在價值與市場價格的關係

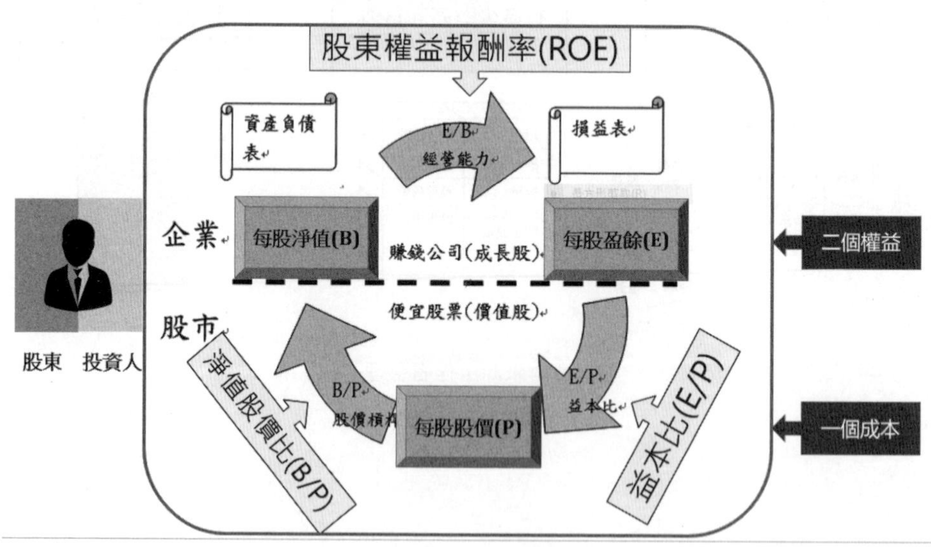

資料來源：作者整理

5-02 內在價值估計方法分類

由於股票的內在價值來自股東的兩個權利：

- 盈餘分配請求權
- 剩餘財產請求權

因此，權益型證券（股票）的評價方法可分成兩大類：

- 收益基礎法

基於盈餘分配請求權的方法，又稱折現評價法，以損益表來評價。

- 資產基礎法

基於剩餘財產請求權的方法，又稱淨值評價法，以資產負債表來評價。

5-03 內在價值估計方法 1：收益基礎法（盈餘分配請求權）

當公司經營有盈餘時，股東有權分配這些盈餘，這些盈餘可用現金股利（dividend）的形式分配給股東。由於金錢具有時間價值，未來的金錢之價值不如等額的現在的金錢之價值，因此未來的現金股利需用「必要報酬率」（required return rate）折現為現值。因此股票價值可以從股利折現得到，股利又來自盈餘，因此可從「損益表」中的淨利來評價股票價值，這就是「收益基礎法」（earning-based approach）的理論基礎。

損益表的一般關係式可表示為（圖 5-5）：

- 營業收入－營業成本＝毛利
- 毛利－營業費用與管理費用、折舊＝息稅前利潤（EBIT）
- 息稅前利潤（EBIT）－利息＝稅前淨利
- 稅前淨利－所得稅＝淨利
- 淨利－現金股利＝保留盈餘

淨利潤（或淨損失）代表企業的獲利（或虧損）狀況，可一部分發給股東現金股利，剩下為保留盈餘。從權益證券的「盈餘分配請求權」來看，股票的合理價格即未來所有現金股利的折現。在此假設每年股利成長率為 g，則合理股價為未來每年股利的折現加總（k＝折現率，D_0＝前期現金股利）

$$\hat{P}=\frac{D_0(1+g)}{1+k}+\frac{D_0(1+g)^2}{(1+k)^2}+\frac{D_0(1+g)^3}{(1+k)^3}+\cdots \quad (5\text{-}1)$$

依無窮級數總和定理得

$$\hat{P}=\frac{D_0(1+g)}{k-g}=\frac{D_1}{k-g} \quad (5\text{-}2)$$

股利成長率來自股東權益報酬率（ROE），假設未來無限年盈餘保留率 b 維持不變，股東權益報酬率不變，則每年股利成長率為

$$g=b\times ROE$$

第一年的股利等於盈餘扣除保留盈餘，即

$$D_1=(1-b)\times E$$

故合理股價

$$\hat{P}=\frac{(1-b)E}{k-b\times ROE} \quad (5\text{-}3)$$

上式有一個顯而易見的缺點：當分母為負數，合理股價變得無意義。

圖 5-5 損益表觀念

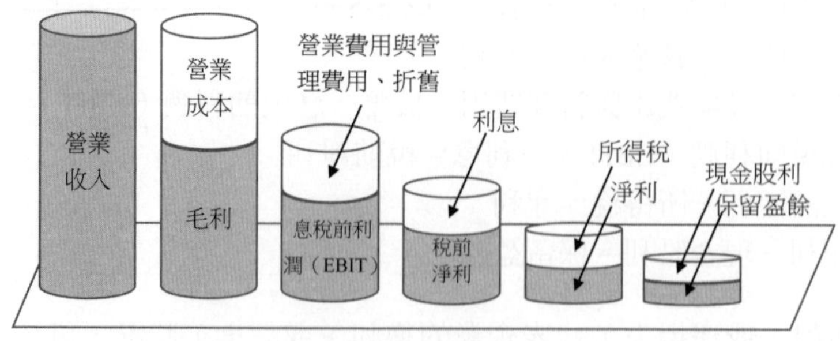

資料來源：作者整理

5-04 內在價值估計方法 2：資產基礎法（剩餘財產請求權）

當公司清算時，股東有權分配公司的淨值（book value），即扣除負債後的資產。故股票價值應與淨值成正比，因此可從「資產負債表」中的淨值來評價股票價值，這就是「資產基礎法」（asset-based approach）的理論基礎。

資產負債表報告所有的資產、負債、股東權益（圖 5-6）：

- 資產：是由企業所持有的財產。
- 負債：是積欠債權人的債務。
- 股東權益：是把資產減去負債所得到的數值。

股東權益＝資產－負債

從權益證券的「剩餘財產分配請求權」來看，股票的合理價格可依下列方法來估計：

$\hat{P}$＝B＝股東權益＝資產－負債

圖 5-6 資產負債表觀念（資產 ＝ 負債 ＋ 股東權益）

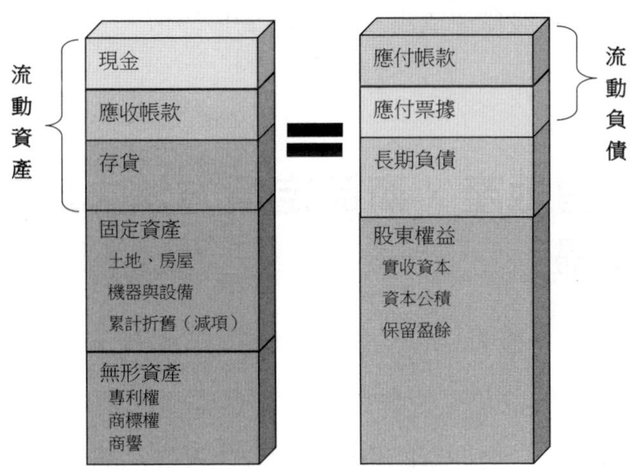

資料來源：作者整理

5-05 內在價值估計方法 3：市場基礎法（市場比較法）

除了收益基礎法與資產基礎法之外，還有市場基礎法（market-based approach）。市場基礎法亦稱市場比較法、相對評價法。此評價法認為，在市場內，具有相似產品、技術、顧客、規模、財務的公司，應有相似的表現及價值。因此某一公司的價值應可由其它類似公司的價值估算而得。例如相似的公司應該有相似的本益比，因此一家公司的股價可用每股盈餘乘以相似的公司的本益比平均值來估計。

從市場基礎法來看，股票的合理價格可依下列方法來估計：

❒ 每股盈餘

$$\hat{P}=\overline{PE}\times EPS \quad (5\text{-}4)$$

其中，$\overline{PE}$＝平均本益比，EPS＝每股盈餘

❒ 每股淨值

$$\hat{P}=\overline{PB}\times BVPS \quad (5\text{-}5)$$

其中，$\overline{PB}$＝平均股價淨值比，BVPS＝每股淨值

5-06 股票、房地產、商品定價方法之比較：殊途同歸

股票、房地產、一般商品的定價方法比較如表 5-1，可以說是殊途同歸。

□ 流量評價方法

股票的現金股利、房地產的租金收益、一般商品的消費者效用都是流量的一種形式。

□ 存量評價方法

股票的企業淨值、房地產的重置成本、一般商品的生產者成本都是存量的一種形式。

□ 市場比價方法

相似的股票有相似的 P／E、P／B，相似的房地產有相似每坪單價，相似的一般商品有相似單位價格，都是市場競爭的必然結果。

表 5-1 股票、房地產、一般商品的估價比較

	股票	房地產	一般商品
流量	收益基礎法 股利折現	收益基礎法 年租金折現	效用基礎法 （消費者觀點）
存量	資產基礎法 企業淨值	資產基礎法 房地產重置成本	成本基礎法 （生產者觀點）
市場	市場基礎法 相似股票有相似 PE、PB	市場基礎法 相似房地產有相似單價	市場基礎法 （競爭者觀點）

資料來源：作者整理

5-07 股利貼現模型（Dividend Discount Model, DDM）

上述三類方法中，收益基礎法中的股利貼現模型（Dividend Discount Model, DDM）一直是估算股票合理價格的主要方法之一。其原理就是把預期將來派發的一系列股利按必要報酬率折現成現值，現值的加總即股票的價值。其中又以戈登增長模型（Gordon Growth Model）最為著名。這個模型假設：

- ✓ 假設 1 股利以固定的成長率成長。
- ✓ 假設 2 固定的股利成長率會無限期維持。
- ✓ 假設 3 把股利的現值之無窮級數相加，即得股票合理價格。

$$\hat{P}=\frac{D_0(1+g)}{1+r}+\frac{D_0(1+g)^2}{(1+r)^2}+\frac{D_0(1+g)^3}{(1+r)^3}+\cdots \quad (5\text{-}6)$$

其中 g＝股利成長率。

這一模型的涵義是：股東從公司獲得的收益的根本來源是股利，所以股東權益的當前價值等於其未來所獲得的股利的現值之和。

此數列為無限等比數列：首項 $a_1=\frac{D_0(1+g)}{(1+r)}$，公比 $q=\frac{1+g}{1+r}$

代入無限等比級數公式

$$S_n=\frac{a_1}{1-q}=\frac{\frac{D_0(1+g)}{(1+r)}}{1-\left(\frac{1+g}{1+r}\right)}=\frac{\frac{D_0(1+g)}{(1+r)}}{\frac{r-g}{1+r}}=\frac{D_0(1+g)}{r-g}=\frac{D_1}{r-g} \quad (5\text{-}7)$$

故

$$\hat{P}=\frac{D_0(1+g)}{r-g}=\frac{D_1}{r-g} \quad (5\text{-}8)$$

這個公式又可稱為戈登增長模型。以學者邁倫・J・戈登（Myron Jules Gordon）命名，因為學術界傳統認為戈登在 1959 年首先提出這個模型。

戈登公式的缺陷

早期投資者買進股票的主要目的確實是為了獲得現金股利，股票的股利率經常被用來和債券的孳息率作對比。但是，自從 20 世紀中期以後，由於稅收上的考慮，上市公司逐漸減少了股利的發放，轉而傾向於保留大部分收益用於再投資，以避免股東繳納高昂的股利稅。

另一個不發放股利的情況是業績高增長的公司幾乎不派發股利，因為派息會導致股價短期下降，而且公司管理階層可能更傾向於股利資本化，即不派發股利而保留現金用於再投資，即保留盈餘。當公司需要把一部分資金分配給股東的時候，往往採取股票回購的方式，使股價提升，讓投資人可以透過賣掉部分股票來獲得資本利得，而非發放現金股利。假若沒有股利，股利貼現模型就無法用來估計股票的價值。

除此之外，模型本身的假設也存在著一些缺陷：

□ 股利增長率（g）並非固定常數

現實中穩定而且永久維持的普通股股利增長率未曾存在，這假設明顯失真。

□ 必要報酬率（r）＜股利成長率（g）

當必要報酬率 r＜股利成長率 g 時，由於分母為負數而變得無意義。

□ 股利增長率（g）對股價影響十分敏感

股價對股利增長率的變化非常敏感，而股利增長率只是一個隨機變數。例如假設股利 D_1＝3 元，必要報酬率 r＝8%，股利增長率 g＝7%或 7.5%，則合理股價：

當 g＝7%，P＝ D_1／（r－g）＝3／（8%－7%）＝300

當 g＝7.5%，P＝ D_1／（r－g）＝3／（8%－7.5%）＝600

差異極大。

□ 必要報酬率（r）對股價影響十分敏感

股價對必要報酬率的變化非常敏感，而必要報酬率只是一個隨機變數。例如假設股利 D_1＝3 元，股利增長率 g＝8%，必要報酬率 r＝9%或 8.5%，則合理股價：

當 r＝9%，P＝ D_1／（r－g）＝3／（9%－8%）＝300

當 r＝8.5%，P＝ D_1／（r－g）＝3／（8.5%－8%）＝600

差異極大。

□ 忽略淨值對股價的影響

當兩支股票每年發放相同的股利，但有不同淨值，戈登公式完全不考慮淨值的影響，這顯然不合理。

5-08 各種評價方法的原理與優缺點

各種評價方法的優缺點如下：

✓ 收益基礎法：具有合理理論基礎，但只評價股票的收益價值。
✓ 資產基礎法：具有合理理論基礎，但只評價股票的淨值價值。
✓ 市場基礎法：具有配合市場現況的優點，但缺少合理的理論基礎。

評價股票內在價值有三條路線：

✓ 第 1 條路：把未來盈餘折現成現值，例如折現法（收益基礎法），以損益表的每股盈餘的折現為基礎，只能反映股票的「盈餘分配請求權」。
✓ 第 2 條路：把目前淨值變現成現值，例如淨值法（資產基礎法），以資產負債表的每股淨值的變現為基礎，只能反映股票的「剩餘財產請求權」。
✓ 第 3 條路：把未來淨值折現成現值。由於「未來淨值」是目前淨值與未來盈餘的總和，因此可以同時反映股票的「盈餘分配請求權」與「剩餘財產請求權」。目前還沒有這個路線的方法，因此作者提出採用第 3 條路的創新評價方法—成長價值模型（Growth Value Model, GVM）。這個方法結合「收益基礎法」、「資產基礎法」成為「收益資產複合基礎法」，可以克服上述戈登增長模型的缺陷。

5-09 成長價值模型的假設：股東權益報酬率的均值回歸

5-9-1 公式的假設

為了克服股利貼現模型的缺陷，我們提出結合收益基礎法、資產基礎法的成長價值模型（Growth Value Model, GVM）。這個模型從以下三個假設發展起來。

□ 假設 1. 淨值成長假設（圖 5-9）

雖然許多公司會發現金股利，但股東可以透過再投資的方式，使股東權益與股利政策無關，因此第 n 期的淨值可由目前的淨值與未來各期的股東權益報酬率來估計：

$$B_1 = B_0 + E_0 = B_0 + B_0 \times ROE_1 = B_0 \times (1 + ROE_1)$$

$$B_2 = B_1 + E_1 = B_1 + B_1 \times ROE_2 = B_1 \times (1 + ROE_2)$$

$$B_n = B_{n-1} + E_{n-1} = B_{n-1} + B_{n-1} \times ROE_n = B_{n-1} \times (1 + ROE_n)$$

故

$$B_n = B_0 \times (1 + ROE_1) \times (1 + ROE_2) \cdots \times (1 + ROE_n)$$

$$B_n = B_0 \cdot \prod_{t=1}^{\infty} (1 + ROE_t) \tag{5-9}$$

圖 5-9 淨值成長假設

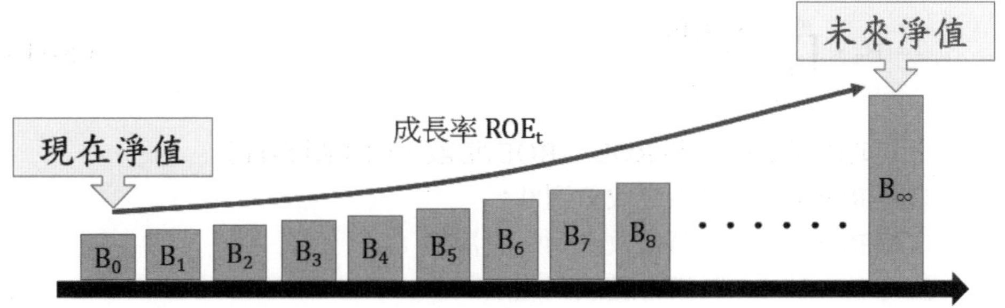

資料來源：作者整理

□ 假設 2. 淨值折現值假設（圖 5-10）

股價現值為無限期後淨值折現值：

$$P_0 = \lim_{n \to \infty} \frac{B_n}{(1 + r)^n} \tag{5-10}$$

其中 r＝折現率。

圖 5-10 淨值折現值假設

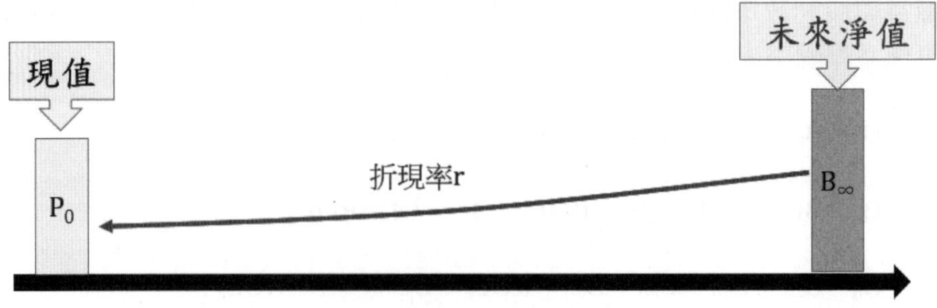

資料來源：作者整理

由以上兩式可得

$$P_0=\lim_{n\to\infty}\left(\frac{1}{(1+r)^n}\cdot B_0\cdot\prod_{t=1}^{n}1+ROE_t\right)$$

$$=\lim_{n\to\infty}\left(B_0\cdot\frac{1+ROE_1}{1+r}\cdot\frac{1+ROE_2}{1+r}\cdot\frac{1+ROE_3}{1+r}\cdot\cdots\cdot\frac{1+ROE_n}{1+r}\right)$$

$$=B_0\cdot\prod_{t=1}^{\infty}\frac{1+ROE_t}{1+r}\qquad(5\text{-}11)$$

上式的困境是如果為 $ROE_t=ROE_0$ 常數，則（圖 5-11）
當時 $ROE_0<r$，股價會收斂到 0；
當時 $ROE_0=r$，股價會收斂到每股淨值；
當時 $ROE_0>r$，股價會發散到無限大。

這顯然不合理。為了解決此一問題，我們引用了均值回歸（Mean Reversion）的觀念。

圖 5-11 如果為 $ROE_t = ROE_0$ 常數，產生的估值困境。

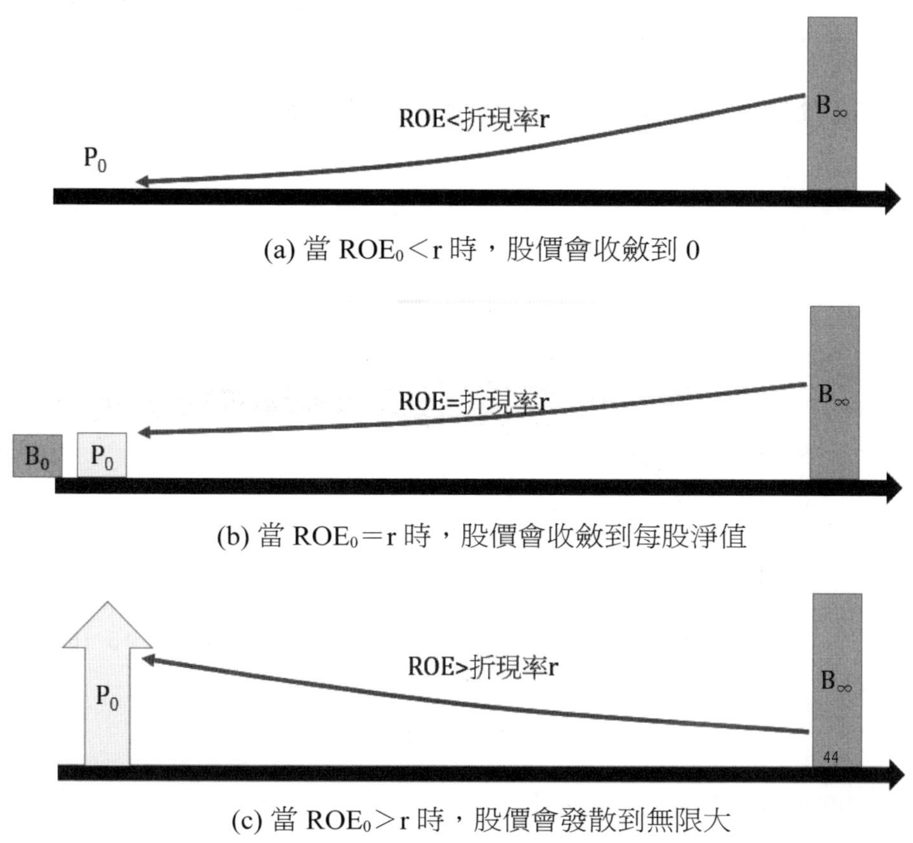

(a) 當 $ROE_0 < r$ 時，股價會收斂到 0

(b) 當 $ROE_0 = r$ 時，股價會收斂到每股淨值

(c) 當 $ROE_0 > r$ 時，股價會發散到無限大

資料來源：作者整理

□ 均值回歸（Mean Reversion）

均值回歸（Mean Reversion）是金融學的一個重要概念。廣義來說，均值回歸是指一個變數無論高於或低於變數均衡值，都會以很高的機率向均衡值靠近的趨勢。根據均值回歸法則

- ✓ 錢是聰明且自由的，錢會往賺錢的地方走。
- ✓ 企業中的錢會往賺錢的地方走：股東權益報酬率（ROE）會均值回歸。
- ✓ 股市中的錢會往賺錢的地方走：報酬率會均值回歸。

一家企業要永續經營其股東權益報酬率（ROE）應該高於必要報酬率，但一個產業其股東權益報酬率高於必要報酬率時，會吸引更多的資金投資這個產業，直到其股東權益報酬率降低到必要報酬率。例如將台灣上

市櫃公司根據 2000 年的 ROE 十等分成 10 組，然後逐年統計這 10 組的 ROE 直到 2016 年，結果如圖 5-12，可見無論 ROE 原來的值偏高或偏低，都有很明顯的均值回歸現象。

圖 5-12 台灣上市櫃公司有很明顯的均值回歸的現象。

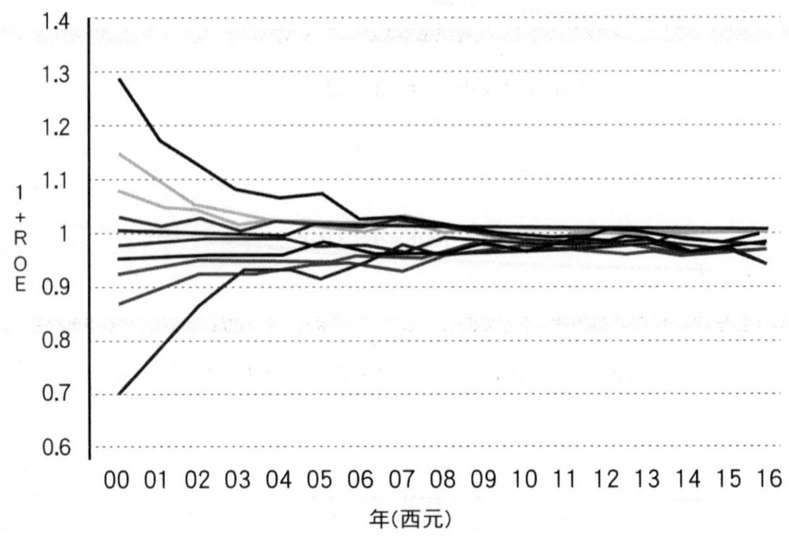

資料來源：作者整理

均值回歸現象可用下式表達

$$X_{t+1}=\left(\frac{X_t}{\overline{X}}\right)^{1/b}\overline{X} \qquad (5\text{-}12)$$

或

$$\frac{X_{t+1}}{\overline{X}}=\left(\frac{X_t}{\overline{X}}\right)^{1/b} \qquad (5\text{-}13)$$

其中 $\overline{X}$ 為均值回歸的均衡值；b 為「均值回歸率」，是一個大於 1 的常數。

為了讓公式（5-11）能收斂到合理的估計值，我們提出了第三個假設：ROE 有「均值回歸」現象。

□ 假設 3. 均值回歸假設（圖 5-13）

假設股東權益報酬率（ROE）的均衡值為必要報酬率（r），並且以下式均值回歸到均衡值：

$$\frac{1+ROE_{t+1}}{1+r}=\left(\frac{1+ROE_t}{1+r}\right)^{1/b} \qquad (5\text{-}14)$$

其中 b 為「均值回歸率」，是一個大於 1 的常數。無論初始股東權益報酬率大於或小於必要報酬率，這個迭代公式在 t 趨近無限大時，其值都會趨近於 1，此時股東權益報酬率等於必要報酬率。

圖 5-13 股東權益的折現增長率（$1+ROE_t$）／（1＋r）遵循均值回歸。

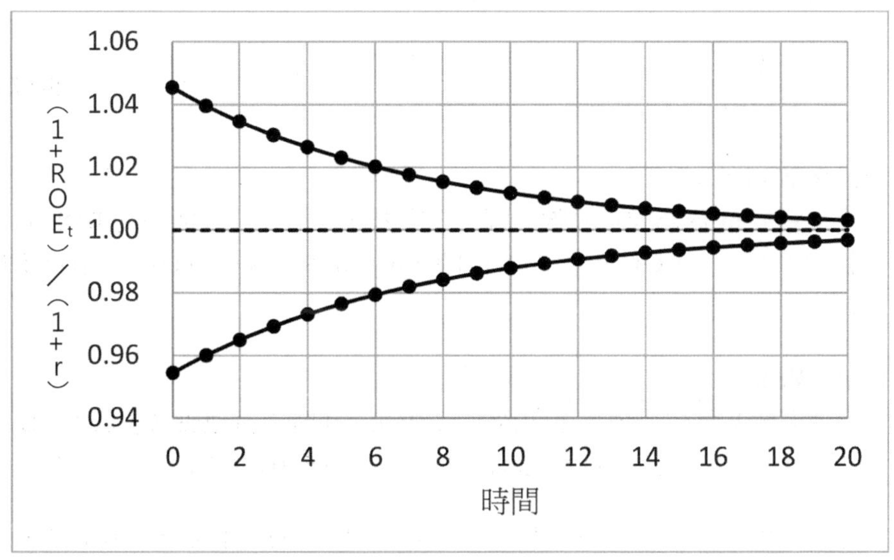

資料來源：作者整理

均值回歸率 b 越大，均值回歸越快。兩個特例如下：

□ 特例 1. b＝1

則由（5-14）式可推得 $ROE_{t+1}=ROE_t$，即 ROE 永遠持續不變。

□ 特例 2. b＝∞

則由（5-14）式可推得 $ROE_{t+1}=r$，即 ROE 立刻變成必要報酬率 r。

5-10 成長價值模型的推導

在上述假設下，公式（5-11）在 b＞1 之下，無論初始股東權益報酬率 ROE_0＞r 與否，都不會發散，其解如下（證明過程列在本書附錄 A）：

$$P_0 = k \cdot B_0 \cdot (1 + ROE_0)^m \quad (5\text{-}15)$$

其中

$$m = \frac{1}{b-1} \quad (5\text{-}16)$$

$$k = \frac{1}{(1+r)^m} \quad (5\text{-}17)$$

□ 成長係數 m

待定係數 m 稱為成長係數，因為它影響代表公司成長能力的 ROE 對股價貢獻的重要性。ROE 以年為單位時，m＝6~8 左右。ROE 以季為單位時，m＝24~32 左右。

□ 價值係數 k

待定係數 k 稱為價值係數，因為當 ROE＝0 時，合理股價等於 $k \cdot B_0$，故 k 是淨值的價值與合理股價之間的比例。k＝0.6~0.8 左右。

待定係數 m 與 k 可用迴歸分析決定，詳細方法可以參考本章章末註解。上式兩邊除以淨值，可改寫成合理股價淨值比的估計式：

$$P_0 / B_0 = k \cdot (1 + ROE_0)^m \quad (5\text{-}18)$$

5-11 成長價值模型的改進

為了證明上述公式正確，我們以 2015 年台灣上市櫃公司股票的股東權益報酬率（ROE）與股價淨值比為例（圖 5-14）：

(1) 使用上述理論公式進行迴歸分析，得到圖中的平滑迴歸曲線（細線）
(2) 將資料點依照 ROE 排序，在以移動平均法計算每 500 筆資料的 P／B 平均值，得到圖中的不平滑移動平均曲線（粗線）
(3) 比較迴歸曲線（細線）與移動平均曲線（粗線），可以發現兩條曲線匹配得很好，但在 ROE 小於 8%以後，迴歸曲線（細線）估計的 P／B 漸漸低於移動平均曲線（粗線）估計的 P／B。在 ROE 小於 8%以後，移動平均曲線（粗線）估計的 P／B 逐漸變成常數，不再隨著 ROE 降低而降低。

為了進一步證明上述公式正確，我們再作以下分析：

(1) 將 2015 年台灣上市櫃公司股票依照產業分成四組資料。
(2) 每一組產業資料都以 ROE 排序分成 10 個等分。
(3) 計算各等分的 PBR 的中位數。
(4) 結果如圖 5-15，可以發現無論哪一種產業，在 ROE＞5%，即圖中橫軸 1＋ROE＞1.05 下，P／B 會隨著 ROE 升高而升高。但在 ROE＜5%，此關係不再明確，特別是在 ROE＜0%，即圖中橫軸 1＋ROE＜1.0 下，P／B 變成常數，不再隨著 ROE 降低而降低。

圖 5-14 2015 年台灣上市櫃公司股票的股東權益報酬率（ROE）與 P／B

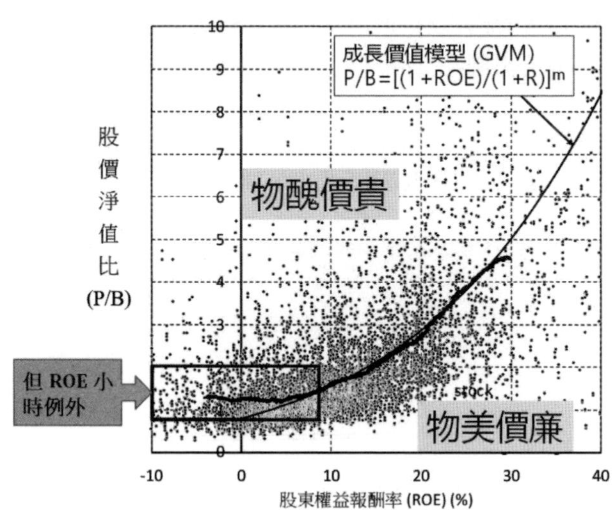

資料來源：作者整理

圖 5-15 各產業資料以 ROE 排序分成 10 個等分下，各等分的 PBR 的中位數

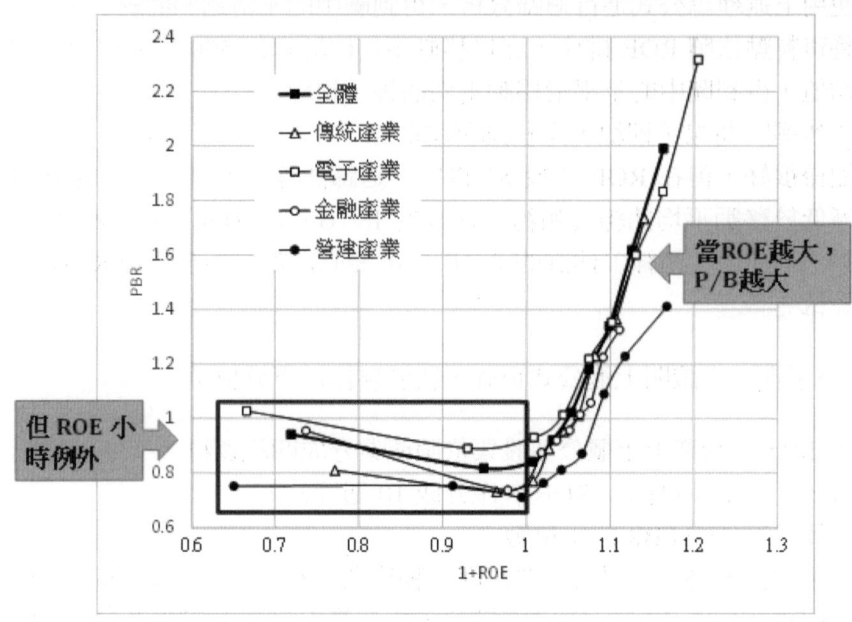

資料來源：作者整理

根據以上兩個實證可以發現，當股東權益報酬率較大時與較小時，其合理股價的模式有很大的不同（圖 5-16）：

- 當股東權益報酬率較大時，盈餘是構成股價的主力；
- 當股東權益報酬率較小時，淨值才是支持股價的支撐，此時股東權益報酬率不再影響股價。

因此上述公式（5-15）的成長價值模型的合理股價估計理論公式修正如下：

$$P_0 = \text{Max}\left(k \cdot B_0 \cdot (1 + ROE_0)^m,\ k \cdot B_0\right) \qquad (5\text{-}19)$$

圖 5-16 成長價值複合模型（growth value hybrid model）

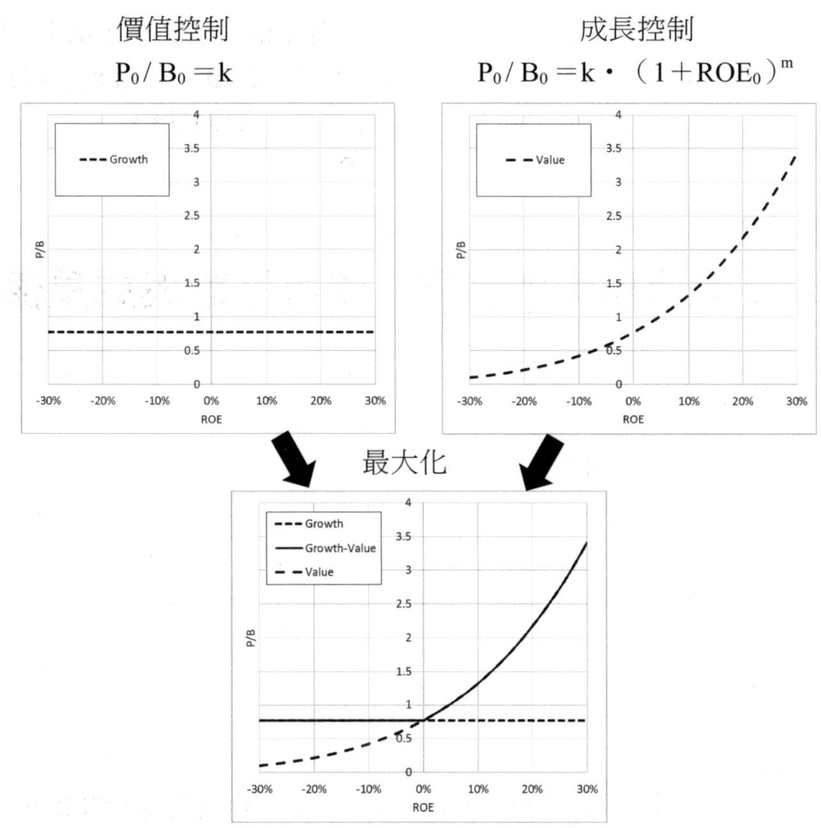

成長價值複合控制

$$P_0 / B_0 = Max（k \cdot（1 + ROE_0）^m, k）$$

資料來源：作者整理

□ 最小誤差平方和法

為了用迴歸分析決定上式中的二個待定係數，首先將上式改寫成合理股價淨值比估計理論公式如下：

$$P_0 ／ B_0 = Max（k \cdot（1 + ROE_0）^m, k） \quad （5\text{-}20）$$

再用最小誤差平方和法估計係數 k 與 m：

Find optimum k, m （5-21）

$$Min \sum_{i=1}^{n}（P_i / B_i - Max（k \cdot（1 + ROE_i）^m, k））^2$$

其中 n 為迴歸樣本的數目。

上述最佳化問題可用數學規劃法求解，詳細的方法請參考章末註解。得到係數 k 與 m 的估計值後，就能以 ROE 代入（5-20）式估計合理股價淨值比，再把合理股價淨值比乘以每股淨值即可估計合理股價。

5-12 成長價值模型的參數：價值係數與成長係數

在評價公式中

$$P_0 = k \cdot B_0 \cdot (1 + ROE_0)^m \quad (5\text{-}22)$$

$$m = \frac{1}{b - 1} \quad (5\text{-}23)$$

$$k = \frac{1}{(1 + r)^m} \quad (5\text{-}24)$$

□ 成長係數 m

待定係數 m 稱為成長係數，因為它影響代表公司成長能力的 ROE 對股價貢獻的重要性。均值回歸率 b＞1, b 越接近 1，m 會越大，代表均值回歸速度越慢，ROE 的持續性越強，ROE 對股價的貢獻越大。根據台股、美股超過 30 年的實測，m 中位數約 7，常見範圍 m＝5~9。

□ 價值係數 k

待定係數 k 稱為價值係數，因為當 ROE＝0 時，合理股價等於 $k \cdot B_0$，故 k 是淨值的價值與合理股價之間的比例。k 與必要報酬率 r, 成長係數 m 有關，r 越小，m 越小，k 會越大。根據台股、美股超過 30 年的實測，k 中位數約 0.7，常見範圍 k＝0.5 至 0.9。

價值係數 k 與成長係數 m 和股票的特性之關係討論如下：

□ 產業

各產業 k, m 值如表 5-2，可以發現各產業的 k, m 值確實有明顯差異。

金融、建築產業（含建設公司，不含營造廠，營造廠可視為傳產）與電子、傳產明顯不同。

✓ 價值係數 k
建築的 k 值較大，金融次之，傳產、電子最小。

✓ 成長係數 m
傳產、電子的 m 值較大，金融次之，建築最小。

一個可能的解釋是：有穩定獲利的產業（電子、傳產），其價值的來源較偏重盈餘，因此看重 ROE，故 m 值較大，k 值較小；專案生產的建築業，因為盈餘的認列採用全部完工法，使得盈餘波動較大，因此盈餘不能充分表達企業的價值，此外建築業又擁有土地這種不折舊資產，因此其價值的來源較偏重淨值，故 m 值較小，k 值較大。金融也因財務結構較特殊，而 m 值較小，k 值較大。

表 5-2 各產業價值係數（k）與成長係數（m）值

產業	k	m
電子資訊	0.60	6.9
傳統產業	0.57	8.0
金融產業	0.64	6.0
建築產業	0.66	5.4

資料來源：作者整理

□ 規模

實證研究發現，規模愈大，價值係數 k 愈小，成長係數 m 愈高。顯示大型公司有較高的獲利持續性。建議公式如下：

$$k = -0.034X + 0.95 \quad (5\text{-}25)$$

$$m = 0.44X + 3.7 \quad (5\text{-}26)$$

其中 X＝總市值的十等分序號，即把所有上市公司依照總市值排序，最大者為第 10 等分，最小者為第 1 等分。例如總市值在第 5 等分的股票，X＝5

k＝ －0.034X＋0.95＝ －0.034（5）＋0.95＝0.78,
m＝0.44X＋3.7＝0.44（5）＋3.7＝5.9

□ 風險

(1) 系統風險：公司的系統風險 beta 對 k, m 值的影響不明顯。
(2) 非系統風險：隨著股東權益報酬率（ROE）標準差的上升，ROE 的持續性會降低，m 值會變小。

□ 市場氛圍

不同年度的 k, m 值無明顯差異。

5-13 成長價值模型的運用：股東權益報酬率的決定

本章提出的股價評價方法可以分成三個步驟：

(1) 先以公式（5-21）用股市歷史數據以迴歸分析得到價值係數、成長係數。如果只是為了選股，只需估計股價的相對估計值，不需要絕對估計值，因此並不需要精確的係數估計值。一般 k＝0.6~0.8, m＝6~8，因此選股時可取 k＝0.7, m＝7。
(2) 再以公式（5-20）用特定股票的股東權益報酬率估計其合理的股價淨值比。
(3) 再以合理的股價淨值比乘以淨值得到特定股票的合理股價。

$P_0 = B_0 \times (P_0 / B_0)$

使用公式的注意事項：

□ 成長係數（m）的意義

✓ 獲利持續性越高，m 值會越大。
✓ m 可以平衡價值面（價值股）與獲利面（成長股）的觀點，也就是平衡短期存量與長期流量對內在價值的貢獻。

□ 股東權益報酬率（ROE）的意義

- ✓ 上述的成長係數 m 值都是在 ROE 以年為單位的情況下討論的，因此公式中的 ROE 應該採用近四季 ROE，或近一季 ROE 乘以 4 倍，或者預估 ROE＝PB／預估 PE。
- ✓ 由於公式假設 ROE 會均值回歸，因此要求 ROE 必須是有一定持續性的 ROE，而 ROE 公式的分子是盈餘，因此盈餘必須有持續性，故須排除一次性盈餘。
- ✓ 由於公式假設 ROE 會均值回歸，即 ROE 太高者會逐漸降低，太小者會逐漸回升。因此如果預期 ROE 的未來趨勢會陡降者，必須採用較低的成長係數 m，來反映 ROE 持續性差的現實。一個極端的情形是 m＝0，相當於完全忽略 ROE，股價 $P_0=k\cdot B_0$
- ✓ 由於 ROE 與財務槓桿有關，即 ROE＝L×ROA
  其中 L＝財務槓桿，因為太大的財務槓桿必難以持續，故建議
  ROE＜2×ROA
- ✓ 由於公式假設 ROE 會均值回歸，排除 ROE 缺少均值回歸特性的產業（建築、金融、生技）。

5-14 成長價值模型的解析：淨值價值與盈餘價值

股票的評價公式

$$P_0=k\cdot B_0\cdot(1+ROE_0)^m \quad (5\text{-}27)$$

可分解成兩個部分：淨值價值與盈餘價值。

由數學定理知

$$(1+x)^{\alpha}=\sum_{n=0}^{\infty}\binom{\alpha}{n}x^n=1+\alpha x+\frac{\alpha(\alpha-1)}{2!}x^2+\cdots+\frac{\alpha(\alpha-1)\cdots(\alpha-n+1)}{n!}x^n$$

(5-28)

故股票的評價公式可以展開如下：

$$P_0 = k \cdot B_0 \cdot \left(1 + m \cdot ROE + \frac{m(m-1)}{2} ROE^2 + \frac{m(m-1)(m-2)}{6} ROE^3 + \cdots\right)$$

$$= k \cdot \left(B_0 + m \cdot E_0 + \frac{m(m-1)}{2} \cdot E_0 \cdot ROE + \frac{m(m-1)(m-2)}{6} \cdot E_0 \cdot ROE^2 + \cdots\right)$$

現在價值（P_0）＝折現因子（k）×〔淨值價值（B_0）＋盈餘價值（其餘各項）〕；淨值價值與盈餘價值合為未來淨值價值

舉幾個實例如下：

Case 1. 假設成長係數（m）＝7, 年股東權益報酬率（ROE）＝8%

$P_0=k \cdot (B_0 + 7 \cdot E_0 + 21 \cdot E_0 \cdot ROE + 35 \cdot E_0 \cdot ROE^2 + \cdots)$
$=k \cdot (B_0 + 7 \cdot E_0 + 1.68 \cdot E_0 + 0.224 \cdot E_0 + \cdots)$
$=k \cdot (B_0 + 8.9 \cdot E_0 + \cdots)$

由以上實例可知，在此條件下，股票的內在價值由淨值加上 8.9 倍每股盈餘構成。

Case 2. 假設成長係數（m）＝7，年股東權益報酬率（ROE）＝25%

$P_0=k \cdot (B_0 + 7 \cdot E_0 + 21 \cdot E_0 \cdot ROE + 35 \cdot E_0 \cdot ROE^2 + \cdots)$
$=k \cdot (B_0 + 7 \cdot E_0 + 5.25 \cdot E_0 + 2.19 \cdot E_0 + \cdots)$
$=k \cdot (B_0 + 14.4 \cdot E_0 + \cdots)$

與 Case 1 相較，ROE 從 8%提高到 25%，股票的內在價值由淨值加上 8.9 倍每股盈餘構成，提高到 14.4 倍。由這個實例可知，公司的獲利能力變強時，即股東權益報酬率變大時，股票的內在價值中，每股盈餘的倍數會提高。

Case 3. 假設成長係數（m）＝10，年股東權益報酬率（ROE）＝8%

$P_0=k \cdot (B_0 + 10 \cdot E_0 + 45 \cdot E_0 \cdot ROE + 120 \cdot E_0 \cdot ROE^2 + \cdots)$

$=k \cdot (B_0 + 10 \cdot E_0 + 3.6 \cdot E_0 + 0.768 \cdot E_0 + \cdots)$
$=k \cdot (B_0 + 14.4 \cdot E_0 + \cdots)$

與 Case 1 相較，m＝7 提高到 m＝10，股票的內在價值由淨值加上 8.9 倍每股盈餘構成，提高到 14.4 倍。由這個實例可知，公司的獲利持續性變高時，即成長係數變大時，股票的內在價值中，每股盈餘的倍數會提高。

5-15 成長價值模型的解析：初始價值與未來價值

股票的評價公式

$P_0=k \cdot B_0 \cdot (1+ROE_0)^m$

可分解成兩個部分：
總價值＝初始價值＋未來價值
其中

$$總價值=B_0 \cdot \left(\frac{1+ROE_0}{1+r}\right)^{m_1} \quad (5\text{-}29)$$

初始價值＝B_0

故

$$未來價值=總價值-初始價值=B_0 \cdot \left(\frac{1+ROE_0}{1+r}\right)^{m_1}-B_0 \quad (5\text{-}30)$$

股價來自未來價值的比例如下：

$$\frac{未來價值}{總價值}=\frac{\left(B_0 \cdot \left(\frac{1+ROE_0}{1+r}\right)^{m_1}-B_0\right)}{B_0 \cdot \left(\frac{1+ROE_0}{1+r}\right)^{m_1}}=1-\left(\frac{1+ROE_0}{1+r}\right)^{-m_1} \quad (5\text{-}31)$$

舉幾個實例如下：

Case 1. 假設必要報酬率＝5%，在 m＝8 之下（圖 5-17）
在 ROE＝5%, 10%, 30%下，比例占 0%, 31%, 82%。因此，低獲利公司價值來自初始淨值，而高獲利公司價值則以未來盈餘為主。

Case 2. 假設必要報酬率＝5%，在 ROE＝10%之下（圖 5-17）
m＝5, 8, 13 比例占 21%, 31%, 45%。因此，低獲利持續性公司價值主要來自初始淨值，而高獲利持續性公司價值則為未來盈餘的比例大增。

圖 5-17 股價來自未來價值的比例

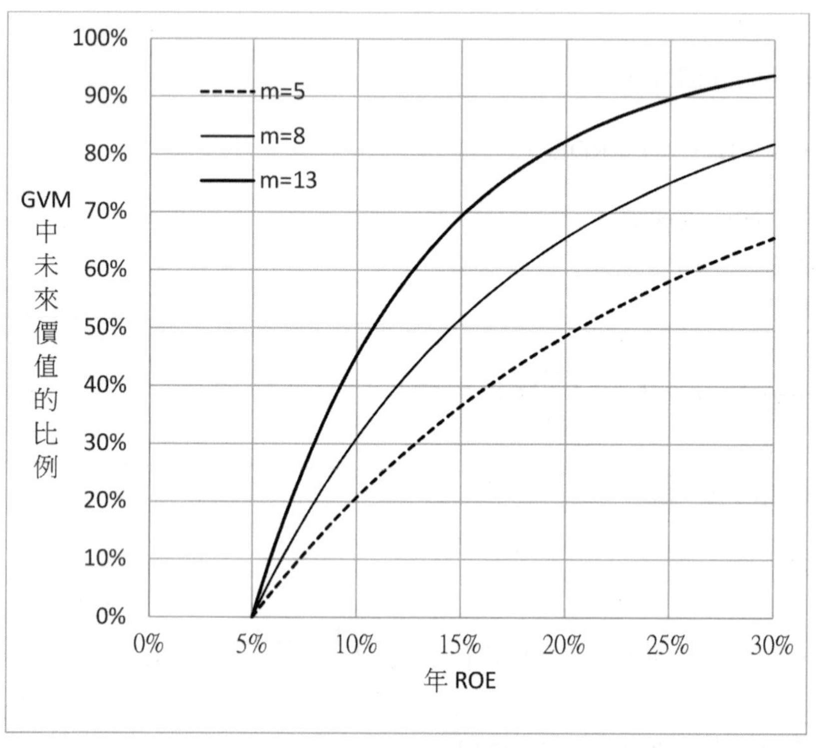

資料來源：作者整理

5-16 對投資人的啟發：高價值股票的三條件

價值投資的原理是內在價值 P 相對市場股價 P_0 的比值 $P／P_0$ 越高越有價值。為了設計一個符合價值投資原理的選股指標，我們將內在價值相對市場股價的比值 $P／P_0$ 定義為**成長價值指標**（Growth Value Index，GVI），此指標越大，股票的投資價值越高：

$$GVI \equiv \frac{\text{內在價值}}{\text{市場價格}} = \frac{P}{P_0} \tag{5-32}$$

將內在價值以成長價值模型（GVM）的理論估值 $P = k \cdot B_0 \cdot (1 + ROE_0)^m$ 代入得

$$GVI \equiv \frac{P}{P_0} = \frac{B_0}{P_0}\left(\frac{1+ROE_0}{1+r}\right)^m = k \cdot \frac{B_0}{P_0}(1+ROE_0)^m \tag{5-33}$$

假設所有股票的必要報酬率 r 與 m 相等，則 k 值相等，上式可簡化為

$$GVI \equiv \frac{B_0}{P_0}(1+ROE_0)^m \tag{5-34}$$

可以看出最有價值的股票有三個條件（圖 5-18）：

- ✓ 淨值股價 B／P 要大：股價要便宜。這是古典價值投資的觀點。
- ✓ 股東權益報酬率 ROE 要大：公司要賺錢。這是現代價值投資的觀點。
- ✓ 成長係數 m 要大：公司的賺錢能力要有持續性。這也是巴菲特投資哲學中非常重要的觀點，可謂英雄所見略同。

讀者可回憶第四章對巴菲特選股的因子投資計量分析，顯示他傾向購買：

- ✓ 高品質公司的股票，例如 ROE 較大的股票。
- ✓ 價格相對便宜的股票，例如股價淨值比較小的股票。
- ✓ 報酬波動較小的股票，這類公司通常經營績效較穩定，公司的賺錢能力持續性較強。

本章經由財務「理論」推導出來的選股原則與經由巴菲特買賣選股「實證」得到的選股原則不謀而合，理論與實證互相印證，彼此強化，增加了兩者的可信度。

圖 5-18 成長價值指標（Growth Value Index，GVI）

$$\mathrm{GVI} \equiv \frac{\text{內在價值}}{\text{市場價格}} = \frac{P}{P_0}$$

$$\text{成長價值指標}\quad \mathrm{GVI} \equiv \frac{P}{P_0} = k \cdot \frac{B_0}{P_0}\ (1+ROE_0)^m$$

價值係數　價值面　成長面　成長係數

(只考慮相對大小，忽略 k)

資料來源：作者整理

本章一開始曾提出一個問題，假設有兩檔股票，條件如下：

股票	股價 P	每股盈餘 E	每股淨值 B	P／E 比	P／B 比	ROE
A	10	1	20	10	0.5	5%
B	10	1	5	10	2	20%

這兩支股票具有相同的 P／E，但是

A 股：股價較便宜，但公司較不賺錢，屬於價值股。

B 股：股價較昂貴，但公司較會賺錢，屬於成長股。

哪一檔股票更值得買呢？讀者應該已經猜到，可以用代表內在價值相對市場股價的比值的成長價值指標（GVI）來決定

$$\mathrm{GVI} = k \cdot \frac{B_0}{P_0} \cdot (1+\mathrm{ROE}_0)^m$$

其中 $m=\frac{1}{b-1}$＝成長係數；$k=\frac{1}{(1+r)^m}$＝價值係數；r＝必要報酬率

假設必要報酬率 r＝8%，將不同的成長係數（m）代入，可以計算 A, B 股的 GVI 如圖 5-19。可見

當 m 小於 10.35，A 股（價值股）較佳。

當 m 大於 10.35，B 股（成長股）較佳。

這是因為當成長係數較低時，股東權益報酬率（ROE）的影響較小，淨值股價比（B／P）的影響較大，因此具有較高 B／P 的 A 股（價值股）較佳；當成長係數較高時，股東權益報酬率的影響較大，淨值股價比的影響較小，因此具有較高 ROE 的 B 股（成長股）較佳。

此外，圖 5-19 顯示，成長係數越大，A 股、B 股的成長價值指標（GVI）分別越小、越大。這是因為 A 股的股東權益報酬率 5%低於必要報酬率 8%，因此代表獲利持續性的成長係數越大，內在價值越低。而 B 股的股東權益報酬率 20%高於必要報酬率 8%，成長係數越大，內在價值越高。

成長價值指標（GVI）能夠區別兩支本益比（P／E）相同的股票何者更符合價值投資的原理：內在價值相對市場股價的比值 P／P_0 越高越有價值。因此，成長價值指標是比本益比更精準的選股指標。

圖 5-19 不同的成長係數下 A、B 股票的成長價值指標（GVI）

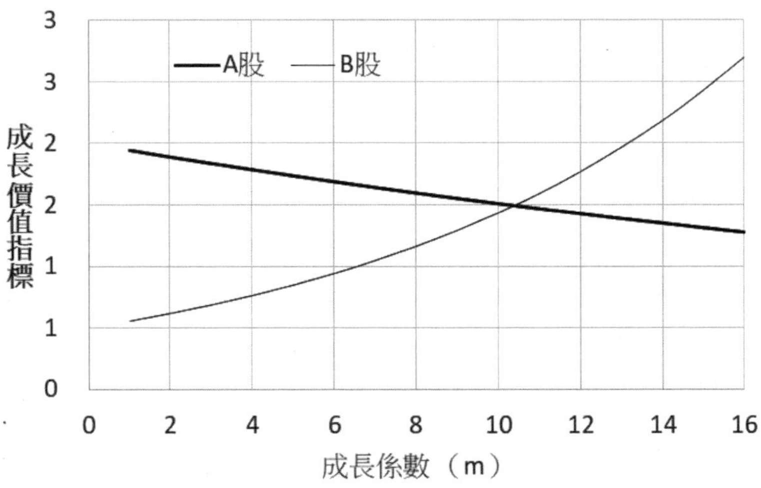

資料來源：作者整理

章末註解

〔註解 1〕待定係數的決定方法：迴歸分析

在股票評價公式中

$P_0 = k \cdot B_0 \cdot (1 + ROE_0)^m$

待定係數 m 與 k 可用以下步驟決定：

(1) 因變數 P 高度偏態分布，可能從 1 元至數千元，因此可將公式兩端都除以，使因變數無因次化

$P_0 / B_0 = k \cdot (1 + ROE_0)^m$

(2) 將公式兩端取對數化為線性方程式

$\ln(P_0 / B_0) = \ln k + m \cdot \ln(1 + ROE_0)$

(3) 收集足夠數量的股價淨值比 P／B 與股東權益報酬率 ROE 的數據，就可用線性迴歸分析決定公式中的二個待定係數 k 與 m。另一個方法是直接以非線性規劃法，用最小誤差平方和法原理，求解非線性迴歸中的待定係數 m 與 k。

〔註解 2〕股票理論上的本益比合理本益比

已知合理的 P／B

$$P_0 / B_0 = \left(\frac{1 + ROE_0}{1 + r}\right)^m \qquad (5\text{-}35)$$

因為 P／E＝（P／B）／ROE

故合理的 P／E

$$P_0 / E_0 = \frac{1}{ROE_0} \cdot P_0 / B_0 = \frac{1}{ROE_0} \cdot \left(\frac{1 + ROE_0}{1 + r}\right)^m \qquad (5\text{-}36)$$

圖 5-20 繪出 r＝5%，成長係數（m）＝4、5、6、7、8 等情況下，股東權益報酬率（ROE）與 P／E 的曲線，可見在一般的 m 值下

✓ 當 $ROE_0 < r$ 時，ROE_0 越小，合理的 P／E 越大；m 越大，P／E 越小

✓ 當 ROE_0＝r 時，無論 m 多少，合理的 P／E＝1／r

✓ 當 ROE_0＞r 時，P／E 在 8~18 之間；m 越大，合理的 P／E 越大。但在 m=6 時，合理的 P／E 與 ROE 大小關係不大，幾乎維持在 11 至 13 左右。這代表獲利持續性普通的公司，在獲利能力正常下，合理的 P／E 變化不大。

圖 5-20 合理的 P／E 與股東權益報酬率的關係（成長係數 m＝4、5、6、7、8）

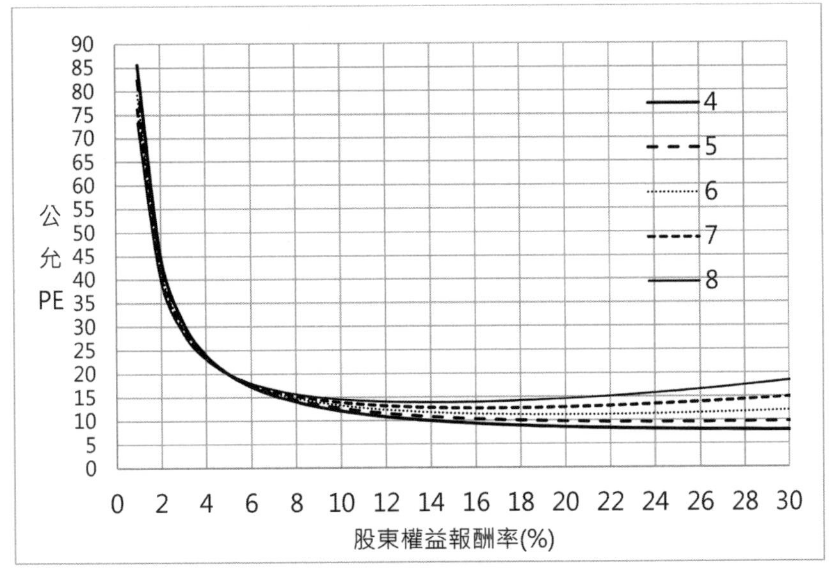

資料來源：作者整理

第六章

CH.06

股票定價與報酬估計合一
預期報酬率模型（ERRM）

前一章介紹了一種嶄新的內在價值評價方法──成長價值模型。但這個模型只能估計內在價值，不能估計報酬率。本章將進一步推導出「預期報酬率模型」，並依此得出重要的選股五原則。

6-01 內在價值增長定價模型的假設與推導

上一章我們使用三個假設導出股票的內在價值：

假設 1：個股的股東權益的成長速度為股東權益報酬率。

$$B_n = B_0 \cdot \prod_{t=1}^{n} (1 + ROE_t) \tag{6-1}$$

其中 B＝股東權益，ROE＝股東權益報酬率。

假設 2：個股的內在價值是無限期股東權益的折現值。

$$P = \lim_{n \to \infty} \frac{B_n}{(1+r)^n} \tag{6-2}$$

其中 P＝股價，B＝股東權益。

假設 3：個股的股東權益報酬率具有均值回歸的特性。

股東權益報酬率以下式進行「均值回歸」過程

$$\frac{1+ROE_{t+1}}{1+r}=\left(\frac{1+ROE_t}{1+r}\right)^{1/b} \qquad (6\text{-}3)$$

其中 b＝股東權益報酬率的均值回歸率，是一個大於 1 的常數。

依據上述三個假設導出股票的內在價值公式，發現內在價值是現有股東權益 B_0 與現有股東權益報酬率 ROE_0 的函數（證明過程在附錄 A）：

$$P=B_0\cdot\left(\frac{1+ROE_0}{1+r}\right)^{m_1} \qquad (6\text{-}4)$$

其中股東權益報酬率持續係數 $m_1=\dfrac{1}{b-1}$

可改寫成合理股價淨值比的估計式：

$$\frac{P}{B_0}=\left(\frac{1+ROE_0}{1+r}\right)^{m_1} \qquad (6\text{-}5)$$

本章將上式稱為「內在價值增長定價模型（IVGPM）」，以對應下一節的「**外在價值增長定價模型**」。

6-02 外在價值增長定價模型：假設與推導

由於股東與投資人是一體兩面，因此股票的價值除了從企業面的淨值與盈餘來看，也可以從股價與報酬來看（圖 6-1）：

□ 內在價值

從實體企業的角度來看，股東持有的「內在價值」來自淨值與淨值的成長。

□ 外在價值

從股票市場的角度來看，投資人持有的「外在價值」來自股價與股價的成長。

圖 6-1 內在價值增長定價模型（企業面）與外在價值增長定價模型（股市面）

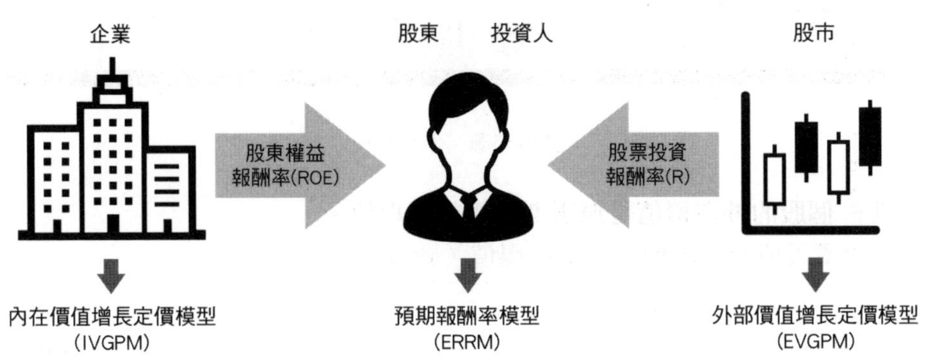

資料來源：作者整理

上一節從「企業面」估計個股的內在價值，本節將從「股市面」估計個股的外在價值。為了導出股票的外在價值，本節提出三個與上述相似的假設：

假設 4.個股的股價的成長速度為股票報酬率。

第 n 期的股價可由目前的股價與未來各期的股票報酬率來估計（圖 6-2）：

$$P_n = P_0 \times (1 + R_1) \times (1 + R_2) \cdots \times (1 + R_n) \qquad (6\text{-}6)$$

$$P_n = P_0 \cdot \prod_{t=1}^{n} (1 + R_t)$$

圖 6-2 個股的股價的成長速度為股票報酬率。

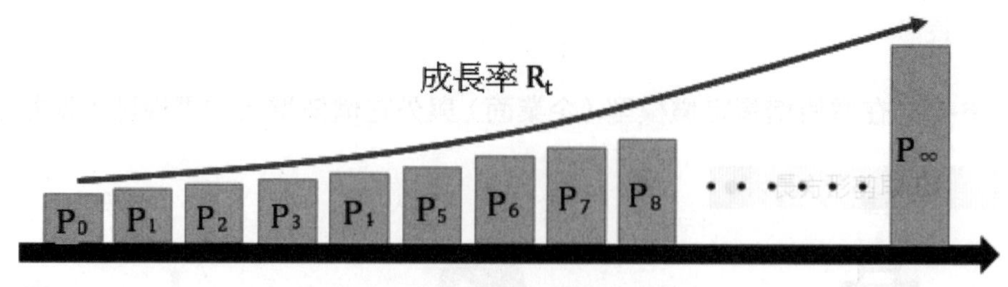

資料來源：作者整理

假設 5. 個股的外在價值是無限期股價的折現值。

股價現值為無限期後淨值折現值（圖 6-3）：

$$P = \lim_{n \to \infty} \frac{P_n}{(1+r)^n} \tag{6-7}$$

圖 6-3 個股的外在價值是無限期股價的折現值

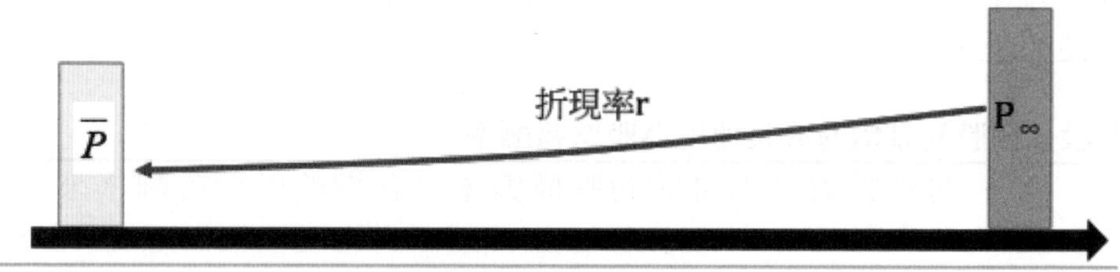

資料來源：作者整理

由假設 4 與假設 5 推得

$$P = \lim_{n \to \infty} \left(\frac{1}{(1+r)^n} \cdot P_0 \cdot \prod_{t=1}^{n} 1 + R_t \right)$$

$$= \lim_{n \to \infty} \left(P_0 \cdot \frac{1+R_1}{1+r} \cdot \frac{1+R_2}{1+r} \cdot \frac{1+R_3}{1+r} \cdot \cdots \cdot \frac{1+R_n}{1+r} \right)$$

$$= P_0 \cdot \prod_{t=1}^{\infty} \frac{1+R_t}{1+r} \tag{6-8}$$

假設 6：個股的股票報酬率具有均值回歸的特性。

偏離必要報酬率 r 的股票報酬率 R 不可能永遠持續下去，故股票報酬率 R 以下式進行「均值回歸」過程（圖 6-4）。

$$\frac{1+R_{t+1}}{1+r}=\left(\frac{1+R_t}{1+r}\right)^{1/a} \qquad (6\text{-}9)$$

其中 a 為股票報酬率的均值回歸率，是一個大於 1 的常數。

圖 6-4 個股的股票報酬率具有均值回歸的特性

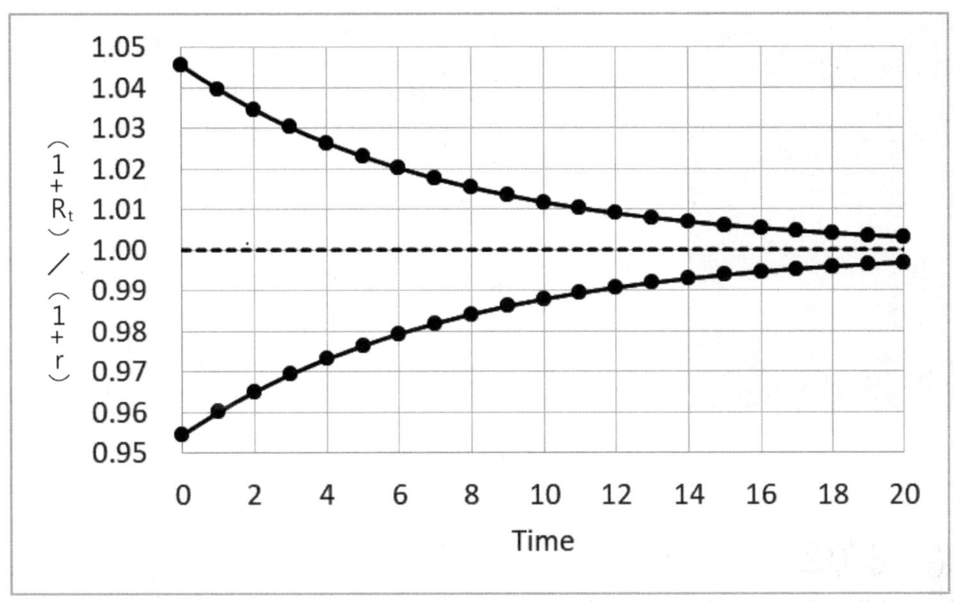

資料來源：作者整理

由於上述三個假設與前一節的「內在價值增長定價模型（IVGPM）」的三個假設相似，因此得到相似的定價公式（證明過程與 IVGPM 相似，故省略），可發現個股的外在價值是現有股價與現有股票報酬率的函數：

$$P=P_0\cdot\left(\frac{1+R_0}{1+r}\right)^{m_2} \qquad (6\text{-}10)$$

其中股票報酬率持續係數 $m_2=\dfrac{1}{a-1}$

本章將上式稱為「外在價值增長定價模型（EVGPM）」，以對應上一節的「內在價值增長定價模型（IVGPM）」。內在價值（IVGPM）與外在價值（EVGPM）比較如表 6-1。

表 6-1 內在價值（IVGPM）與外在價值（EVGPM）比較

	內在價值增長定價模型（IVGPM）	外在價值增長定價模型（EVGPM）
價值初始值	B_0	P_0
價值初始值成長率	ROE_0	R_0
折現率	r	r
均值回歸過程	$\frac{1+ROE_{t+1}}{1+r}=\left(\frac{1+ROE_t}{1+r}\right)^{1/b}$	$\frac{1+R_{t+1}}{1+r}=\left(\frac{1+R_t}{1+r}\right)^{1/a}$
終值	$\overline{P}=B_0\cdot\left(\frac{1+ROE_0}{1+r}\right)^{m_1}$	$\overline{P}=P_0\cdot\left(\frac{1+R_0}{1+r}\right)^{m_2}$
均值回歸率	b	a
持續係數	$m_1=\frac{1}{b-1}$	$m_2=\frac{1}{a-1}$

資料來源：作者整理

6-03 預期報酬率模型 1：假設與推導

由於擁有企業的股東與擁有股票的投資人是一體兩面，因此長期而言：從企業面估計個股的「內在價值」＝從股市面估計個股的「外在價值」故提出第七個假設：

假設 7：內在價值與外在價值的價值相同。

基於上述假設：

外在價值＝內在價值

$$P_0 \cdot \left(\frac{1+R_0}{1+r}\right)^{m_2} = B_0 \cdot \left(\frac{1+ROE_0}{1+r}\right)^{m_1} \qquad (6\text{-}11)$$

移項得到

$$\left(\frac{1+R_0}{1+r}\right)^{m_2} = \frac{B_0}{P_0} \cdot \left(\frac{1+ROE_0}{1+r}\right)^{m_1}$$

兩邊開 m_2 次根

$$\left(\frac{1+R_0}{1+r}\right) = \left(\frac{B_0}{P_0}\right)^{1/m_2} \cdot \left(\frac{1+ROE_0}{1+r}\right)^{m_1/m_2}$$

把（1+r）移項到右邊得到

$$1+R_0 = \left(\frac{B_0}{P_0}\right)^{1/m_2} \cdot (1+r) \cdot \left(\frac{1+ROE_0}{1+r}\right)^{m_1/m_2} \qquad (6\text{-}12)$$

把 1 移項到右邊得到

$$R_0 = \left(\frac{B_0}{P_0}\right)^{1/m_2} \cdot (1+r) \cdot \left(\frac{1+ROE_0}{1+r}\right)^{m_1/m_2} - 1 \qquad (6\text{-}13)$$

或

$$R_0 = \left(\frac{B_0}{P_0}\right)^{1/m_2} \cdot (1+r)^{1-(m_1/m_2)} \cdot (1+ROE_0)^{m_1/m_2} - 1 \qquad (6\text{-}14)$$

上式顯示，個股的預期報酬率 R_0 是初始淨值股價比 B_0 / P_0、初始股東權益報酬率（ROE_0）的函數，此式稱為「預期報酬率模型」（Expected Return Rate Model, ERRM）。內在價值增長定價模型（IVGPM），外在價值增長定價模型（EVGPM）和預期報酬率模型（ERRM）之間的關係如圖 6-5。

圖 6-5 內在價值增長定價模型（IVGPM），外在價值增長定價模型（EVGPM）和預期報酬率模型（ERRM）之間的關係

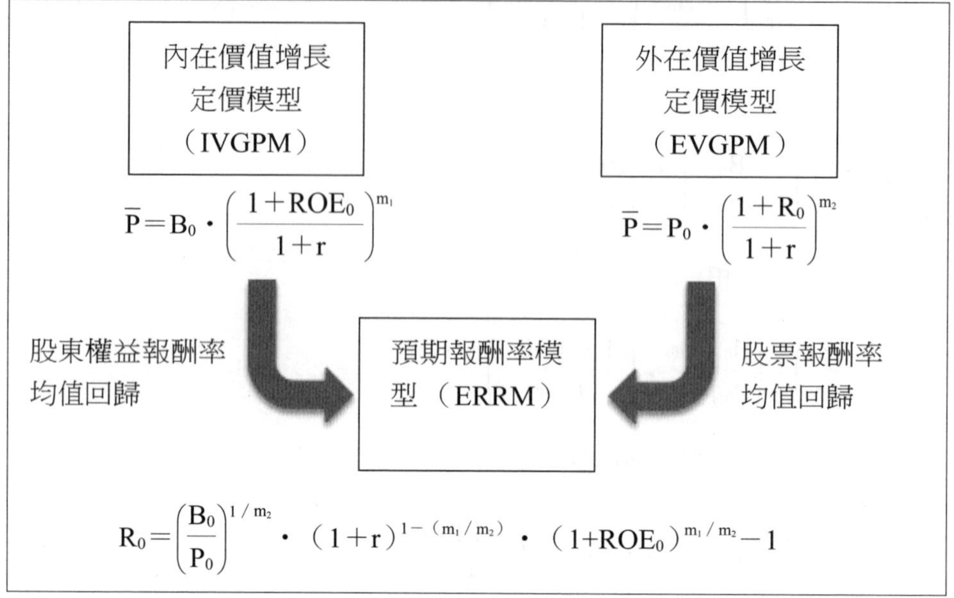

資料來源：作者整理

6-04 預期報酬率模型 2：特例的意義

個股的預期報酬率 R_0 是初始淨值股價比（B_0/P_0）初始股東權益報酬率（ROE_0）的函數：

$$R_0=\left(\frac{B_0}{P_0}\right)^{1/m_2}\cdot(1+r)^{1-(m_1/m_2)}\cdot(1+ROE_0)^{m_1/m_2}-1$$

上式的一些特例與隱含意義如下：

特例 1. $m_1=m_2=m$

$$R_0=\left(\frac{B_0}{P_0}\right)^{1/m}\cdot(1+ROE_0)-1 \qquad (6\text{-}15)$$

上式隱含當股東權益報酬率 ROE 的均值回歸持續係數（m_1）和股票報酬率 R 的均值回歸持續係數（m_2）相同時，預期股票報酬率 R_0 與必要報酬率 r 無關。

特例 2. $m_1 = m_2 = 1$

$$R_0 = \frac{B_0}{P_0} \cdot (1 + ROE_0) - 1 = \frac{B_0}{P_0} + \frac{E_0}{P_0} - 1 \tag{6-16}$$

上式隱含當股東權益報酬率的均值回歸持續係數（m_1）和股票報酬率的均值回歸持續係數（m_2）都為 1 時，預期股票報酬率 R_0 是 B／P 和 E／P 的函數。

特例 3. $m_2 = \infty$

$$R_0 = r \tag{6-17}$$

上式隱含當股票報酬率的均值回歸持續係數（m_2）無限大時，預期股票報酬率 R_0 等於必要報酬率 r。

特例 4. $m_1 = 0$

$$R_0 = \left(\frac{B_0}{P_0}\right)^{1/m_2} \cdot (1 + r) - 1 \tag{6-18}$$

上式隱含當股東權益報酬率的均值回歸持續係數（m_1）$=0$ 時，預期股票報酬率（R_0）與初始股東權益報酬率（ROE_0）無關。

特例 5. $ROE_0 = r$

$$R_0 = \left(\frac{B_0}{P_0}\right)^{1/m_2} \cdot (1 + r) - 1 \tag{6-19}$$

上式隱含當初始股東權益報酬率（ROE_0）等於必要報酬率 r 時，股票預期報酬率 R_0 與股東權益報酬率的均值回歸持續係數無關。

6-05
預期報酬率模型 3：實例的計算

假設個股已知數據如表 6-2，其預期報酬率 R_0 計算如下：

$$R_0=\left(\frac{B_0}{P_0}\right)^{1/m_2}\cdot(1+r)^{1-(m_1/m_2)}\cdot(1+ROE_0)^{m_1/m_2}-1$$

$$=\left(\frac{10}{15}\right)^{1/2}\cdot(1+0.03)^{1-(8/2)}\cdot(1+0.10)^{8/2}-1$$

$$=(0.8165)\cdot(0.9151)\cdot(1.4641)-1$$

$$=1.094-1=0.094=9.4\%$$

表 6-2 假設個股已知數據

項目	內在價值增長定價模型（IVGPM）	外在價值增長定價模型（EVGPM）
價值初始值	$B_0=10$	$P_0=15$
價值初始值成長率	$ROE_0=10\%$	R_0（預期報酬率）
折現率	$r=3\%$	
均值回歸率	$b=1.125$	$a=1.50$
持續係數	$m_1=\frac{1}{b-1}=8$	$m_2=\frac{1}{a-1}=2$
終值	$P=P_0\cdot\left(\frac{1+R_0}{1+r}\right)^{m_2}=B_0\cdot\left(\frac{1+ROE_0}{1+r}\right)^{m_1}=16.92$	

資料來源：作者整理

6-06 預期報酬率模型 4：參數的影響

個股預期報酬率公式如下：

$$R_0=\left(\frac{B_0}{P_0}\right)^{1/m_2}\cdot(1+r)^{1-(m_1/m_2)}\cdot(1+ROE_0)^{m_1/m_2}-1 \qquad (6\text{-}20)$$

其中

股東權益報酬率持續係數 $m_1=\frac{1}{b-1}$（b＝股東權益報酬率的均值回歸率）

股票報酬率持續係數 $m_2=\frac{1}{a-1}$（a＝股票報酬率的均值回歸率）

由公式可知，參數對個股預期報酬率 R_0 的影響如下：

(1) B_0/P_0：初始淨值股價比越大，即股價越便宜，預期報酬率 R_0 越高。

(2) ROE_0：初始股東權益報酬率越大，即公司越賺錢，預期報酬率 R_0 越高。

(3) m_1：為了解股東權益報酬率持續係數 m_1 的影響，列出 ERRM 推導過程中的（6-12）式

$$\left(\frac{1+R_0}{1+r}\right)^{m_2}=\frac{B_0}{P_0}\cdot\left(\frac{1+ROE_0}{1+r}\right)^{m_1} \qquad (6\text{-}21)$$

可知，當 $ROE_0>r$，持續係數 m_1 與預期報酬率 R_0 正比；當 $ROE_0<r$，反比。由於選股時會選股東權益報酬率 ROE_0 大的股票，因此多數選股 $ROE_0>r$，故 m_1 與 R_0 通常為正比關係。也就是股東權益報酬率持續性越大，預期報酬率越大。

(4) m_2：為了了解股票報酬率持續係數（m_2）的影響，將上述 ERRM 推導過程中的（6-12）式改寫成

$$R_0=(1+r)\cdot\left(\frac{B_0}{P_0}\cdot\left(\frac{1+ROE_0}{1+r}\right)^{m_1}\right)^{1/m_2}-1 \qquad (6\text{-}22)$$

可知

當 $\frac{B_0}{P_0}\cdot\left(\frac{1+ROE_0}{1+r}\right)^{m_1}>1$，持續係數 m_2 與預期報酬率 R_0 反比；

當 $\frac{B_0}{P_0}\cdot\left(\frac{1+ROE_0}{1+r}\right)^{m_1}<1$，持續係數 m_2 與預期報酬率 R_0 正比；

由於選股時會選淨值股價比 B_0/P_0 與、股東權益報酬率 ROE_0、股東權益報酬率持續係數 m_1 大的股票，因此多數選股 $\frac{B_0}{P_0}\cdot\left(\frac{1+ROE_0}{1+r}\right)^{m_1}>1$，故 m_2 與 R_0 通常為反比關係。也就是股票報酬率持續性越大，預期報酬率越小。

對上述個股預期報酬率 R_0 與股東權益報酬率持續係數 m_1 正比，以及與股票報酬率持續性係數 m_2 反比的特性可以用「價值長積，價格速取」來概括，也就是股東權益報酬率持續係數 m_1 越大，內在價值越大；股票報酬率持續性持續係數 m_2 越小，將長期累積的內在價值「擠出」來的速度越快，而這個速度就是股票報酬率。「價值長積，價格速取」可以為投資人創造最大的預期報酬率。

(5) r：從上述預期報酬率模型（6-20）可以發現，折現率對預期報酬率的影響與持續係數（m_1 與 m_2）的相對大小有關：

當 $m_1<m_2$，折現率 r 越大，預期報酬率 R_0 會越大
當 $m_1>m_2$，折現率 r 越大，預期報酬率 R_0 會越小
當 $m_1=m_2$，預期報酬率 R_0 如下，與折現率 r 無關：

$$R_0=\left(\frac{B_0}{P_0}\right)^{1/m}\cdot(1+ROE_0)-1 \qquad (6\text{-}23)$$

6-07 預期報酬率模型與資本資產定價模型的關係

□ 預期報酬率模型 ERRM

預期報酬率模型（Expected Return Rate Model, ERRM）試圖解釋股票市場的個股預期報酬率。它建立在兩個假設上：

- ✓ 均值回歸現象：股東權益報酬率、股票報酬率均具有均值回歸現象，以及
- ✓ 價值均衡現象：內在價值等於外在價值

在這兩個假設下，導出個股的預期報酬率（R_0）是初始淨值股價比（B_0 / P_0）、初始股東權益報酬率（ROE_0）的函數的結論。

$$R_0=\left(\frac{B_0}{P_0}\right)^{1/m_2}\cdot(1+r)^{1-(m_1/m_2)}\cdot(1+ROE_0)^{m_1/m_2}-1 \qquad (6\text{-}24)$$

資本資產定價模型（CAPM）

資本資產定價模型（Capital Asset Pricing Model, CAPM）試圖解釋資本市場如何決定資本資產（主要指的是股票資產）的報酬率。它從現代投資組合理論的基礎上發展起來，是現代金融市場價格理論的支柱。它的關鍵假設是：

- ✓ 投資人有最大化報酬、最小化風險的傾向：所有投資者都希望在單期內最大化財富的期望效用，並厭惡風險，因此在進行投資組合選擇時，會以各備選投資組合的期望收益和標準差為基礎。
- ✓ 市場投資組合多元風險分散：市場投資組合已完全多元化，即包含所有風險性資產，如股票及債券，以消除個別證券的非系統性風險。

在這兩個假設下，導出投資組合的報酬率只跟系統性風險有關的結論。資本資產定價模型主張對於一個給定的資產 i，它的預期報酬率和市場投資組合的預期報酬率之間的關係可以表示為：

$$E(r_i)=r_f+\beta_i\cdot(E(r_M)-r_f) \qquad (6\text{-}25)$$

其中

E（r_i）是資產 i 的預期報酬率

E（r_M）是市場投資組合 M 的預期報酬率

r_f 是無風險報酬率

E（r_M）$-r_f$ 是市場風險溢價（Market Risk Premium），即市場投資組合的預期報酬率與無風險報酬率之差。

β_i 是資產 i 的系統性風險，衡量對市場溢價的敏感度。

此理論認為股票的預期收益總是與其承受的風險相對等，認為不可分散的系統性風險導致了溢酬，而且是解釋股票報酬率期望值的唯一因子，因此也被稱為單因子資產定價模型。如果高報酬的股票沒有高的系統性風險，則被視為異常現象。

預期報酬率模型（ERRM）與資本資產定價模型（CAPM）之比較

預期報酬率模型 ERRM 與資本資產定價模型 CAPM 之用途、報酬來源、模型之比較如表 6-3。

表 6-3 預期報酬率模型（ERRM）與資本資產定價模型（CAPM）之比較

	預期報酬率模型（ERRM）	古典風險溢酬模型（CAPM）
用途	預期報酬率 R_0	必要報酬率 r
報酬來源	・淨值股價比 B_0 / P_0 ・股東權益報酬率 ROE_0 ・折現率 r ・股東權益報酬率持續係數 m_1 ・股票報酬率持續係數 m_2	・無風險報酬 r_f ・系統性風險之溢酬 β_i・（E（r_M）$-r_f$）
模型	$R_0=\left(\frac{B_0}{P_0}\right)^{1/m_2}\cdot(1+r)^{1-(\frac{m_1}{m_2})}\cdot(1+ROE_0)^{m_1/m_2}-1$	CAPM 資本資產定價模型 E（r_i）$=r_f+\beta_i$・（E（r_M）$-r_f$）

資料來源：作者整理

系統性風險係數 β 對個股預期報酬率之影響

根據前述的持續係數 m_1 與 m_2 相對大小對預期報酬率 R_0 的影響可知：

當 $m_1<m_2$，折現率 r 越大，預期報酬率 R_0 會越大

當 $m_1 > m_2$，折現率 r 越大，預期報酬率 R_0 會越小

當 $m_1 = m_2$，預期報酬率 R_0 如下，與折現率 r 無關。

由於 CAPM 指出，系統性風險係數 β 越大，必要報酬率越大。因此如果取必要報酬率為折現率，則系統性風險係數 β 越大，折現率 r 越大。因此可以推得

當 $m_1 < m_2$，系統性風險係數 β 越大，必要報酬率越大，預期報酬率 R_0 越大。

當 $m_1 > m_2$，系統性風險係數 β 越大，必要報酬率越大，預期報酬率 R_0 越小。

當 $m_1 = m_2$，預期報酬率 R_0 與系統性風險係數 β 無關。

由於選股時會傾向選 $m_1 > m_2$ 的股票，因此多數選股的系統性風險係數 β 越大，預期報酬率越小。這雖然與 CAPM 看似相反，但實際上並不矛盾，因為

(1) ERRM 與 CAPM 的報酬率意義不同：

- ✓ CAPM 是一種在投資人主觀風險偏惡下，估計必要報酬率的模型，可以說是一種基於理想主義的模型。因此 CAPM 會把超出必要報酬率的報酬視為異常報酬。
- ✓ ERRM 是一種在市場客觀股價下，預測預期報酬率的模型，可以說是一種基於現實主義的模型。因此 ERRM 沒有異常報酬的觀念。

簡言之，兩者根本不是在做同一件事情：CAPM 在估計必要報酬率，ERRM 在預測預期報酬率。

(2) ERRM 並不否定 CAPM 的主張

ERRM 並未否定 CAPM 主張的「系統性風險越大，報酬率越大」，而是加上 $m_1 < m_2$ 這個條件。

(3) 實證肯定 ERRM 的主張

許多當代研究也顯示，股票系統性風險越大，預期報酬率越小。波動小的股票的報酬率反而比較高。

6-08 對投資人的啟發：一公式，五原則，二提示

投資人並無法使用預期報酬率模型直接預測個股的預期報酬率，因為它的五個變數中：

- ✓ 淨值股價比 B_0 / P_0
- ✓ 股東權益報酬率 ROE_0
- ✓ 折現率 r
- ✓ 股東權益報酬率持續係數 m_1
- ✓ 股票報酬率持續係數 m_2

前四者都有方法可以估計，但最後一項的「股票報酬率持續係數 m_2」代表市場會以多快的速度，把內在價值反應在外在價值（股價）上。不過雖然 ERRM 無法提供「絕對計量」的預期報酬率預測，但可以提供「相對計量」的預測與「定性」的選股指引，如圖 6-6 顯示的高報酬股票五原則：

1. 價值性原則：代表股價便宜的價值因子淨值股價比（B／P）要大，這是古典價值投資的觀點。
2. 獲利性原則：代表企業獲利能的成長因子股東權益報酬率（ROE）要大，這是現代價值投資的觀點。
3. 綜效性原則：公式中的乘法顯示淨值股價比（B／P）與股東權益報酬率（ROE）具有綜效。結合價值因子與成長因子的綜效是本書最核心的觀點。
4. 持續性原則：代表企業獲利能力持續性的股東權益報酬率持續係數 m_1 要大。這也是巴菲特投資哲學中非常重要的觀點，可謂英雄所見略同。
5. 啟動性原則：代表股市報酬能力啟動性的股票報酬率持續係數 m_2 要小，此值越小，代表市場會以越快的速度，把內在價值反應在外在價值（股價）上。因此，這是慣性因子與趨勢投資的觀點（可參考章末註解）。

前兩點可以用「買賺錢公司的便宜股票」來概括，第三點可以用「1＋1＞2」來概括，後兩點可以用「價值長積，價格速取」來概括。

圖 6-6 預期報酬率對投資人的啟發：五原則，二提示

價值性 啟動性 綜效性 獲利性 持續性

$$R_0=\left(\frac{B_0}{P_0}\right)^{1/m_2}\cdot(1+r)^{1-(m_1/m_2)}\cdot(1+ROE_0)^{m_1/m_2}-1$$

提示 1.通常 $m_1>m_2$，故 r 的影響通常是反面

$$R_0=\left(\frac{B_0}{P_0}\right)^{1/m_2}\cdot(1+r)\cdot\left(\frac{1+ROE_0}{1+r}\right)^{m_1/m_2}-1$$

提示 2. $ROE_0>r$，持續性的影響才是正面

資料來源：作者整理

由前一章成長價值模型推導出來的成長價值指標的定義為「內在價值對股票價格的比值」，在假設所有股票的必要報酬率 r 與 m 相等下，可簡化為

$$GVI\equiv\frac{B_0}{P_0}(1+ROE_0)^m \qquad (5\text{-}34)$$

由本章預期報酬率模型推導過程中的（6-12）式

$$\left(\frac{1+R_0}{1+r}\right)^{m_2}=\frac{B_0}{P_0}\cdot\left(\frac{1+ROE_0}{1+r}\right)^{m_1} \qquad (6\text{-}12)$$

比較以上兩式可以發現，兩者的右端完全一致，這代表兩者的左端有相同的意義，也就是成長價值指標的定義「內在價值相對市場股價的比值」與上式左端（$(1+R_0)/(1+r)$）^{m_2} 殊途同歸，具有相同的涵義。

由（6-12）式可知

1. 代表股價便宜的淨值股價比（B／P）越大
2. 代表企業獲利能的股東權益報酬率（ROE）越大

3. 代表企業獲利能力持續性的股東權益報酬率持續係數 m_1 越大
4. 代表股市報酬能力啟動性的股票報酬率持續係數 m_2 越小

則預期股票報酬率越高。

前三點與成長價值指標的結論完全相同。但第四點是預期報酬率模型的額外發現。為何代表股市報酬能力啟動性的股票報酬率持續係數 m_2 越小，則預期股票報酬率越高？這是因為從（6-12）式的兩端來看，持續係數 m_2 越小，則股票報酬率要越大，才能使左端的外在價值與右端的內在價值平衡。故係數 m_2 越小，初期的股票報酬率越高、越集中，爆發性越強，能將內在價值在越短的時間內「提取」出來，成為股票投資人的報酬。

舉一個例子來解釋：假如兩支股票有相同的淨值股價比（B／P）、股東權益報酬率（ROE）、股東權益報酬率持續係數 m_1，即有相同的內在價值對股票價格的比值，因此從價值投資的觀點來看，這兩支股票具有相同的投資價值。但如果這兩支股票有不同的股票報酬率持續係數 m_2，則因為投資人可以透過定期選股換股，尋找當時報酬率最高的股票，因此雖然這兩支股票具有相同的投資價值，應該選擇股票報酬率持續係數 m_2 較小的股票，以便以較快的速度，把內在價值反應在外在價值（股價）上，獲取較高的股票報酬率。這與第一章提到的「暴躁市場假說」主張的「價值的變動是由實體企業緩慢實現的；價格的變動是由金融市場快速實現的。」一致。

上述高報酬股票五原則中的「啟動性原則」指出慣性因子與趨勢投資也是影響報酬的重要因子與觀點。這是因為價值投資只能解決股票值不值得買，該不該賣的問題，但沒有解決應該何時買入，何時賣出的問題。因此，投資人除了應該重視價值投資，也應該重視趨勢投資。因此下一章將介紹融合價值投資與趨勢投資的方法，以最大化投資報酬。

章末註解

啟動性原則選股實例

實例 A. 嘉泥（1103）2020 年第四季

嘉泥（1103）2020 年第四季財報於 2021／3／31 公告時，股價 18 元，淨值股價比（B／P）高達 2.1，第四季股東權益報酬率（ROE）高達 5.17%。可以說是「物美價廉」，但股價早在 3／22 即開始上漲，也就是

3／22 是啟動點。偵測到這個信號有助於確認這支股票的價值性、獲利性已經被市場認同，將啟動一段可觀的漲勢。

圖 6-7 啟動性原則選股實例：嘉泥（1103）2020 年第四季

獲利能力（109 第 4 季）		最新四季每股盈餘		最近四年每股盈餘	
營業毛利率	－17.83%	109 第 4 季	1.93 元	108 年	2.02 元
營業利益率	228.49%	109 第 3 季	0.93 元	107 年	1.09 元
稅前淨利率	227.47%	109 第 2 季	0.22 元	106 年	1.39 元
資產報酬率	3.26%	109 第 1 季	－0.33 元	105 年	0.04 元
股東權益報酬率	5.17%	每股淨值：37.61 元		股價 P＝18 元	

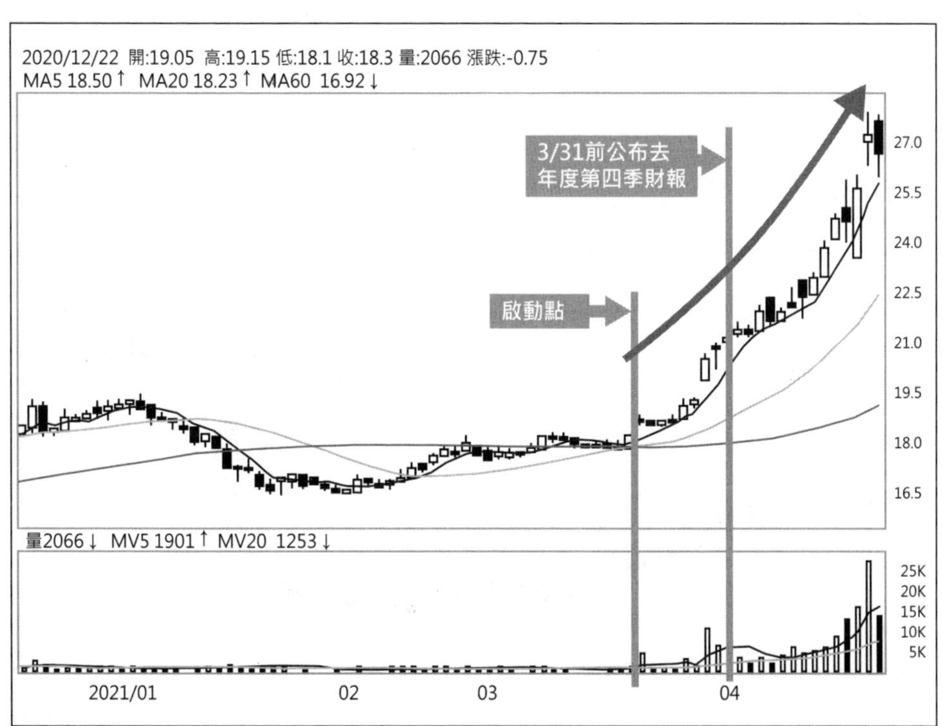

資料來源：Yahoo

實例 B.中環（2323）2020 年第四季

中環（2323）2020 年第四季財報於 2021 年 3 月 31 日公告時，股價 8 元，淨值股價比（B／P）高，股東權益報酬率（ROE）高。但股價早在 3 月 28 日即開始上漲，也就是 3 月 28 日是啟動點。偵測到這個信號有助於確認這支股票的價值性、獲利性已經被市場認同，將啟動一段可觀的漲勢。

圖 6-8 啟動性原則選股實例：中環（2323）2020 年第四季

獲利能力（109 第 4 季）		最新四季每股盈餘		最近四年每股盈餘	
營業毛利率	29.71%	109 第 4 季	0.55 元	108 年	0.20 元
營業利益率	4.69%	109 第 3 季	－0.30 元	107 年	0.24 元
稅前淨利率	27.09%	109 第 2 季	0.97 元	106 年	－0.61 元
資產報酬率	2.58%	109 第 1 季	－1.12 元	105 年	－1.17 元
股東權益報酬率	3.34%	每股淨值：16.37 元		股價 P＝9 元	

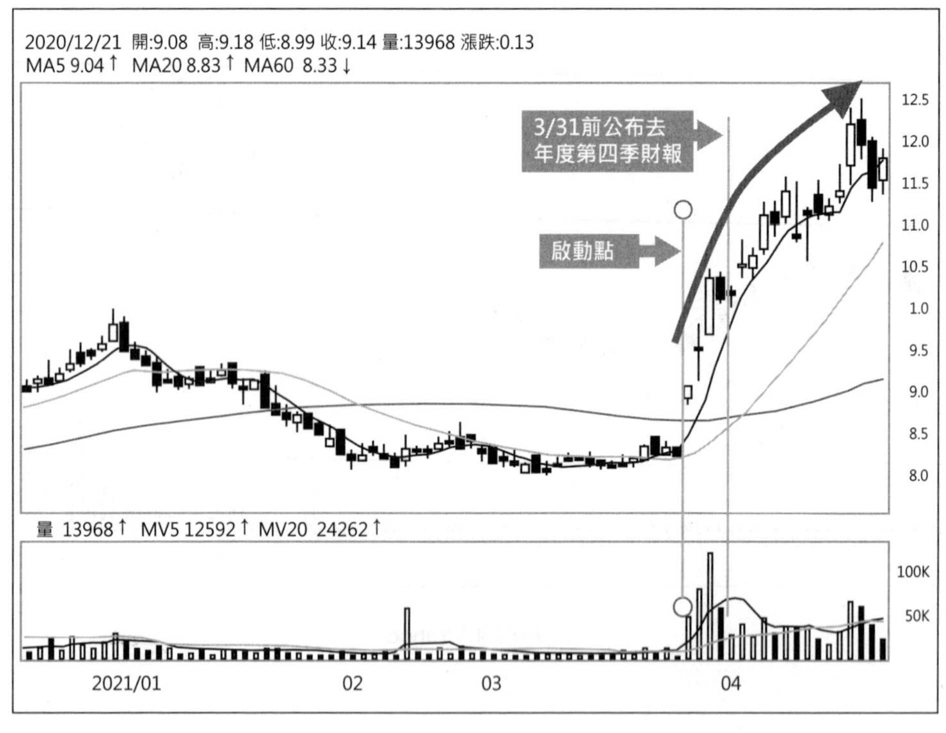

資料來源：Yahoo

第七章

CH.07

價值投資與趨勢投資合一
股價與報酬的動態過程

前一章介紹「預期報酬率模型」，並依此得出重要的投資五原則，其中的「啟動性原則」指出慣性因子與趨勢投資也是影響報酬的重要因子與觀點。這是因為價值投資只能解決股票值不值得買，該不該賣的問題，但沒有解決應該何時買入，何時賣出的問題。因此本章將介紹融合價值投資與趨勢投資的加權評分法，最大化投資報酬。

7-01 股價的形態：趨近型、振盪型

雖然價值投資可以選到股價低估的股票，獲得高報酬率，但無法決定股價上漲的起點、終點、幅度。例如目前價格 50 元，價值投資的分析認為合理價格 100 元，但是仍然有三個問題

(1)起點：何時市場會開始認同股價低估而開始上漲？
(2)終點：何時市場會結束股價上漲過程？
(3)幅度：價值投資估計的合理價格只是很粗略的概估，市場真正認同的股價多少？

為了解決上述問題，可觀察股價的變化過程，但首先必須選擇適當的股價觀察的時間尺度。在此舉一個實例如下：

- 圖 7-1 的上半部圖是以日為單位的觀察，下半部改用週為單位的觀察，可以發現以週為單位的尺度更能清楚地看出一個振盪收斂的形態。
- 圖 7-2 的上半部圖上一張以週為單位的圖形，下半部改用月為單位的觀察，可以發現週線中振盪收斂的形態，在月線中變得模糊不清。

這是因為股價的漲跌形態通常由季財報驅動，直到下一個季財報，因此一個形態經常有數個月的長度。故以日為單位，一個形態可能包含約 60 至 80 個交易日，或 12 至 16 週，或 3 至 4 個月，因此

- 以日為單位易受雜訊干擾，破壞形態的輪廓，因而看不清楚形態。
- 以週為單位可以過濾雜訊，但尚不至於過濾掉形態的輪廓，可以看清形態。
- 以月為單位會把形態當成雜訊過濾掉，消除形態的輪廓，因而看不見形態。

因此，本節的實例都將以週做為股價觀察的時間單位。為了探索股價形態的起點、終點、幅度，以下以五個股票在 2020 年 3 月至 2021 年 9 月的週線為例，包括

Case 1. 台積電（趨近型）（圖 7-3）
Case 2. 鴻海（趨近型）（圖 7-4）
Case 3. 長榮（趨近型）（圖 7-5）
Case 4. 宏達電（振盪型）（圖 7-6）
Case 5. 嘉泥（振盪型）（圖 7-7）

並在圖上用方框標出一個股價形態的起點（方框左端）、終點（方框右端）、幅度（方框高度範圍），以及財報公告的時間點（下方三角形）。台灣股市的財報公告截止日如表 7-1。可發現二種不同的形態：趨近型、振盪型。但讀者要注意這兩種不同的形態並非一分為二的分類，而是一個漸變的過程。

□ 趨近型

股價會逼近一個明顯的價格，小幅振盪，例如 Case 1 至 Case 3 比較偏向此型。

□ 振盪型

股價會穿越一個明顯的價格，並在此價格上下大幅振盪，但振幅會逐漸縮小，例如 Case 4 至 Case 5 比較偏向此型。

圖 7-1 上半部以日為單位，下半部以週為單位

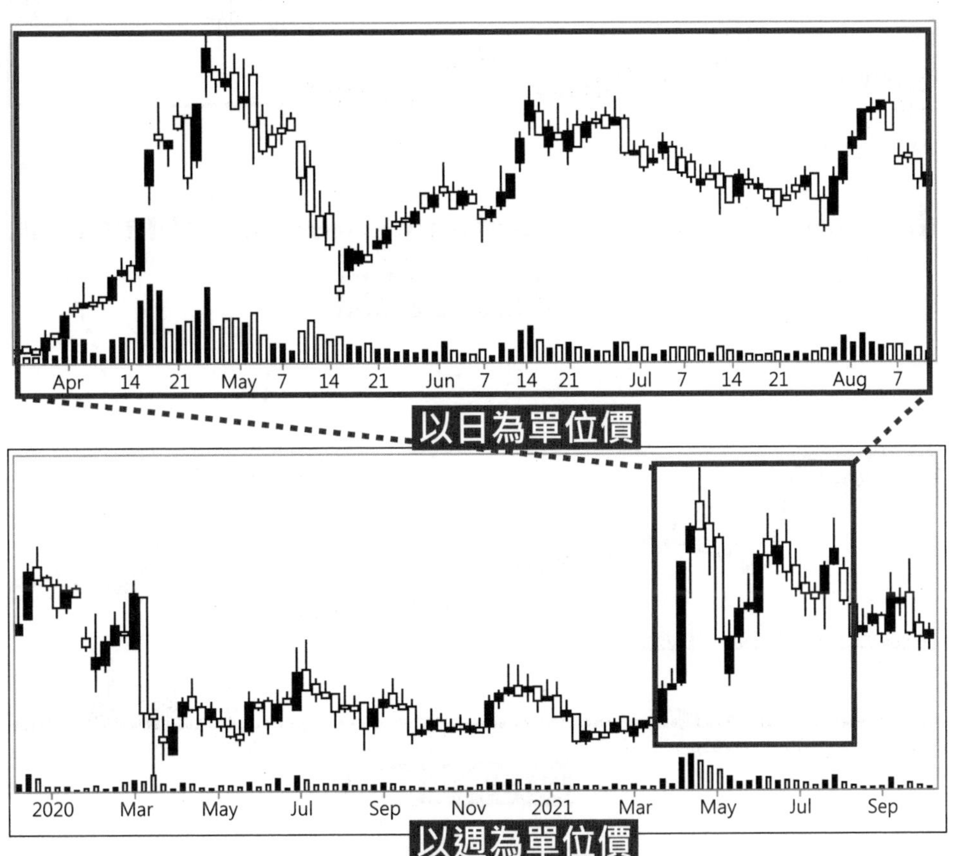

資料來源：作者整理

圖 7-2 上半部以週為單位，下半部以月為單位

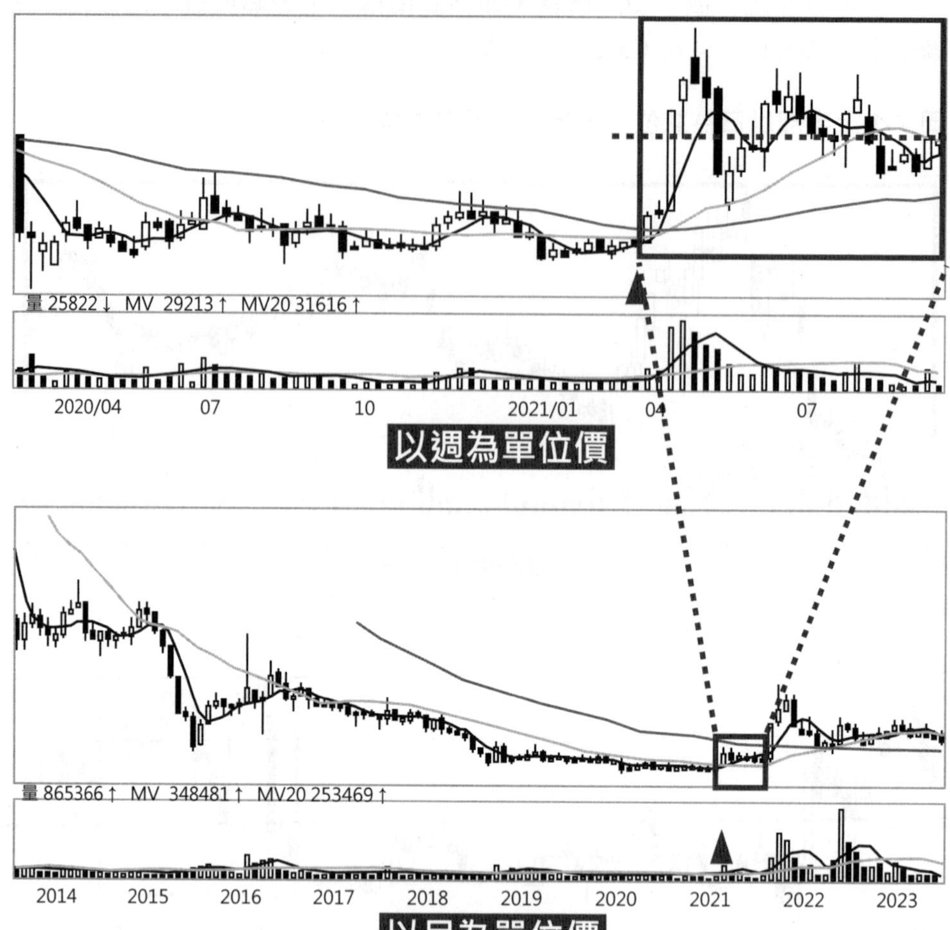

資料來源：作者整理

圖 7-3 Case 1. 台積電（趨近型）

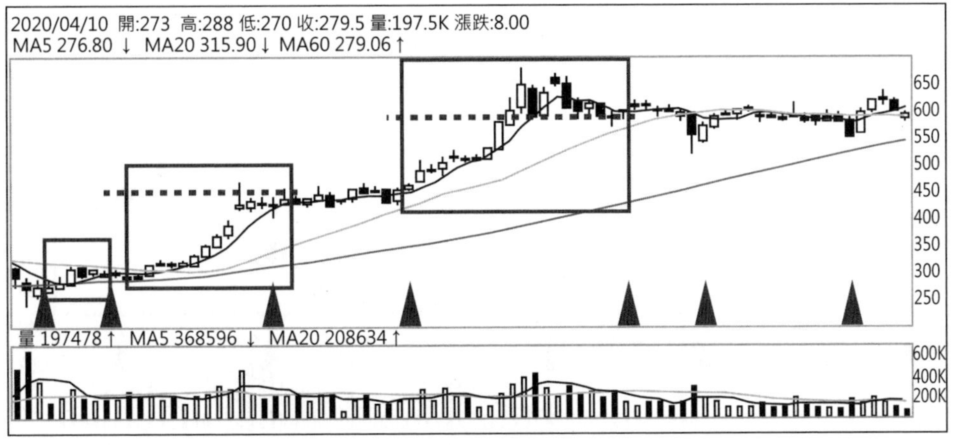

資料來源：作者整理

圖 7-4 Case 2. 鴻海（趨近型）

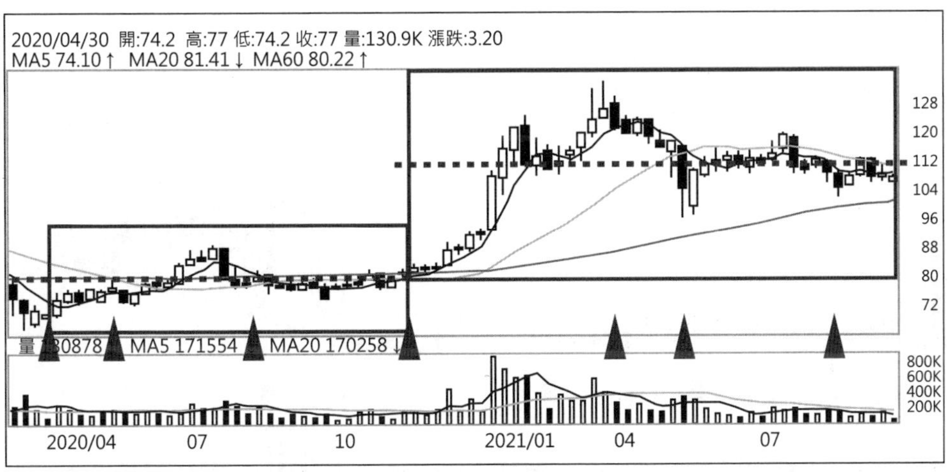

資料來源：作者整理

圖 7-5 Case 3. 長榮（趨近型）

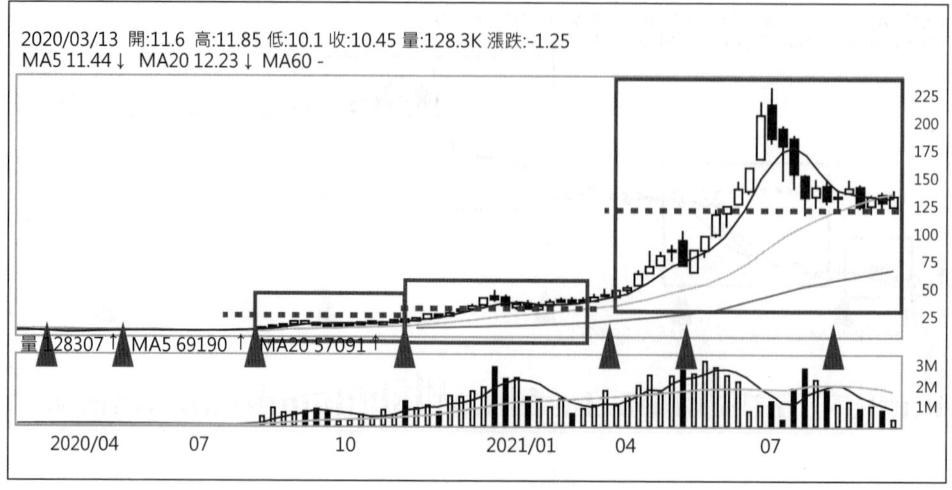

資料來源：作者整理

圖 7-6 Case 4. 宏達電（振盪型）

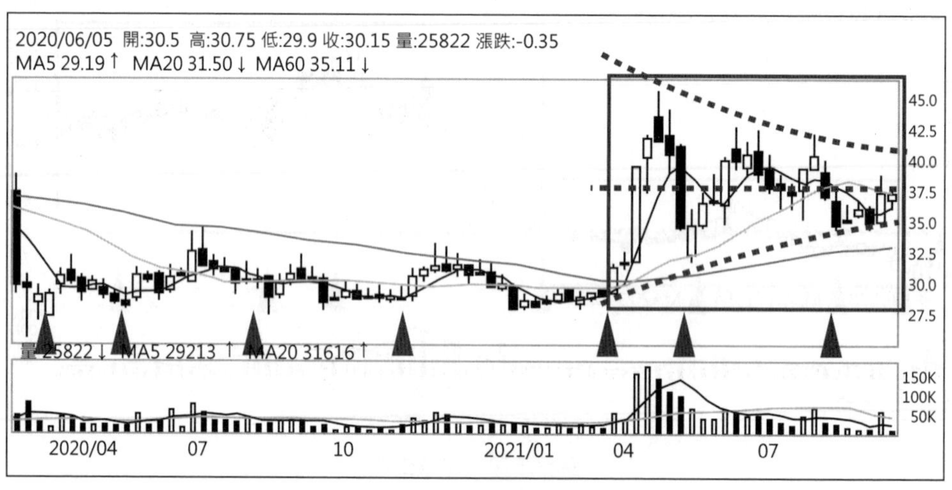

資料來源：作者整理

圖 7-7 Case 5. 嘉泥（振盪型）

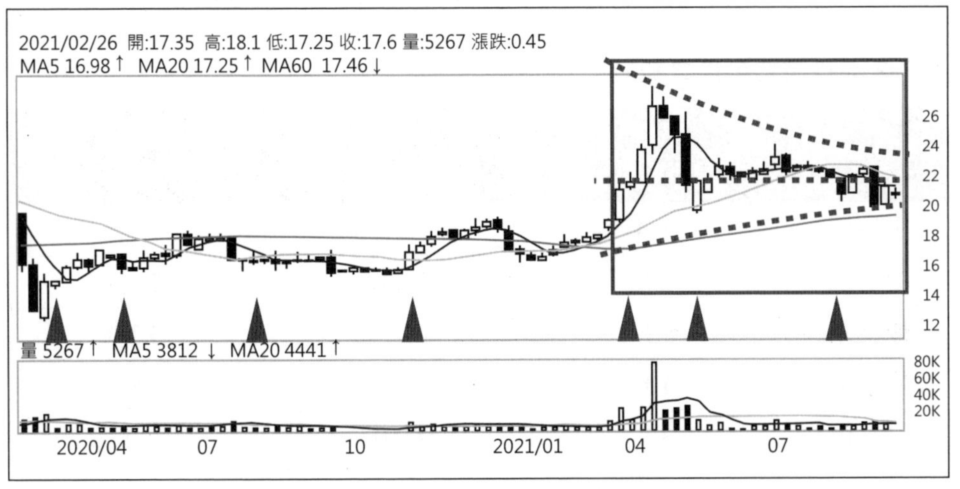

資料來源：作者整理

表 7-1 財報公告截止日

	2013 以後	2013 以前
年報	3 月 31 日	3 月 31 日
第 1 季財報	5 月 15 日	4 月 30 日
第 2 季財報	8 月 14 日	8 月 31 日
第 3 季財報	11 月 14 日	10 月 31 日

資料來源：作者整理

☐ 漲跌波動事件之統計

在此統計圖 7-3 至圖 7-7 的九個方框中的形態（事件）的長度、振幅如下：

- ✓ 起點：個股的上漲事件經常與財報的公布日同步。
- ✓ 事件長度：平均約 20 週，大約 5 個月。這大約是 1.5 個財報季的長度。由以上兩點可知，前節的五個實例的九個上漲事件可能是因為季財報揭露了非預期的利多資訊。
- ✓ 振幅：大約是平衡價格的 2／3。每週漲幅大約平衡價的 3%。

由這些案例可知，市場開始認同股價低估而開始上漲的過程並不相同，有趨近型、振盪型。對於這個現象有必要提出一個合理的解釋。

表 7-2 漲跌波動事件之統計

	事件 長度（週）	振幅／ 平衡價	每週 差距
平均值	19.4	67.7%	4.1%
中位數	20	51.3%	2.6%
標準差	8.1	47.7%	3.3%
最小值	10	16.7%	0.8%
最大值	30	160.0%	11.1%

資料來源：作者整理

7-02 股市的投資人 1：價值投資人、趨勢投資人

對於為何有些股票的股價在上漲過程中會逐漸逼近一個價格，有些股票則會超越一個價格後在此價格上來回振盪，並且振幅逐漸縮小？觀察圖 7-8 宏達電（2498）2021 年 4 月至 2023 年 7 月的週線圖，可以發現現三次振盪形態都有爆量的配合，也就是上漲事件經常伴隨大量的成交量。顯然部分投資人的積極買入驅動了這些上漲形態（事件），但誰在買入股票呢？

圖 7-8 宏達電（2498）2021 年 4 月至 2023 年 7 月的週線圖：上漲事件將常伴隨大量的成交量

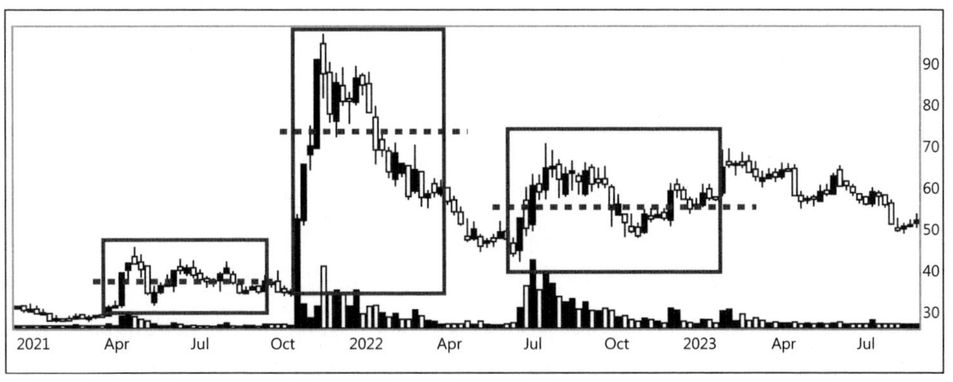

資料來源：作者整理

基於是部分投資人的積極買入驅動了這些上漲形態（事件）的啟發，作者提出一個稱為「投資人理論」的假說來解釋上述上漲事件會出現趨近型、振盪型形態的現象。這個理論認為市場上的投資人買賣股票各有邏輯，主流有兩種：

□ 價值投資人

一些投資人買賣決策基礎是市場價格，對企業價值的相對比例變化。他們會評估股票合理的股價，買入股價低估的股票，來獲得高報酬率。其中因傾向不同，又可分為價值型投資和成長型投資：

(a) 價值型投資：更傾向於注重目標企業利潤的與淨值的水準所隱含的內在價值與股價之間有寬闊的安全邊際，往往是投資於低本益比（P／E）、低股價淨值比（P／B）的股票。

(b) 成長型投資：更傾向於注重目標企業利潤的成長率的水準和持續性，往往是投資於高股東權益報酬率（ROE）的股票。

價值型投資者也必須兼顧企業未來的成長性，否則企業價值有可能隨著時間的推移逐步縮小，使投資虧損，所以價值性與成長性兩者並不矛盾。本書前面的成長價值理論就是整合價值型投資與成長型投資的統一理論。

□ 趨勢投資人

一些投資人買賣決策基礎是市場新價格對舊市場價格的相對漲跌趨勢。他們會評估股價趨勢，通過對買賣雙方力量的分析，以技術分析等方法研究股票趨勢、波段操作，而不以企業的基本面做決策依據。又可分成兩種策略（圖 7-9）：

(a) 慣性投資人：他們假設「漲者恆漲、跌者恆跌」，即當漲或跌形成某一趨勢時，會持續一個波段。因此買入最近上漲幅度最大的股價，來獲得高報酬率。例如當短期移動平均線由下而上，穿越長期移動平均線時買入；反之，由上而下穿越時，賣出。

(b) 反向投資人：他們假設「漲多必跌、跌多必漲」，即當股價短期漲或跌超過一個合理股價範圍時終會回到合理範圍。因此買入最近下跌幅度最大的股價，來獲得高報酬率。例如當短期移動平均線由上而下，穿越長期移動平均線時買入；反之，由下而上穿越時，賣出。

上述慣性投資人、反向投資人的邏輯剛好相反，因此適用的情況也剛好相反。順勢系統依賴「慣性效應」，因此在波段趨勢時期表現較佳；擺盪系統依賴「反轉效應」，因此在振盪盤整時期表現較佳。可惜的是我們很難判斷未來股價走勢會是波段趨勢還是振盪盤整。原則上，

◎ 短期：數週以內，因投資人見好就收的投機心態，「反轉效應」常占優勢；

◎ 中期：數月以內，因投資人對最近數個月以來持續上漲的股票產生了會繼續上漲的預期心理，「慣性效應」常占優勢；

◎ 長期：數年以上，因產業結構調整，「反轉效應」又再次占優勢。

由於價值投資（選股）的換股週期經常是數個月，因此適合與價值投資配合的趨勢投資是「慣性效應」。

圖 7-9 趨勢投資：慣性投資人在圖上向下三角形買入，向上三角形賣出，反向投資人則相反。（宏達電（2498）2021 年 4 月至 2023 年 7 月的週線圖）

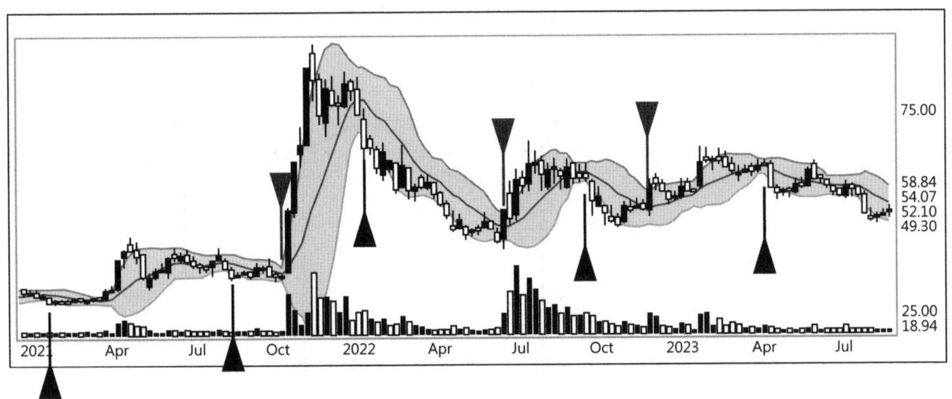

資料來源：作者整理

7-03 股市的投資人 2：交易行為

價值投資人會在超跌時買入，超漲時賣出，如圖 7-10。慣性投資人會在發現上漲趨勢時買入，發現下跌趨勢時賣出，但因為形成上漲趨勢、下跌趨勢都必須已經上漲、下跌一段時間後才能確定，因此實際的買入、賣出時間點會與上漲、下跌趨勢的起點有「慣性延遲」，如圖 7-11。

將上述兩種投資人的交易量匯合如圖 7-12，上面的「量」應理解成想要「買」「賣」的量，而非實際買與賣的量，因為市場上實際成交的買與賣的量永遠相等。

圖 7-10 價值投資人假設的成交量

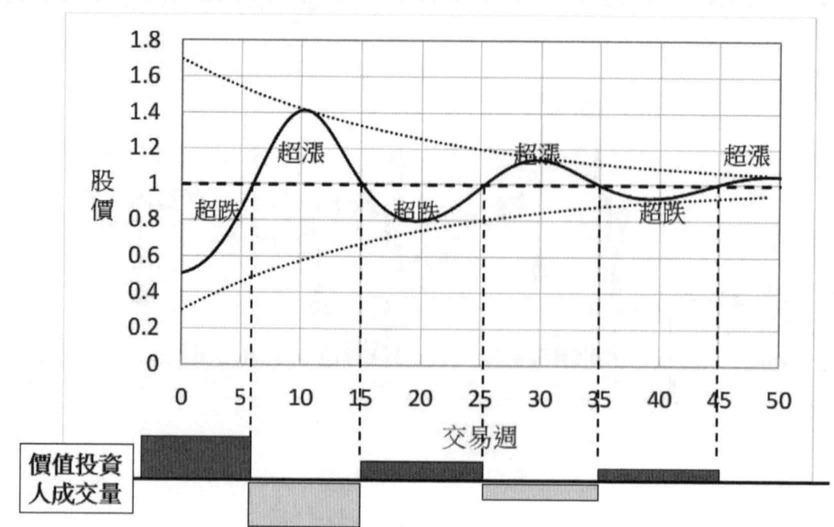

資料來源：作者整理

圖 7-11 慣性投資人假設的成交量

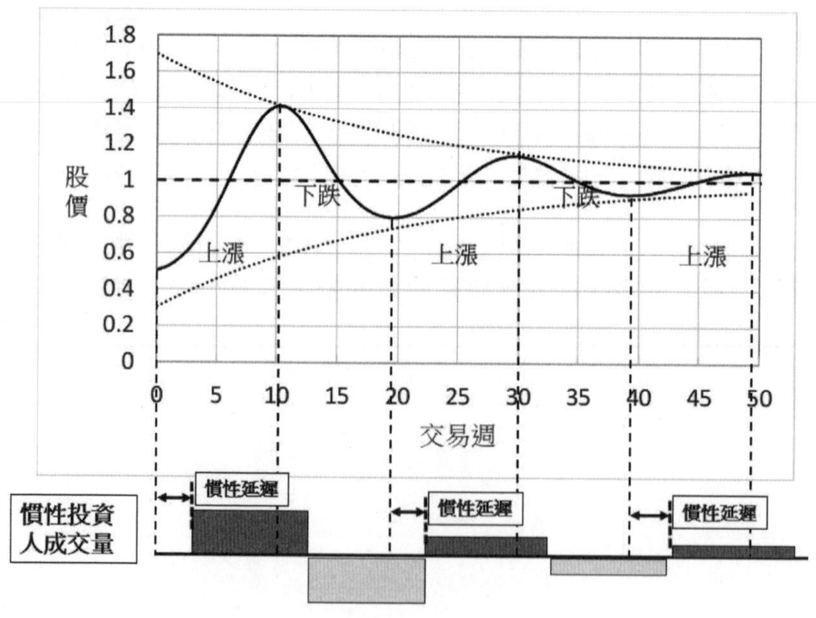

資料來源：作者整理

圖 7-12 投資人的交易量匯合

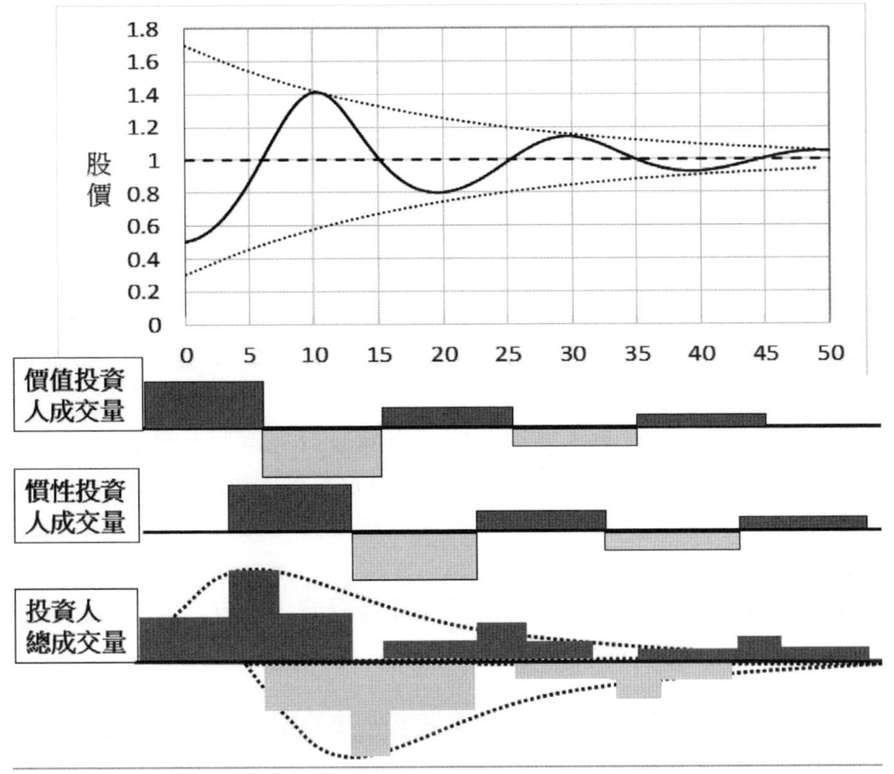

資料來源：作者整理

7-04
股市的投資人 3：實例解說

以宏達電（2498）2021 年 4 月至 2023 年 7 月為例解釋在上漲過程中，價值投資人與趨勢投資人買賣股票的歷程。

1. A 至 B 段：價值投資人在 A 點股價偏低時買入股票。接著，慣性投資人因看到明確漲勢，而接棒買入。（圖 7-13）
2. B 至 C 段：當股價到達 B 點後，開始超漲，價值投資人改站在賣方，但慣性投資人持續買入，買賣雙方力量在股價到達 C 點時達到平衡，未續創新高。（圖 7-14）

3. C 至 D 段：股價在到達 C 點後，開始下跌，慣性投資人因看到明確跌勢也開始站在賣方。（圖 7-15）
4. D 至 E 段：當股價跌過 D 點後，慣性投資人仍站在賣方，但價值投資人因超跌而逐漸站在買方。（圖 7-16）

5. E 點以後：買賣雙方的力量在股價到達 E 點時達到平衡，未續創新低，回到同 A 點的狀態，開始下一個變小的振盪循環，而逐漸逼近合理股價。成交量逐漸萎縮，結束此事件。（圖 7-17）

在圖 7-17 中：

- 第 1 區：價值投資人買方，慣性投資買方，買方力量強，因此股價上漲，成交量開始增加。
- 第 2 區：價值投資人賣方，慣性投資買方，買方、賣方力量都強，因此股價上漲到最高點，成交量達到最大量。
- 第 3 區：價值投資人賣方，慣性投資賣方，賣方力量強，因此股價下跌，成交量開始減少。
- 第 4 區：價值投資人買方，慣性投資賣方，買方、賣方力量都弱，因此股價下跌，成交量降低。

圖 7-13 A 至 B 段：價值投資人先買入股票，接著慣性投資人加入。

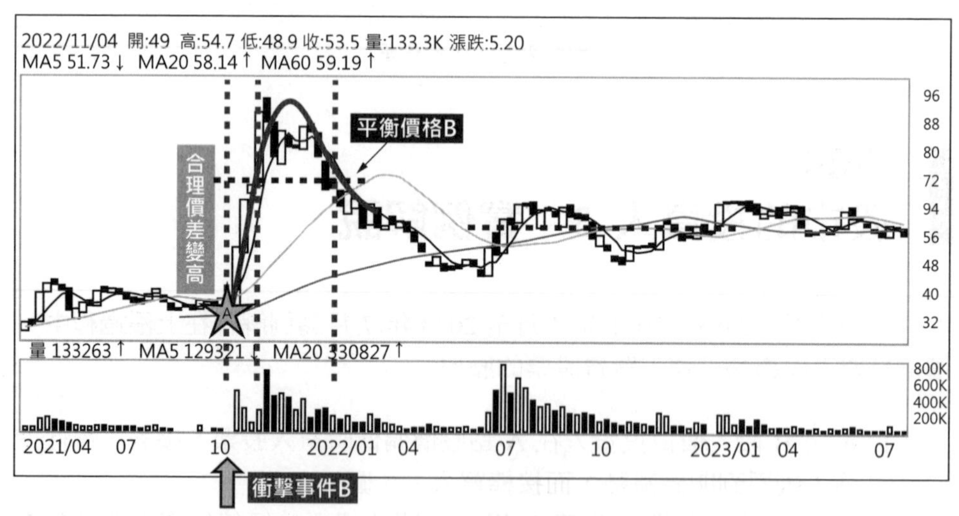

資料來源：作者整理

圖 7-14 B 至 C 段：價值投資人改站在賣方，但慣性投資人會持續買入。

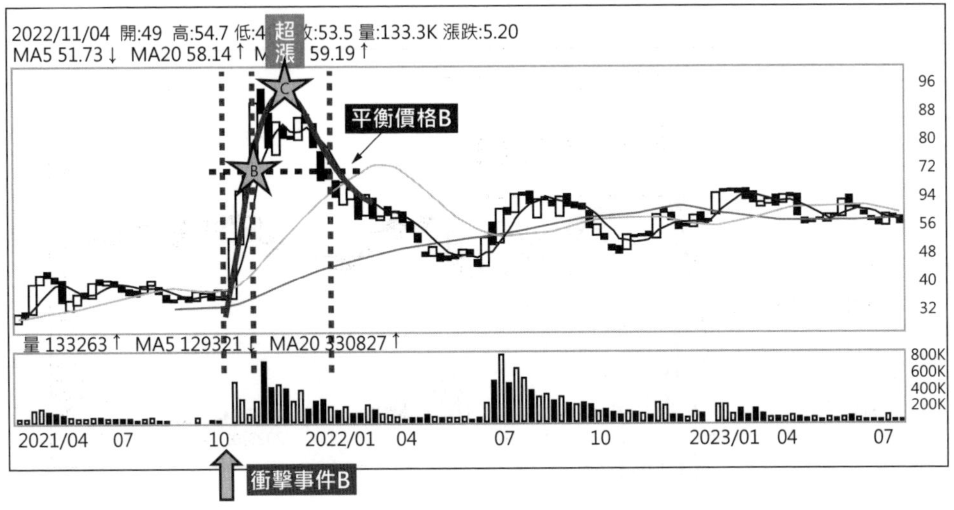

資料來源：作者整理

圖 7-15 C 至 D 段：價值投資人與慣性投資人都站在賣方。

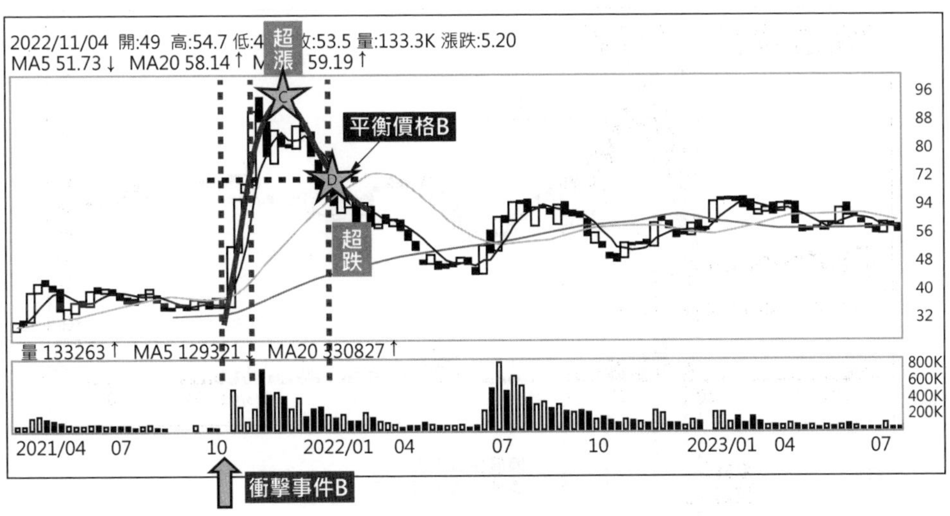

資料來源：作者整理

圖 7-16 D 至 E 段：慣性投資人站在賣方，但價值投資人因超跌而逐漸站在買方。

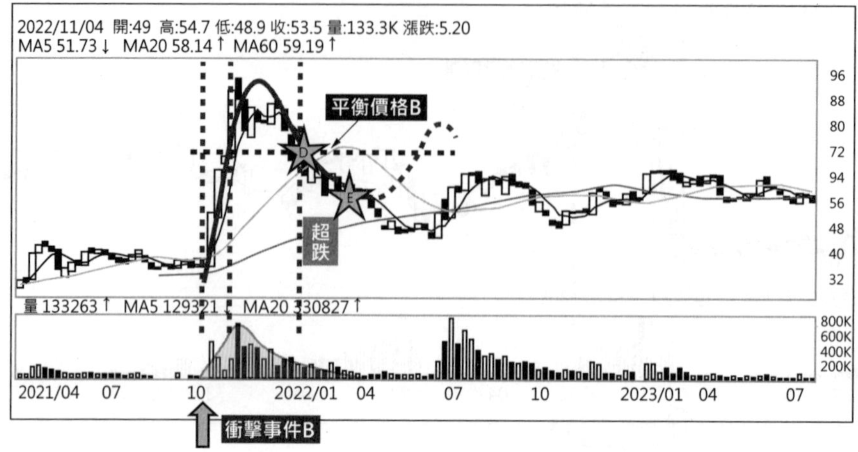

資料來源：作者整理

圖 7-17 E 點以後：股價回到同 A 點的狀態，開始下一個變小的振盪循環。

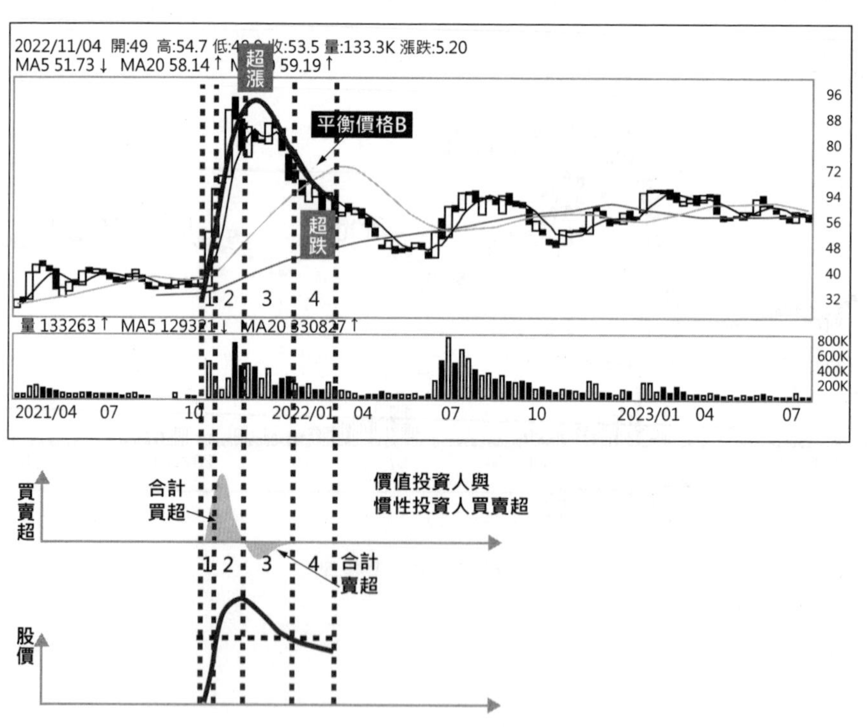

資料來源：作者整理

7-05 投資人理論的股價方程式1：假設

由於市場上有兩種投資人：價值投資人、慣性投資人。產生以下兩個假設：

假設一：價值投資人假設

下一個時刻的股價漲幅 R_{t+1} 與市場股價 P_t 相對於合理股價 $\overline{P}$ 的差額成正比

$$R_{t+1} \propto b \cdot (\overline{P} - P_t) \quad (7\text{-}1)$$

其中價值投資人參數 b 代表在一個時刻內，股價漲幅會修正（$\overline{P} - P_t$）的比率，合理的比率是 0 至 1。參數 b 的大小並不反映市場上價值投資人的多寡，而是價值投資人反應價格偏差的速率。例如合理股價 $\overline{P}=100$，市場股價 $P_t=50$，$b=0.1$，則下個時刻股票漲幅

$$R_{t+1} = b \cdot (\overline{P} - P_t) = 0.1 \cdot (100 - 50) = 5$$

假設二：慣性投資人假設

下一個時刻的股價漲幅 R_{t+1} 與上一個時刻的股票漲幅 R_t 成正比

$$R_{t+1} \propto a \cdot R_t \quad (7\text{-}2)$$

其中慣性投資人參數 a 代表上一個時刻的股價漲幅與下一個時刻的股票報酬率的比率，合理的比率是 0 至 1。參數 a 的大小並不反映市場上趨勢投資人的多寡，而是趨勢投資人反應前期報酬的持續性。例如前期漲幅 5 元，$a=0.5$ ，則下個時刻股票漲幅

$$R_{t+1} = a \cdot R_t = 0.5 \cdot 5 = 2.5$$

7-06
投資人理論的股價方程式2：推導

基於（7-1）與（7-2）式的假設，下一個時刻的股價漲幅如下：

$$R_{t+1}=a \cdot R_t+b \cdot (\bar{P}-P_t) \quad (7\text{-}3)$$

當市場有投資人採取反價值投資、反趨勢投資時，上式可以擴充為

$$R_{t+1}=a \cdot R_t+b \cdot (\bar{P}-P_t)-c \cdot R_t-d \cdot (\bar{P}-P_t)$$
$$=(a-c) \cdot R_t+(b-d) \cdot (\bar{P}-P_t) \quad (7\text{-}5)$$

只要將（a－c），（b－d）分別取 a，b 即可，故實際上仍然可以採用前面的模式。以下的 a, b 實際上代表（a－c），（b－d），並假設

$$(a-c)>0$$
$$(b-d)>0$$

因此本模式已經考慮：

✓ 價值投資
✓ 趨勢投資
✓ 反價值投資
✓ 反趨勢投資
等四種投資人。

基於以上的兩個假設，下一個時刻的股價漲幅如下

$$R_{t+1}=a \cdot R_{t+1}+b \cdot (\bar{P}-P_t) \quad (7\text{-}6)$$

將（4）式兩端各減去 R_t

$$R_{t+1}-R_t=a \cdot R_t-R_t+b \cdot (\bar{P}-P_t) \quad (7\text{-}7)$$

移項得「股價方程式」如下：

$$(R_{t+1}-R_t)+(1-a) \cdot R_t+b \cdot (P_t-\bar{P})=0 \quad (7\text{-}7)$$

下一個時刻的股價如下

$$P_{t+1}=P_t+R_t \quad (7\text{-}9)$$

則由上式得

$R_t = P_{t+1} - P_t = (P_{t+1} - \overline{P}) - (P_t - \overline{P})$

假設 $y_t = P_t - \overline{P}$，代入上式得 （7-10）

$R_t = y_{t+1} - y_t = y'_t$ （7-11）

故 $R_{t+1} - R_t = y'_{t+1} - y'_t = y''_t$ （7-12）

令 $m = 1$，$c = (1 - a)$，$k = b$ （7-13）

將（7-10）~（7-13）式代入（7-8）式得到

$my'' + cy' + ky = 0$ （7-14）

因此（7-8）式的股價方程式與「質量—阻尼—彈簧」（m-c-k）自由振動系統具有相同的形式，兩者之間的類比如下（圖 7-18 與圖 7-19）

- ✓ **股價：位移**
- ✓ **股價速度（報酬）：速度**
- ✓ **股價加速度（報酬速度）：加速度**

質量阻尼彈簧（m-c-k）自由振動系統方程式的公式解請參考本書附錄 B。

圖 7-18 質量阻尼彈簧（m-c-k）自由振動系統

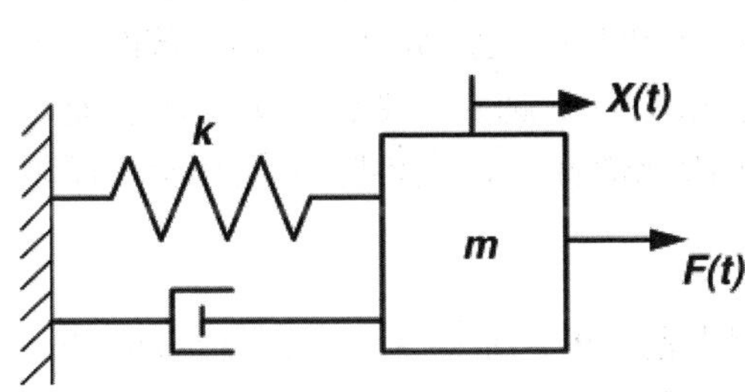

資料來源：作者整理

圖 7-19 自由振動

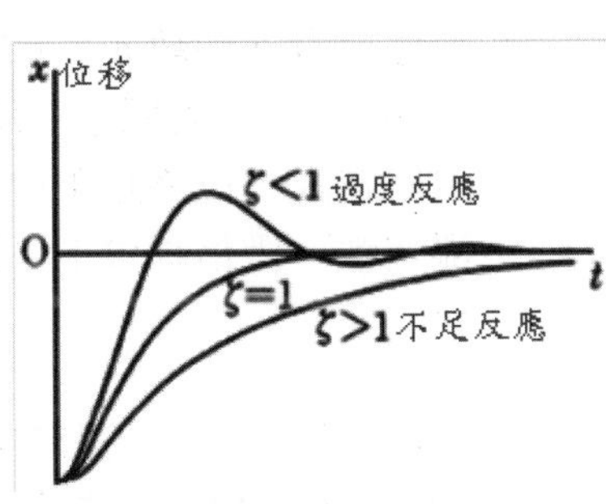

資料來源：作者整理

7-07 投資人理論的股價方程式3：參數的影響

投資人理論的股價方程式可寫成質量阻尼彈簧（m-c-k）自由振動系統的形式：

$$my'' + cy' + ky = 0 \quad (7\text{-}15)$$

其中

$y_t = P_t - \overline{P}$，代表價格 P_t 偏離合理價格 $\overline{P}$ 的位移。
$y'_t = R_t$，代表價格變動的速度，即報酬。
$y''_t = R_{t+1} - R_t$，代表報酬變動的速度，即價格變動的加速度。
$m = 1$，$c =（1 - a）$，$k = b$

上述公式有二個參數

- ✓ 價值投資人參數 b：可類比成彈簧的勁度 k。這是因為對質量阻尼彈簧自由振動系統而言，彈簧的勁度越大，位移回彈的速度越快；而 b 越大，價格回彈的速度越快，因此價值投資人參數 b 相當於「彈簧的勁度」。
- ✓ 慣性投資人參數 a：（1－a）可類比成阻尼 c，因此慣性投資人參數 a 相當於「反阻尼」。這是因為對質量阻尼彈簧自由振動系統而言，阻尼越大，位移越不會上下振動；而 a 越大，慣性越大，越容易超漲超跌，價格越會上下振動，因此慣性投資人參數 a 相當於「反阻尼」。

我們進一步假設在一段時間內合理股價 $\overline{P}_t$ 為常數。在此以 $a=0.9$，$b=0.1$，$P_0=0.5$，$\overline{P}_t=1.0$，則其股價的時間數列如圖 7-20。

圖 7-20 股價方程式在 a＝0.9, b＝0.1, $\overline{P}_0$＝0.5, $\overline{P}_t$＝1.0 時的股價時間數列

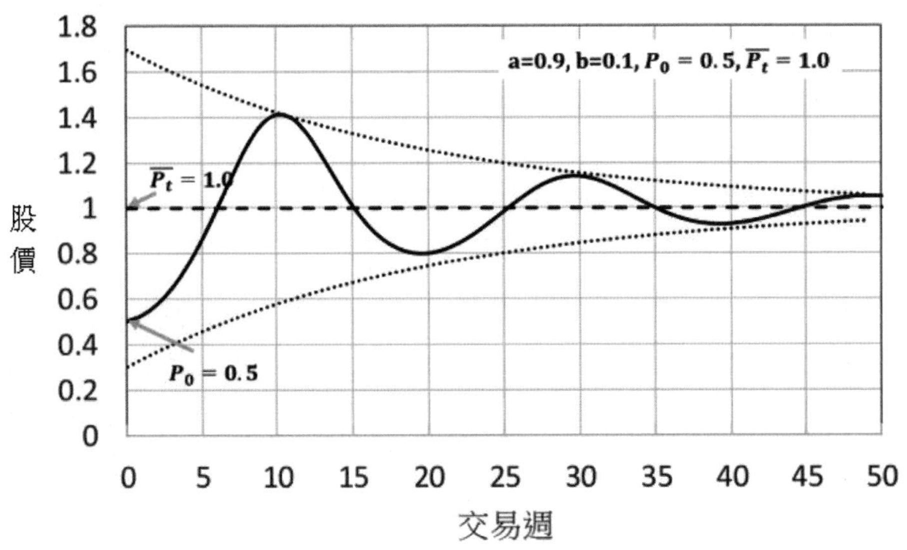

資料來源：作者整理

在上述股價方程式有四個參數

✓ 慣性投資人參數 a
✓ 價值投資人參數 b
✓ 合理股價 $\overline{P}_t$
✓ 目前 t＝0 的股價 P_0

假設

✓ 合理股價 $\overline{P}_t$＝1
✓ 目前股價 P_0＝0.5
✓ 慣性投資人參數 a＝0.4, 0.6, 0.8, 1.0,
✓ 價值投資人參數 b＝0.05, 0.15, 0.5, 1.0,

即在合理股價與目前股價固定下，4 種慣性投資人參數 a 與 4 種價值投資人參數 b 組成 16 種組合，結果如圖 7-21，歸納如下：

✓ 慣性投資人參數 a 越大，振幅越大。這是因為慣性投資人在股價上漲時買入，下跌時賣出，助長了上漲下跌的幅度。

✓ 價值投資人參數 b 越大，波長越短。這是因為價值投資人在股價低於合理價格時買入，高於合理價格時賣出，他們對股價偏離的反應越強烈，買賣越積極，股價越快到達合理價位，振盪的波長越短。

圖 7-21 慣性投資人參數 a 與價值投資人參數 b 對股價形態之影響

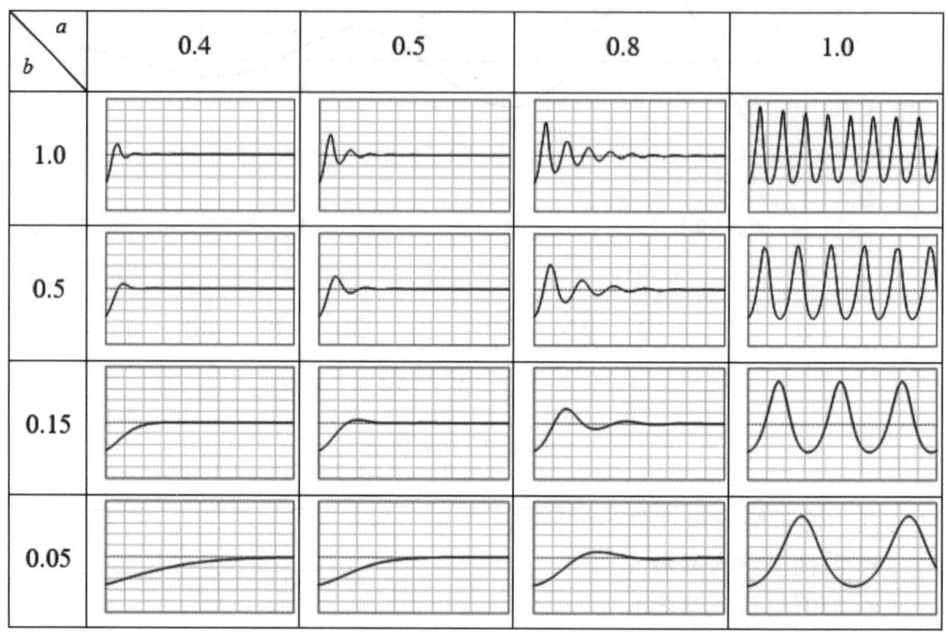

註：每張圖橫軸為時間，縱軸為股價。

資料來源：作者整理

7-08 投資人理論的股價方程式 4：數據的匹配

前面假設市場有兩種投資人，他們對報酬的影響如下：

假設一：價值投資人假設 $R_{t+1} \propto b \cdot (\bar{P} - P_t)$ （7-16）

假設二：慣性投資人假設 $R_{t+1} \propto a \cdot R_t$ （7-17）

令 $y_t = P_t - \overline{P}$ 則得到股價波動微分方程式

$$y'' + (1 - a)\, y' + by = 0 \quad (7\text{-}18)$$

令 $m = 1, b = k, 1 - a = c$

則得到

$$my'' + cy' + ky = 0 \quad (7\text{-}19)$$

此即質點的質量 阻尼 彈簧的自由振盪方程式。

讀過大學理工科的讀者對上述「質量－阻尼－彈簧的自由振盪方程式」應不陌生，但其他人就看不懂了。但沒關係，我們不需要求解方程式，而是要反算方程式中的四個參數，包括

- ☐ 慣性投資人參數 a
- ☐ 價值投資人參數 b
- ☐ 合理股價 $\overline{P}_t$
- ☐ 目前股價 P_0

反算參數的步驟請參考章末註解。

五個實際例子的參數估計如表 7-3，可知低總市值的股票阻尼比較低，股價較易振盪起伏。其匹配的圖形如圖 7-22 至圖 7-26。討論如下：

◎ 振盪型（低阻尼比）

當市場中，慣性投資人參數與價值投資人參數較大時，阻尼比較小，股價會在一個價值投資人的定價上下大幅振盪，但振盪幅度會逐漸縮小，超漲超跌現象較明顯。

◎ 趨近型（高阻尼比）

當市場中，慣性投資人參數與價值投資人參數較小時，阻尼比較大，股價不會大幅振盪，而會逐漸逼近一個價值投資人的定價，超漲超跌現象較不明顯。

表 7-3 五個實際例子的參數估計

	振盪型（低阻尼比）		趨近型（高阻尼比）		
股票	1103	2498	2330	2603	2317
總市值（億元）2021 年	147	251	137000	1993	12750
慣性投資人參數 a	0.77	0.67	0.80	0.86	0.88
價值投資人參數 b	0.28	0.44	0.05	0.04	0.02
合理股價 $\overline{P}_t$（元）	22	37	591	124	110
目前的股價 P_0（元）	17.7	27.4	441.2	32.9	73.3
阻尼比	0.22	0.25	0.47	0.33	0.41

資料來源：作者整理

[註] 阻尼比 $=\frac{c}{2\sqrt{km}}=\frac{1-a}{2\sqrt{b}}$，由於右邊三個股票的參數 b 遠小於左側兩個，因此阻尼比高。

圖 7-22 Case 1. 台積電（趨近型）2330 阻尼比＝0.465

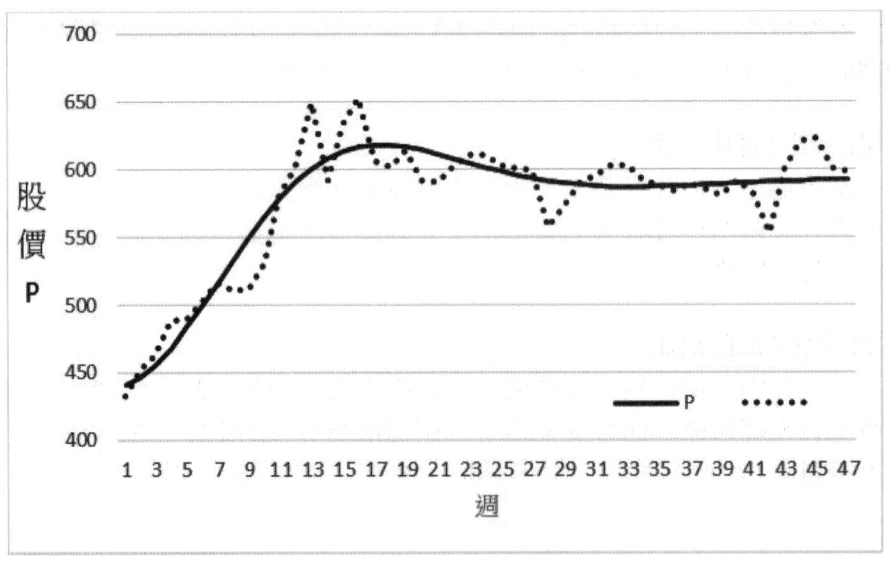

資料來源：作者整理

圖 7-23 Case 2. 鴻海（趨近型）2317 阻尼比＝0.413

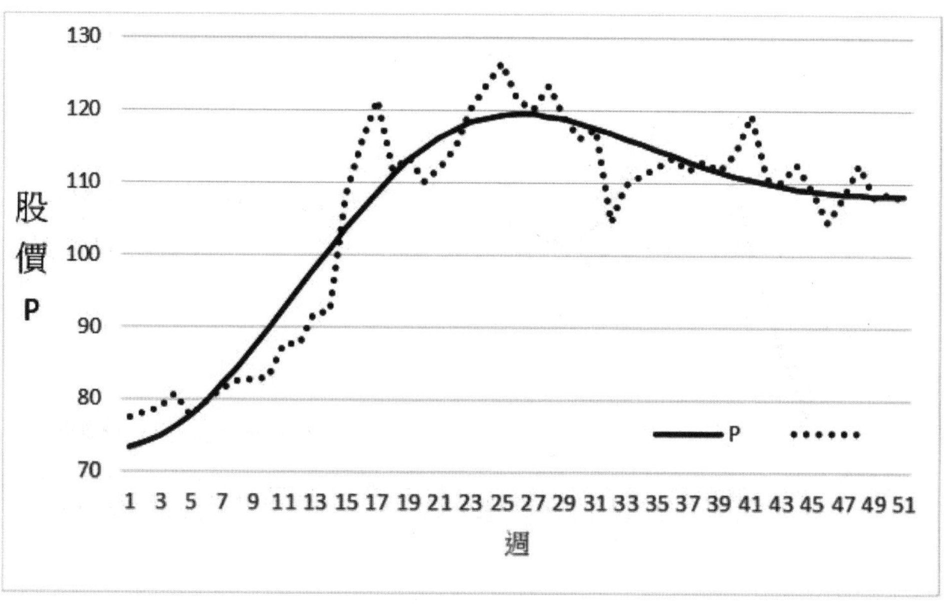

資料來源：作者整理

圖 7-24 Case 3. 長榮（趨近型）2603 阻尼比＝0.329

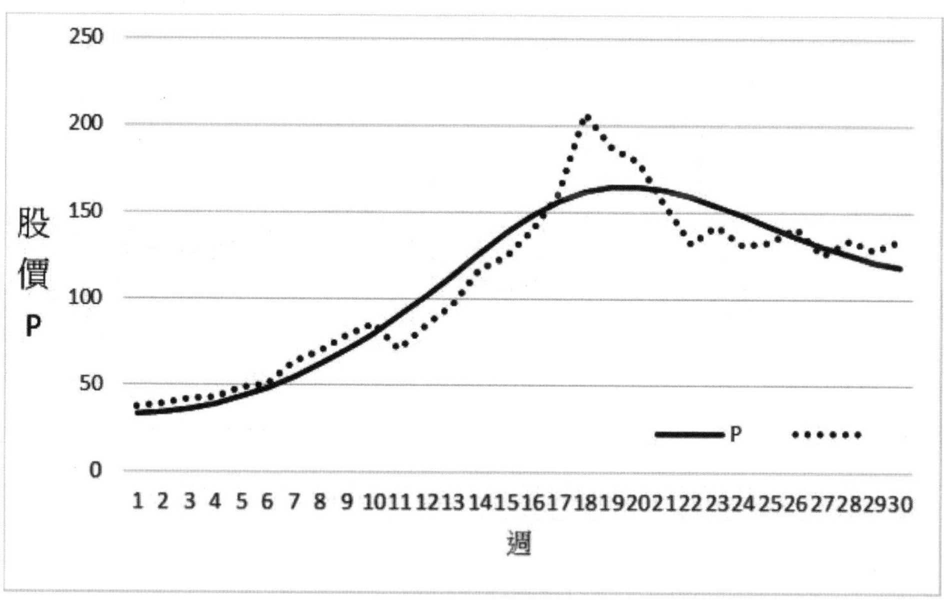

資料來源：作者整理

圖 7-25 Case 4. 宏達電（振盪型）2498 阻尼比＝0.248

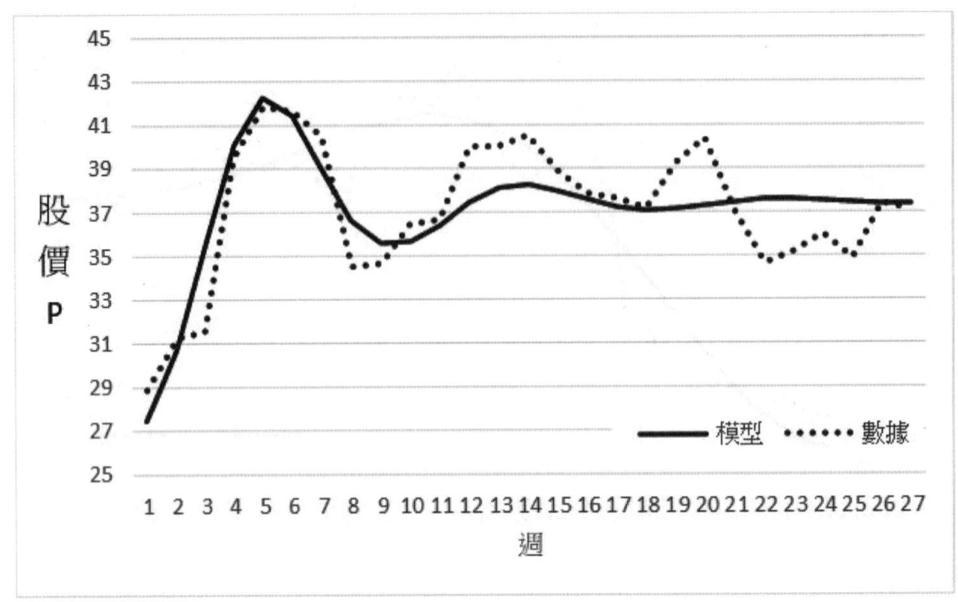

資料來源：作者整理

圖 7-26 Case 5. 嘉泥（振盪型）1103 阻尼比＝0.215

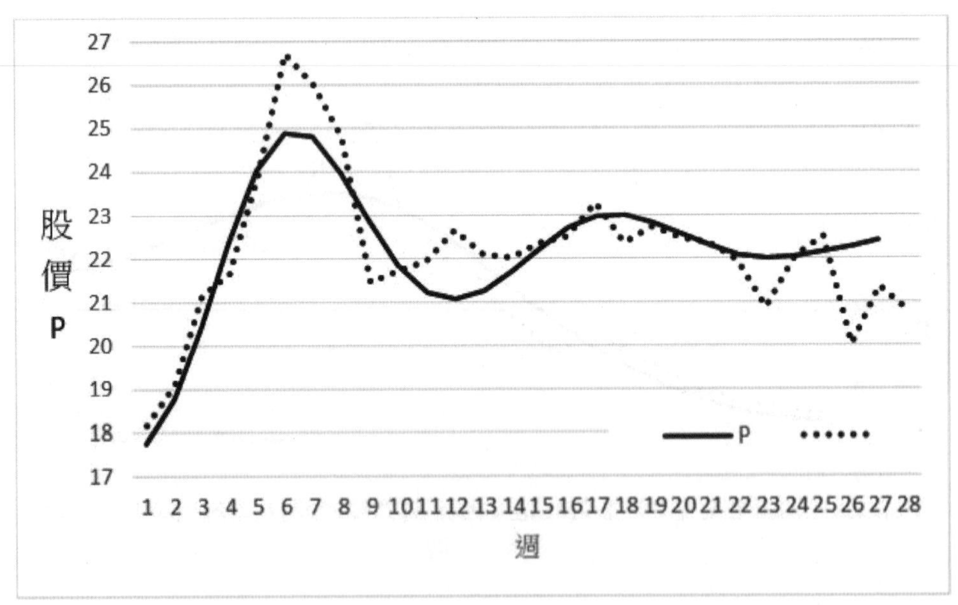

資料來源：作者整理

7-09 投資人理論的選股策略 1：啟發—融合價值投資與趨勢投資

雖然投資人可以利用歷史數據的匹配，反算股價方程式中的四個參數，包括慣性投資人參數 a、價值投資人參數 b、合理股價 $\overline{P}$、目前股價 P_0，但是那必須等「事件」結束後，收集股價歷史數據，再用數學方法匹配到參數最佳估計值。因此，投資人無法使用這個方法在事件發生後不久，就估算出這些參數的估計值，來預測未來股價變化過程中的高點、低點的幅度與時間點。

雖然股價方程式無法計量預測未來的股價變化，但仍可對選股策略的設計提供有用的指引，討論如下：

□ 價值投資原則（圖 7-27）

股票投資只遵守價值投資原則，會遇到買賣門檻設定的問題：

◎ 門檻太高：買不到、賣不掉。

◎ 門檻太低：超漲、超跌現象，可能太早買，又太早賣，獲利低。

圖 7-27 股票投資只遵守價值投資原則的問題

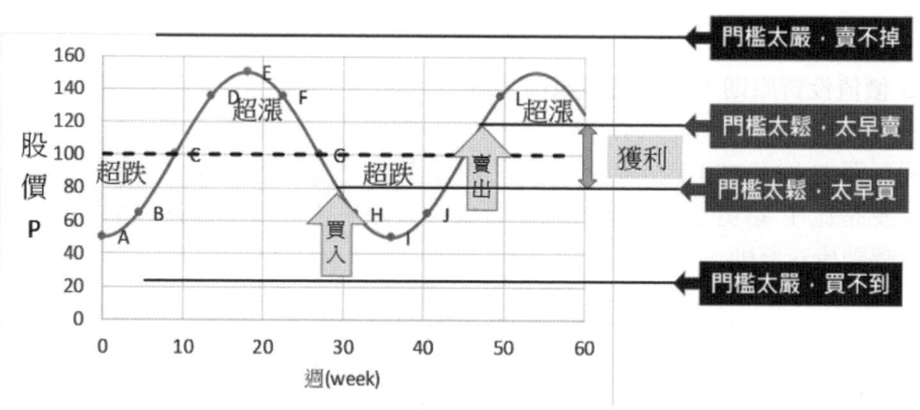

資料來源：作者整理

□ 趨勢投資原則（圖 7-28）

股票投資只遵守趨勢投資原則，會因為短期劇烈波動，導致以下問題：

◎ 超漲區：買到短期上漲，長期下跌的股票，或
◎ 超跌區：賣出短期下跌，長期上漲的股票。

造成買時漲少跌多，賣時漲多跌少，造成虧損。此外，買賣過於頻繁，交易成本大增。

圖 7-28 股票投資只遵守趨勢投資原則的問題

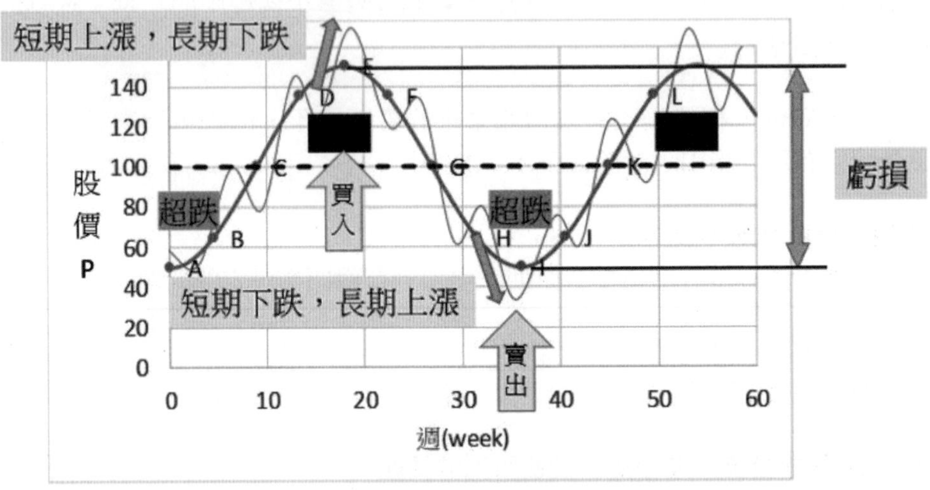

資料來源：作者整理

□ 價值投資原則＋趨勢投資原則

圖 7-29 中 J 點與 H 點具有相同的價值，但從趨勢來看，J 點正在上漲，而 H 點正在下跌，因此 J 點的慣性優於 H 點，是更佳的買點；同理，N 點是比 L 點更佳的賣點。因此股票投資除了遵守價值投資原則，也應配合趨勢投資原則：

◎ 超漲區：從價值投資的觀點判斷屬於超漲價也不賣，直到股價趨勢向下再賣。
◎ 超跌區：從價值投資的觀點判斷屬於超跌價也不買，直到股價趨勢向上再買。

這種價值投資原則不需設定買賣門檻，而是在超跌區等股價趨勢出現向上趨勢再買入；在超漲區等股價趨勢出現向下趨勢再賣出。這種融合價值投資與趨勢投資的策略會有更大的機會，在更高的超漲價格賣出，在更低的超跌價格買入。

圖 7-29 價值投資原則＋趨勢投資原則

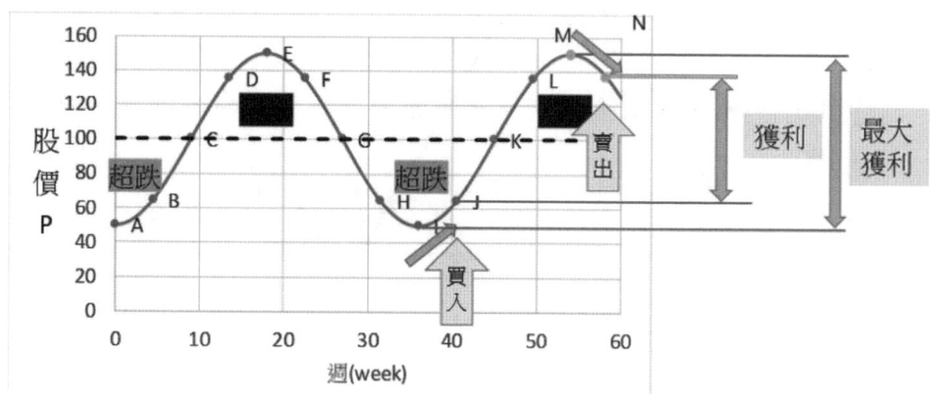

資料來源：作者整理

☐ 投資原則的比較

圖 7-30 中 B、D、F、H 四點的評估如下：

◎ 價值投資原則

✓ B 點、H 點均超跌，投資價值相等，買進。

✓ D 點、F 點均超漲，投資價值相等，賣出。

◎ 趨勢投資原則

✓ B 點、D 點均上漲，投資價值相等，買進。

✓ D 點、F 點均下跌，投資價值相等，賣出。

◎ 價值投資原則＋趨勢投資原則

✓ B 點：價值買進＋趨勢買進，兩種規則看法一致，為四點之中最佳買點。

✓ D 點：價值賣出＋趨勢買進，兩種規則看法矛盾。

✓ F 點：價值賣出＋趨勢賣出，兩種規則看法一致，為四點之中最佳賣點。

✓ H 點：價值買進＋趨勢賣出，兩種規則看法矛盾。

圖 7-30 投資原則的比較：B、D、F、H 四點的最佳買點是 B 點，賣點是 F 點。

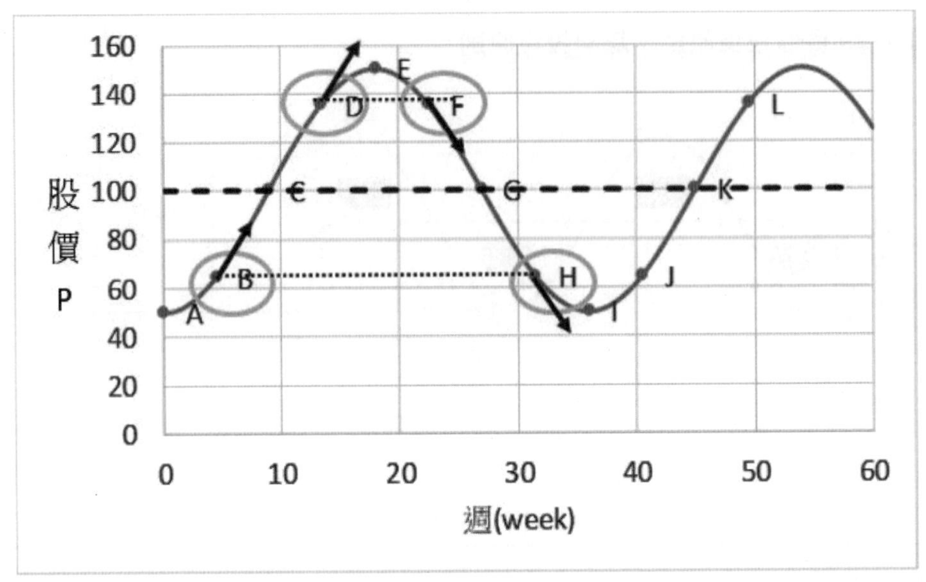

資料來源：作者整理

7-10 投資人理論的選股策略 2：實現—加權評分法

如何應用前節啟發到投資策略？也就是如何結合價值投資與趨勢投資這兩種不同的邏輯？「加權評分法」是最簡單有效的方法，透過給予價值投資與趨勢投資的選股因子不同的權重配置，可以建構最大化報酬的選股模型。

加權評分法的步驟：

Step 1. 價值投資評分

將股票依價值的大小排序，價值越高評分越高，最小給 0 分，最大給 100 分，其餘用內插原則評分。例如採用第五章的 GVI 指標來代表股票的價值，或者用 ROE、B／P 各自評分，再取加權總分來代表股票的價值。

Step 2. 趨勢投資評分

將股票依慣性趨勢的大小排序，慣性因子越高評分越高，最小給 0 分，最大給 100 分，其餘用內插原則評分。例如取上一個月的股票報酬率為慣性因子。

Step 3. 權重分配

指定各評分因子的權重，權重總和必須為 100%。

Step 4. 總分排序

最後計算每一支股票的加權總分，得分最高的股票就是最好的股票。

以下分兩節，分別解說加權評分法在振盪型與趨近型的選股效果。

7-11 投資人理論的選股策略 3：分析─振盪型

前面提到股價上漲過程有振盪型與趨近型二種，本節先討論不同選股策略在遇到振盪型股價上漲過程時的效果。當一支股票有價值投資人與慣性投資人積極介入時，在反映股價低估的上漲過程中，股價呈現振盪形態。為了簡化，我們假設價值投資與趨勢投資各只有一個選股因子：價值因子、趨勢因子。

□ 價值投資策略

價值因子代表合理股價的比值（$\bar{P}_t$／P_t），這個比值越大，股價越便宜，越有價值。如圖 7-31 的股價的變動過程，假設合理股價 $\bar{P}_t=100$。股價越高，價值因子 $\bar{P}_t$／P_t 越低，因此股價的變動就是價值因子 $\bar{P}_t$／P_t 的「反向」變動。

把圖分成八區，假設每一區為一個月。A 至 H 時間點的價值因子$\bar{P}_t$／P_t

的大小，以及根據價值因子相對大小給的因子得分分別在表 7-4 的第二與第三列。例如在 A 點，$\overline{P}_t / P_t = 100 / 50 = 2$，價值因子相對大小最大，給 1 分。在 C 點，$\overline{P}_t / P_t = 100 / 100 = 1$，價值因子相對大小普通，給 0.5 分。在 E 點，$\overline{P}_t / P_t = 100 / 200 = 0.5$，價值因子相對大小最小，給 0 分，如圖 7-32。

由圖可知，最佳的買入點為 A 點，賣出點為 E 點。但價值投資人只知道超過 C 點以後，股價已經超過內在價值，進入「超漲區」，因子得分只有 0.5 分，因此應該會在 C 點就賣出。顯然這樣浪費了從 C 到 E 者段漲幅，不是最佳的投資策略。

表 7-4 價值評分、趨勢評分、加權評分

時間點	A	B	C	D	E	F	G	H
價值因子	2	1.5	1	0.75	0.5	0.75	1	1.5
價值評分	1	0.75	0.5	0.25	0	0.25	0.5	0.75
趨勢因子	−0.5	0.5	1	1	0.5	−0.5	−1	−1
趨勢評分	0.25	0.75	1	1	0.75	0.25	0	0
加權評分	0.625	0.75	0.75	0.625	0.375	0.25	0.25	0.375

資料來源：作者整理

圖 7-31 振盪型股價的變動過程

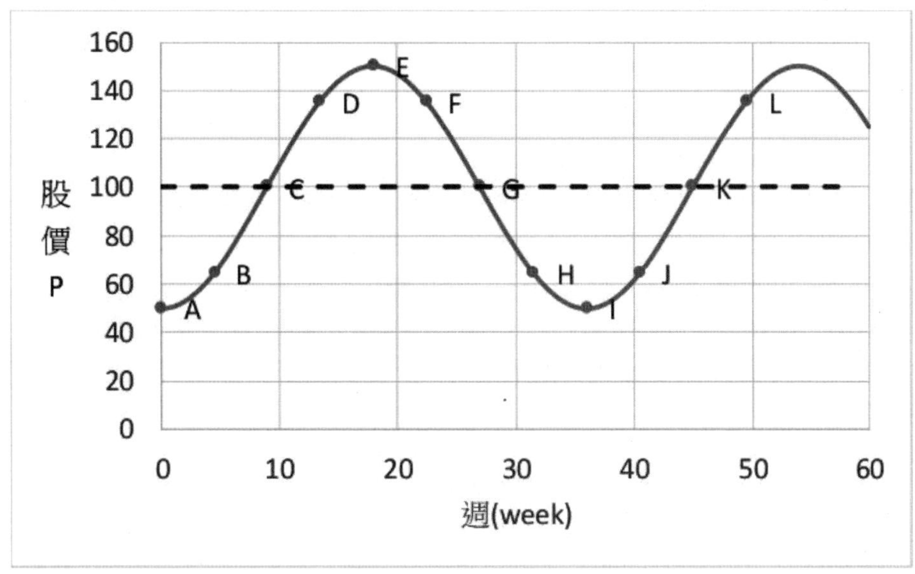

資料來源：作者整理

圖 7-32 振盪型股價的變動過程：價值投資（向上箭頭代表價值投資人買的力量，向下箭頭代表價值投資人賣的力量，箭頭越大，力量越大）

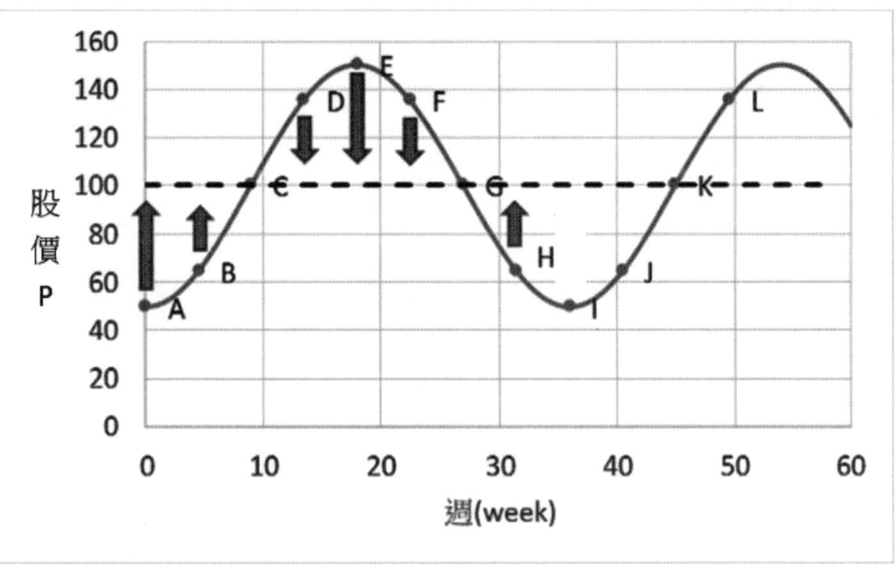

資料來源：作者整理

□ 趨勢投資策略

假設用前一個月的股票報酬率作為趨勢因子。此值越大，慣性越大。如圖 7-33 是股價的變動過程。

把圖分成八區，假設每一區為一個月。則曲線的斜率即報酬率。但由於要等到當月結束才知道當月的報酬率，因此趨勢投資因子的得分具有延遲性，例如一月的得分到二月才知道。例如在 A 點，斜率不是 0，而是前一個月的斜率 0.5，根據趨勢因子相對大小，給 0.25 分。在 C 點，斜率 1.0，根據趨勢因子相對大小，給 1.0 分。在 E 點，斜率不是 0，而是前一個月的斜率 0.5，根據趨勢因子相對大小，給 0.75 分。A 至 H 時間點的趨勢因子（斜率）大小，以及根據趨勢因子相對大小給的因子得分分別在表 7-4 的第四與第五列。

由圖可知，趨勢投資人只知道超過 B 點以後，才確定股價開始上漲，進入「上漲區」，因此應該會在 B 點才買入，而非 A 點。同理，只知道超過 F 點以後，才確定股價開始下跌，進入「下跌區」，因此應該會在 F 點才賣出，而非 E 點。顯然這種 B 點買入、F 點賣出，不是最佳的投資策略。

圖 7-33 振盪型股價的變動過程：趨勢投資（箭頭方向代表坡度，向上坡度代表趨勢投資人買的力量，向下坡度代表趨勢投資人賣的力量，坡度越大，力量越大）

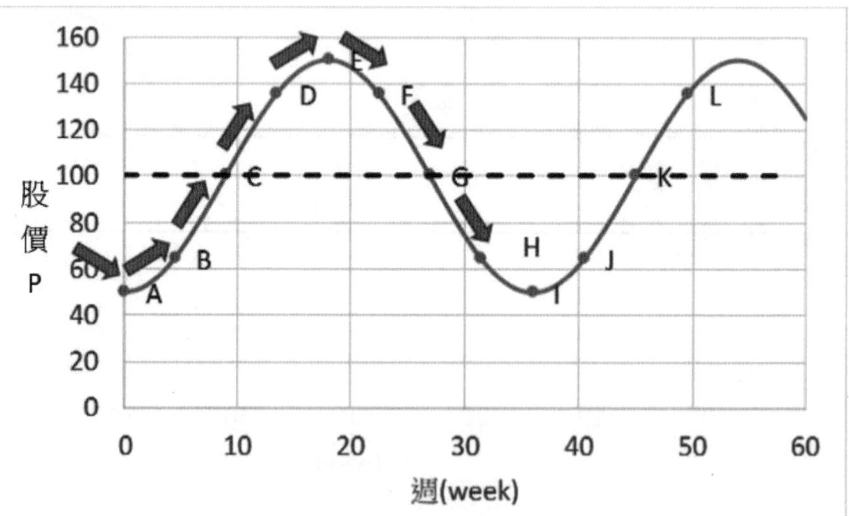

資料來源：作者整理

☐ 價值投資＋趨勢投資策略

由上述解說可知（圖 7-34）：

- ✓ 價值投資知道合理價多少，但無法預測超漲、超跌幅度，不能預知何時買、何時賣最有利。在 A 至 I 點之間，以評分較高為一半時段為「持有期」，則 A 至 C 與 G 至 I 是超跌區，得分較高，為此策略的持有期。
- ✓ 趨勢投資知道價格大致轉折趨勢，但（1）不知道市場股價位於超漲或超跌區（2）無法判定漲跌是短期隨機擾動或長期穩定的波段趨勢（3）發覺趨勢需要時間，會造成反應延遲。理論上，在 A 至 I 點之間，以評分較高為一半時段為「持有期」，則 B 至 F 是「確認上漲區」，得分較高，為此策略的持有期。

由於價值投資與趨勢投資都不是最佳投資策略，為了建構最大化報酬的選股策略，必須結合這兩種策略的選股邏輯。使用「加權評分法」，透過給予各選股因子不同的權重配置，可以有效地結合這兩種策略的選股邏輯。

給價值因子評分與趨勢因子評分各 50％權重的加權評分在表 7-4 的最後一列，根據此一評分，在 A 至 I 點之間，以評分較高為一半時段為「持有期」，則 A 至 E 得分較高，為此策略的持有期，如圖 7-35。在以加權評分結合價值、趨勢這兩種投資策略後，發揮了綜效，達成最佳的「A 點買、E 點賣」的效果，也就是加權評分法可以在適當的時機買入，也可以在適當的時機賣出。

價值投資、趨勢投資、結合價值投資趨勢投資等三種方法的評分變化如圖 7-36。

- ✓ 價值投資：分數較高的一半在 A 至 C 與 G 至 I，為此策略的持有期。
- ✓ 趨勢投資：分數較高的一半在 B 至 F，為此策略的持有期。
- ✓ 結合價值投資趨勢投資：分數較高的一半在 A 至 E，為此策略的持有期。

圖 7-34 振盪型股價的變動過程：價值投資、趨勢投資的持有期

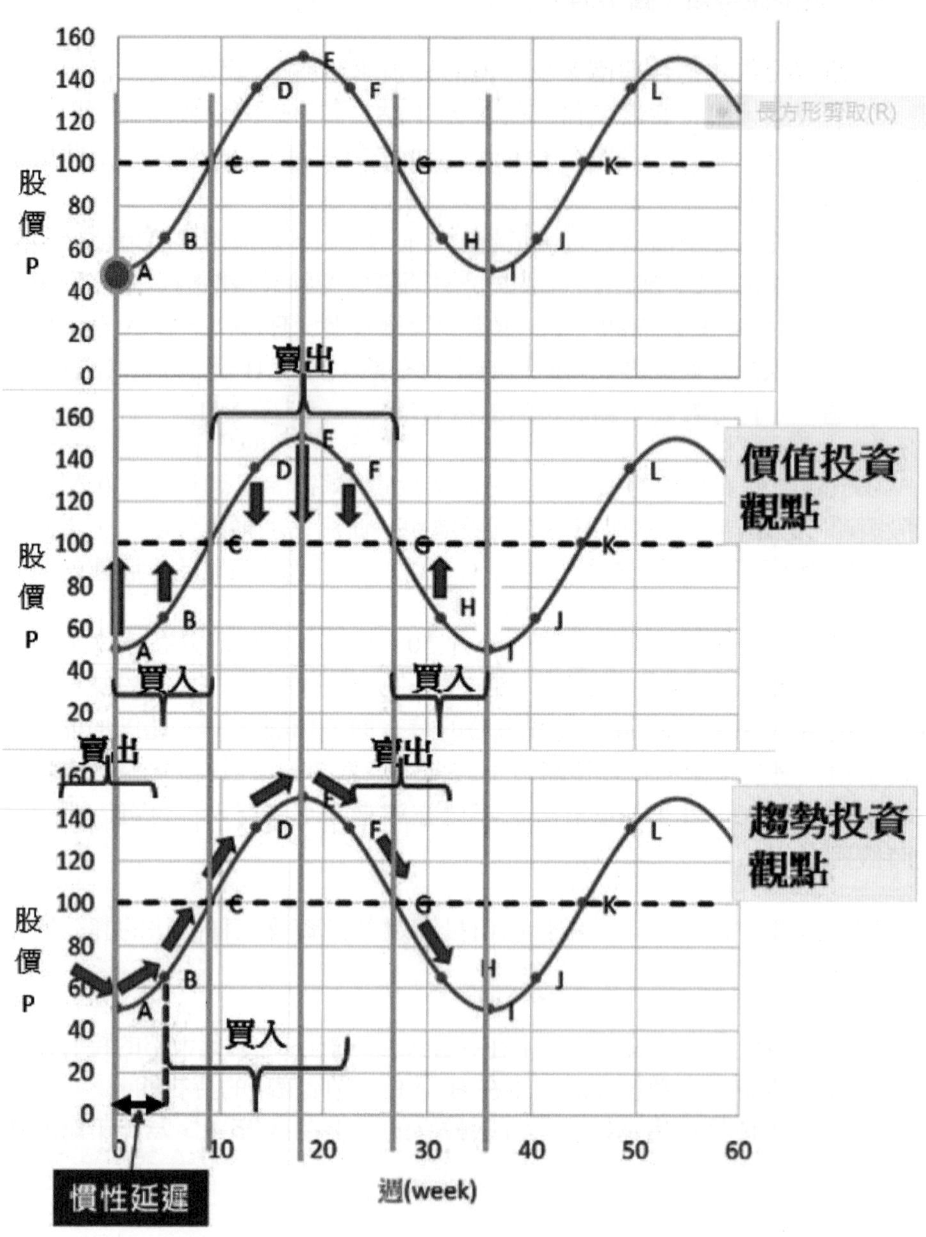

資料來源：作者整理

圖 7-35 振盪型股價的變動過程：結合價值投資與趨勢投資的持有期（箭頭代表結合價值投資與趨勢投資的投資人買賣的力量，箭頭較大者買的力量大於賣的力量，較小者賣的力量大於買的力量）

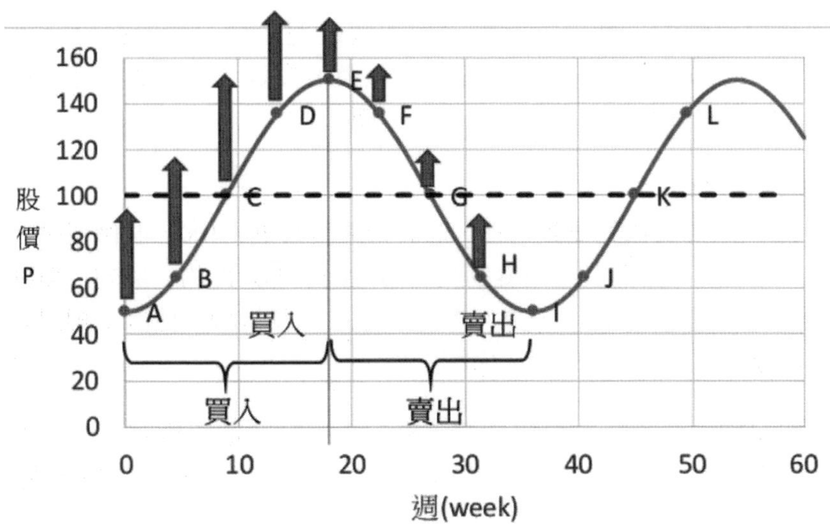

資料來源：作者整理

圖 7-36 價值投資、趨勢投資、結合價值投資趨勢投資等三種方法的評分變化

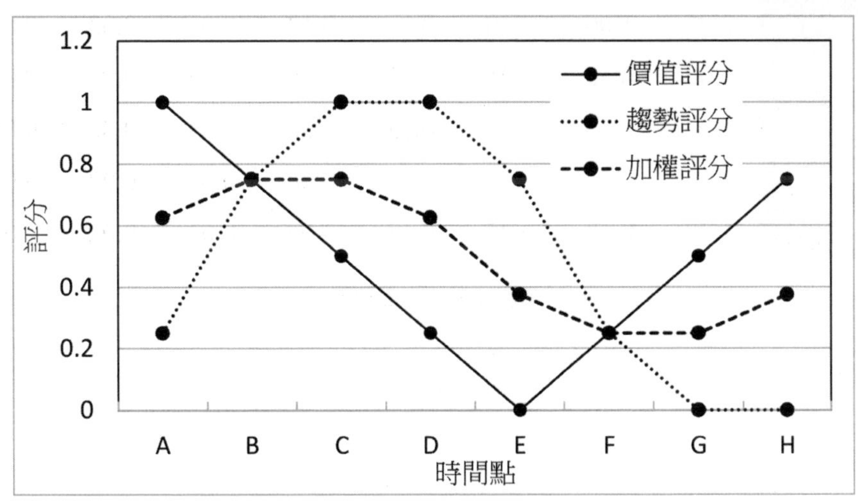

資料來源：作者整理

7-12 投資人理論的選股策略 4：分析—趨近型

前面提到股價上漲過程有振盪型與趨近型二種，前節已討論過振盪型。本節將討論趨近型。當慣性投資人與價值投資人都很弱勢時，在反映股價低估的上漲過程中，股價呈現趨近形態。

□ 價值投資策略

如圖 7-37 的股價的變動過程，假設合理股價 $\bar{P}_t = 100$。股價越高，價值因子 $\bar{P}_t / P_t$ 越低，因此股價的變動就是價值因子 $\bar{P}_t / P_t$ 的「反向」變動。圖中 A 至 H 時間點的價值因子 $\bar{P}_t / P_t$ 的大小，以及根據價值因子相對大小給的因子得分分別在表 7-5 的第二與第三列。

由圖可知，並不存在最佳的買入點與賣出點。價值投資人會發現，股價逐漸逼近內在價值，因子得分也跟著逐漸降低，因此應該會在 C 點或 D 點就賣出，如圖 7-38。

表 7-5 價值評分、趨勢評分、加權評分

時間點	A	B	C	D	E	F	G	H
價值因子	2.00	1.00	0.50	0.25	0.13	0.06	0.03	0.02
價值評分	1.00	0.50	0.25	0.13	0.06	0.03	0.02	0.01
趨勢因子	1.00	0.50	0.25	0.13	0.06	0.03	0.02	0.01
趨勢評分	1.00	0.50	0.25	0.13	0.06	0.03	0.02	0.01
加權評分	1.00	0.50	0.25	0.13	0.06	0.03	0.02	0.01

資料來源：作者整理

圖 7-37 趨近型股價的變動過程

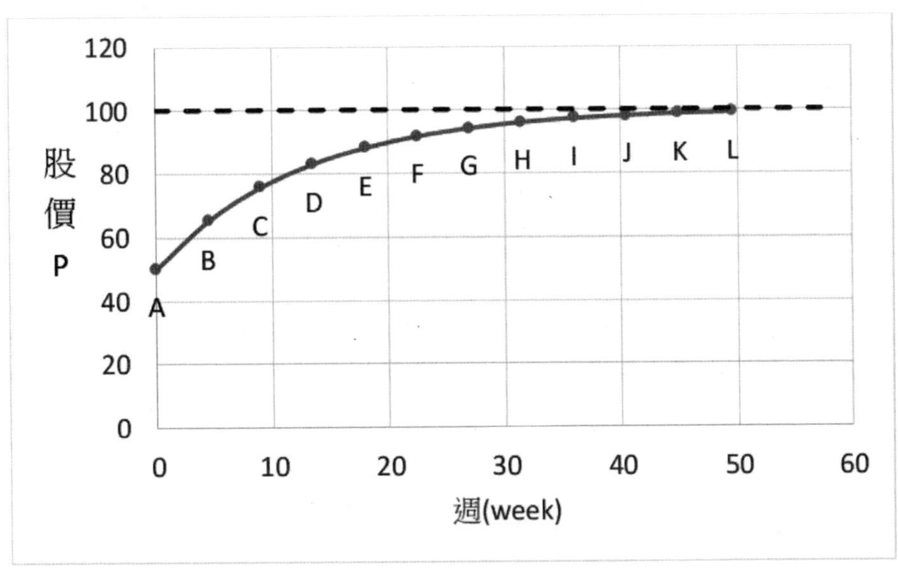

資料來源：作者整理

圖 7-38 趨近型股價的變動過程：價值投資（箭頭代表價值投資人買的力量，箭頭越大，力量越大）

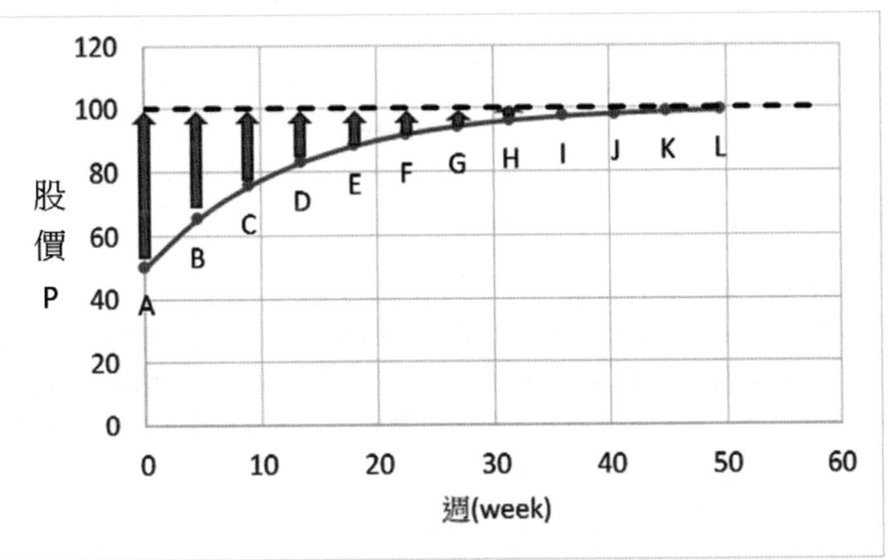

資料來源：作者整理

❑ 趨勢投資策略

假設用前一個月的股票報酬率作為趨勢因子。此值越大，慣性越大。如圖 7-39 是股價的變動過程。則曲線的斜率即報酬率。圖中 A 至 H 時間點的趨勢因子（斜率）大小，以及根據趨勢因子相對大小給的因子得分分別在表 7-5 的第四與第五列。

趨勢投資人會發現，曲線的斜率即報酬率逐漸逼近 0，因子得分也跟著逐漸降低，因此應該會在 C 點或 D 點就賣出，如圖 7-39。

圖 7-39 趨近型股價的變動過程：趨勢投資（箭頭方向代表坡度，坡度代表趨勢投資人買的力量，坡度越大，力量越大）

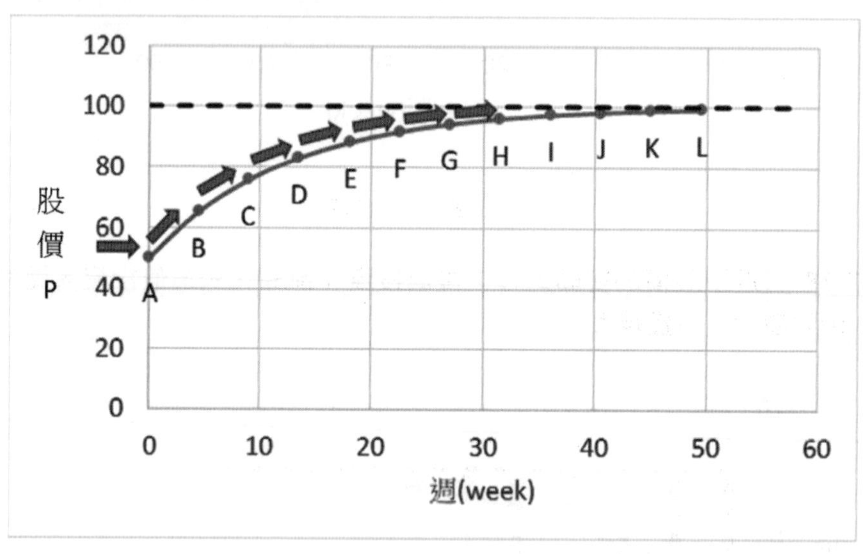

資料來源：作者整理

❑ 價值投資＋趨勢投資策略

給價值因子評分與趨勢因子評分各 50％權重的加權評分在表 7-5 的最後一列。結合價值、趨勢投資的投資人會發現，隨著股價提高，坡度變緩，價值因子、趨勢因子得分也跟著逐漸降低，因此總得分也同步降低，應該會在 C 點或 D 點就賣出，如圖 7-40。

根據此一評分表，價值投資、趨勢投資，以及結合價值、趨勢這兩種投資策略的加權評分三者的得分趨勢相同，如圖 7-41，因此會有相似的買賣時機。

圖 7-40 趨近型股價的變動過程：結合價值投資與趨勢投資的持有期（箭頭代表結合價值投資與趨勢投資的投資人買的力量，箭頭越大，力量越大）

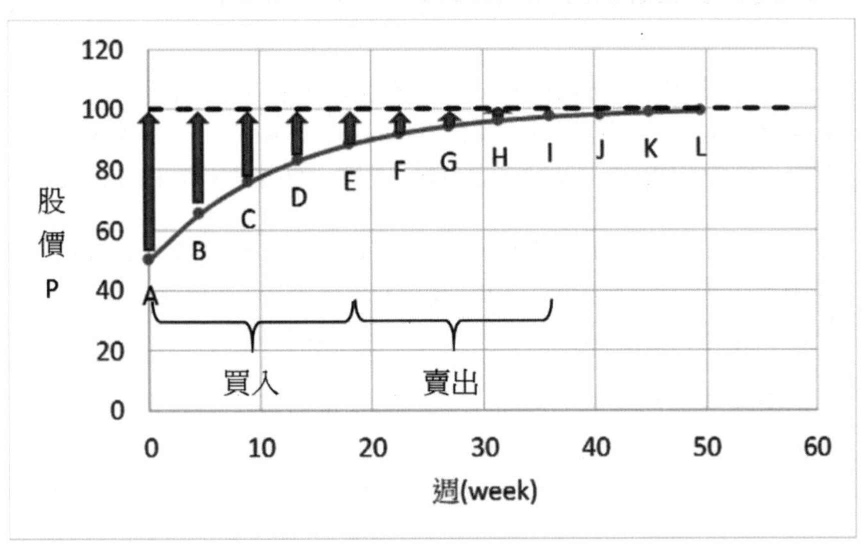

資料來源：作者整理

圖 7-41 價值投資、趨勢投資、結合價值投資趨勢投資等三種方法的評分變化

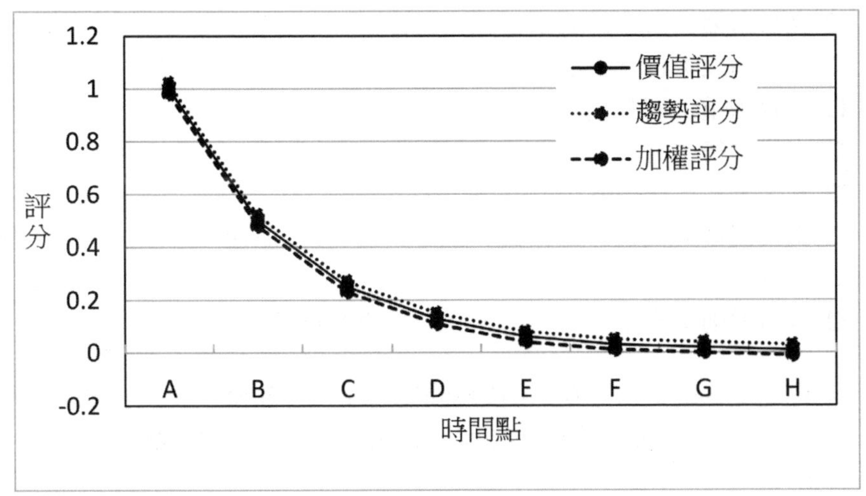

資料來源：作者整理

7-13
投資人理論的選股策略 5：回測

為了證明使用「加權評分法」，透過給予各選股因子不同的權重配置，可以有效地結合價值投資與趨勢投資這兩種策略的選股邏輯，最大化選股報酬，本節採用以下二個價值投資因子與一個趨勢投資因子進行回測：

◎ 獲利因子：股東權益報酬率（Return on Equity, ROE）（選大）
◎ 價值因子：股價淨值比（P／B）（選小）
◎ 慣性因子：前一個月的股票月報酬率（R）（選大）

為了排除流動性太低的股票，回測的「選股池」只包含台灣所有上市及上櫃股票中市值超過中位數的股票，也就是市值最大前 50%的股票。因此規模因子被視為一個篩選條件，而非加權評分法選股的一個評分因子。

回測的方法與參數如下：

- **回測期間：**2010 年 1 月初到 2020 年 12 月底，共 11 年間的股市資料。
- **股票樣本：**台灣所有上市及上櫃股票中，市值最大前 50%的股票。
- **交易成本：**依現行股票交易實務計算。
- **交易週期：**每個月的第一個交易日。
- **下市個股：**包含下市個股。
- **個股權重：**個股相同權重。
- **交易價格：**當日收盤價。
- **操作方式：**作多操作。
- **買入規則：**買入「市值最大前 50%」且「加權評分法排名在最佳前 30 名」的股票。
- **賣出規則：**賣出所有不滿足買入規則的股票。

結果如圖 7-42 與表 7-6。這段期間的大盤年化報酬率（不含現金股利）約 5.46%，加上現金股利後約 9.0%。而模型回測的年化報酬率都含現金股利。分析如下：

1. 三個單因子模型 ROE, P／B, R 都無法擊敗市場。

2. 三個雙因子模型中，ROE-P／B 可以擊敗市場，另兩個 ROE-R 與 P／B-R 與市場相當。
3. 四個三因子模型中均可以擊敗市場，其中等權三因子模型最佳。

圖 7-43 為單體座標圖，可以看出無論雙因子、三因子都有明顯的綜效。

表 7-6 因子模型的績效

	年化報酬率（%）	年化報酬率標準差（%）	系統性風險 β
大盤（含現金股利）	9.0	15.2	1
ROE	2.3	19.3	0.96
P／B	7.1	22.0	1.00
月 R	4.8	30.6	1.08
ROE-P／B	12.8	17.2	0.88
ROE-R	9.1	22.1	1.03
P／B-R	9.6	21.8	0.94
ROE-P／B-R	19.9	18.2	0.87
ROE-P／B-R（2-1-1）	15.1	17.7	0.87
ROE-P／B-R（1-2-1）	14.6	17.8	0.86
ROE-P／B-R（1-1-2）	18.5	19.5	0.90

資料來源：作者整理

圖 7-42 因子模型的年化報酬率

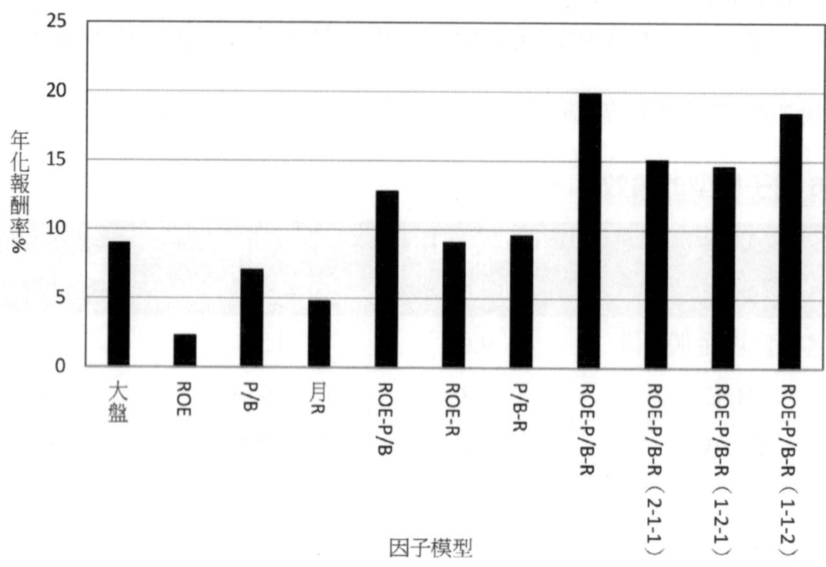

資料來源：作者整理

圖 7-43 因子模型的單體座標圖（圓圈內為年化報酬率）

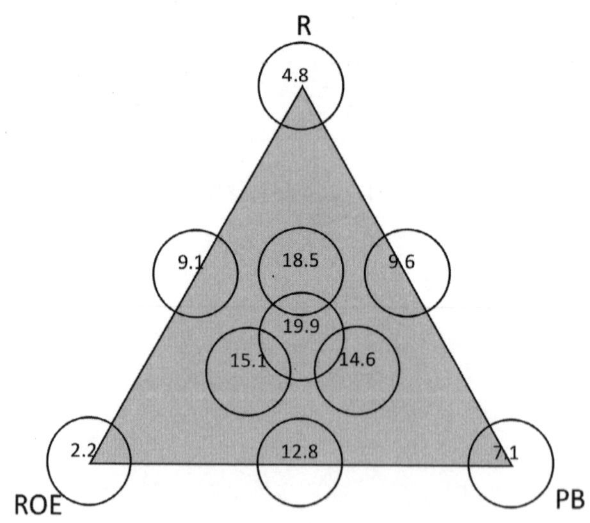

資料來源：作者整理

□ 慣性因子的變形 A：分成連續四週的評分

上述的慣性因子採用最近一個月的月報酬率。但同樣一個月上漲幅度相同的兩支股票，一個前三週上漲後一週下跌（先漲後跌），一個反過來，前一週下跌後三週上漲（先跌後漲），其慣性效應會一樣嗎？

為了測試這個問題，我們將三因子等權模型中的慣性因子從原本最近一個月的月報酬率評分，改為最近四週的週報酬率評分的平均評分，即每一週評分的權重為 1／3 權重（三因子）的 1／4（四個小因子），即權重為 1／12。且將最近四週的週報酬率評分方向假設成向下（D）與向上（U）兩種，即週報酬率越低評分越高，與週報酬率越高評分越高兩種。

結果如表 7-7 與圖 7-44。最近四週採 UUUU 者，選股效果最佳（15.78%），但仍略低於採用最近一個月的月報酬率的 19.9%。UUUD（先漲後跌）與 DUUU（先跌後漲）兩者評分策略分別為 12.55%與 14.17%，兩者差距不大，且都不如四週採 UUUU 評分策略者。

圖 7-44 慣性因子的變形 A：分成連續四週的評分

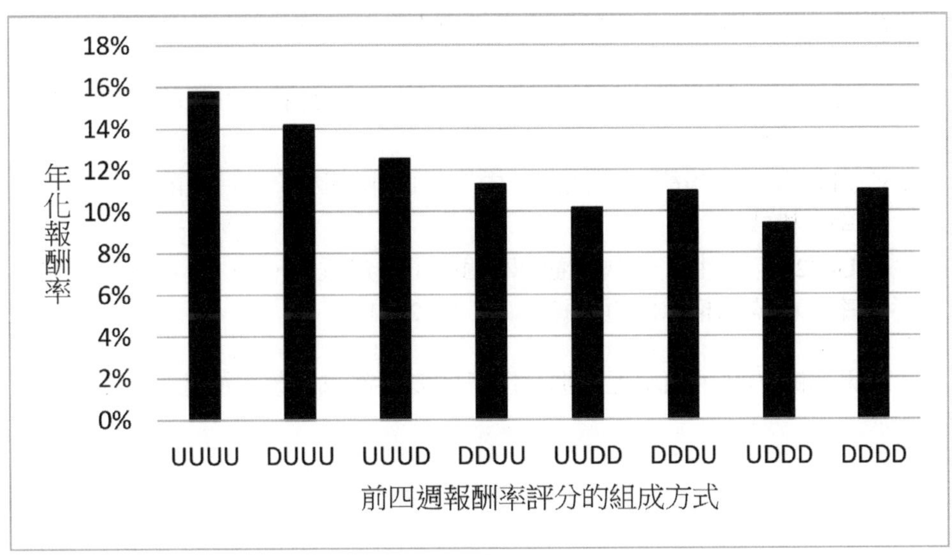

資料來源：作者整理

表 7-7 慣性因子的變形 A：分成連續四週的評分

	連續四週週報酬率的方向				
	前 4 週	前 3 週	前 2 週	前 1 週	年化報酬率（%）
1	△	△	△	△	15.78%
2	▼	△	△	△	14.17%
3	△	△	△	▼	12.55%
4	▼	▼	△	△	11.31%
5	△	△	▼	▼	10.17%
6	▼	▼	▼	△	10.97%
7	△	▼	▼	▼	9.41%
8	▼	▼	▼	▼	11.02%

資料來源：作者整理

□ 慣性因子的變形 B：混合式評分

將三因子等權模型中的慣性因子從原本最近一個月的月報酬率評分改為

- ✓ 月報酬＋月週轉：慣性因子由等權的兩個因子（月報酬率、月週轉率）構成。
- ✓ 月報酬＋週報酬：慣性因子由等權的兩個因子（月報酬率、週報酬率）構成。
- ✓ U4321：慣性因子由等權的四個因子（最近 1、2、3、4 週的週報酬率）構成，權重由近而遠為 4、3、2、1。

結果如圖 7-45，顯示上述慣性因子的變形都未能改善慣性效應。

圖 7-45 慣性因子的變形 B：混合式評分

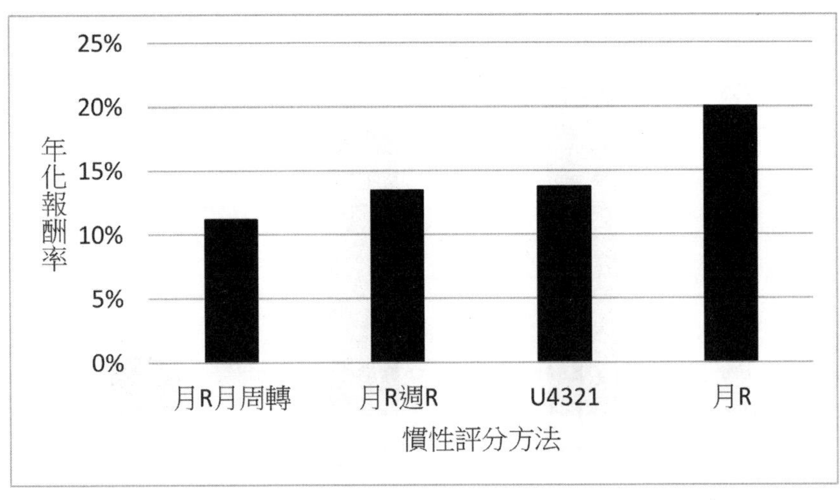

資料來源：作者整理

□ 慣性因子的變形 C：作空

將三因子等權模型中的慣性因子從作多改為作空操作，故股東權益報酬率選小，股價淨值比選大，慣性因子如下：

- ✓ D4321：慣性因子由四個因子（最近 1、2、3、4 週的週報酬率）構成，週報酬率越低評分越高，權重由近而遠為 4、3、2、1。
- ✓ DDDD：慣性因子由等權的四個因子（最近 1、2、3、4 週的週報酬率）構成，週報酬率越低評分越高。
- ✓ UUUU：慣性因子由等權的四個因子（最近 1、2、3、4 週的週報酬率）構成，週報酬率越高評分越高。

結果如圖 7-46。正如預期，作空時的慣性因子應該採用週報酬率越低評分越高，例如 D4321 與 DDDD。

圖 7-46 性因子的變形 C：作空

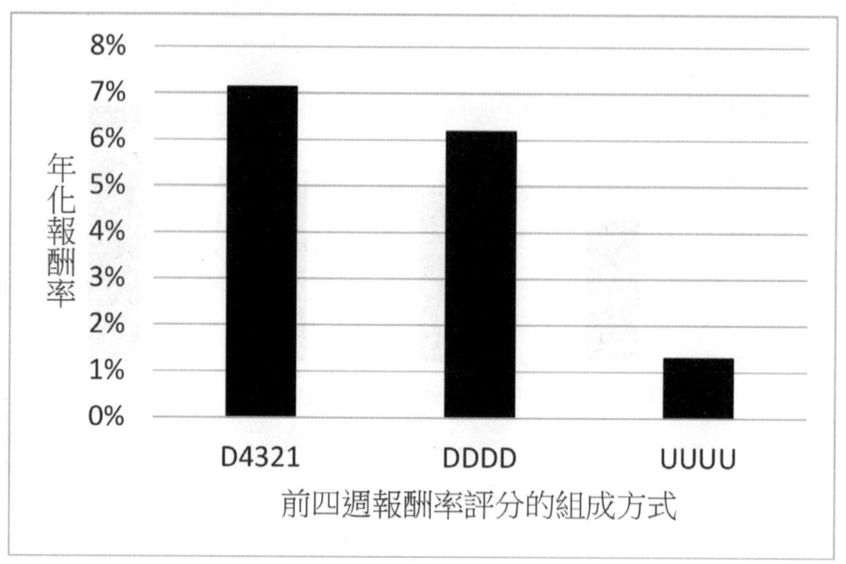

資料來源：作者整理

7-14 對投資人的啟發：以加權評分法融合價值投資與趨勢投資

股市經常是價值投資人買後，慣性投資人跟進。這兩種人的獲利潛力如下：

- ✓ 價值投資人：在超跌區不等股價上漲就買進，但買入後可能還要等股票價值被市場認同，股價才會上漲。此外，在超漲區不等股價下跌就賣出，又可能太早賣出，錯過市場股價繼續上漲。
- ✓ 趨勢投資人：在上漲後才買進，不用等股票價值被認同，但可能太晚買入，股價已經偏高甚至超漲。此外，在下跌後才賣出，但可能太晚賣出，股價已經偏低甚至超跌。

因此雖然這兩種人都可能獲利，但都未能最大化報酬。融合價值投資與趨勢投資的投資人在超跌區股價上漲後才買進，不用等股票價值被認同，不會買得太早。此外，在超漲區股價下跌後才賣出，能獲得超漲的報酬，不會賣得太早。他們在價值低估股之中買入剛剛被市場認同低估者，在價值高估股之中賣出剛剛被市場認同高估者，獲利的潛力最大。

章末註解

〔註解 1〕 反算參數的步驟

(1) 假設一組參數的初始值：慣性投資人參數 a，價值投資人參數 b，合理股價 $\overline{P}$，目前股價 P_0

(2) 令 $P_t = P_0$, $R_t = R_0$

(3) 計算 $R_{t+1} = a \cdot R_{t+1} + b \cdot (\overline{P} - P_t)$

(4) 計算 $P_{t+1} = P_t + R_{t+1}$

(5) 回到步驟（3），直到完成要匹配得數據長度，例如 20 週的收盤價。

(6) 計算步驟（4）得到的預測股價與實際股價的誤差平方和。

以上是由參數算出誤差平方和的過程。可以利用最佳化技術（數學規劃法）求得能使誤差平方和最小化的一組參數值，即得參數的最佳估計值。

第三篇
數據驗證篇
資料視覺化的運用

前面一篇已經從理論上說明證券分析的原理，證明價值因子和獲利因子是證券價格與報酬率的核心成分。本篇將用「資料視覺化」對價值因子、成長因子、股價、報酬率四者作一維、二維、三維的靜態與動態分析，讓讀者能「看穿」這些概念的關係。

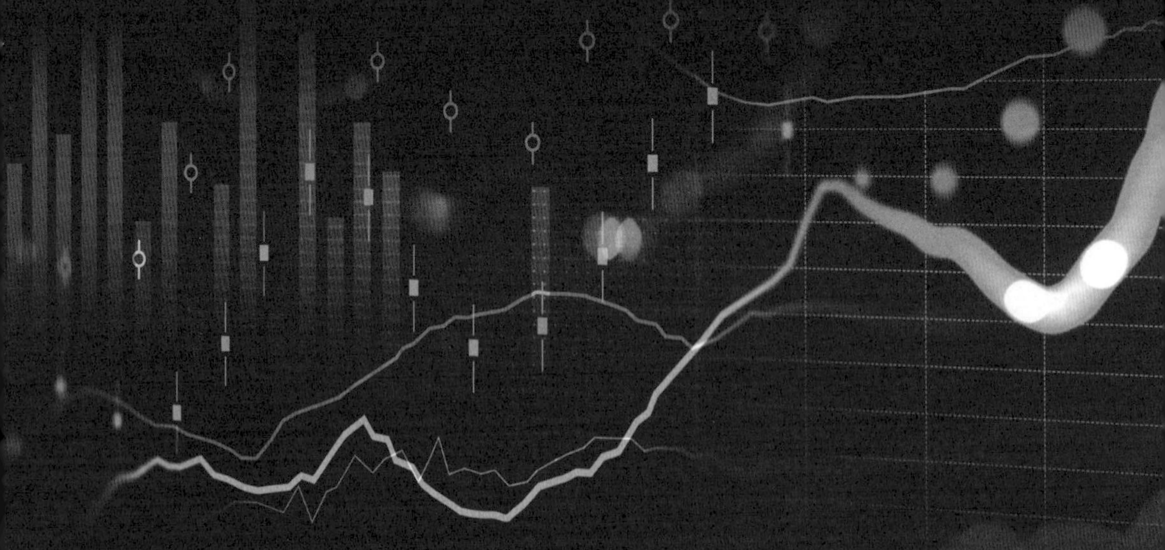

價值因子與獲利因子的股票報酬率歷程完全不同

資料視覺化 1：股價與報酬的一維動態分析

前面三章已經從理論上說明選股的原則，其中包括價值性原則（價值股觀點）、獲利性原則（成長股觀點），並強調兩者是兩個具有綜效的二維概念。本章將用「資料視覺化」對價值股、成長股的股價與報酬作一維動態分析，讓讀者實際體會兩者的本質與差異。

8-01 價值股與成長股：傳統的理解

價值股和成長股是股票市場上兩種主要的股票類型。傳統上，價值股是指價格低於其內在價值的股票，而成長股是指價格高於其內在價值但具有高成長潛力的股票。

❑ 價值股

價值股是指股價低於其內在價值的股票，因為市場對其成長潛力持懷疑態度。然而，如果價值股能夠實現其潛力，股價將會上漲，為投資者帶來豐厚的回報。價值股的投資策略是尋找價格被低估的股票，並在股價回歸其內在價值時獲利。價值股的投資者通常注重股票的本益比、股價淨值比。

❑ 成長股

成長股是指處於快速成長行業的新興企業的股票。成長股的股價通常高於其內在價值，因為市場對其成長潛力持樂觀態度。然而，成長股也存在較高的風險，因為其未來的成長可能無法實現。成長股的投資策略是尋找具有高成長潛力的股票，並在其成長過程中獲利。成長股的投資者通常注重公司未來的成長前景，例如產品或服務的創新性、市場成長性等。

8-02 價值股與成長股：常見的誤解

價值股與成長股是選股策略中很重要的兩個概念。從財務的基本面看

- 價值股：便宜的股票，特徵是股價淨值比（P／B）低、本益比（P／E）低。
- 成長股：賺錢公司的股票，特徵是股東權益報酬率（ROE）高。

對於價值股與成長股，一般投資人存在幾個誤解：

❑ 誤解 1. 傳統上把營收高成長的股票視為成長股。

這是一種誤解，公司營收成長並不必然會使每股盈餘增加，每股盈餘才是股東的真實利益。成長股重點應該是獲利能力，例如高股東權益報酬率的股票具有成長性。

❑ 誤解 2. 傳統上認為長期而言，價值股優於成長股，小型股優於大型股。

但實際上，未必如此。例如晨星公司（Morningstar, Inc.），是美國一家對全球資本市場與基金有獨立投資研究的權威評級機構，在 2020 年 6 月發布如圖 8-1 的五年晨星市場晴雨表（5-Year Morningstar Market Barometer），顯示剛好相反，五年期的市場數據顯示：價值股不如成長股，小型股不如大型股。

圖 8-1 晨星公司在 2020 年 6 月發布的五年晨星市場晴雨表顯示成長股優於價值股

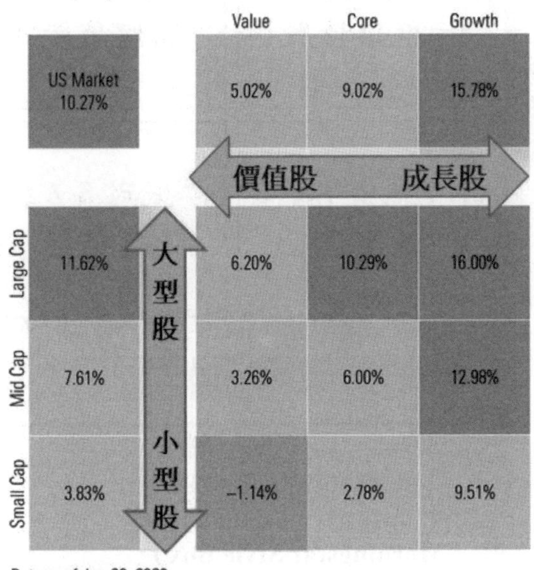

資料來源：晨星公司（Morningstar, Inc.）

❑ 誤解 3. 傳統上把價值股與成長股看成相反的概念。

傳統上，許多投資人把價值股和成長股看成是相反的概念（圖 8-2）。然而，近年來，隨著投資理念的發展，價值股和成長股已經逐漸不再是對立的觀念。一些投資者認為，價值股也可能具有成長潛力，而一些成長股也可能具有價值。事實上，價值、成長二者是兩個不同的概念，應該用二維的觀點來看待（圖 8-3）。

圖 8-2 價值股與成長股的 1 維觀點

資料來源：作者整理

圖 8-3 價值股與成長股的 2 維觀點

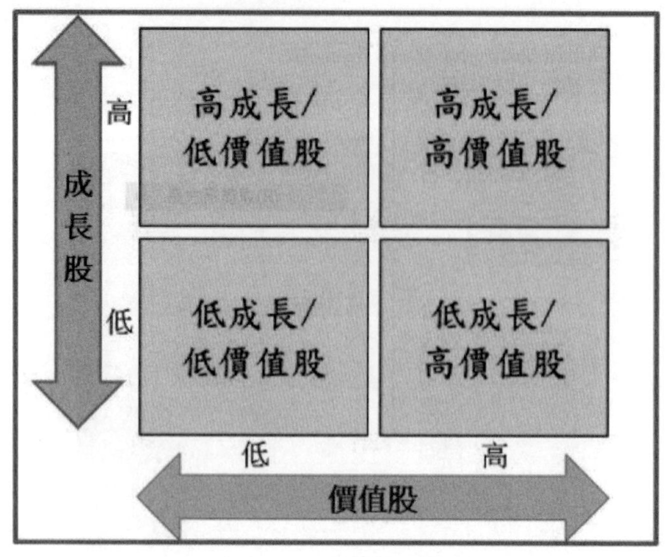

資料來源：作者整理

❑ 晨星公司的風格箱（**Morningstar Style Box**）

晨星公司對價值風格與成長風格各給出了表 8-1 的評分方式與權重，它表明：

- ✓ **價值風格：**是指用盈餘、淨值、營收、現金、股利與股價相比（P／E, P／B, P／S, P／C 以及 D／P），顯得便宜的股票。
- ✓ **成長風格：**是指用盈餘、淨值、營收、現金成長率來評價，顯得成長性高的股票。

這已經明白表示：價值、成長是兩個不同的概念，高價值未必低成長，反之亦然。股票同時具有價值性與成長性雖然稀少，但仍然是可能的。

表 8-1 晨星公司對價值風格與成長風格的定義

Value Score Components and Weights		Growth Score Components and Weights	
Forward looking measures	**50.0%**	**Forward looking measures**	**50.0%**
▸ Price-to-projected earnings		▸ Long-term projected earnings growth	
Historical based measures	**50.0%**	**Historical based measures**	**50.0%**
▸ Price-to-book	12.5%	▸ Historical earnings growth	12.5%
▸ Price-to-sales	12.5%	▸ Sales growth	12.5%
▸ Price-to-cash flow	12.5%	▸ Cash flow growth	12.5%
▸ Dividend yield	12.5%	▸ Book value growth	12.5%

資料來源：晨星公司（Morningstar, Inc.）

8-03 價值股與成長股：報酬的綜效

將價值性、成長性看成兩個不同的概念，是一種進步。發現同時具備價值性、成長性的股票具有高報酬的特性，也就是具有「綜效」，是更進一步的重大進步。例如，如果把股票依照價值性、成長性各分成低、中、高三個投資組合，假設報酬率都是 5%、8%、11%（圖 8-4 與圖 8-5）。再組合成的成長價值投資組合矩陣，例如右上角是由同時兼具價值性高、成長性高的股票構成的投資組合。

如果價值性、成長性這二個選股概念沒有報酬綜效，那麼這的投資組合的報酬率應該是平均值，例如圖 8-6 是無綜效的報酬矩陣，右上角是同時兼具價值性高、成長性高的股票構成的投資組合，報酬率為（11%＋11%）／2＝11%，左下角是同時兼具價值性低、成長性低的股票構成的投資組合，報酬率為（5%＋5%）／2＝5%。

如果價值性、成長性這二個選股概念有報酬綜效，那麼這的投資組合的報酬率應該偏離平均值，高的時候更高，低的時候更低，例如圖 8-7 是有綜效的報酬矩陣，右上角是同時兼具價值性高、成長性高的股票構成的投資組合，報酬率為 15%，大於 11%（平均值），左下角是同時兼具價值性低、成長性低的股票構成的投資組合，報酬率為 1%，小於 5%（平均值）。

圖 8-4 成長性選股報酬（圖中的報酬率為解釋報酬綜效所作的假設）

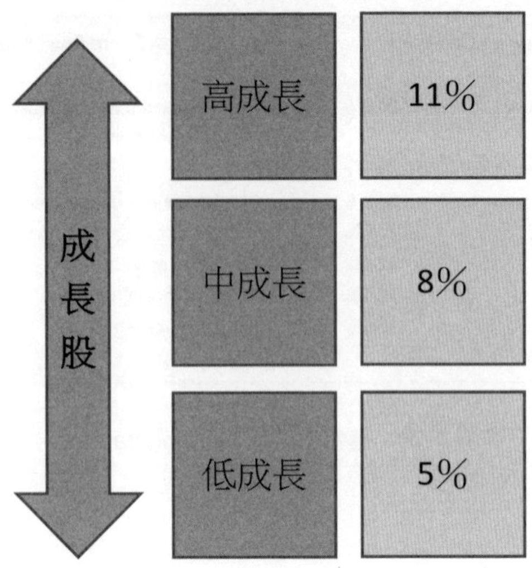

資料來源：作者整理

圖 8-5 價值性選股報酬（圖中的報酬率為解釋報酬綜效所作的假設）

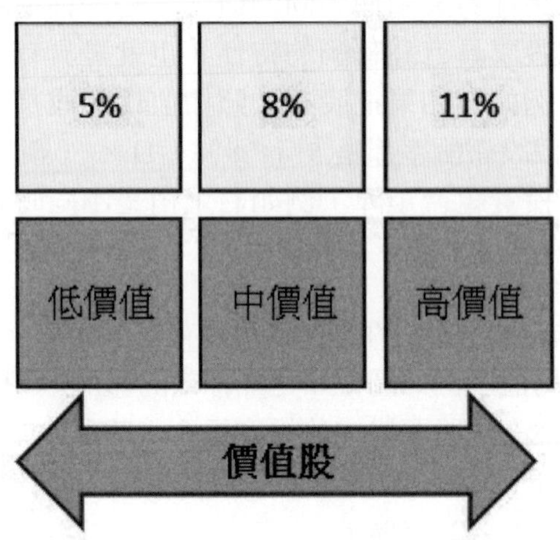

資料來源：作者整理

圖 8-6 將價值性、成長性看成兩個不同的概念，以及兩者的報酬：無綜效（圖中的報酬率為解釋報酬綜效所作的假設）

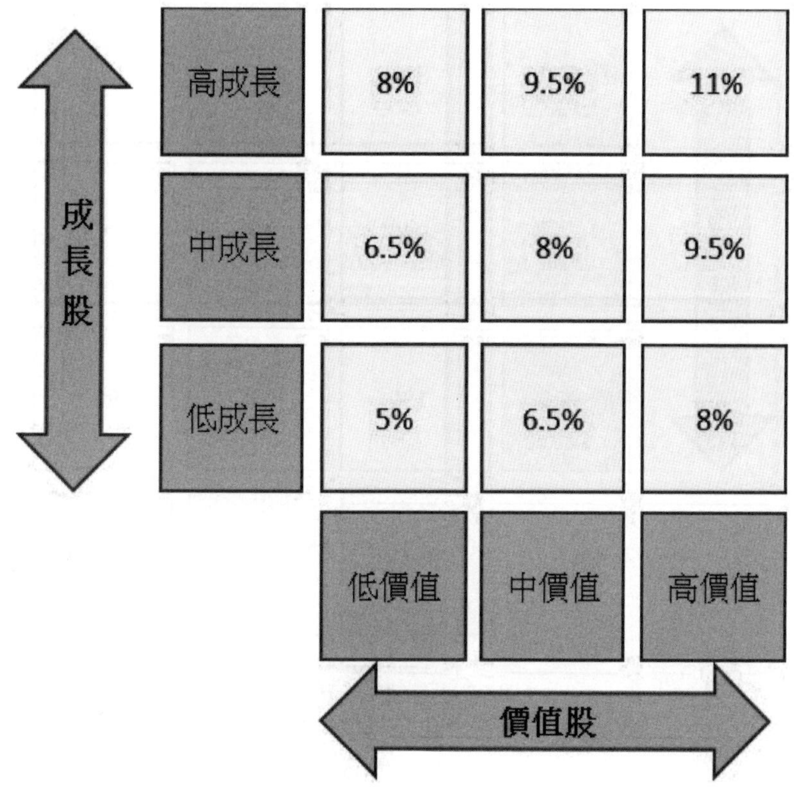

資料來源：作者整理

圖 8-7 將價值性、成長性看成兩個不同的概念，以及兩者的報酬：有綜效（圖中的報酬率為解釋報酬綜效所作的假設）

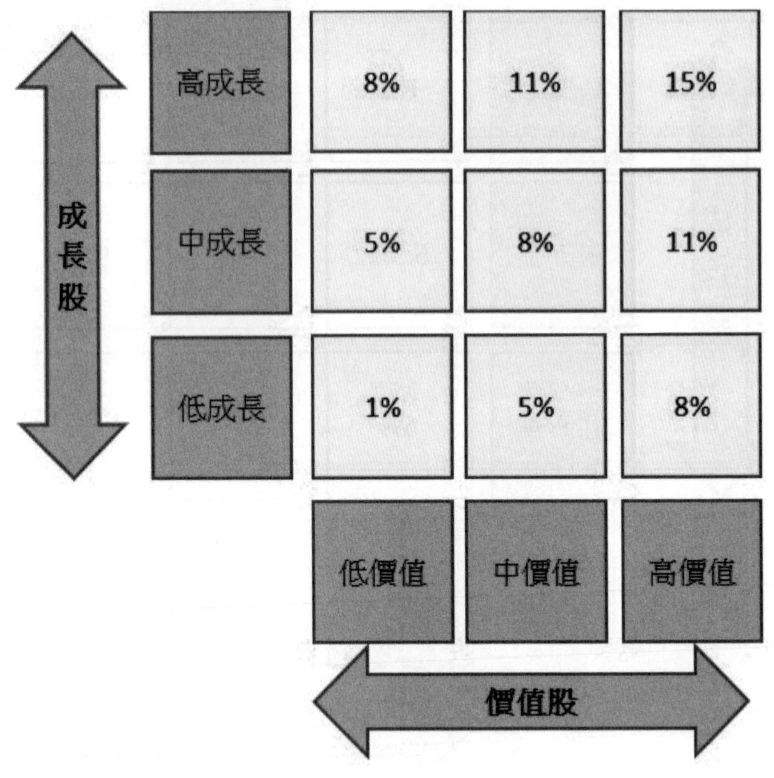

資料來源：作者整理

為證明價值性、成長性看成兩個不同的概念，而且具有報酬綜效，取以下資料進行資料視覺化：

- ✓ 股票樣本：台灣所有上市、上櫃股票。
- ✓ 回測期間：1996 年 Q1 至 2008 年 Q2，共 12.5 年間共 50 季，19,990 筆股市資料。

資料視覺化的步驟如下：

(1) 將股東權益報酬率（ROE）與淨值股價比（B／P）二個變數，轉換成排序值，原值在該季最大者 Rank 值＝1.0，最小者 Rank 值＝0.0，中位數者 0.5，其餘類推。

(2) 將股票依照 ROE 與 B／P 的 Rank 值，分五等分，即分（0.0 至 0.2）（0.2 至 0.4）（0.4 至 0.6）（0.6 至 0.8）（0.8 至 1.0）五等分，交叉形成＝25 個投組。

(3) 計算各投組 t+2 季的股票報酬率績效。

結果如圖 8-8：

- 由圖（a）可以看出，價值面的「淨值股價比」與成長面的「股東權益報酬率」都是對第 t+2 季的股票報酬率很有影響力的變數，兩者都大、兩者都小時，報酬率最大、最小，兩者具有綜效。
- 由圖（b）可以看出，「股東權益報酬率」與「淨值股價比」兩者一大一小的個股很多，兩者都大或都小的個股很少，可見兩者為負相關。市場上很少個股同時是「好公司的股票」與「便宜的股票」；或同時是「壞公司的股票」與「昂貴的股票」。

將淨值股價比（B／P）改為「最近淨值股價比」，即股價採用第 t+1 季季底之股價的 B／P。結果如圖 8-9：

- 由圖（a）可以看出，價值面的「最新淨值股價比」與成長面的「股東權益報酬率」都是對第 t+2 季的股票報酬率很有影響力的變數，兩者具有綜效。
- 由圖（b）可知，股東權益報酬率與「最新淨值股價比」兩者同樣為負相關，但比較不明顯。特別是市場上有不少個股同時是「壞公司的股票」與「昂貴的股票」。
- 比較圖 8-8 與圖 8-9 可知，「最新淨值股價比」比「淨值股價比」對第 t+2 季的股票報酬率更具影響力。

這兩個資料視覺化的實例證明了價值性、成長性看成兩個不同的概念，而且具有報酬綜效。

圖 8-8 股東權益報酬率（ROE）與淨值股價比（B／P）之結果

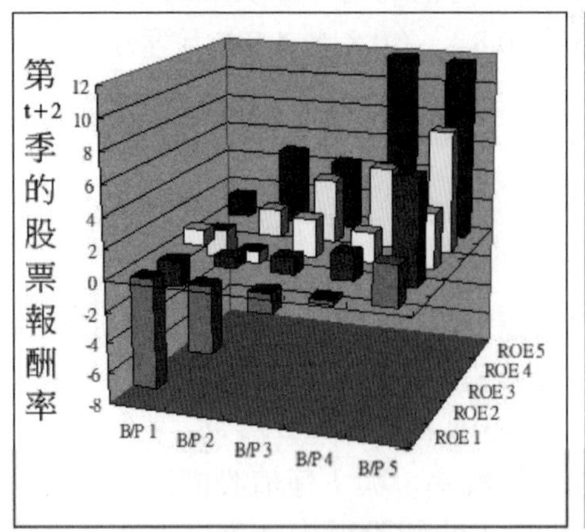

（a） 各投組季報酬率平均值

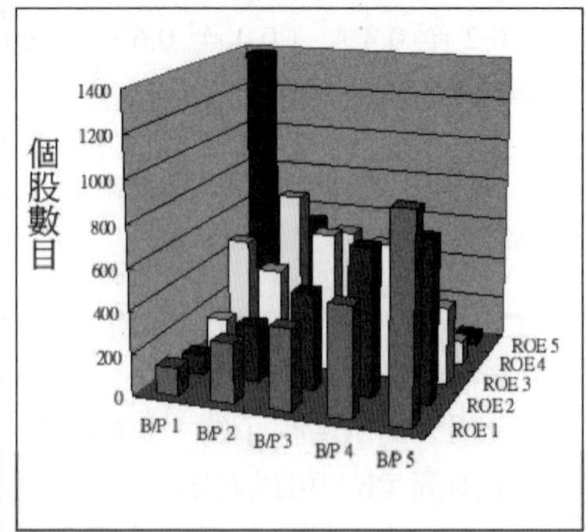

（b） 各投組個股數

資料來源：作者整理

圖 8-9 股東權益報酬率（ROE）與最近淨值股價比（B／P）之結果

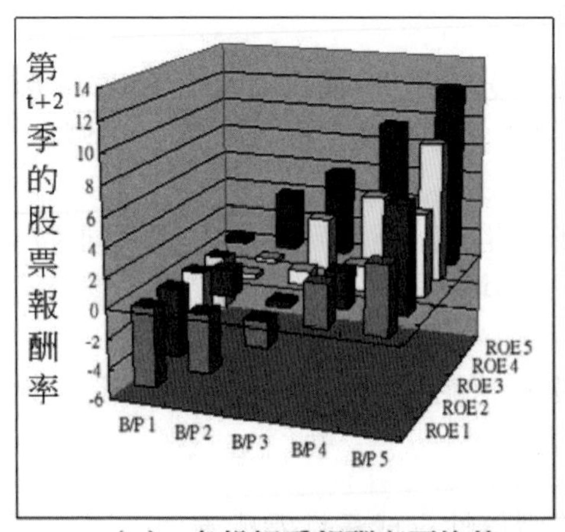

（a） 各投組季報酬率平均值

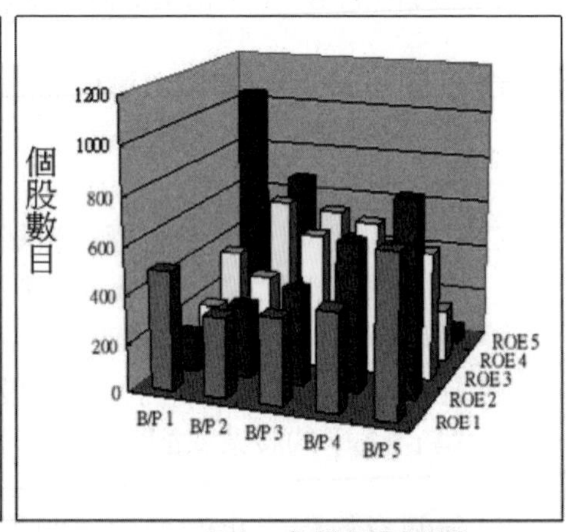

（b） 各投組個股數

資料來源：作者整理

8-04 價值股與成長股：股價與報酬之假說

投資價值股或成長股都可能獲利，但利益來自何方？股市不斷地有好消息與壞消息出現，市場會反應這些資訊，調整股價至新的價位。雖然市場對消息的反應有可能是如效率市場假說所主張的「市場能立即反映新的資訊，調整股價至新的價位」，但也可能是過度反應或不足反應：

❑ **過度反應**（圖 8-10 與圖 8-11）

投資人經常對非常規的消息（例如突發新聞）反應過度。市場對好消息反應過度，股價漲幅超過新資訊隱含的合理價位，導致在資訊公布後股價逐漸回跌至合理價位；反之，市場對壞消息反應過度，股價跌幅超過新資訊隱含的合理價位，導致隨後股價逐漸回漲至合理價位。因此在資訊公開時對好（壞）消息反應過度的股票股價達到最高（低）峰，報酬率也達到最高（低）峰，接下來的價格反向修正導致報酬率反轉，原先報酬率最高（低）的股票變最低（高）。

❑ **不足反應**（圖 8-12 與圖 8-13）

投資人經常對常規的消息（例如每季財報）反應不足。市場對好消息反應不足，股價漲幅未達新資訊隱含的合理價位，導致在資訊公布後股價仍然繼續上漲，逐漸逼近合理價位；反之，市場對壞消息反應不足，導致在資訊公布後股價仍然繼續下跌，逐漸逼近合理價位。因此在資訊公開時對好（壞）消息反應不足的股票股價較高（低），報酬率也較高（低），接下來價格仍會繼續上漲（下跌）導致原先報酬率較高（低）的股票仍然較高（低），但報酬率會逐漸趨近於 0。

基於上述的解說，我們提出以下假說：

❑ **假說一**：市場對非常規壞消息的反應過度產生價值股（圖 8-14）

價值股是指價格低於其內在價值的股票。價值股投資人通常買入本益比、股價淨值比低的股票。過低的 P／E 與 P／B 經常是因為市場對非常規壞消息的反應過度，導致股價低於其內在價值，形成價值股。

❑ **假說二**：市場對常規好消息的反應不足產生成長股（圖 8-15）

成長股是指具有高成長潛力的高獲利公司的股票。成長股投資人通常買入股東權益報酬率（ROE）高的股票。高 ROE 的股票沒有高 P／E 與高 P／B 經常是因為市場對常規好消息的反應不足，例如財報顯示股東權益報酬率已經提高，但市場未能及時反應這個新資訊，導致股價低於其內在價值，形成成長股。

圖 8-10 股價過度反應現象：產生價值股

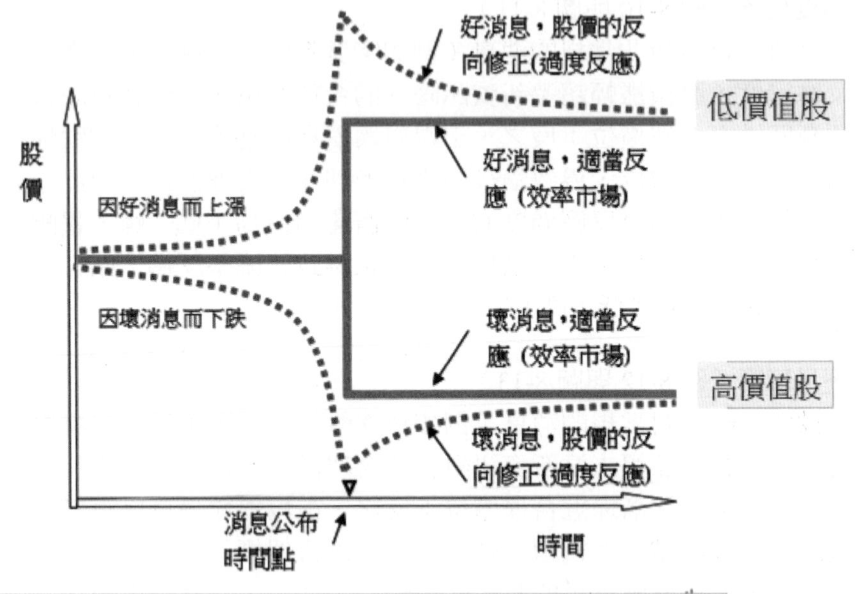

資料來源：作者整理

圖 8-11 股價過度反應下的報酬率驟變現象

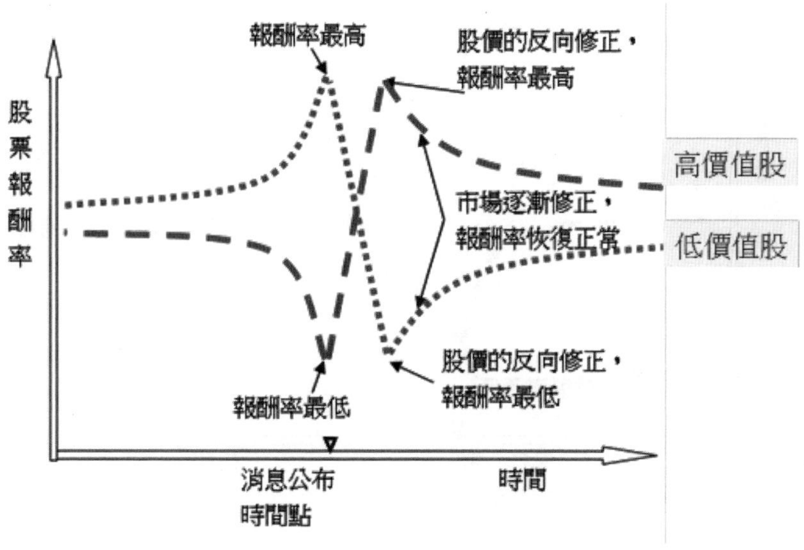

資料來源：作者整理

圖 8-12 股價不足反應現象：產生成長股

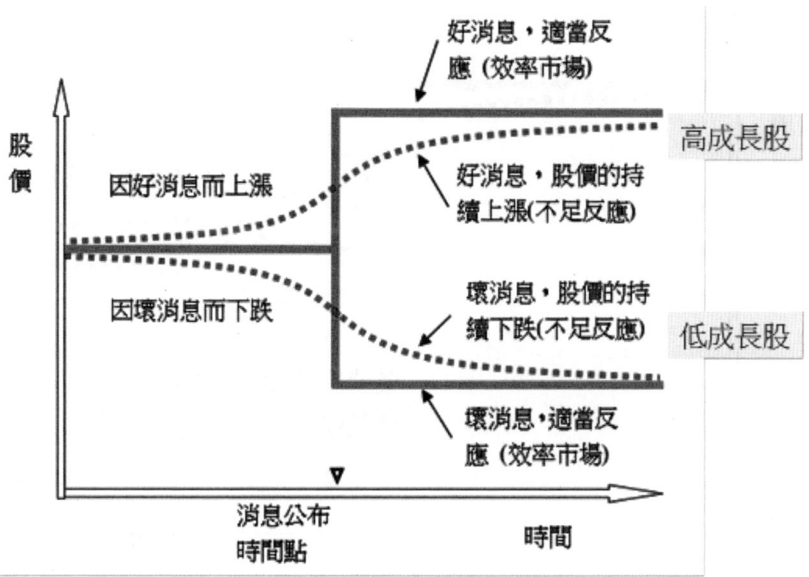

資料來源：作者整理

圖 8-13 股價不足反應下的報酬率漸變現象

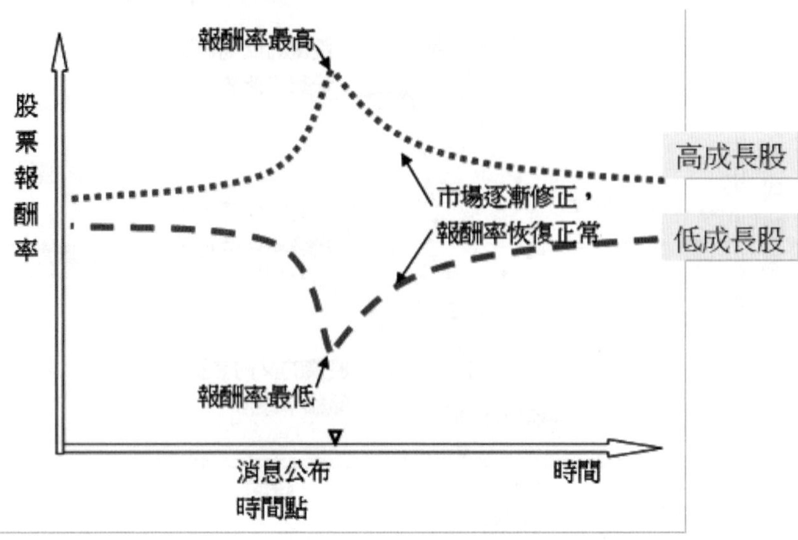

資料來源：作者整理

圖 8-14 壞消息的股價反應過度形成價值股

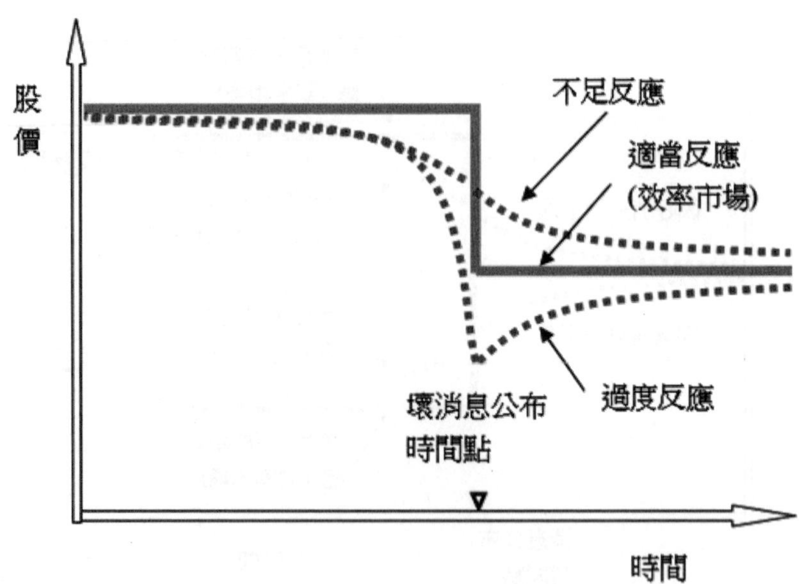

資料來源：作者整理

圖 8-15 好消息的股價反應不足形成成長股

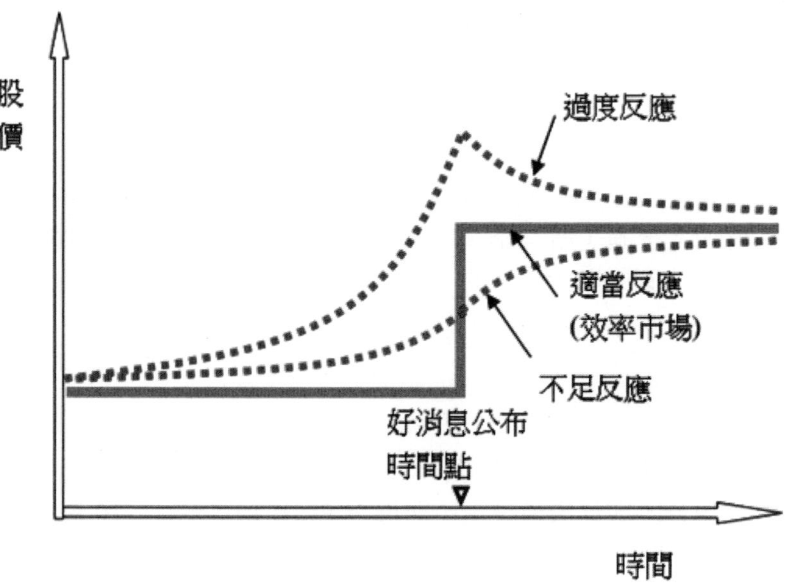

資料來源：作者整理

8-05 價值股與成長股：股價與報酬之實證 — 前後五季

為了證實前述的假說：

- ❑ 市場對非常規壞消息的反應過度產生價值股。
- ❑ 市場對常規好消息的反應不足產生成長股。

我們以臺灣所有上市櫃公司股票為樣本，使用 1996 至 2009 年，共 13 年的資料。

(1) 首先，在第 t 季依股價淨值比（P／B），或股東權益報酬率（ROE），之大小形成十個投組，每個投組含有等數目的個股。本研究的時間 t＝1997 年第一季到 2008 年第二季，共 46 季。

(2) 接著，計算這些投組在第 t-5, t-4, t-3, t-2, t-1, t, t＋1, t＋2, t＋3, t＋4, t＋5 等 11 季的季底股價平均值、季報酬率平均值。例如 t＝1997 年第一季時，計算 1995 年第四季到 1998 年第二季等 11 季。

(3) 將 t＝1997 年第一季到 2008 年第二季，共 46 季的結果計算平均值。因為第 t-5 至 t＋5 等 11 季所含的季度並不相同，故其各季的十個投組之股價與報酬率的平均值並不齊一。

(4) 為了將各季的平均值齊一化，每季的每一個投組的值都減去各季平均值，再加上全體（所有季、所有投組）平均值，其結果如圖 8-16 至圖 8-19 所示。圖中顯示各季的十個投組之股價與報酬率的平均值已接近齊一化。

由這些圖可以發現：

(1) 由圖 8-16 可知，高價值投組（即每季 P／B 最低的 1／10 股票的投組，即第 1 等分）與低價值投組（即每季 P／B 最高的 1／10 股票的投組，第 10 等分）其股價平均值分別有開始反轉上漲與反轉下跌的傾向，有明顯的過度反應現象。

(2) 由圖 8-17 可知，高價值投組（第 1 等分）在形成投組當季（第 t 季）有最低的報酬率，但在隔季（第 t＋1 季）有最高的報酬率，隨後逐季緩慢遞減。而低價值投組（第 10 等分）正好相反。

(3) 由圖 8-18 可知，高成長投組（即每季 ROE 最高的 1／10 股票的投組，即第 10 等分）與低成長投組（即每季 ROE 最低的 1／10 股票的投組，即第 1 等分）的股價平均值分別有繼續上漲與繼續下跌的傾向，有明顯的不足反應現象。

(4) 由圖 8-19 可知，高成長投組（第 10 等分）在形成投組當季（第 t 季）有最高的報酬率，在隔季（第 t＋1 季）其報酬率仍為所有投組中最高者，但逐季快速遞減，到了第 t＋3 季反而較其它投組還低。而低成長投組（第 1 等分）正好相反。

圖 8-16 以 P／B 十等分形成的投組之股價過度反應現象

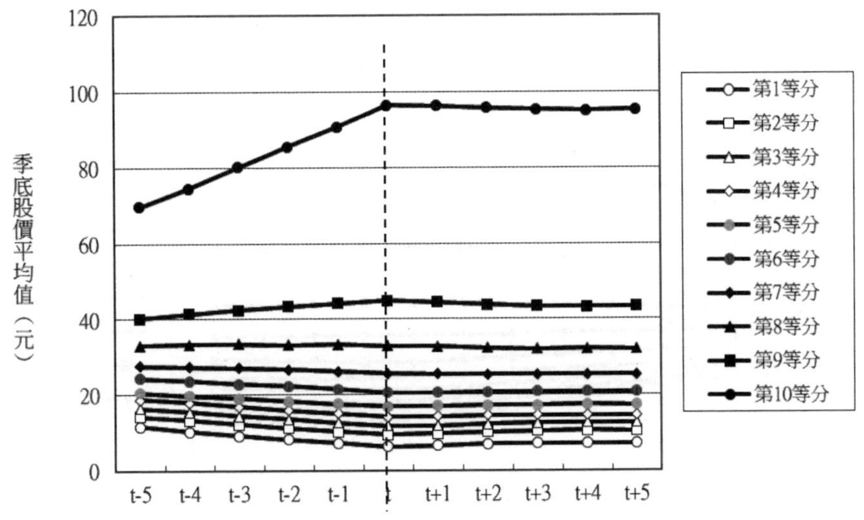

資料來源：作者整理

圖 8-17 以 P／B 十等分形成的投組之報酬率驟變現象

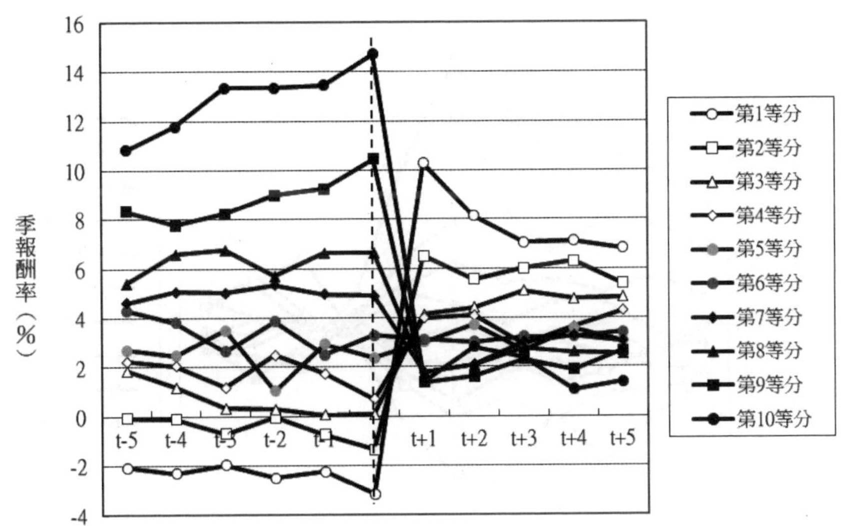

資料來源：作者整理

圖 8-18 以 ROE 十等分形成的投組之股價不足反應現象

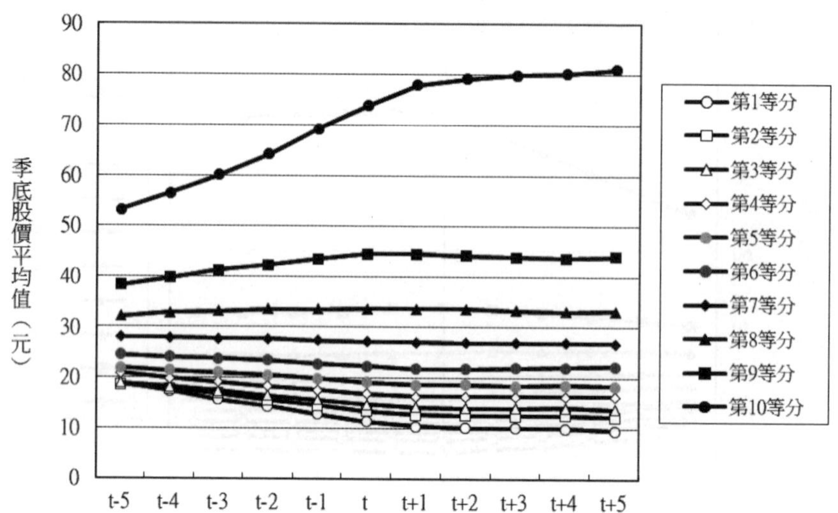

資料來源：作者整理

圖 8-19 以 ROE 十等分形成的投組之報酬率漸變現象

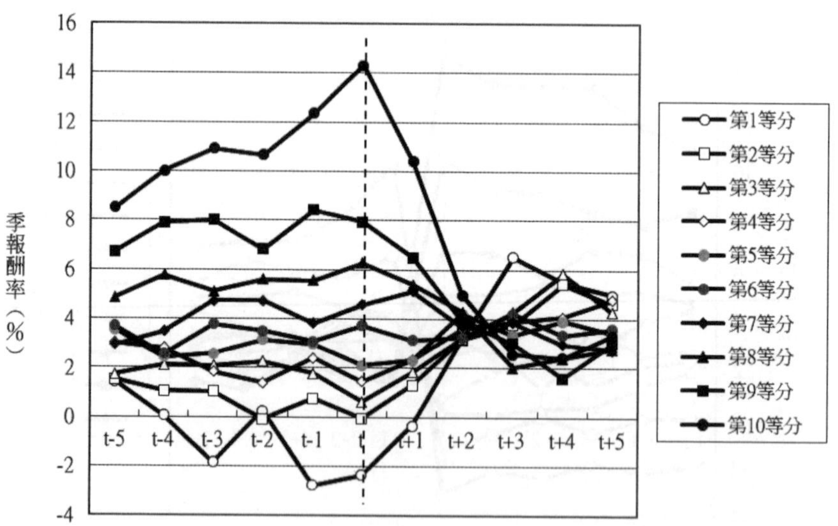

資料來源：作者整理

8-06 價值股與成長股：報酬之建模 — 前後五季

由於上述圖形有很多雜訊，使得變化趨勢看不清楚。因此，我們使用阻滯衰減模型（參見章末註解）配合迴歸分析，來消除雜訊，產生如圖 8-20 與 8-21 的迴歸曲線。

❑ 價值股（圖 8-20）

P／B 最低的股票，在第 t 季（財報表達的當季）報酬率最低，在第 t+1 季（財報尚未公告） 報酬率卻最高，甚至到了第 t+5 季（財報通常已公告超過三季）報酬率仍然最高。這反映了市場對公司財務面的 P／B 訊息反應相當緩慢，其選股效果衰減慢。由於在第 t+2 季通常已公告財報，因此其季報酬率可視為選股效果的估計值。圖中顯示其季超額報酬大約 4%。

❑ 成長股（圖 8-21）

ROE 最高的股票，在第 t 季（財報表達的當季）報酬率最高，在第 t+1 季（財報尚未公告） 報酬率也最高，到了第 t+2 季（財報通常已公告）報酬率仍最高，但到了第 t+3 季（財報通常已公告超過一季）報酬率中等，到了第 t+4 季（財報通常已公告超過二季）報酬率反而最低。這反應了市場對公司財務面的 ROE 訊息反應相當迅速，其選股效果衰減極快。由於在第 t+2 季通常已公告財報，因此其季報酬率可視為選股效果的估計值。圖中顯示其季超額報酬大約 2%。

圖 8-20 以 P／B 十等分形成的投組之報酬率阻滯衰減模型

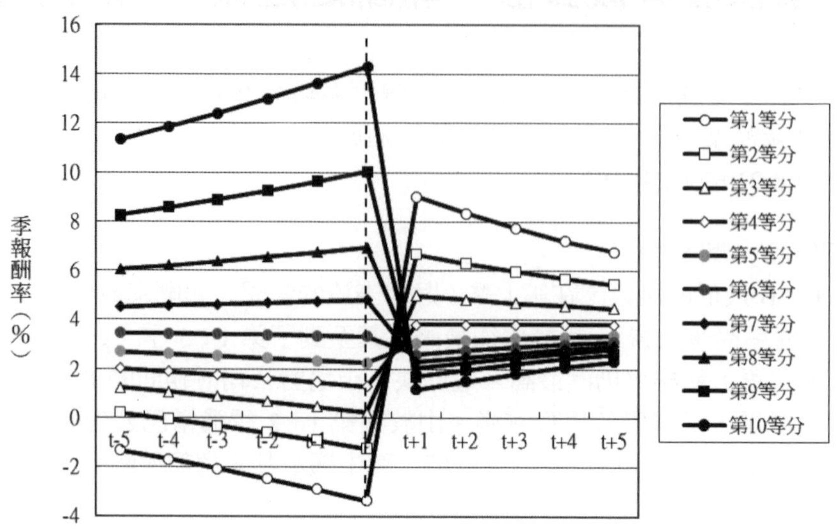

資料來源：作者整理

圖 8-21 以 ROE 十等分形成的投組之報酬率阻滯衰減模型

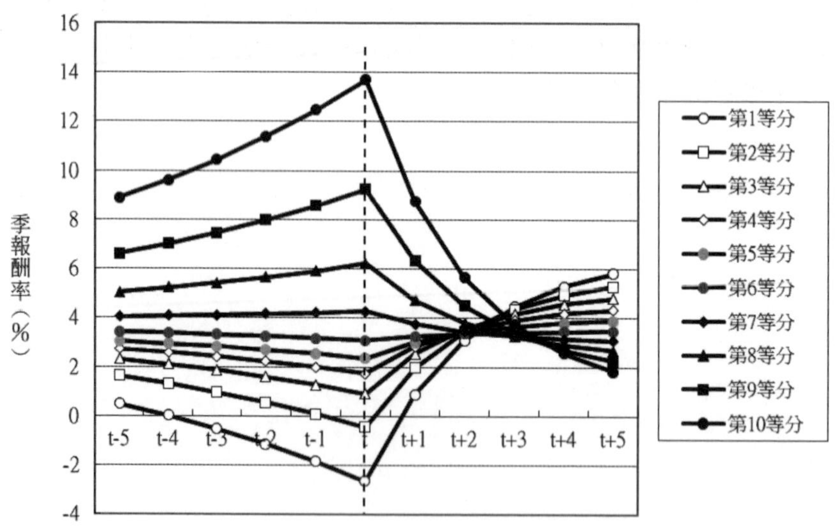

8-07
價值股與成長股：股價與報酬之實證 — 前後十季

前述實證是以形成投組之前後各五季為觀測期，為了了解這個現象的長期趨勢，在此將觀測期間延伸至形成投組之前後十季（共 2.5 年），其結果如圖 8-22 至圖 8-25 所示。由這些圖可以發現與之前圖 8-16 至圖 8-19 相似的結論。

圖 8-22 以 P／B 十等分形成的投組之股價過度反應現象（前後各十季）

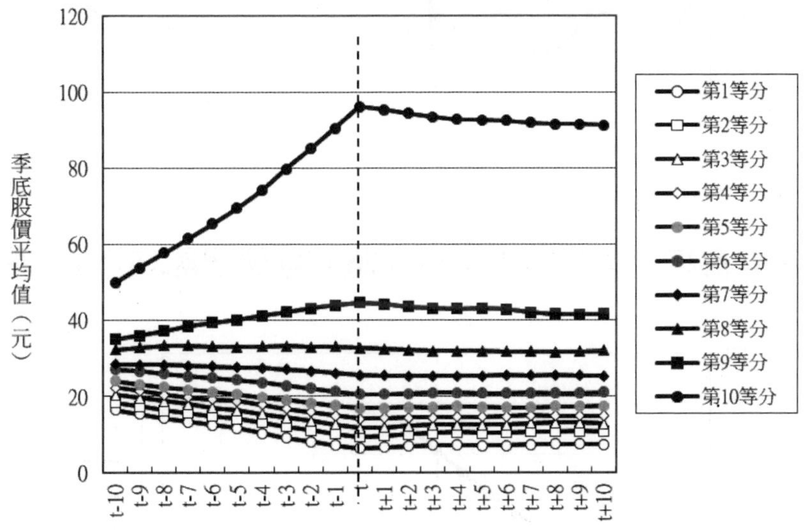

圖 8-23 以 P／B 十等分形成的投組之報酬率驟變現象（前後各十季）

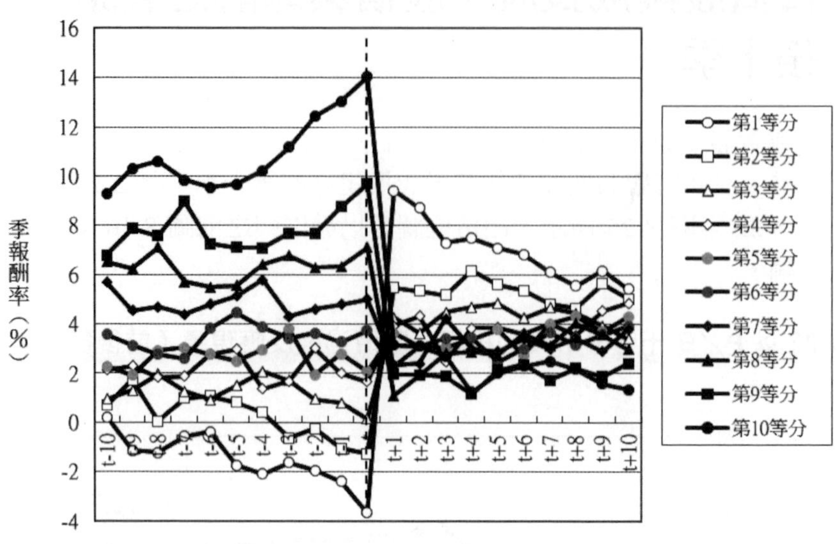

資料來源：作者整理

圖 8-24 以 ROE 十等分形成的投組之股價不足反應現象（前後各十季）

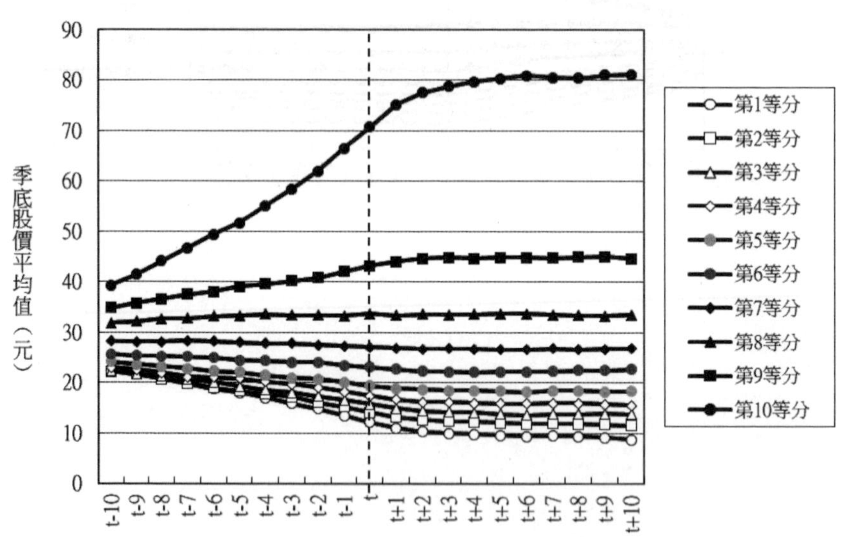

資料來源：作者整理

圖 8-25 以 ROE 十等分形成的投組之報酬率漸變現象（前後各十季）

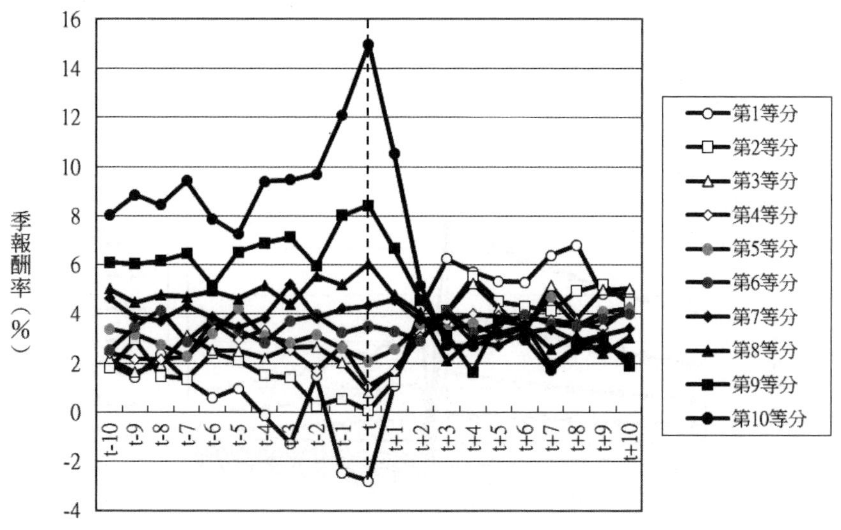

資料來源：作者整理

8-08 價值股與成長股：報酬之建模 — 前後十季

由於上述圖形有很多雜訊，因此，我們使用阻滯衰減模型配合迴歸分析，來消除雜訊，產生如圖 8-26 與圖 8-27 的迴歸曲線。

❑ 價值股（圖 8-26）

P／B 最低的股票，在第 t 季（財報表達的當季）報酬率最低，在第 t+1 季（財報尚未公告） 報酬率卻最高，甚至到了第 t+10 季（財報通常已公告超過 2 年）報酬率仍然最高。這反映了市場對公司財務面的 P／B 訊息反應相當緩慢，其選股效果衰減慢。

❑ 成長股（圖 8-27）

ROE 最高的股票，在第 t 季（財報表達的當季）報酬率最高，在第 t+1 季（財報尚未公告）報酬率也最高，但到了第 t+4 季（財報通常已公告超過二季）報酬率反而最低。而且一直延伸到第 t＋10 季（財報通常已公告超過 2 年）報酬率仍然最低。這反映了市場對公司財務面的 ROE 訊息反應相當迅速，其選股效果衰減極快。

圖 8-26 以 P／B 十等分形成的投組之報酬率阻滯衰減模型（前後各十季）

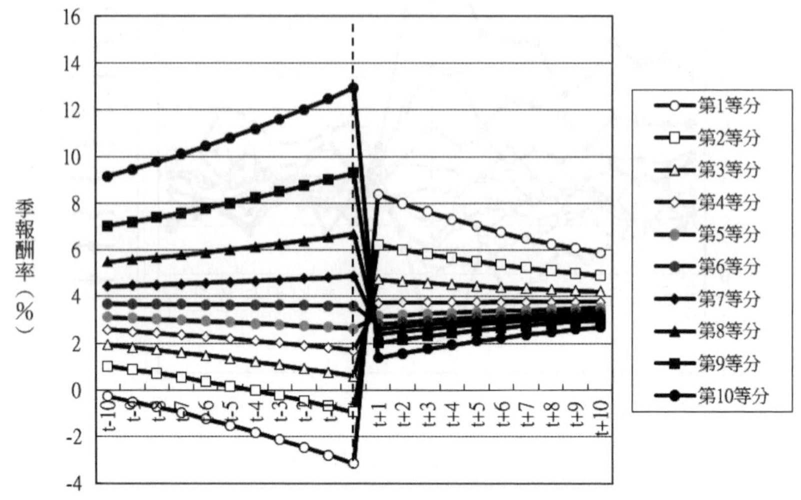

資料來源：作者整理

圖 8-27 以 ROE 十等分形成的投組之報酬率阻滯衰減模型（前後各十季）

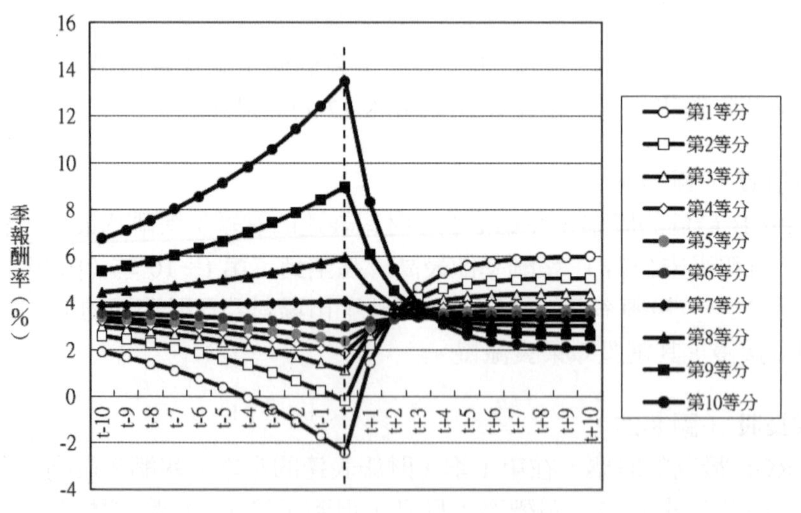

資料來源：作者整理

8-09 對投資人的啟發：價值、成長是二維的概念

本章對投資人的啟發如下：

- 價值、成長二者是二個不同的概念，應該用二維的觀點來看待。股票高價值未必低成長，反之亦然。股票同時具有價值性與成長性雖然稀少，但仍然是可能的。好東西雖然稀少，但還是有，不是嗎？
- 本章用非常直覺的視覺方法證明價值股、成長股的超額報酬來源來自：

✓ 價值股：來自市場對「非常規」好消息、壞消息的過度反應。
✓ 成長股：來自市場對「常規」好消息、壞消息的不足反應。

投資人可以善用市場偶然發生的定價錯誤獲得更高的報酬。

價值、成長這兩個選股因子不僅是最重要的選股因子，兩者之間還具有「綜效」，也就是兩個因子一起選股時，選股效果優於單一因子。這是本書的核心觀點，將在後續各章進一步探索與闡述。

章末註解

〔註解 1〕股價與報酬率理論模型之建構：阻滯衰減模型

股市的物理學類比

- 外力：消息
- 位移：股價偏離合理股價差距
- 速度：股價的變化速率，即報酬率。

對於臨界阻尼系統，運動方程式的解如下式

$$x(t) = (A + Bt)e^{-\omega_n t}$$

本書參考上述公式設計「阻滯衰減模型」來建構股價與報酬率理論模型。

股價淨值比與股東權益報酬率的關聯性

資料視覺化 2：股票的二維靜態與動態分析

由於股市的資料非常雜亂，用簡單的統計方法很難發現有用的規律。本章將使用二維的資料視覺化探討公司的本質（獲利能力）與市場的估值之間的靜態與動態關係，並證明雖然公司的本質與市場的估值是價值投資的核心，但因為股市很有效率，股價趨勢是不可或缺的選股佐證。

9-01 資料視覺化（Data Visualization）

☐ 資料視覺化的意義

資料視覺化是將複雜的、大量的數值型資料轉換為更易於理解的視覺元素（圖表、圖形、顏色）的程序。資料視覺化可以幫助使用者更容易地表達、理解、分析、推理和歸納資料。隨著資料量的不斷增長，人們很難從原始資料中找到有用的資訊。資料視覺化可以幫助人們從大量的資料中提取出有價值的資訊，從而做出更好的決策。

☐ 資料視覺化的優勢

安斯庫姆四重奏（Anscombe's quartet）是指四組由統計學家安斯庫姆（Francis Anscombe）於 1973 年提出的數據（圖 9-1），它的目的是用來說明在分析數據前先繪製圖表的重要性，以及離群值對統計的影響之大。

圖 9-1 安斯庫姆四重奏（Anscombe's quartet）：相同的統計特性，很不同的數據

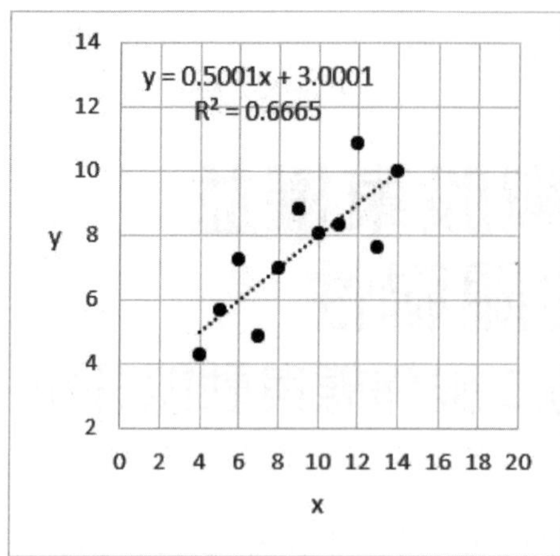

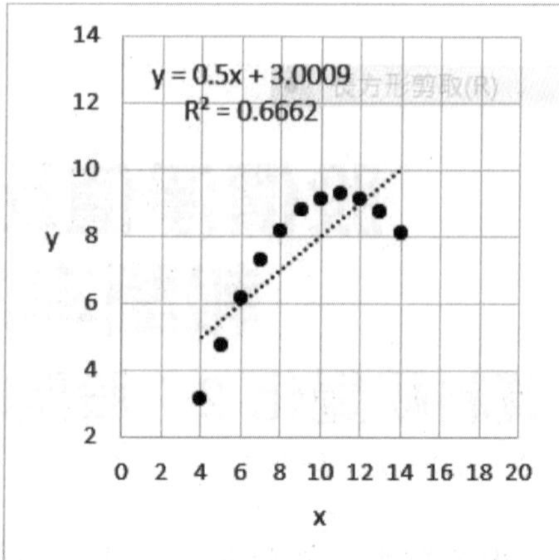

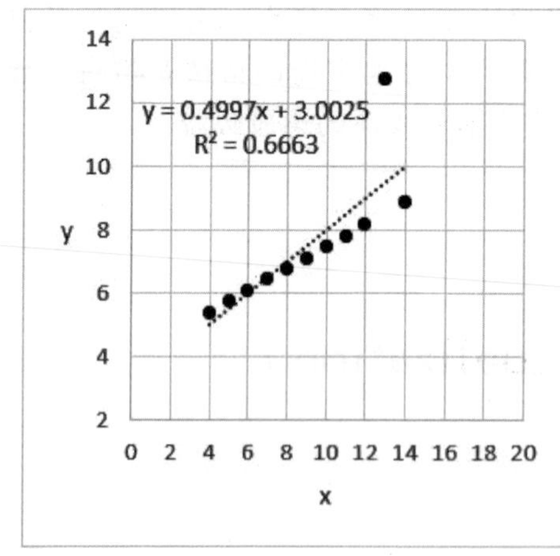

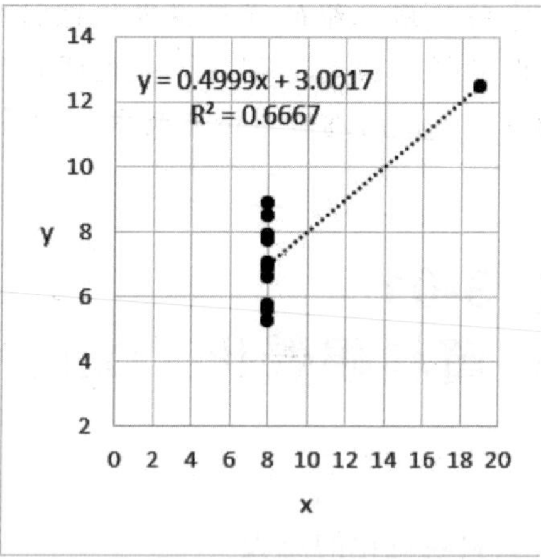

資料來源：作者整理

這四組數據集的每一組數據集都包含 11 個（x, y）點。它們具有幾乎相同的簡單敘述統計量，包括：X 平均值、X 標準差、Y 平均值、Y 標準差、XY 的迴歸公式、判定係數。雖然它們擁有相同的統計特性，然而，當繪製數據集時，視覺告訴我們它們是很不相同的數據：

- ✓ 數據集 1：X 與 Y 是線性關係，
- ✓ 數據集 2：X 與 Y 是非線性關係，
- ✓ 數據集 3：有一個偏離直線的離群值，

✓ 數據集 4：在左端有 10 個點 X 值相同，在右上角有一個離群值。

安斯庫姆四重奏是一個警世故事，用於教導統計學的使用者，在分析數據時僅依靠摘要統計量是危險的。數據集的描述統計量可能會誤導，尤其是當數據集具有離群值或非線性關係時。

□ 資料視覺化的應用

由於股市的資料非常雜亂，用簡單的統計方法很難發現有用的規律。例如用單變數迴歸分析去分析一個選股因子與股票報酬率的數據，幾乎不可能發現有意義的關係。但使用十等分法，把股票依照選股因子的大小排序，分成十等分，計算每一個等分的報酬率的平均值或中位數，再用柱狀圖來表達，可以發現許多選股因子確實與報酬率存在明顯的關係。前面一章已經採用資料視覺化去發現單一選股因子與股票報酬率的動態關係。本章將用它去發現涉及多個選股因子的關係，為投資人的選股方法提供有用的指引。

9-02 P／B 與 ROE 的關係：成長價值模型

本書前面提出了成長價值模型（Growth Value Model, GVM），用於估計股票內在價值。它有幾種表達方式：

GVM 認為股票的內在價值是淨值（B）與股東權益報酬率（ROE）的函數：

$$P_0 = B_0 \cdot \left(\frac{1+ROE_0}{1+r}\right)^m \qquad (9\text{-}1)$$

其中 r＝必要報酬率，m＝持續係數

GVM 認為股票的公平股價淨值比（P／B）為股東權益報酬率（ROE）的函數：

$$P_0 / B_0 = \left(\frac{1+ROE_0}{1+r}\right)^m \qquad (9\text{-}2)$$

令 $k=\left(\frac{1}{1+r}\right)^m$ ＝價值係數

則上面兩式可改寫成

$$P_0=k\cdot B_0\cdot(1+ROE_0)^m \quad (9\text{-}3)$$

$$P_0/B_0=k\cdot(1+ROE_0)^m \quad (9\text{-}4)$$

一般股票的價值係數 k 與持續係數 m 大約如下：ROE 以年為單位時 k＝0.7, m＝7 左右，ROE 以季為單位時 k＝0.7, m＝28 左右。

股價淨值比（P／B）為股東權益報酬率（ROE）的函數是顯而易見的。以圖 9-2 的台灣股市 2008 年 Q1 至 2018 年 Q4 的 ROE 和 P／B 散布圖為例，圖中 GVM 迴歸曲線顯示，在 ROE 大於 0 時，迴歸曲線預測的 P／B 與數據吻合，但 ROE 小於 0 時，迴歸曲線明顯低估，P／B 變得與 ROE 大小無關，這正是前面成長價值模型的改進版「成長價值複合模式」（Growth Value Hybrid Model）的主張，它將上述公式修正如下：

$$P_0=\mathrm{Max}(k\cdot B_0\cdot(1+ROE_0)^m, k\cdot B_0) \quad (9\text{-}5)$$

$$P_0/B_0=\mathrm{Max}(k\cdot(1+ROE_0)^m, k) \quad (9\text{-}6)$$

GVM 估計股價的步驟如下：

步驟 1.估計股票的價值係數 k 與持續係數 m
步驟 2.估計公司的 ROE
步驟 3.估計合理的 P／B＝Max（$k\cdot(1+ROE_0)^m$, k）
步驟 4.估計合理的股價 P＝合理的 P／B×每股淨值

圖 9-2 台灣股市的 ROE 和 P／B 散布圖（2008 年 Q1 至 2018 年 Q4）

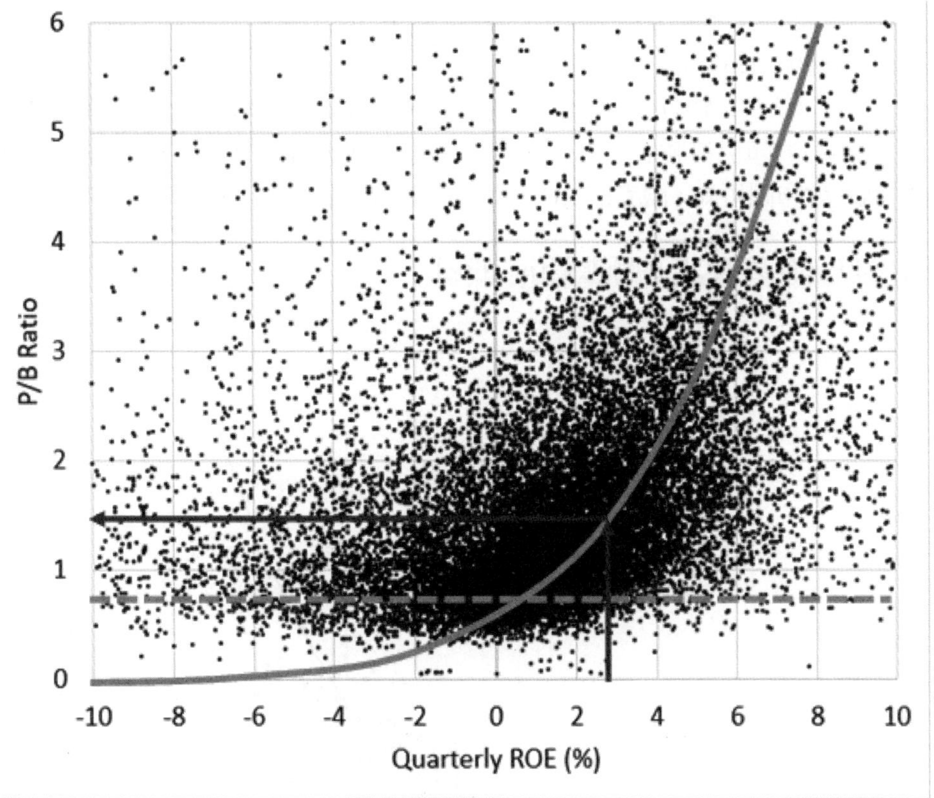

資料來源：作者整理

9-03 P／B 與 ROE 的靜態關係 1：投組

雖然圖 9-2 已經表明股價淨值比（P／B）為股東權益報酬率（ROE）的函數，但太過散亂。因此取以下資料進行資料視覺化：

✓ 股票樣本：台灣所有上市、上櫃股票。

✓ 回測期間：2008 年 Q1 至 2018 年 Q4，共 11 年間共 44 季的股市資料。

資料視覺化的步驟如下：

(1) 市場 44 季的個股季資料每一季都依照 ROE 大小分成十組，統計每一組 P／B 的平均值。
(2) 這 44 季的季資料每季產生 10 個數據，因此共有 440 個數據，分別以 10 種不同的顏色符號表達，繪成圖 9-3 的 ROE 與 P／B 的 XY 散布圖。
(3) 觀察散布圖可知，兩者在 ROE 大於 0 時明顯相關，但 ROE 小於 0 時無關。

圖 9-3 P／B 與 ROE 的靜態關係：投組

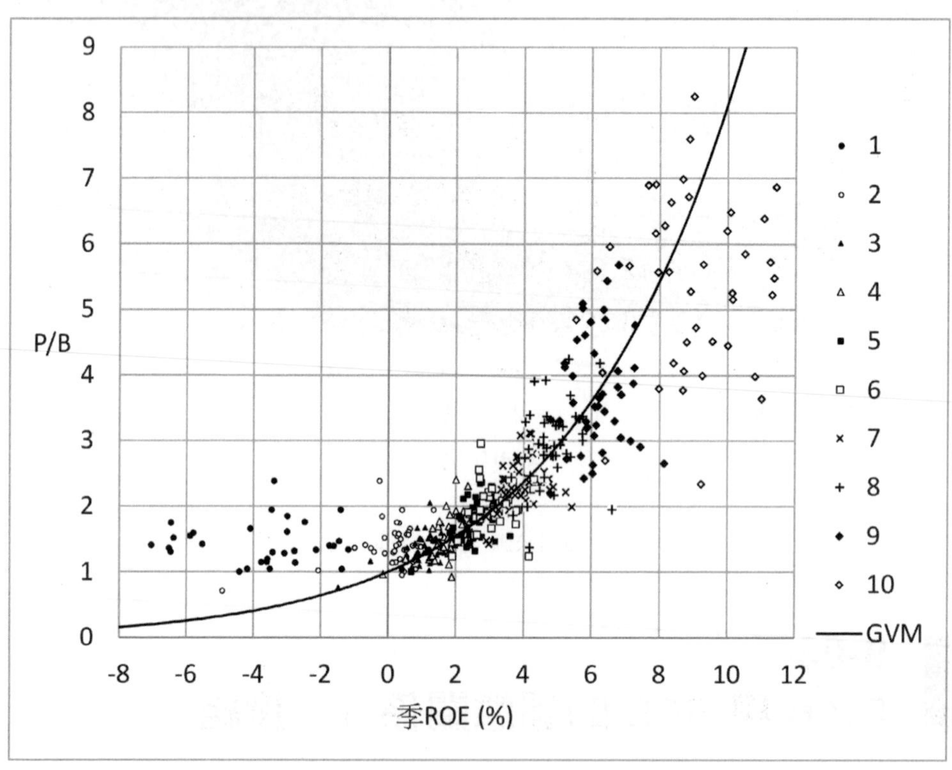

資料來源：作者整理

9-04
P／B 與 ROE 的靜態關係 2：個股

雖然圖 9-3 已經表明 GVM 迴歸曲線可以表達股價淨值比（P／B）為股東權益報酬率（ROE）的關係，但它是分組資料的結果，每一組資料包含了大量的股票。為了瞭解個股的股價淨值比（P／B）與股東權益報酬率（ROE）的關係，在上述資料中，取五支股票，進行資料視覺化。圖 9-4 至圖 9-8 顯示不同股票的股價淨值比（P／B）與股東權益報酬率（ROE）的關係不同。

- 股東權益報酬率（ROE）與股價淨值比（P／B）的關係遵守 GVM 迴歸曲線的股票。如宏達電與大立光。
- 股東權益報酬率（ROE）大小對股價淨值比（P／B）高低影響很大的股票。差異不大的 ROE 造成差異很大的 P／B。如鴻海。
- 股東權益報酬率（ROE）大小與股價淨值比（P／B）高低關係不明顯的股票。差異很大的 ROE 造成差異不大的 P／B。如台積電與聯電。

雖然個別股票的股東權益報酬率（ROE）大小與股價淨值比（P／B）高低關係不明確，但把五支股票的數據合在一起觀察，如圖 9-9，仍然顯示 P／B 與 ROE 的關係密切。ROE 大於 0 時，ROE 越大，P／B 越高；但 ROE 小於 0 時，P／B 不隨 ROE 變化。

圖 9-4 P／B 與 ROE 的靜態關係：台積電

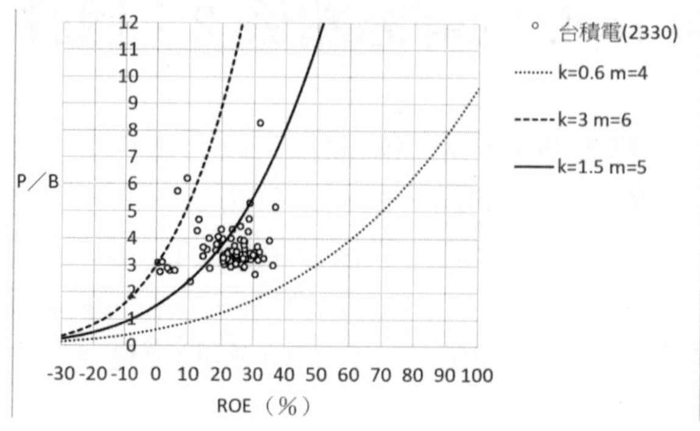

資料來源：作者整理

圖 9-5 P／B 與 ROE 的靜態關係：聯電

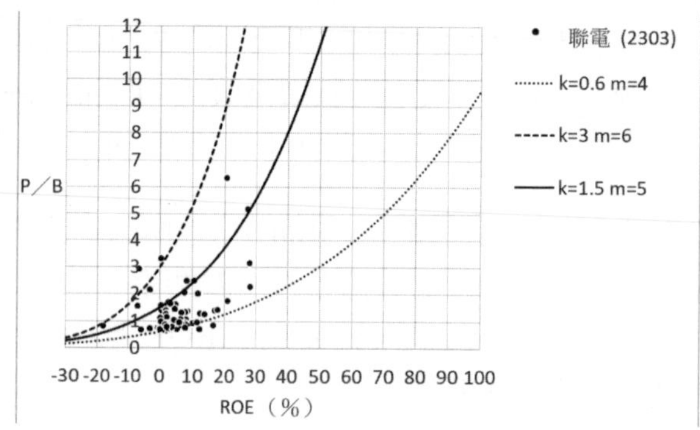

資料來源：作者整理

圖 9-6 P／B 與 ROE 的靜態關係：宏達電

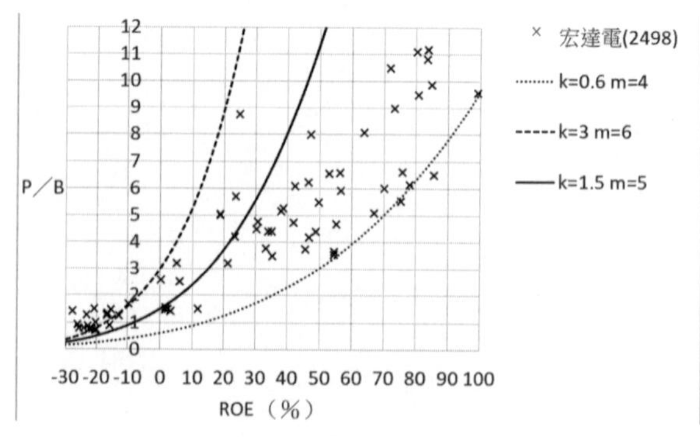

資料來源：作者整理

圖 9-7 P／B 與 ROE 的靜態關係：大立光

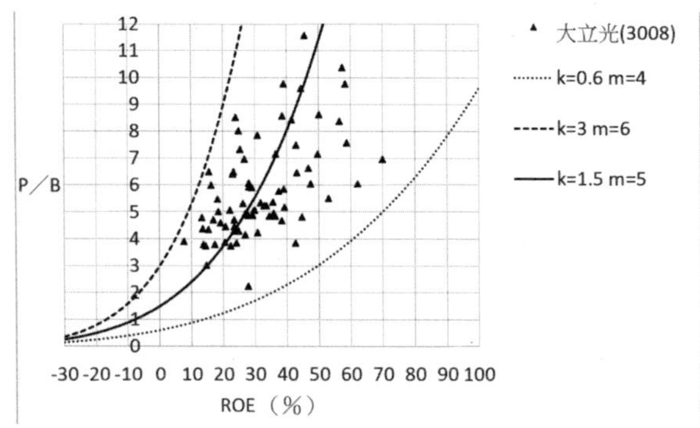

資料來源：作者整理

圖 9-8 P／B 與 ROE 的靜態關係：鴻海

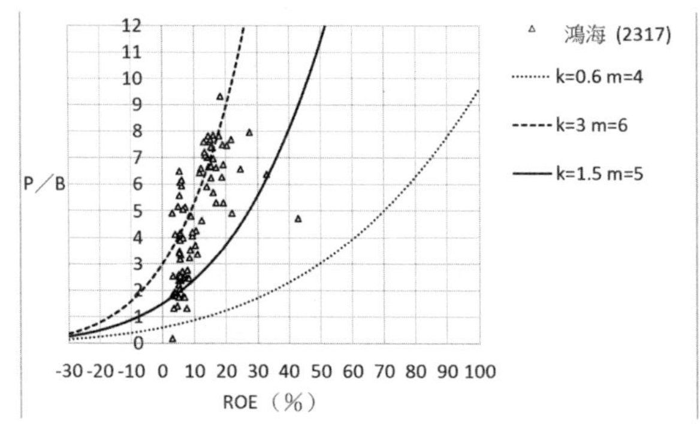

資料來源：作者整理

圖 9-9 個股的 P／B 與 ROE 的關係：把五支股票的數據合一起一起觀察

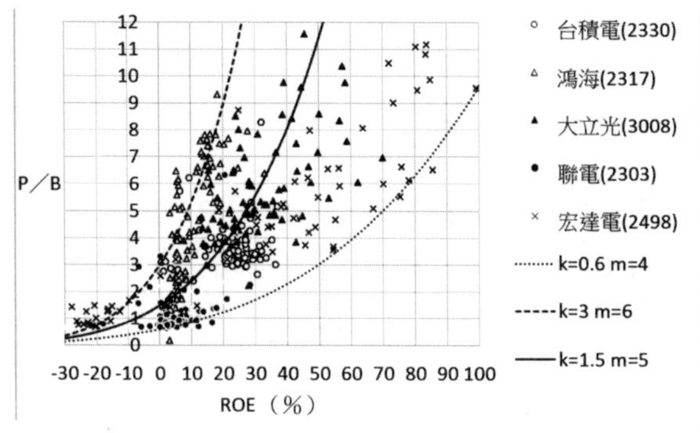

資料來源：作者整理

9-05
P／B 與 ROE 的動態關係 1：方法

前面的分析都只是股東權益報酬率（ROE）與股價淨值比（P／B）的「靜態」分析，本節將討論「動態」分析，也就是分析具有特定 ROE 與 P／B 的股票它未來 ROE 與 P／B 的變化動向。「雙向分組統計法」可將股票價值因子（P／B）和成長因子（ROE）的二維動態過程視覺化，它由兩階段構成：

1. 排序和計算

(1) 首先，按照每個季度的 ROE 對股票進行十分位排序。每一個分位再按照季度末的 P／B 進行十分位排序。這樣，就得到了總共 100 個投資組合。
(2) 計算每個季度每個投資組合中所有股票的季度 ROE 和 P／B 的平均值。
(3) 計算每個投資組合中所有股票在隨後的幾個季度（例如四個或八個季度）的季度 ROE 和 P／B 的平均值。

這個過程可以是一個滾動的過程（圖 9-10）。以觀察隨後的四個季度為例，如果 t 季度（形成期）是 2008 年第一季度，則隨後的 t+1 至 t+4 季度（觀察期）是 2008 年第二季度至 2009 年第一季度。如果 t 季度是 2008 年第二季度，則隨後的 t+1 至 t+4 季度是 2008 年第三季度至 2009 年第二季度。最後，將所有 t 季度（形成期）和隨後的 t+1 至 t+4 季度（觀察期）分別相加取平均數，得到更可靠的總平均數。這種滾動過程可以消除多頭／空頭市場的影響。因此，數據可以呈現形成期和觀察期內公司本質（ROE）和市場估值（P／B）之間的內在關係。

2. 視覺化展示

(1) 將這 100 個投資組合在 t 季度的數據繪成二維散布圖，橫軸是組合內股票季度 ROE 的平均值，縱軸是組合內股票季底 P／B 的平均值（圖 9-11）。
(2) 為了探索這些投資組合在隨後季度 ROE 和 P／B 的變化，將這些投資組合在隨後季度的 ROE 和 P／B 平均值也繪製在圖表上，用直線連接起來，並標註起點和終點，讓讀者方便觀察與發現這兩個選股因子之動態關係的特徵和模式。

圖 9-10 滾動形成-觀察過程（假設形成期為一季度，觀察期為四季度）

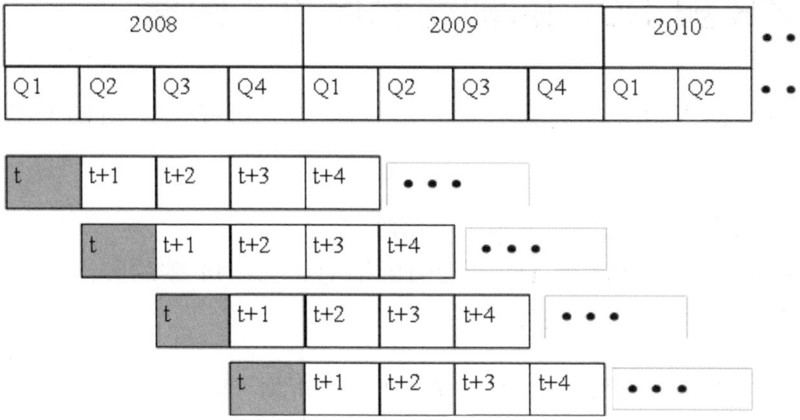

2008				2009				2010		• •
Q1	Q2	Q3	Q4	Q1	Q2	Q3	Q4	Q1	Q2	• •

t	t+1	t+2	t+3	t+4	• • •					
	t	t+1	t+2	t+3	t+4	• • •				
		t	t+1	t+2	t+3	t+4	• • •			
			t	t+1	t+2	t+3	t+4	• • •		

資料來源：作者整理

圖 9-11 根據每個季度的 ROE 將股票分類為十分位，再根據季度末的 P／B 將每個十分位分類為十分位，因此共有 100 個投資組合。

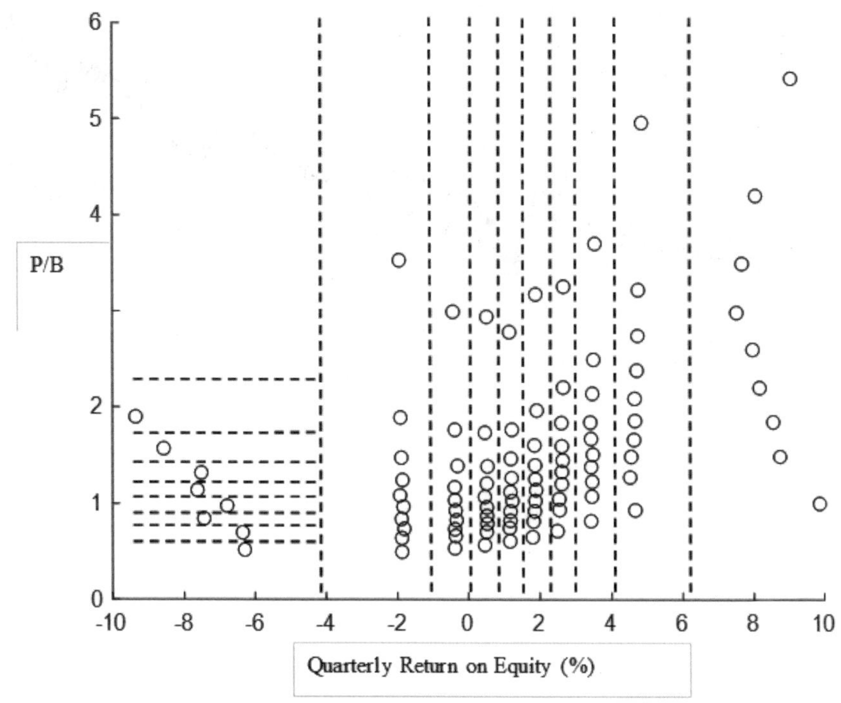

資料來源：作者整理

9-06
P／B 與 ROE 的動態關係 2：數據

在此以台灣股市為研究範圍，使用台灣經濟日報資料庫（TEJ）作為數據來源。

- ✓ 股票樣本：台灣所有上市、上櫃股票。
- ✓ 回測期間：2008 年 Q1 至 2018 年 Q4，共 44 季的股市資料，共 58,536 筆資料（圖 9-12）。

圖 9-13 為這些數據的 ROE 和 P／B 的散布圖，顯示 ROE 越大，P／B 越高。這是因為 ROE 高的股票通常具有較高的盈利能力和成長潛力，因此投資者願意為這些股票支付更高的價格。

圖 9-12 樣本期間為 2008 年第一季度至 2018 年第四季度，共 11 年，44 季。

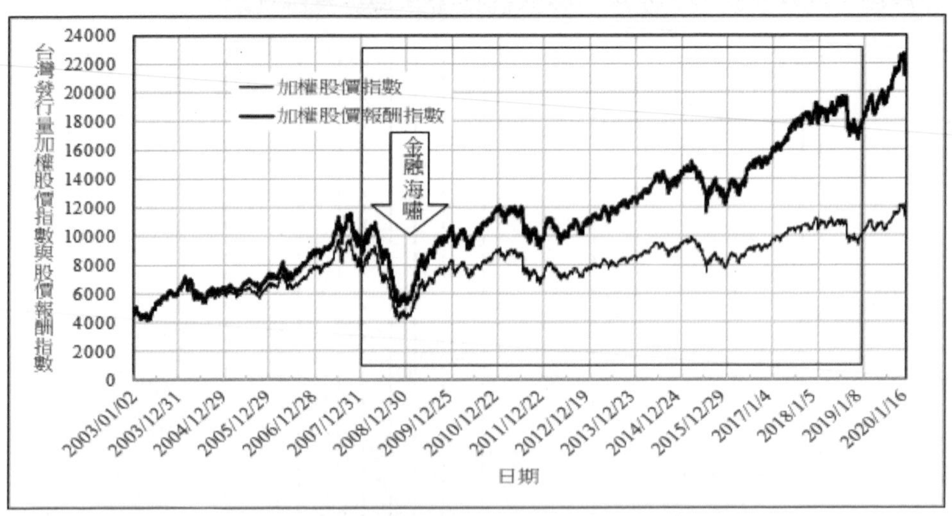

資料來源：作者整理

圖 9-13 台灣股市 ROE 與 P／B 散布圖（2008 年 Q1 至 2018 年 Q4）

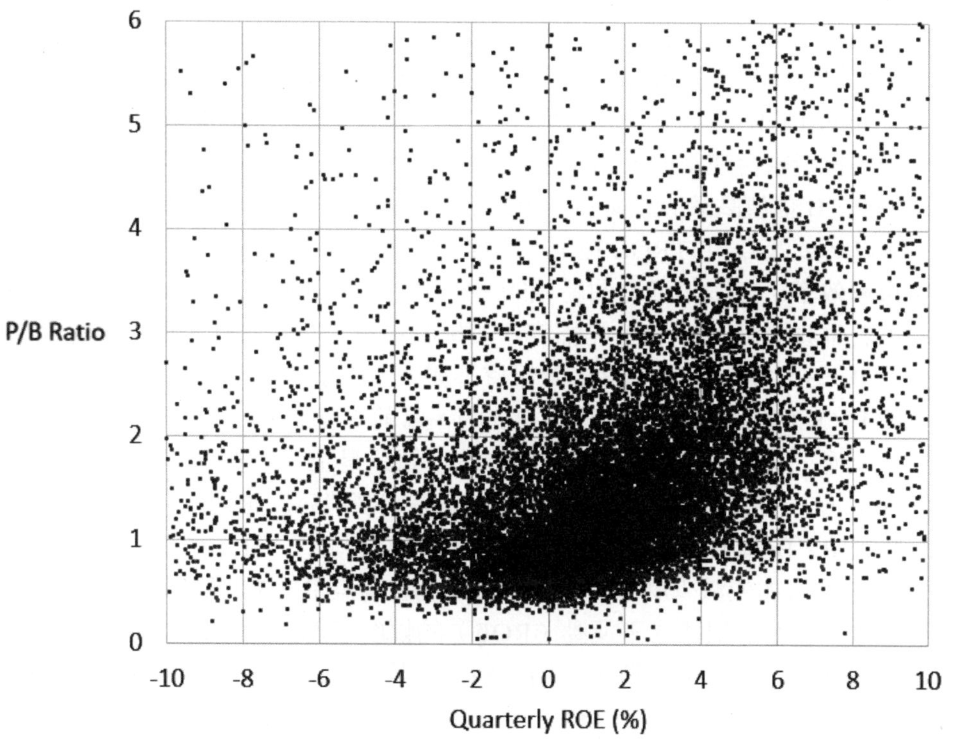

資料來源：作者整理

9-07 P／B 與 ROE 的動態關係 3：全部股

1. 投資組合形成後當前季度和隨後的第一季度 ROE 和 P／B

圖 9-14 顯示了投資組合形成後當前季度和隨後的第一季度的 ROE 和 P／B。線段的圓圈端是隨後的第一季度的位置。另一端是投資組合形成時的位置。從圖中可以得出一些重要的啟示。

(1) 正比帶狀：在投資組合形成後，隨後的季度的數據點明顯聚集在從左下角到右上角的彎曲區域。這反映了市場對 ROE 較高的股票給予較高 P／

B 估值的現實情況。

(2) 移動方向：如果在季度 t 形成的投資組合位於彎曲區域的右下角，則它們將在季度 t+1 向左上角移動。這表明，如果市場對股票的 P／B 估值低於股票本質（ROE）的估值，則股票的 P／B 在下一季度上升，或該公司的 ROE 在下一季度下降以合理化估值。相反，位於彎曲區域左上角的投資組合在季度 t+1 將向右下角移動。這意味著，如果市場對股票的 P／B 估值高於股票本質（ROE）的估值，則股票的 P／B 在下一季度下降，或該公司的 ROE 在下一季度上升以合理化估值。

(3) 市場效率：在聚集到彎曲區域的過程中，水平運動（ROE）的幅度遠遠大於垂直運動（P／B）的幅度。如果股票只是左右移動，則市場對股票的 P／B 估值在兩個季度之間保持不變。而股票的 ROE 會下降或上升到與 P／B 估值一致的狀態。這也表明，當前季度的 P／B 已經提前得到充分反應，並且市場是有效的。如果它們只是上下移動，則有兩種可能性：（a）這意味著市場 P／B 對好消息或壞消息反應過度，然後市場會將其 P／B 調整到與信息的實際含義一致的狀態。（b）這意味著市場對 ROE 的增加或減少反應不足，然後市場會將其 P／B 調整到與 ROE 估值一致的狀態。根據水平運動（ROE）的幅度遠遠大於垂直運動（P／B）的幅度這一事實來判斷，市場是相當有效的。但是，仍然存在一些無效率。因此，市場效率還沒有達到完美的狀態。

(4) 兩側不對稱：在季度 t+1 形成的從左下角到右上角的彎曲區域的兩側是不對稱的。右下角的邊緣看起來非常扎實，它的外側沒有投資組合。另一方面，左上角的邊緣非常鬆散，許多投資組合散布在這一側以外。這種現象類似於現代投資組合理論揭示的效率前緣的概念：一組具有最大回報和最小風險的投資組合形成了左上角的效率前緣。如果效率前緣之外有投資組合，理性投資者會蜂擁而至買入。這導致股價上漲和報酬率下降。最終，它將回到效率前緣。

(5) 股價增幅：如果公司的 ROE 大於 0，那麼如果留存收益，股東權益就會增加。與此同時，如果股價保持不變，P／B 必然會下降。相反，如果 P／B 上升，則意味著股價的增幅大於股東權益的增幅。圖中顯示在彎曲區域右下角的大部分投資組合的 ROE 大於 0，且 P／B 在季度 t+1 上升，這顯示這些投資組合中的股票的股價增幅大於股東權益的增幅。

圖 9-14 形成投資組合後，本季度及隨後的第一季度的 ROE 和 P／B。

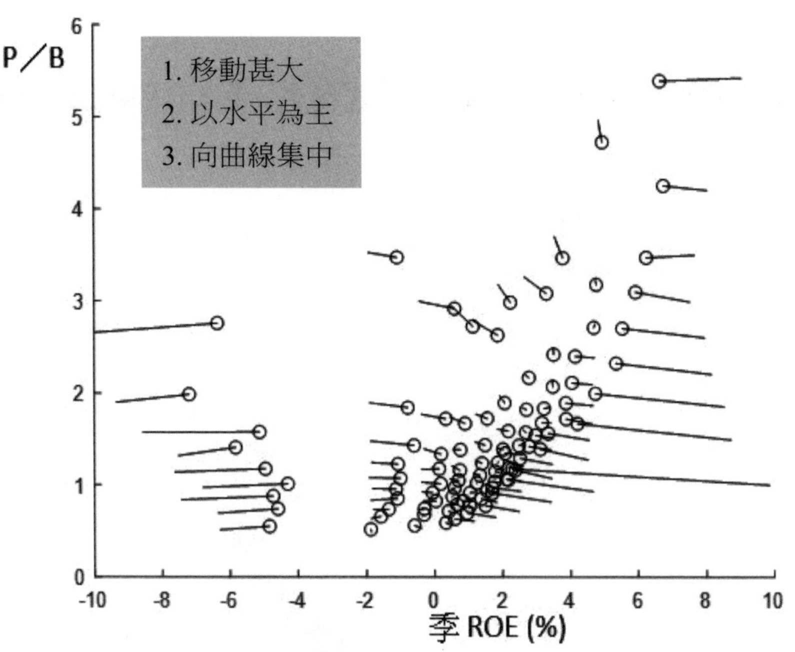

資料來源：作者整理

2. 投資組合形成後的隨後第一和第二季度的 ROE 和 P／B

圖 9-15 顯示了投資組合形成後的隨後第一和第二季度的 ROE 和 P／B。線段的圓圈端是隨後第二季度的位置。另一端是隨後第一季度的位置。圖中隱含了一些重要的意義，分析如下：

(1) 投資組合繼續從 t+1 季度到 t+2 季度聚集在彎曲區域。但是，幅度變得相當小。這反映了市場在 t+1 季度已經對大部分 ROE 信息做出了反應。因外，t+2 季度需要反應的信息很少。

(2) 在聚集到彎曲區域的過程中，水平運動（ROE）的幅度不再遠遠大於垂直運動（P／B）的幅度，市場估值（P／B）和公司 ROE 都只有微小的調整。

(3) 在季度 t+2 形成的彎曲區域的兩側是不對稱的。右下角的邊緣看起來非常扎實，但仍有向左上角移動的趨勢。另一方面，左上角的邊緣看起來非常鬆散，移動方向也不一致。這種現象表明，市場對「好」股票的價格反應不足，在 t+2 季度仍然有一些信息需要反應在股票價格上。但是，市場對「壞」股票的價格反應充分，因此，t+2 季度需要反應在股票價格上的信息很少。

圖 9-15 形成投資組合後，下一個第一季度和第二季度的 ROE 和 P／B

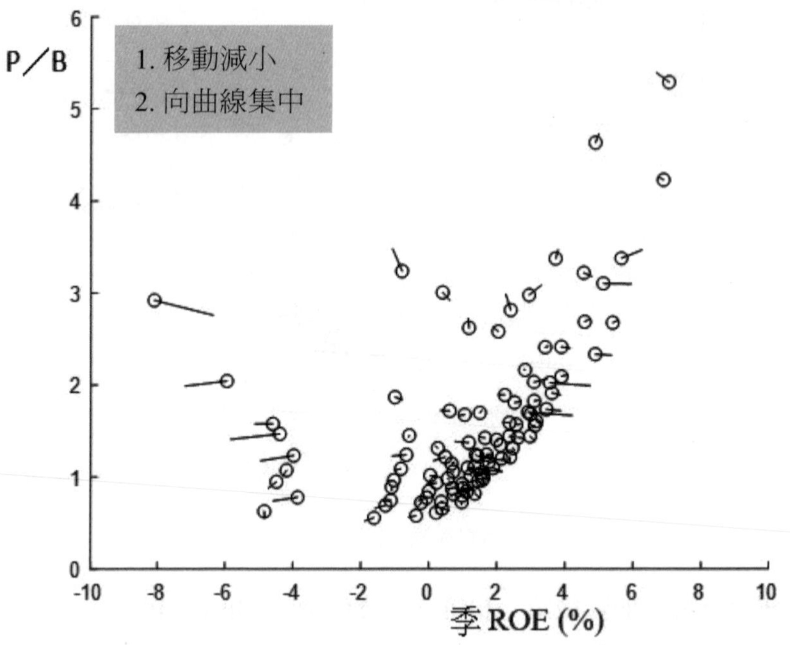

資料來源：作者整理

3. 投資組合形成後的隨後第二和第三季度的 ROE 和 P／B

圖 9-16 顯示了投資組合形成後的隨後第二和第三季度的 ROE 和 P／B。線段的圓圈端是隨後第三季度的位置。另一端是隨後第二季度的位置。分析如下：

(1) 投資組合繼續從 t+2 季度到 t+3 季度聚集在彎曲區域，但幅度變得小得多。這反映了市場已經對大部分的 ROE 信息做出了反應，因此在 t+3 季度需要反應的信息極少。
(2) 在季度 t+3 形成的彎曲區域的兩側是不對稱的。右下角的邊緣看起來非常扎實，左上角的邊緣看起來非常鬆散。

圖 9-16 形成投資組合後，下一個第二和第三季度的 ROE 和 P／B

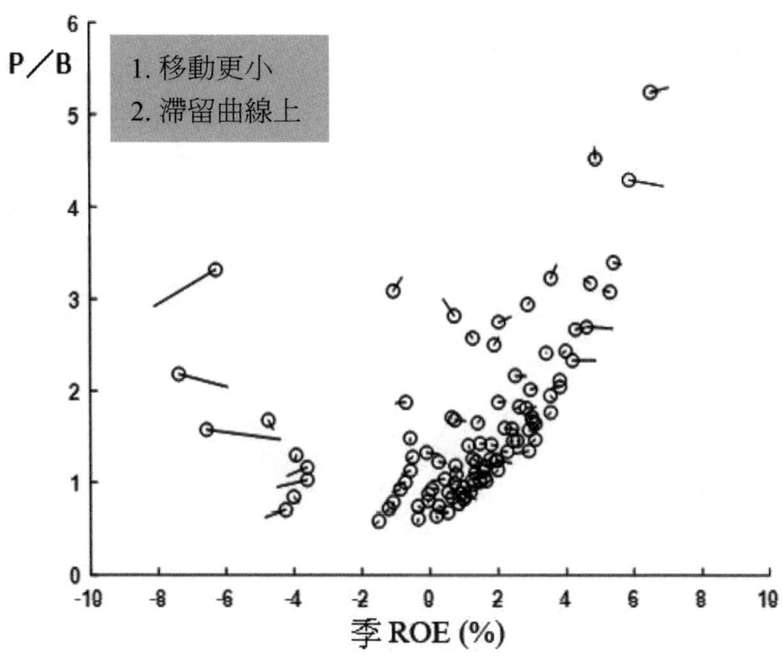

資料來源：作者整理

4. 投資組合形成後當前和隨後的八個季度的 ROE 和 P／B

圖 9-17 顯示了投資組合形成後當前和隨後的八個季度的 ROE 和 P／B。線段的圓圈端是隨後的第八季度的位置，另一端是投資組合形成時的位置。分析如下：

(1) 距離中央區域較遠的右上角和左下角的投資組合在 t+1 季度到 t+8 季度期間的變動明顯呈現向彎曲區域聚集的趨勢，呈現出二維均值回歸的特徵。
(2) 到達彎曲區域的投資組合不再繼續大幅波動。這反映了彎曲區域是一個市場均衡區域，顯示市場會根據公司的本質（ROE）給予股票相應的估值（P／B）。

圖 9-17 組成投資組合後，本季度及隨後八個季度的 ROE 和 P／B

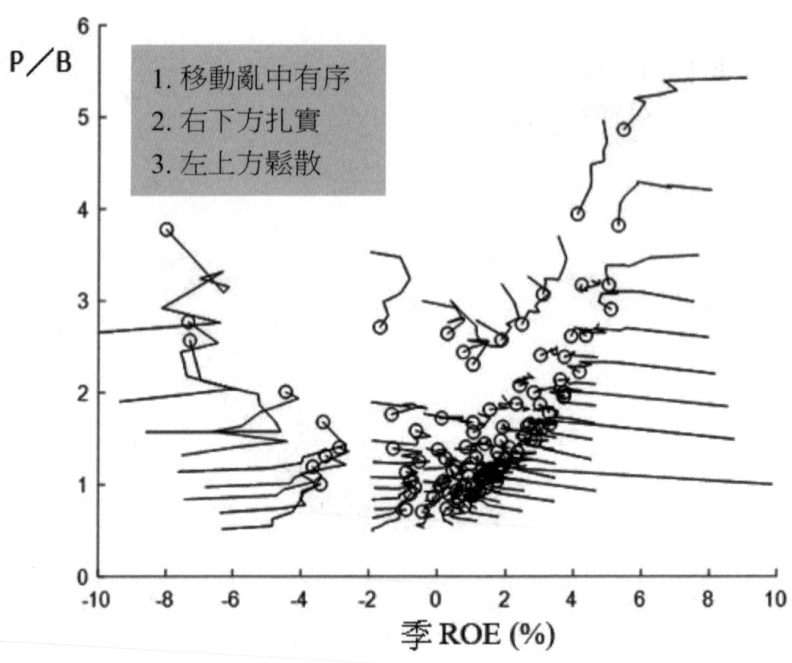

資料來源：作者整理

5. 價值前緣（value frontier）

從上述發現和分析中可以得出兩個重要的結論：

(1) 根據公司本質（ROE）和市場估值（P／B）形成 100 個投資組合後，它們在隨後的季度中傾向於聚集到彎曲區域。到達該區域後，公司本質和市場估值不再發生顯著變化。這表明彎曲區域是一個市場均衡區域。
(2) 彎曲區域的兩側是不對稱的。右下角的邊緣看起來非常扎實，但左上角的邊緣非常鬆散。

因此，我們提出了價值前緣（value frontier）的概念：公司本質（ROE）與市場估值（P／B）之間的下限曲線關係。這條曲線的右下角沒有投資組合。這是因為低於這條曲線的投資組合的 P／B 低於與公司本質（ROE）對應的 P／B 的合理下限。市場上理性的投資人會購買這些股價被低估股票。這將導致這些股票的股價上漲，然後回歸到邊界。

為了找到價值前緣，即合理 P／B 的下限，我們採用前述的成長價值模型（GVM）推導出的「公平」股價淨值比公式：

$$P_0 / B_0 = k \cdot (1 + ROE_0)^m \qquad (9\text{-}4)$$

使用投資組合形成後第八季度的數據集，並通過「分位數迴歸」分析來估計公式中的迴歸係數。分位數迴歸分析是一種迴歸分析方法，它可以得到因變量的特定分位數的迴歸分析。例如，它可採用 0.1, 0.2, …, 0.9 等各種分位數構建了一系列迴歸模型（參見章末註解）。例如分位數取 0.1 代表因變數低於迴歸模型估計值的機率為 0.1。由於價值前緣是合理 P／B 的下限，因此分位數取 0.01，代表迴歸模型之估計值是 P／B 低於此值的機率為 0.01 之下限值。結果得到下式：

$$P_0 / B_0 = k \cdot (1 + ROE_0)^m = 0.681 \cdot (1 + ROE_0)^{28.86} \qquad (9\text{-}7)$$

將迴歸曲線繪製在圖 9-18 的散布圖上，可以看到，投資組合形成後，隨後的季度 ROE 和 P／B 逐漸收斂到迴歸曲線上，形成一條很扎實的曲線邊界，所有的點都不會越過此邊界，因此是一條可以表達 ROE-PB 下限關係的曲線。

圖 9-18 形成投資組合後，在第 t 個季度及隨後的 t+1，t+2，...，t+8 個季度的 ROE（X 軸）和 P／B（Y 軸）。

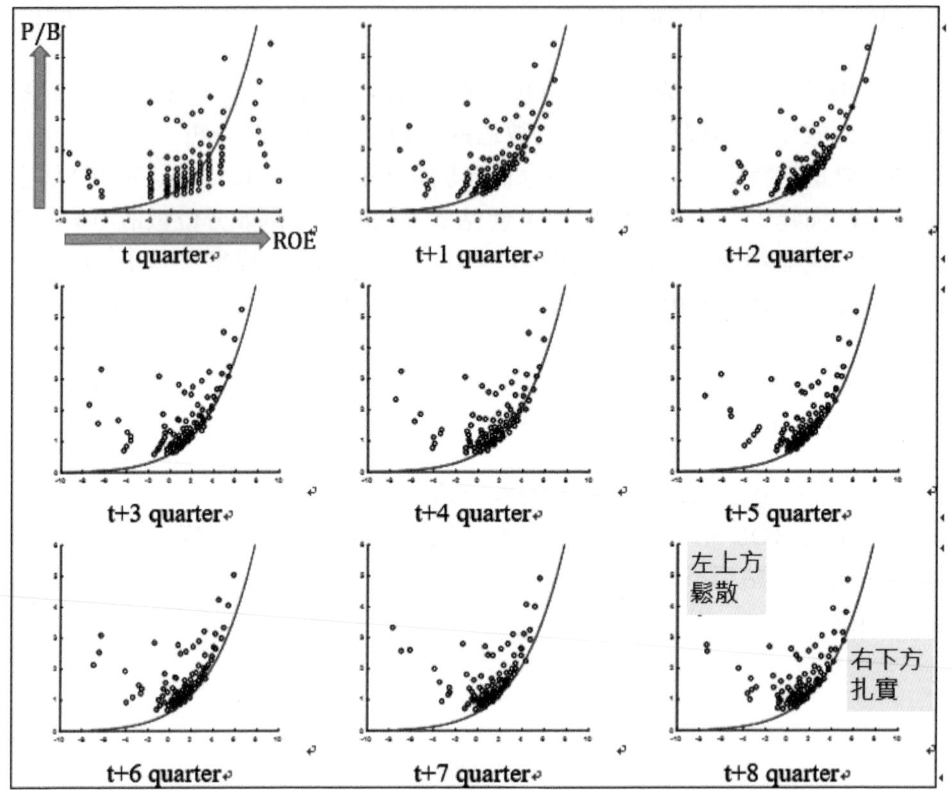

資料來源：作者整理

圖 9-19 顯示了投資組合形成後當前季度和隨後的 1、2、3 和 8 季度的 ROE 和 P／B 的移動路徑。可以發現點的運動趨勢是「亂中有序」。彎曲區域右下角的初始投資組合會逐漸接近這一條迴歸曲線，並停留在上面。同時，彎曲區域左上角的初始投資組合會逐漸向迴歸曲線運動，但會跟曲線保持一點距離。最後，投資組合會在曲線右下方、左上方分別形成扎實、鬆散的邊界。這證明了價值前緣的存在和 GVM 理論的合理性。

圖 9-19 投資組合形成後當前季度和隨後的 1、2、3 和 8 季度的 ROE 和 P／B 的移動路徑。

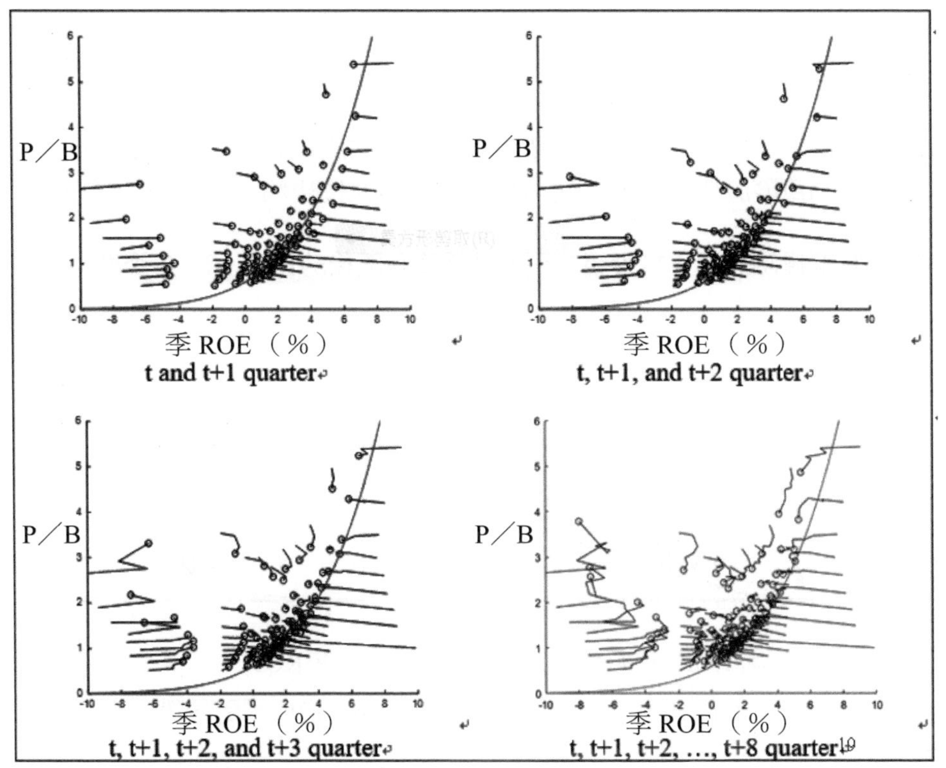

資料來源：作者整理

9-08 P／B 與 ROE 的動態關係 4：低風險股和高風險股

為了探索價值前緣的概念是否可以應用於低風險和高風險股票，我們將數據集按 250 天 beta 值的前 20%和後 20%分為兩個子集。結果分別展示在圖 9-20 至圖 9-23 中。方程式（9-7）的價值前緣也繪在圖上。這些圖顯示，無論風險大小，在投資組合形成後，大多數股票都以水平方式移動，並且逐漸形成價值前緣。這意味著相同的價值前緣可以應用於低風險和高風險股票，並間接驗證了從成長價值模型（GVM）推導的公平 P／B 理論公式是合理的。但低風險和高風險股票的特性仍略有不同：

(1) 低風險股票最終位置會比高風險股票更接近價值前緣的內側。這代表在相同的 ROE 之下，低風險股票最終會比高風險股票獲得較高的市場 P／B 估值。
(2) 高風險股票中，第 t 季位在價值前緣上方的股票有向下運動的傾向。這代表高風險股票中，市場 P／B 估值偏高的股票股價有下跌的傾向。

圖 9-20 低風險股票：投資組合形成時季度和隨後的第 1、2、8 季度

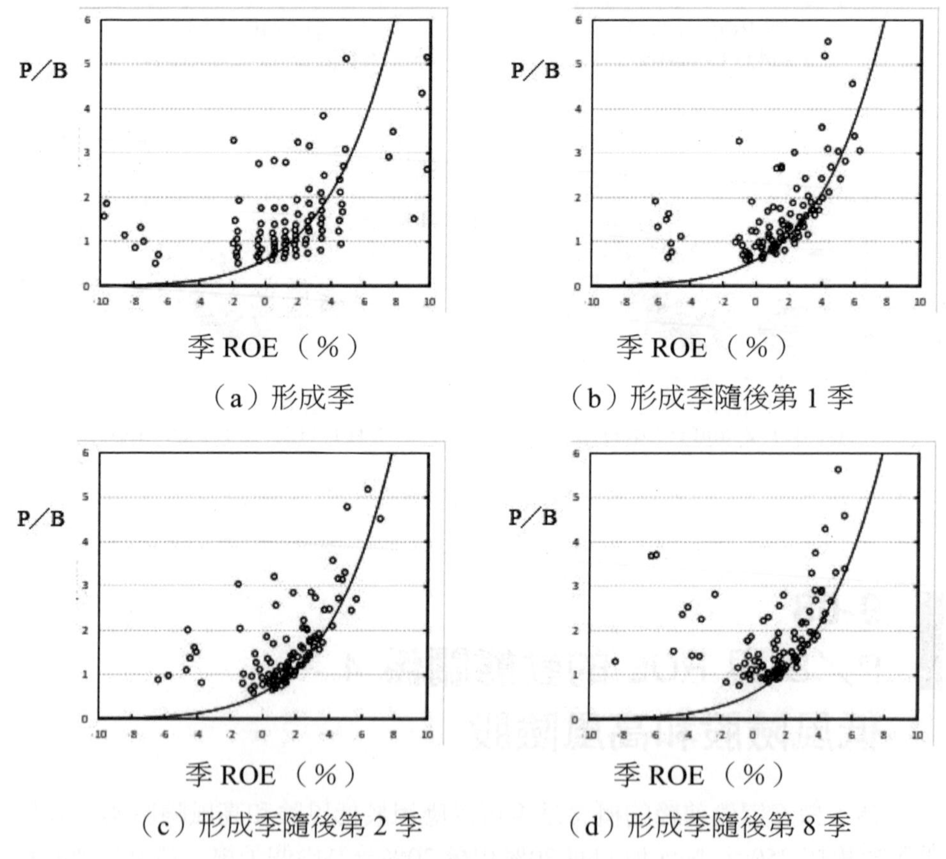

（a）形成季
（b）形成季隨後第 1 季
（c）形成季隨後第 2 季
（d）形成季隨後第 8 季

資料來源：作者整理

圖 9-21 低風險股票：投資組合形成時季度和隨後的 1、2、3、8 季度

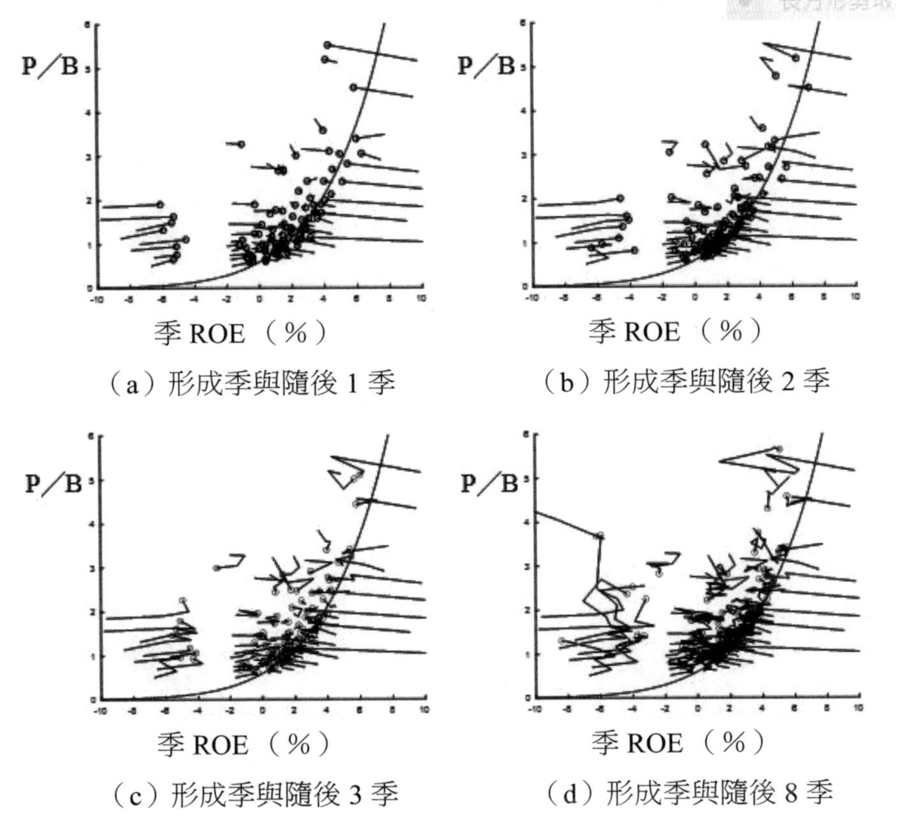

（a）形成季與隨後 1 季

（b）形成季與隨後 2 季

（c）形成季與隨後 3 季

（d）形成季與隨後 8 季

資料來源：作者整理

圖 9-22 高風險股票：投資組合形成時季度和隨後的第 1、2、8 季度

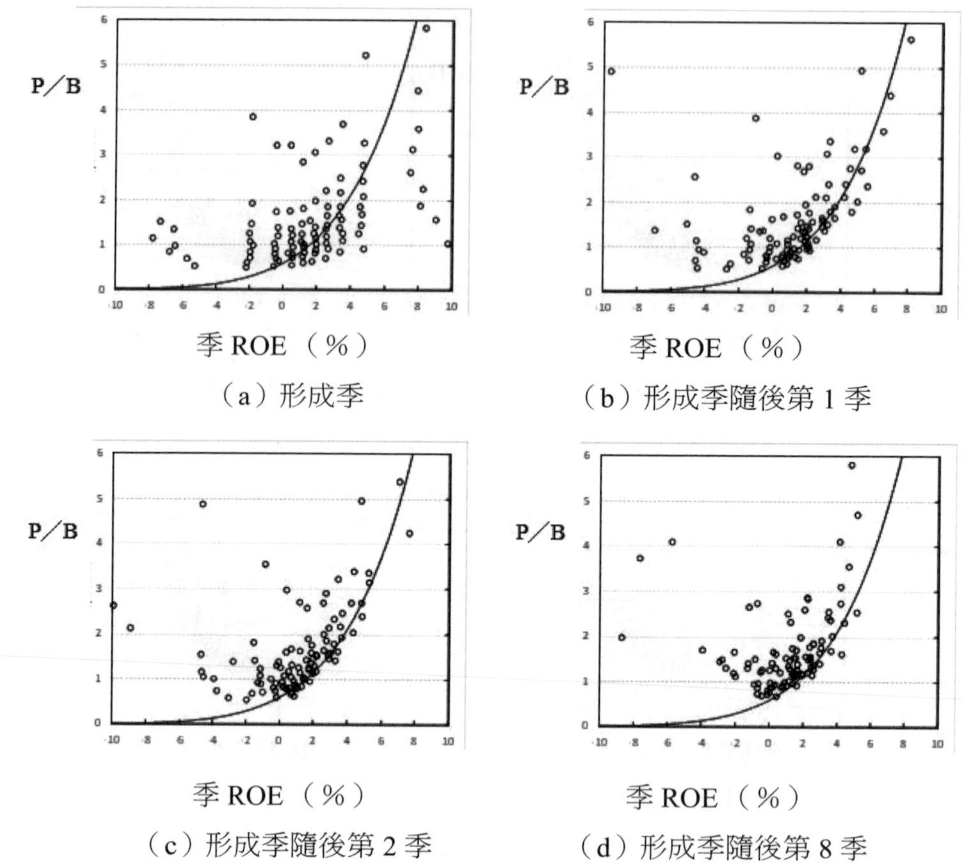

（a）形成季

（b）形成季隨後第 1 季

（c）形成季隨後第 2 季

（d）形成季隨後第 8 季

資料來源：作者整理

圖 9-23 高風險股票：投資組合形成時季度和隨後的 1、2、3、8 季度

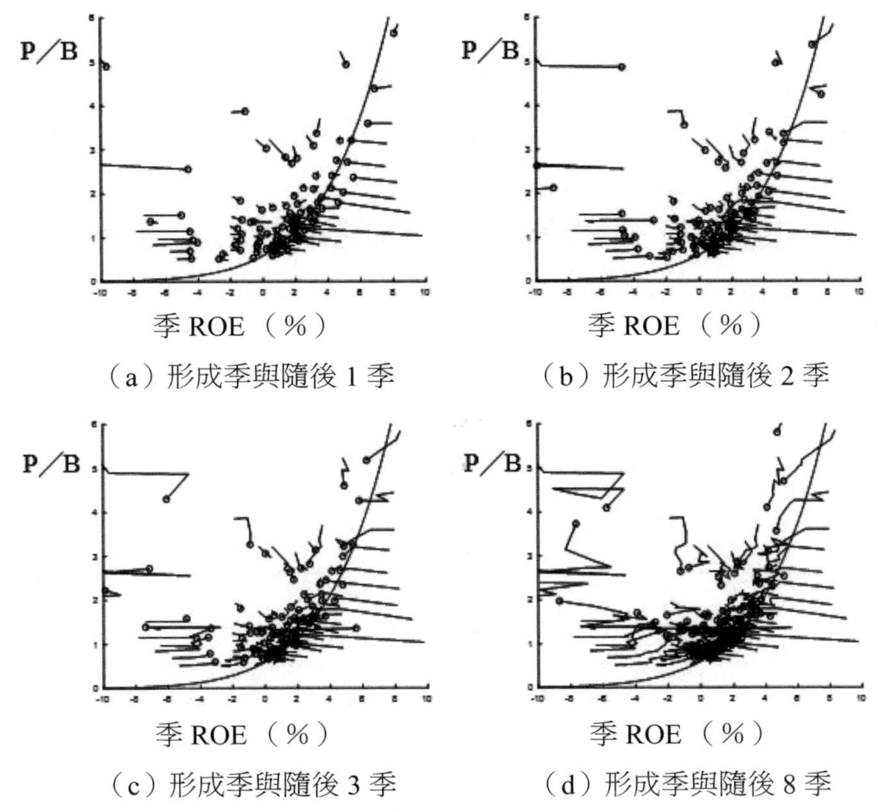

資料來源：作者整理

9-09
P／B 與 ROE 的動態關係 5：小型股和大型股

為了探索價值前緣的概念是否可以應用於小型股和大型股，我們將數據集按市值的前 20%和後 20%分為兩個子集。結果分別展示在圖 9-24 至圖 9-27 中。方程式（9-7）的價值前緣也繪在圖上。這些圖顯示，無論小型股或大型股，價值前緣的概念一樣適用，但兩者的特性仍略有不同：

(1) 小型股的投組向價值前緣靠近的速度比大型股快，最終位置會比大型股更接近價值前緣的內側。市場 P／B 估值偏高的股票在第 t+2 季後運動方向很混亂，直到第 t+8 季運動仍然相當活躍。ROE 與 P／B 的曲線關係較不明顯。

(2) 大型股的運動速度較緩慢，運動方向較穩定，大多數股票都水平向價值前緣移動。ROE 與 P／B 的曲線關係較明顯，顯示大型股的市場效率更高。

圖 9-24 小市值股票：投資組合形成時季度和隨後的第 1、2、8 季度

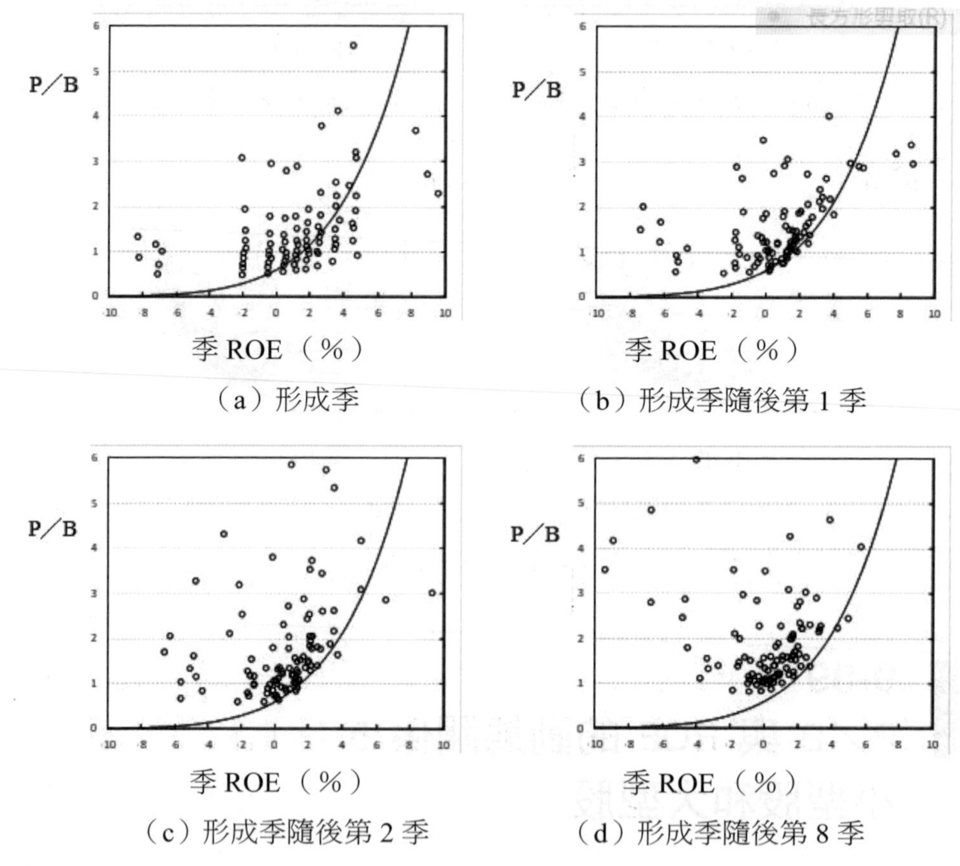

（a）形成季

（b）形成季隨後第 1 季

（c）形成季隨後第 2 季

（d）形成季隨後第 8 季

資料來源：作者整理

圖 9-25 小型股股票：投資組合形成時季度和隨後的 1、2、3、8 季度

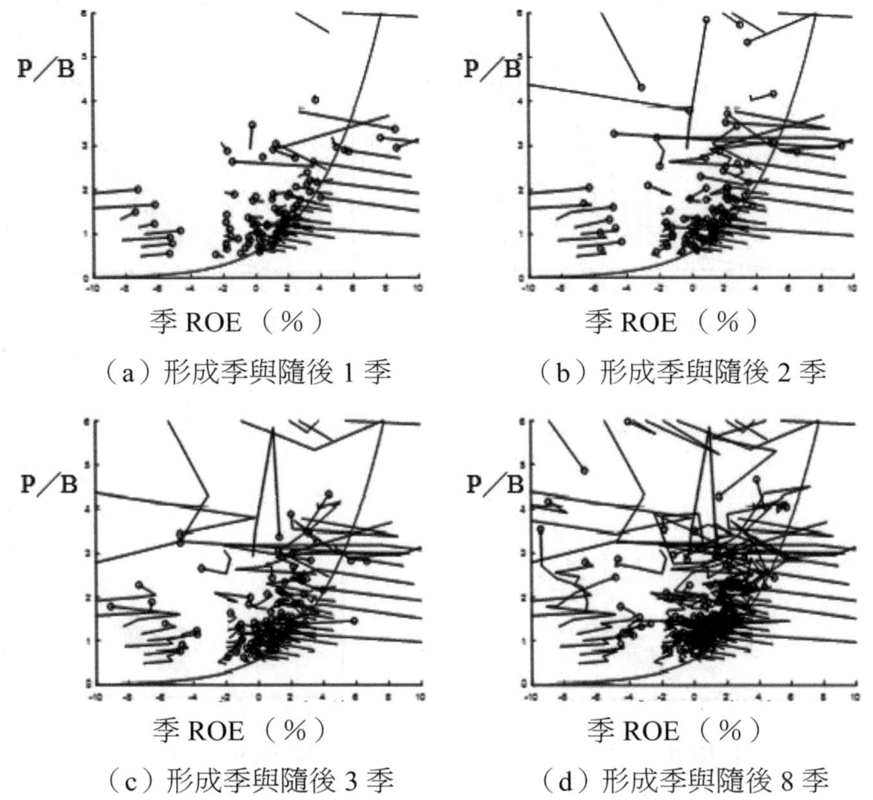

（a）形成季與隨後 1 季

（b）形成季與隨後 2 季

（c）形成季與隨後 3 季

（d）形成季與隨後 8 季

資料來源：作者整理

圖 9-26 大型股股票：投資組合形成時季度和隨後的第 1、2、8 季度

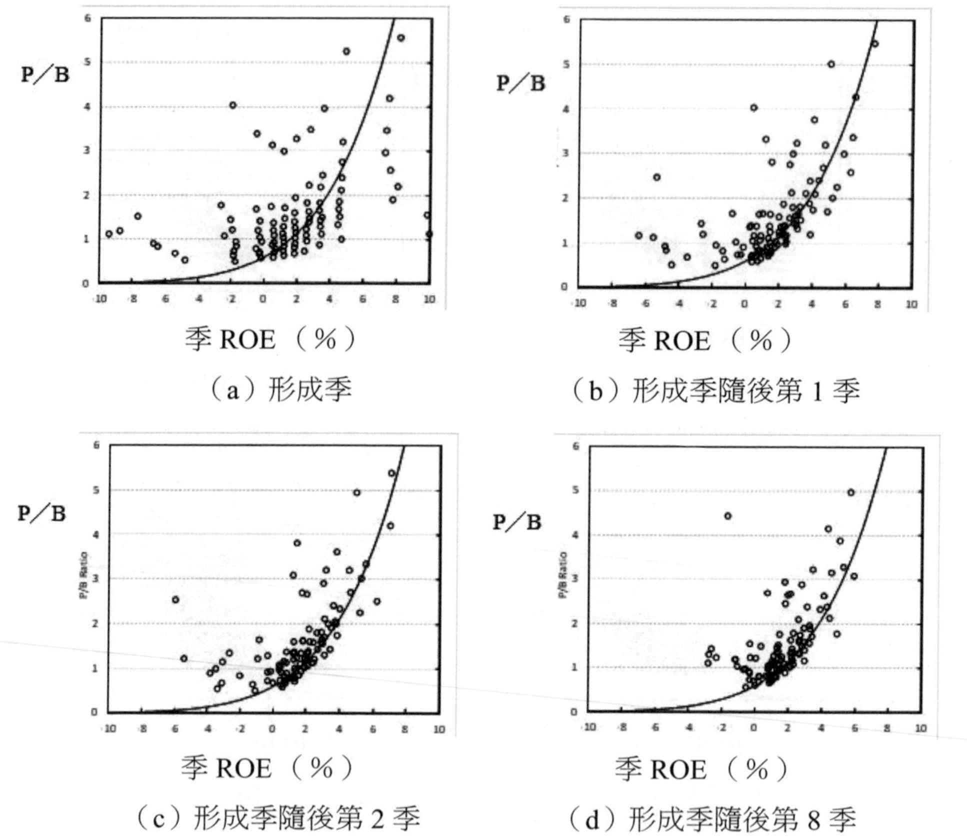

（a）形成季

（b）形成季隨後第 1 季

（c）形成季隨後第 2 季

（d）形成季隨後第 8 季

資料來源：作者整理

圖 9-27 大型股股票：投資組合形成時季度和隨後的 1、2、3、8 季度

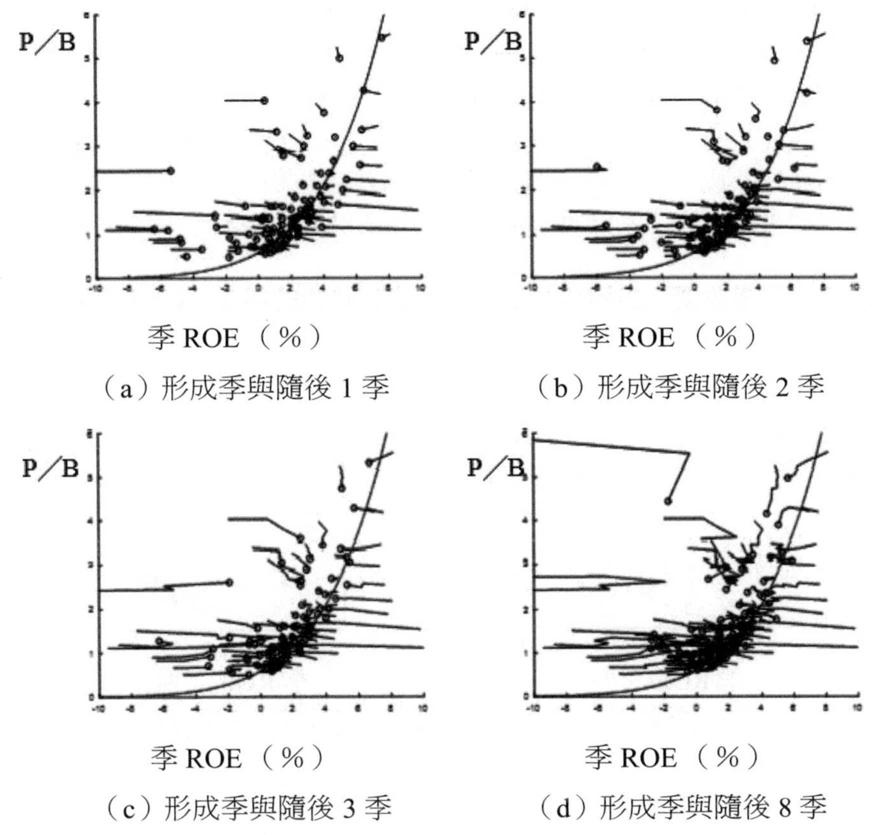

資料來源：作者整理

9-10 P／B 與 ROE 的動態關係 6：小動量股和大動量股

為了探索價值前緣的概念是否可以應用於小動量股和大動量股，我們將數據集按 t+1 季度報酬率的前 20%和後 20%分為兩個子集。小動量股、大動量股是最近一季報酬率最低、最高的股票，結果分別展示在圖 9-28 至圖 9-31 中。這些圖表明價值前緣同樣適用於小動量股和大動量股。但兩者的特性仍略有不同：

(1) 小動量股的慣性比大動量股更強，到第 t+1 與 t+2 季 P／B 都有向下的傾向，而大動量股的慣性較弱，繼續向上的傾向只到第 t+1 季。這代表股票有上漲難持續，下跌易持續的特性。

(2) 大動量股比小動量股更慢接近價值前緣。但到了第 t+8 季，大動量股的位置會比小動量股更接近價值前緣。這代表在相同的獲利能力下，大動量股票最終會比小動量股票獲得較高的市場 P／B 估值。

圖 9-28 小動量股票：投資組合形成時季度和隨後的第 1、2、8 季度

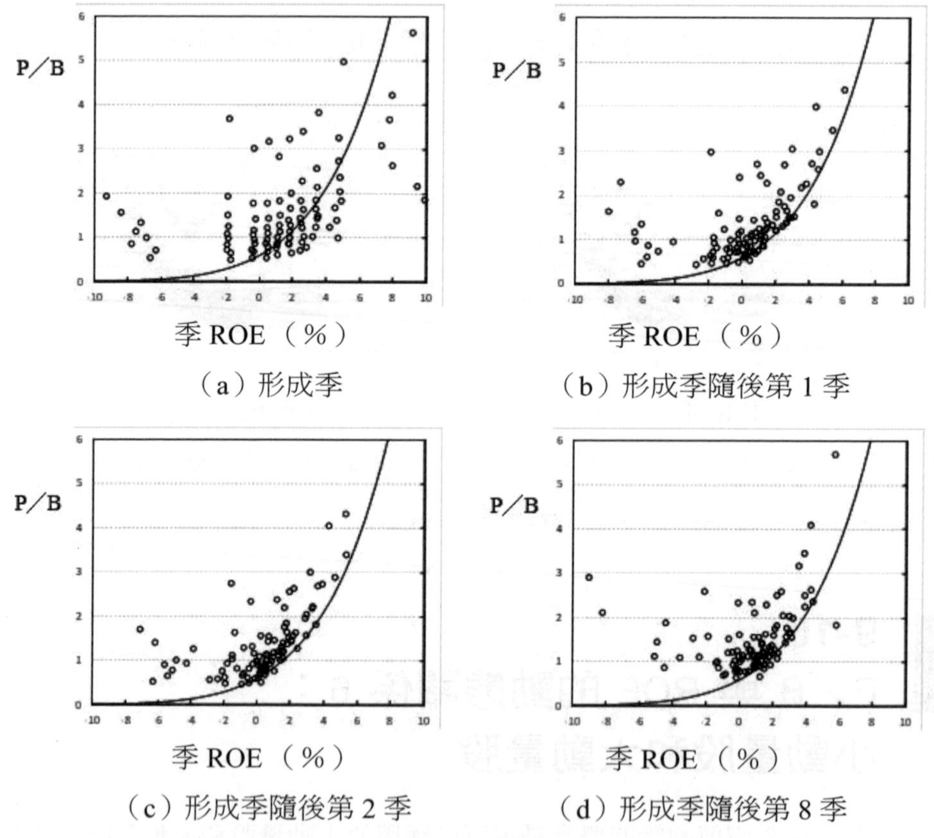

（a）形成季　（b）形成季隨後第 1 季　（c）形成季隨後第 2 季　（d）形成季隨後第 8 季

資料來源：作者整理

圖 9-29 小動量股票：投資組合形成時季度和隨後的 1、2、3、8 季度

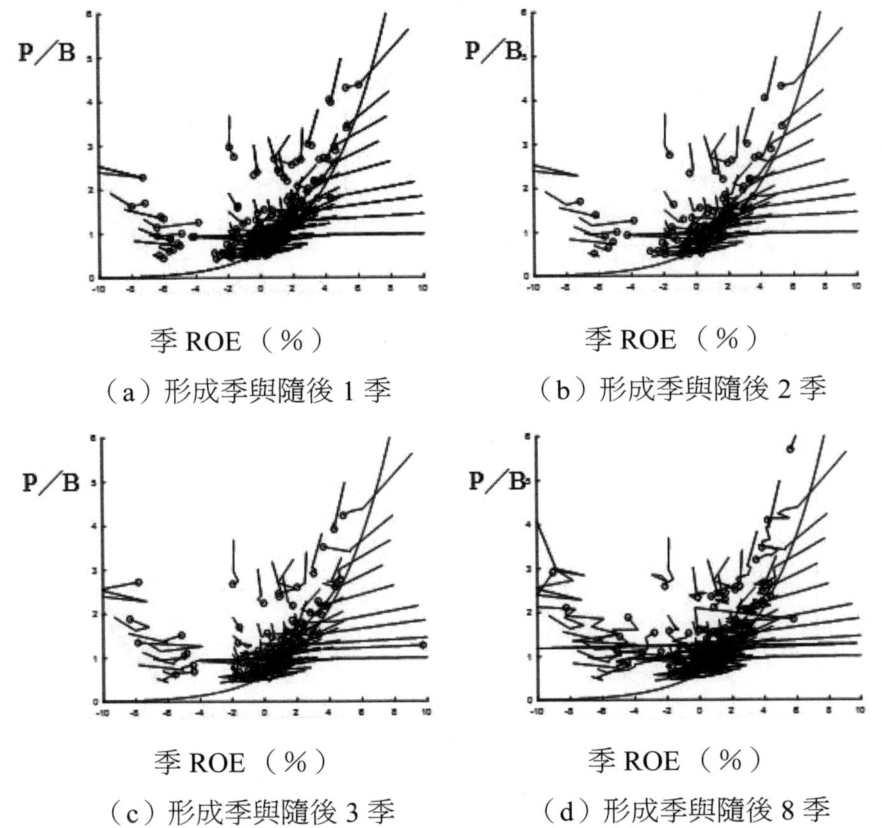

資料來源：作者整理

圖 9-30 大動量股票：投資組合形成時季度和隨後的第 1、2、8 季度

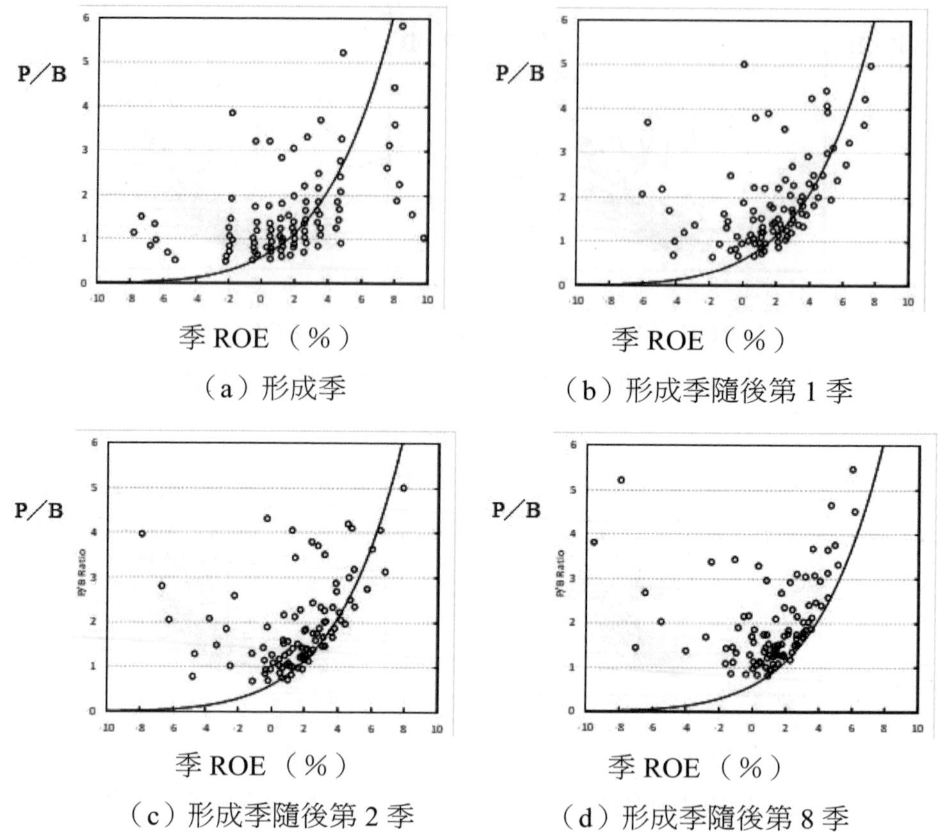

資料來源：作者整理

圖 9-31 大動量股票：投資組合形成時季度和隨後的 1、2、3、8 季度

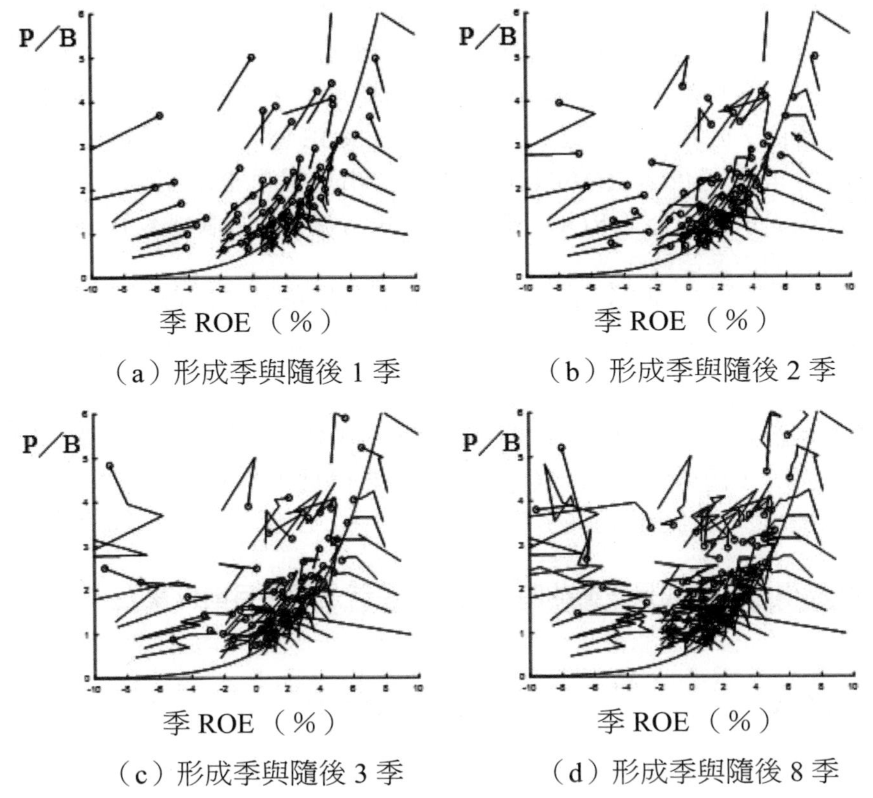

資料來源：作者整理

9-11 投資人的啟發：股價趨勢是選股的佐證

本章對投資人的啟發如下：

□ 價值、成長二者是兩個不同的概念，應該用二維的觀點來看待。

價值、成長是兩個不同的概念，高價值未必低成長，反之亦然。股票同時具有價值性與成長性雖然稀少，但仍然是可能的。

□ 高價值、高成長股票的四個劇本（圖 9-32）

當股票同時具有高價值、高成長的特性時，其過去與未來有四個劇本：

劇本 A：好消息（企業 ROE 上升）是真，市場錯誤／不足反應（P／B 未上升），接著市場認同其內在價值有所增加，股價提高，導致 P／B 提高，回到正常區域。這個劇本下，ROE 選大的作多策略有效。

劇本 B：好消息（企業 ROE 上升）是假，市場提早正確反應（P／B 沒變），接著企業 ROE 下降，回到正常區域。這個劇本下，ROE 選大的作多策略無效。

劇本 C：壞消息（企業 ROE 降低）是真，市場提早正確反應（P／B 下降），接著企業 ROE 下降，回到正常區域。這個劇本下，P／B 選小的作多策略無效。

劇本 D：壞消息（企業 ROE 降低）是假，市場錯誤／過度反應（P／B 下降），接著市場認同其內在價值並未降低，股價反彈，導致 P／B 提高，回到正常區域。這個劇本下，P／B 選小的作多策略有效。

圖 9-32 高價值、高成長股票的四個劇本（星號是股票目前位置）

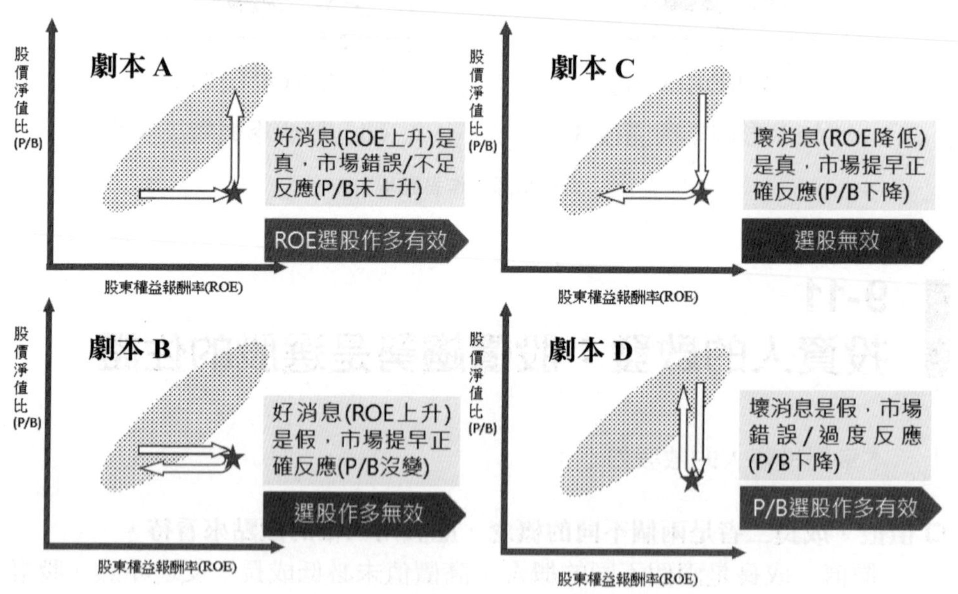

資料來源：作者整理

□ 低價值、低成長股票的四個劇本（圖 9-33）

當股票同時具有低價值、低成長的特性時，其過去與未來有四個劇本：

劇本 A：壞消息（ROE 下降）是真，市場錯誤／不足反應（P／B 未下降），接著市場認同其內在價值有所減損，股價降低，導致 P／B 降低，回到正常區域。這個劇本下，ROE 選小的作空策略有效。

劇本 B：壞消息（ROE 下降）是假，市場提早正確反應（P／B 沒變），接著企業 ROE 回升，回到正常區域。這個劇本下，ROE 選小的作空策略無效。

劇本 C：好消息（ROE 上升）是真，市場提早正確反應（P／B 上升），接著企業 ROE 上升，回到正常區域。這個劇本下，P／B 選大的作空策略無效。

劇本 D：好消息（ROE 上升）是假，市場錯誤／過度反應（P／B 上升），接著市場認同其內在價值並未上升，股價回落，導致 P／B 降低，回到正常區域。這個劇本下，P／B 選大的作空策略有效。

圖 9-33 高價值、高成長股票的四個劇本（星號是股票目前位置）

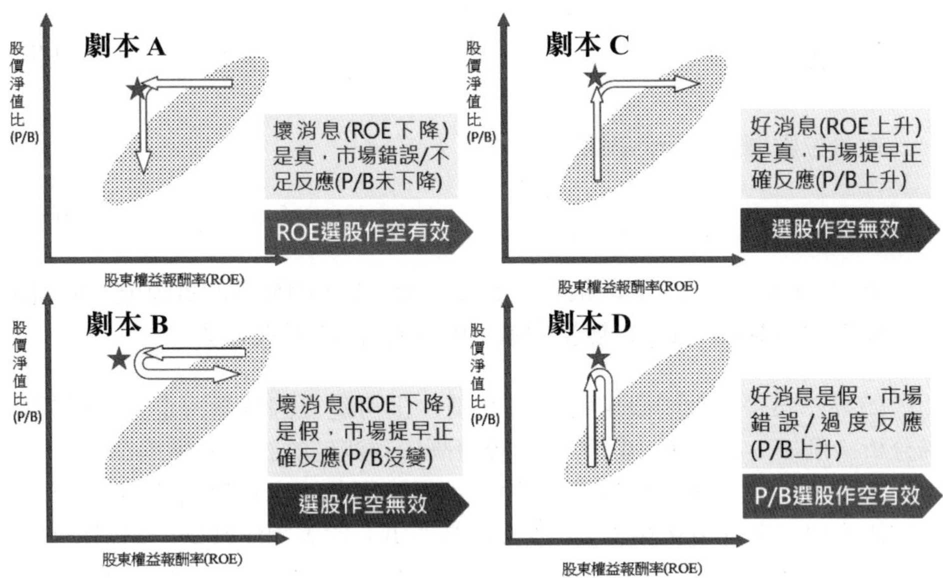

資料來源：作者整理

□ 投資人除了 P／B 與 ROE 還應觀察股價動向

由前面的討論可知，當股票同時具有高價值、高成長特性，或者同時具有低價值、低成長特性，各有四個劇本。只有在劇本 A 與 D 選股策略才會有效。

- ✓ 高價值、高成長的股票如果最近股價上漲中，那麼它是劇本 A 或 D 的機率較大，ROE 選大、P／B 選小的作多策略有效的機會也會更大。
- ✓ 低價值、低成長的股票如果最近股價下跌中，那麼它是劇本 A 或 D 的機率較大，ROE 選小、P／B 選大的作空策略有效的機會也會更大。

章末註解

〔註解 1〕分位數迴歸分析

分位數迴歸分析是一種迴歸分析方法，它可以得到因變量的特定分位數的迴歸分析。例如，它可採用 0.1, 0.2, …, 0.9 等各種分位數構建了一系列迴歸模型。例如分位數取 0.1 代表因變數低於迴歸模型估計值的機率為 0.1。

傳統迴歸分析的誤差函數如下：

$$E=\sum_{i}(Y_i-\hat{Y}_i)^2 \qquad (9\text{-}8)$$

而分位數迴歸分析的誤差函數如下：

$$E=\theta\cdot\Sigma_{Y\geq\hat{Y}_i}|Y_i-\hat{Y}_i|+(1-\theta)\cdot\Sigma_{Y_i<\hat{Y}_i}|Y_i-\hat{Y}_i| \qquad (9\text{-}9)$$

其中，θ＝分位數。θ 的值在 0 和 1 之間。Y＝因變量的實際值。$\hat{Y}=\beta X$＝因變量的預測值。X＝自變量向量。β＝待估計的係數向量。

如果在誤差函數中設定特定的 θ 值，則可建立因變量特定分位數的迴歸分析。例如，如果 $\theta=0.1$，則實際值高於預測值的誤差的權重為 0.1。同時，實際值低於預測值的誤差的權重為 0.9。因此，實際值高於和低於預測值的概率會平衡在 0.9 和 0.1。故分位數取 0.1 代表因變數低於迴歸模型估計值的機率為 0.1。因此，如果我們使用較低的分位數，例如 $\theta=0.01$，可以構建因變數的下限迴歸模型。

第十章
CH.10

股價趨勢是投資的輔助因子

資料視覺化 3：預期報酬率的 2D 與 3D 分析

本章將使用二維與三維的資料視覺化探討公司的本質（獲利能力）、市場的估值、股票報酬率三者的關係，並使用迴歸分析建立股票報酬率公式，最後得出重要的選股原則。

10-01 報酬率與 P／B 及 ROE 的關係：預期報酬率模型

本書前面提出了「預期報酬率模型」（ERRM），用於估計股票的預期報酬率。此模型認為個股的預期報酬率（R_0）是初始淨值股價比（B_0 / P_0）初始股東權益報酬率（ROE_0）的函數：

$$R_0=\left(\frac{B_0}{P_0}\right)^{1/m_2}\cdot(1+r)^{1-(m_1/m_2)}\cdot(1+ROE_0)^{m_1/m_2}-1 \qquad (10\text{-}1)$$

當 $m_1=m_2=m$ 時，上式簡化為

$$R_0=\left(\frac{B_0}{P_0}\right)^{1/m}\cdot(1+ROE_0)-1 \qquad (10\text{-}2)$$

上式隱含當股東權益報酬率的均值回歸持續係數（m_1）和股票報酬率的均值回歸持續係數（m_2）相同時，預期股票報酬率（R_0）與必要報酬率（r）無關。

本章將以資料視覺化來實證上述理論。

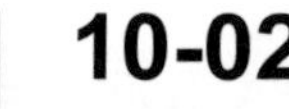

10-02 報酬率與 P／B 及 ROE 的 2D 觀察

為實證「預期報酬率模型」（ERRM），在此採用資料視覺化技術分析以下數據：

- ✓ 股票樣本：台灣所有上市、上櫃股票。
- ✓ 回測期間：2008 年 Q1 至 2018 年 Q4，共 11 年間共 44 季的股市資料，共 58,536 筆資料。

資料視覺化的步驟如下：

(1) 將 44 季各季資料依照下列方法進行分組與統計：

- ‧將資料依照股東權益報酬率（ROE）在該季的相對大小各分成 10 組。
- ‧將上述 10 組再依照股價淨值比（P／B）在該季的相對大小各分成 10 組。
- ‧統計上述 10×10＝100 組的第 t＋2 季報酬率（R）。

(2) 再計算這 10×10＝100 組的 44 季資料的平均值，得到 100 個數據點。

(3) 將這 100 個數據點繪成圖 10-1 的 ROE 與 P／B 的 XY 散布圖，點的顏色形狀依照第 t＋2 季報酬率排序分位數而定

- ‧灰色三角：0 至 25%
- ‧灰色方形：25 至 50%
- ‧黑色圓形：50 至 75%
- ‧黑色星形：75 至 100%

(4) 圖中曲線為 GVM 迴歸曲線，在曲線右下方為高獲利公司的便宜股票，左上方則為低獲利公司的昂貴股票，可見

- ‧低報酬股票全部在曲線左上方。

- 中低報酬股票絕大多數靠近曲線左上方邊緣。
- 中高報酬股票絕大多數靠近曲線右下方邊緣。
- 高報酬股票絕大多數在曲線右下方。

這個資料視覺化的實例證明了「預期報酬率模型」（ERRM）的主張：個股的預期報酬率（R_0）是初始淨值股價比（B_0 / P_0）初始股東權益報酬率（ROE_0）的函數。

為了進一步深入探索，把散布圖的橫坐標 ROE 與縱座標 P／B 從第 t 季，改為第 t+1 季，以及第 t+2 季，但報酬率仍都維持是第 t+2 季的季報酬率。結果如圖 10-2 與圖 10-3。可發現

(1) 在第 t 季原本在曲線右下方外側的點，即 ROE 較大但 P／B 偏低的點，在第 t+1 與第 t+2 季紛紛靠近曲線，趨勢十分明顯。代表市場對高獲利公司（ROE 大）的市場評價（P／B）十分有效率，高獲利的公司不會維持低評價。原本在曲線右下方外側的點往曲線運動的原因不外乎：

✓ P／B 提高：這有兩種可能，

- 好消息（企業 ROE 上升）是真，市場錯誤／不足反應（P／B 未上升），接著市場認同其內在價值有所增加，股價提高，導致 P／B 提高，回到正常區域。或者，
- 壞消息（企業 ROE 降低）是假，市場錯誤／過度反應（P／B 下降），接著市場認同其內在價值並未降低，股價反彈，導致 P／B 提高，回到正常區域。

✓ ROE 降低：這有兩種可能，

- 好消息（企業 ROE 上升）是假，市場提早正確反應（P／B 沒變），接著企業 ROE 下降，回到正常區域。
- 壞消息（企業 ROE 降低）是真，市場提早正確反應（P／B 下降），接著企業 ROE 下降，回到正常區域。

(2) 在第 t 季原本在曲線左上方外側的點，即 ROE 較小但 P／B 偏高的點，在第 t+1 與第 t+2 季只略微靠近曲線，趨勢並不明顯。代表市場對低獲利公司（ROE 小）的市場評價（P／B）效率較低，低獲利的公司有

可能維持高評價。

總結以上兩點可知，在第 t 季原本在曲線外側的點，在第 t＋1 與第 t＋2 季紛紛靠近曲線，在右下方形成一個堅實的邊緣，也就是前一章提到的「價值前緣」。代表市場對高獲利公司（ROE 大）的市場評價（P／B）十分有效率，高獲利的公司不會維持低評價。但在左上方，資料的散布較鬆散。代表市場對低獲利公司（ROE 小）的市場評價（P／B）較無效率，低獲利的公司有可能維持高評價。

圖 10-1 ROE（t）、P／B（t）和季報酬率（t＋2）的關係

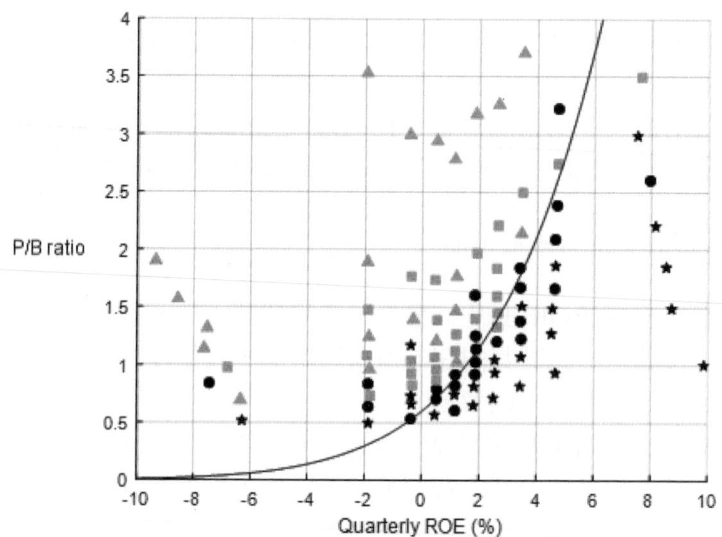

資料來源：作者整理

圖 10-2 ROE（t+1）、P／B（t+1）和季報酬率（t+2）的關係

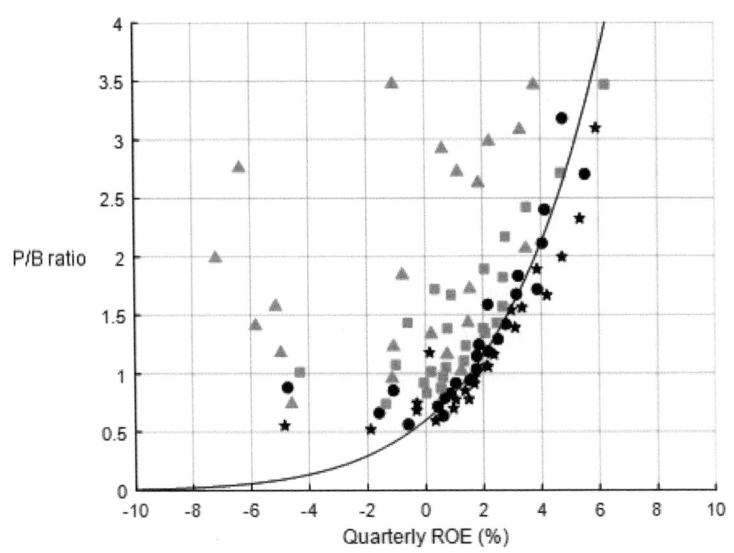

資料來源：作者整理

圖 10-3 ROE（t+2）、P／B（t+2）和季報酬率（t+2）的關係

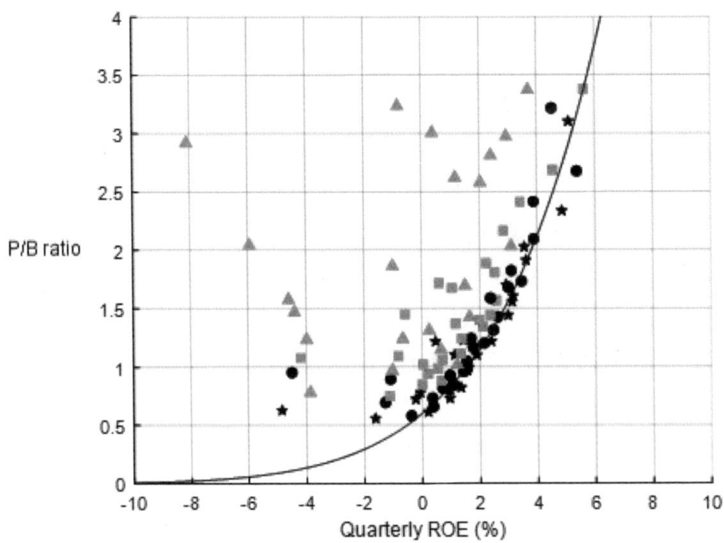

資料來源：作者整理

10-03 報酬率與 P／B 及 ROE 的 3D 觀察

為實證「預期報酬率模型」（ERRM），在此採用與前一章相同的資料進行資料視覺化，但改成三維散布圖，令 Z 軸為以第 t 季累積季報酬率為 0 之下的累積季報酬率。因此在第 t 季，所有的點都在 Z＝0 的平面上。圖中曲線為 GVM 的迴歸曲線，曲線外側為高獲利公司（ROE 高）的便宜股票（P／B 低）。由圖可知

(1) 曲線外側為高獲利公司的便宜股票，累積報酬率較高，而且越外側，即越高獲利公司的越便宜股票，累積報酬率越高。
(2) 曲線內側為低獲利公司的昂貴股票，累積報酬率較低。

因為財報公告有時差，如果投資人根據財報來選股，並持股至下一季的財報，則

(1) 第 1 季財報的持股時間為 5 月 15 日以後，8 月 14 日以前，即有 1.5 個月在第 2 季，另有 1.5 個月在第 3 季。
(2) 第 2 季財報的持股時間為 8 月 14 日以後，11 月 14 日以前，即有 1.5 個月在第 3 季，另有 1.5 個月在第 4 季。
(3) 第 3 季財報的持股時間為 11 月 14 日以後，隔年 3 月 31 日以前，即有 1.5 個月在第 4 季，另有 3 個月在隔年第 1 季。
(4) 第 4 季財報持股時間為 3 月 31 日以後，5 月 15 日以前，即有 1.5 個月在隔年第 2 季。

因此，用第 t 季財報選股的實際持股時間有 4.5 個月在第 t+1 季的後半段，6 個月在第 t+2 季的前半段，1.5 個月在第 t+2 季的後半段。因此，雖然曲線外側為高獲利公司的便宜股票，累積報酬率高，但實際上投資人因財報的延遲公布，並無法獲得第 t+1 季報酬率的前半段，只有第 1 至 3 季能獲得後半段的報酬率，而且後半段的報酬率因市場效率性的關係，應該比前半段低。此外，投資人可以獲得第 t+2 季前半段的報酬率。因此實際上投資人可獲得的累積報酬率是第 t+1 季的後半段與第 t+2 季的前半段報酬率。因此報酬率大約是第 t+1 季報酬率與第 t+2 報酬率的平均值。

圖 10-4 ROE、P／B 和累積季報酬率的關係（圓圈、菱形、X 標記：t，t＋1，t＋2 季數據）

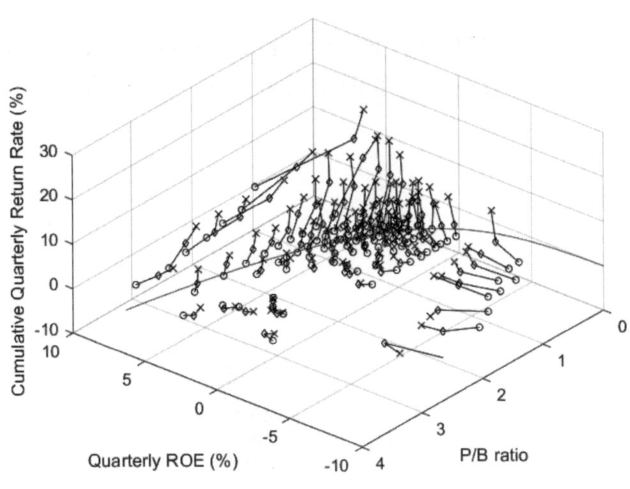

資料來源：作者整理

圖 10-5 ROE、P／B 和累積季報酬率的關係（圓圈、菱形、X 標記：t，t＋1，t＋2 季數據）

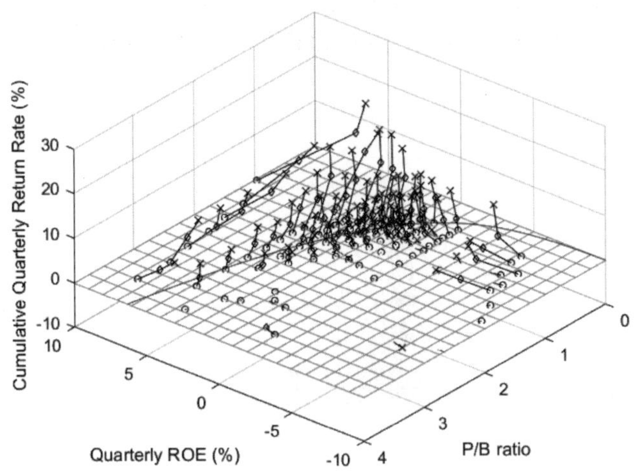

資料來源：作者整理

為了看清楚，我們也用不同的角度來觀察。圖 10-6 與 10-7 是兩個不同角度下的三維散布圖。可以發現在曲線外側的高獲利公司的便宜股票的累積報酬率遠高於曲線內側的低獲利公司的昂貴股票。

圖 10-6 ROE 與 P／B 的關係（圓圈、菱形、X 標記：t，t+1，t+2 季數據）：曲線右下方為高獲利公司的便宜股票，左上方相反。

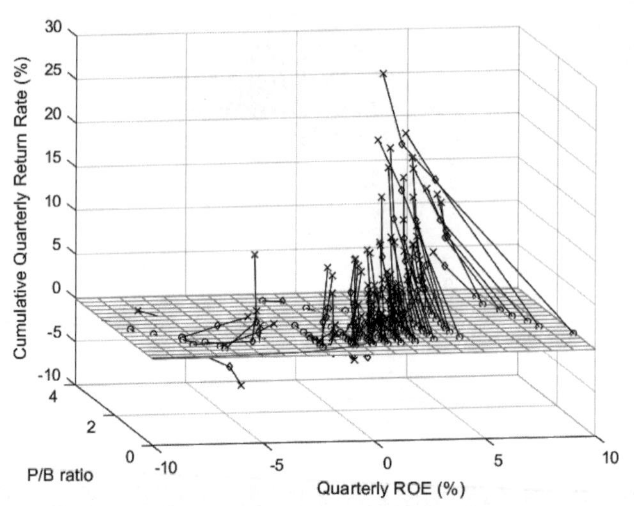

資料來源：作者整理

圖 10-7 ROE 與 P／B 的關係（圓圈、菱形、X 標記：t，t+1，t+2 季數據）：曲線右下方為高獲利公司的便宜股票，左上方相反。

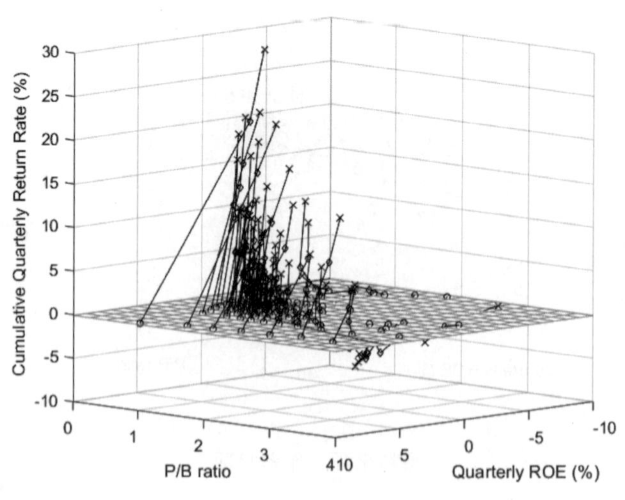

資料來源：作者整理

為了看清楚第 t+1 季與第 t+2 報酬率各多少，將上述圖分開繪出：圖 10-8 只含從第 t 季到 t+1 季的變動；圖 10-9 只含從第 t+1 季到 t+2 季的變動。比較兩張圖可知（1）第 t+1 季報酬率高於第 t+2 報酬率，這是因為市場有效率，超額報酬會隨時間遞減。對投資人而言，雖然財報的公布與財報表達的季度有延遲，但因為市場效率並未達到完美，投資人仍可能透過「買高獲利公司的便宜股票」的選股策略獲得超額報酬。

圖 10-8 ROE、P／B 和累積季報酬率的關係（圓圈、菱形：t，t+1 季數據）

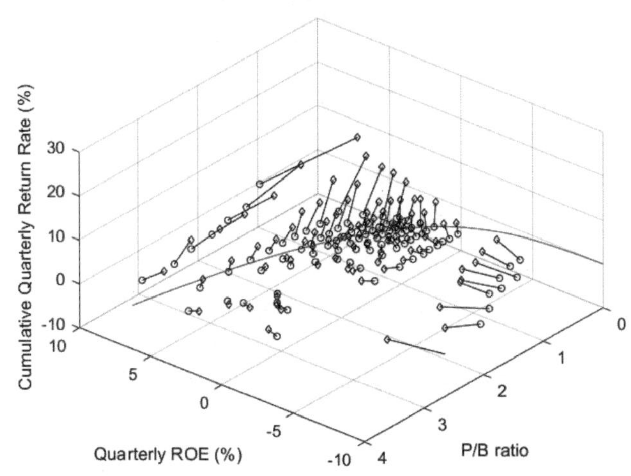

資料來源：作者整理

圖 10-9 ROE、P／B 和累積季報酬率的關係（菱形、X 標記：t+1，t+2 季數據）

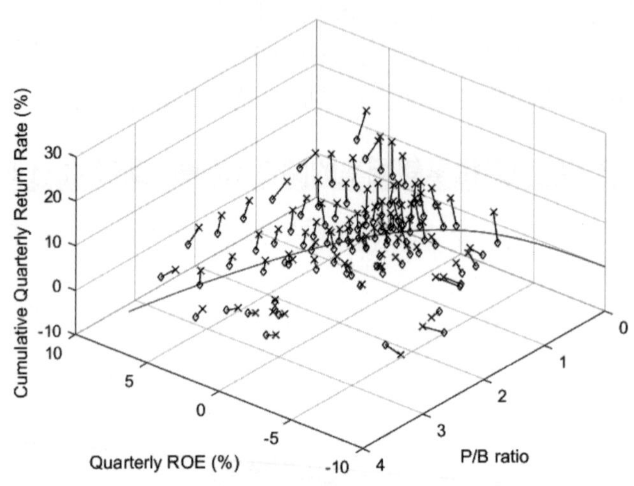

資料來源：作者整理

圖 10-10 是三維散布圖的俯視圖。由圖可歸納如下：

(1) 數據變動幅度先大後小

無論是 ROE 或 P／B，第 t＋1 季的變動大於第 t＋2 季。

(2) 數據變動方向以水平為主

ROE 變動大，P／B 變動小。

(3) 數據向曲線集中

數據有向 GVM 的迴歸曲線集中的趨勢。

(4) 數據滯留曲線上

數據雖有向 GVM 的迴歸曲線集中的趨勢，但無穿越的趨勢，數據點有停留在 GVM 的迴歸曲線上的傾向。

(5) 數據在 t+2 季在右下方形成扎實邊緣

在第 t+2 季時，在 GVM 的迴歸曲線右下方的數據點形成扎實的邊緣。

(6) 數據在 t+2 季在左上方形成鬆散邊緣

在第 t+2 季時，在 GVM 的迴歸曲線左上方的數據點只形成鬆散的邊緣。

圖 10-10 ROE、P／B 和累積季報酬率關係（圓圈、菱形、X 標記：t, t+1, t+2 季數據）

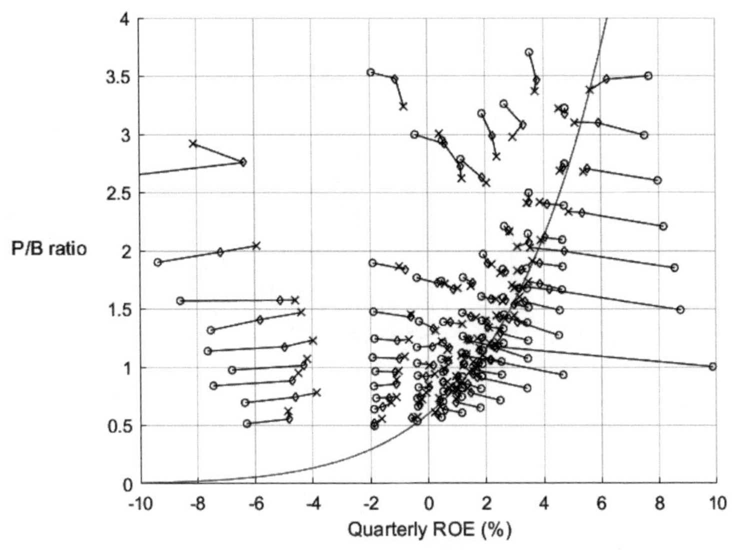

資料來源：作者整理

圖 10-11 是 ROE 與 R 的側視圖。由圖可知：ROE 大於 0 的數據在 t+1 與 t+2 季的報酬率幾乎都是正值；ROE 越大，報酬率越大，但 ROE 也出現大幅降低的現象。而 ROE 小於 0 的數據的報酬率趨勢分歧，但 ROE 經常有反彈提高的現象。

圖 10-12 是 P／B 與 R 的側視圖。由圖可知：P／B 小於 1 的數據在 t+1 與 t+2 季的報酬率幾乎都是正值，P／B 只有小幅提高的現象。而 P／B 大於 1 的數據之報酬率趨勢分歧，但 P／B 經常有反彈降低的現象。

圖 10-11 ROE、P／B 和累積季報酬率關係（圓圈、菱形、X 標記：t, t+1, t+2 季數據）

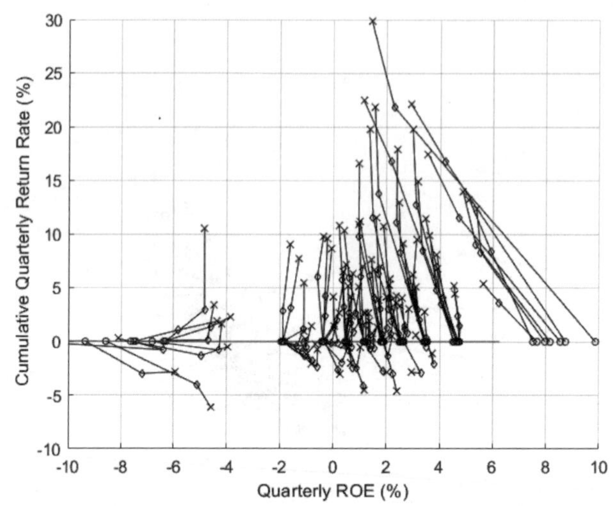

資料來源：作者整理

圖 10-12 ROE、P／B 和累積季報酬率關係（圓圈、菱形、X 標記：t, t+1, t+2 季數據）

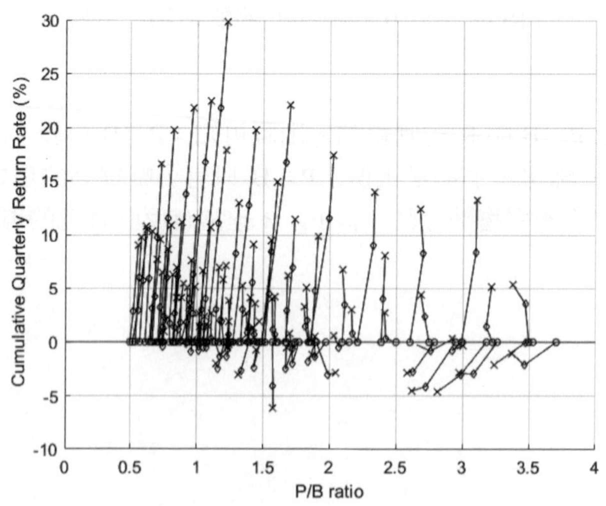

資料來源：作者整理

10-04 報酬率與 P／B 及 ROE 的曲面 1：方法

本書前面提出了「預期報酬率模型」（ERRM），用於估計股票的預期報酬率：

$$R_0=\left(\frac{B_0}{P_0}\right)^{1/m_2}\cdot(1+r)^{1-(m_1/m_2)}\cdot(1+ROE_0)^{m_1/m_2}-1$$

當 $m_1=m_2=m$ 時，上式簡化為

$$R_0=\left(\frac{B_0}{P_0}\right)^{1/m}\cdot(1+ROE_0)-1 \qquad (10\text{-}3)$$

上式為非線性公式，為了進行線性迴歸分析，把右側－1 移項到左側，在右側假設有迴歸係數 λ, b, c

$$1+R=\lambda\cdot\left(\frac{B_0}{P_0}\right)^{b}\cdot(1+ROE_0)^{c} \qquad (10\text{-}4)$$

再兩邊取對數，變成加法公式

$$\ln(1+R)=\ln\lambda+b\cdot\ln\left(\frac{B_0}{P_0}\right)+c\cdot\ln(1+ROE_0) \qquad (10\text{-}5)$$

令

$Y=\ln(1+R)$

$a=\ln\lambda$

$X_1=\ln\left(\frac{B_0}{P_0}\right)$

$X_2=\ln(1+ROE_0)$

則上式可改寫成

$$Y=a+b\cdot X_1+c\cdot X_2 \qquad (10\text{-}6)$$

可用線性迴歸分析。

根據上面的理論公式，迴歸公式係數之理論值

λ＝1

b＝1／m

c＝1

前面曾指出：ROE 以年為單位時，m＝7 左右，ROE 以季為單位時，m＝28 左右。因為迴歸分析使用的 ROE 數據以季為單位，因此預期 b＝1／m＝1／28＝0.036 左右。

10-05 報酬率與 P／B 及 ROE 的曲面 2：數據

為實證「預期報酬率模型」（ERRM），在此採用與本章第二節相同的資料集，用前節的公式，進行迴歸分析。數據取得的步驟如下：

(1) 首先，根據每季度的 ROE 將 t 季度的股票分為十等分。每個十分位數再按季度末的 P／B 比率分為十分位數。因此產生 100 個投資組合。
(2) 接下來，我們計算每個季度每個投資組合中所有股票的季度 ROE 和 P／B 比率的平均值，以及第 t+2 季的報酬率。
(3) 最後，將所有季度相加並取平均數，以消除多頭／空頭市場的影響，並獲得更可靠的總平均數。

上述步驟共可取得 10×10＝100 個數據點，如圖 10-13 與 10-14 為在第 t 季形成投資組合後的 ROE（t）（X 軸）、P／B（t）（Y 軸），在第 t＋2 季的季報酬率 R（t+2）（Z 軸）的 3D 針形圖。

圖 10-13 在第 t 季形成投資組合後的 ROE（t）（X 軸）、P／B（t）（Y 軸），在第 t+2 季的季報酬率 R（t+2）（Z 軸）的 3D 針形圖。

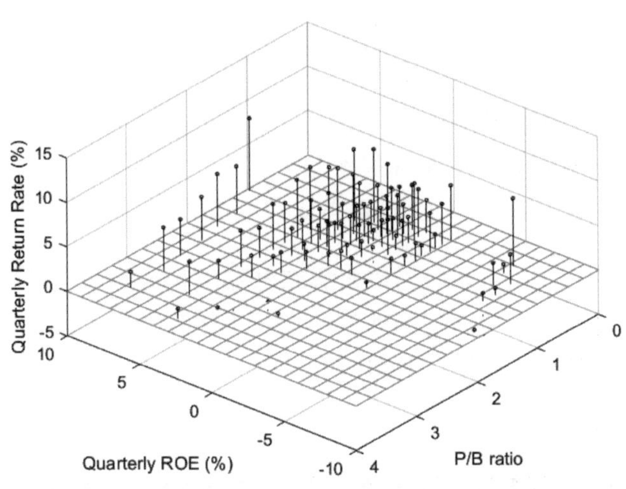

資料來源：作者整理

圖 10-14 在第 t 季形成投資組合後的 ROE（t）（X 軸）、P／B（t）（Y 軸），在第 t+2 季的季報酬率 R（t+2）（Z 軸）的 3D 針形圖。

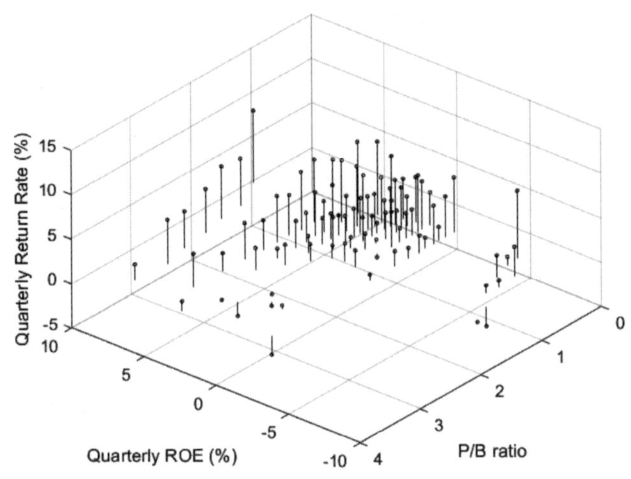

資料來源：作者整理

10-06 報酬率與 P／B 及 ROE 的曲面 3：結果

將前節的數據進行迴歸分析，結果如表 10-1。顯示

λ＝1.036，與理論預期的 1.0 相近。

b＝0.0265，與預估 0.036 有些落差。

c＝0.346，與理論預期的 1.0 差異很大。

由圖 10-15 的在 t＋2 季的季報酬率實際值和預測值之散布圖可知，在報酬率偏高與偏低的兩端出現例外點。進一步從圖 10-16 與 10-17 的曲面圖可知，出現例外點的原因是在 ROE 較低與較高時低估了報酬率。

表 10-1 預期報酬率模型

	係數	標準差	t 統計	顯著值
lnλ	0.0354	0.00169	20.9	9.01E-38
Coeffcient b	0.0265	0.00279	9.49	1.72E-15
Coeffcient c	0.346	0.03866	8.94	2.63E-14

註：λ＝exp（lnλ）＝1.036

資料來源：作者整理

圖 10-15 在 t+2 季的季報酬率實際值和預測值：預期報酬率模型（出現例外點）

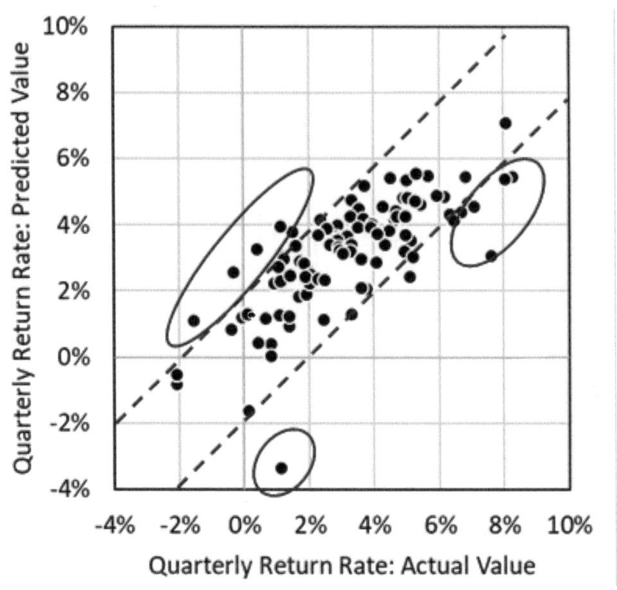

資料來源：作者整理

圖 10-16 3D 散點圖：在第 t 季的 ROE（X 軸）與 P／B（Y 軸），在 t+2 季度的季報酬率（Z 軸）（圓圈：實際值，另一端：預測值）：預期報酬率模型

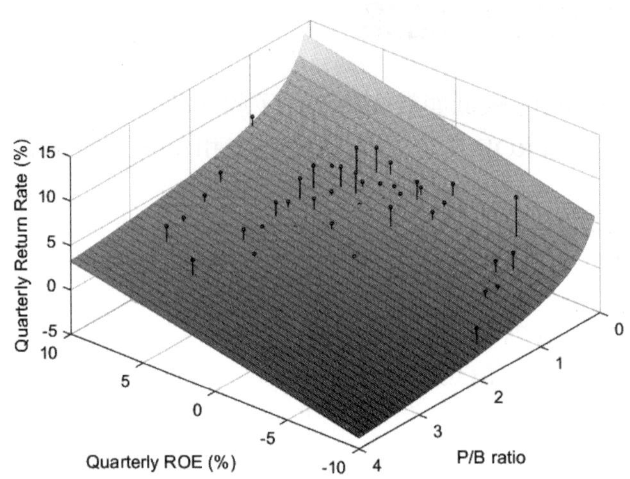

資料來源：作者整理

圖 10-17 3D 散點圖：在第 t 季的 ROE（X 軸）與 P／B（Y 軸），在 t+2 季度的季報酬率（Z 軸）（圓圈：實際值，另一端：預測值）：預期報酬率模型

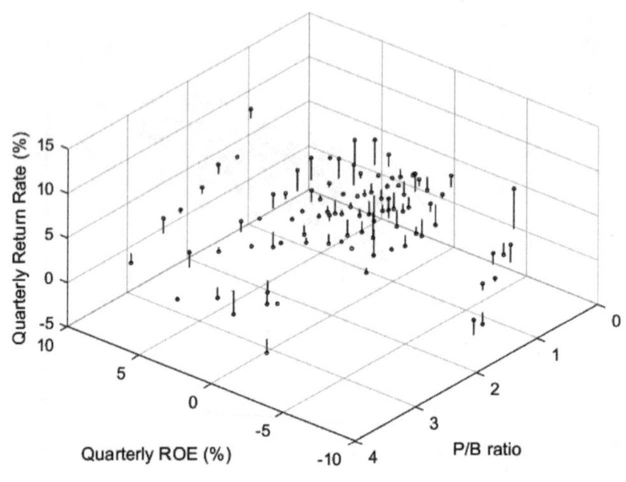

資料來源：作者整理

10-07 報酬率與 P／B 及 ROE 的曲面 4：方法的修正與結果

為了改善在 ROE 較低與較高時低估了報酬率的問題，提高模型的準確性，在此提出了一種 ROE 具有上限（ROE_{UB}）和（下限 ROE_{LB}）的改進模型

$$R=\lambda\cdot\left(\frac{B_0}{P_0}\right)^b\cdot(1+ROE_0^*)^c-1 \qquad (10\text{-}7)$$

當 $ROE_0>ROE_{UB}$ 則 $ROE_0^*=ROE_{UB}$
當 $ROE_0<ROE_{LB}$ 則 $ROE_0^*=ROE_{LB}$
否則 $ROE_0^*=ROE_0$

迴歸分析的方法如下：

(1) 使用最佳化演算法同時估計 ROE 的上限（ROE_{UB}）和下限（ROE_{LB}），以及係數 λ、b 和 c。
(2) 固定 ROE 的上限（ROE_{UB}）和下限（ROE_{LB}），使用經典迴歸分析估計係數 λ、b 和 c。

最佳化演算法的結果顯示，季股東權益報酬率（ROE）上限＝5.9%，下限＝0.6%。迴歸分析的結果發現，調整後的判定係數從改進前的 0.548 提高到 0.709，顯示模型的解釋能力明顯提高。迴歸係數如表 10-2，顯示

λ＝1.020，與理論預期的 1.0 相近。
b＝0.0345，與預估 0.036 相近。
c＝1.05，與理論預期的 1.0 相近。

三個迴歸係數都接近（10-4）式的理論預期或經驗預估，驗證了預期報酬率模型（ERRM）的合理性。

表 10-2 預期報酬率修正模型

	係數	標準差	t 統計	顯著值
lnλ	0.0195	0.00186	10.5	1.26E-17
Coeffcient b	0.0345	0.00245	14.1	3.93E-25
Coeffcient c	1.05	0.07877	13.3	1.13E-23

註：λ＝1.020

資料來源：作者整理

根據公式（10-4），當 P／B 等於 1.0 時，如果迴歸係數 λ 與 c 都等於 1.0，則預期報酬率與股東權益報酬率（ROE）相同。由於 P／B＝1 意味著股價等於每股淨值，因此股票的報酬不會來自淨值。而 ROE 是公司利用股東權益來盈利的效率，在這種情況下，公式（10-4）推論長期預期報酬率等於 ROE 是合理的。上述迴歸分析的結果顯示 λ 與 c 都接近 1.0，支持了這個推論。

圖 10-18 顯示了季度報酬率的實際值和預測值。它表明，出現在圖 10-

15 中的例外點消失了，而且模型的準確性也提高了。圖 10-19 和圖 10-20 顯示了預測值的曲面，可發現誤差呈現隨機分布，不再有特定樣式。

上述結果表明，在構建預期報酬率的準確模型時，ROE 有必要採用上限和下限。可能的原因是過高與過低的 ROE 都缺少緩慢下降或上升的均值回歸特性，而這卻是預期報酬率模型（ERRM）最重要的假設。

圖 10-18 在 t＋2 季的季報酬率實際值和預測值：預期報酬率修正模型

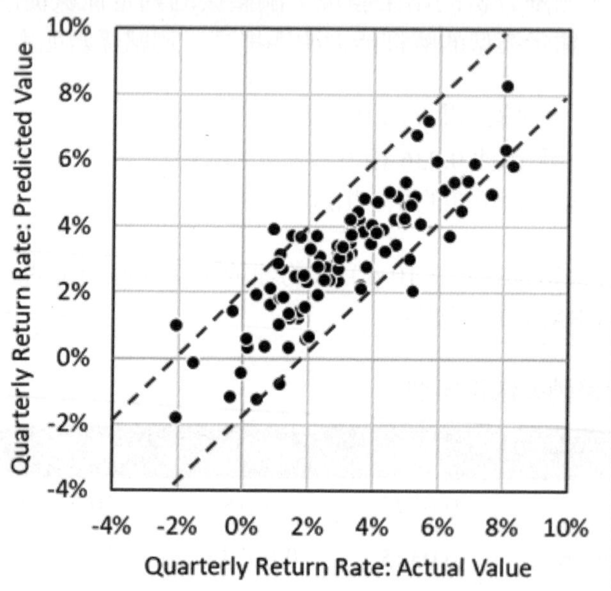

資料來源：作者整理

圖 10-19 3D 散點圖：在第 t 季的 ROE（X 軸）與 P／B（Y 軸），在 t+2 季度的季報酬率（Z 軸）（圓圈：實際值，另一端：預測值）：預期報酬率模型

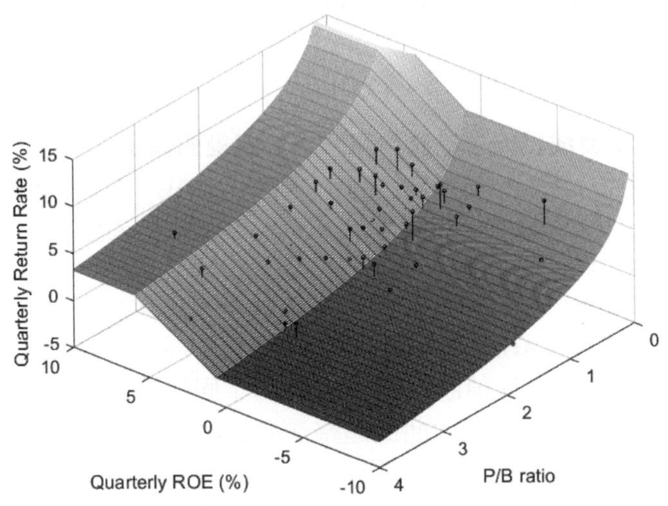

資料來源：作者整理

圖 10-20 3D 散點圖：在第 t 季的 ROE（X 軸）與 P／B（Y 軸），在 t+2 季度的季報酬率（Z 軸）（圓圈：實際值，另一端：預測值）：預期報酬率模型

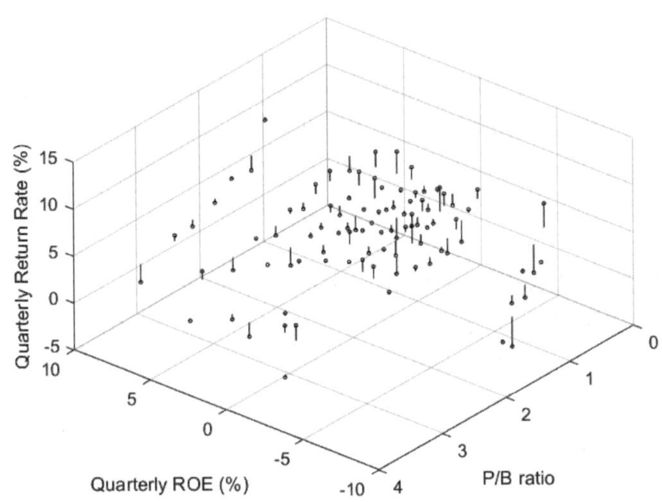

資料來源：作者整理

10-08 對投資人的啟發：報酬率是 P／B 與 ROE 的函數

本章對投資人的啟發如下：

原則 1. 價值因子與成長因子是股票報酬率最關鍵的因子。

淨值股價比（B／P）與股東權益報酬率（ROE）是影響個股預期報酬率的關鍵因素。P／B 越小，ROE 越大，則股票未來的報酬率越高。

原則 2. 價值因子 P／B 與成長因子 ROE 具有報酬綜效。

曲面迴歸法證實預期報酬率模型的合理性，而預期報酬率模型中的乘法關係顯示價值因子「淨值股價比（B／P）」與成長因子「股東權益報酬率（ROE）」具有綜效，因此曲面迴歸法間接證實價值因子與成長因子的綜效性。

原則 3.「買高獲利公司的便宜股票」之選股策略可獲得超額報酬。

雖然財報的公布與財報表達的季度有延遲，但因為市場雖有效率，卻未達完美，投資人仍可能透過「買高獲利公司的便宜股票」的選股策略獲得超額報酬。

原則 4. 價值因子與成長因子適合「作多」選股策略，但不適合「作空」選股策略。

市場對高獲利公司（ROE 大）的市場評價（P／B）十分有效率，高獲利的公司不可能維持低評價。但市場對低獲利公司（ROE 小）的市場評價（P／B）較無效率，低獲利的公司有可能維持高評價。因此這兩個因子適合「作多」選股策略，但不適合「作空」選股策略。

原則 5. 選股時股東權益報酬率應設定上限與下限。

在建構預期報酬率模型時，ROE 有必要設定上限和下限。可能的原因是過高與過低的 ROE 都缺少緩慢下降或上升的均值回歸特性，而這卻是預期報酬率模型最重要的假設。同理，選股時股東權益報酬率應設定上限與下限，即如果數值超過上限與下限，仍然使用上限與下限。根據先前的研究，建議季股東權益報酬率（ROE）上限取 7.5%，下限取 0%。

第四篇
操作方法評比

加權評分法最佳

前面兩篇已經推導證券投資的原理、觀察證券投資的數據，並提出因子投資選股原則。本篇將用電腦回測實證解決幾個問題：（1）決定最佳選股方法。（2）決定最佳因子權重。（3）探索因子綜效。（4）評估模型穩健性。（5）優化選股策略。（6）解析風格輪動。（7）解析最佳選股策略的績效。最後，以市場實戰證明這個策略是實際可行的高報酬投資方法。

第十一章
CH.11

篩選法、排序法、成長價值法比一比
選股方法概論

本章將介紹選股模型的優點與缺點、架構與參數，並介紹四種典型的選股方法：條件篩選法、評分篩選法、評分排序法，與成長價值法（GVI）（價值價格比排序法）。

11-01 選股模型的優點與缺點

□ 量化投資與選股模型

人為投資是指以人的知識或經驗主導的投資方法，而量化投資是指用企業財報與市場交易資訊以量化的規則或模型主導的投資方法。量化投資是相對於人為投資的方法，中間並無絕對的界線。當完全不依賴人為判斷時，即為「純」量化投資。量化投資經常依賴五種量化因子：價值（Value）、獲利（Profitability）、慣性（Momentum）、風險（Risk）、規模（Size）。

圖 11-1 量化投資光譜

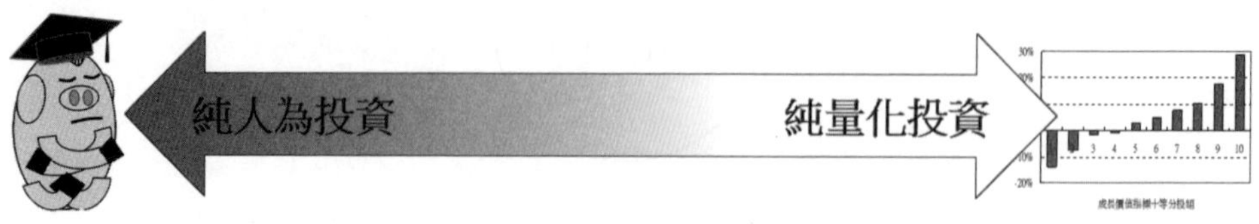

資料來源：作者整理

□ 使用選股模型的優點

- 基於客觀知識基礎：可以用計量的回測來驗證投資績效。
- 避免主觀情緒干擾：可以讓投資人八風吹不動。
- 快速全面篩選股票：可以用電腦將台灣上市櫃全部 1,700 多股同步排序篩選。

□ 使用選股模型的缺點

- 跟隨市場波動

市場大跌，也會大跌。例如圖 11-2 為某一種選股模型的績效圖，橫軸為時間軸，縱軸為累積資金，假設 1997 年初為 1 單位。此一模型每季定期換股，每次換股都將股票依照報酬潛力分成十組，持有到下季換股。回測範圍為 1997 至 2009 年的台灣股市。結果顯示，無論是選股報酬潛力高或低的分組，都無法避免如網路泡沫（2000 年）或金融海嘯（2008 年）等空頭市場的衝擊。

- 模型效果會變

面臨市場「價值／成長」風格輪動的干擾。例如前述的圖 8-1 為晨星公司（Morningstar, Inc.）在 2020 年 6 月發布的市場晴雨表（market barometer），它指出雖然通常價值股績效優於成長股，小型股優於大型股，但 2020 的近五年市場數據顯示：價值股不如成長股，小型股不如大型股。

- 模型胃納有限

任何主動模型都有胃納量（交易規模）限制。例如前述的圖 8-5 為以股東權益報酬率（ROE）與淨值股價比（B／P）用「評分篩選法」選股的結果，它顯示雖然這個方法可選出報酬率很高的股票，但這類股票的數量很少。

圖 11-2 選股模型的績效會跟隨市場波動：1997 至 2009 年的台灣股市

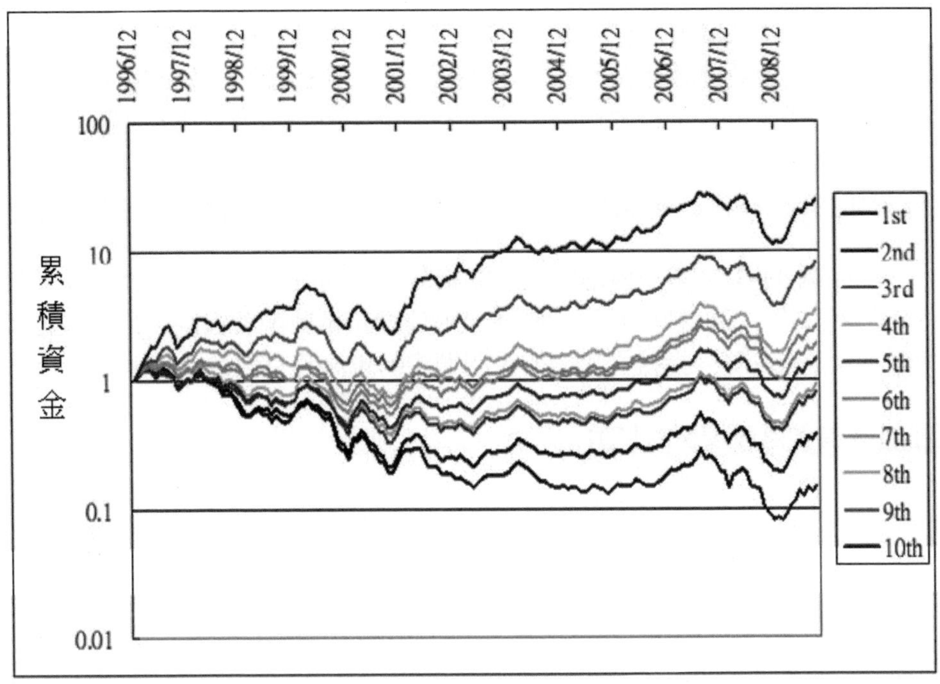

資料來源：作者整理

11-02 選股模型的難點與要點

□ 建立選股模型的困難點

(1) 市場規律變動太快難以建立模型

回測模型需要足夠的樣本，如果規律變化快，無法取得足夠樣本。

(2) 模型回測的假設無法完全吻合市場現實

回測時假設可以用收盤價買到或賣出股票，但可能與現實不符。

(3) 預測模型經常發生統計學上的過度配適（overfitting）

以樣本內期間的回測結果用迴歸分析建立的預測模型，對樣本外期間的預測能力經常遠低於樣本內期間。

□ 有效選股模型的特徵

(1) 最佳投組績效顯著性高：最佳投組的報酬率要顯著高於市場。

(2) 最差投組績效顯著性高：最差投組的報酬率要顯著低於市場。

(3) 投組之間績效連續性高：各等分投組之報酬率要有明顯趨勢規律。

(4) 不同時間（縱向）穩健性高：最佳與最差投組的績效差異在不同期間都穩定顯著。

(5) 投組內部（橫向）變異性低：在同一個投組內股票的報酬率的差異性小。

例如圖 11-3 為某一種選股模型的績效圖，橫軸為十等分，縱軸為各等分年化報酬率。這個績效圖顯示它滿足最佳投組績效顯著性高、最差投組績效顯著性高、各等分投組之報酬率有明顯趨勢規律等有效選股模型的特徵。

圖 11-3 有效選股模型的特徵

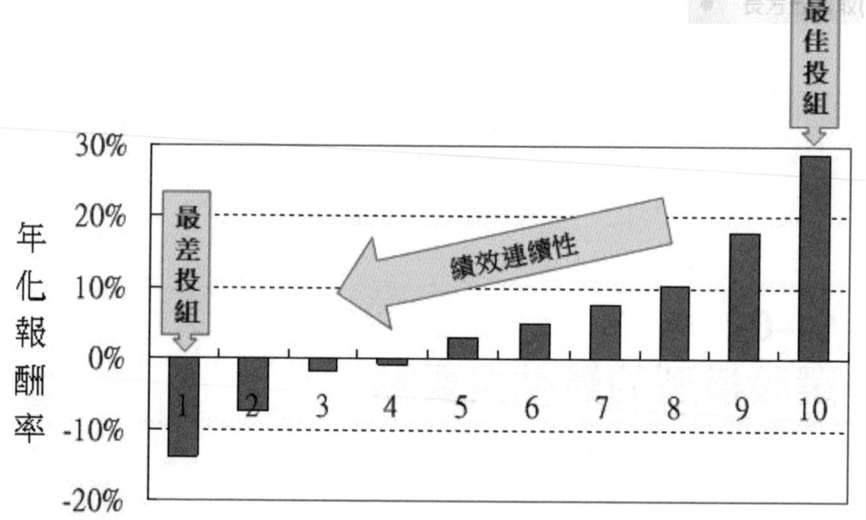

資料來源：作者整理

11-03 選股模型的架構與參數

選股方法的架構如下：

- 一個目標：報酬越高越好。
- 二個限制：風險不可太高、流動性不可太低。
- 二個假設：財報具有真實性、可持續性。
- 三個決策變數：
  - ✓ 因子權重
    因子的數量並非多多益善，加入無用的因子反而會讓模型選股效果變差。為了產生綜效，價值（Value）、獲利（Profitability）這兩類因子至少要各選一個選股因子。例如價值因子選 P／B、獲利因子選 ROE。除了要選擇適當的因子，還需要設定適當的因子權重，以結合因子的選股效應，讓選股模型發揮 1＋1＞2 的綜效。
  - ✓ 選股股數
    理論上，排名較靠前的股票較為菁英，上漲潛力較高。然而選股比例太低，平均持股數太少也會面臨幾個問題：（1） 回測結果不可靠。（2） 實際投資時，因未能充分多元投資，風險較高。（3） 這些排名越靠前的股票，性質越極端。例如股東權益報酬率（ROE）很高、淨值股價比（B／P）也很高的股票，雖然有可能是被市場忽略的股海遺珠，但也有可能是財報真實性、可持續性有問題，被市場識破的股票。因此必須謹慎檢視，例如盈餘、營收是否穩定。
  - ✓ 換股週期
    選股週期越短，越能發揮資訊的價值，但交易成本越高；反之，選股週期越長，交易成本越低，但越無法發揮資訊的價值。不同的選股模型的最佳選股週期差異可能很大，必須用回測方式決定。

選股方法的適當參數如下（將在第 16 章詳述）：

- 因子數目：2 至 5 個為宜。
- 選股股數：持股數目 10 至 30 為宜，對目前台股而言，買入門檻約為排名最佳的前 2%。
- 換股週期：1 至 3 個月為宜（可配合季報時間點換股）。

- 賣出門檻：排名掉出選股時的買入門檻時（例如在最佳的前 2%）不急著賣出，等到排名掉出賣出門檻時（例如已不在最佳的前 10%）才賣出。
- 投資期間：永遠，除非你有預測未來的能力。

11-04 選股模型的四種方法

□ 價值投資的方法之比較

如果

- 股票可類比成考生；
- 選股因子類比成考試科目；
- 選股因子的值類比成考試科目的原始分數；
- 選股因子的評分類比成考試科目的原始分數排序後的級分。

則選股方法可以類比如下：

- 條件篩選法：可類比為「多科目分數的條件篩選錄取」。
- 評分篩選法：可類比為「多科目級分的條件篩選錄取」。
- 加權評分法：可類比為「多科目級分的加權總級分排序錄取」。

□ 選股方法 1：條件篩選法

- 方法
  將多個選股條件並列，並視這些條件之間為「且」的關係，即所有條件通過才入選。
- 實例：假設有二個選股條件：
  ✓ 條件 1: 股價淨值比 P／B ＜ 1.0
  ✓ 條件 2: 股東權益報酬率 ROE ＞ 15%
- 缺點：條件太寬會選出太多股票，太嚴會選不到股票。例如上述實例的各條件單獨來看都不過分，但合起來看就難了。一些優質公司雖然 ROE 遠高於 15%，但它的股票的 P／B 經常遠高於 1.0，兩個條件合起可能永遠買不到這家公司的股票。

圖 11-4 條件篩選法：可類比為「多科目分數的條件篩選錄取」

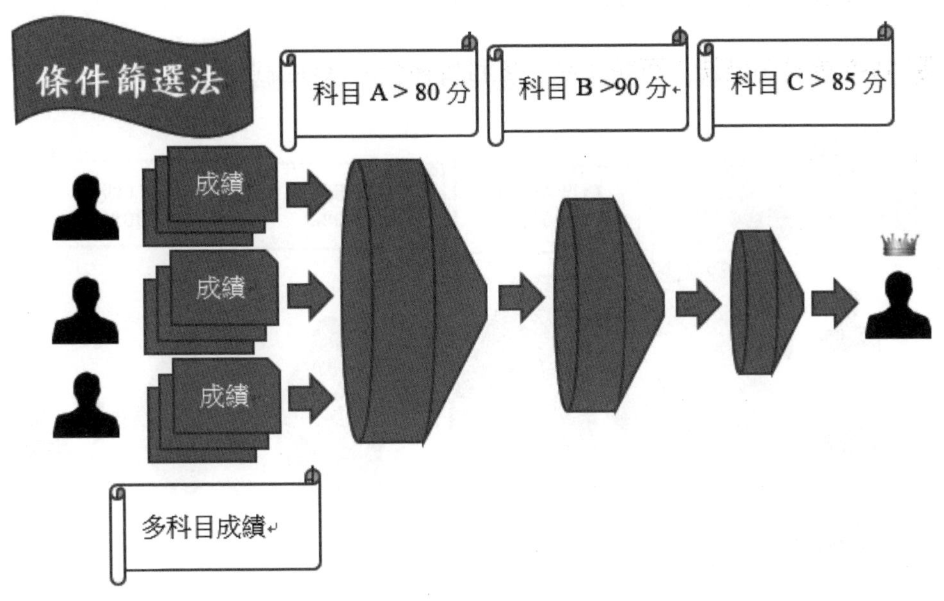

資料來源：作者整理

☐ 選股方法 2：評分篩選法

前一節的「條件篩選法」還有一個缺點：不同選股因子的值域分布不同，不易設定適當寬嚴的門檻。一個改善的方法是以排序評分取代原值。

- 方法
  (1) 因子評分：先將股票依因子大小排序，如果該因子預期愈大越好，則最小值給 0 分，最大值給 100 分，其餘用內插原則評分，例如高於 80%股票可得 80 分。反之，如果該因子預期愈小越好，則最小值、最大值分別給 100 分、0 分，其餘用內插原則評分，例如低於 80%股票可得 80 分。
  (2) 條件篩選：股票評分通過所有評分篩選條件才入選。

- 實例：假設有二個選股條件：
  ✓ 條件 1: 股價淨值比 P／B 評分＞80 分
  ✓ 條件 2: 股東權益報酬率 ROE 評分＞80 分
  也就是股價淨值比 P／B 比 80%股票低，股東權益報酬率 ROE 比 80%股票高。

- 缺點：上述方法雖然較易設定寬嚴適中的門檻，但仍然會面臨條件太寬會選出太多股票，太嚴會選不到股票的困擾。

圖 11-5 評分篩選法：可類比為「多科目級分的條件篩選錄取」

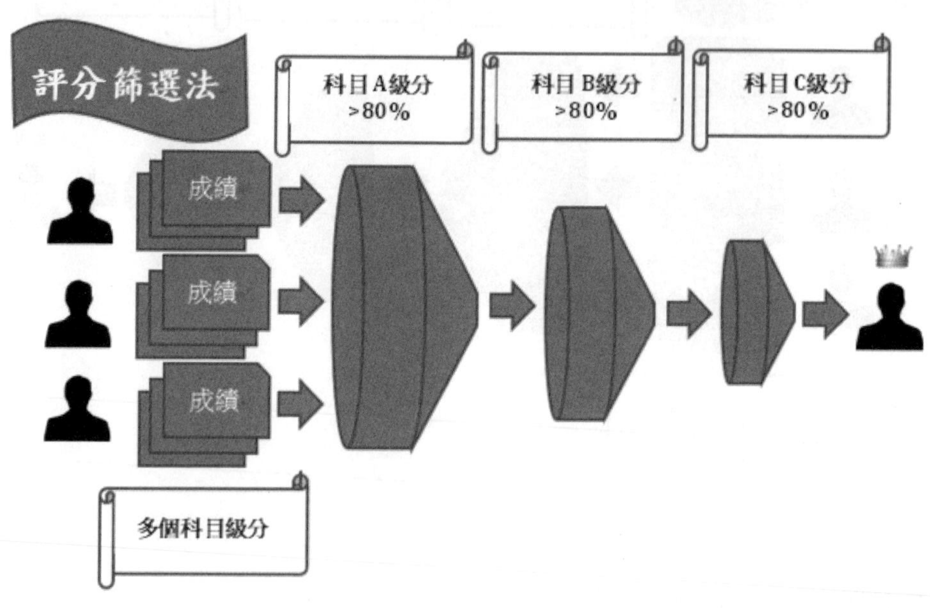

資料來源：作者整理

□ 選股方法 3：評分排序法

前二節的方法都有一個嚴重的缺點：條件太寬會選出太多股票，太嚴會選不到股票。「評分排序法」可以克服這一個缺點。

- **方法**

評分排序法的步驟如下：

(1) 單因子評分：同前面的評分篩選法。
(2) 多因子評分：將各因子評分乘以一定的權重後，加總得到加權總分。總分最高的股票即最佳的股票。
(3) 排序：每一個股票都有一個總分，加以排序後可以取出特定數目的股票檔數。

- **實例：**例如以 40%與 60%為權重結合股東權益報酬率、股價淨值比這兩個因子的評分。假設某一個股票股東權益報酬率得到 80 分、股價淨值比

得到 30 分，則

總分＝ 40%×80 分＋60%×30 分＝32 分＋18 分＝50 分

- **優點：**由於這個方法不採取絕對門檻做為篩選條件，而是以加權總評分做為排序依據，在完成排序後，可以任意選取特定數目的股票組成投資組合，因此沒有選不到股票或太多股票的問題。

圖 11-6 加權評分法：可類比為「多科目級分的加權總級分排序錄取」

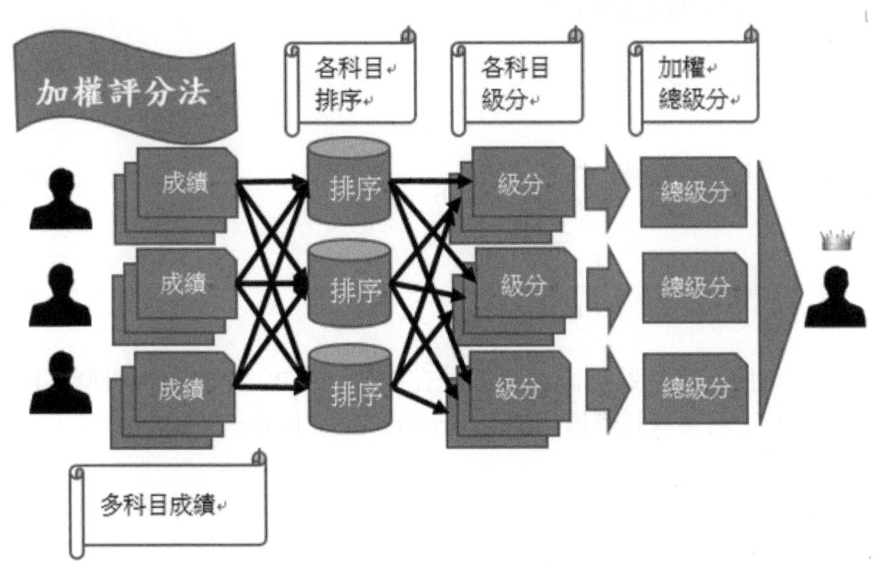

資料來源：作者整理

□ 選股方法 4：成長價值法（GVI）（價值價格比排序法）

雖然加權評分法可以一次考慮多個選股因子，但它缺少精緻的理論基礎。成長價值模型（Growth Value Model, GVM）融合了收益基礎法和資產基礎法的原理，是一種基於收益和資產的混合方法，具有精緻的理論基礎。

- **方法**

該模型基於股東權益報酬率（ROE）具有均值回歸特性的假設

$$\frac{1+ROE_{t+1}}{1+r}=\left(\frac{1+ROE_t}{1+r}\right)^{1/b} \qquad (11\text{-}1)$$

b＝均值回歸率（ b＞1）

推導出理論估值公式：

$$P = k \cdot B_0 \cdot (1 + ROE_0)^m \qquad (11\text{-}2)$$

其中

B_0＝ 每股淨值

ROE_0＝股東權益報酬率

r＝折現率

$$m = \text{股東權益報酬率持續係數} = \frac{1}{b - 1} \qquad (11\text{-}3)$$

$$k = \text{價值係數} = \frac{1}{(1 + r)^m} \qquad (11\text{-}4)$$

為了選股，我們將理論估值（內在價值）（P）相對市場股價（P_0）的比值 P/P_0 定義為**成長價值指標**（Growth Value Index，GVI）：

$$GVI \equiv \frac{\text{內在價值}}{\text{市場價格}} = \frac{P}{P_0}$$

將內在價值以理論估值代入得

$$GVI \equiv \frac{P}{P_0} = k \cdot \frac{B_0}{P_0}(1 + ROE_0)^m \qquad (11\text{-}5)$$

假設所有股票的必要報酬率（r）與股東權益報酬率持續係數（m）相等，則（k）值相等，上式可簡化為

$$GVI \equiv \frac{B_0}{P_0}(1 + ROE_0)^m \qquad (11\text{-}6)$$

可以看出最有價值的股票有三個條件：

(1) B／P 要大：股價要便宜。

(2) ROE 要大：公司要賺錢。

(3) m 要大：公司的賺錢能力要有持續性。

- **實例**

例如近四季股東權益報酬率＝10%，股價淨值比（P／B）＝1.5，股東權益報酬率持續係數＝7，則

$$GVI \equiv \frac{B_0}{P_0}(1+ROE_0)^m=\frac{1}{1.5}(1+10\%)^7=1.30$$

- **優點**
  (1) 以財務數學完美地結合價值面與成長面兩個構面。
  (2) 可以利用 GVM 的衍伸理論 ERRM 估計預期報酬率。

- **缺點**
  (1) 極端的 ROE 與 P／B 造成單一因子掌控。
  (2) 選股效果最佳的股東權益報酬率持續係數（m）只能以試誤法去回測估計。

11-05 選股模型的實例 1：篩選法（Filter Based Method）

以宏達電（2498）、聯電（2303）、鴻海（2317）、台積電（2330）、大立光（3008）等五股為例，選這五股的原因是因為他們 2016 年 Q2 的近四季 ROE 分別是 -23.2%、 3.5%、16.1%、23.9%、36.1%，這五個數字正好是代表了五個等級的獲利能力，從很低（0%以下）、低（0 至 5%）、普通（5 至 15%）、高（15 至 25%）、到很高（25%以上）。股價以 2016 年 8 月 18 日的收盤價為準（表 11-1）。依照篩選條件可以分成三種情況：

□ 成長主導

- 條件 1: 股價淨值比（P／B）＜ 4
- 條件 2: 股東權益報酬率（ROE）＞ 20%

結果如圖 11-7，選到台積電。

□ 平衡型

- 條件 1: 股價淨值比（P／B）＜ 2
- 條件 2: 股東權益報酬率（ROE）＞ 10%

結果如圖 11-8，選到鴻海。

□ 價值主導

- 條件 1: 股價淨值比（P／B）＜ 1
- 條件 2: 股東權益報酬率（ROE）＞ 0%

結果如圖 11-9，選到聯電。

表 11-1 選股實例

股票	宏達電	聯電	鴻海	台積電	大立光
P／B	1.39	0.65	1.61	3.81	7.95
ROE	-23.20%	3.50%	16.10%	23.90%	36.10%

資料來源：作者整理

圖 11-7 條件篩選法：成長主導

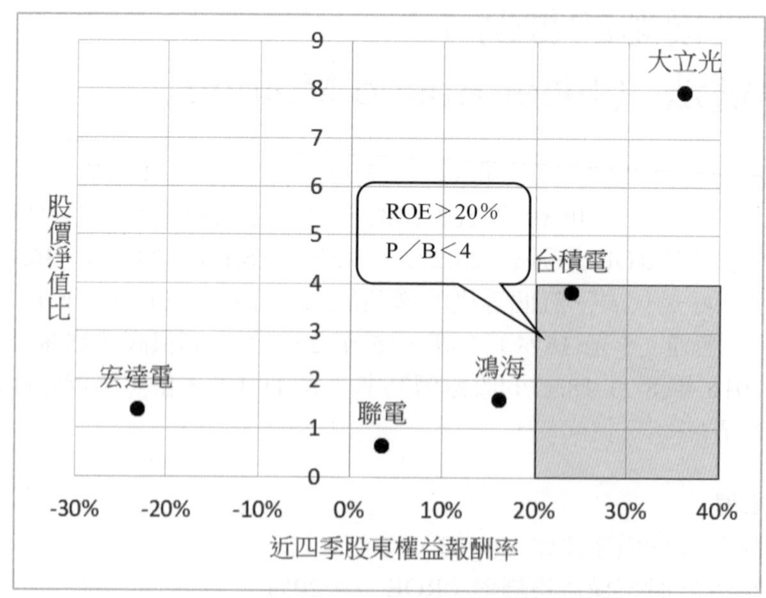

資料來源：作者整理

圖 11-8 條件篩選法：成長價值平衡

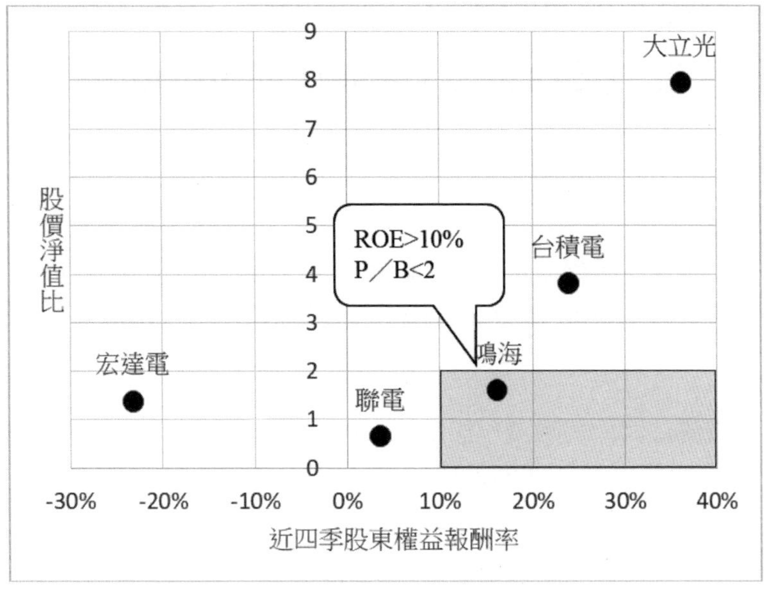

資料來源：作者整理

圖 11-9 條件篩選法：價值主導

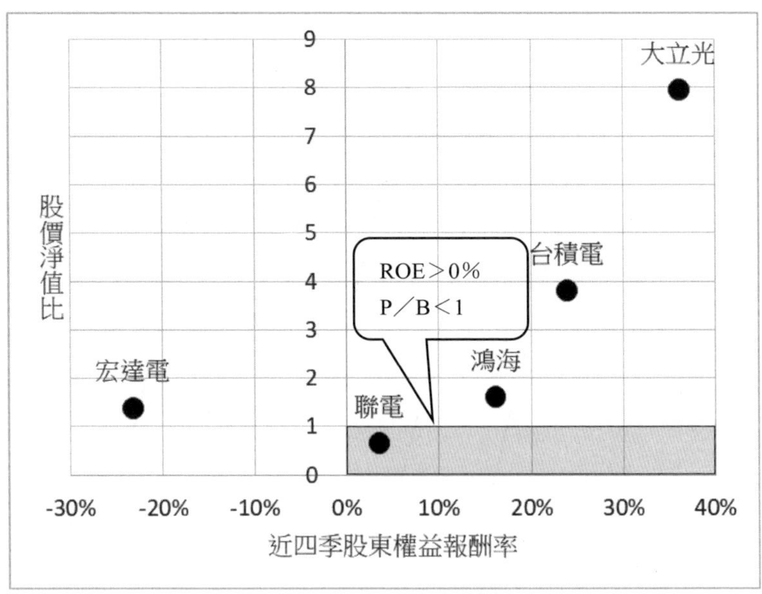

資料來源：作者整理

11-06
選股模型的實例 2：
排序法（Sorting Based Method）

以前述的五支股票為例，依照權重大小可以分成三種情況：

□ 成長主導

- 公司賺錢比股價便宜重要，ROE 權重 80%＞P／B 權重 20%
- 結果如圖 11-10。大立光最佳，宏達電最差。

□ 平衡型

- 股價便宜與公司賺錢一樣重要，P／B 權重 50%, ROE 權重 50%
- 結果如圖 11-11。鴻海最佳。

□ 價值主導

- 股價便宜比公司賺錢重要，P／B 權重 80%＞ROE 權重 20%
- 結果如圖 11-12。大立光最差，宏達電最佳。

圖 11-10 加權評分法：成長主導

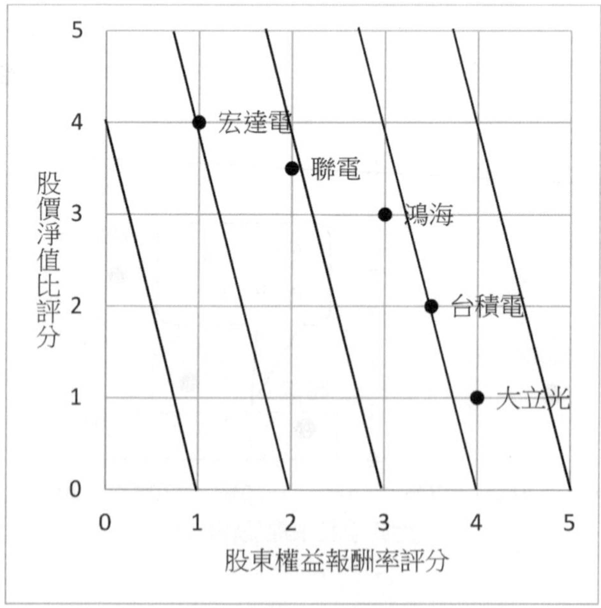

資料來源：作者整理

圖 11-11 加權評分法：成長價值平衡

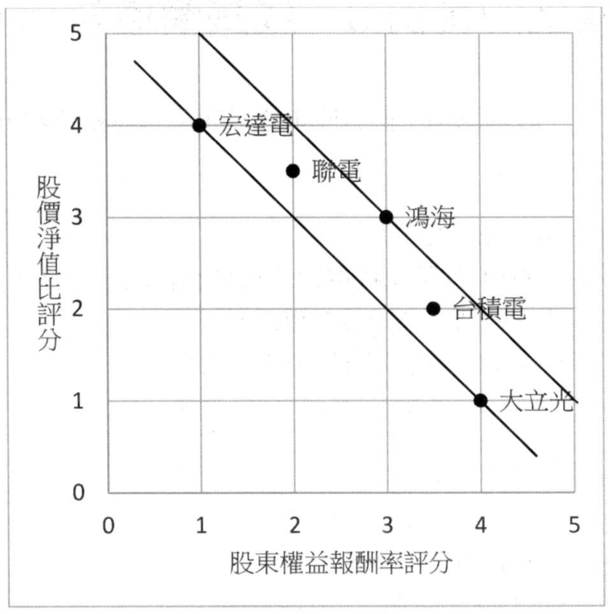

資料來源：作者整理

圖 11-12 加權評分法：價值主導

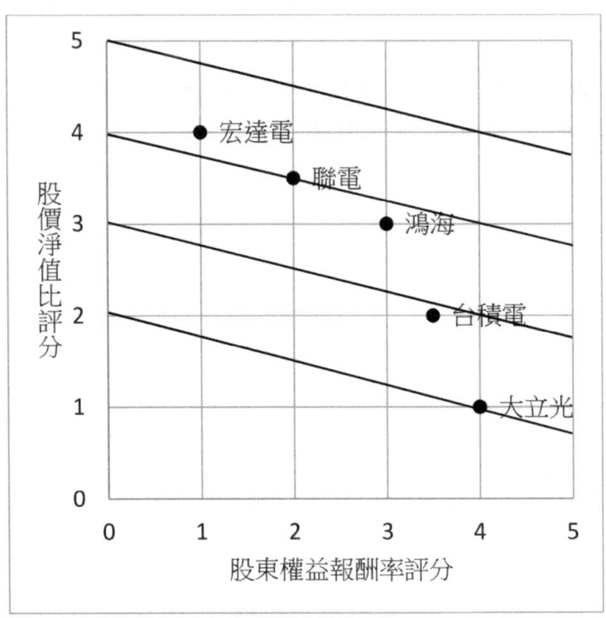

資料來源：作者整理

11-07 選股模型的實例 3：成長價值法（GVI）

以前述的五支股票為例，假設股東權益報酬率持續係數 m＝15, 7, 3 三種情況來計算 GVI：

◎ 實例 1. 成長主導（m＝15）

- 當 m＝15，GVI 選股比較重視公司獲利性的重要性，相對地，股票便宜的重要性較低，為成長主導選股。
- 結果如圖 11-13。上述股票的 GVI 由大到小為

大立光 ＞ 台積電 ＞ 鴻海 ＞ 聯電 ＞ 宏達電

◎ 實例 2. 成長價值平衡（m＝7）

- 當 m＝7，GVI 選股對公司獲利性與股票便宜的重要性之重視程度大約相等，為成長價值平衡選股。
- 結果如圖 11-14。上述股票的 GVI 由大到小為

聯電 ＞ 鴻海 ＞ 台積電 ＞ 大立光 ＞ 宏達電

◎ 實例 3. 價值主導（m＝3）

- 當 m＝3，GVI 選股比較重視股票便宜的重要性，相對地，公司獲利性的重要性較低，為價值主導選股。
- 結果如圖 11-15。上述股票的 GVI 由大到小為

聯電 ＞ 鴻海 ＞ 台積電 ＞ 宏達電 ＞ 大立光

圖 11-13 成長價值法：成長主導（m＝15）

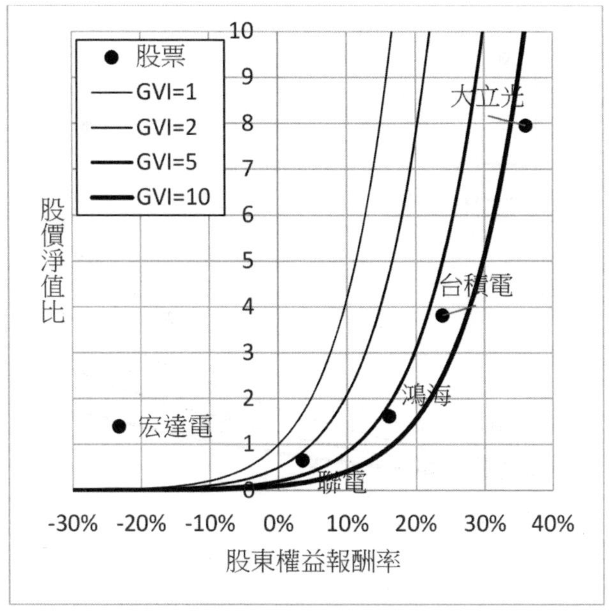

資料來源：作者整理

圖 11-14 成長價值法：成長價值平衡（m＝7）

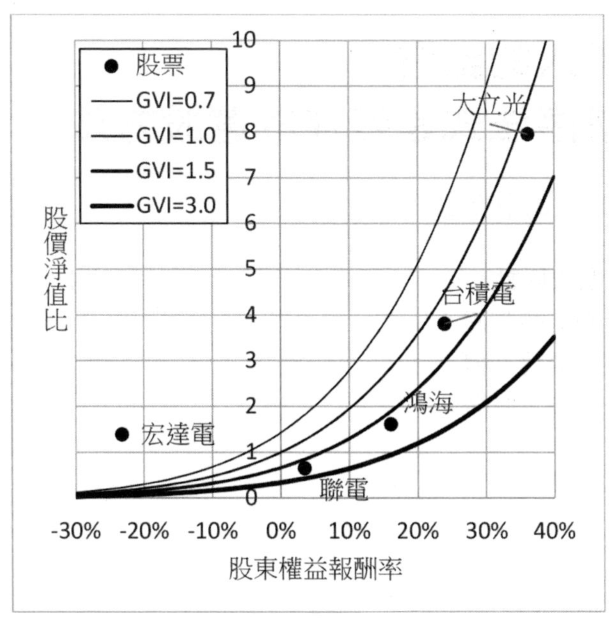

資料來源：作者整理

圖 11-15 成長價值法：價值主導（m＝3）

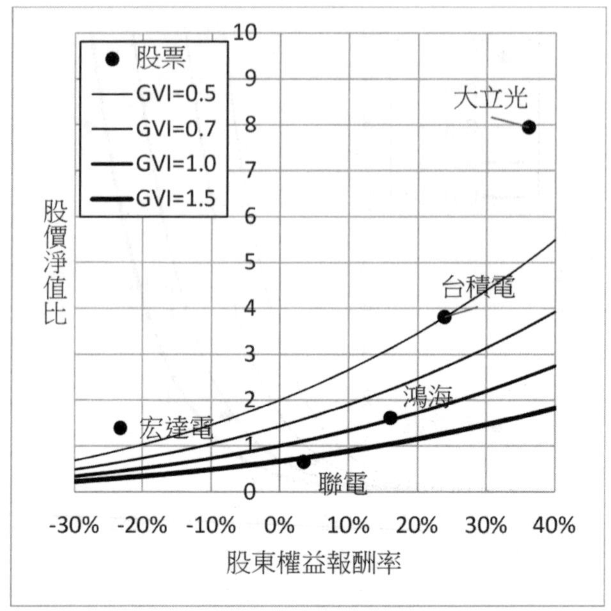

資料來源：作者整理

11-08 對投資人的啟發：評分排序法式是較佳的選股方法

本章對投資人的啟發如下：

□ 使用選股模型的優點

- 基於客觀知識基礎
- 避免主觀情緒干擾
- 快速全面篩選股票

□ 使用選股模型的缺點

- 跟隨市場波動
- 模型效果會變
- 模型胃納有限

□ 基於以下的理由，排序法是比篩選法更適合選股的方法：

- 篩選法可能發生條件太嚴苛，入選股票太少，以及條件太寬鬆，入選股票太多的問題。排序法可以用「排序選優」克服這一個缺點。
- 篩選法較難融合不同的選股因子，排序法可以用「權重賦予」克服這一個缺點。

□ 篩選法、排序法這兩種選股方法可以類比如圖 11-16：

圖 11-16 篩選法（左）、排序法（右）這兩種選股方法之類比

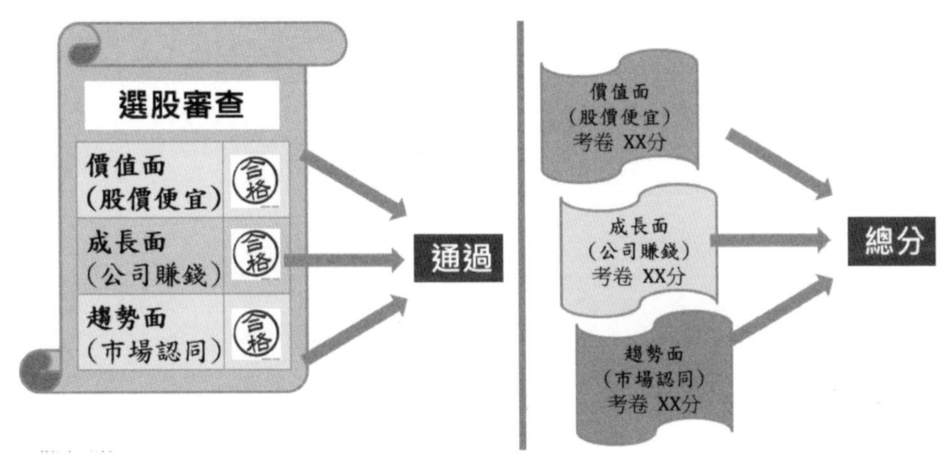

資料來源：作者整理

第十二章
CH.12

選股方法，殊途同歸

加權評分法與成長價值法之比較

雖然加權評分法是最常用的多因子選股模型，但缺少精緻的理論基礎。成長價值模型是一種基於理論推導出來的雙因子選股模型，具有精緻的理論基礎。本章以回測實證來比較這兩種選股方法的績效特性，證實這兩種方法殊途同歸。

12-01 選股模型的實證比較

前章介紹以下兩種選股方法：

◎ **加權評分法（Weighted-scoring Method, WSM）**

雖然加權評分法是最常用的多因子選股模型，但缺少精緻的理論基礎。

◎ **成長價值模型（Growth Value Model, GVM）**

是一種基於理論推導出來的雙因子選股模型，具有精緻的理論基礎。

本章的目的在於回測比較這兩種方法的選股績效高低與特性。

12-02 選股模型 I：成長價值法

成長價值模型（Growth Value Model, GVM）融合了基於收益的方法和基於資產的方法之原理，因此是一種基於收益和資產的混合方法。該模型基於以下假設：股東權益報酬率（ROE）具有均值回歸特性，並推導出理論估值公式：

$$P = k \cdot B_0 \cdot (1 + ROE_0)^m \qquad (12\text{-}1)$$

其中 B_0＝每股淨值；ROE_0＝股東權益報酬率；r＝折現率；m＝股東權益報酬率持續係數；k＝價值係數

為了選股我們將合理股價（P）相對市場股價（P_0）的比值（P/P_0）定義為**成長價值指標**（Growth Value Index，GVI）：

$$GVI \equiv \frac{\text{內在價值}}{\text{市場價格}} = \frac{P}{P_0} \qquad (12\text{-}2)$$

將內在價值以理論估值代入得

$$GVI \equiv \frac{P}{P_0} = k \cdot \frac{B_0}{P_0} (1 + ROE_0)^m \qquad (12\text{-}3)$$

假設所有股票的必要報酬率 r 與股東權益報酬率持續係數 m 相等，則 k 值相等，上式可簡化為

$$GVI \equiv \frac{B_0}{P_0} (1 + ROE_0)^m \qquad (12\text{-}4)$$

可以看出最有價值的股票有三個條件：

(1) B／P 要大：股價要便宜。
(2) ROE 要大：公司要賺錢。
(3) m 要大：公司的賺錢能力要有持續性。

在（12-4）式中的股東權益報酬率持續係數（m）具有平衡代表價值面的「股價淨值比」與代表成長面的「股東權益報酬率」的比例之功能，當 m 值越大時，「股東權益報酬率」的重要性越大，「股價淨值比」的重要性相對降低，反之亦然。由於每一個股票都有一個 GVI 值，加以排序後可以取出特定數目的股票檔數。簡單地說，公司賺錢能力越強，股價越便宜，則價值成長指標（GVI）會越大，越值得買入。

上述成長價值指標也可從預期報酬率模型（ERRM）導出。ERRM 主張個股的預期報酬率（R）是淨值股價比（B／P）與股東權益報酬率（ROE）的函數：

$$R_0=\left(\frac{B_0}{P_0}\right)^{1/m_2}\cdot(1+r)^{1-(m_1/m_2)}\cdot(1+ROE_0)^{m_1/m_2}-1 \qquad (12\text{-}5)$$

當 $m_1=m_2=m$

$$R_0=\left(\frac{B_0}{P_0}\right)^{1/m}\cdot(1+ROE_0)-1 \qquad (12\text{-}6)$$

移項並兩端取 m 次方得

$$(1+R_0)^m=\frac{B_0}{P_0}(1+ROE_0)^m \qquad (12\text{-}7)$$

定義 GVI≡（1＋預期股票報酬率）^{m}＝$(1+R_0)^m$

則

$$GVI\equiv(1+R_0)^m=\frac{B_0}{P_0}(1+ROE_0)^m \qquad (12\text{-}8)$$

上式與 GVM 導出的 GVI 完全相同。

由圖 12-1 與圖 12-2 可以看出股東權益報酬率持續係數 m 控制了選股的「邊界」的角度：當 $m=\infty$，邊界為垂直線；當 $m=0$，邊界為水平線；當 $0<m<\infty$時，邊界為傾斜的曲線。股市的投資人總是企圖購買「賺錢多公司」的「便宜股票」。圖中右下方的股票因為 ROE 大，PBR 小，因此是

「賺錢多公司」的「便宜股票」，故投資人會競相購買，股價自然提高，PBR 變大，其位置向上方移動；反之，左上方的股票因為 ROE 小，PBR 大，因此是「賺錢少公司」的「昂貴股票」，故投資人會競相賣出，導致股價降低，PBR 變小，其位置向下方移動。

ROE 高的股票其平衡的 PBR 較高，反之較低。因此市場內大部分的股票會循著公司賺錢能力越強，股票越昂貴的對角線分布，落在圖中的以對角線為主軸的長橢圓區內。這條主軸線是自由市場下的平衡線，距離這條主軸線越遠則其偏差越大，向主軸線移動的力道越強。因此可以推測，當參數 m 在適當值時，選股的「邊界」與市場內股票聚落的主軸平行，此時選股效果最好。

圖 12-1 當股東權益報酬率持續係數 m＝0，則 GVI 由價值因子 P／B 控制；m＝∞，則 GVI 由成長因子 ROE 控制。

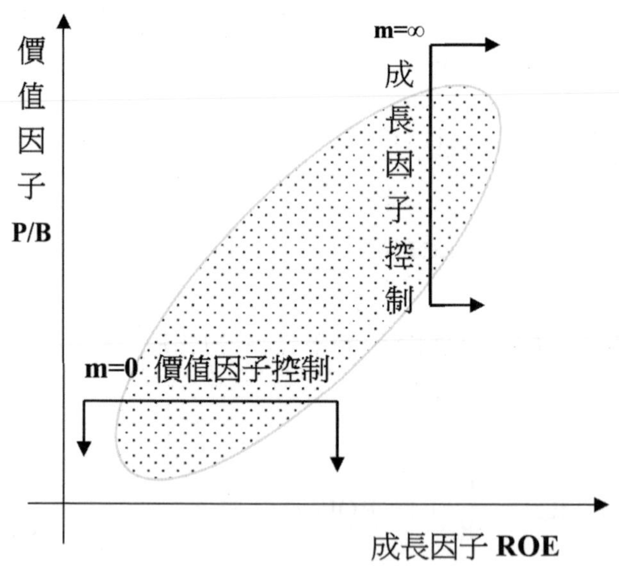

資料來源：作者整理

圖 12-2 當 m 在適當值下，可以找到報酬率最高的股票。

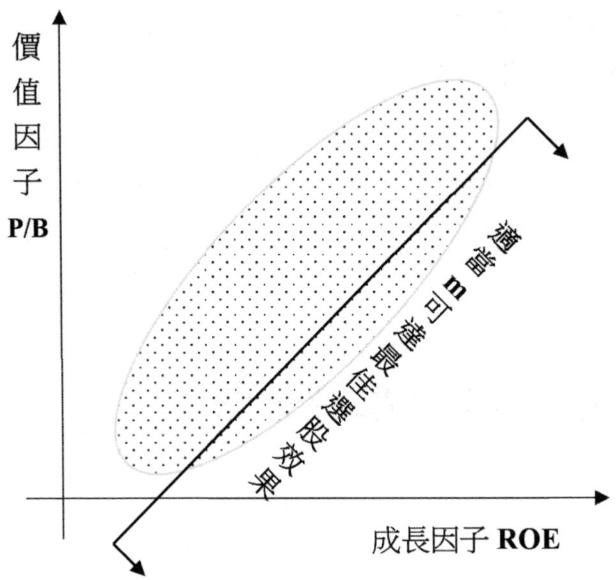

資料來源：作者整理

以 GVI 選股的原則如下：

- GVI 的成長係數 m 採用 1、2、4、6、8、10、16、32 等八種，其中 m＝1 與 m＝32 分別偏向價值股與成長股選股模型。
- 由於 ROE 與 P／B 會出現極端值，因此在計算 GVI 時，季 ROE 大於 7.5%仍取 7.5%，P／B 小於 0.5 仍取 0.5。
- 季 ROE 上限設 7.5%的理由是季 ROE 高於這個值時，其持續性通常不佳。但 GVI 假設 ROE 是依循均數回歸逐步降低，必須有一定的持續性。
- P／B 下限設 0.5 的理由是 P／B 低於這個值的公司，經常陷入經營危機，風險過高。
- 在計算 GVI 時採用季 ROE 乘以 4 倍做為年 ROE 的估計值。根據迴歸分析，股東權益報酬率持續係數 m 大約在 6 至 8 左右，股價淨值比的預測最準，因此預期 m 大約在 6 至 8 左右選股效果會最佳。

以 GVI 選股的具體方法如下：

1. 下載每季財報資料。
2. 使用 Excel 的公式計算各股票的 GVI 值。
3. 使用 Excel 的 Rank 函數計算各季股票的 GVI 值的排名，再正規化到 0 之 1 之間的得分。
4. 最後對 GVI 得分進行排序，選出各季評分在十等分的特定等分的股票。
5. 計算依據第 t 季的財報選出的股票在第 t+2 季的季報酬率的平均值。
6. 依據各季的季報酬率的平均值計算年化報酬率等績效指標。

12-03 選股模型 II：加權評分法

加權評分法是最常用的多因子選股模型，常用的選股因子包括

- **價值因子**

  便宜的股票報酬率高於昂貴的股票，常用的比率有本益比（P／E）、股價淨值比（P／B）。

- **成長因子**

  賺錢公司的股票報酬率高於賠錢公司的股票，常用的比率有股東權益報酬率（ROE）。這類因子也可稱為獲利因子（profitability factor）或者品質因子（quality factor）。

- **規模因子**

  小型股的報酬率高於大型股，總市值常用來衡量公司的規模。

- **風險因子**

  風險高的股票報酬率高於風險低的股票，系統風險（β）係數常用來衡量股票的風險。

- **慣性因子**

  最近報酬率高的股票其未來報酬率高於最近報酬率低的股票，月或季報酬率常用來衡量股票的「動能」。

雖然加權評分法可以一次考慮多個選股因子，但因為成長價值法只包含價值因子 P／B 與成長因子 ROE，為了公平比較，本章的加權評分法也只考慮這兩個因子。加權評分法的 ROE 與 P／B 權重取（100%, 0%），（90%, 10%），…，（0%, 100%）等 11 種，其中（100%, 0%）與（0%, 100%）分別等同 ROE 與 P／B 單因子選股模型。

以加權評分法選股的具體方法如下：

1. 下載每季財報資料。
2. ROE 越大，評分越高；P／B 越小，評分越高。因此使用 Excel 的 Rank 函數計算 ROE 由小到大的排名，P／B 由大到小的排名，再正規化到 0 至 1 之間，得到單因子評分。
3. 使用 Excel 的公式計算多因子的加權評分。
4. 最後對加權評分進行排序，選出各季評分在十等分的特定等分的股票。
5. 計算依據第 t 季的財報選出的股票在第 t+2 季的季報酬率平均值。
6. 依據各季的季報酬率平均值計算年化報酬率等績效指標。

12-04 回測方法

回測方法如下：

✓ **股票樣本**

台灣所有上市、上櫃股票。為了探討選股模型在大型股的選股效果，除了全部股樣本以外，另外取各季總市值最大的前 20%股票為大型股。

✓ **回測期間**

2008 年 Q3 至 2019 年 Q2，共 11 年間共 44 季。

✓ **換股週期**

回測系統假設依據第 t 季財報選出的股票可以在第 t+2 季的季初交易，持有一季，以避免先視偏差（圖 12-3）。使用的資訊以第 t+1 季的季末之前可以取得的資訊為準，例如股價淨值比的分母每股淨值採用第 t 季財報的值，但分子股價採用第 t+1 季季末的收盤價。

✓ **選股比例**

採用十等分法，也就是將股票依評分高低分成十個投資組合。

圖 12-3 回測方法：為了避免先視偏差，第 t 季的財報的選股在第 t+2 季初交易，持有一季。

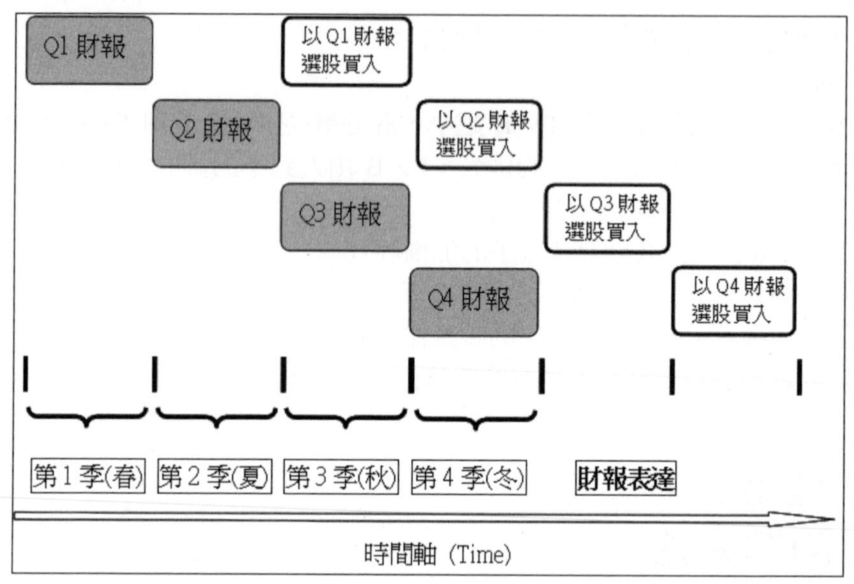

資料來源：作者整理

12-05 實證結果 I ：全體股票

首先以全部股票為回測範圍。

12-5-1 報酬的比較

兩種方法的報酬結果如圖 12-4 至圖 12-7。歸納如下：

1. 參數的影響

◎ 成長價值法中適當的 m 值可以提高報酬，約 6 至 8 最佳。在 GVM

中，m 值約 6 至 8 最能預測合理股價。兩者吻合。

◎ 加權評分法中適當的權重可以提高報酬，ROE 與 P／B 的權重分別約 60%與 40%最佳。

2. 選股能力的綜效

第 10 投組與第 1 投組的報酬率差額越大，代表選股能力越佳。

◎ 成長價值法的參數 m 與選股能力的關係呈現兩端低，中間高的特性。

◎ 加權評分法的「權重」與選股能力也呈現兩端低，中間高的特性。

◎ 這兩個方法的混合風格選股均明顯優於左端的偏向價值股選股，以及右端的偏向成長股選股，證實混合風格具有明顯的報酬綜效。

3. 累積資金

圖 12-8 與圖 12-9 分別為以成長價值法（m＝6），以及以加權評分法（ROE 權重 50%，P／B 權重 50%）選股的十等分投組的累積財富，假設期初資金為 1 單位。

◎ 成長價值法在 m＝6 的第 10 等分可在 11 年內累積到超過 10 倍。加權評分法在權重（50%, 50%）的第 10 等分可在 11 年內累積到超過 11 倍。兩者大約相等。

◎ 無論哪一個方法，都可以看出各等分之間的差距隨時間逐漸拉開，越來越大。

圖 12-4 以 GVI 選股的十等分的季超額報酬：全部股

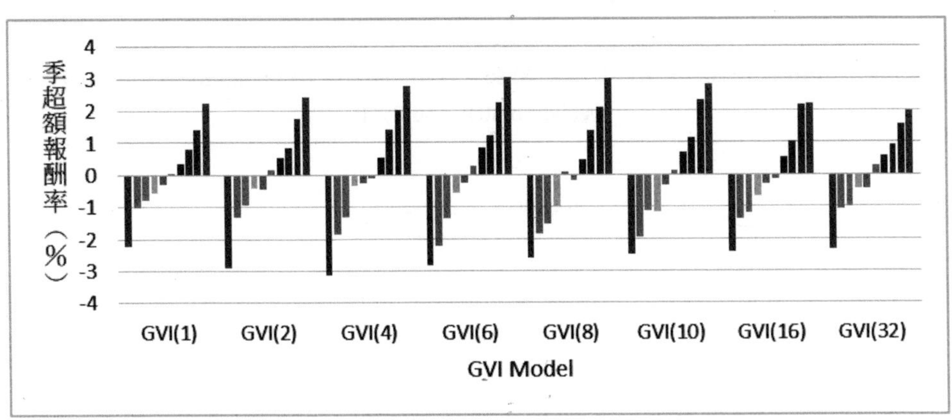

資料來源：作者整理

圖 12-5 以 GVI 指標選股的第 1 與第 10 等分的季超額報酬：全部股

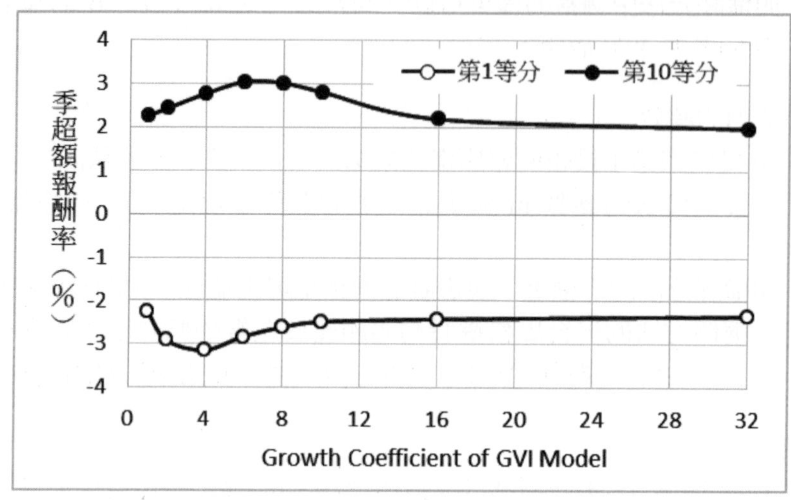

資料來源：作者整理

圖 12-6 以加權評分法選股的十等分的季超額報酬：全部股

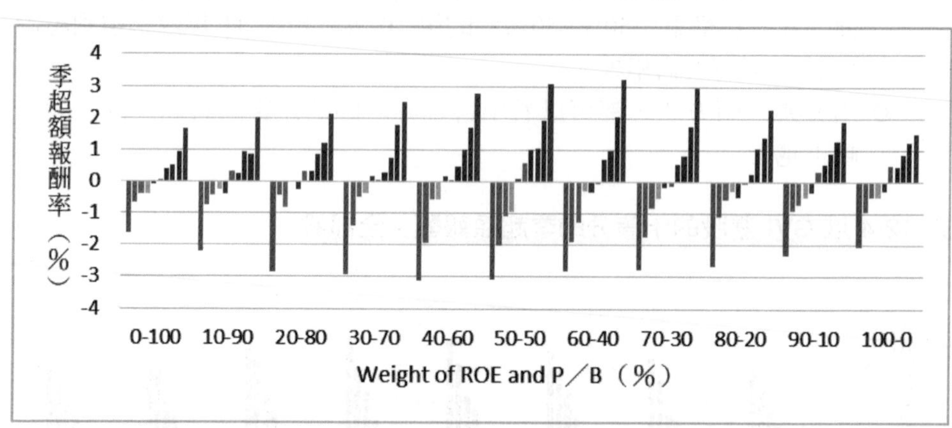

資料來源：作者整理

圖 12-7 以加權評分法選股的第 1 與第 10 等分的季超額報酬：全部股

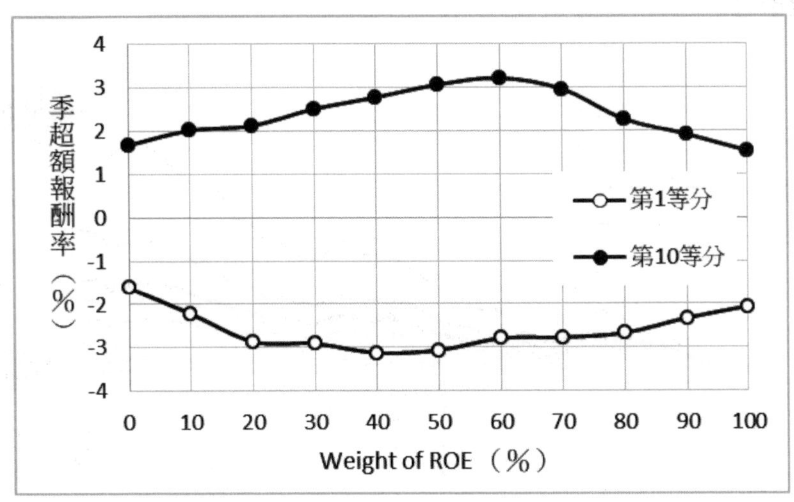

資料來源：作者整理

圖 12-8 以 GVI 指標（m＝6）選股的累積財富：全部股

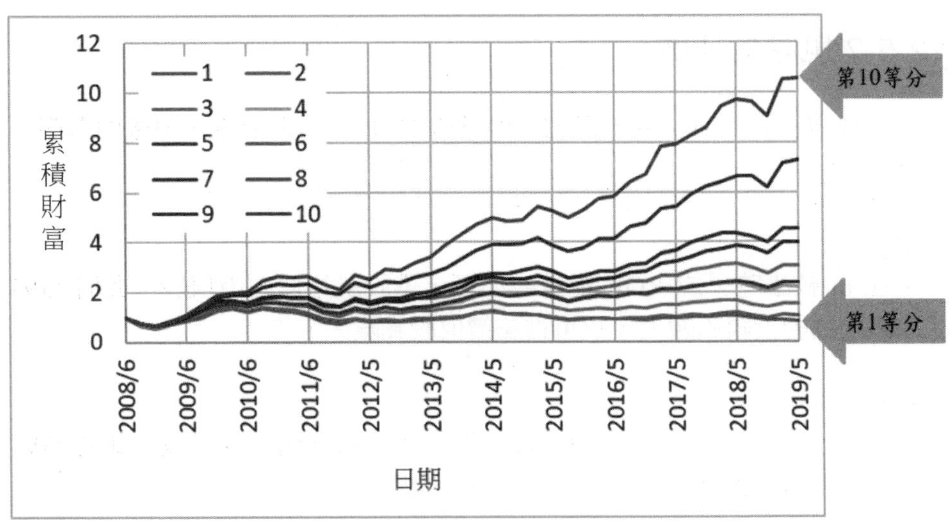

資料來源：作者整理

圖 12-9 以加權評分法選股（ROE 權重 50%，P／B 權重 50%）的累積財富：全部股

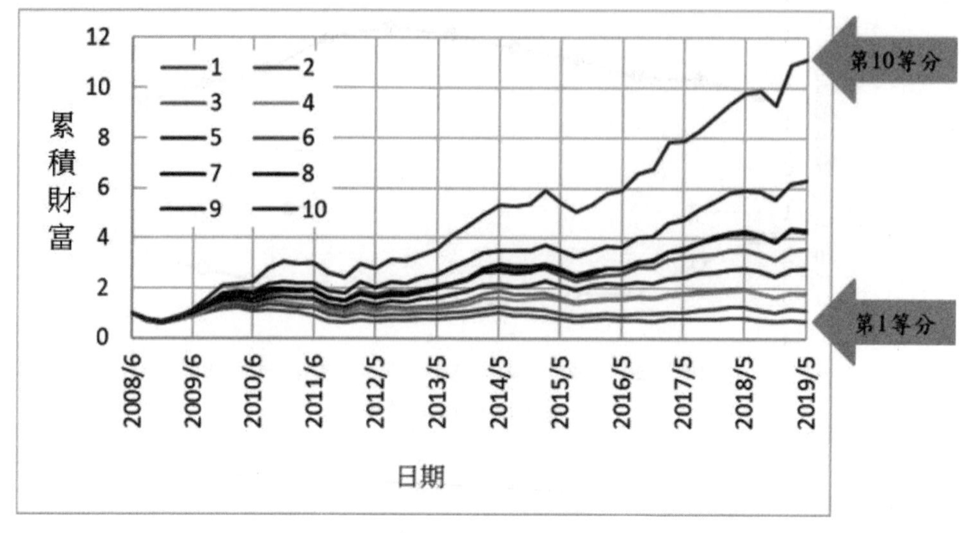

資料來源：作者整理

12-5-2 風險的比較

兩種方法的風險結果如圖 12-10 至圖 12-13。看似混亂，但亂中有序，歸納如下：

1. 價值風格

在 m 較小時，或 ROE 權重較小下，選股風格偏向價值股。此時 GVI 大或評分高的投組風險大，故可推論價值股風險大。

2. 成長風格

在 m 較大時，或 ROE 權重較大下，選股風格偏向成長股。此時 GVI 大或評分高的投組風險小，故可推論成長股風險小。

3. 混合風格

在 m 值中等時，或 ROE 權重中等下，選股風格不偏向價值股或成長股，而是混合風格。此時 GVI 最大或最小，或者評分最高與最低的投資組合風險最大，而 GVI 中等或評分中等的股票風險最小。雖然混合風格下的

GVI 最大或者評分最高的投資組合風險較大，但也擁有最高的報酬，因此風險大只是報酬高的合理與必要的代價。

圖 12-10 以 GVI 選股的十等分的季報酬率之 beta 值：全部股

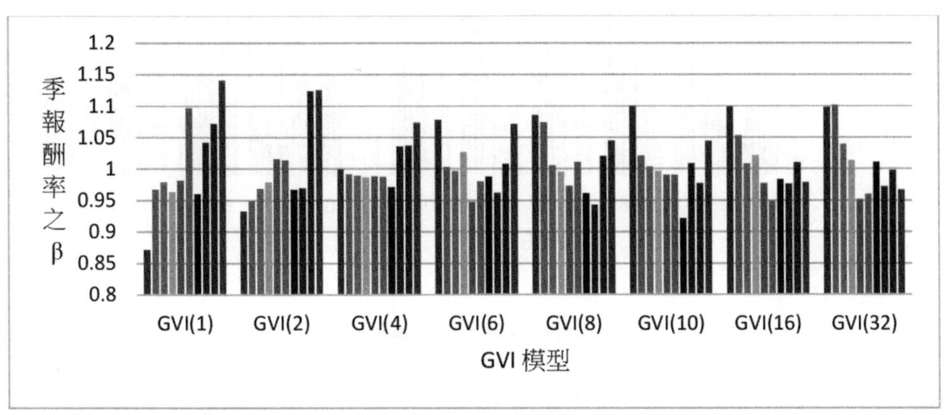

資料來源：作者整理

圖 12-11 以 GVI 指標選股的第 1 與第 10 等分的季報酬率之 beta 值：全部股

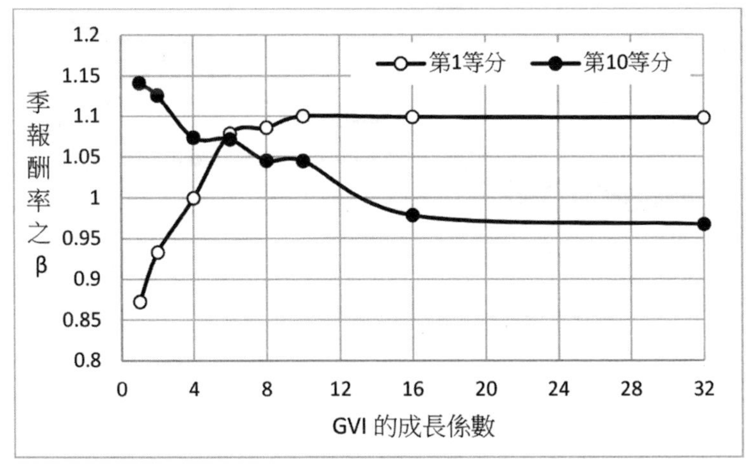

資料來源：作者整理

圖 12-12 以加權評分法選股的十等分的季報酬率之 beta 值：全部股

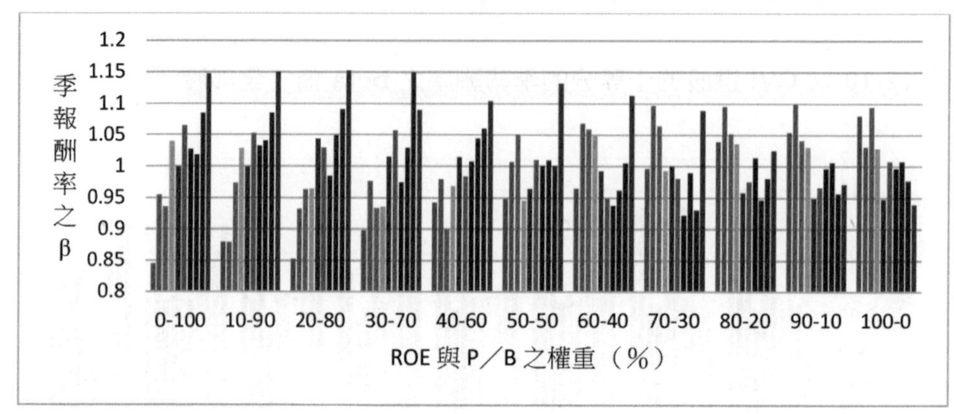

資料來源：作者整理

圖 12-13 以加權評分法選股的第 1 與第 10 等分的季報酬率之 beta 值：全部股

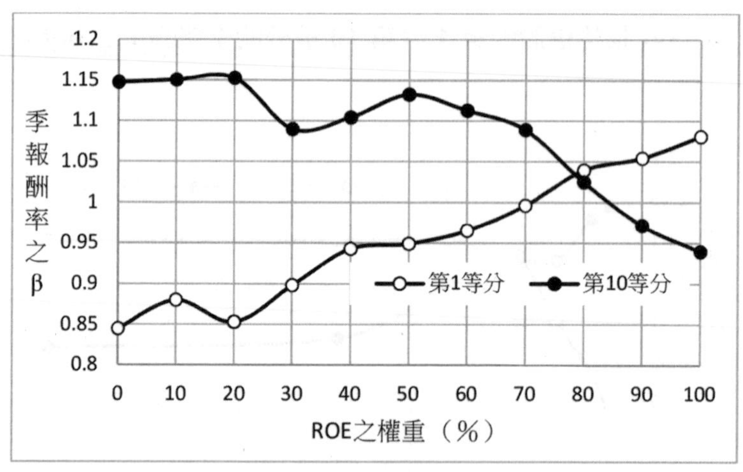

資料來源：作者整理

12-06
實證結果 II：大型股票

接著，以各季總市值前 20%的大型股股票為回測範圍。

12-6-1 報酬的比較

兩種方法的報酬結果如圖 12-14 至圖 12-17。歸納如下：

1. 參數的影響

◎ 成長價值法中適當的 m 值可以提高報酬，約 4 至 8 最佳。

◎ 加權評分法中適當的權重可以提高報酬，約 ROE 與 P／B 的權重各 50%與 50%最佳。

2. 選股能力的綜效

第 10 投組與第 1 投組的報酬率差額越大，代表選股能力越佳。

◎ 以大型股為選股池時，成長價值法的參數 m 與選股能力呈現兩端低、中間高的特性。但 GVI 最高的前 10%（第 10 等分）的季超額報酬並非最大，只是次大，第 9 等分最大。這對投資人選股而言是不利的。

◎ 加權評分法的權重與選股能力也呈現兩端低、中間高的特性。雖然加權評分最高的前 10%的季超額報酬最大，但加權評分次高的第 9 等分的季超額報酬卻陡降很多。這對投資組合的穩健性而言是不利的。

◎ 無論成長價值法或加權評分法，混合風格對大型股的選股能力不如對全部股，但仍然具有明顯的報酬綜效。投資人仍然可以使用這兩個選股方法獲得可觀的超額報酬。

3. 累積資金

圖 12-18 與圖 12-19 分別為以成長價值法（m＝6），以及以加權評分法（ROE 權重 50%，P／B 權重 50%）選股的十等分投組的累積財富，假設期初資金為 1 單位。

◎ 成長價值法在 m＝6 的第 10 等分可在 11 年內累積到超過 5 倍。加權評分法在權重（50%，50%）的第 10 等分可在 11 年內累積到超過 6

倍。兩者大約相等。

◎ 但比起以全部股為選股範圍，以大型股為選股範圍的報酬明顯較低。可能的原因有二：（1）可選的股票變少（2）市場投資人較關注大型股，市場效率高，超額報酬的機會少。

圖 12-14 以 GVI 選股的十等分的季超額報酬：大型股

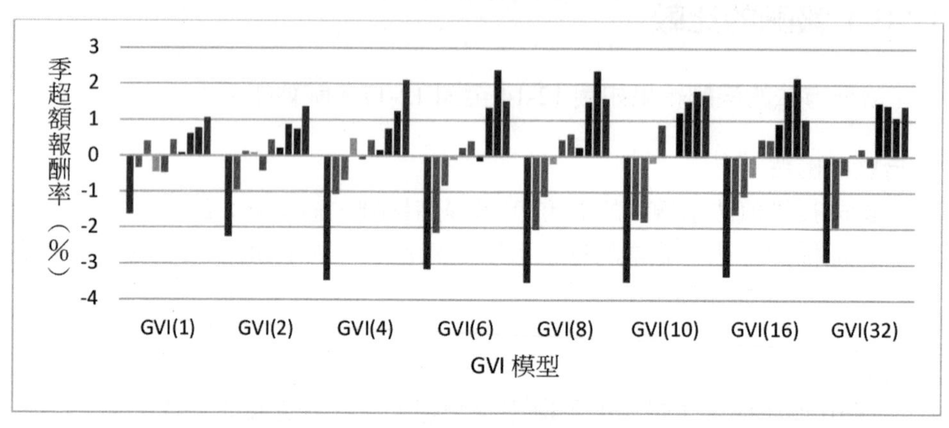

資料來源：作者整理

圖 12-15 以 GVI 指標選股的第 1 與第 10 等分的季超額報酬：大型股

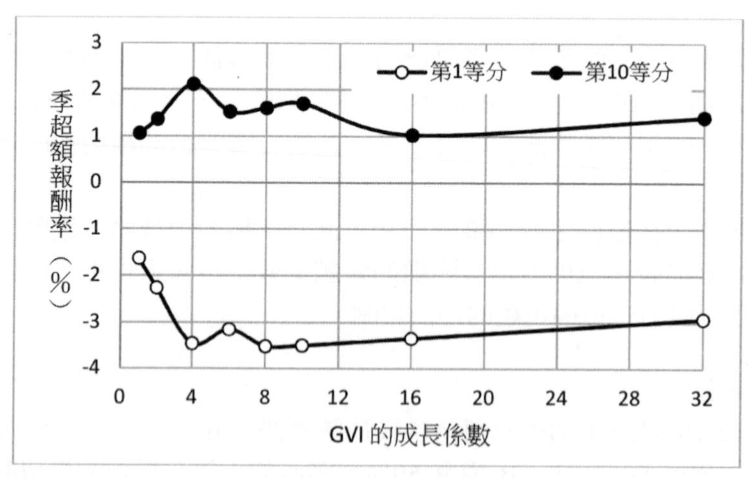

資料來源：作者整理

圖 12-16 以加權評分法選股的十等分的季超額報酬：大型股

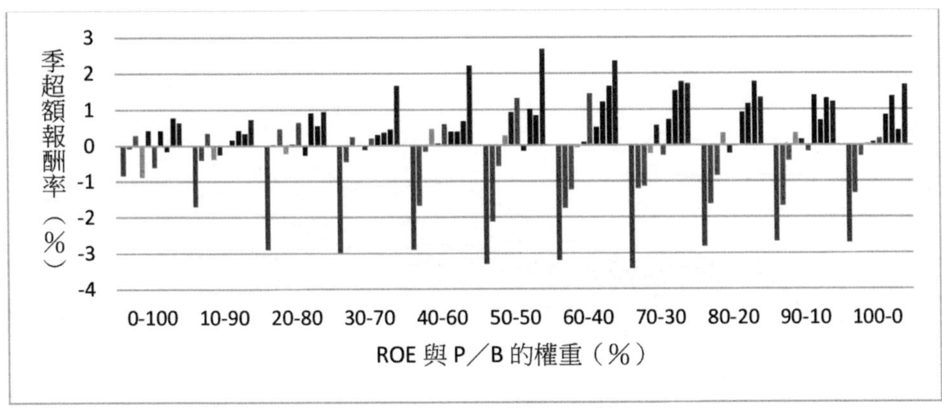

資料來源：作者整理

圖 12-17 以加權評分法選股的第 1 與第 10 等分的季超額報酬：大型股

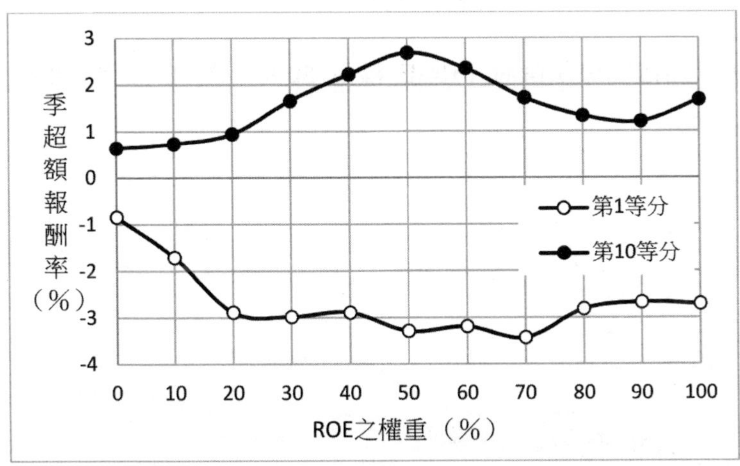

資料來源：作者整理

圖 12-18 以 GVI 指標（m＝6）選股的累積財富：大型股

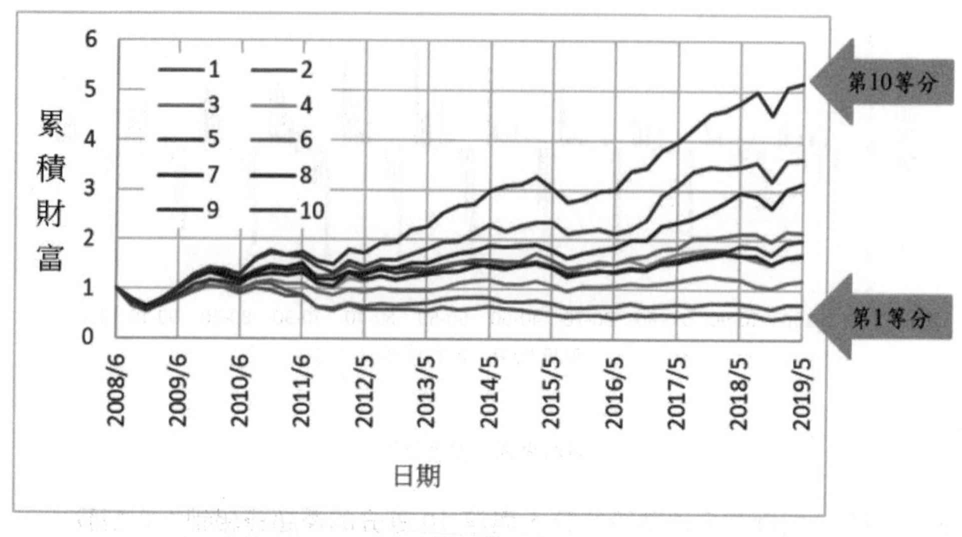

資料來源：作者整理

圖 12-19 以加權評分法選股（ROE 權重 50%，P／B 權重 50%）的累積財富：大型股

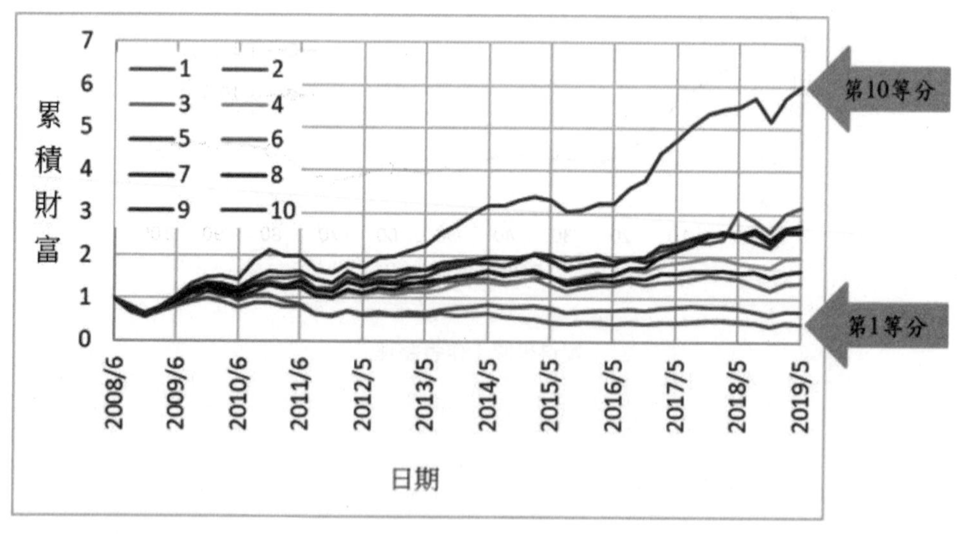

資料來源：作者整理

12-6-2 風險的比較

兩種方法的風險結果如圖 12-20 至圖 12-23。可發現，在 m 值中等或 ROE 權重中等，選股風格不偏向價值股或成長股而是混合風格時，評分最高與最低的投資組合風險最大，評分中等的普通股票風險最小。而偏向價值股、成長股選股的模型無明顯特性。

圖 12-20 以 GVI 選股的十等分的季報酬率之 beta 值：大型股

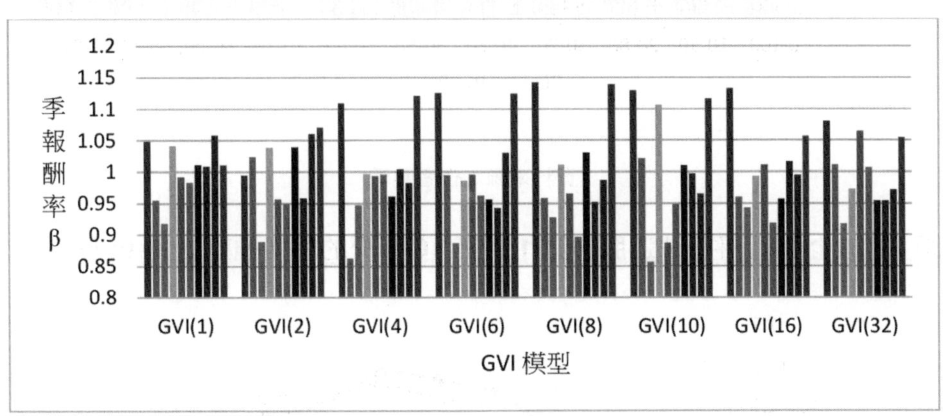

資料來源：作者整理

圖 12-21 以 GVI 指標選股的第 1 與第 10 等分的季報酬率之 beta 值：

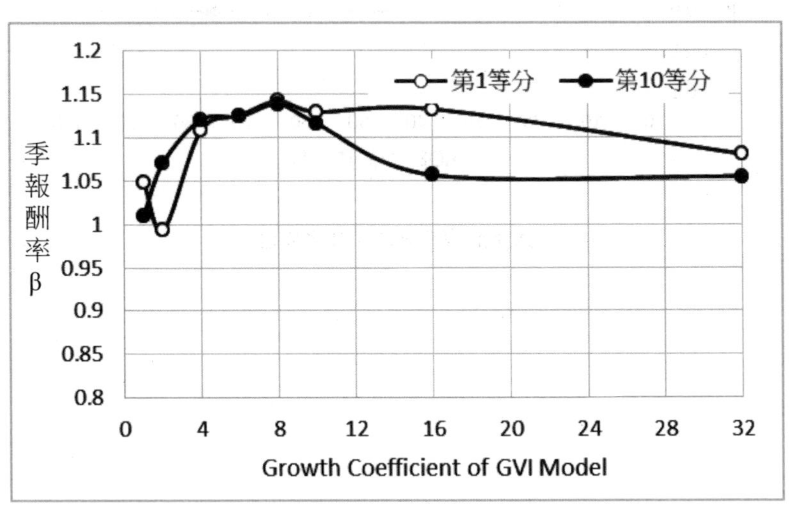

大型股資料來源：作者整理

圖 12-22 以加權評分法選股的十等分的季報酬率之 beta 值：大型股

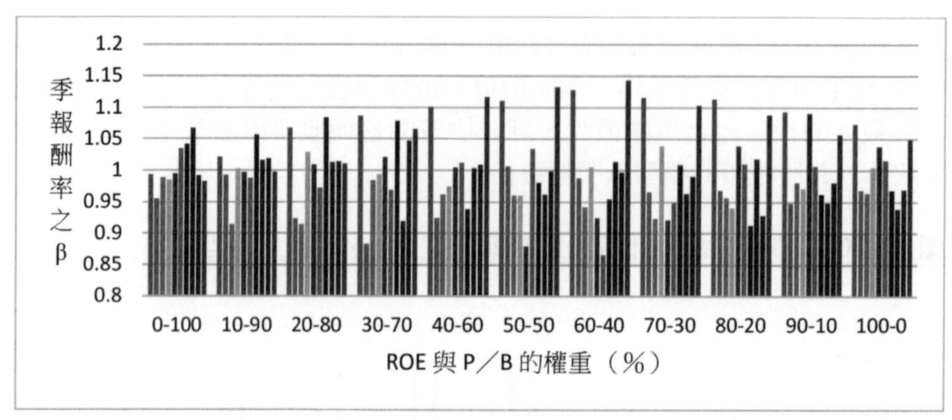

資料來源：作者整理

圖 12-23 以加權評分法選股的第 1 與第 10 等分的季報酬率之 beta 值：

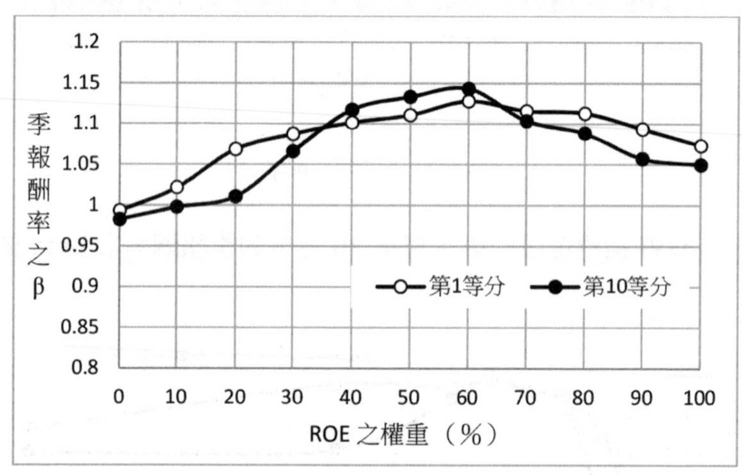

大型股資料來源：作者整理

12-07 報酬與風險的趨勢之比較

❒ 第 10 等分（作多投組）的季報酬率標準差與平均值

圖 12-24 為不同選股風格下，以全部股為選股範圍時，第 10 等分的季報酬率標準差與平均值。可以觀察到，無論成長價值法或加權評分法，投資風格從偏向價值股（右端）往偏向成長股（左端）變化時，季報酬率標準差逐漸變小，而平均值先提升再降低。這證明了這兩種方法的價值風格選股與成長風格選股具有明顯作多報酬綜效。

❒ 第 1 等分（作空投組）的季報酬率標準差與平均值

圖 12-25 為不同選股風格下，以全部股為選股範圍時，第 1 等分的季報酬率標準差與平均值。可以發現，無論成長價值法或加權評分法，投資風格從偏向價值股（左端）往偏向成長股選股（右端）變化時，季報酬率標準差逐漸變大，而平均值先降低再提升。這同樣證明了這兩種方法的價值風格選股與成長風格選股具有明顯作空報酬綜效。

圖 12-24 第 10 等分的季報酬率標準差與平均值（全部股）

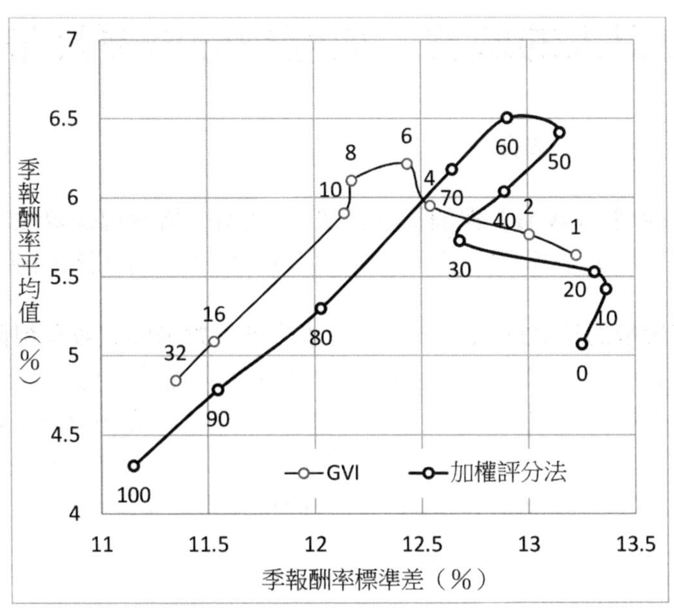

資料來源：作者整理

圖 12-25 第 1 等分的季報酬率標準差與平均值（全部股）

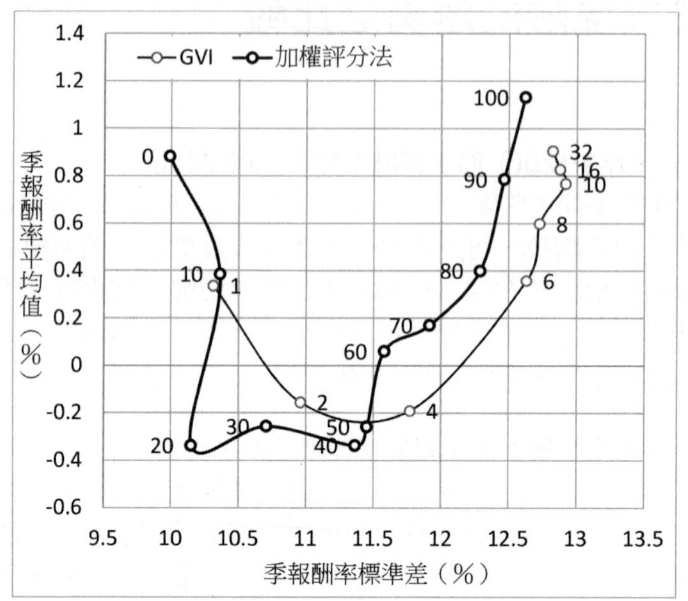

資料來源：作者整理

12-08 對投資人的啟發：加權評分法更具整合性

本章對投資人的啟發如下：

1. 成長價值模型（GVM）與加權評分法（WSM）均發現綜效性

這兩種選股方法都證明了價值因子與成長因子具有明顯的酬率綜效。

2. 成長價值模型的持續係數與加權評分法的權重對選股績效有相似的影響

成長價值法的持續係數變化與加權評分法的權重變化，對季報酬率標準差與平均值的影響趨勢十分相似。證實股東權益報酬率持續係數（m）具有控制代表價值面的「股價淨值比」與代表成長面的「股東權益報酬率」對選股的影響之功能。當 m 值越大時，選股偏向成長股投資；當 m 值越小時，選股偏向價值股投資。

3. 成長價值模型強化加權評分法的可信度

加權評分法雖然是最常用的多因子選股模型，但缺少精緻的理論基礎。成長價值法是一種基於理論推導出來的雙因子選股模型，具有精緻的理論基礎，但不易融入更多的選股因子。由於這兩種選股方法的投資組合的報酬與風險的特性十分相似，可謂英雄所見略同，因此具有理論基礎的成長價值法強化了加權評分法的可信度。

4. 加權評分法的潛力：整合性與可優化性

加權評分法很容易融入更多的選股因子，並且可以透過權重優化績效。因此投資人可以加入更多的因子到加權評分法，並優化權重組合，創造更高的選股綜效。下一章將探討這個主題。

因子兵團展開陣勢

加權評分法：2 階模型之實驗設計與模型建構

如果把每一個選股因子的「權重」視為配方設計問題中的「成份」，則選股因子的「權重比例的組合」可視為配方設計問題中的「成份比例的配方」。本章介紹一套探索與優化因子權重的三階段方法：（1）實驗設計與實施（2）模型建構與分析（3）權重優化與驗證。

13-01 選股模型：加權評分法

❒ 多因子選股模型與加權評分法

近年來已有許多文獻研究如何結合各種不同效應，建構多因子選股模型以提高報酬率。在過去的多因子選股模型研究當中，許多研究者採用加權評分法，透過給予各選股因子不同的權重配置，來建構最大化報酬的選股模型。

❒ 加權評分法的步驟

Step 1. 因子篩選

首先必須先從各種可以用來對股票進行評分的因子中，挑選出所需要的評分因子。

Step 2. 因子評分

將股票依因子大小排序，如果該因子預期愈大越好，則最小值給 0

分，最大值給 100 分，其餘用內插原則評分。反之，如果該因子預期愈小越好，則最小值、最大值分別給 100 分、0 分，其餘用內插原則評分。

Step 3. 權重分配

指定各評分因子的權重，權重總和必須為 100%。

Step 4. 總分排序

最後計算每一檔股票的加權總分，得分最高的股票就是最好的股票，得分最低的股票就是最差的股票

❐ 二因子之加權評分法實例

因子投資的重點在於利用因子交互作用，發揮 1＋1＞2 的綜效。如果我們對因子交互作用不清楚，就難以發揮因子綜效。以下舉兩個以加權評分法發現二因子之綜效的實例：

- ROE 與 P／B 的報酬綜效

圖 13-1 中白色的點是實驗數據點，黑色曲線是迴歸分析預測值。顯示當兩者權重各半時，產生的投資組合的季報酬率，遠高於 ROE 單因子與 P／B 單因子選股產生者的平均值，可見 ROE 與 P／B 兩個因子具有提高報酬的選股綜效。

- ROE 與 beta 的風險綜效

圖 13-2 中白色的點是實驗數據點，黑色曲線是迴歸分析預測值。顯示當兩者權重各半時，產生的投資組合的季報酬率的標準差，遠低於 ROE 單因子與 beta 單因子選股產生者的平均值，可見 ROE 與 beta 兩個因子具有降低風險的選股綜效。

圖 13-1 ROE 與 P／B 的報酬綜效

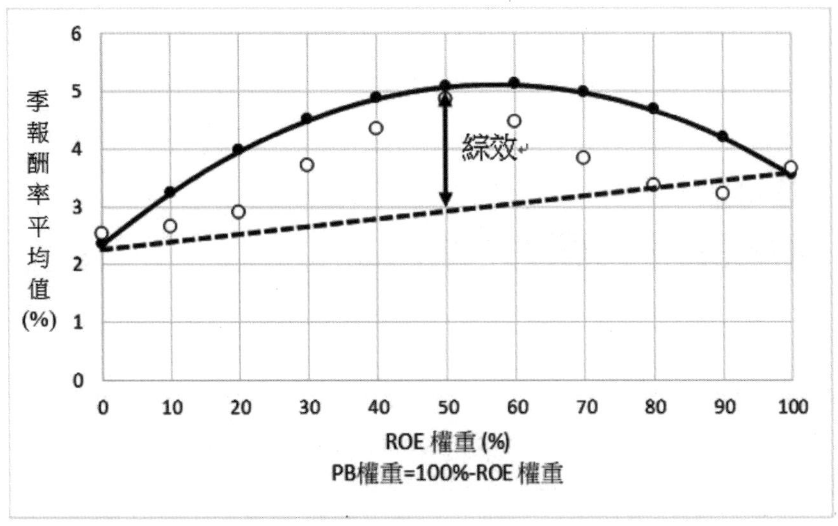

資料來源：作者整理

圖 13-2 ROE 與 beta 的風險綜效

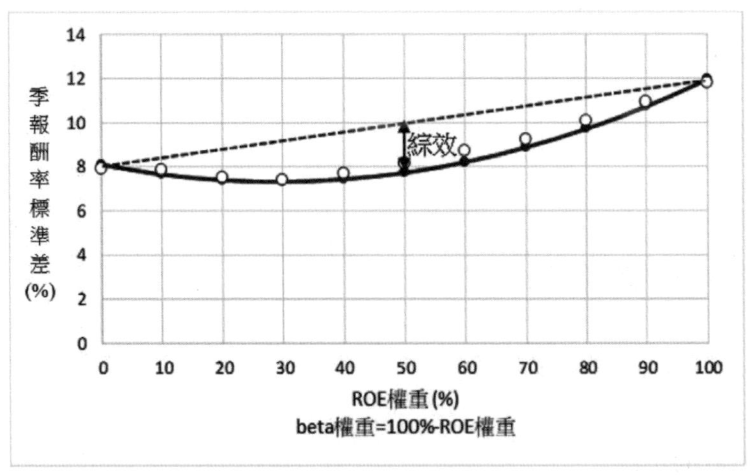

資料來源：作者整理

❒ 傳統加權評分法缺點

當採用三個以上的因子時，難以回測所有的權重組合，通常只設定相等權重，或用主觀的方式設定不同權重。這種方法有幾個缺點：

(1) 無法了解因子權重與選股績效之間的關係。
(2) 無法有系統地發現最佳因子權重組合。
(3) 只單純追求最大化報酬的選股模型，不考慮風險與流動性的限制，無法滿足不同需求的投資人。

13-02 實驗設計：配方設計

❐ 實驗計畫法

實驗設計法（Design of experiments）是數理統計學的一個分支，涉及「如何設計一個更好的實驗」，屬於科學研究方法論的範疇，被廣泛用於自然科學及社會科學的實驗的設計。由於實驗經常有大量的因子（可控制因子），以及大量的環境參數（不可控制因子），因此實驗規劃的目的在於有效地發掘因子之間的交互作用（綜效），以及有效地抑制環境參數對實驗結果的干擾。

❐ 配比設計

配比設計是指一個實驗設計之各因子的水準間有總和限制者。每一種成份都要大於等於 0，即

$$x_i \geq 0, \qquad i = 1, 2, \cdots, q \tag{13-1}$$

所有成份的總和等於 1，即

$$\sum_{i=1}^{q} x_i = x_1 + x_2 + \cdots + x_q = 1 \tag{13-2}$$

❐ 配方設計的步驟

配方設計（mixture design）的步驟如下：

(1) 實驗設計與實施

配方設計可以用有系統的方式產生一系列的實驗配方（X），在進行實驗後，取得實驗結果（Y）。

(2) 模型建構與分析

利用（X, Y）配對資料集建構能夠預測實驗結果 Y 的迴歸公式 f（X）。

(3) 權重優化與驗證

有了這個 f（X）就可以用最佳化技術決定優化 Y 所需的 X。

上述方法可以克服前述傳統加權評分法的三個缺點。

❒ 配方設計產生的實驗

配比設計實驗數＝2^q-1，其中 q＝成分數。例如三成份時有 $2^3-1=7$ 個實驗點（圖 13-3 與圖 13-4），包括 3 個單因子、3 個雙因子、1 個三因子。

圖 13-3 三成分配方設計的座標系統

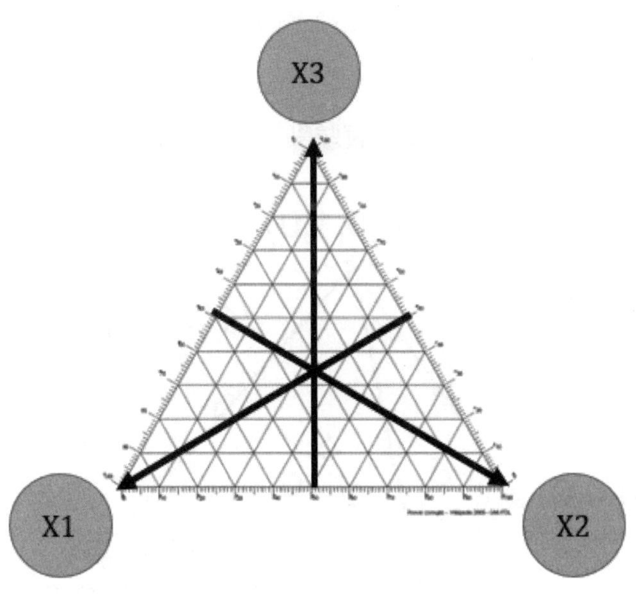

資料來源：作者整理

圖 13-4 三成份時有 $2^3-1=7$ 個實驗點

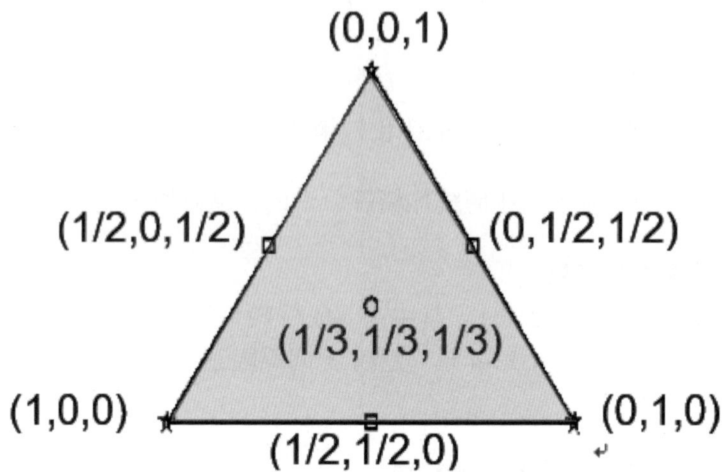

資料來源：作者整理

四成份時有 $2^4-1=15$ 個實驗點（圖 13-5），包括 4 個單因子、6 個雙因子、4 個三因子、1 個四因子。

圖 13-5 四成份時有 $2^4-1=15$ 個實驗點

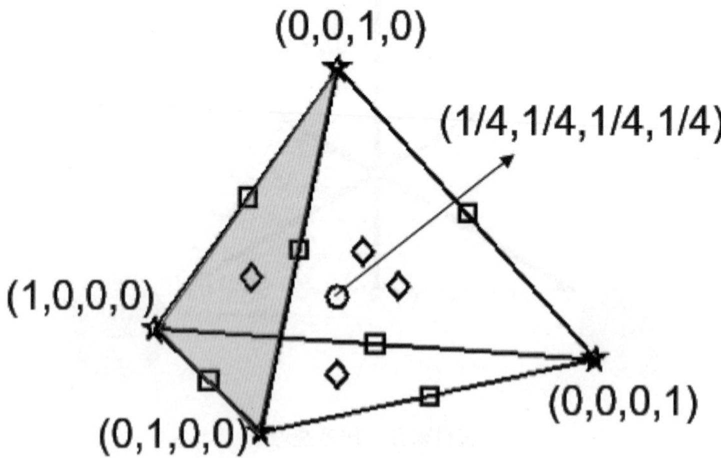

資料來源：作者整理

❒「權重組合」與「配方設計」的類比

如果把每一個選股因子的「權重」視為配方設計問題中的「成分」，則選股因子「權重比例的組合」可視為配方設計問題中「成分比例的配方」：

◎ 雞尾酒配方的成分：水、果汁、萊姆酒（圖 13-6）

◎ 選股權重配方的成分：P／B 權重、ROE 權重、慣性權重（圖 13-7）

圖 13-6 選股權重配方的成分：P／B 權重、ROE 權重、慣性權重

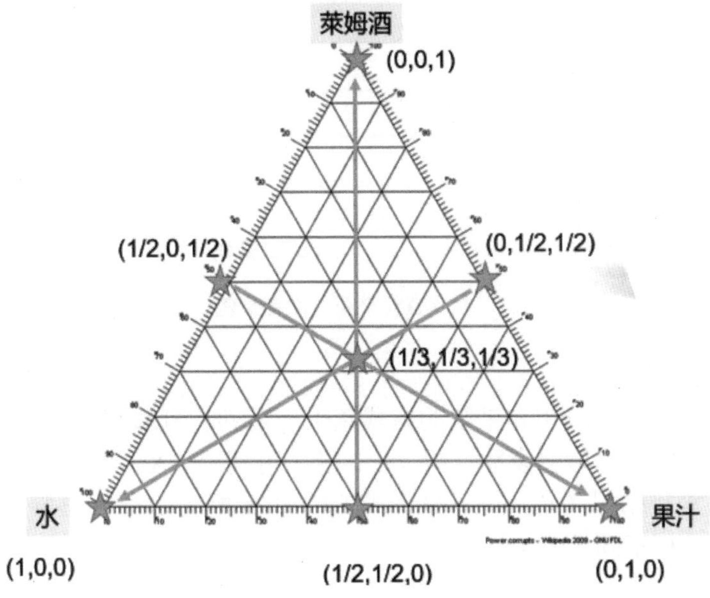

資料來源：作者整理

圖 13-7 選股權重配方的成分：P／B 權重、ROE 權重、慣性權重

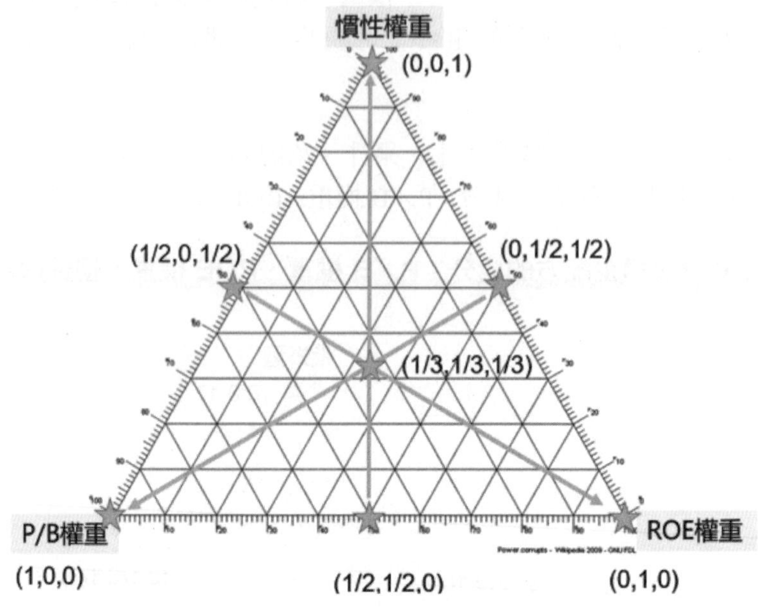

資料來源：作者整理

❒ 迴歸模型

配方設計可以用有系統的方式產生一系列的實驗配方（X）。對這些配方進行實驗，以取得實驗結果（Y）後，可利用（X, Y）配對資料集建構能夠預測實驗結果（Y）的迴歸公式 f（X）。配方實驗的迴歸公式與一般線性迴歸分析不同，通常採用下式：

$$E(y)=\sum_{i=1}^{q}\beta_i x_i+\sum_{i<j}^{q}\sum\beta_{ij}x_i x_j \qquad (13\text{-}3)$$

其中 β_{ij} 迴歸系數代表二個成分對實驗反應（Y）的交互作用：

- $\beta_{ij}=0$ 代表沒有交互作用，反應曲面為平面。最大值或最小值必在頂點，如圖 13-8。
- $\beta_{ij}>0$ 代表正向交互作用，反應曲面為凸曲線。最大值可能在曲面內部，如圖 13-9。
- $\beta_{ij}<0$ 代表負向交互作用，反應曲面為凹曲線。最小值可能在曲面內部，如圖 13-10。

雖然凸／凹曲面的最大值／最小值可能在曲面內部，但也有可能仍在頂點或邊緣，如圖 13-11。β_{ij} 的值必須夠大，最大值、最小值才會在曲面內部，使多成分的效果大於組成它的所有單一成分，產生綜效。

圖 13-8 $\beta_{ij}=0$ 代表沒有交互作用，反應曲面為平面，最大或最小值必在頂點。

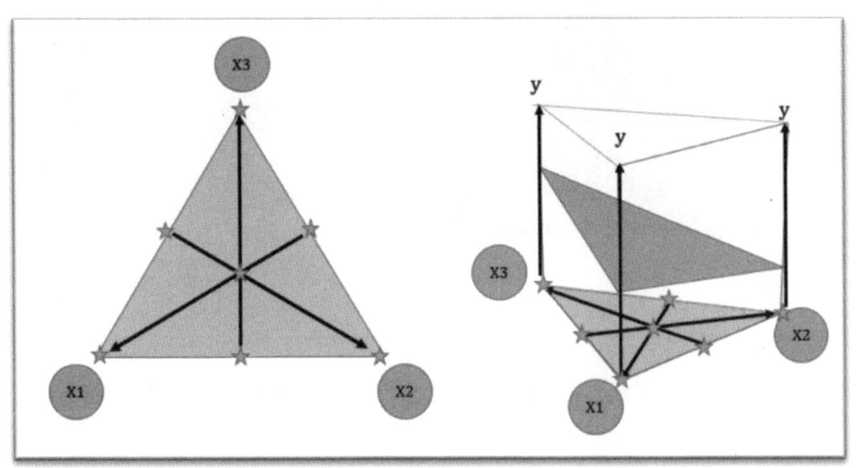

資料來源：作者整理

圖 13-9 $\beta_{ij}>0$ 代表正向交互作用，反應曲面為凸曲線，最大值可能在曲面內部。

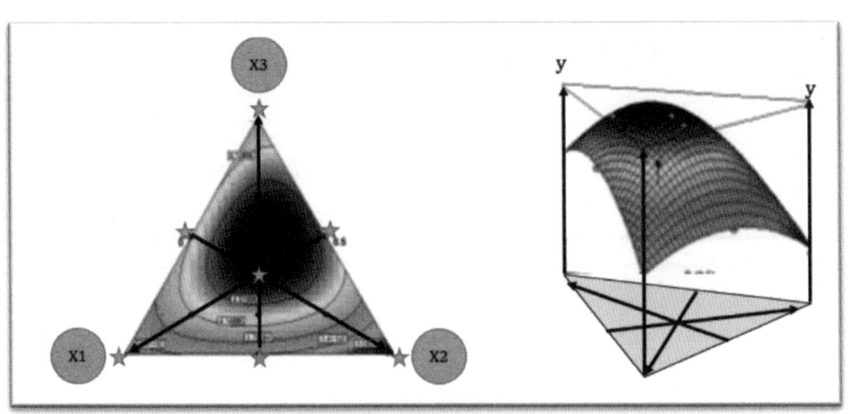

資料來源：作者整理

圖 13-10 $\beta_{ij}<0$ 代表負向交互作用，反應曲面為凹曲線。最小值可能在曲面內部。

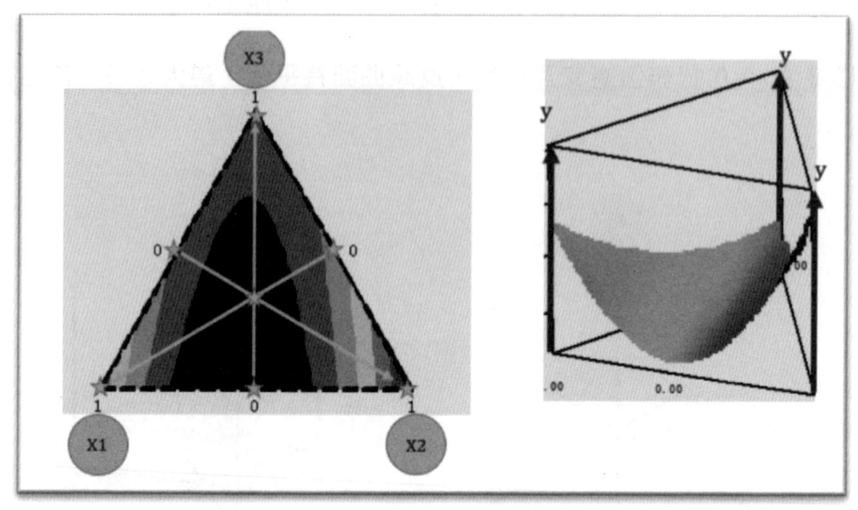

最大值／最小值在端點　　　　最大值／最小值不在端點

資料來源：作者整理

圖 13-11 凸／凹曲面的最大／最小值可能在內部，但也有可能在頂點。

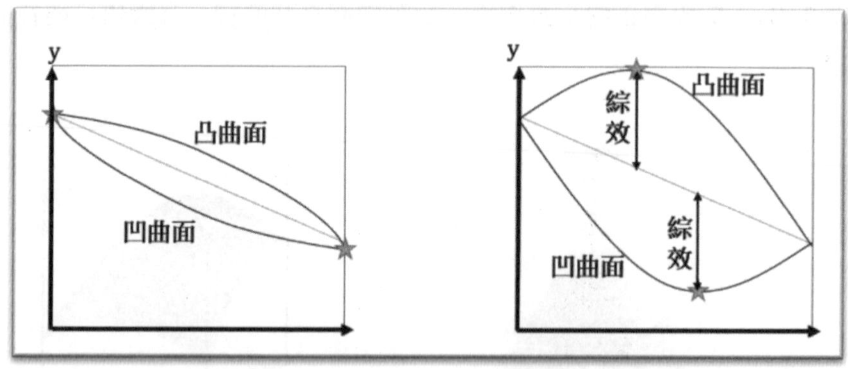

資料來源：作者整理

13-03 以實驗設計優化選股模型

以配方設計優化加權評分法選股模型的步驟如下：

❒ Step 1. 實驗設計與實施（圖 13-12）

首先以配方實驗設計產生多組不同的選股因子權重組合（x），透過股市歷史資料庫的回測得到各組選股因子權重組合下的投資績效（y），以得到資料配對（x, y），建立「權重組合─投資績效」資料集（data set）。

❒ Step 2. 模型建構與分析（圖 13-13）

利用「權重組合─投資績效」資料庫與二階迴歸分析建立「權重組合─投資績效」預測模型 y＝f（x），並分析權重組合與投資績效之間的關係。

❒ Step 3. 權重優化與驗證（圖 13-14）

最後針對投資人不同的投資績效偏好，設定不同的最佳化模式，並以最佳化方法求解最佳的選股因子權重組合（x*），並透過股市歷史資料庫的回測得到這些權重組合下的投資績效（y*），來驗證它們是否真的能夠滿足投資人不同的投資偏好。

圖 13-12 步驟 1 實驗設計與實施

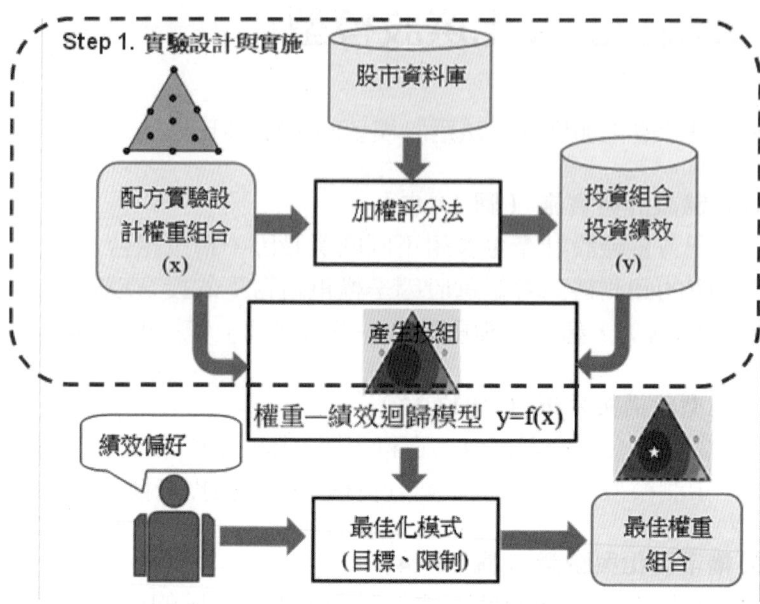

資料來源：作者整理

圖 13-13 Step 2. 模型建構與分析

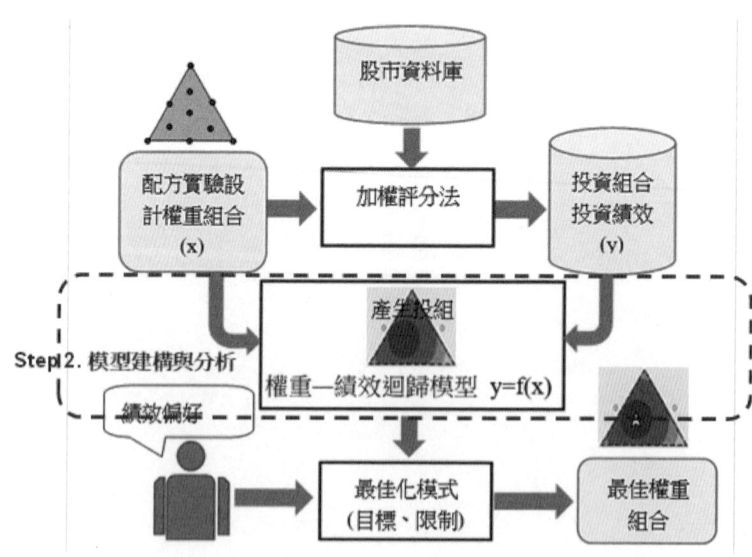

資料來源：作者整理

圖 13-14 Step 3. 權重優化與驗證

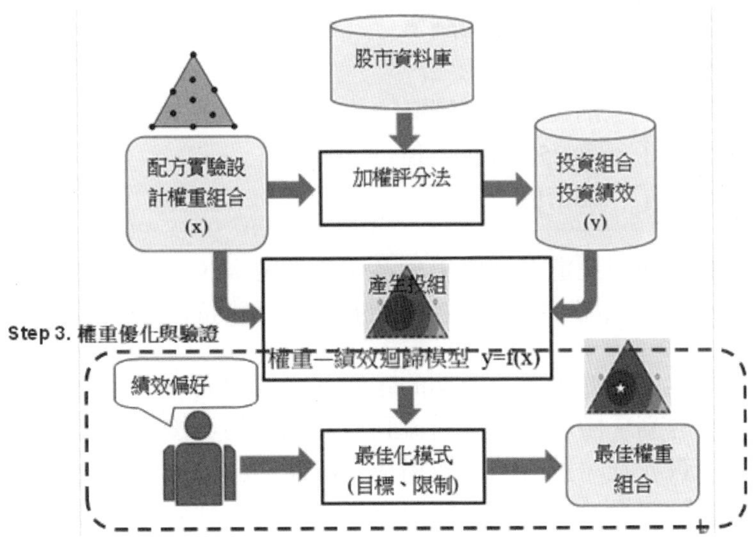

資料來源：作者整理

13-04 實驗設計與實施

13-4-1 選股因子的選擇

常用的選股因子包括

- 獲利因子：賺錢公司的股票報酬率常高於不賺錢公司的股票。獲利會造成公司的股東權益實質成長，因此也可稱為「成長因子」。
- 價值因子：便宜股票的報酬率常高於昂貴的股票。
- 慣性因子：前期股票報酬率高的股票報酬率常高於前期報酬率低的股票，也有人譯為「動量因子」。
- 風險因子：古典理論認為系統性風險高的股票報酬率常高於低的股票。
- 規模因子：小型公司的股票報酬率常高於大型公司的股票。

本章選擇了五個因子進行選股：

- 獲利因子：股東權益報酬率
- 價值因子：股價淨值比
- 慣性因子：前月股票報酬率
- 風險因子：近 250 日 beta 值
- 規模因子：總市值

其中股價淨值比愈低、股東權益報酬率愈高、前月股票報酬率愈高，則評分愈高，這是因為具有這些特徵的股票，預期的報酬率愈高。

雖然規模愈小的股票，預期的報酬率可能愈高，但流動性明顯愈低，且風險可能愈高。由於投資人對流動性與風險的可接受程度不同，因此報酬率並非投資人唯一重視的績效指標。前面已經選擇了三個可能可以提升報酬率的選股概念，因此本章採用總市值愈高，評分愈高的選股概念，以達到提升流動性與降低風險的目的。

雖然古典理論認為系統性風險愈大的股票報酬率愈高，但許多實證並不支持此一理論。由於系統性風險可能具有持續性，即過去系統性風險愈大的股票，其未來的系統性風險可能愈大，而大多數的投資人對風險是厭惡的，因此本章採用系統性風險愈低，評分愈高的選股概念，以達到降低風險的目的。

因此，本章採用如下五個選股概念（圖 13-15）：

- 大股東權益報酬率：以獲利因子選股提高報酬。
- 小股價淨值比：以價值因子選股提高報酬。
- 大前月股票報酬率：以慣性因子選股提高報酬。
- 小系統性風險：以風險因子控制風險不能太高。
- 大總市值：以規模因子控制流動性不能太低。

圖 13-15 五個選股概念的目的

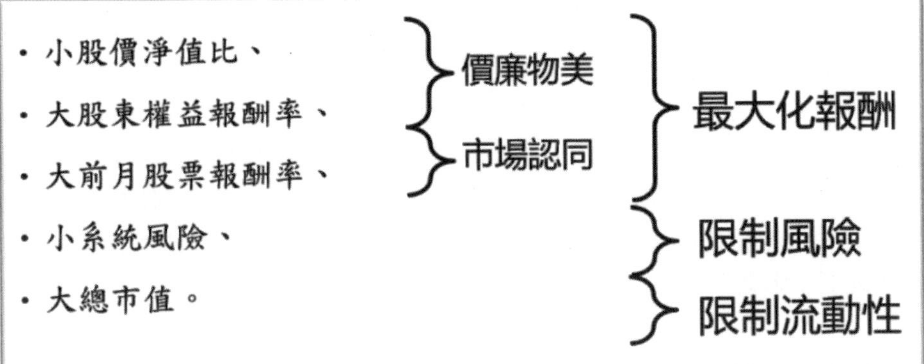

資料來源：作者整理

13-4-2 績效指標的定義

一般而言，可以用來衡量投資組合績效的項目有報酬、風險、流動性，因此本文採用下列三個績效指標：

1. 報酬：超額報酬率（α）

超額報酬率（α）可由下列迴歸方程式得到：

$$R-R_f=\alpha+\beta\cdot(R_m-R_f) \tag{13-4}$$

其中 R_f＝無風險報酬率；R_m＝市場報酬率；R＝投資組合報酬率。

超額報酬率（α）值＞0 表示投資組合有正的超額報酬。報酬不用年化報酬率的原因是為了避免股市波動的影響。因為年化報酬率在多頭市場必定會高；反之，在空頭市場，必定會低。超額報酬率是指投資組合報酬高於市場報酬的部分，較不受市場多空的影響。

2. 風險：系統性風險（β）

系統性風險（β）可由上述迴歸方程式得到。β 係數愈高，表示該股的系統性風險愈高。β 值＞1 表示投資組合的變動波幅大於市場變動波幅。風險不用年化報酬率標準差的原因是為了避免投組股數的影響。因為投組股數越多越會消散非系統性風險，但系統性風險與投組股數無關。

3. 流動性：投組中股票總市值的中位數

一般而言，總市值愈高的股票，其每一個月的成交值經常愈高，因此本章以投組中股票總市值的中位數做為衡量投資組合流動性的代理變數。流動性不用成交值或成交量的原因是因為它們的波動極大，往往可以在很短的時間內大起大落。雖然總市值高的股票成交值或成交量未必高，但無疑具有流動性的底線與潛力，而且總市值通常具有很好的穩定性。使用投組中股票的總市值的中位數，而不用平均值的原因是市場的股票總市值差距太大，可能相差幾千倍，甚至幾萬倍，平均值容易受極端值干擾，而中位數較不受影響。

13-4-3 回測期間的分割

雖然選股因子權重與各投資績效之間可能存在某種關係，例如 P／B 小的便宜股票的報酬率常高於 P／B 大的昂貴股票之報酬率。但這只是定性關係，兩者的定量關係可能會隨時間而異，起伏很大。如果選股因子權重與各投資績效之間的定量關係波動太大，就無法用以過去的資料建立的模型來預測未來的選股績效。

為了探討此定量關係是否穩定，以及避免在建模時過度配適（overfitting）的問題，在分割資料為樣本內與樣本外數據集時，必須以時間為依據來切割。因此我們將回測期間分成建模期與測試期（圖 13-16）：

- 建模期：1997 至 2008 年，共 12 年。
- 測試期：2009 至 2015 年，共 7 年。

實驗設計產生的選股概念權重組合在這兩段期間回測得到的績效分別產生建模（樣本內）數據集與測試（樣本外）數據集。兩個數據集均各自建構一個迴歸模型，以比較選股因子的選股能力與因子之間的綜效是否具有普遍性。

圖 13-16 建模期與測試期的數據集

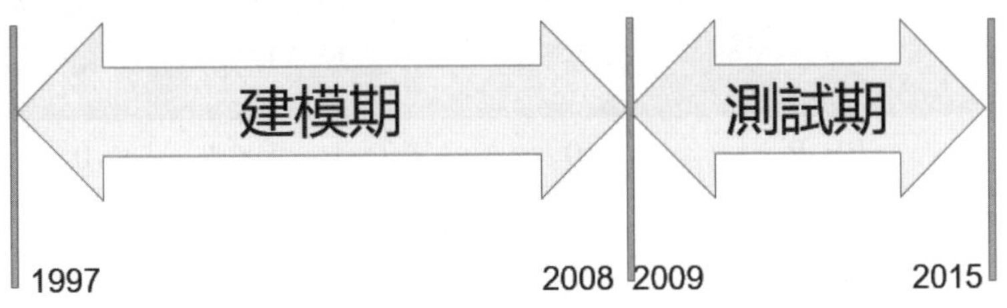

資料來源：作者整理

13-4-4 配方實驗的設計

因為選股概念的權重總合必須等於 1，故屬於配方設計，即每一個選股概念的權重視為一種成份。本文的配方設計採用最常被使用的單體形心設計。一個具有 q 種成份的單體形心設計有 2^q-1 個實驗點。本章有五個選股概念的權重（成份），故其設計有 $2^5-1=31$ 個實驗點，即 31 個選股概念權重組合，如表 13-1 所示。包括 5 個單因子、10 個雙因子、10 個三因子、5 個四因子、1 個五因子權重組合，每個因子可設定的權重比例有 1、1／2、1／3、1／4、1／5、0 等六種。

表 13-1 選股概念實驗設計

編號		模型名稱	選股概念權重				
			大 ROE 概念	小 P／B 概念	大月報酬率概念	小 beta 概念	大總市值概念
1	1因子	ROE	1	0	0	0	0
2		PB	0	1	0	0	0
3		R	0	0	1	0	0
4		beta	0	0	0	1	0
5		MV	0	0	0	0	1
6	2因子	ROE-PB	1／2	1／2	0	0	0
7		ROE-R	1／2	0	1／2	0	0
8		ROE-beta	1／2	0	0	1／2	0
9		ROE-MV	1／2	0	0	0	1／2

編號		模型名稱	選股概念權重				
			大 ROE 概念	小 P／B 概念	大月報酬率概念	小 beta 概念	大總市值概念
10	2因子	PB-R	0	1／2	1／2	0	0
11		PB-beta	0	1／2	0	1／2	0
12		PB-MV	0	1／2	0	0	1／2
13		R-beta	0	0	1／2	1／2	0
14		R-MV	0	0	1／2	0	1／2
15		beta-MV	0	0	0	1／2	1／2
16	3因子	ROE-PB-R	1／3	1／3	1／3	0	0
17		ROE-PB-beta	1／3	1／3	0	1／3	0
18		ROE-PB-MV	1／3	1／3	0	0	1／3
19		ROE-R-beta	1／3	0	1／3	1／3	0
20		ROE-R-MV	1／3	0	1／3	0	1／3
21		ROE-beta-MV	1／3	0	0	1／3	1／3
22		PB-R-beta	0	1／3	1／3	1／3	0
23		PB-R-MV	0	1／3	1／3	0	1／3
24		PB-beta-MV	0	1／3	0	1／3	1／3
25		R-beta-MV	0	0	1／3	1／3	1／3
26	4因子	ROE-PB-R-beta	1／4	1／4	1／4	1／4	0
27		ROE-PB-R-MV	1／4	1／4	1／4	0	1／4
28		ROE-PB-beta-MV	1／4	1／4	0	1／4	1／4
29		ROE-R-beta-MV	1／4	0	1／4	1／4	1／4
30		PB-R-beta-MV	0	1／4	1／4	1／4	1／4
31	5因子	ROE-PB-R-beta-MV	1／5	1／5	1／5	1／5	1／5

資料來源：作者整理

13-4-5 配方實驗的實施

本章針對實驗設計中的 31 個選股概念權重組合，以下列程序產生績效指標（以下為離線的回測方式，後續會討論線上的回測方式）：

Step 1. 建立股票的月資料庫

收集 1997 至 2015 台灣股市上市上櫃公司的每月股價淨值比、股東權益報酬率、月股票報酬率、總市值、250 日 beta 值。

Step 2. 以加權評分法形成投資組合

投資組合的持有周期為一月，因此在每個月的月底，依實驗設計的 31 個選股概念權重組合，選出加權評分最高的 10%股票形成投資組合。

Step 3.計算投資組合的下個月的報酬率

計算投資組合中股票的總市值中位數、下個月的報酬率平均值。

Step 4. 計算全期績效

利用投組的月報酬率，配合大盤的月報酬率，以計算其月超額報酬率（α）、月系統性風險（β）。利用每個月的投組中股票的總市值中位數計算平均值。

31 個選股概念權重組合的建模期與測試期的回測結果如表 13-2。

表 13-2 選股概念實驗結果

編號	模型名稱	1997 年至 2008 年期間投組績效（建構期）			2009 年至 2015 年期間投組績效（測試期）		
		月超額報酬率（α）%	月系統性風險（β）	總市值（NT 億元）	月超額報酬率（α）%	月系統性風險（β）	總市值（NT 億元）
1	ROE	1.07	0.891	54.6	1.094	0.876	71.5
2	PB	1.1	0.937	27.9	0.864	1.008	22.6
3	R	0.48	1.144	55.7	0.619	0.976	53
4	beta	0.72	0.834	27.7	1.069	0.61	25.5
5	MV	0.312	0.562	639.1	0.092	0.848	620.2
6	ROE-PB	1.25	0.864	32.8	1.382	0.908	35.2
7	ROE-R	1.018	1.076	45.2	1.263	0.9	70.1
8	ROE-beta	1.306	0.767	58.6	1.582	0.738	48.9
9	ROE-MV	0.712	0.764	368.7	0.595	0.825	311.1
10	PB-R	1.097	0.947	37.7	0.875	0.99	30.6
11	PB-beta	1.2	0.713	13.3	1.162	0.757	21.8
12	PB-MV	0.545	0.762	159.2	0.281	0.922	148.4
13	R-beta	0.95	0.945	33.1	1.193	0.721	34.8
14	R-MV	0.409	0.772	333.6	0.434	0.887	265.1
15	beta-MV	0.724	0.798	186.8	0.614	0.677	141.2
16	ROE-PB-R	1.48	1.012	39.6	1.62	0.918	37
17	ROE-PB-beta	1.45	0.857	20.3	1.575	0.776	24.8
18	ROE-PB-MV	1.03	0.717	188.7	0.714	0.857	181.3
19	ROE-R-beta	1.25	0.799	45.2	1.544	0.78	50.4
20	ROE-R-MV	0.692	0.721	273.1	0.922	0.837	204.4
21	ROE-beta-MV	1.033	0.447	151.4	1.102	0.711	135.6
22	PB-R-beta	1.235	0.711	30.9	1.216	0.84	19.9

編號	模型名稱	1997 年至 2008 年期間投組績效（建構期）			2009 年至 2015 年期間投組績效（測試期）		
		月超額報酬率（α）%	月系統性風險（β）	總市值（NT 億元）	月超額報酬率（α）%	月系統性風險（β）	總市值（NT 億元）
23	PB-R-MV	0.608	0.958	156	0.476	0.921	137
24	PB-beta-MV	0.934	0.841	119.1	0.627	0.747	93.7
25	R-beta-MV	0.593	0.758	102.5	0.89	0.714	130.3
26	ROE-PB-R-beta	1.41	0.547	29.4	1.576	0.775	29.4
27	ROE-PB-R-MV	0.931	1.021	125.2	0.978	0.839	169
28	ROE-PB-beta-MV	1.093	0.532	107.8	1.133	0.705	117.9
29	ROE-R-beta-MV	0.889	0.605	164	1.236	0.747	130.3
30	PB-R-beta-MV	0.888	0.577	54.1	0.813	0.782	97.5
31	ROE-PB-R-beta-MV	1.034	0.973	79.8	1.293	0.724	108.9
	平均值	0.950	0.802	121.3	0.995	0.817	115.1
	標準差	0.309	0.170	132.7	0.404	0.099	119.4
	最大值	1.480	1.144	639.1	1.620	1.008	620.2
	最小值	0.312	0.447	13.3	0.092	0.610	19.9

資料來源：作者整理

13-05 模型建構與分析

13-5-1 選股因子的迴歸係數

我們使用了（13-3）式的二階多項式函數進行迴歸分析。由表 13-2 的實驗結果可知，投組中股票的總市值中位數的分布明顯偏離常態分佈。為了矯正這種現象，在迴歸分析時，採用其自然對數值為因變數。

迴歸分析產生的迴歸係數如表 13-3。表中 ROE、P／B、R、beta、MV 分別代表大 ROE 概念、小 P／B 概念、大前月報酬率概念、小系統性風險概念、大總市值概念的權重。因為有五個選股概念的權重，因此每個迴歸公式有 5 個線性項，10 個交互作用項，故有 15 個迴歸係數。迴歸係數後面的符號*代表通過 5%顯著性門檻。

表 13-3 投組績效之迴歸模型的迴歸係數

項	1997 年至 2008 年 建構期投組績效			2009 年至 2015 年 測試期投組績效		
	月超額報酬率（α）（%）	月系統性風險（β）	總市值（億元）中位數之自然對數	月超額報酬率（α）（%）	月系統性風險（β）	總市值（億元）中位數之自然對數
ROE	1.042 *	0.921 *	3.978 *	1.042 *	0.890 *	4.236 *
PB	1.069 *	0.928 *	3.309 *	0.842 *	1.020 *	3.070 *
Return	0.486 *	1.160 *	4.021 *	0.577 *	0.983 *	3.944 *
beta	0.720 *	0.889 *	3.338 *	1.040 *	0.621 *	3.240 *
MV	0.326 *	0.579 *	6.429 *	0.078 *	0.864 *	6.310 *
ROE *PB	1.299 *	-0.074	-0.707	2.143 *	-0.277 *	-0.241
ROE*R	1.250 *	0.039	-0.182	2.318 *	-0.190	0.609
ROE*beta	1.791 *	-0.967	1.118	2.403 *	-0.129	0.301
ROE*MV	0.210	-0.477	3.487 *	0.293	-0.289 *	2.450 *
PB*R	1.483 *	-0.328	-0.050	0.987 *	-0.043	-0.530
PB*beta	1.383 *	-0.850	-2.613 *	0.923 *	-0.290 *	-0.750
PB*MV	-0.507	0.296	1.645	-1.009 *	-0.155	2.403 *
R*beta	1.269 *	-0.795	-0.892	1.683 *	-0.314 *	-0.319
R*MV	-0.445	-0.301	2.164 *	0.514	-0.215	2.323 *
beta*MV	0.716 *	-0.132	1.238	0.422	-0.358 *	1.158

資料來源：作者整理

圖 13-17 為建構期與測試期這兩個期間的回測數據集所建構的月超額報酬率（α）迴歸模型之係數的散布圖，可以發現兩個期間的迴歸係數很相似。月系統性風險（β）、總市值也有類似的情形。這顯示各因子以及交互作用與投資績效之間的關係相當穩定。

圖 13-17　建構期迴歸係數與測試期迴歸係數

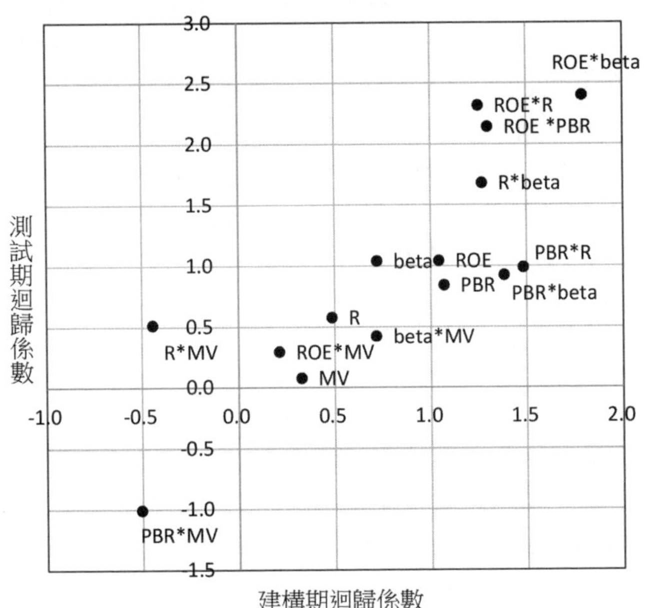

資料來源：作者整理

用迴歸係數判定自變數對因變數的影響之原則如下：

- 線性項的係數：如果線性項的係數大於線性項的係數之平均值，則此線性項的效果為正，否則為負。
- 二次項的係數：如果二次項的係數大於 0，代表在此邊上迴歸估計值是一個凸函數，反之，凹函數。

依照上述判定原則，以 1997 年至 2008 年「建構期」投組績效建立的模型特徵解讀如下：

1. 月超額報酬率

小股價淨值比、大股東權益報酬率這兩個選股概念對「月超額報酬率」具有正貢獻，其餘三個選股概念具有負貢獻，特別是大總市值概念。顯示便宜的股票的報酬率常高於昂貴股票，以及賺錢公司的股票的報酬率常高於不賺錢公司的股票，這兩項古老的選股準繩仍然值得信賴。

雖然大前月報酬率、小系統性風險這兩個選股概念在線性項具有負貢獻，但在二次項，即交互作用項方面，小股價淨值比、大股東權益報酬率、大前月報酬率、小系統性風險等四個選股概念之間都有明顯的正向交互作用，這代表它們具有綜效，可以提升投組的月超額報酬率。特別是「PB*R」與「ROE*beta」最為明顯。前者顯示 PB 低且最近上漲的股票，因股價被低估，但已開始被市場認同低估，使股價開始反轉，而在未來有較高的月超額報酬率。後者顯示股東權益報酬率高且 beta 係數小的股票，因 beta 係數小代表股票報酬率相對大盤較穩定，這通常也暗示公司的經營績效穩定，因此這類公司的高獲利能力也會有較佳的持續性，故在未來可能有較高的月超額報酬率。

2. 月系統性風險（β）

小系統性風險、大總市值這兩個選股概念對月系統性風險（β）具有負貢獻，其餘三個選股概念（小股價淨值比、大股東權益報酬率、大前月報酬率）具有正貢獻。顯示過去系統性風險小、總市值大的股票構成的投資組合，系統性風險較小。此外，有很多二次項係數小於 0，雖然其顯著性尚未達到 5%的水準，但仍然顯示可能可以透過同時考慮多個選股概念來降低系統性風險，特別是「PB*beta」、「ROE*beta」具有較強的交互作用。

3. 總市值

大總市值選股概念對投組的總市值具有正貢獻，其餘四項都是負貢獻。雖然這四項的線性項具有負貢獻，但許多概念與大總市值概念具有正交互作用，可以提升投組的總市值，特別是「ROE*MV」與「R*MV」最為明顯。而「PB*beta」具有負交互作用，會降低投組的總市值，即便宜且系統風險小的股票大都是小型股。

以 2009 年至 2015 年「測試期」投組績效建立的模型的特徵解讀如下：

1. 月超額報酬率

基本上與用 1997 年至 2008 年期間建立的模型相似，主要的差異是（1）小股價淨值比的重要性降低、小 beta 的重要性提高。（2）與大股東權益報酬率相關的交互作用「PB*ROE」、「ROE*R」、「ROE*beta」變得更重要。

2. 月系統性風險（β）

對降低月系統性風險而言，小 beta 是最重要的選股概念。這與用 1997 年 至 2008 年期間建立的模型的大總市值是最重要的選股概念不同。

3. 總市值

基本上與用 1997 年至 2008 年期間建立的模型相似，主要的差異是交互作用「PB*MV」變得重要。

13-5-2 選股因子的報酬綜效性

表 13-3 顯示，月超額報酬率（α）迴歸公式有六項二次項的係數顯著大於 0，代表二個因子之間是一個凸函數，具有提高報酬率的綜效。圖 13-18 為五個選股因子的綜效性關係圖。圖中有雙箭頭粗線連結的因子代表兩個因子具有提高報酬的綜效性。以下從證券投資的基本原理來解釋這六個綜效的可能機制。

圖 13-18 超額報酬率的五因子之間交互作用（雙箭頭粗線）

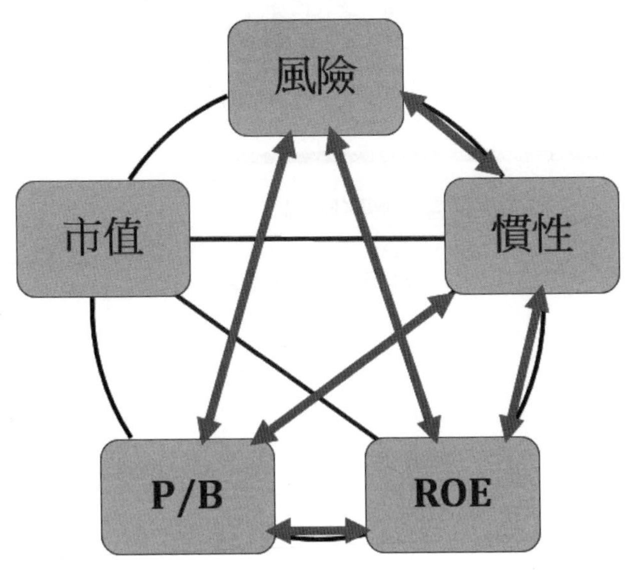

資料來源：作者整理

❒ 綜效 1：高 ROE ＋ 低 P／B （圖 13-19）

由於市場通常給股東權益報酬率（ROE）較大股票較高的股價淨值比（P／B），因此圖 13-19 中灰色橢圓代表多數股票的集中區。當股票 ROE 高，但 P／B 也高，則位於圖中的右上方，公司賺錢的訊息已反應在股價上；反之，當股票 ROE 低，但 P／B 也低，則位於圖中的左下方，股價並未低估。當股票 ROE 高，又有 P／B 低的特性，通常代表股價被低估，是同時兼具「物美」與「價廉」的股票。P／B 低代表可以用較低的價格得到較大的淨值，而 ROE 高代表公司未來的淨值成長潛力大，前者是目前的價值，後者是未來的價值，合計為股票的總價值。這種股票才是真正符合價值投資原理的股票，因此 ROE 與 P／B 這兩個因子具有報酬綜效。

圖 13-19「高 ROE ＋ 低 P／B」之綜效

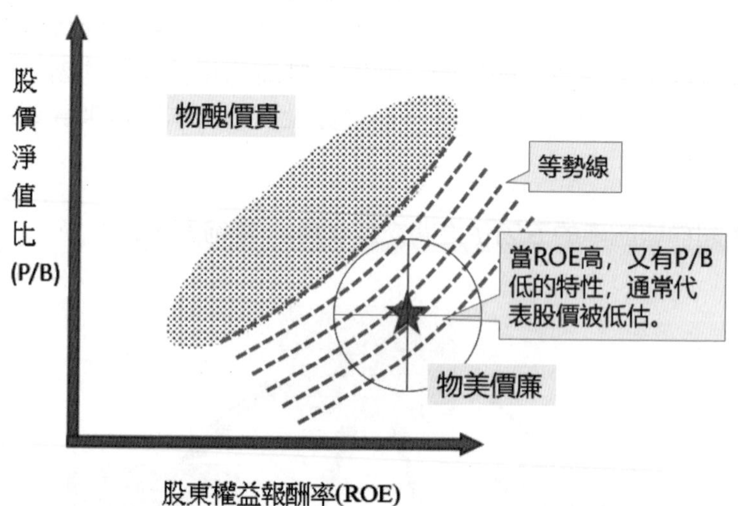

資料來源：作者整理

❒ 綜效 2：高 ROE ＋ 大慣性（圖 13-20）

ROE 大的股票期未來有兩種可能性：

劇本 A：好消息（企業 ROE 上升）是真，市場錯誤／不足反應（P／B 未上升），接著市場認同其內在價值有所增加，股價上揚，P／B 提高，回到正常區域。

劇本 B：好消息（企業 ROE 上升）是假，市場提早正確反應（P／B 沒變），接著企業 ROE 下降，回到正常區域。

大慣性代表股票最近一個月股價表現優於市場平均，是市場認同其內在價值有所增加的「信號彈」，宣示劇本 A 的可能性較大，因此 ROE 與慣性這兩個因子具有報酬綜效。

圖 13-20　「高 ROE ＋ 大慣性」之綜效

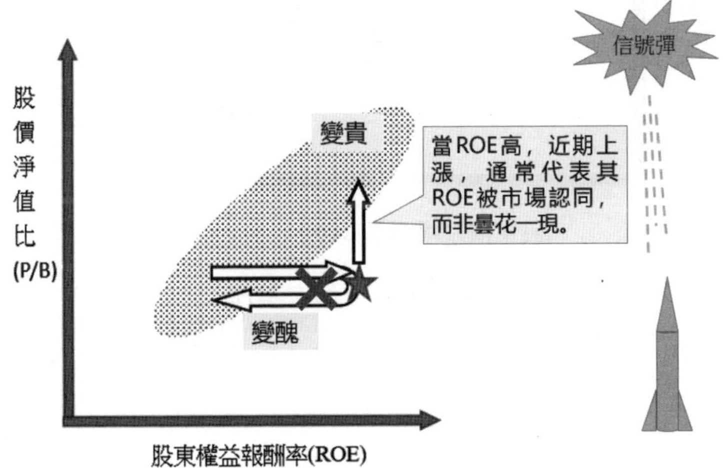

資料來源：作者整理

❒ **綜效 3：高 ROE ＋ 小風險（圖 13-21）**

小 beta 代表股票風險低於市場平均，隱含企業的獲利較穩定，即 ROE 的持續性較高。在本書前述的 GVM 指出，企業的 ROE 越高，ROE 的持續性越高，股票的內在價值越高。ERRM 也指出，企業的 ROE 越高，ROE 的持續性越高，股票的預期報酬率越高。因此 ROE 與 beta 這兩個因子具有報酬綜效。

圖 13-21「高 ROE ＋ 小風險」之綜效

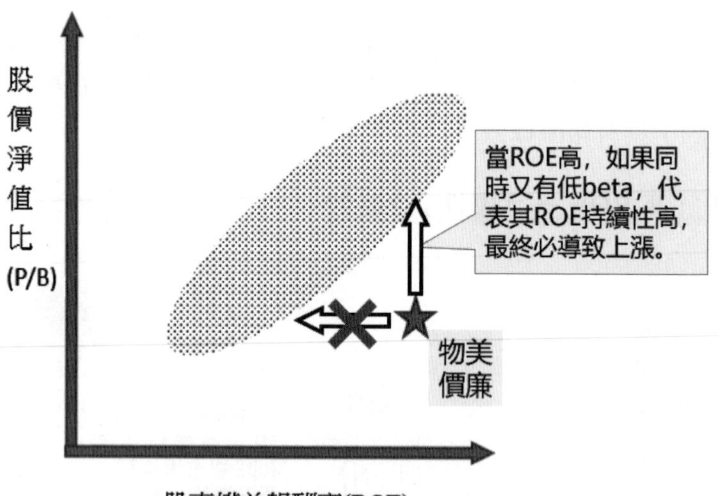

資料來源：作者整理

❒ 綜效 4：低 P／B ＋ 大慣性（圖 13-22）

P／B 小的股票通常反映了某些壞消息，有兩種可能性：

劇本 C：壞消息（企業 ROE 降低）是真，市場提早正確反應（P／B 下降），接著企業 ROE 下降，回到正常區域。

劇本 D：壞消息（企業 ROE 降低）是假，市場錯誤／過度反應（P／B 下降），接著市場認同其內在價值並未降低，股價反彈，P／B 提升，回到正常區域。

大慣性代表股票最近一個月股價表現優於市場平均，是市場認同其內在價值並未降低的「信號彈」，宣示劇本 D 的可能性較大，因此 P／B 與慣性這兩個因子具有報酬綜效。

圖 13-22「低 P／B ＋ 大慣性」之綜效

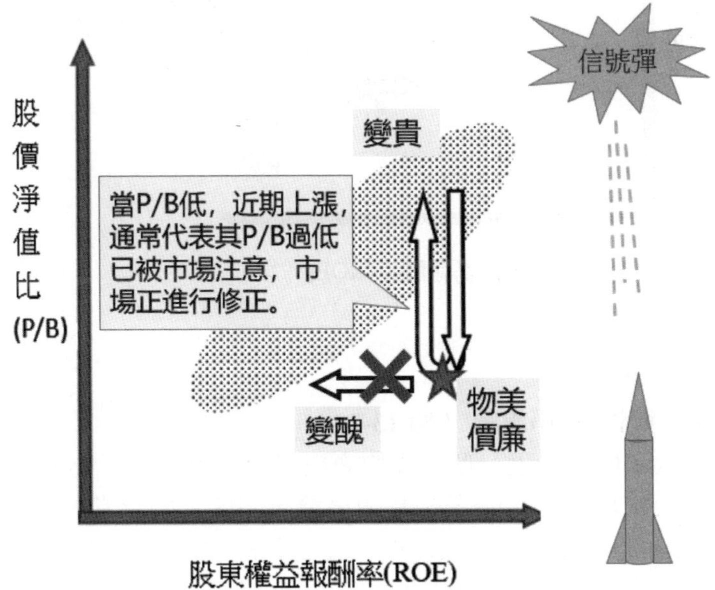

資料來源：作者整理

❑ **綜效 5：低 P／B ＋ 小風險 （圖 13-23）**

小 P／B 的股票代表估值偏低。小 beta 的股票代表其風險低於市場平均，企業經營較平穩。因此，當股票具有小 beta 的特性時，低 P／B 可能只是市場錯誤／過度反應的結果。接著市場可能會認同其內在價值並未降低，股價反彈，P／B 提升，回到正常區域。因此 P／B 與 beta 這兩個因子具有報酬綜效。

圖 13-23「低 P／B＋小風險」之綜效

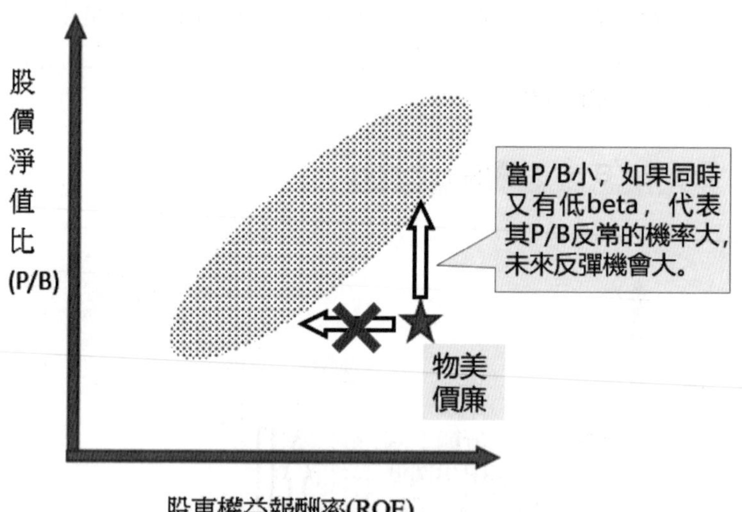

資料來源：作者整理

❑ **綜效 6：大慣性 ＋ 小風險 （圖 13-24）**

大慣性代表股票最近一個月股價表現優於市場平均。小 beta 的股票代表其風險低於市場平均，企業經營較平穩。因此，同時當股票同時具有大慣性與小 beta 的特性時，其股價慣性會更具持續性，股價持續上揚的機會更高。因此慣性與 beta 這兩個因子具有報酬綜效。

圖 13-24 「大慣性 + 小風險」之綜效

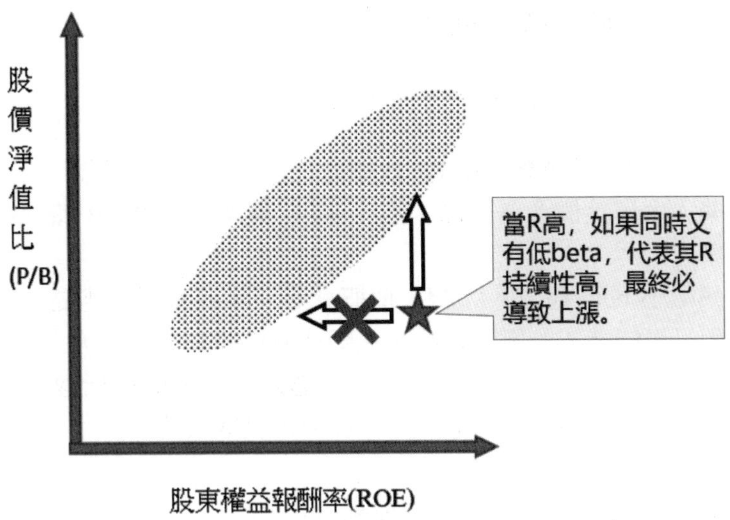

資料來源：作者整理

❐ 選股因子與中藥的類比

中藥中的「君臣佐使」是指藥方中的四種藥物角色，是古代中醫師在臨床實踐中總結出來的一種用藥原則。

- 君藥：是處方中主治病證的主要藥物，占主導地位，起著主攻作用。其藥力居方中之首，用量亦較多。
- 臣藥：是輔助君藥發揮作用，或是針對兼病或兼證起治療作用的藥物。占次要地位。
- 佐藥：是消除或減緩君臣藥的毒性和烈性，或協助君臣藥發揮作用的藥物，占輔助地位。
- 使藥：是引導諸藥到達病處，發揮藥效的藥物。

事實上，西醫用藥也有類似的觀念。為了預防治療心肌梗塞，通常有以下處方：

- 君藥：抗凝血藥物主治心肌梗塞的首要病因——血栓形成。
- 臣藥：（1）降膽固醇藥物減少動脈粥狀硬化。（2）血壓控制藥物減少心臟負荷。（3）減慢心率藥物減少心臟耗氧量。

- 佐藥：胃潰瘍藥物消除抗凝血藥物可能引起的胃潰瘍、胃出血等不良反應。
- 使藥：戒菸戒酒、健康飲食、控制體重、規律運動、降低工作負荷等。

對選股因子而言，也可用「君臣佐使」藥物來解釋：

- 君藥：大 ROE 概念、小 P／B 概念是提高報酬的主要藥方。
- 臣藥：大慣性概念是用以加強大 ROE 概念、小 P／B 概念選股綜效的藥方。
- 佐藥：小 beta 概念、大總市值概念是消除或減緩上述提高報酬的選股因子可能造成的風險較高、流動性較低等弊病的藥方。
- 使藥：投資人的恆心與紀律是讓上述選股模型能以指數成長法則提高報酬，以大數法則降低風險，發揮選股效果的藥方。

13-5-3 迴歸模型的樣本外預測能力

為了驗證以基於建模期（1997 至 2008 年）的樣本建構的預測模型也適用於測試期（2009 至 2015 年）的股市，將 31 個實驗設計的權重組合的預測模型產生的預測值，與在測試期實際回測值，繪成圖 13-25 至圖 13-27 的散布圖。可見預測模型的樣本外預測效果以投組個股總市值中位數之平均值最佳，月超額報酬率（α）次之，月系統性風險（β）最差。雖然月系統性風險（β）的預測能力最差，但其原因在於 3 個實驗設計的權重組合的實際值偏離預測值，排除這些權重組合，可以發現月系統性風險（β）的預測能力並不低於月超額報酬率（α）。

表 13-4 比較了預測模型的樣本內與樣本外之調整後的判定係數，可知月系統性風險（β）、總市值預測模型的樣本內與樣本外之模型解釋能力相近。雖然月超額報酬率（α）的樣本外模型解釋能力比樣本內低了不少，但其調整後的判定係數仍然高達 76.8%，這顯示月超額報酬率（α）預測模型的樣本外之模型解釋能力仍然相當高。

表 13-4 預測模型的樣本內與樣本外之調整後的判定係數

期間	月超額報酬率（α）（%）	月系統性風險（β）	總市值（億元）
1997 年至 2008 年期間投組績效（樣本內）	92.7%	35.5%	94.4%
2009 年至 2015 年期間投組績效（樣本外）	76.8%	37.4%	95.3%

資料來源：作者整理

圖 13-25 建模期預測值與測試期實際值之散布圖：月超額報酬率（α）

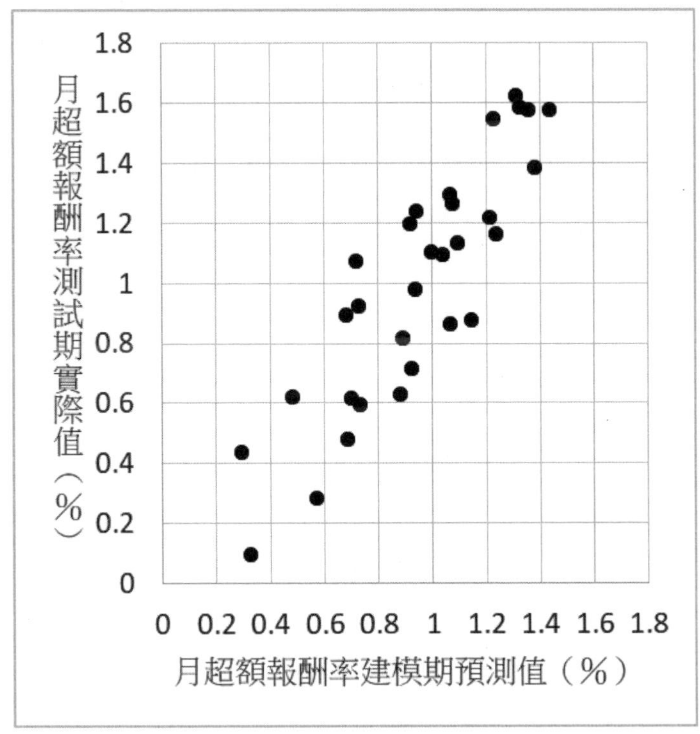

資料來源：作者整理

圖 13-26 建模期預測值與測試期實際值之散布圖：月系統性風險（β）

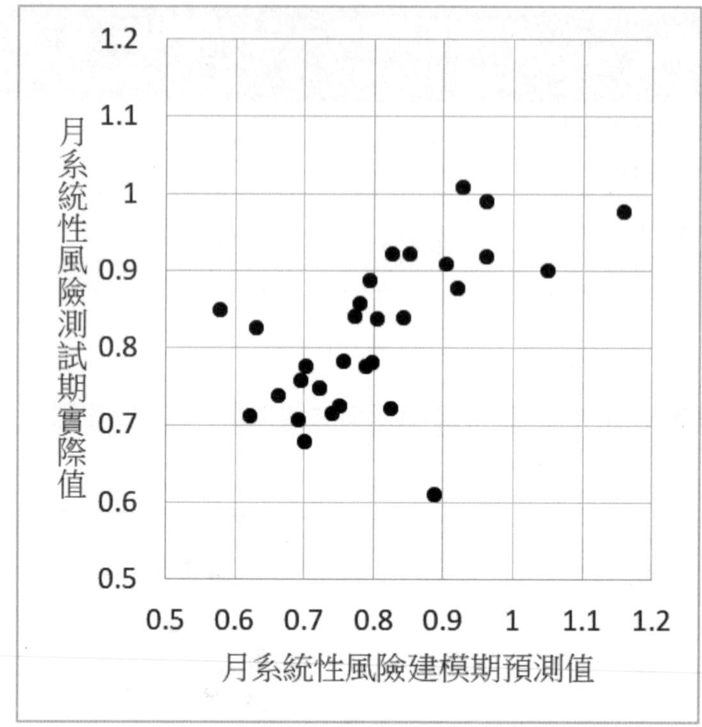

資料來源：作者整理

圖 13-27 建模期預測值與測試期實際值之散布圖：投組個股總市值中位數之平均值（億元）之自然對數

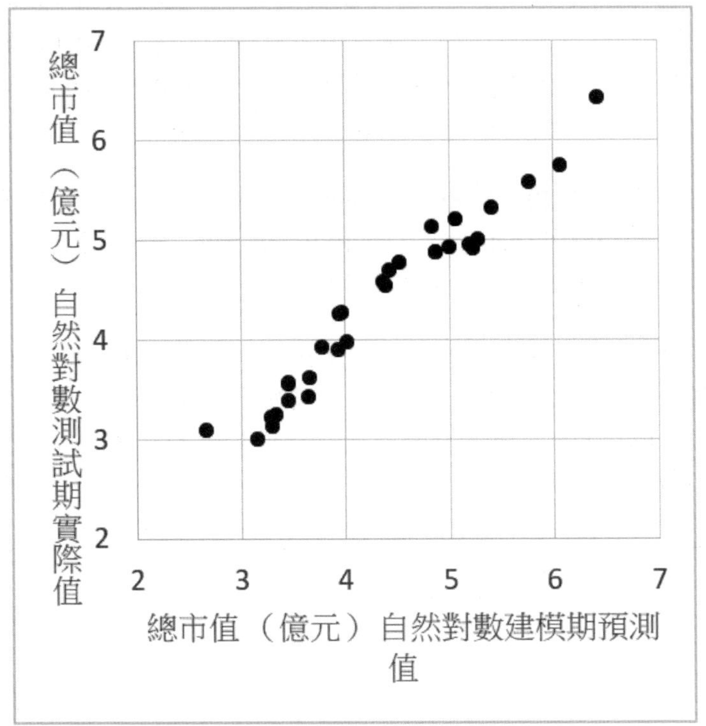

資料來源：作者整理

13-5-4 迴歸模型的二維視覺化

為了瞭解各選股概念權重之間的交互作用，將各預測模型以配方等高線圖表示。它是一個正三角形的圖形，三角形的每一個頂點為單一成分的配方，每一個邊為二成分的配方，內部為三成分的配方。例如每一個邊中間點為二成分各 1／2 的配方，三角形的形心為三成分各 1／3 的配方。三角形上加上一個特定的反應（因變數）的等高線，有助於觀察各成分之間的混合對反應的影響。因為三角形的配方等高線圖一次只能顯示三個成分，當有超過三個成分時，可從成分中取三個成分，多餘的成分的量設為 0，來建立配方等高線圖。由於本文使用五個選股概念（成分），五取三的取法有 10 種，因此會有 10 張配方等高線圖。以下分別探討各績效指標的配方等高線圖。

❒ 月超額報酬率（α）：交互作用高，所有因子都有影響。

圖 13-28 左上方的第一張圖為「小 PB-大 ROE-大慣性」的配方等高線圖，由於「小 PB-大 ROE」、「小 PB-大慣性」、「大 ROE -大慣性」邊線的中間的反應明顯高於兩頂點，這三組二成分組合都有明顯的正向交互作用。表 13-3 顯示，它們的迴歸係數分別為 1.299, 1.483, 1.250，其顯著性都通過 5%門檻。因此配方等高線圖印證了表中的結果。

第二張圖為「小 PB-大 ROE-小 beta」的配方等高線圖，顯示「小 PB-大 ROE」、「小 PB-小 beta」、「大 ROE -小 beta」這三組二成分都有明顯的正向交互作用，與表 13-3 的結果一致。

第三張圖為「小 PB-大 ROE-大總市值」的配方等高線圖，顯示「小 PB-大總市值」、「大 ROE -大總市值」邊線的反應呈現單調變化，靠近小 PB、大 ROE 兩端點的反應高，靠近大總市值端點的反應低。顯示這二組二成分沒有交互作用，與表 13-3 的結果一致。

其餘圖形讀者可自行比對，不再贅述。

圖 13-28 選股概念權重與投組績效之等高線圖：月超額報酬率（α）（%）

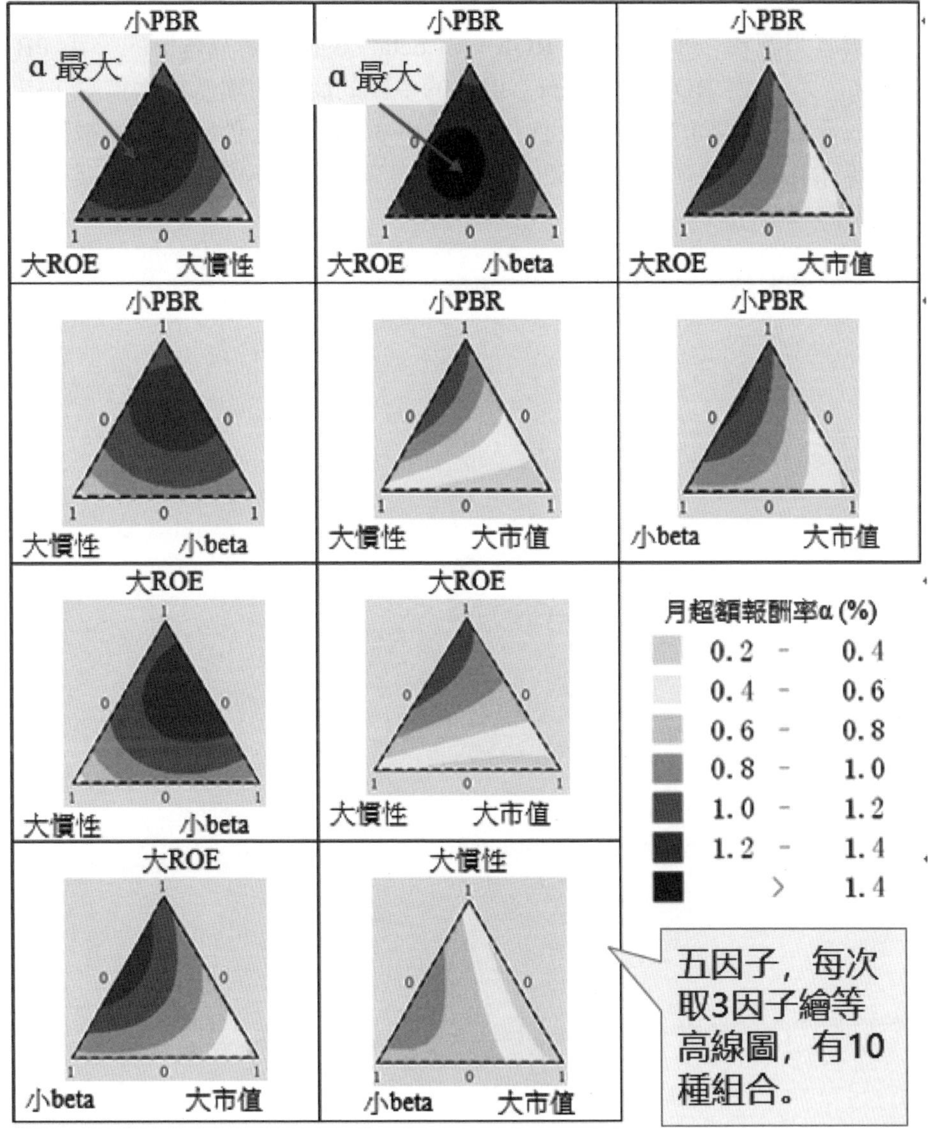

資料來源：作者整理

❒ 月系統性風險（β）：交互作用比 α 低，小 beta，大總市值是主要因子。

圖 13-29 左上方的第一張圖為「小 PB－大 ROE－大慣性」的配方等高線圖，由於三邊線的反應呈現單調變化，這三組二成分組合都沒有交互作用。

第二張圖為「小 PB－大 ROE－小 beta」的配方等高線圖，「小 PB－小 beta」、「大 ROE－小 beta」邊線的中間的反應明顯低於兩頂點，這二組二成分都有明顯的負向交互作用。表 13-3 顯示，它們的迴歸係數都是負值，雖然其顯著性都未通過 5%門檻，但其迴歸係數確實是 10 個交互作用中最低的二個。

其餘圖形讀者可自行比對，不再贅述。

圖 13-29 選股概念權重與投組績效之等高線圖：月系統性風險（β）

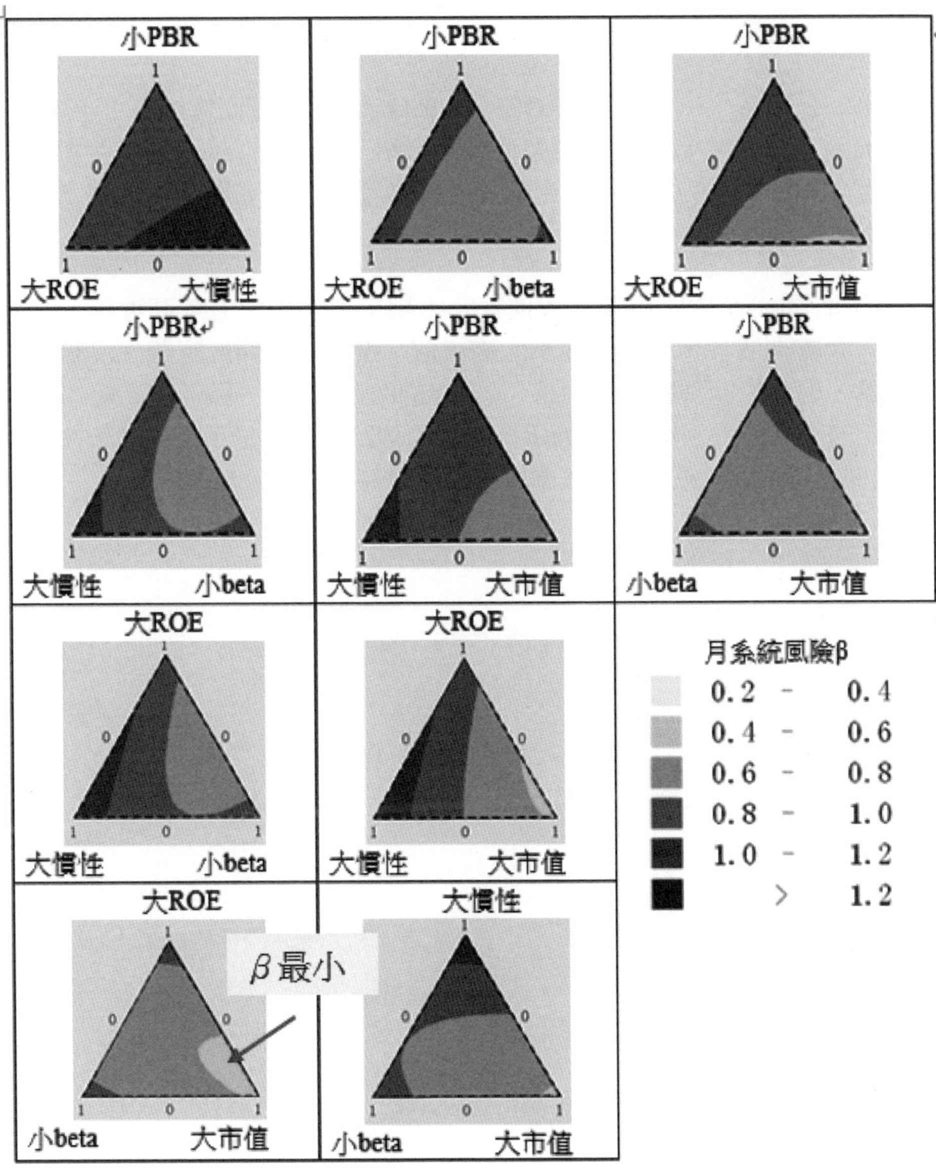

資料來源：作者整理

❒ 投組中股票的總市值的中位數：交互作用很低，大總市值是主要因子。

圖 13-30 左上方的第一張圖為「小 PB－大 ROE－大慣性」的配方等高線圖都是同一色調，顯示反應變化很小，這三組二成分組合都沒有交互作用。

第二張圖為「小 PB－大 ROE－小 beta」的配方等高線圖，「小 PB－小 beta 」邊線的中間的反應明顯低於兩頂點，這一組二成分都有明顯的負向交互作用。表 13-3 顯示，它的迴歸係數都是負值，顯著性通過 5%門檻，與圖的結果一致。

第 8 張圖為「大 ROE－大慣性－大總市值」的配方等高線圖，「大 ROE－大總市值」、「大慣性－大總市值」邊線的中間反應雖然沒有高於兩頂點，但高於兩頂點的平均值，這是凸曲線的特徵，顯示這二組二成分都有正向交互作用。表 13-3 顯示，它們的迴歸係數都是正值，顯著性通過 5%門檻，與圖的結果一致。其餘圖形讀者可自行比對，不再贅述。

圖 13-30 選股概念權重與投組績效之等高線圖：總市值（億元）中位數之平均值之自然對數

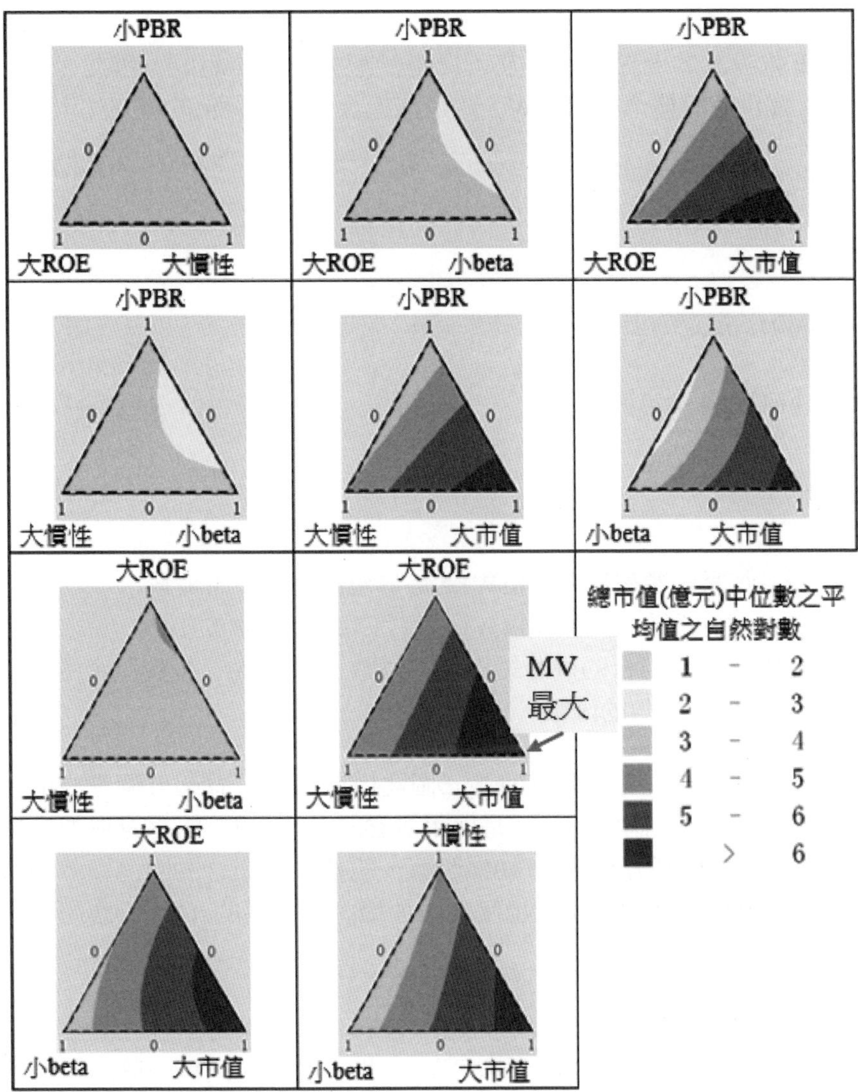

資料來源：作者整理

13-06 權重優化與驗證

配方實驗設計的優點之一是它可以提供配方的最佳組成。因此，它可以為投資人提供選股概念權重（W）的最佳組合，權重優化的模式如下：

最大化 $\alpha = f_{\alpha}(W)$ （13-5）

受限於

$\beta = f_{\beta}(W) \leqq$ 指定的上限 （13-6）

$MV = f_{MV}(W) \geqq$ 指定的下限 （13-7）

$\sum_{i=1}^{5} W_i = 1$ 且 $W_i \geq 0$ （13-8）

其中 α＝每月超額報酬率；$f_{\alpha}(W)$＝每月超額報酬率的函數。
β＝每月系統性風險；$f_{\beta}(W)$＝ 每月系統性風險的函數。
MV＝投資組合的個股總市值中位數；$f_{MV}(W)$＝ 投資組合的個股總市值中位數的函數。

上述三個投資績效變數都是前述三個建模期迴歸公式的五個選股概念權重的函數。由於這三個迴歸公式是使用實驗設計產生的 31 個選股概念權重新組合，選出加權評分最高的 10%股票，組成投資組合的回測績效數據所建立，因此迴歸公式的預測值也反映由加權評分最高的 10%股票組成的投資組合的績效預測值。

這個模式可以最大化投資策略的超額報酬率，並滿足系統性風險的上限，和投資組合個股總市值中位數的下限。此一優化模式是一個簡單的經典非線性規劃問題，可以使用經典非線性規劃演算法來求解（參見章末註解），來產生選股概念權重的最佳組合。

13-6-1 風險性限制下的報酬率最大化

當投資組合必須考慮投組的風險時，限制投組的月系統性風險（β）小於某一門檻值是一個可行的方法。圖 13-31 是月系統性風險（β）限制門檻分別為 1.00、0.95、0.90、⋯、0.55 下，月超額報酬率（α）最大化之選股概念權重。由圖可知在系統性風險 β 限制下

(1) 當系統性風險限制寬鬆下（0.75 以上），大 ROE、小 PB、小 beta 權重各約 1／3。
(2) 當系統性風險限制中等下（0.65~0.75），大 ROE 的權重不變、小 beta 的權重提高，小 PB 的權重降低，而大總市值選股概念也開始變得重要。
(3) 當系統性風險限制限制嚴格下（0.65 以下），大 ROE、小 beta 的權重降低，小 PB 的權重消失，而大總市值選股概念變得越來越重要。不過當限制系統性風險 β 小於 0.55 時，最佳化模型無法得到滿足限制的權重組合。此時最佳權重組合為大總市值、大 ROE 選股概念各 85%與 15%，投組系統性風險（β）只能達到 0.57。

圖 13-32 圓黑點為 31 個實驗設計的權重組合，在建模期（1997 至 2008 年）之投資組合的回測績效。左上方曲線是最佳化權重用建模期迴歸公式的「預測值」連成的風險－報酬關係曲線。曲線上的五個點由上而下分別是月系統性風險（β）限制 0.75、0.7、0.65、0.6、0.55 下的結果。月系統性風險（β）限制 0.75 至 1.0 的最佳解相同，故它們績效產生的點重疊在一起。可見最佳化模型產生的權重組合構成的投組，其風險－報酬曲線接近所有 31 個實驗設計的投資組合的風險－報酬表現的左上方，構成一個風險－報酬的效率邊緣，與預期一致。但有 4 個實驗設計的權重組合的風險－報酬表現超越效率邊緣，這可能是因為預測模型不夠準確。

為了驗證以基於建模期（1997 至 2008 年）之樣本建構的預測模型之最佳化產生的權重組合，是否也適用於測試期（2009 至 2015 年）的股市，而對這些最佳化的權重在測試期進行回測。圖 13-33 圓黑點為 31 個實驗設計的權重組合，於測試期的投資組合之回測績效。左上方曲線是最佳化權重用測試期迴歸公式的「預測值」連成的風險－報酬關係曲線。曲線上的五個點由上而下分別是月系統性風險（β）限制 0.75、0.7、0.65、0.6、0.55 下的結果。月系統性風險（β）限制 0.75 至 1.0 的最佳解相同，故它們的績效產生的點重疊在一起。

此曲線接近所有 31 個實驗設計的投資組合的風險－報酬表現的左方邊緣，構成一個風險－報酬的效率邊緣。當系統性風險限制很嚴格時（大於 0.6），其月超額報酬率（α）確實較低，但系統性風險反而較高。這現象與預期不合，可能是因為系統性風險的預測模型的穩定性較差所致。

但在 31 個實驗設計的權重組合中，只有 2 個實驗設計的權重組合的風險－報酬表現明顯超越效率邊緣。因此整體而言，以基於建模期（1997 至 2008 年）之樣本建構的預測模型之最佳化模式產生的權重組合，在測試期的績效表現雖不完美，但對選股也有很大的幫助。

圖 13-31 月系統性風險（β）限制下的報酬率最大化之選股概念權重

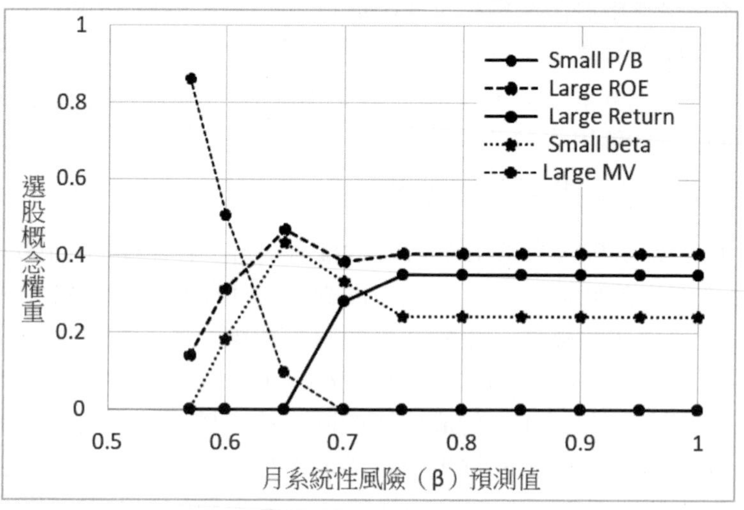

資料來源：作者整理

圖 13-32 月系統性風險限制下的報酬率最大化之風險－報酬關係：建模期

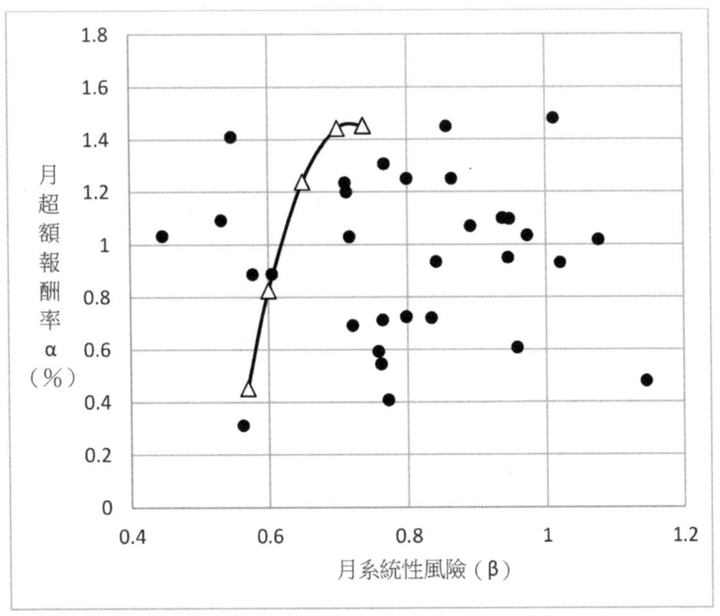

資料來源：作者整理

圖 13-33 月系統性風險限制下的報酬率最大化之風險－報酬關係：測試期

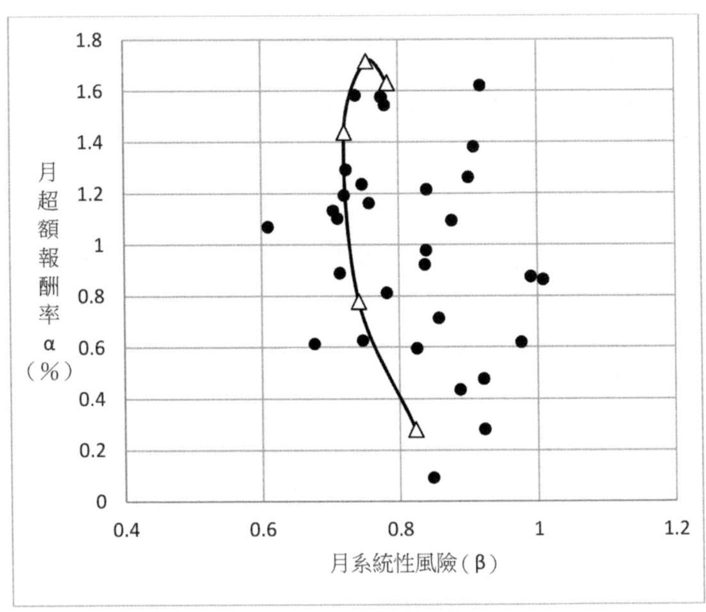

資料來源：作者整理

13-6-2 總市值限制下的報酬率最大化

當投資組合必須考慮投組的流動性時，限制投組內個股總市值中位數之平均值大於某一門檻值是一個可行的方法。台股個股總市值中位數約 30 億元。圖 13-34 是總市值限制門檻分別為 10、20、50、100、200、500、1,000 億元下，月超額報酬率（α）最大化之選股概念權重。由圖可知在總市值限制下：

(1) 當總市值限制寬鬆下（20 億元以下），大 ROE、小 PB、小 beta 權重各約 1／3。
(2) 當總市值限制中等下（20 至 50 億元），大 ROE 的權重不變、小 beta 的權重提高，小 PB 的權重降低，而大總市值選股概念也開始變得重要。
(3) 當總市值限制嚴格下（50 億元以上），大 ROE、小 beta 的權重降低，小 PB 的權重消失，而大總市值選股概念變得極為重要。不過當限制總市值投組內個股總市值中位數之平均值大於 1,000 億元時，最佳化模型無法得到滿足限制的權重組合。此時最佳權重組合為大總市值、大 ROE 選股概念各 85%與 15%，投組內個股總市值中位數之平均值只能達到 669 億元。

圖 13-35 圓黑點為 31 個實驗設計的權重組合，在建模期（1997 至 2008 年）之投資組合的回測績效。右上方曲線是最佳化權重用建模期迴歸公式的「預測值」連成的總市值－報酬關係曲線。可見最佳化模型產生的權重組合構成之投組，其總市值－報酬連成的曲線接近所有 31 個實驗設計的投資組合之總市值－報酬表現的右上方，構成一個總市值－報酬的效率邊緣，與預期一致。

此曲線上的六個點由上而下分別是總市值限制 20、50、100、200、500、1,000 億元下的結果。總市值限制 10 至 20 億元的最佳解相同，故它們的績效產生的點重疊在一起。沒有一個實驗設計的權重組合的總市值－報酬表現明顯超越效率邊緣，這顯示預測模型十分準確。

為了驗證以基於建模期（1997 至 2008 年）的樣本建構的預測模型之最佳化產生的權重組合，是否也適用於測試期（2009 至 2015 年）的股市，將這些最佳化的權重在測試期進行回測。圖 13-36 圓黑點為 31 個實驗設計的權重組合，在測試期投資組合的績效表現。右上方曲線是最佳化權重用測試期迴歸公式的「預測值」連成的總市值－報酬關係曲線。

此曲線上的六個點由上而下分別是總市值限制 20、50、100、200、500、1,000 下的結果。此曲線接近所有 31 個實驗設計的投資組合的總市值－報酬表現的右上方邊緣，構成一個總市值－報酬的效率邊緣。沒有一個實驗設計的權重組合之總市值－報酬表現明顯超越效率邊緣，這顯示以基於建模期的樣本建構的預測模型之最佳化產生的權重組合，在測試期的績效表現十分良好。

圖 13-34 總市值限制下的報酬率最大化之選股概念權重

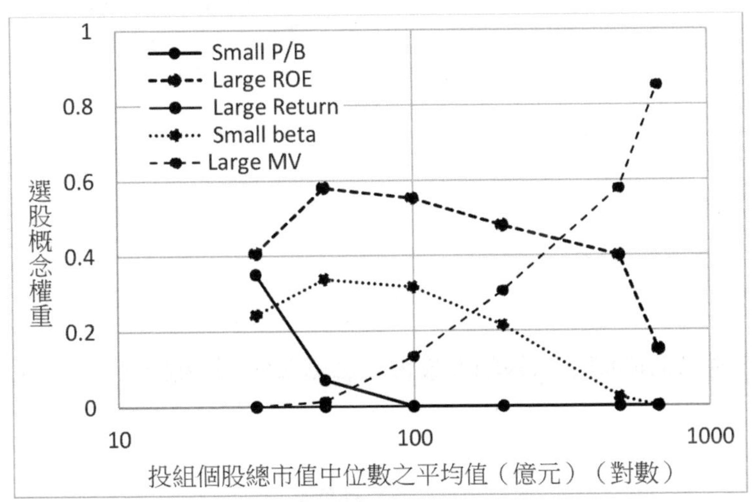

資料來源：作者整理

圖 13-35 總市值限制下的報酬率最大化之總市值-報酬關係：建模期

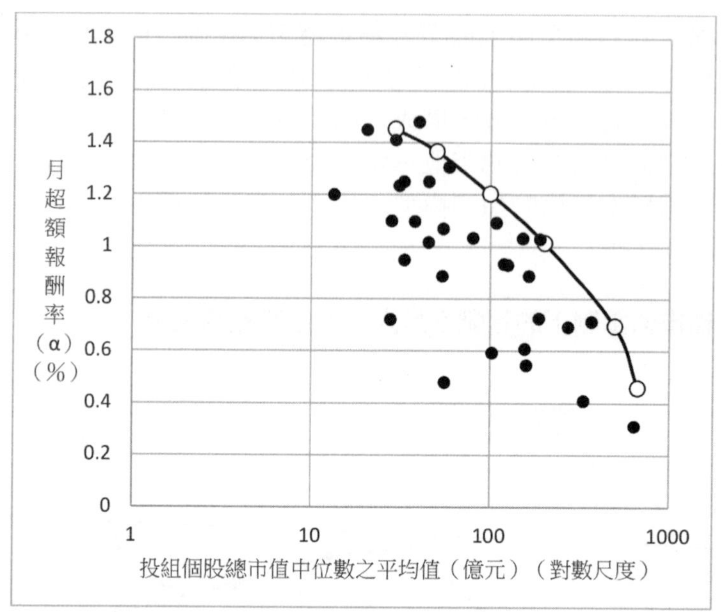

資料來源：作者整理

圖 13-36 總市值限制下的報酬率最大化之總市值-報酬關係：測試期

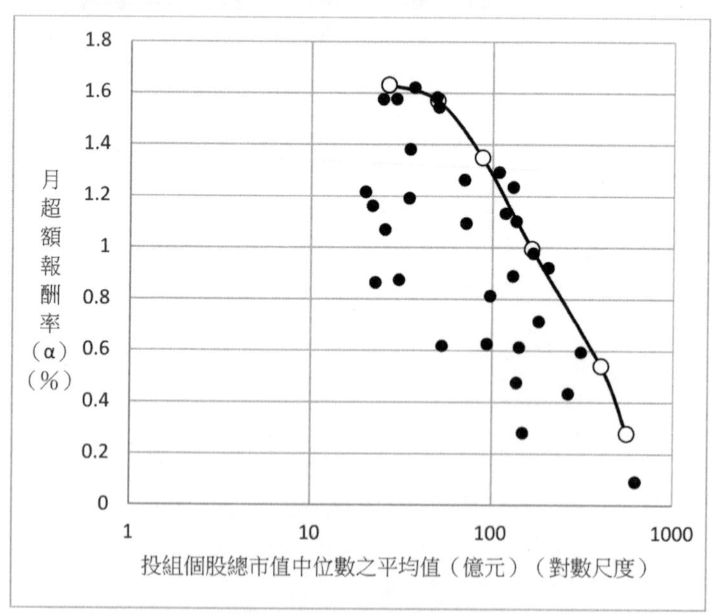

資料來源：作者整理

13-07 對投資人的啟發：因子綜效明確存在

本章以實驗設計法對獲利、價值、慣性、風險、規模等五種選股因子進行了有系統的探索。本章對投資人的啟發如下：

❒ 報酬率綜效原則

提高小股價淨值比、大股東權益報酬率的選股概念權重可以有效提高投組的「月超額報酬率」，但提高大總市值的選股概念權重會明顯降低月超額報酬率。價值、獲利、慣性、風險這四個因子的選股概念之間的六個二因子交互作用：「ROE *PB」、「ROE*R」、「ROE*beta」、「PB*R」、「PB*beta」、「R*beta」，都具有提高月超額報酬率的綜效。

❒ 風險性綜效原則

提高小系統性風險、大總市值的選股概念權重可以有效降低投組的月系統性風險（β）。此外，透過同時考慮多個選股概念也可降低系統性風險，特別是「PB*beta」、「ROE*beta」具有相輔相成的交互作用，可以降低投資組合的系統性風險。

❒ 總市值綜效原則

過去總市值大的股票構成之投資組合，其投組內股票的總市值中位數之平均值較大。許多概念與大總市值概念具有正交互作用，可以提升投組的總市值，特別是「ROE*MV」與「R*MV」最為明顯。而「PB*beta」具有負交互作用，會降低投組的總市值。

❒ 不同風險性限制下的選股原則

- 風險限制寬鬆時，以大股東權益報酬率、小股價淨值比、小系統性風險等三個選股概念選股。
- 風險限制嚴格時，以大總市值、大股東權益報酬率、小系統性風險等三個選股概念選股。

❒ 不同流動性限制下的選股原則

- 總市值限制寬鬆時，以大股東權益報酬率、小股價淨值比、小系統性風險等三個選股概念選股。

- 總市值限制嚴格時，以大總市值、大股東權益報酬率、小系統性風險等三個選股概念選股。

章末註解

〔註解 1〕

我們使用廣義約化梯度 （GRG） 演算法來求解優化模型。該演算法的詳細資訊可以在專門書籍中找到。

〔註解 2〕

為何回測時 PB-ROE-R 三因子報酬的表現很好，但在上述最佳化中未出現「大慣性」？可參考「附錄 E 加權評分法：3 階模型之建構與優化」。

第十四章
CH.14

往高報酬中風險的方向開疆闢土

加權評分法：綜效前緣

「綜效前緣」重視的是組合具有「綜效」的選股因子，以強化選股模型的選股能力，提升報酬率。投資人雖然都追求報酬最大化，但願意承擔的風險水準不同。建立多因子選股模型的「綜效前緣」有助於投資人根據自己願意承擔的風險水準採用不同的選股模型。

14-01 綜效前緣

當代投資組合理論的「**效率前緣**」是由多個個股（或投資組合）以不同比例的投資金額組合下能達到的邊界（圖 14-1 左圖）。當它們之間報酬率的相關係數越小，組合的風險越小，甚至有可能比其組成的個股（或投資組合）之風險最小者更小；但報酬率會介於其組成的個股（或投資組合）報酬率之間，無法提升。

多因子選股模型的「**綜效前緣**」是由多個選股因子（或選股模型）以不同大小的評分權重組成多因子選股模型下能達到的邊界（圖 14-1 右圖）。當它們之間的報酬綜效越大，投資組合的報酬率越高，甚至有可能比其組成的選股因子（或選股模型）報酬率之最大者更大；但風險通常會介於其組成的選股因子（或選股模型）風險之間，無法降低。

「效率前緣」重視的是組合具有負相關或低相關的股票，以降低投資組合的可分散風險。「綜效前緣」重視的是組合具有「綜效」的選股因子，以強化選股模型的選股能力，提升報酬率。因此「綜效前緣」與「效率前緣」是兩個完全不同的概念。簡言之，效率前緣目的為降低風險，而綜效前緣目的為提高報酬。

投資人雖然都追求報酬最大化，但願意承擔的風險水準不同。建立多因子選股模型的「**綜效前緣**」有助於投資人根據自己願意承擔的風險水準採用不同選股模型。

圖 14-1 投資組合的效率前緣與多因子選股模型的「綜效前緣」。

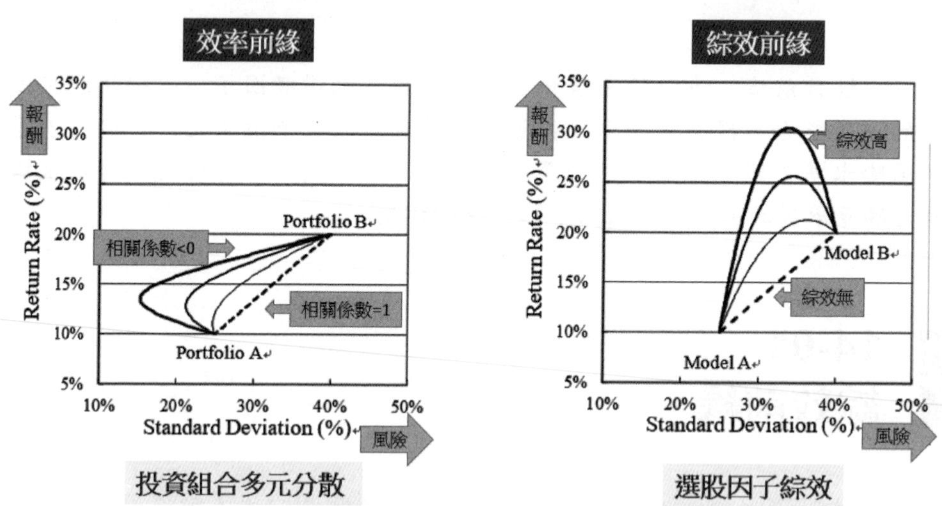

資料來源：作者整理

建立多因子選股模型的「**綜效前緣**」的步驟如下：

1. 設計配方實驗

由於有多因子選股模型的權重組合有無限多種。如果把每一個選股因子的「權重」視為配方設計問題中的「成份」，則選股因子的「權重比例組合」可視為配方設計問題中的「配方」。因此，為了有系統探索權重組合與投資績效的關係，可以採用配方實驗。

2. 回測選股模式

依據配方實驗設計的權重組合，建構加權評分法選股策略並進行回測，可得到其投資報酬與風險績效的數據。

3. 建立預測模型

以配方實驗的權重組合為自變數，回測的報酬與風險績效為因變數，以迴歸分析建立報酬與風險的預測模型。

4. 探索因子綜效

利用迴歸分析建立的報酬與風險預測模型探索因子之間的綜效。

5. 建構綜效前緣

利用迴歸分析建立的報酬與風險預測模型，以最佳化方法尋找不同風險限制下，最大化報酬的因子權重組合，這些組合的報酬與風險構成綜效前緣。

以下五節分別介紹這五個步驟。

14-02 步驟 1：設計配方實驗

本章跟前一章一樣採用如下五個選股概念：

- 大股東權益報酬率：以獲利因子選股提高報酬。
- 小股價淨值比：以價值因子選股提高報酬。
- 大前月股票報酬率：以慣性因子選股提高報酬。
- 小系統性風險：以風險因子控制風險不能太高。
- 大總市值：以規模因子控制流動性不能太低。

為了有系統探索權重組合與投資績效的關係，可以採用配方實驗。配方實驗的方法同第 13 章所述，不再贅述。

14-03 步驟 2：回測選股模型

依據配方實驗設計的權重組合進行回測，可得到其投資績效的數據。

回測選股模型的方法同第 12 章，不再贅述。回測樣本與期間如下：

✓ 股票樣本：台灣所有上市、上櫃股票中的大型股。大型股是指總市值前 1／5 大的股票。

✓ 回測期間：2008 年 Q3 至 2019 年 Q2，共 21 年間共 44 季，11,734 筆股市資料。

回測的結果如表 14-1。全部 36 個實驗的風險報酬圖如圖 14-2。在圖上的左上方以人工繪出一條包絡線，可視為「綜效前緣」的估計位置。在後續將以最佳化方法建構最優的「綜效前緣」。

圖 14-2 全部 36 個實驗的風險報酬圖 （圖上的左上方包絡線可視為「綜效前緣」的估計位置）

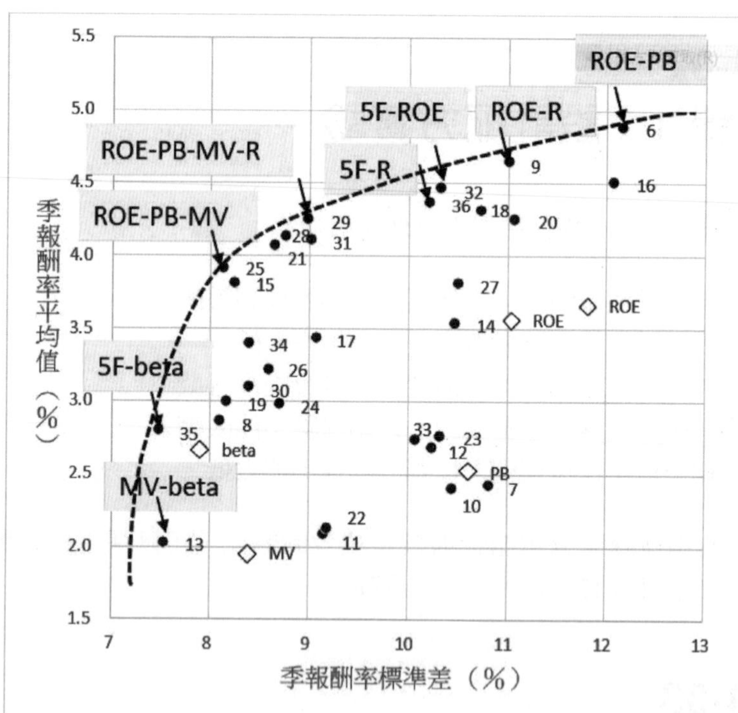

資料來源：作者整理

表 14-1 選股風格權重的實驗設計與回測結果（台灣股市，大型股，10%選股，2008 年 Q3 至 2019 年 Q2）

實驗		選股風格權重組合					績效	
分類	編號	大 ROE 風格	小 P／B 風格	大 MV 風格	小 beta 風格	大 R 風格	季報酬率平均值（%）	季報酬率標準差（%）
單因子	1	1	0	0	0	0	3.67	11.81
	2	0	1	0	0	0	2.52	10.62
	3	0	0	1	0	0	1.96	8.39
	4	0	0	0	1	0	2.66	7.90
	5	0	0	0	0	1	3.56	11.04
雙因子	6	1／2	1／2	0	0	0	4.88	12.20
	7	1／2	0	1／2	0	0	2.41	10.83
	8	1／2	0	0	1／2	0	2.84	8.13
	9	1／2	0	0	0	1／2	4.63	11.03
	10	0	1／2	1／2	0	0	2.39	10.48
	11	0	1／2	0	1／2	0	2.07	9.19
	12	0	1／2	0	0	1／2	2.67	10.26
	13	0	0	1／2	1／2	0	2.02	7.56
	14	0	0	1／2	0	1／2	3.52	10.49
	15	0	0	0	1／2	1／2	3.80	8.26
三因子	16	0	0	1／3	1／3	1／3	4.50	12.10
	17	0	1／3	0	1／3	1／3	3.41	9.08
	18	0	1／3	1／3	0	1／3	4.29	10.75
	19	0	1／3	1／3	1／3	0	2.98	8.18
	20	1／3	0	0	1／3	1／3	4.24	11.11
	21	1／3	0	1／3	0	1／3	4.06	8.66
	22	1／3	0	1／3	1／3	0	2.10	9.22

實驗		選股風格權重組合					績效	
分類	編號	大 ROE 風格	小 P／B 風格	大 MV 風格	小 beta 風格	大 R 風格	季報酬率平均值（%）	季報酬率標準差（%）
三因子	23	1／3	1／3	0	0	1／3	2.75	10.36
	24	1／3	1／3	0	1／3	0	2.96	8.72
	25	1／3	1／3	1／3	0	0	3.91	8.15
四因子	26	0	1／4	1／4	1／4	1／4	3.21	8.60
	27	1／4	0	1／4	1／4	1／4	3.79	10.53
	28	1／4	1／4	0	1／4	1／4	4.11	8.78
	29	1／4	1／4	1／4	0	1／4	4.23	9.02
	30	1／4	1／4	1／4	1／4	0	3.07	8.41
五因子	31	1／5	1／5	1／5	1／5	1／5	4.09	9.04
	32	0.4	0.15	0.15	0.15	0.15	4.45	10.36
	33	0.15	0.4	0.15	0.15	0.15	2.73	10.11
	34	0.15	0.15	0.4	0.15	0.15	3.39	8.40
	35	0.15	0.15	0.15	0.4	0.15	2.78	7.50
	36	0.15	0.15	0.15	0.15	0.4	4.35	10.23

資料來源：作者整理

14-04 步驟 3：建立預測模型

有了回測結果，可以用配方實驗設計的權重組合為自變數，回測投資績效為因變數，以迴歸分析建立預測模型。迴歸分析方法第 13 章所述，不再贅述。

迴歸分析的結果如表 14-2 與表 14-3，預測值與實際值的散布圖如圖 14-3 與圖 14-4，可見迴歸模型的解釋能力很高。

迴歸模型的迴歸係數如表 14-4。迴歸係數後面的符號*代表通過 5%顯著性門檻。可見迴歸模型有許多二因子具有顯著的報酬綜效（係數＞0）、風險綜效（係數＜0）。報酬綜效中，有四項很顯著，包括 ROE*PB, ROE*R, MV*R, beta*R，其中 ROE*PB 報酬綜效最顯著，代表公司獲利高且股價便宜的股票可有效提高選股的報酬。風險綜效中，有四項很顯著，包括 ROE*beta, PB*R, MV*beta, beta*R，其中 ROE*beta 風險綜效最顯著，代表公司獲利高且系統風險小的股票可有效降低選股的系統風險。

表 14-2 季報酬率平均值變異分析

	自由度	SS	MS	F	顯著值
迴歸	14	21.820	1.559	12.185	4.406E-07
殘差	21	2.686	0.128		
總和	35	24.5059			

資料來源：作者整理

表 14-3 季報酬率標準差變異分析

	自由度	SS	MS	F	顯著值
迴歸	14	57.351	4.096	21.885	2.08E-09
殘差	21	3.931	0.187		
總和	35	61.282			

資料來源：作者整理

圖 14-3 季報酬率的測值與實際值散布圖

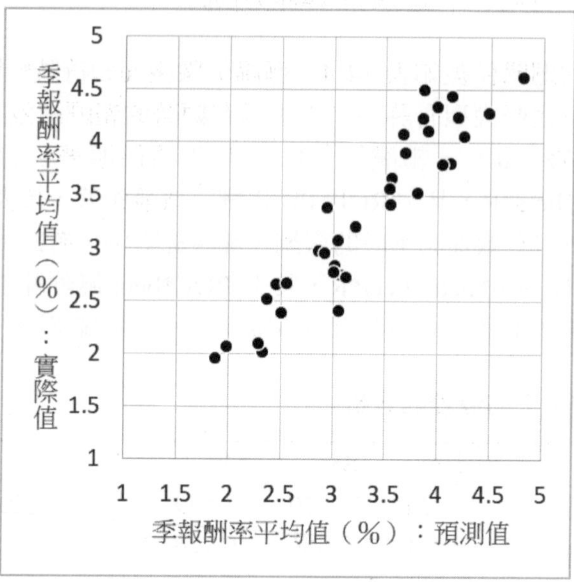

資料來源：作者整理

圖 14-4 季報酬率之標準差的測值與實際值散布圖

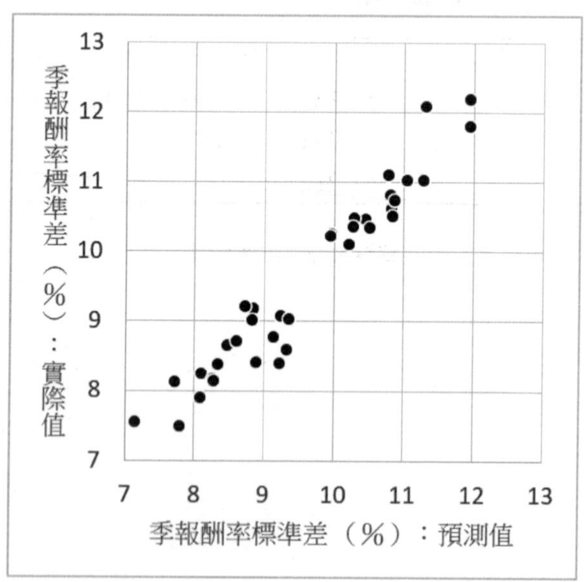

資料來源：作者整理

表 14-4 年化報酬率和標準差預測模型的迴歸係數

迴歸項	季報酬率平均值（%）			季報酬率標準差（%）		
	係數	t 統計	P-值	係數	t 統計	P-值
ROE	3.557			11.945		
PB	2.361			10.814		
MV	1.873			8.339		
beta	2.458			8.085		
R	3.534			11.280		
ROE*PB	8.507	6.04	0.000 *	2.254	1.322	0.200
ROE*MV	1.341	0.95	0.352	2.657	1.559	0.134
ROE*beta	0.025	0.02	0.986	-9.202	-5.398	0.000 *
ROE*R	5.023	3.56	0.002 *	-2.288	-1.342	0.194
PB*MV	1.532	1.09	0.289	3.498	2.052	0.053
PB*beta	-1.720	-1.22	0.236	-2.458	-1.442	0.164
PB*R	-1.589	-1.13	0.272	-4.323	-2.536	0.019 *
MV*beta	0.658	0.47	0.645	-4.308	-2.528	0.020 *
MV*R	4.396	3.12	0.005 *	1.927	1.131	0.271
beta*R	4.488	3.19	0.004 *	-6.342	-3.721	0.001 *

資料來源：作者整理

❒ 綜效的意義

如果兩個因子之間沒有綜效，那麼績效應該是兩個單因子模型的績效之線性內插值。因此，兩個因子間的綜效可以定義為

綜效＝二因子特定權重下的績效－二個單因子的績效之加權平均值

例如圖 14-5 中，ROE-P／B 曲線中點的季報酬率為 4.88%，P／B 和 ROE 單因子模型的季報酬率分別為 2.52%與 3.67%，其線性插值為 50%72.52%＋50%3.67%＝3.095%。因此，綜效為 4.88%3.095%＝1.785%。

圖 14-5 報酬綜效的實例

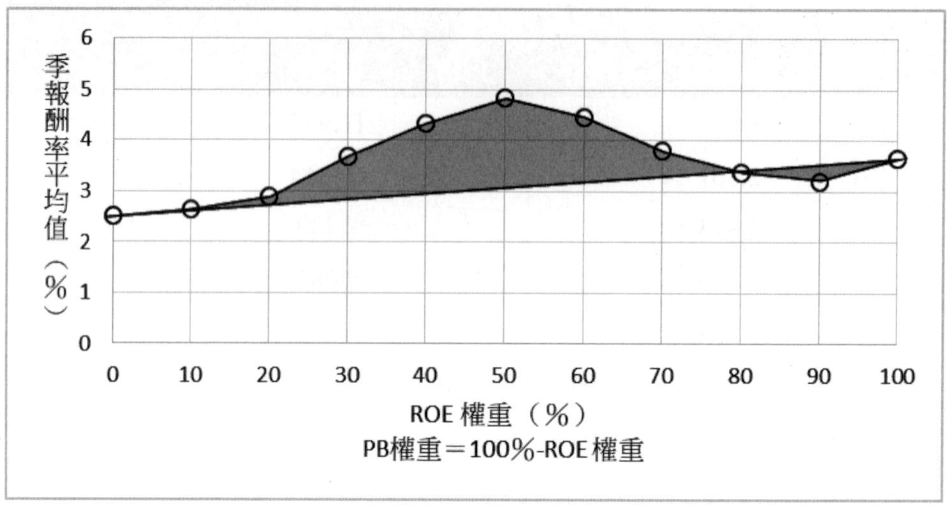

資料來源：作者整理

❐ 實際綜效與預測綜效的比較

為了證明迴歸公式可以預測綜效，採用如下方法：

(1) 先將二因子的權重取每隔 10%取一個權種組合。例如 ROE 與 P／B 的權重可以分成（0, 100），（10, 90），（20, 80）,⋯,（90, 10），（100, 0）等 11 種權重百分比組合。再將這些二因子的權重組合，以前述迴歸分析的預測模型預測，可得到其投資報酬與風險績效的預測數據。
(2) 再將這些二因子的權重組合，以加權評分法進行選股策略回測，可得到其投資報酬與風險績效的回測數據。
(3) 繪出以權重為橫軸，以績效為縱軸的圖形。預測數據用點連成曲線表達，回測數據用散布點表達。
(4) 如果預測曲線接近回測績效的散布點，那就代表迴歸分析可以有效預測回測績效，投資人可以用迴歸分析的預測模型去探索綜效，代替較麻煩的回測。

四項報酬綜效以及一項風險綜效很顯著的五個二因子選股模型的回測與預測結果如圖 14-6 至圖 14-10，顯示迴歸分析的預測曲線接近回測績效的散布點，因此可以用迴歸分析的預測模型去探索綜效。

圖 14-6 ROE-P／B 權重的報酬綜效

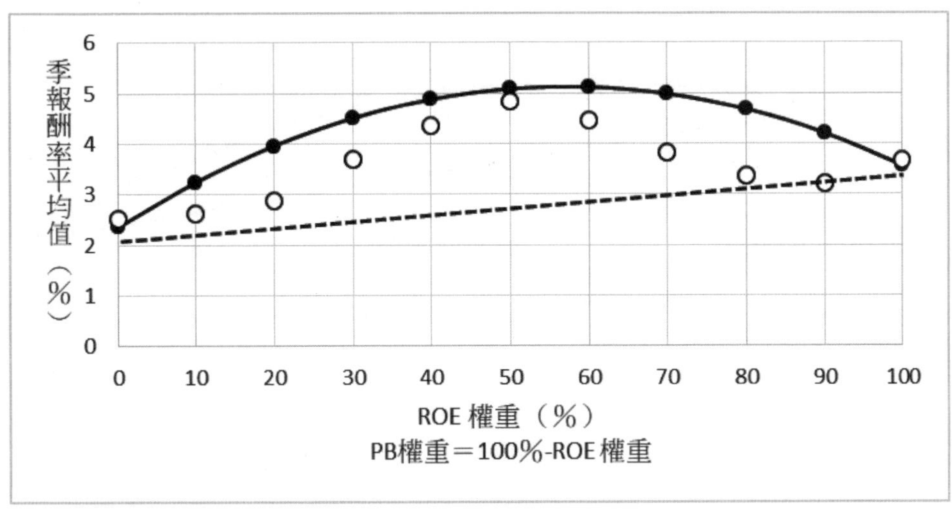

資料來源：作者整理

圖 14-7 ROE-R 權重的報酬綜效

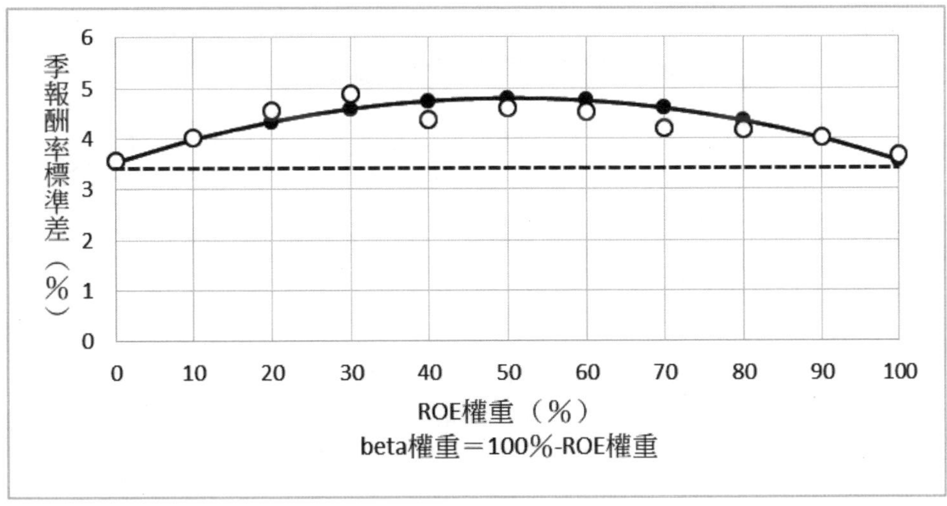

資料來源：作者整理

圖 14-8 MV-R 權重的報酬綜效

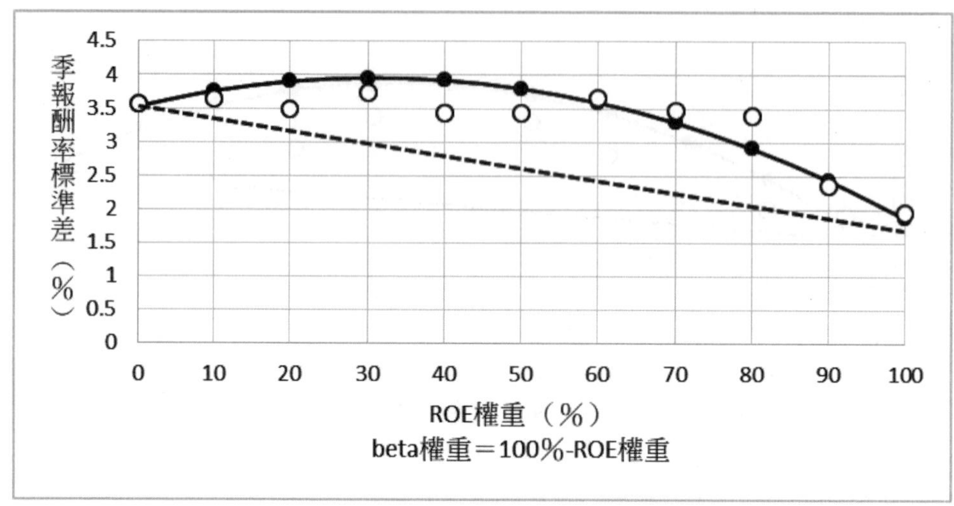

資料來源：作者整理

圖 14-9 beta-R 權重的報酬綜效

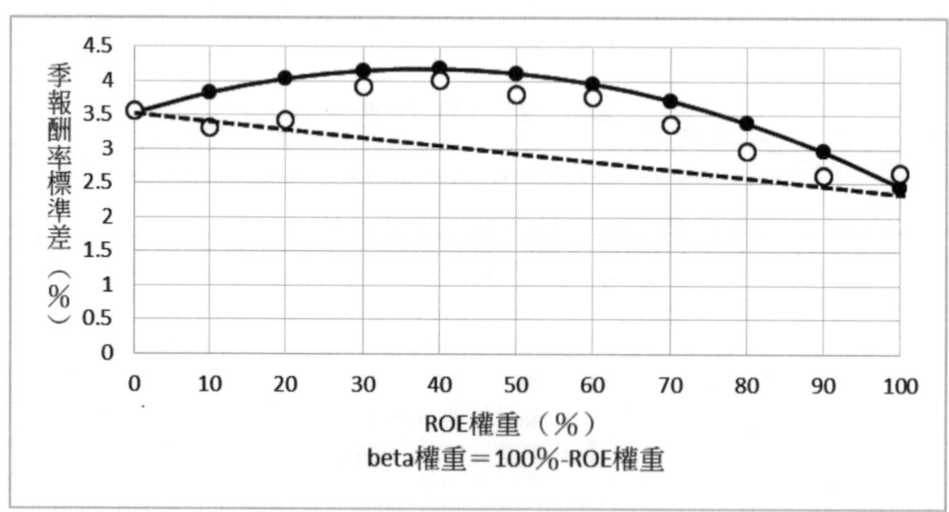

資料來源：作者整理

圖 14-10 ROE-beta 權重的風險綜效

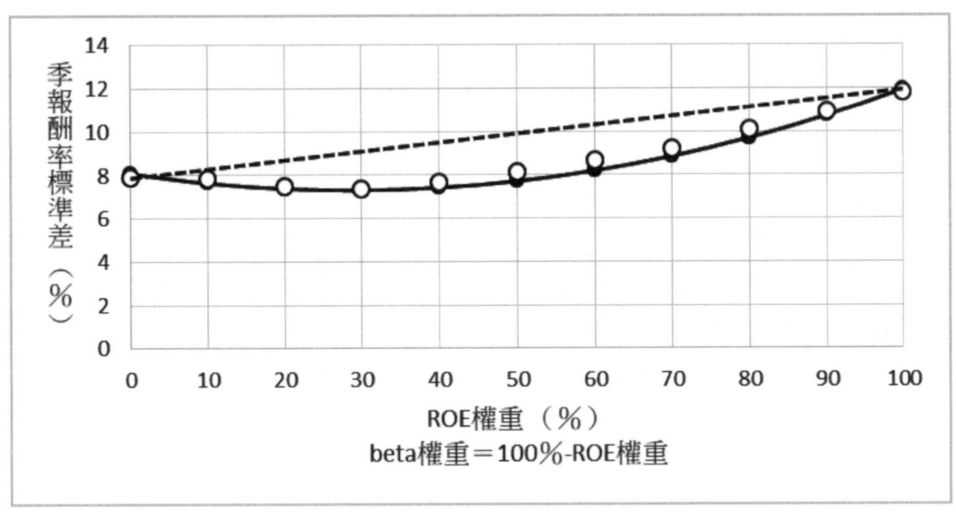

資料來源：作者整理

14-05 步驟 4：探索因子綜效

前一節已經證明迴歸公式可以預測綜效，此作法可以引申到風險報酬二維圖形中。方法如下：

(1) 先將二因子的權重取每隔 10% 取一個權種組合。例如 ROE 與 P／B 的權重可以分成（0, 100）、（10, 90）、（20, 80）、…、（90, 10）、（100, 0）等 11 種權重百分比組合。再將這些權重組合，以前述迴歸分析的預測模型預測，可得到其投資報酬與風險績效的預測數據。

(2) 繪出以風險為橫軸，以報酬為縱軸的風險報酬二維圖，這些點可以連成曲線。

(3) 再將原本配方實驗設計的因子權重組合的回測報酬與風險用散布點表達。例如 ROE 與 P／B 二因子的相關回測點包括 ROE 單因子、P／B 單因子，以及 ROE-P／B 等權二因子等三個點。

(4) 如果回測的二個單因子和一個等權二因子的點分別靠近預測曲線的兩端以及（50%, 50%）權重的預測點，則此預測曲線可以代替回測曲線。

例如圖 14-11 有下列四組曲線為前述四個報酬綜效明顯的二因子組合

◎ ROE-PB：公司賺錢、股價便宜

◎ ROE-R：公司賺錢、市場認同

◎ MV-R：大型股、市場認同

◎ beta-R：低風險股票、市場認同

由圖可以發現

◎ 回測的二個單因子，一個等權二因子的點分別靠近預測曲線的兩端以及（50%, 50%）權重的預測點，故預測曲線可以代替回測曲線。

◎ 因子之間的綜效大幅向上方擴張，提升報酬，但風險則有增加（如 ROE-PB 與 MV-R），也有減少（如 ROE-R 與 beta-R）。而這正是綜效前緣的特性。

圖 14-11 探索綜效前緣

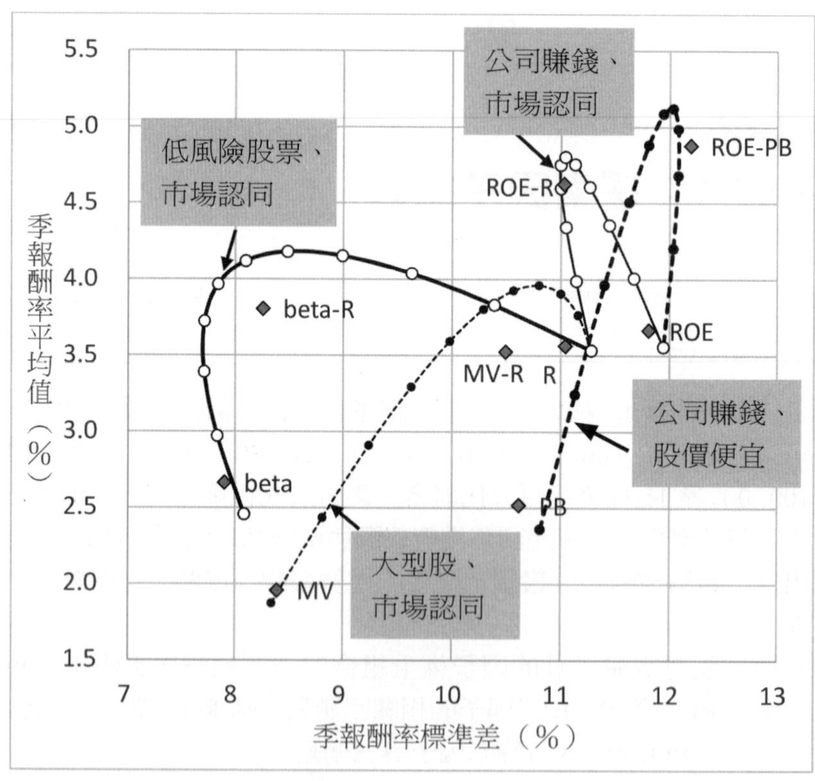

資料來源：作者整理

❒ 綜效曲線的可疊加性

綜效曲線具有可疊加性，例如兩組二因子的曲線中間點，可以透過二次組合，產生新的綜效曲線，後者為前者的「包絡線」。方法如下：

(1) 將兩組二因子的曲線中間點的權重，取每隔 10%，透過二次組合形成新的權重組合。
(2) 再將這些多因子的權重組合，以前述迴歸分析的預測模型預測，可得到其投資報酬與風險績效的預測數據。
(3) 繪出以風險為橫軸，以報酬為縱軸的風險報酬二維圖，這些點可以連成曲線。

例如表 14-5 為 ROE-R 結合 beta-R 形成新的權重組合。例如權重組合 5 是 40%的 beta-R 加上 60%的 ROE-R，因此

ROE 的權重＝0%×40%＋50%×60%＝30%
beta 的權重＝50%×40%＋0%×60%＝20%
R 的權重＝50%×40%＋50%×60%＝50%

圖 14-12 為其預測的報酬與風險曲線，可以發現產生新的綜效曲線為 ROE-R 綜效曲線與 beta-R 綜效曲線的「包絡線」，等於是填平了 ROE-R 綜效曲線與 beta-R 綜效曲線兩座「山峰」之間的「山谷」，證明了綜效前緣具有可疊加性。

表 14-5 ROE-R 結合 beta-R 形成新的權重組合

權重組合			因子權重				
	beta-R	ROE-R	ROE	P／B	MV	beta	R
1	0%	100%	50%	0%	0%	0%	50%
2	10%	90%	45%	0%	0%	5%	50%
3	20%	80%	40%	0%	0%	10%	50%
4	30%	70%	35%	0%	0%	15%	50%
5	40%	60%	30%	0%	0%	20%	50%
6	50%	50%	25%	0%	0%	25%	50%
7	60%	40%	20%	0%	0%	30%	50%

權重組合			因子權重				
	beta-R	ROE-R	ROE	P／B	MV	beta	R
8	70%	30%	15%	0%	0%	35%	50%
9	80%	20%	10%	0%	0%	40%	50%
10	90%	10%	5%	0%	0%	45%	50%
11	100%	0%	0%	0%	0%	50%	50%

資料來源：作者整理

圖 14-12 結合 ROE-R 與 beta-R 等權權重形成新的權重組合之綜效曲線

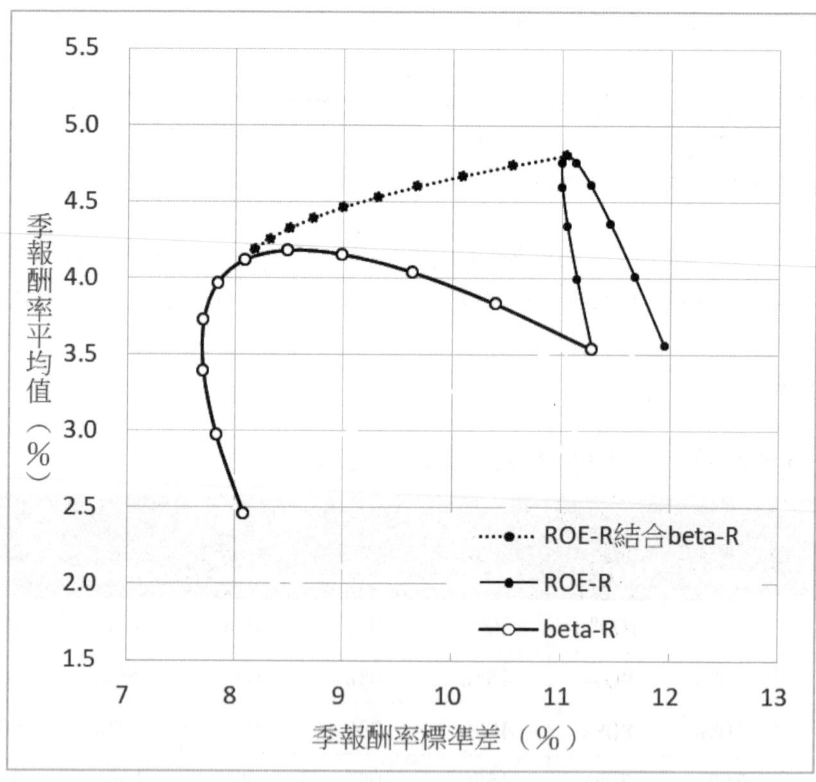

資料來源：作者整理

14-06 步驟 5：建構綜效前緣

利用迴歸分析建立的報酬與風險預測模型，以最佳化方法尋找不同風險限制下，最大化報酬的因子權重組合，這些組合的報酬與風險構成綜效前緣。

建構綜效前緣的步驟如下：

(1) 求解構成**綜效前緣**的因子權重組合

以最佳化方法尋找不同風險限制下，最大化報酬的因子權重組合：

尋找 因子權重組合

最大化 季報酬率平均值

受限於 季報酬率標準差＜上限

季報酬率的標準差的上限取 7 至 13%，最佳化得到的因子權重組合如表 14-6。

(2) 建立預測的綜效前緣

把最佳化得到的權重代入迴歸公式可得到預測報酬與風險，並繪在風險報酬二維圖上，連線得預測綜效前緣，結果如圖 14-13 的虛線曲線。

(3) 建立回測的綜效前緣

把最佳化得到的權重進行回測可得到回測報酬與風險，並繪在風險報酬二維圖上，連線得回測綜效前緣，結果如圖 14-13 的實線曲線。比較預測的綜效前緣（虛線曲線）與回測的綜效前緣（實線曲線），可知前者更靠近左上方，略為樂觀一些，但兩者趨勢十分一致，顯示預測的綜效前緣可以代替回測的綜效前緣。

(4) 分析風險限制與權重關係

將表 14-6 繪成折線圖，圖中橫軸為季報酬率標準差的上限，縱軸為最佳化得到的因子權重。結果如圖 14-14，可發現這些最佳化模式得到的綜效前緣之權重和季報酬率標準差的上限之間有著密切的關係。當上限從很寬鬆（高）到很嚴格（低），則

- 大股東權益報酬率：權重從很高，逐漸降低到很低。代表它是一個報酬率高，且風險不大的選股因子。

- 股價淨值比：權重從很高，突然降至 0，代表它是一個報酬率高，但風險也高的選股因子，只適合用在風險上限很高的情況。
- 大前月股票報酬率：在風險上限很高、很低的極端情況，權重為 0，除此之外，權重都很高。代表它是一個很重要的輔助因子，可以強化其他選股概念的報酬綜效與風險綜效。
- 小系統性風險：權重從很低，逐漸提升到很高。代表它是一個可以降低風險，且報酬率不低的選股因子。
- 大總市值：權重從 0 開始，直到風險上限很低時，權重突然大增。代表它是一個可以降低風險，但報酬率低的選股因子，只適合用在風險上限很低的情況。

(5) 標註綜效前緣的因子組成

將綜效前緣的權重組成標註在預測綜效前緣上，如圖 14-15。圖中綜效前緣因子順序代表權重大小順序。可以發現

- 當風險約束寬鬆時，報酬最高的模型是 ROE-PB 二因子模型。
- 當風險約束中等時，報酬最高的模型是 R-ROE-beta 三因子模型。
- 當風險約束嚴格時，報酬最高的模型是 beta-MV 二因子模型。

表 14-6 以最佳化方法尋找不同風險限制下，最大化報酬的因子權重組合

季報酬率標準差上限（%）	因子權重（%）					投資績效	
	ROE	P／B	MV	beta	R	季報酬率平均值（%）	季報酬率標準差（%）
7	0	0	47	53	0	2.35	7.13
7.5	18	0	0	63	19	3.56	7.50
8	13	0	0	47	40	4.14	8.00
9	28	0	0	25	47	4.47	9.00
10	40	0	0	11	49	4.65	10.00
11	49	0	0	0	51	4.80	11.00
12	56	44	0	0	0	5.13	12.00
13	57	43	0	0	0	5.13	12.01

資料來源：作者整理

圖 14-13 建立預測與回測的綜效前緣

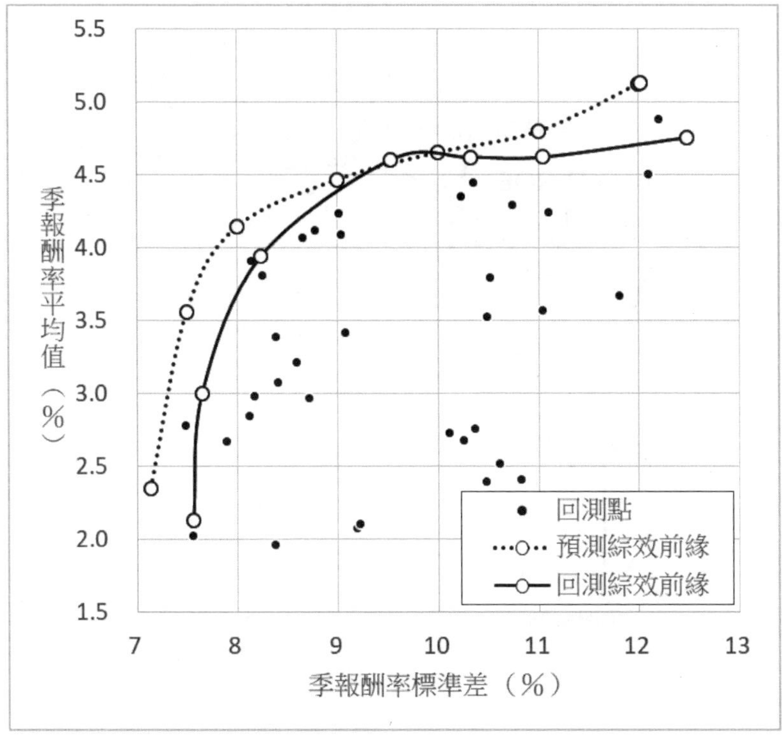

資料來源：作者整理

圖 14-14 分析風險限制與權重關係可以得到預測綜效前緣的權重組成。

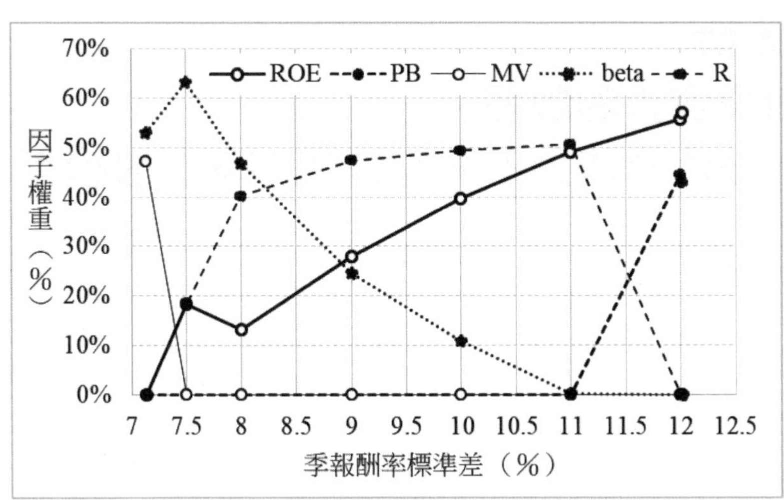

資料來源：作者整理

圖 14-15 綜效前緣的權重組成（因子順序代表權重大小順序）

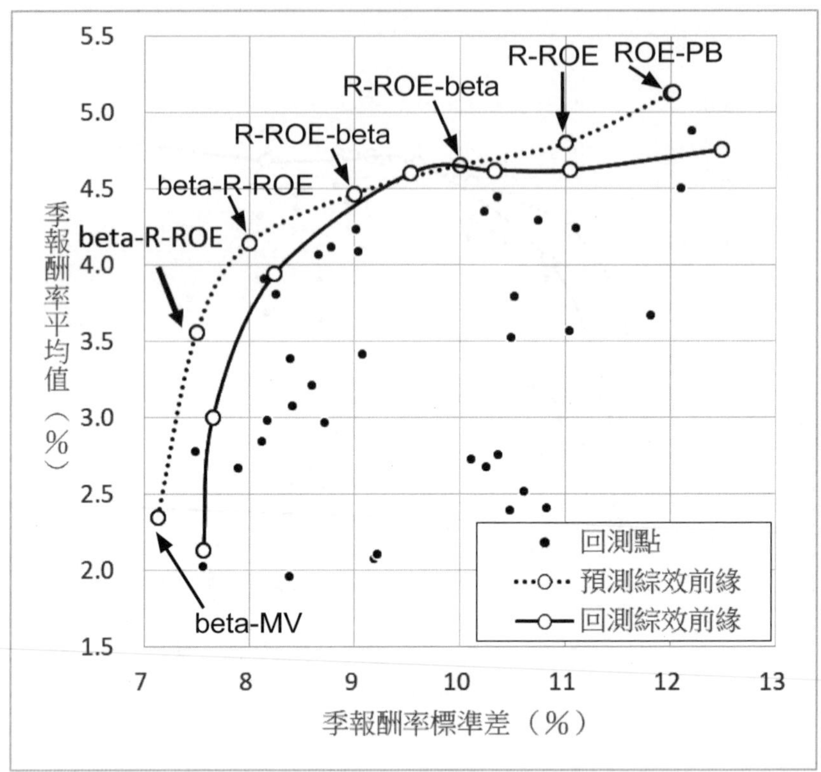

資料來源：作者整理

14-07 對投資人的啟發：風險承擔能力不同應採用不同選股模型

「綜效前緣」重視的是組合具有「綜效」的選股因子，以強化選股模型的選股能力，提升報酬率。「綜效前緣」也是一種有效的綜效的視覺化表達工具，可幫助投資人探索綜效。投資人雖然都追求報酬最大化，但願意承擔的風險水準不同。建立多因子選股模型的「**綜效前緣**」有助於投資人根據自己願意承擔的風險水準採用不同選股模型。

本章對投資人的啟發如下：

◎ 報酬綜效原則

獲利因子 ROE 與價值因子 P／B 之間的報酬綜效最強。ROE-R, MV-R, beta-R 的報酬綜效次之，均可提高投資組合的報酬。

◎ 風險綜效原則

ROE-beta 之間的風險綜效最強，PB-R, MV-beta, beta-R 的風險綜效次之，均可降低投資組合的風險。

◎ 風險報酬決策原則

✓ 當投資人願意承擔高風險時，可以使用 ROE-PB 二因子模型選股。

✓ 當投資人願意承擔中風險時，可以使用 R-ROE-beta 三因子模型選股。

✓ 當投資人只願承擔低風險時，可以使用 beta-MV 二因子模型選股。

第十五章
CH.15

選股模型是否吃得好，也睡得好？

加權評分法：績效的穩健性

雖然前面各章已經探討如何結合多個因子來建構報酬率更高的多因子選股模型，然而股市的「風格輪動」可能造成績效不穩定。本章提出兩種評估選股模型績效穩健性的方法，證明多因子選股模型具有穩健性，有助於投資人強化使用選股模型的信心。

15-01 選股效果的時間穩健性：投資人的城堡

雖然前面各章已經探討如何結合多個因子來建構報酬率更高的多因子選股模型，然而股市的「風格輪動」可能造成績效不穩定。不同風格的選股模型其績效的時間軸穩健性可能大不相同。由於理論上有無限多種不同風格的多因子選股模型，本章將以實驗計畫法有系統地組合加權評分選股模型的各選股因子的權重，以產生各種選股風格的選股模型。

本章提出兩種評估選股模型績效穩健性的方法：

❑ 外顯穩健性

比較選股模型的績效在前後兩期績效是否具有穩健性。方法如下：

(1) 將實驗計畫法產生的各種選股風格的選股模型進行回測。
(2) 以散布圖呈現這些模型在前後兩個期間的回測績效數據。
(3) 如果散布圖呈現線性分布，則代表選股模型具有穩健性。

❐ 內隱穩健性

比較各財報季度的權重績效迴歸模型的迴歸係數是否具有穩健性。方法如下：

(1) 以迴歸分析建構每一財報季度的因子權重與選股績效之預測模型。
(2) 以財報季度為橫軸，迴歸係數的 t 統計量為縱軸，繪出柱狀圖。
(3) 如果迴歸係數的 t 統計量在不同財報季度呈現穩定性，則代表選股模型具有時間穩健性。

15-02 回測方法

依據配方設計的權重組合進行回測，可得到其投資績效的數據。本章跟前一章一樣採用如下五個選股概念：

- 大股東權益報酬率（ROE）：以獲利因子選股提高報酬。
- 小股價淨值比（PB）：以價值因子選股提高報酬。
- 大前月股票報酬率（R）：以慣性因子選股提高報酬。
- 小系統性風險：以風險因子控制風險不能太高。
- 大總市值：以規模因子控制流動性不能太低。

回測選股模型的方法同第 12 章，不再贅述。回測樣本與期間如下：

✓ 股票樣本：台灣所有上市、上櫃股票中的大型股。大型股是指總市值在最大前 1／5 的股票。
✓ 回測期間：2008 年 Q3 至 2013 年 Q4，共 11 年間共 44 季（圖 15-1）。
  - 建模期：2008 年 Q3 至 2013 年 Q4，共 22 季。
  - 測試期：2014 年 Q1 至 2019 年 Q2，共 22 季。

選股概念權重組合在建模期、測試期回測得到的 36 組權重組合績效如圖 15-2，依此計算年化報酬率、季超額報酬率（α）、季系統風險（β），結果列在表 15-1 與表 15-2。

圖 15-1 回測的建模期、測試期

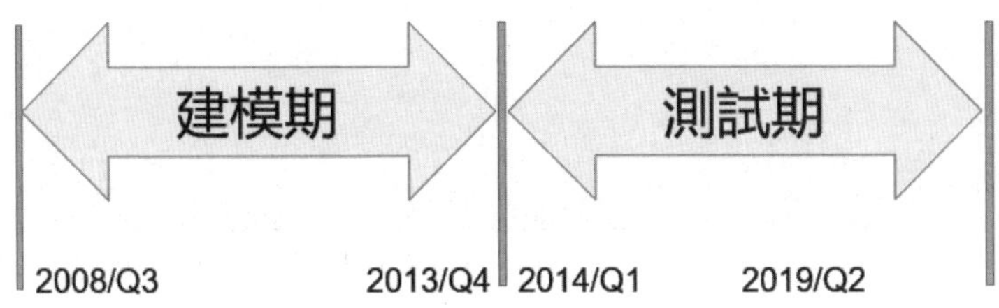

資料來源：作者整理

圖 15-2 選股概念權重組合在建模期、測試期回測得到的 36 組權重組合績效

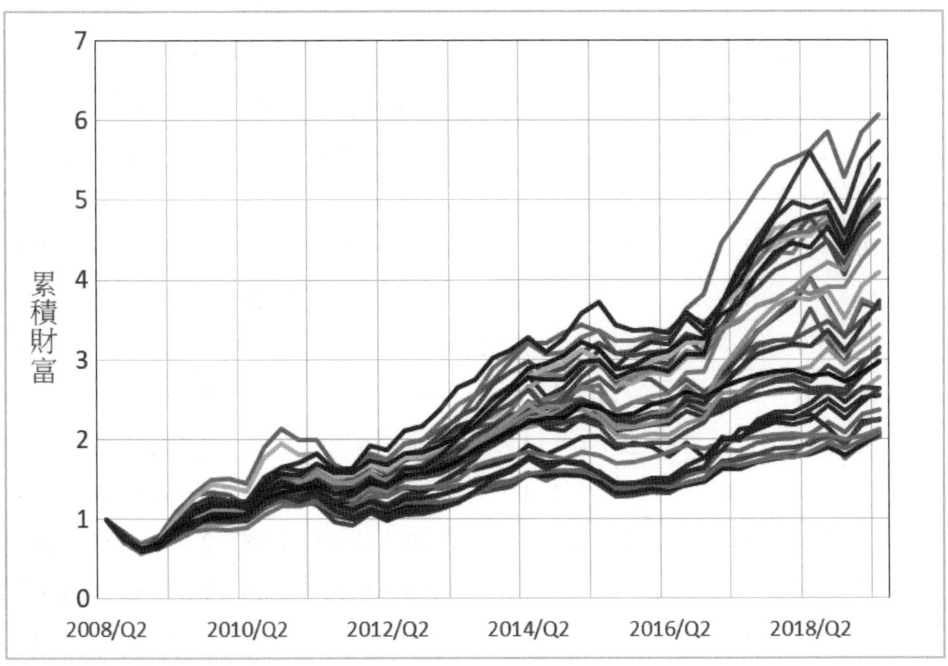

資料來源：作者整理

表 15-1 選股風格權重的實驗設計與回測結果

分類	實驗	選股概念					年化報酬率（%）		季超額報酬率（%）		季 beta	
		大ROE	小PB	大慣性	小beta	大市值	前期	後期	前期	後期	前期	後期
單因子	1	1	0	0	0	0	8.68	4.97	2.06	1.33	1.05	1.01
	2	0	1	0	0	0	1.52	3.09	0.44	0.92	0.99	0.93
	3	0	0	1	0	0	6.23	6.64	1.79	1.37	0.94	1.25
	4	0	0	0	1	0	4.84	0.22	2.14	1.00	0.70	0.34
	5	0	0	0	0	1	-1.63	1.34	0.44	0.54	0.71	0.89
雙因子	6	1／2	1／2	0	0	0	13.95	10.40	3.05	2.57	1.15	0.97
	7	1／2	0	1／2	0	0	10.89	10.95	2.82	2.72	0.97	1.00
	8	1／2	0	0	1／2	0	5.38	1.34	2.23	0.91	0.71	0.61
	9	1／2	0	0	0	1／2	2.95	0.48	0.93	0.13	0.95	1.06
	10	0	1／2	1／2	0	0	0.51	4.79	0.61	1.34	0.87	0.95
	11	0	1／2	0	1／2	0	-0.93	1.91	0.16	0.93	0.87	0.69
	12	0	1／2	0	0	1／2	-0.97	4.54	-0.09	1.20	0.96	0.98
	13	0	0	1／2	1／2	0	9.19	5.45	3.15	1.93	0.71	0.59
	14	0	0	1／2	0	1／2	7.04	5.20	2.33	0.95	0.82	1.31
	15	0	0	0	1／2	1／2	1.39	-1.75	1.50	0.45	0.64	0.38
三因子	16	1／3	1／3	1／3	0	0	7.23	12.14	1.88	2.91	0.98	1.03
	17	1／3	1／3	0	1／3	0	6.34	5.43	2.06	1.84	0.84	0.65
	18	1／3	1／3	0	0	1／3	10.04	11.06	2.17	2.65	1.14	1.04
	19	1／3	0	1／3	1／3	0	10.63	6.14	3.44	2.09	0.73	0.60
	20	1／3	0	1／3	0	1／3	9.25	9.23	2.48	2.23	0.96	1.06
	21	1／3	0	0	1／3	1／3	5.94	1.74	2.45	1.02	0.69	0.60
	22	0	1／3	1／3	1／3	0	4.13	3.59	1.79	1.33	0.75	0.72
	23	0	1／3	1／3	0	1／3	0.3	5.67	0.56	1.48	0.87	1.01
	24	0	1／3	0	1／3	1／3	-0.94	2.02	0.17	1.10	0.87	0.60
	25	0	0	1／3	1／3	1／3	8.43	6.99	3.07	2.19	0.68	0.66

分類	實驗	選股概念					年化報酬率（%）		季超額報酬率（%）		季 beta	
		大ROE	小PB	大慣性	小beta	大市值	前期	後期	前期	後期	前期	後期
四因子	26	1／4	1／4	1／4	1／4	0	8.74	8.73	2.85	2.48	0.77	0.75
	27	1／4	1／4	1／4	0	1／4	7.06	7.97	1.97	1.86	0.94	1.08
	28	1／4	1／4	0	1／4	1／4	5.5	4.45	2.04	1.64	0.77	0.63
	29	1／4	0	1／4	1／4	1／4	12.45	5.90	3.71	2.05	0.78	0.59
	30	0	1／4	1／4	1／4	1／4	4.59	4.06	1.98	1.43	0.72	0.72
五因子	31	1／5	1／5	1／5	1／5	1／5	9.55	7.76	2.96	2.23	0.80	0.77
	32	0.6	0.1	0.1	0.1	0.1	14.46	6.07	3.74	1.79	0.92	0.83
	33	0.1	0.6	0.1	0.1	0.1	1.27	4.96	0.53	1.53	0.94	0.82
	34	0.10	0.10	0.60	0.10	0.10	9.42	10.15	2.70	2.44	0.88	1.04
	35	0.1	0.1	0.1	0.6	0.1	4.1	1.83	2.11	1.29	0.65	0.42
	36	0.1	0.1	0.1	0.1	0.6	4.21	6.93	1.97	2.05	0.70	0.77

資料來源：作者整理

表 15-2 選股風格權重的回測結果統計表

	年化報酬率（%）		季超額報酬率（%）		季 beta	
	前期	後期	前期	後期	前期	後期
最小	-1.63	-1.75	-0.09	0.13	0.64	0.34
最大	14.46	12.14	3.74	2.91	1.15	1.31
平均	5.88	5.34	1.95	1.61	0.84	0.82
中位	6.08	5.31	2.06	1.50	0.85	0.79
標準差	4.34	3.38	1.05	0.69	0.13	0.24

資料來源：作者整理

15-03 外顯穩健性

外顯穩健性是以選股模型在前後兩期回測績效的相似性為依據。方法如下（圖 15-3）：

1. 將實驗計畫法產生的各種選股風格的選股模型進行回測。
2. 以散布圖呈現這些模型在前後兩個期間的回測績效數據。
3. 如果散布圖呈現線性分布，則代表選股模型具有穩健性。

結果如下：

1. 年化報酬率散布圖

如圖 15-4，建模期、測試期的回測結果在散布圖呈現線性分布，代表選股模型具有穩健性。圖中標示了單因子模型以及部分表現較佳模型的回測結果。顯示表現最好的單因子模型為 ROE 與 R，雙因子模型為 ROE-PB 與 ROE-R，三雙因子模型為 ROE-PB-R 與 ROE-PB-MV，以及五雙因子模型為 5F-ROE。這些模型的共同特徵是五個都包含獲利因子 ROE，四個含價值因子 PB，三個含慣性因子 R，可見這三個因子對報酬的貢獻最大。

2. 季超額報酬率（α）散布圖

如圖 15-5，建模期、測試期的回測結果在散布圖呈現線性分布，但比年化報酬率的分布更分散，代表選股模型的季超額報酬率的穩健性略差一些。圖中標示了單因子模型以及部分表現較佳模型的回測結果。顯示現最好的單因子模型為 ROE、R、beta，在年化報酬率表現最好的多因子模型在季超額報酬率仍然表現最好。

3. 季系統風險（β）散布圖

如圖 15-6，建模期、測試期的回測結果在散布圖呈現線性分布，但比年化報酬率的分布更分散，代表選股模型的季季系統風險的穩健性略差一些。圖中標示了單因子模型以及部分表現較佳模型的回測結果。顯示單因子中，風險因子 beta 表現最好，其次是規模因子 MV。在年化報酬率表現最好的模型風險大多偏高。

圖 15-3 評估外顯穩健性的方法

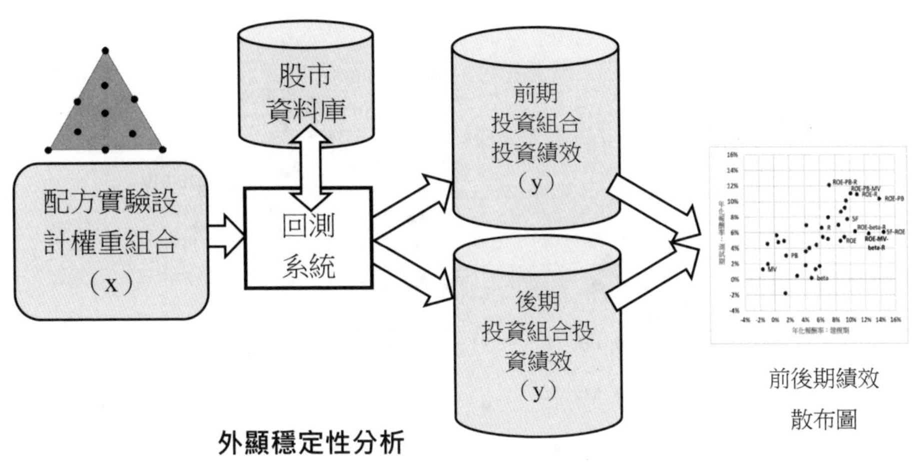

資料來源：作者整理

圖 15-4 各選股模型的年化報酬率散布圖

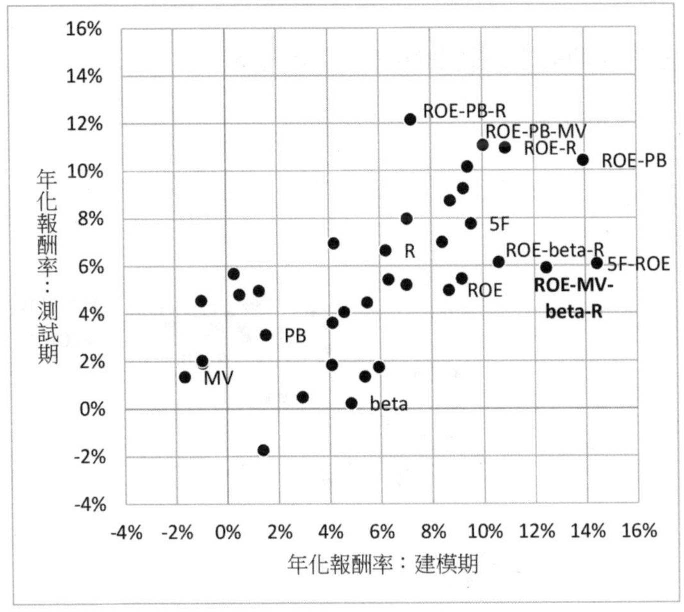

資料來源：作者整理

第15章 選股模型是否吃得好，也睡得好？

圖 15-5 各選股模型的季超額報酬率（α）散布圖

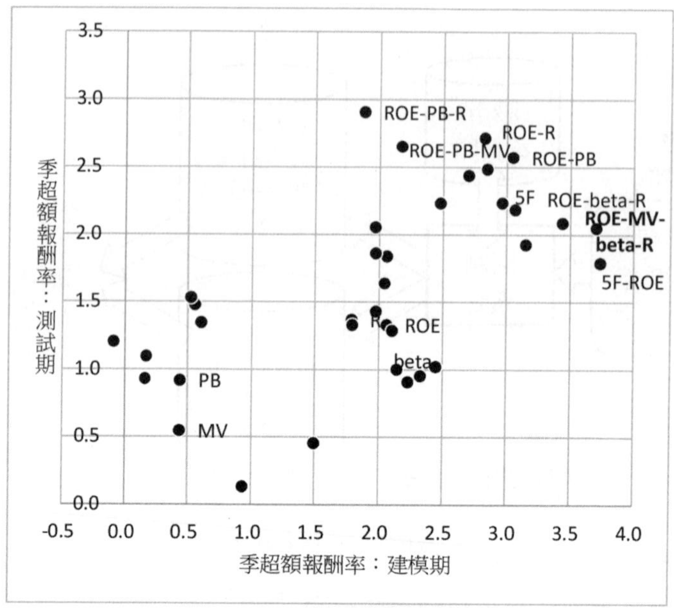

資料來源：作者整理

圖 15-6 各選股模型的季系統風險（β）散布圖

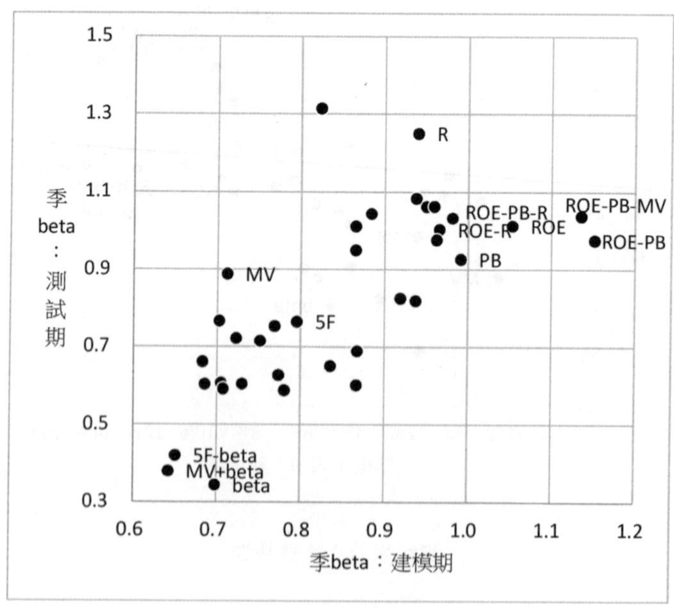

資料來源：作者整理

15-04 內隱穩健性

內隱穩健性是以選股模型在各季度回測結果，用迴歸分析建構的各季度因子權重與選股績效預測模型的穩定性為依據。如果迴歸係數在不同季度呈現時間軸上的穩健性，則代表選股模型具有穩健性。方法如下（圖 15-7）：

1. 將實驗計畫法產生的各種選股風格的選股模型進行回測，得到每一財報季度的績效數據。
2. 以迴歸分析建構每一財報季度的因子權重與選股績效之預測模型。
3. 以季度為橫軸，因子的迴歸係數的 t 統計量為縱軸，繪製柱狀圖。
4. 如果柱狀圖呈現穩定性，則代表選股模型具有穩健性。

圖 15-7 評估內隱穩健性的方法

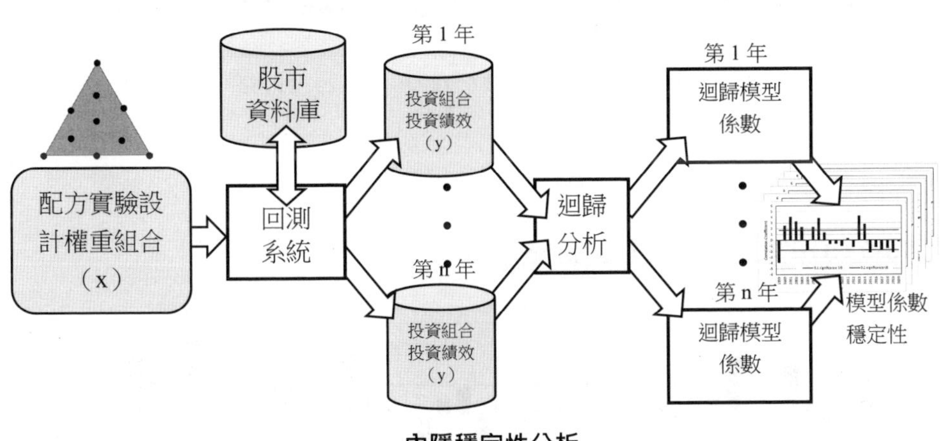

內隱穩定性分析

資料來源：作者整理

迴歸分析的方法同前面各章，不再贅述。一些重要的二因子交互作用的各季 t 統計量變化如圖 15-8 至圖 15-11，顯著機率 5%與 10%的 t 統計量門檻值 2.03（如圖中虛線）與 1.69。分析如下：

1. ROE*P／B

明顯大部分為正，很穩定。

2. ROE*R

雖然大部分為正，仍有少數負值，整體而言仍算穩定。

3. P／B*MV

明顯大部分為正，很穩定。

4. beta*R

雖然大部分為正，仍有少數負值，整體而言仍算穩定。

圖 15-8 ROE*PB 因子的 t 統計量變化

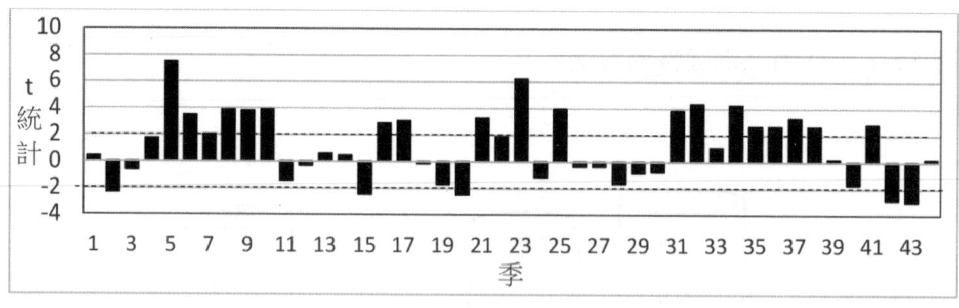

資料來源：作者整理

圖 15-9 ROE*R 因子的 t 統計量變化

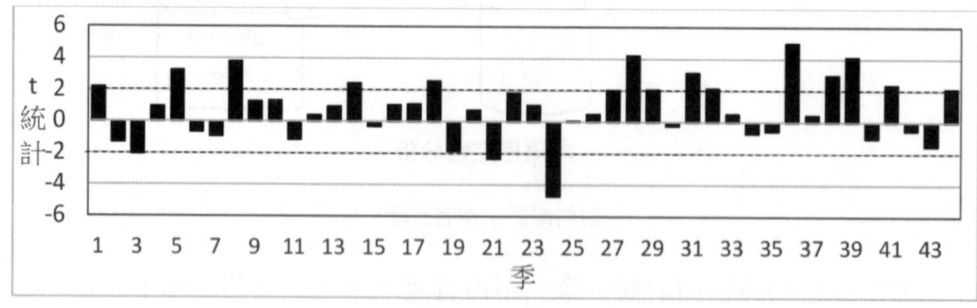

資料來源：作者整理

圖 15-10 總 PB*MV 市值因子的 t 統計量變化

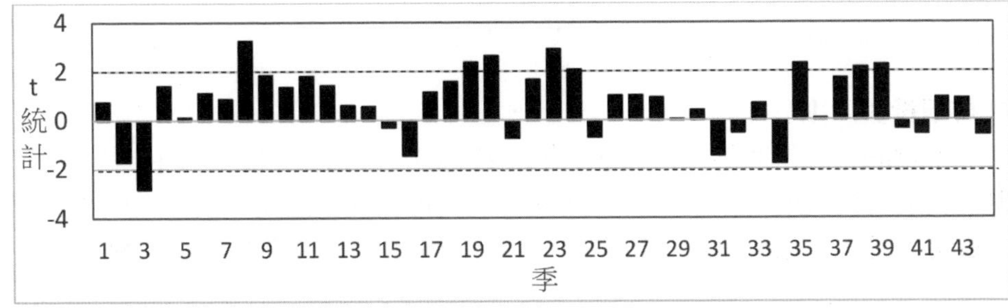

資料來源：作者整理

圖 15-11 beta*R 因子的 t 統計量變化

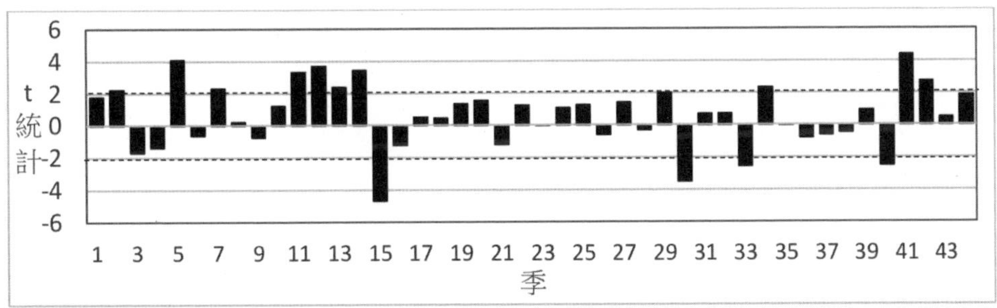

資料來源：作者整理

15-05 對投資人的啟發：多因子模型具有時間穩健性

❐ 外顯穩健性原則

- 年化報酬率穩健性較強，季超額報酬率（α）穩健性較弱；季系統風險（β）中等。
- 報酬表現最好的模型為雙因子的 ROE-PB 與 ROE-R，三因子的 ROE-PB-R 與 ROE-PB-MV，以及五因子的 5F-ROE。這些模型的共同特徵是五個都包含獲利因子 ROE，四個含價值因子 PB，三個含慣性因子 R。

❒ 內隱穩健性原則

由 ROE-PB 與 PB-MV 二因子組成的交互作用的 t 統計量明顯為正，具有最穩定的綜效。ROE-R 與 beta-R 具有次穩定的綜效。

❒ 持續投資原則

本章的實證是基於兩段各 5.5 年（22 季），合計共 11 年（44 季），發現多因子選股模型的績效具有時間軸的縱向穩健性。因此，投資人如能長期投資超過五年，應可度過不穩定期，安心利用多因子選股模型的報酬綜效。

第十六章
CH.16

優化模型參數，提高績效
加權評分法：績效的最佳化

前面幾章已經發現「獲利因子（ROE）＋價值因子（PB）＋慣性因子（R）」等權三因子選股模型有很好的報酬績效。為了進一步提高報酬，本章優化了幾個選股模型的可調參數，得到最佳選股策略為：以 ROE-PB-R 等權三因子選股模型對股票評分與排名，在「季財報公告後的第一個交易日」換股：買入「市值最大前 50%」且「加權評分法排名在最佳前 2%名」的股票，賣出排名掉出前 10%的股票。

16-01 選股效果的參數最佳化：投資人的聖殿

影響因子投資績效者有以下幾項：

❑ 排名規則：因子與權重

前面幾章的回測發現，排名規則採用「獲利因子（ROE）＋價值因子（PB）＋慣性因子（R）」（ROE-PB-R）等權三因子模型，可以選出高績效的股票。

❑ 買入規則：選股股數

前面回測的買入規則都是買入「市值最大前 50%」且「加權評分法排名在最佳前 30 名」的股票。如果降低前 30 名為更少的股數，例如前 20 名或前 10 名，這種由更菁英的股票組成的投資組合有可能有更高的投資績效。

❑賣出規則：賣出門檻

前面回測的賣出規則都是賣出「所有不滿足買入規則的股票」。如果拉高賣出門檻，例如改為賣出「加權評分法排名不在最佳前 100 名」的股票，有可能可以提高投資績效。

❑ 交易規則：換股週期與時機

理論上換股週期較短，選股所用的資訊較即時，會有較高的報酬率，但也會有較高的交易成本。因此換股週期的長短（週、月、季…），以及時間點（每月第 1 個交易日、財報公布日隔日）都是值得探討的參數。

前面各節已經證實，在買入「市值最大前 50%」且「加權評分法排名在最佳前 30 名」的股票之下，「獲利因子+價值因子+慣性因子」（ROE-PB-R）三因子等權選股模型產生的投資組合滿足三個績效指標：

- ❑ 報酬：很高的年化報酬率。
- ❑ 風險：合理可接受的年化報酬率之標準差與系統性風險。
- ❑ 流動性：投資組合由總市值最大的前 50%，且評分排名最高的 30 支股票組成，具有合理的流動性。

雖然這個選股模型績效很好，但投資人可能想知道是否還可以進一步提升績效？前面各章已經證明調整因子權重，或者增加因子數目，都難以進一步有效提升績效，故必須另闢蹊徑。因此，本章將回測以下規則中的參數，幫助投資人找到最佳的參數：

- ❑ 買入規則：選股股數
- ❑ 賣出規則：賣出門檻
- ❑ 交易規則：換股週期與時機

回測的範圍如下：

- ❑ 股票樣本：台灣所有上市、上櫃股票，含已下市個股。
- ❑ 回測期間：2010 年 1 月初到 2020 年 12 月底，共 11 年間的股市資料。

回測的基準參數如下：

- ❑ 排名規則：「獲利因子＋價值因子＋慣性因子」（ROE-PB-R）等權

三因子模型。

- ❑ 買入規則：買入「市值最大前 50%」且「加權評分法排名在最佳前 30 名」的股票。
- ❑ 賣出規則：賣出「所有不滿足買入規則的股票」。
- ❑ 交易規則：週期為每個月一次，時機為每個月的第一個交易日。

16-02 買入規則：選股股數——以排名 2%股票最佳

前面提到的買入規則：「市值最大前 50%」且「加權評分法排名在最佳前 30 名」的股票。由於這兩個條件是「且」的關係，也就是要同時滿足，因此理論上真正買入的股數約 15 支左右。

理論上，排名月靠前的股票較菁英，上漲潛力較高。因此降低選股股數可能可以提升年化報酬率。因此我們將「最佳前 30 名」改成最佳前 10, 20, 30, 50, 100, 200 名等六種。選股模型選用 ROE-PB-R 等權三因子模型，結果如圖 16-1。這段期間的大盤年化報酬率（不含現金股利）為 5.46%。

可以清楚發現，選股數目與年化報酬率呈現兩端低中間高的關係，前 30 名最佳，前 20 名報酬率略降，前 10 名報酬率陡降。一個合理解釋是：排名月靠前的股票較菁英，上漲潛力較高。因此提高賣出門檻從前 200、100、50、30 名年化報酬率都是逐步提升。而前 10 名的股票報酬率陡降的可能原因有二：（1）平均持股數大約只有 5 股，回測結果不可靠。（2）理論上，股東權益報酬率大的股票，股價淨值比應該也會大。加權評分中，股東權益報酬率（ROE）選大，股價淨值比（PB）選小，因此前 10 名屬於極端的情況。這種極端狀況雖然可能是市場對股票的錯誤定價，但也可能是一次性的盈餘造成股東權益報酬率大增，但顯然這不能代表公司具有可持續性的高獲利能力；或者只是財報窗飾的結果，根本無法反映公司股票的真實價值。

圖 16-1 三因子選股的年化報酬率

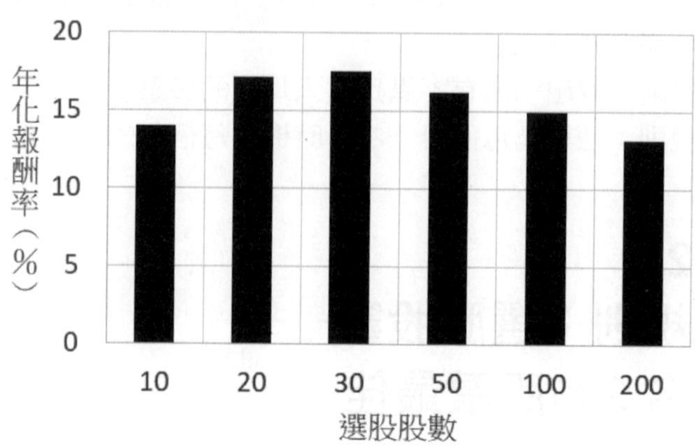

資料來源：作者整理

16-03 賣出規則：賣出門檻——以排名 10%股票最佳

前面提到的買入、賣出規則如下：

- ❑ 買入規則：「市值最大前 50%」且「加權評分法排名在最佳前 30 名」的股票。
- ❑ 賣出規則：所有不滿足買入規則的股票。

由於市值通常變化緩慢，因此原本滿足「市值最大前 50%」的股票很少會在下一個交易日變得不滿足，故賣出規則的「所有不滿足買入規則的股票」通常等同「加權評分法排名不在最佳前 30 名的股票」。

ROE-PB-R 等權三因子選股模型的加權評分因子包括

- ❑ 獲利因子：股東權益報酬率（ROE）選大
- ❑ 價值因子：股價淨值比（PB）選小
- ❑ 慣性因子：前一個月的股票月報酬率（R）選大

回測的換股週期為每個月的第一個交易日。當一個股票因為「加權評分法排名在最佳前 30 名」而被選入，在下一個月的第一個交易日，被買入的股票可能因為股價上漲（這正是投資人的期待），股價淨值比會變大，評分降低。因此一個月後一個原本排名 30 名的股票可能退步到 31 名而被賣掉，但這會不會太早賣了？何不讓「子彈再飛一下」，讓股價繼續上漲，擴大戰果？

因此在此將賣出規則改成：「加權評分法排名不在最佳前 N 名的股票」，並測試 N＝30、60、100、300、500、800 等結果。其餘回測方法同前，結果如圖 16-2。可以清楚發現，「前 200 名」與「前 30 名」的年化報酬率幾乎相同。「前 300 名」之後逐漸降低。因為賣出規則改變後，持股因為尚未退步到設定的賣出門檻之後而保留，拉長了個股的持股時間，這造成幾個影響：

(1) 年交易成本減少。
(2) 排名剛掉出前 30 名的股票或許只是因為股價正在上漲，股價淨值比變高，評分降低，但這種股票有可能會持續上漲。
(3) 理論上這些已掉出前 30 名的股票的上漲潛力可能不如在前 30 名的股票。

上述前兩項對投組的報酬有正面貢獻，第三項有負面貢獻，這三股力量抵消之後，呈現出上述年化報酬率在賣出門檻放寬到「前 300 名」之後，因為前兩項的正面貢獻低於第三項的負面貢獻，而逐漸降低。

圖 16-2 ROE-PB-R 等權三因子選股的年化報酬率

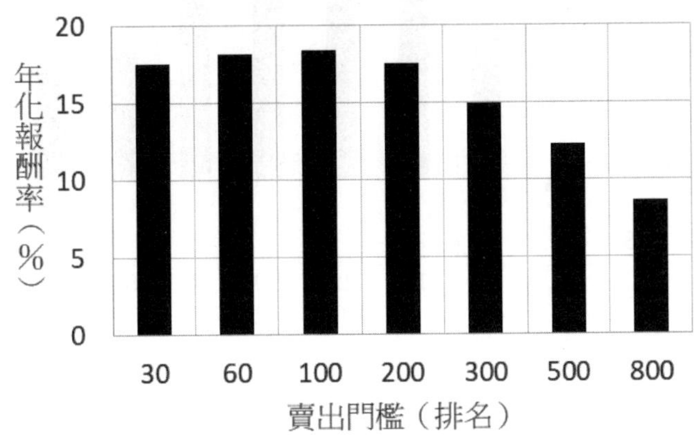

資料來源：作者整理

16-04
交易規則：換股週期——以交易日為準時 30 日最佳

理論上，換股週期縮短，造成幾個影響：

(1) 理論與實證都指出，選股使用的資訊越新，資訊衰減越少，單位持股時間的報酬越高。
(2) 交易次數增加，交易成本提高。

上述兩股力量抵消之後，年化報酬率會呈現怎樣的結果呢？為了回答這個問題，我們將換股週期改成每 1、5、10、21、30、42、60、250 個交易日等八種。其餘回測方法同前，結果如圖 16-3。

可以清楚發現，年化報酬率與換股週期的長度呈現兩端低中間高的關係，每 30 個交易日交易一次的年化報酬率最高，達到 18.3%。一個合理解釋是：換股週期縮短，選股使用的資訊越新，單位持股時間的報酬越大，但換股週期縮短到一定程度時，增加的報酬率不足以抵銷增加的交易成本，實質的年化報酬率反而降低。

圖 16-3 三因子選股的年化報酬率

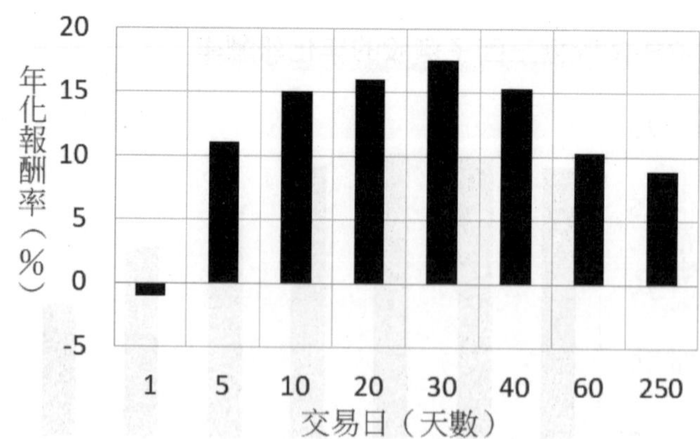

資料來源：作者整理

16-05 賣出門檻與換股週期——交互作用

上述結果與理論預期相符：縮短交易間隔可使選股使用較新的資訊，提高單位持股時間的報酬，但持續縮短交易間隔，終將因交易次數增加，交易成本提高而「得不償失」。然而換股週期與賣出門檻兩者具有交互作用，也就是在不同的換股週期下，賣出門檻與報酬率的關係並不相同。理論上，換股週期較短時，最佳的賣出門檻必須取較大的排名，以避免交易成本太高。為了計量探討這個交互作用，我們組合這兩種參數如下：

- ❑ 賣出門檻：賣出門檻取排名前 30、45、…、500、800 名
- ❑ 換股週期：取 1 日、5 日、30 日

並將年交易成本率加到年化報酬率上，結果如圖 16-4 至圖 16-6。可見：

- ❑ 從加回年交易成本的總報酬來看，賣出門檻排名越小，換股週期越短，總報酬越高。
- ❑ 從交易成本來看，賣出門檻排名越小，換股週期越短，則交易成本越高。
- ❑ 從扣除年交易成本的淨報酬來看，適中的賣出門檻與換股週期，才能最大化淨報酬。換股週期取 30 日、5 日、1 日下的最佳賣出門檻排名大約分別為 100 名、120 名、200 名，與換股週期較短時，最佳的賣出門檻排名較大的預期相吻合。

以上結果告訴投資人：

- ❑ 較小的賣出門檻排名、較短的換股週期雖可充分利用較新的資訊，提高單位持股時間的報酬。但太小的賣出門檻排名、太短的換股週期，會造成周轉率太高，付出太高的交易成本而得不償失。
- ❑ 如果兩個策略的報率差異很小，則可選擇買賣操作較方便的策略。因此換股週期取 30 日，賣出門檻排名取 150 名（大約排名 10%）是最佳選擇。

圖 16-4 換股週期取 30 日下，不同賣出門檻下的年化報酬率與年交易成本。

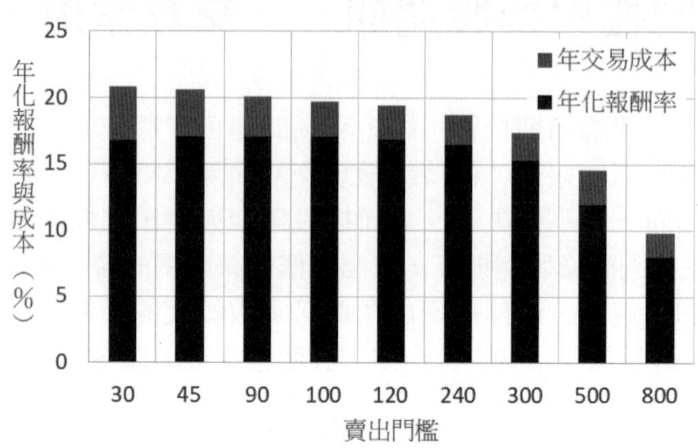

資料來源：作者整理

圖 16-5 換股週期取 5 日下，不同賣出門檻下的年化報酬率與年交易成本。

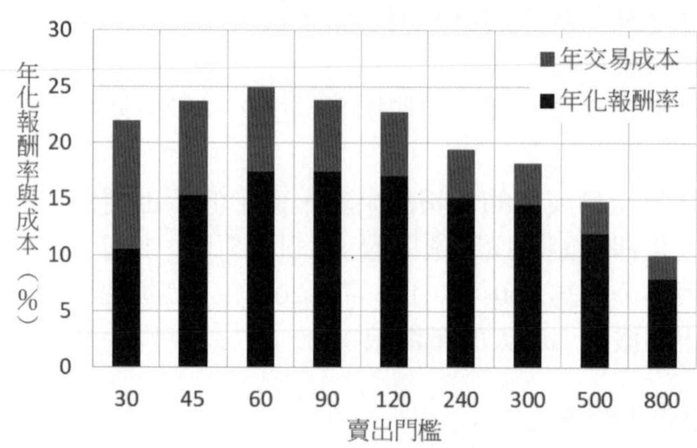

資料來源：作者整理

圖 16-6 換股週期取 1 日下，不同賣出門檻下的年化報酬率與年交易成本。

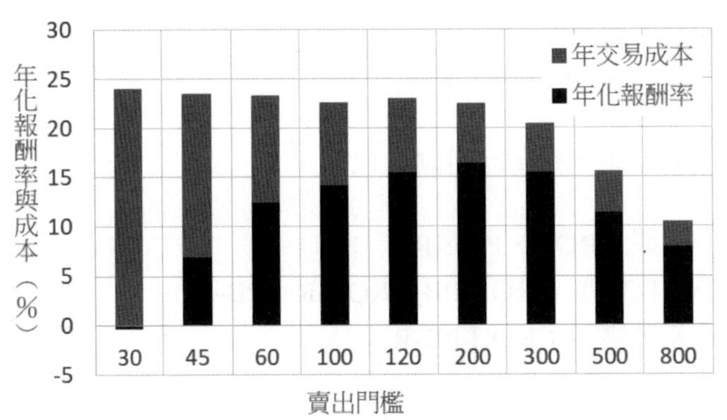

資料來源：作者整理

16-06 交易規則：換股時機——以日曆天為準時財報公告日隔日最佳

在第三章的股票市場的報酬異常中，曾提到「盈利公告後的價格漂移」（PEAD）。它是指在公司公布正面的盈利公告後，股價繼續上升的現象。這表明市場並未有效地將新資訊反應在股價上。因此，以財報為主要的資訊來源之選股方法，例如包含 P／B 價值因子與 ROE 獲利因子，在財報公告後的選股效果將隨著交易日過去而逐日流失，此現象稱為「資訊衰減」。因此每季交易一次，自然是選財報公告日後的第一個交易日最佳。

作者之前的著作中指出，選股週期配合季報公布日的交易方式，每次交易後大約只有前 15 至 20 個交易日有明顯的超額報酬。即使是「每月的第一個交易日」的方式，每次交易後大約也只有前 5 至 10 個交易日有明顯的超額報酬。

前面一節顯示，選股模型回測以交易日為準時，以 30 個交易日最佳。如果改用日曆天為準，例如每月的第一個交易日，或每季財報公告日後的第一個交易日，會更好或更差？

為了回答這個問題，本節將二種換股時機

- ☐ 每月的第一個交易日
- ☐ 季財報公告後的第一個交易日

均採用七種選股模型進行回測，包括

- ☐ 單因子模型：ROE、PB、R
- ☐ 二因子等權模型：ROE-PB、ROE-R、PB-R
- ☐ 三因子等權模型：ROE-PB-R

結果如圖 16-7。可以清楚發現，無論哪一種選股模型，「季財報公告後的第一個交易日」均優於「每月的第一個交易日」，年化報酬率平均高出 7.1%。

「季財報公告後的第一個交易日」的三因子等權模型（ROE-PB-R）的年化報酬率 26.3%，亦高於前述以交易日為準的最佳參數「30 個個交易日」的 17.5%，高出了 8.8%。

圖 16-7 不同換股時機的年化報酬率

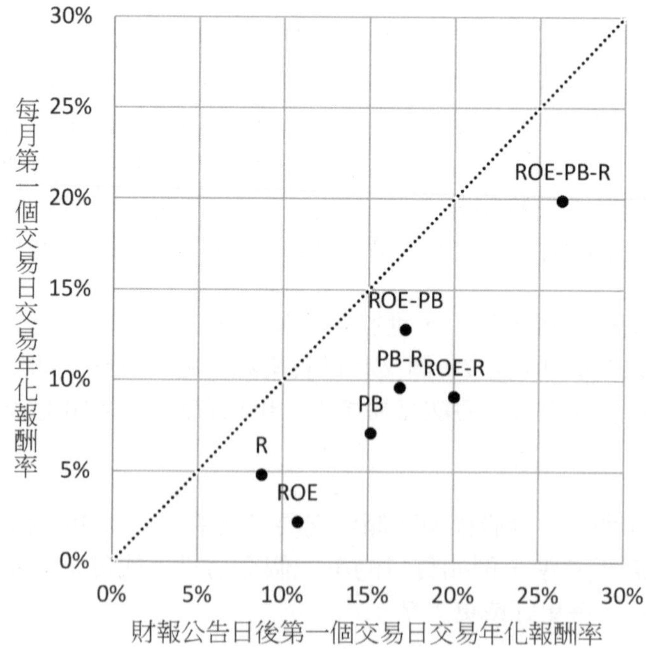

資料來源：作者整理

16-07 對投資人的啟發：最佳交易規則必須由回測決定

雖然 ROE-PB-R 等權三因子選股模型績效很好，但投資人可能還想進一步提升績效。本章提出幾個選股模型的可調參數，並回測實證其效果，幫助投資人選擇適當的參數，提升投資績效。

本章結論如下：

(1) 買入規則：選股股數

買入規則的「加權評分法排名在最佳前 30 名」最佳。從台灣上市櫃股票的比例來看，以排名前 2%股票最佳。因受「市值最大前 50%」的限制，此時的實際持股約 15 支股票。

(2) 賣出規則：賣出門檻

拉高賣出門檻可以延緩賣出股票，降低年交易成本，提高持股多元性，但無法提高實質的年化報酬率。最佳賣出門檻排名為 150 名的股票。從台灣上市櫃股票的比例來看，相當於賣出排名掉出前 10%的股票。

(3) 交易規則：換股週期與時機

- 如果換股週期以交易日為準，以「每 30 個交易日交易一次」最佳。
- 如果換股週期以日曆天為準，以「季財報公告後的第一個交易日」最佳。
- 「季財報公告後的第一個交易日」的交易規則的報酬率高於「以每 30 個交易日交易一次」。

(4) 最佳選股策略

前面幾章的 ROE-PB-R 等權三因子選股模型績效很好，年化報酬率高達 17.5%。本章提出的幾個選股模型的可調參數，年化報酬率最高可達 26.3%，突破了這個天花板。最佳選股策略為

以 ROE-PB-R 等權三因子選股模型對股票評分與排名，在「季財報公告後的第一個交易日」換股：買入「市值最大前 50%」且「加權評分法排名在最佳前 2%名」的股票，賣出排名掉出前 10%的股票。

第十七章
CH.17

機動調整選股風格，擴大戰果

加權評分法：風格擇時策略

股市的風格輪動會使原本表現很好的策略變得不佳，甚至很差。本章深入剖析風格輪動現象，並利用剖析的發現，設計出有效的風格擇時策略。

17-01 風格擇時策略：投資人的錦囊

近年來許多證據顯示，股市並不一定有完美的市場效率，許多選股因子具有顯著的選股能力。許多學者更發現結合多種因子可以建構報酬率更高的多因子選股模型。過去多因子選股模型的研究大多使用加權評分法。但多數研究的因子權重使用主觀設定，或者以嘗試錯誤的方式尋找最佳權重組合，但這些方法顯然沒有效率。因此本書前面各章探討了如何用「實驗計畫法」（Design of Experiments, DOE）有系統和有效率地回測，以發現最佳選股模型。

然而即使有系統地回測找到一個報酬率高的選股模型，這個模型並非在整個回測期間都可以擊敗大盤，有時甚至可能連續數年績效比大盤還差。股市的「風格輪動」是指市場有時某一種選股風格占優勢，有時不同甚至相反的風格占優勢，例如有時成長股風格占優勢，有時價值股風格占優勢。風格輪動會使原本表現很好的策略變得不佳，甚至很差。許多專家指出，單因子模型容易受「風格輪動」的影響，造成報酬率不穩定，而結合多個因子的多因子模型常較穩健。例如結合成長與價值風格之選股模型的績效經常較穩健。

風格輪動的原因有很多，包括：

（1）經濟周期

經濟周期的不同階段通常會對不同風格的股票產生不同的影響。例如，在經濟增長期間，成長股通常表現較好，因為投資者更願意賭注未來的盈利能力。然而，在經濟衰退期間，收益股和價值股可能更受歡迎，因為投資者會更關注穩定的現金流和低估值的機會。

（2）貨幣政策

貨幣政策的不同取向，往往會影響不同風格的股票的表現。例如，在貨幣寬鬆時期，利率下調，成長股往往會跑贏價值股。然而，在貨幣緊縮時期，利率上調，價值股往往會跑贏成長股。

（3）市場情緒

市場情緒的變化，也會影響不同風格的股票的表現。例如，在市場情緒樂觀時期，成長股往往表現強勁，而價值股往往表現疲弱。然而，在市場情緒悲觀時期，價值股往往表現強勁，而成長股往往表現疲弱。

風格輪動具有連續性的特性，一種占優勢的選股風格，通常會持續數個月甚至數年。因此為了克服風格輪動，本書提出「多因子風格擇時策略」：計算不同風格的超額報酬率數季的移動平均值，然後在下季選擇移動平均值表現最佳的風格。這種方法可能可以達到提高投資報酬率，降低波動性，或者至少避免績效持續比大盤還差等目的。移動平均時間跨度可採用一季、二季、四季等三種。

為了實證這個「多因子風格擇時策略」，以及決定最佳的移動平均時間跨度，採用以下步驟：

（1）設計風格模型

由於理論上有無限多種不同風格的多因子選股模型，因此先以實驗計畫法有系統地組合選股因子的權重，以產生代表各種選股風格的選股模型。

（2）回測風格模型

回測風格模型得到它們的季超額報酬率時間數列。

（3）選擇候選模型

接著選擇其中數個具有風格輪動互補性的模型組成候選模型。

（4）回測風格擇時策略

計算候選模型特定「移動平均時間跨度」下的超額報酬率移動平均值，然後在下季選擇移動平均值表現最佳的策略。反覆此一步驟，直到回測期結束。

（5）決定最佳的移動平均時間跨度

在步驟（4）中，以不同的移動平均時間跨度來回測風格擇時策略，以決定最佳的移動平均時間跨度。

上述步驟（1）在第二節介紹，步驟（2）在第三節介紹，步驟（3）至（5）在第四節介紹。

17-02 設計各種風格模型

為了有系統地評估不同選股風格的輪動特性，我們以配方實驗設計有系統地產生表現各種選股風格的選股模型。再依據設計的權重組合進行回測，以得到其投資績效的數據。配方實驗的方法同第 13 章所述，不再贅述。配比實驗設計如表 17-1。

17-03 回測各種風格模型

回測樣本與期間如下：

- ✓ 股票樣本：台灣所有上市、上櫃股票中的大型股。大型股是指當季總市值前 20%的股票，這些股票的總市值都在 100 億元以上，具有良好的流動性。
- ✓ 回測期間：2008 年 Q3 至 2019 年 Q2，共 44 季。回測系統假設投資人可以依據第 t 季的財報選出加權評分最高的 10%的股票，在第 t+2

季的季初交易，持有一季，以避免先視偏差。這個假設在實務上是行得通的，因為第 1、2、3 季的財報都是在下一季（第 t+1 季）的中間點公告，只有第 4 季的財報在下二季（第 t+2 季）的開頭公告，因此算是偏保守的假設。由於每季換股一次，交易成本的上限值固定，為計算方便，不考慮交易成本。

回測選股模型的方法同第 12 章，不再贅述。上述配比實驗設計的回測結果如表 17-2 與表 17-3。

表 17-1 選股風格權重的實驗設計

模型	編號	模型名稱	因子組成				
			股東權益報酬率 ROE	股價淨值比 P／B	總市值 MV	市場風險因子 beta	前期季報酬率 R
單因子	1	股東權益報酬率（ROE）	1	0	0	0	0
	2	股價淨值比（PB）	0	1	0	0	0
	3	總市值（MV）	0	0	1	0	0
	4	風險因子（beta）	0	0	0	1	0
	5	前期季報酬率（R）	0	0	0	0	1
雙因子	6	ROE-PB	1／2	1／2	0	0	0
	7	ROE-MV	1／2	0	1／2	0	0
	8	ROE-beta	1／2	0	0	1／2	0
	9	ROE-R	1／2	0	0	0	1／2
	10	PB-MV	0	1／2	1／2	0	0
	11	PB-beta	0	1／2	0	1／2	0
	12	PB-R	0	1／2	0	0	1／2
	13	MV-beta	0	0	1／2	1／2	0
	14	MV-R	0	0	1／2	0	1／2
	15	beta-R	0	0	0	1／2	1／2

模型	編號	模型名稱	因子組成				
			股東權益報酬率 ROE	股價淨值比 P／B	總市值 MV	市場風險因子 beta	前期季報酬率 R
三因子	16	ROE-PB-MV	1／3	1／3	1／3	0	0
	17	ROE-PB-beta	1／3	1／3	0	1／3	0
	18	ROE-PB-R	1／3	1／3	0	0	1／3
	19	ROE-MV-beta	1／3	0	1／3	1／3	0
	20	ROE-MV-R	1／3	0	1／3	0	1／3
	21	ROE-beta-R	1／3	0	0	1／3	1／3
	22	PB-MV-beta	0	1／3	1／3	1／3	0
	23	PB-MV-R	0	1／3	1／3	0	1／3
	24	PB-beta-R	0	1／3	0	1／3	1／3
	25	MV-beta-R	0	0	1／3	1／3	1／3
四因子	26	ROE-PB-MV-beta	1／4	1／4	1／4	1／4	0
	27	ROE-PB-MV-R	1／4	1／4	1／4	0	1／4
	28	ROE-PB-beta-R	1／4	1／4	0	1／4	1／4
	29	ROE-MV-beta-R	1／4	0	1／4	1／4	1／4
	30	PB-MV-beta-R	0	1／4	1／4	1／4	1／4
五因子	31	5F	1／5	1／5	1／5	1／5	1／5
	32	ROE 軸點	0.6	0.1	0.1	0.1	0.1
	33	PB 軸點	0.1	0.6	0.1	0.1	0.1
	34	MV 軸點	0.1	0.1	0.6	0.1	0.1
	35	beta 軸點	0.1	0.1	0.1	0.6	0.1
	36	R 軸點	0.1	0.1	0.1	0.1	0.6

資料來源：作者整理

表 17-2 選股風格權重的實驗設計之實驗結果

模型	編號	模型名稱	投資績效									
			年化報酬率(%)	年化超額報酬率(%)	季報酬率平均值(%)	季報酬率標準差(%)	季超額報酬率(%)	季系統風險beta	季相對勝率(%)	季絕對勝率(%)	最大回撤(%)*	季超額報酬率DW
單因子	1	股東權益報酬率（ROE）	12.6	6.8	3.67	11.81	1.68	1.05	61.4	68.2	-18.6	1.80
	2	股價淨值比（PB）	8.1	2.3	2.52	10.62	0.66	0.98	61.4	63.6	-28.1	1.82
	3	總市值（MV）	6.6	-0.2	1.96	8.39	0.56	0.73	59.1	59.1	-14.9	2.02
	4	風險因子（beta）	9.7	2.5	2.66	7.9	1.42	0.65	59.1	77.3	-7.6	1.63
	5	前期季報酬率（R）	12.4	6.4	3.56	11.04	1.7	0.98	68.2	65.9	-19.5	1.77
雙因子	6	ROE-PB	17.8	12.2	4.88	12.2	2.74	1.13	81.8	72.7	-25.1	0.91
	7	ROE-MV	7.5	1.7	2.41	10.83	0.57	0.97	52.3	63.6	-16.7	1.94
	8	ROE-beta	10.4	3.3	2.84	8.13	1.52	0.7	59.1	72.7	-8.1	1.46
	9	ROE-R	17.2	10.9	4.63	11.03	2.78	0.97	81.8	68.2	-13.5	1.47
	10	PB-MV	7.6	1.8	2.39	10.48	0.57	0.96	50	65.9	-31.9	1.62
	11	PB-beta	6.8	0.5	2.07	9.19	0.48	0.84	54.5	68.2	-17.2	2.46
	12	PB-R	8.9	2.6	2.67	10.26	1.01	0.87	59.1	61.4	-26.6	1.53
	13	MV-beta	7.1	-0.2	2.02	7.56	0.86	0.61	52.3	70.5	-8.5	1.67
	14	MV-R	12.5	6.1	3.52	10.49	1.83	0.89	63.6	68.2	-18.3	1.57
	15	beta-R	14.6	7.3	3.8	8.26	2.49	0.7	70.5	72.7	-7.5	1.52
三因子	16	ROE-PB-MV	16.1	10.5	4.5	12.1	2.38	1.12	77.3	72.7	-23.4	1.10
	17	ROE-PB-beta	12.5	5.9	3.41	9.08	1.87	0.81	63.6	81.8	-13.0	1.91
	18	ROE-PB-R	15.7	9.7	4.29	10.75	2.42	0.98	75	72.7	-22.7	1.07
	19	ROE-MV-beta	11	3.8	2.98	8.18	1.69	0.68	61.4	75	-9.5	1.50
	20	ROE-MV-R	15.4	9.2	4.24	11.11	2.40	0.97	81.8	68.2	-15.1	1.65

模型	編號	模型名稱	投資績效									
			年化報酬率 (%)	年化超額報酬率 (%)	季報酬率平均值 (%)	季報酬率標準差 (%)	季超額報酬率 (%)	季系統風險 beta	季相對勝率 (%)	季絕對勝率 (%)	最大回撤 (%)*	季超額報酬率 DW
三因子	21	ROE-beta-R	15.6	8.4	4.06	8.66	2.70	0.72	68.2	77.3	-6.7	1.37
	22	PB-MV-beta	6.9	0.5	2.1	9.22	0.53	0.83	54.5	63.6	-16.1	2.21
	23	PB-MV-R	9.2	2.9	2.75	10.36	1.08	0.88	54.5	61.4	-28.0	1.44
	24	PB-beta-R	10.7	3.9	2.96	8.72	1.54	0.75	54.5	72.7	-13.9	1.54
	25	MV-beta-R	15.1	7.7	3.91	8.15	2.61	0.68	72.7	75.0	-7.7	1.38
四因子	26	ROE-PB-MV-beta	11.8	5.0	3.21	8.6	1.78	0.76	56.8	81.8	-12.1	1.96
	27	ROE-PB-MV-R	13.6	7.5	3.79	10.53	1.98	0.96	77.3	68.2	-18.4	1.23
	28	ROE-PB-beta-R	15.8	8.7	4.11	8.78	2.66	0.77	84.1	79.5	-10.2	1.65
	29	ROE-MV-beta-R	16.3	9.1	4.23	9.02	2.79	0.76	65.9	79.5	-6.2	1.43
	30	PB-MV-beta-R	11.3	4.3	3.07	8.41	1.70	0.72	65.9	70.5	-15.2	1.53
五因子	31	5F	15.6	8.7	4.09	9.04	2.58	0.79	77.3	75.0	-10.7	1.53
	32	ROE 軸點	16.7	10.2	4.45	10.36	2.72	0.91	68.2	72.7	-11.2	1.23
	33	PB 軸點	9.2	3.1	2.73	10.11	0.98	0.92	63.6	61.4	-24.4	1.91
	34	MV 軸點	12.7	5.6	3.39	8.4	2.04	0.71	65.9	70.5	-11.4	1.64
	35	beta 軸點	10.4	3.0	2.78	7.5	1.60	0.62	61.4	79.5	-6.8	1.96
	36	R 軸點	16.2	9.8	4.35	10.23	2.63	0.91	72.7	72.7	-12.1	1.12

*最大回撤排除了 2008 年 Q3 至 Q4

資料來源：作者整理

表 17-3 選股風格權重的實驗設計之實驗結果統計

	年化報酬率(%)	年化超額報酬率(%)	季報酬率平均值(%)	季報酬率標準差(%)	季超額報酬率(%)	季系統風險 beta	個股相對勝率(%)	個股絕對勝率(%)	最大回撤(%)*	DW 統計
最小值	6.6	-0.2	1.96	7.5	0.48	0.61	50	59.1	-31.9	0.91
最大值	17.8	12.2	4.88	12.2	2.79	1.13	84.1	81.8	-6.2	2.46
全距	11.2	12.4	2.92	4.7	2.31	0.52	34.1	22.7	25.8	1.55
標準差	3.47	3.50	0.84	1.32	0.78	0.14	9.55	6.05	7.0	0.33
平均值	12.16	5.60	3.36	9.60	1.77	0.84	65.47	70.83	-15.5	1.60
中位數	12.45	5.75	3.40	9.21	1.74	0.84	63.60	71.60	-14.4	1.56

*最大回撤排除了 2008 年 Q3 至 Q4

資料來源：作者整理

17-3-1 風格與績效的關係

（1）年化報酬率（圖 17-1）

回測期間股市年化報酬率 5.6%。單因子模型（No.1 至 No.5）中，大 ROE 風格（12.6%）、大前季報酬風格（12.4%）最高。小 beta 風格（9.7%）、小 P／B 風格（8.1%）次之，大市值風格（6.6%）最低。多因子模型中，ROE-PB（No.6）的 17.8%、ROE-R（No.9）的 17.2%最高，可見部分因子之間具有綜效，特別是價值風格與成長風格之間。所有單因子模型平均 9.9%，多因子模型平均 12.5%。可見多因子模型表現普遍較佳。

（2）年化超額報酬率（α）（圖 17-2）

年化超額報酬率情況與年化報酬率十分相似，單因子模型中，大 ROE 風格（6.8%）、大前季報酬風格（6.4%）最高。多因子模型中，ROE-PB（No.6）的 12.2%、ROE-R（No.9）的 10.9%最高。所有單因子模型平均 3.6%，多因子模型平均 5.9%。可見多因子模型表現普遍較佳。

（3）季報酬率平均值（%）（圖 17-3）

季報酬率平均值情況與年化報酬率十分相似。值得注意的是單因子模型中，大 ROE 風格（3.67%）、小 P／B 風格（2.52%），但其雙因子模型（ROE-P／B）達 4.88%，也是所有模型中最高者，顯示成長風格與價值風格之間具有明顯的綜效。

（4）季報酬率標準差（σ）（圖 17-4）

單因子模型中，小 beta 風格（7.9%）、大總市值風格（8.4%）最低，其餘單因子都在 11%左右。多因子模型中，權重含小 beta 風格或大總市值風格者，季報酬率標準差都較低。

（5）季超額報酬率（α）（圖 17-5）

季超額報酬率情況與年化報酬率十分相似。所有單因子模型平均 1.20%，多因子模型平均 1.86%。可見多因子模型表現普遍較佳。

（6）季系統風險（β）（圖 17-6）

季系統風險（β）情況與季報酬率標準差（σ）十分相似。單因子模型中，小 beta 風格（0.65）、大總市值風格（0.73）最低，其餘單因子都在 1.0 左右。多因子模型中，MV-beta（No.13）0.61 最低。

（7）季相對勝率（圖 17-7）

所有模型平均 65.5%。單因子模型中，大前季報酬率風格具有最高的相對勝率（68.2%），其餘單因子都在 60%左右。多因子模型中，ROE-PB-beta-R（No.28）最高（84.1%）；而年化報酬率最高的 ROE-PB（No.6）的 81.8%也很高，明顯高於組成它的兩個單因子模型 ROE（61.4%）與 P／B（61.4%），顯示成長風格與價值風格之間具有明顯的綜效。

（8）季絕對勝率（圖 17-8）

所有模型平均 70.8%。單因子模型中，小 beta 風格具有最高的絕對勝率（77.3%），大 ROE 風格次高（68.2%）。多因子模型中，ROE-PB-beta（No.17）（81.8%）與 ROE-PB-MV-beta（No.26）最高（81.8%）；而年化報酬率最高的 ROE-PB（No.6）的 72.7%高於組成它的兩個單因子模型 ROE（68.2%）與 P／B（63.6%），雖仍具有綜效，但明顯低於在季相對勝率的綜效。因此絕對勝率和相對勝率的關鍵因素很不一樣。絕對勝率要高主要是靠報酬率的穩定性高，使報酬率大於 0；而相對勝率要高主要是靠報酬率的綜效要高，使報酬率大於大盤。

（9）最大回撤（Max Drawdown）（圖 17-9）

由於回測期間包含了 2008 年 Q3 與 Q4 兩季，市場陷入恐慌，市場最大回撤-39.1%，所有股票不論風格都大跌，造成各模型計算出來的最大回撤幾乎都集中在-35%到-40%，差異不明顯。排除這兩季後，計算出來的最大回撤分散在-5%到-30%，差異明顯。因此本研究後續最大回撤都是指排除這兩季的結果。排除後，市場最大回撤-24.3%。單因子模型中，小 beta 風格（-7.6%）、大總市值風格（-14.9%）最佳，大 ROE 風格（-18.6%）遠比小 P／B 風格（-28.1%）佳。可見賺錢公司的股票比便宜的股票風險低。多因子模型中 ROE-MV-beta-R（No.29）最佳（-6.2%）。

（10）杜賓－瓦森統計量（Durbin–Watson statistic, DW）（圖 17-10）

「多因子風格擇時策略」建立在二個假設上：(1) 選股風格的績效具有連續性 (2) 各種選股風格的績效之間具有互補性。為了判斷上述第一個假設是否合理，我們計算了各模型的季超額報酬率時間數列的杜賓－瓦森統計量，其意義如圖 17-11 所示。此統計量在 0 至 4 之間，愈接近 2.0 代表時間數列越可能無序列相關，越小越可能是正向自我相關（高或低連續出現），越大越可能是負向自我相關（高與低交互出現）。在 0.01 與 0.05 的顯著水準下，DW 小於 1.28 與 1.47 通過正向自我相關；DW 大於 2.72 與 2.53 通過負向自我相關（圖 17-11）。由圖 17-10 可知，單因子模型中沒有任何模型顯著。多因子模型中，在 0.01 的顯著水準下，有 6 個通過正向自我相關。年化報酬率最高的 ROE-PB（No.6）具有最低的 DW 統計（0.091），代表它的季超額報酬率具有很強的正向自我相關特性，也就是具有很高的連續性。沒有任何模型具有負向自我相關的特性。全部 36 個模型的 DW 平均值 1.60，標準差 0.33，顯示各模型的季超額報酬率時間數列比較偏向正向自我相關。這個結果證明風格輪動具有連續性的特性，提供了「多因子風格擇時策略」的理論基礎。

以上績效指標可以依其評估目的分成三類：

◎ 報酬：年化報酬率、年化超額報酬率（α）、季報酬率平均值、季超額報酬率（α）、絕對勝率、相對勝率。
◎ 風險：系統風險（β）、月報酬率標準差（σ）、最大回撤。
◎ 序列相關：DW 統計。

本章後續以年化報酬率、最大回撤做為評估投資策略的績效指標。

圖 17-1 年化報酬率（%）

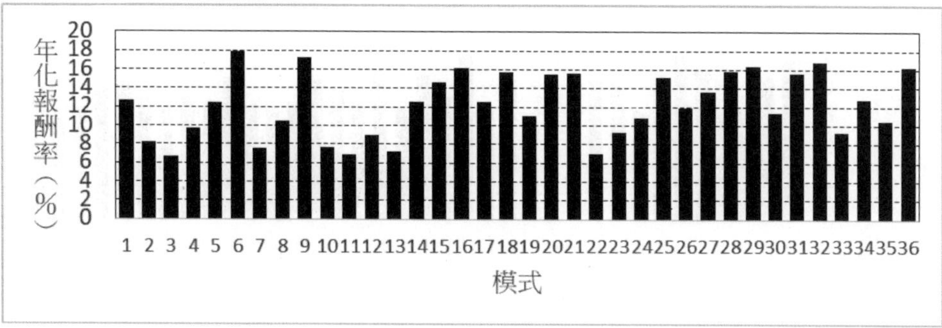

資料來源：作者整理

圖 17-2 年化超額報酬率（%）

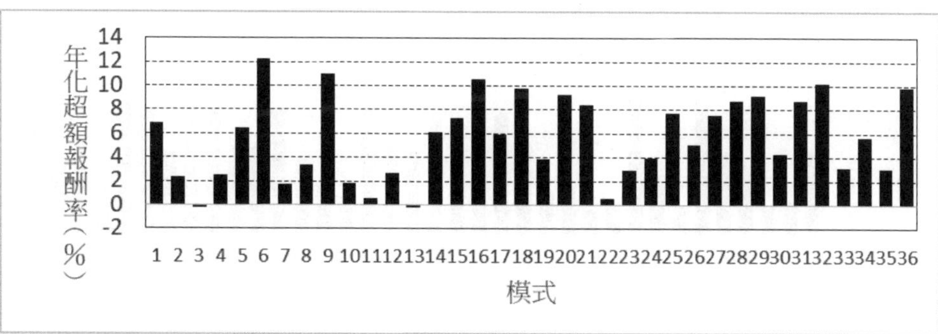

資料來源：作者整理

圖 17-3 季報酬率平均值（%）

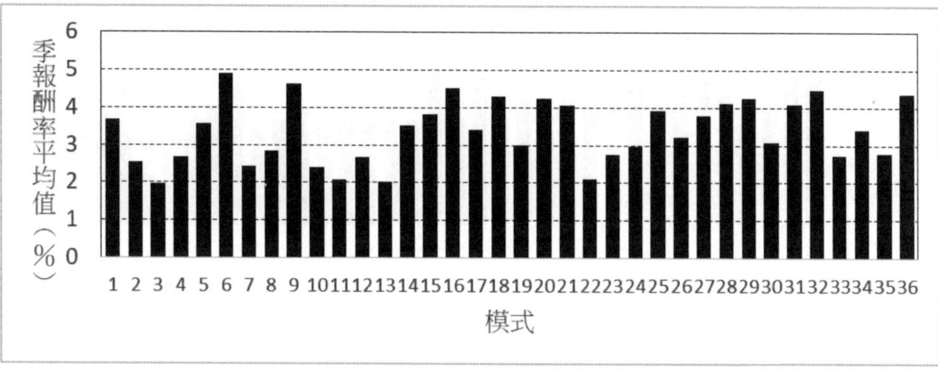

資料來源：作者整理

圖 17-4 季報酬率標準差（%）

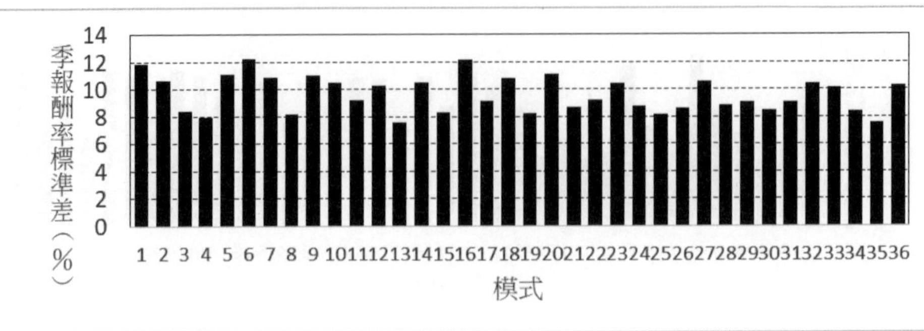

資料來源：作者整理

圖 17-5 季超額報酬率（%）

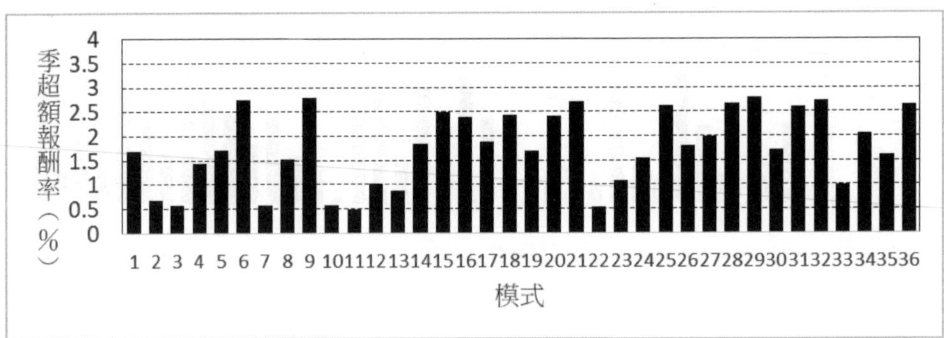

資料來源：作者整理

圖 17-6 季系統風險 beta

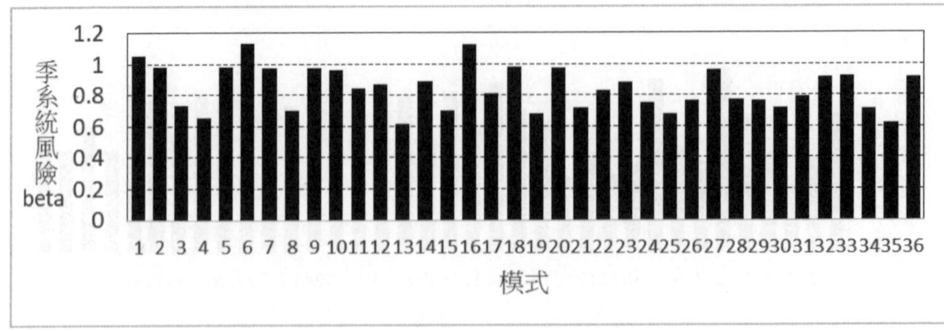

資料來源：作者整理

圖 17-7 季相對勝率（%）

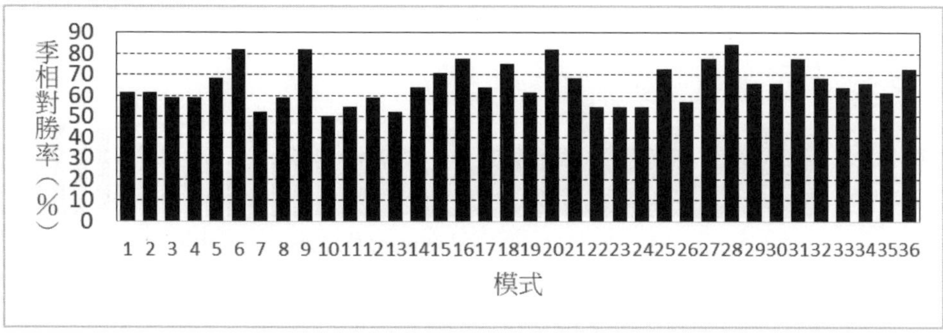

資料來源：作者整理

圖 17-8 季絕對勝率（%）

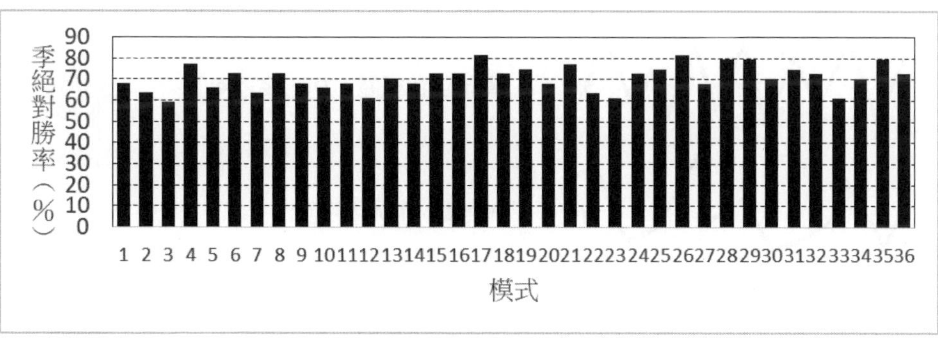

資料來源：作者整理

圖 17-9 最大回撤（Max Drawdown）（除了 2008 年 Q3 至 Q4）

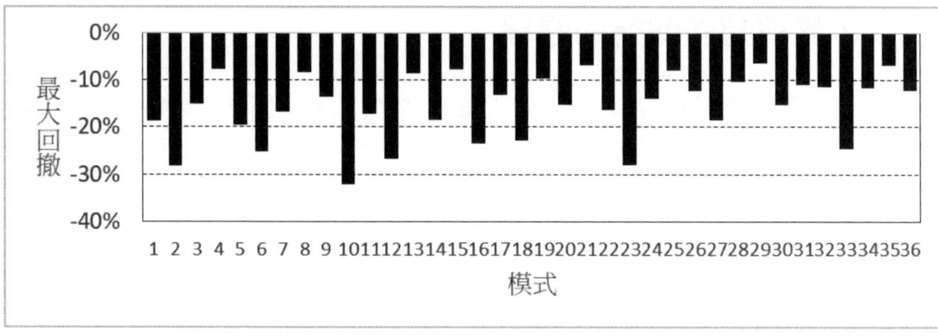

資料來源：作者整理

圖 17-10 杜賓－瓦森統計量

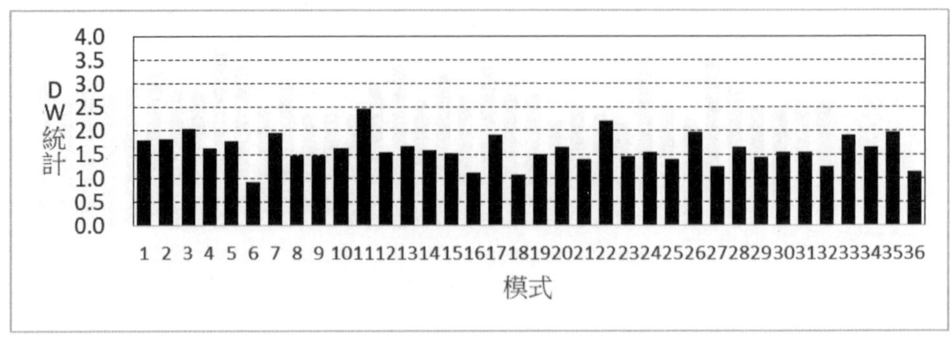

資料來源：作者整理

圖 17-11 DW 統計的意義

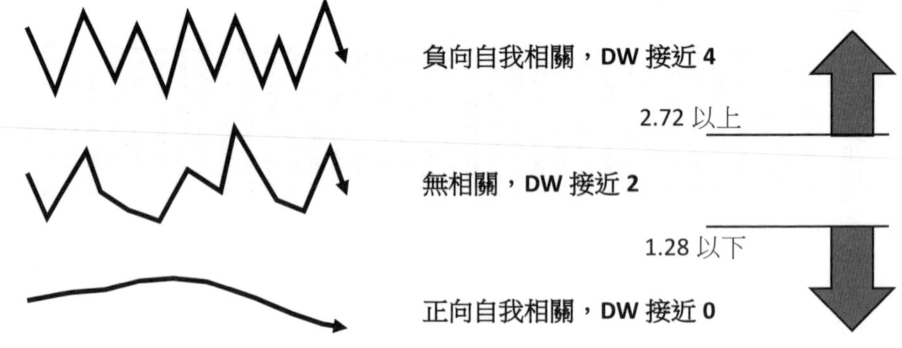

資料來源：作者整理

17-3-2 累積超額報酬的歷程

為了判斷各模型是否可以長期打敗大盤，我們用季超額報酬率計算累積超額報酬，起始值為 1.0。曲線向上的期間顯示這段期間模型報酬率高於大盤；反之，向下，則低於大盤。如果曲線是單調向上，則顯示模型可以持續擊敗大盤。結果如圖 17-12 至圖 17-18，評估如下：

◎ 單因子模型（No. 1 至 No. 5）（圖 17-12）

雖然大 ROE 風格、大前季報酬風格有最高的相近終值，但大 ROE 風格的曲線在回測的後 1／3 期間近似水平，表現不佳；而大前季報酬風格的曲線在前 1／3 期間近似水平，表現不佳；小 beta 風格的曲線在回測的前 1／5 與後 1／5 期間向下，表現很差，但除此之外的期間表現很好。顯示單一風格的表現不穩定，不能持續擊敗市場，這表明市場有明顯的風格輪動。

◎ 雙因子模型（No. 6 至 No. 15）（圖 17-13 與 17-14）

ROE-PB（No. 6）、ROE-R（No. 9）有最高的終值，而且曲線在回測期間幾乎是單調上升，表現穩定，能持續擊敗市場。可見多因子模型不只在報酬方面具有綜效，在穩健性方面也具有綜效。

◎ 三因子模型（No. 16 至 No. 25）（圖 17-15 與 17-16）

ROE-PB-MV（No. 16）與 ROE-PB-R（No. 18）有最高的終值，而且曲線在回測期間幾乎是單調上升，表現穩定，能持續擊敗市場。

◎ 四因子模型（No. 26 至 No. 30）（圖 17-17）

曲線在回測期間，除了在前 1／5 期間近似水平外，幾乎是單調上升，表現穩定，能持續擊敗市場。但表現最佳的四因子模型不如表現最佳的三因子模型，可見因子並非越多越好。因為各模型都包含四個因子，每個因子的權重都是 1／4，因此其累積超額報酬曲線彼此很相似。

◎ 五因子模型（No. 31 至 No. 36）（圖 17-18）

大 ROE 軸點風格（No. 32）、大前季報酬軸點風格（No. 36）有最高的終值。這兩個五因子模型可以想像成分別以成長因子、慣性因子為主（60%權重），再配合另外四個因子各 10%權重，卻能大幅提高單因子的超額報酬。可見即使是其他四個因子各只占 10%權重，也能創造可觀的綜效。由於這兩個軸點模型的主要因子 ROE 風格、大前季報酬風格的權重高達 60%，因此其績效特性也由這兩個因子主控，具有與相應單因子模型相似的特性，即分別在回測的後 1／3 與前 1／3 期間，表現相對較差。

綜合以上討論，總結如下：

◎ 顯示單一風格的表現不穩定，不能持續擊敗市場，這表明市場有明顯的風格輪動。

◎ 許多多因子模型的累積超額報酬曲線的終值比組成它的單因子型明顯更高，顯示因子之間具有綜效。而且這些模型的曲線在回測期間接近單調上升，表現穩定，能持續擊敗市場。

圖 17-12 累積超額報酬的歷程：單因子模型（No. 1 至 No. 5）

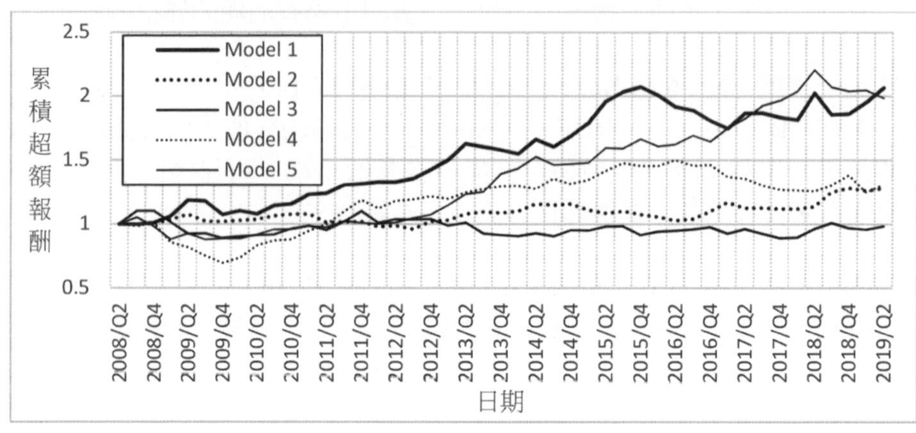

資料來源：作者整理

圖 17-13 累積超額報酬的歷程：雙因子模型（No. 6 至 No. 10）

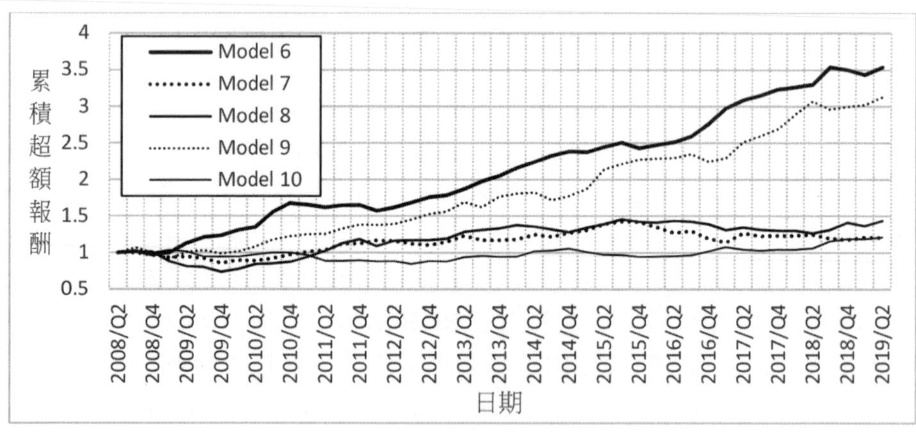

資料來源：作者整理

圖 17-14 累積超額報酬的歷程：雙因子模型（No. 11 至 No. 15）

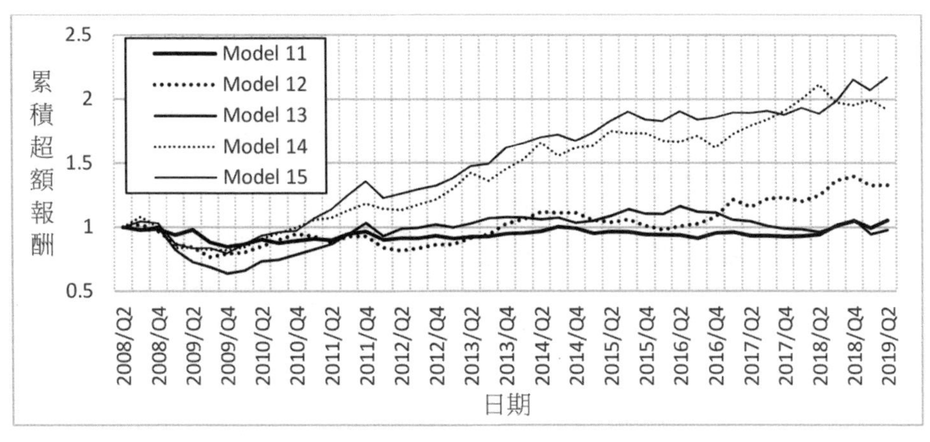

資料來源：作者整理

圖 17-15 累積超額報酬的歷程：三因子模型（No. 16 至 No. 20）

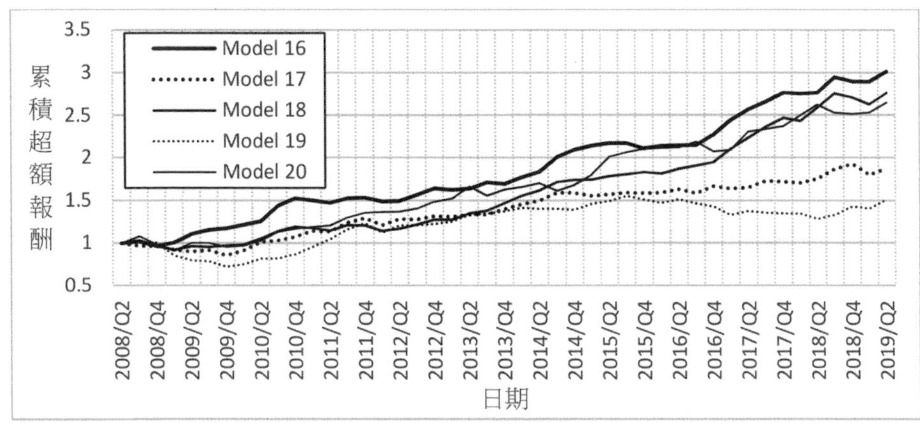

資料來源：作者整理

圖 17-16 累積超額報酬的歷程：三因子模型（No. 21 至 No. 25）

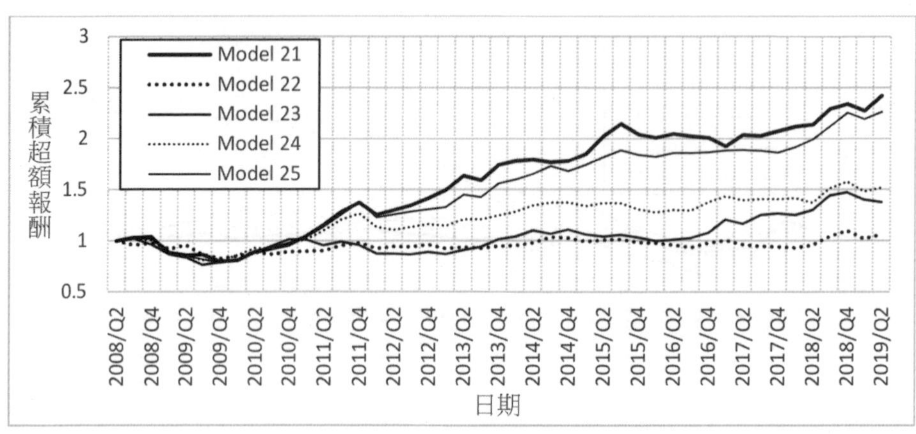

資料來源：作者整理

圖 17-17 累積超額報酬的歷程：四因子模型（No. 26 至 No. 30）

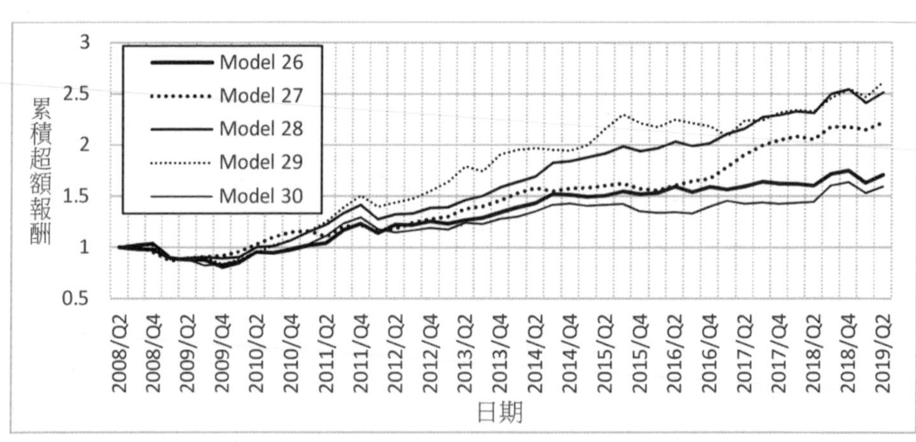

資料來源：作者整理

圖 17-18 累積超額報酬的歷程：五因子模型（No. 31 至 No. 36）

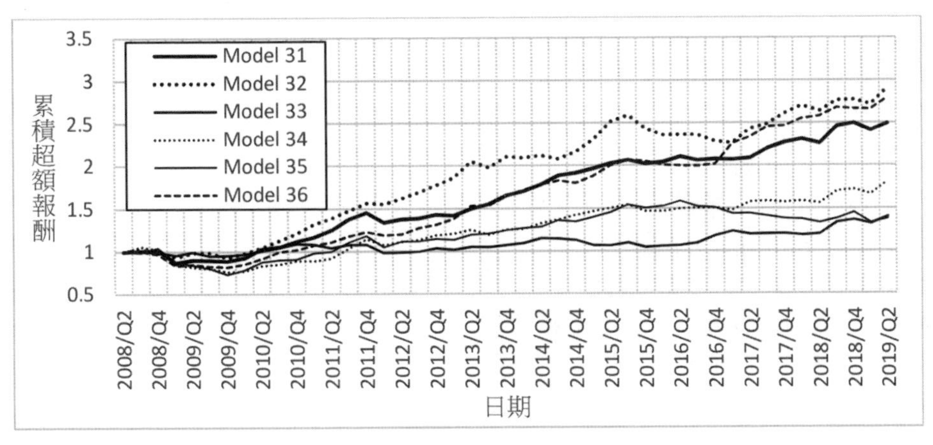

資料來源：作者整理

17-3-3 相關係數矩陣

「多因子風格擇時策略」建立在二個假設上：(1) 選股風格的績效具有連續性 (2) 各種選股風格的績效之間具有互補性。具有互補性的先決條件就是相似性不能太高。為了了解各模型風格的相似性，我們用各模型的季超額報酬率時間數列計算各模型之間的相關係數矩陣，如圖 17-19，討論如下：

◎ 單因子模型之間的相關係數普遍很小，只有大總市值風格與小 beta 風格，大 ROE 風格與大前季報酬率風格的相關係數較大。大 ROE 風格與小 P／B 風格的相關係數為負值，顯示它們可能具有風格輪動的互補性。

◎ 多因子模型之間都有很高的相關係數，這是因為它們混合多種風格不同的因子，因此風格彼此相似，缺少風格輪動的互補性。

綜合以上討論，多因子風格擇時策略的候選模型應該以單因子為主，而且必須包含價值風格因子、成長風格因子，再配合一些具有明顯綜效的多因子模型。

圖 17-19 相關係數矩陣：所有模型的季超額報酬

	1	2	3	4	5	6	7	8	9	10	11	12	13	14	15	16	17	18	19	20
1	1.00																			
2	-0.03	1.00																		
3	0.11	0.07	1.00																	
4	0.02	0.03	0.42	1.00																
5	0.34	0.00	0.10	0.12	1.00															
6	0.04	0.48	0.03	-0.01	0.16	1.00														
7	0.69	-0.20	0.28	0.20	0.42	-0.02	1.00													
8	0.08	-0.07	0.46	0.86	0.16	-0.10	0.35	1.00												
9	0.53	-0.16	0.33	0.26	0.73	0.25	0.59	0.33	1.00											
10	-0.15	0.86	0.15	0.02	-0.05	0.31	-0.19	-0.10	-0.24	1.00										
11	-0.03	0.57	0.28	0.64	0.08	0.23	-0.06	0.45	0.06	0.45	1.00									
12	-0.25	0.60	0.24	0.32	0.46	0.46	-0.13	0.23	0.16	0.57	0.58	1.00								
13	-0.11	0.02	0.50	0.94	0.09	-0.04	0.12	0.90	0.21	0.03	0.57	0.39	1.00							
14	0.29	-0.06	0.39	0.27	0.84	0.11	0.53	0.39	0.75	-0.06	0.07	0.44	0.30	1.00						
15	0.00	0.06	0.45	0.81	0.32	0.07	0.21	0.87	0.40	-0.01	0.54	0.47	0.83	0.52	1.00					
16	0.02	0.38	0.01	-0.04	0.00	0.87	-0.03	-0.20	0.12	0.30	0.20	0.35	-0.10	-0.01	-0.05	1.00				
17	-0.05	0.25	0.42	0.75	0.06	0.23	0.06	0.64	0.14	0.22	0.70	0.44	0.74	0.17	0.67	0.18	1.00			
18	0.00	0.38	0.23	0.28	0.52	0.64	0.08	0.17	0.41	0.37	0.47	0.76	0.28	0.44	0.32	0.63	0.49	1.00		
19	0.08	-0.10	0.46	0.85	0.13	-0.10	0.36	0.97	0.31	-0.13	0.47	0.22	0.89	0.38	0.86	-0.14	0.66	0.19	1.00	
20	0.58	-0.13	0.38	0.27	0.67	0.24	0.67	0.33	0.96	-0.18	0.05	0.12	0.19	0.73	0.35	0.17	0.09	0.41	0.32	1.00
21	0.18	-0.03	0.56	0.77	0.36	0.06	0.42	0.86	0.56	-0.11	0.46	0.35	0.79	0.57	0.84	-0.05	0.61	0.37	0.87	0.55
22	-0.05	0.57	0.27	0.65	0.04	0.22	-0.05	0.42	0.02	0.45	0.96	0.58	0.58	0.05	0.51	0.20	0.69	0.45	0.43	0.02
23	-0.25	0.60	0.24	0.28	0.45	0.46	-0.09	0.22	0.17	0.58	0.52	0.95	0.35	0.44	0.41	0.36	0.45	0.74	0.20	0.13
24	-0.22	0.34	0.43	0.70	0.20	0.23	0.05	0.66	0.16	0.27	0.74	0.69	0.73	0.41	0.79	0.17	0.67	0.48	0.67	0.16
25	0.04	0.08	0.55	0.83	0.38	0.04	0.26	0.84	0.41	0.03	0.59	0.52	0.84	0.57	0.92	-0.06	0.66	0.41	0.83	0.40
26	-0.09	0.19	0.45	0.84	0.09	0.19	0.11	0.75	0.19	0.17	0.73	0.44	0.83	0.22	0.76	0.16	0.94	0.49	0.78	0.18
27	-0.04	0.30	0.35	0.35	0.52	0.61	0.24	0.41	0.53	0.26	0.38	0.70	0.40	0.60	0.54	0.51	0.49	0.79	0.41	0.51
28	-0.16	0.17	0.41	0.76	0.23	0.21	0.06	0.71	0.25	0.08	0.66	0.57	0.80	0.40	0.81	0.18	0.76	0.55	0.76	0.23
29	0.24	-0.02	0.52	0.77	0.35	0.16	0.49	0.85	0.60	-0.11	0.44	0.33	0.77	0.56	0.86	0.03	0.63	0.38	0.86	0.59
30	-0.08	0.10	0.60	0.53	0.07	-0.23	0.12	0.55	0.05	0.18	0.32	0.27	0.59	0.30	0.56	-0.24	0.44	0.05	0.53	0.04
31	-0.12	0.13	0.39	0.77	0.26	0.23	0.15	0.72	0.31	0.06	0.67	0.54	0.79	0.42	0.80	0.19	0.74	0.53	0.77	0.29
32	0.42	0.01	0.40	0.54	0.38	0.27	0.62	0.63	0.71	-0.10	0.32	0.20	0.49	0.57	0.62	0.18	0.41	0.35	0.65	0.72
33	-0.16	0.79	0.35	0.33	0.09	0.59	-0.19	0.22	0.03	0.67	0.76	0.78	0.35	0.10	0.37	0.47	0.52	0.63	0.21	0.04
34	0.00	0.09	0.70	0.71	0.26	0.11	0.32	0.72	0.43	0.12	0.53	0.46	0.75	0.50	0.76	0.12	0.63	0.48	0.77	0.49
35	0.03	0.07	0.47	0.95	0.13	0.03	0.20	0.87	0.26	0.05	0.64	0.35	0.93	0.31	0.86	-0.03	0.79	0.31	0.87	0.26
36	0.13	0.19	0.25	0.54	0.63	0.33	0.31	0.54	0.58	0.09	0.43	0.65	0.52	0.71	0.72	0.25	0.44	0.65	0.53	0.55

	21	22	23	24	25	26	27	28	29	30	31	32	33	34	35	36
21	1.00															
22	0.43	1.00														
23	0.30	0.52	1.00													
24	0.69	0.74	0.64	1.00												
25	0.88	0.60	0.45	0.82	1.00											
26	0.71	0.71	0.42	0.76	0.75	1.00										
27	0.52	0.32	0.70	0.58	0.48	0.55	1.00									
28	0.76	0.65	0.53	0.84	0.85	0.86	0.59	1.00								
29	0.96	0.41	0.28	0.66	0.85	0.71	0.57	0.72	1.00							
30	0.46	0.31	0.28	0.49	0.55	0.47	0.15	0.45	0.43	1.00						
31	0.78	0.65	0.52	0.85	0.83	0.86	0.61	0.95	0.76	0.40	1.00					
32	0.80	0.28	0.20	0.46	0.61	0.48	0.56	0.51	0.84	0.18	0.58	1.00				
33	0.31	0.72	0.73	0.66	0.41	0.51	0.59	0.50	0.31	0.21	0.49	0.21	1.00			
34	0.84	0.52	0.41	0.74	0.80	0.76	0.63	0.78	0.81	0.49	0.79	0.65	0.45	1.00		
35	0.78	0.63	0.32	0.71	0.85	0.87	0.43	0.83	0.79	0.61	0.82	0.54	0.37	0.74	1.00	
36	0.67	0.42	0.59	0.65	0.73	0.51	0.73	0.69	0.67	0.23	0.66	0.65	0.41	0.62	0.56	1.00

資料來源：作者整理

17-3-4 價值成長風格輪動

許多研究指出，「風格輪動」在價值風格與成長風格之間最為明顯。為了探討價值成長風格輪動現象，我們將基於價值風格的 P／B 單因子模型的季超額報酬率減去基於成長風格的 ROE 者得到「風格差距」，公式如下：

風格差距＝價值風格 P／B 模型季超額報酬率－成長風格 ROE 模型季超額報酬率 （1）

將風格差距繪成圖 17-20，可見兩種風格的不斷的交替贏過對方。為了更清楚觀察其趨勢，我們採用 2 季與 4 季的移動平均如圖 17-21 與圖 17-22，可見回測期間兩種風格都有多次出現連續多季占優勢期間，最長期間可達三年。

圖 17-20 價值風格對成長風格的風格差距

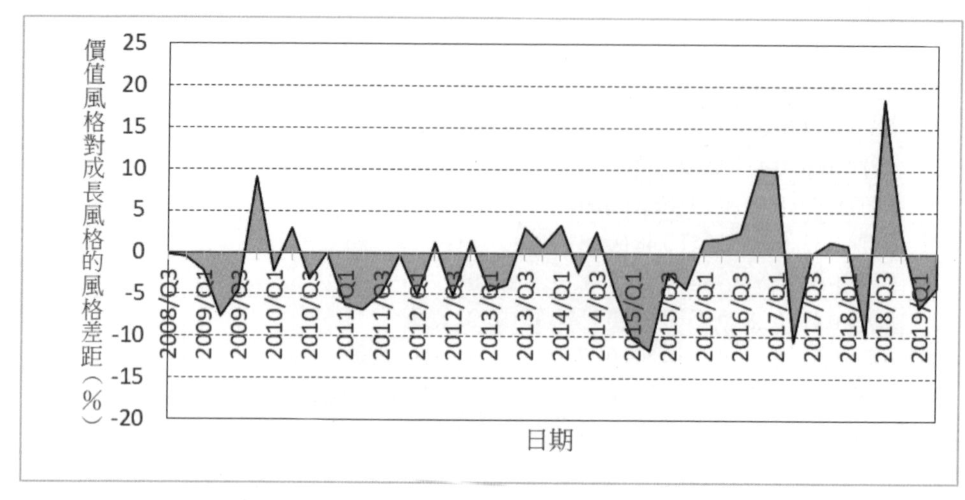

資料來源：作者整理

圖 17-21 價值風格對成長風格的風格差距：2 季移動平均

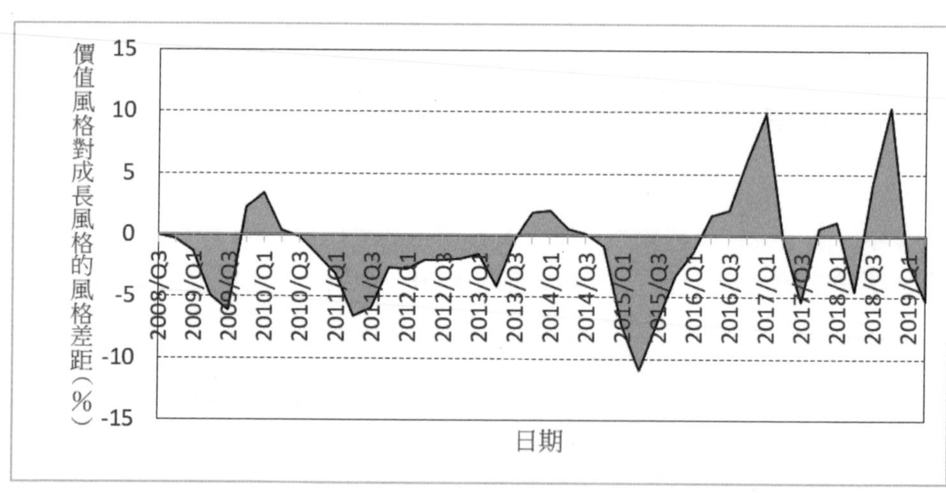

資料來源：作者整理

圖 17-22 價值風格對成長風格的風格差距：4 季移動平均

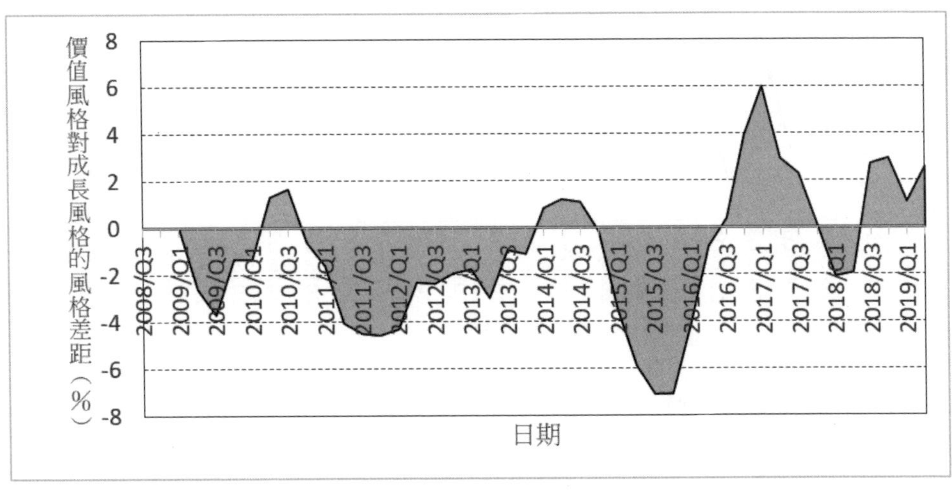

資料來源：作者整理

上述觀察只觀察了兩種風格的十等分投資組合中的「選優」組合（第 10 等分），即評分最高的 1／10 股票構成的投資組合的差異。選股模型的選股能力可以用選優（評分最高）投資組合減去選劣（評分最低）投資組合的季超額報酬率來估計，公式如下：

選股能力＝「選優」投資組合季超額報酬率－「選劣」投資組合季超額報酬率　（2）

結果如圖 17-23。可以發現無論價值風格或成長風格，此一差額並非永遠大於 0，代表它們的選股能力並非一直是正面的。為了更清楚觀察其趨勢，我們採用 2 季與 4 季的移動平均如圖 17-24 與圖 17-25，可見無論價值風格或成長風格，此一差額都有持續大於 0 或小於 0 的特徵，具有明顯的連續性，其過程並非完全隨機。更重要的發現是兩種風格的變動方向正好相反，價值風格選股能力增強時，成長風格選股能力降低；反之，亦然。為了證明，我們將圖 17-23 折線圖改成散布圖如圖 17-26，可以發現這兩種風格的選股能力有反向關係。

圖 17-23 選股能力：價值風格與成長風格

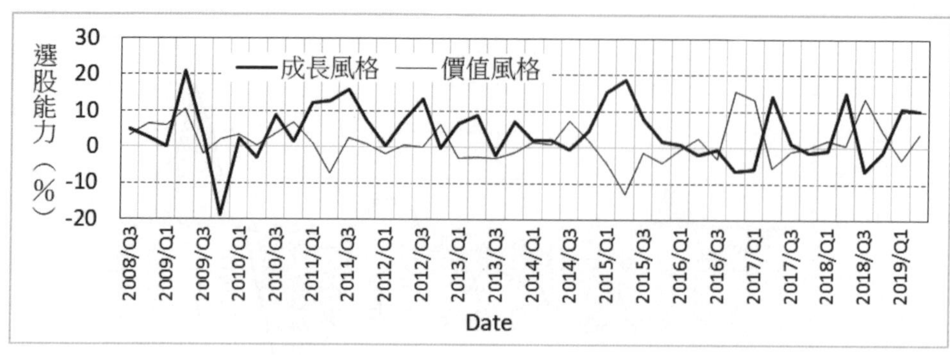

圖 17-24 選股能力：價值風格與成長風格（2 季移動平均）

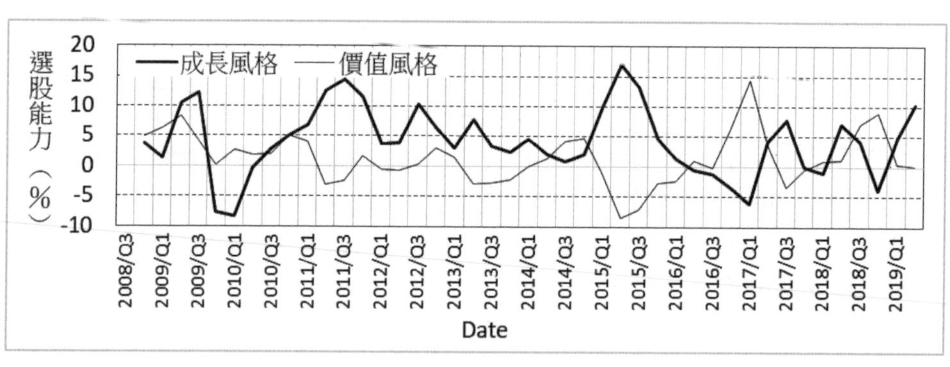

資料來源：作者整理

圖 17-25 選股能力：價值風格與成長風格（4 季移動平均）

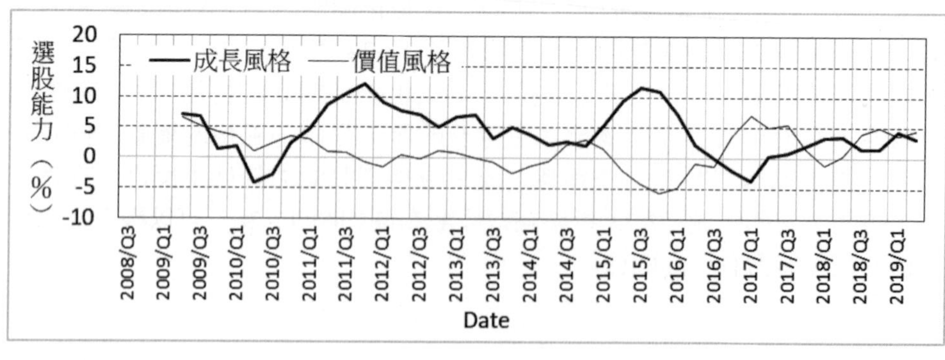

資料來源：作者整理

圖 17-26 選股能力：價值風格與成長風格

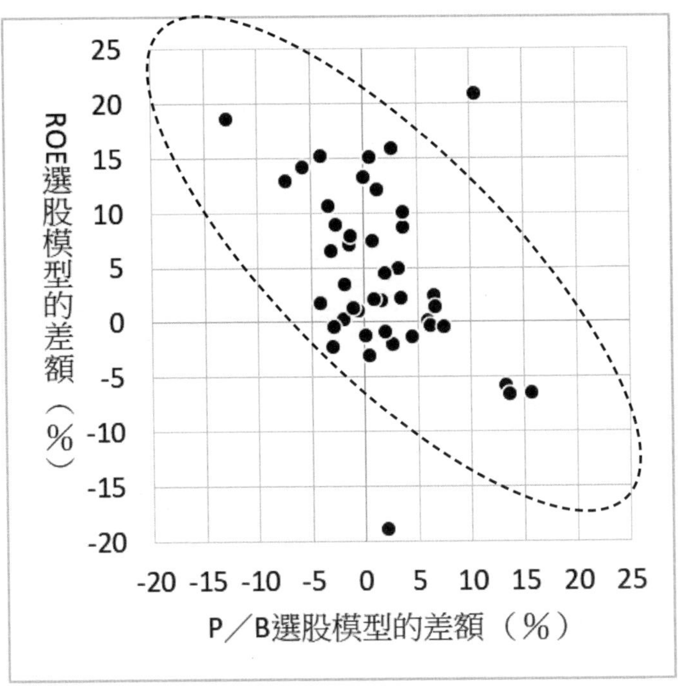

資料來源：作者整理

為了深入探討價值成長風格輪動現象，接著我們用基於價值風格的 P／B 模型的選股能力減去基於成長風格的 ROE 模型的選股能力，得到「選股能力差距」，公式如下：

選股能力差距 = 價值風格 P／B 模型選股能力 – 成長風格 ROE 模型選股能力（3）

結果如圖 17-27。為了更清楚觀察其趨勢，我們採用 2 季與 4 季的移動平均如圖 17-28 與圖 17-29，可以發現在回測期間兩種風格都有多次出現連續多季占優勢期間，與上述圖 17-22 的發現十分相似。

圖 17-27 價值風格對成長風格的選股能力差距

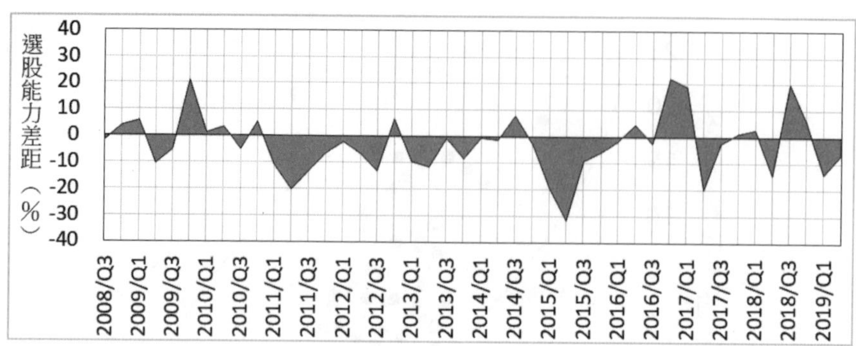

資料來源：作者整理

圖 17-28 價值風格對成長風格的選股能力差距：2 季移動平均

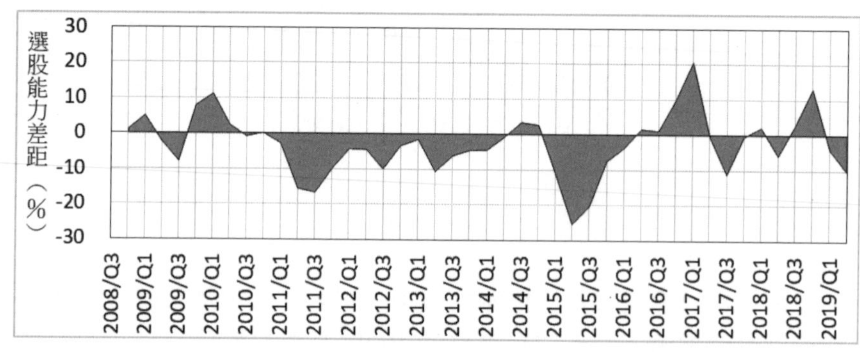

資料來源：作者整理

圖 17-29 價值風格對成長風格的選股能力差距：4 季移動平均

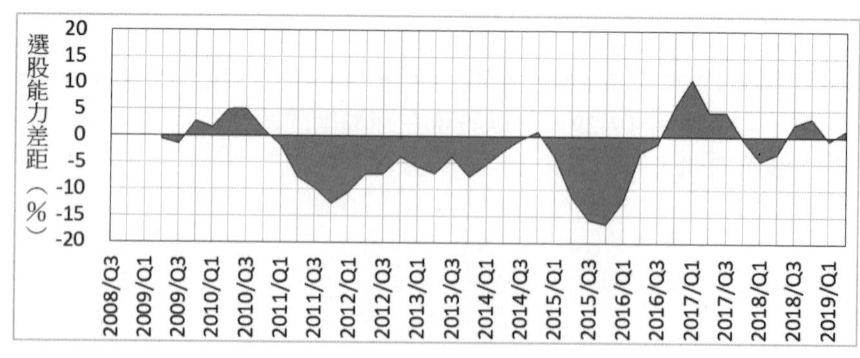

資料來源：作者整理

17-04 實證風格擇時策略

風格輪動具有連續性的特性，一種占優勢的選股風格，通常會持續數季甚至數年。因此為了克服「風格輪動」，本章提出「多因子風格擇時策略」。這個方法先取數種具有風格輪動互補性的選股模型做為候選模型，並回測得到它們的季超額報酬率時間數列。接著，計算它們前數季期間的季超額報酬率移動平均值，然後在下季選擇移動平均值表現最佳的策略。具體步驟已在第一節說明，不再贅述。

設計這個策略是基於占優勢的選股風格會持續一段期間的假設。如果這個假設成立，此一策略有可能達到比所有候選模型中績效最好的模型更好的績效。以下研究的移動平均時間跨度採用一季、二季、四季等三種。

17-4-1 以價值風格與成長風格兩個單因子模型組成候選模型

第三節指出，多因子風格擇時策略的候選模型應該以單因子模型為主，而且必須包含價值風格因子、成長風格因子。因此在此以大 ROE 風格、小 P／B 風格單因子模型為候選模型，回測結果如表 17-4 與圖 17-30 至圖 17-33。可知無論移動視窗是幾季，風格擇時策略的年化報酬率均未超過候選模型中之最佳者（12.7%）。移動視窗二季的績效最佳，很接近候選模型中之最佳者。在風險方面，較小的最大回撤顯示風格擇時策略有較低的風險。

為了瞭解風格擇時策略是否有穩健性，表 17-4 也評估了回測前期（2008 年 Q3 至 2013 年 Q4）與後期（2014 年 Q1 至 2019 年 Q2）的年化報酬率。市場在這兩段期間的年化報酬率分別 6.5%與 4.8%，差異不大。候選模型在這兩段期間的表現還算穩定，風格擇時策略也十分穩健。

為了瞭解移動平均時間跨度對風格切換過程的影響，將風格切換過程繪於圖 17-34。可見移動平均時間跨度越短，切換越頻繁。

為了瞭解此一風格擇時策略是否有選取優勢選股模型的能力，也就是優勢風格是否具有可預測性，定義「風格正確率」為「所選的風格的季超額報酬率為所有候選模型中之最高者的季數，占所有回測季數的比率」。

因有兩個候選模型，因此隨機猜測的正確率為 50%。表 17-4 顯示這個比率都大於 50%，因此優勢風格有部分可預測性，風格擇時策略確實有選取優勢選股模型的能力。

表 17-4 風格擇時策略的評估：候選模型含兩個單因子模型

績效		候選模型		風格擇時策略		
		價值風格 P／B	成長風格 ROE	1 季	2 季	4 季
年化報酬率（%）	全期	8.1	12.7	10.6	12.3	11.0
	前期	8.2	15.3	11.4	14.7	11.9
	後期	8.1	10.1	9.8	10.0	10.0
最大回撤（%）		-28.1	-18.6	-18.1	-16.6	-16.6
風格正確率（%）				53.4	59.5	55.0

資料來源：作者整理

圖 17-30 風格擇時策略的年化報酬率：候選模型含兩個單因子模型

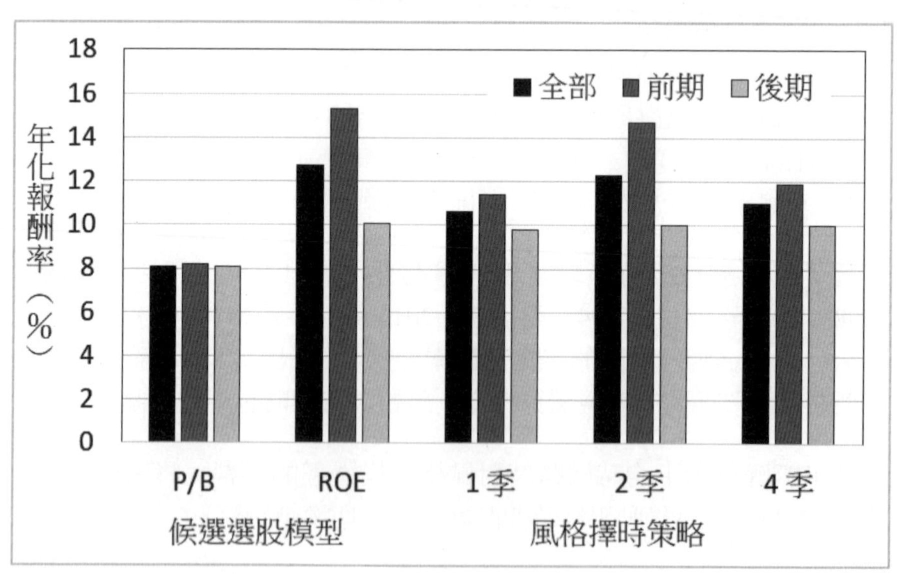

資料來源：作者整理

圖 17-31 風格擇時策略的累積超額報酬：移動視窗一季（含兩個單因子模型）

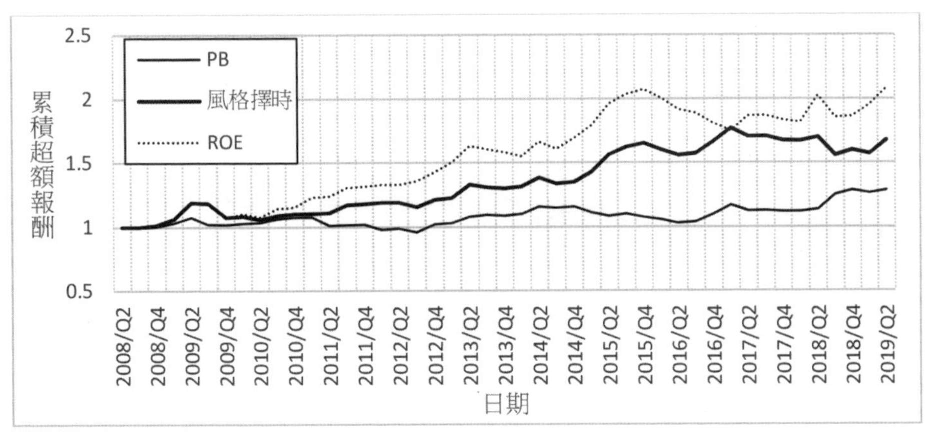

資料來源：作者整理

圖 17-32 風格擇時策略的累積超額報酬：移動視窗二季（含兩個單因子模型）

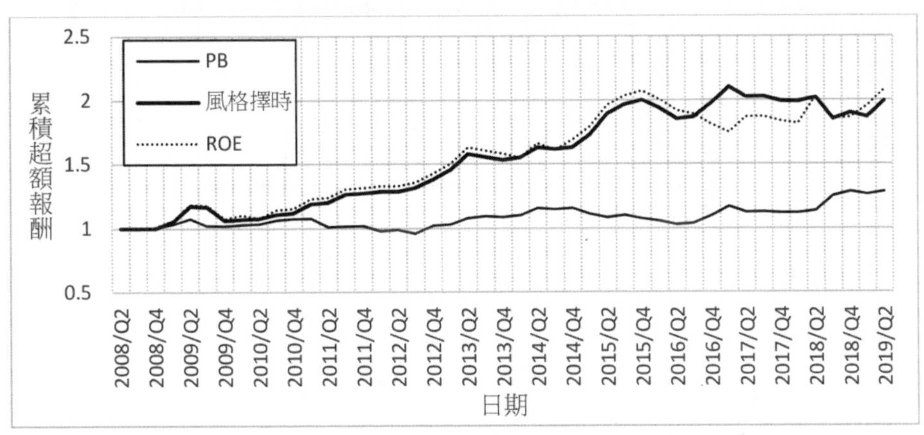

資料來源：作者整理

圖 17-33 風格擇時策略的累積超額報酬：移動視窗四季（含兩個單因子模型）

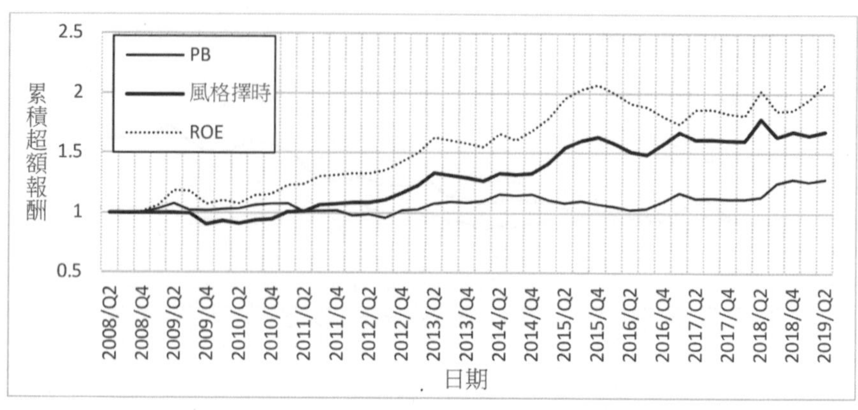

資料來源：作者整理

圖 17-34 風格切換的過程：候選模型含兩個單因子模型

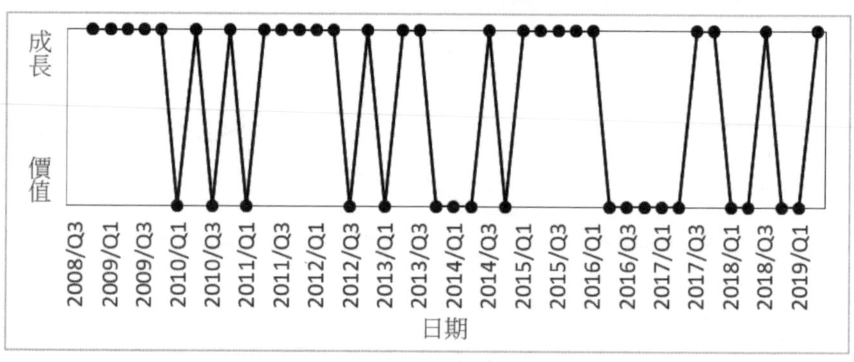

(a) 移動平均時間跨度：一季

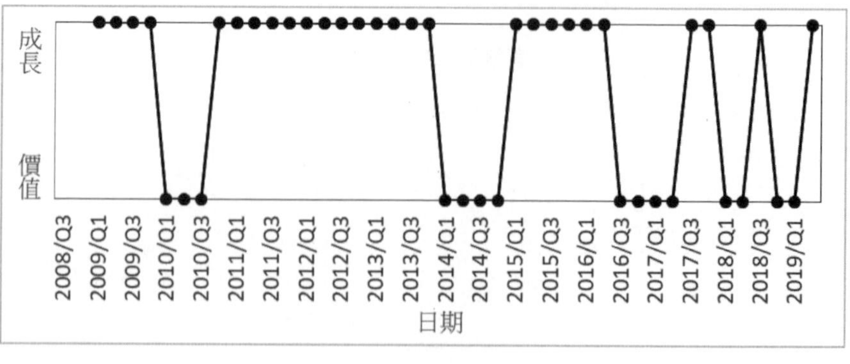

(b) 移動平均時間跨度：二季

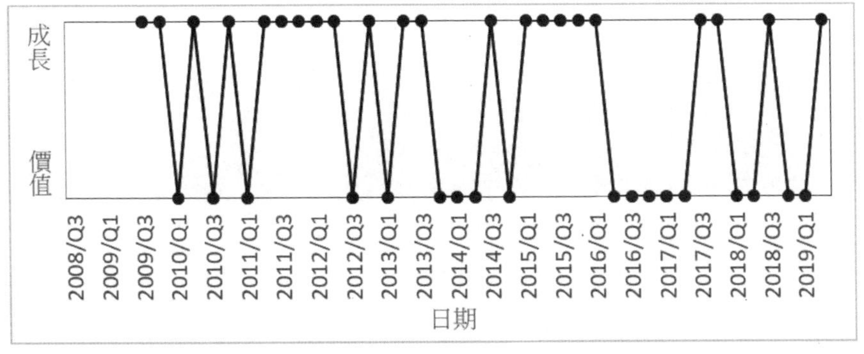

(c) 移動平均時間跨度：四季

資料來源：作者整理

17-4-2 以價值風格與成長風格的兩個單因子、一個雙因子模型組成候選模型

本節以前一節為基礎，候選模型的組合中除了價值風格、成長風格單因子模型之外，再配合它們的雙因子模型。回測結果如表 17-5 與圖 17-35 至圖 17-38。由圖表可知，混合價值風格與成長風格的雙因子模型的全期年化報酬率遠比單一風格高，這顯示價值因子與成長因子之間具有明顯的綜效。

在候選模型中加入混合風格可以大幅提高風格擇時策略的績效。但無論移動視窗是幾季，風格擇時策略的年化報酬率均未超過最佳候選模型（18.3%）。移動視窗越短，績效越佳。移動視窗一季者在許多期間超越了候選模型中之最佳者。在風險方面，移動視窗一季與二季者有較小的最大回撤，顯示風格擇時策略有較低的風險。

風格切換過程如圖 17-39，可見移動平均時間跨度越短，切換越頻繁。大部分的切換發生在混合風格、成長風格之間，這可能是因為它們是三個候選模型中年化報酬率較高的兩個模型。由於有三個候選模型，因此隨機猜測的正確率為 1／3。表 17-5 顯示，無論移動視窗多少季，這個比率均大於 1／3，特別是在移動視窗一季的情況下，這個比率接近 2／3，因此優勢風格有可預測性。

表 17-5 風格擇時策略的評估：候選模型含兩個單因子與一個雙因子模型

績效		候選模型			風格擇時策略		
		價值風格 P／B	混合風格 P／B-ROE	成長風格 ROE	1 季	2 季	4 季
年化報酬率（%）	全期	8.1	18.3	12.7	18.0	16.9	13.8
	前期	8.2	20.5	15.3	21.4	20.6	15.3
	後期	8.1	16.2	10.1	14.8	13.3	12.4
最大回撤（%）		-28.1	-25.1	-18.6	-19.2	-19.2	-24.9
風格正確率（%）					62.8	57.1	47.5

資料來源：作者整理

圖 17-35 風格擇時策略的年化報酬率：候選模型含兩個單因子與一個雙因子模型

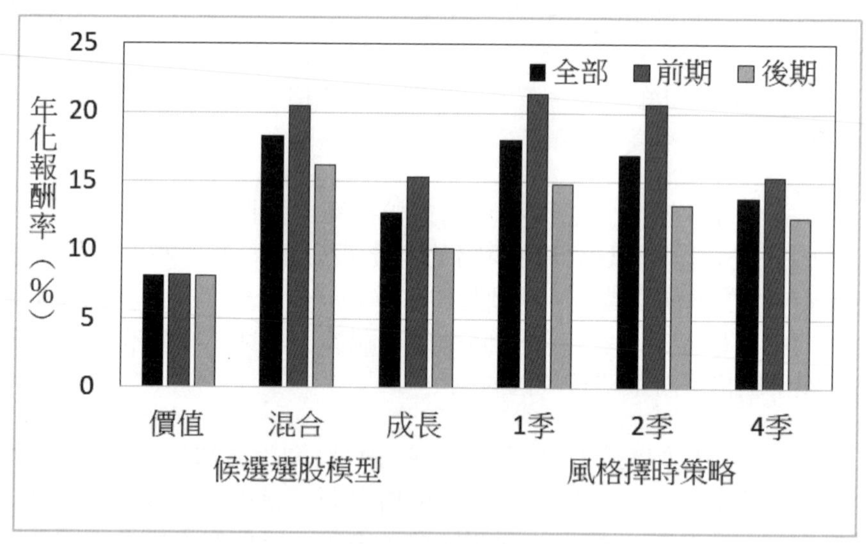

資料來源：作者整理

圖 17-36 風格擇時策略的累積超額報酬：移動視窗一季（含兩個單因子與一個雙因子模型）

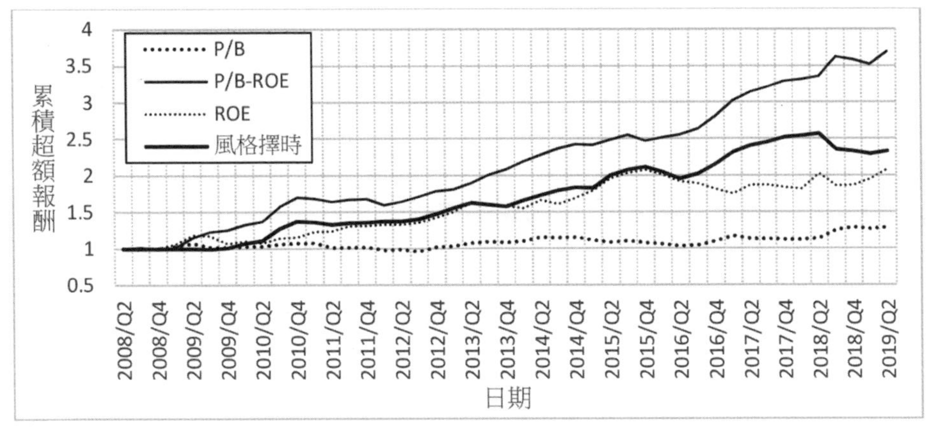

資料來源：作者整理

圖 17-37 風格擇時策略的累積超額報酬：移動視窗二季（含兩個單因子與一個雙因子模型）

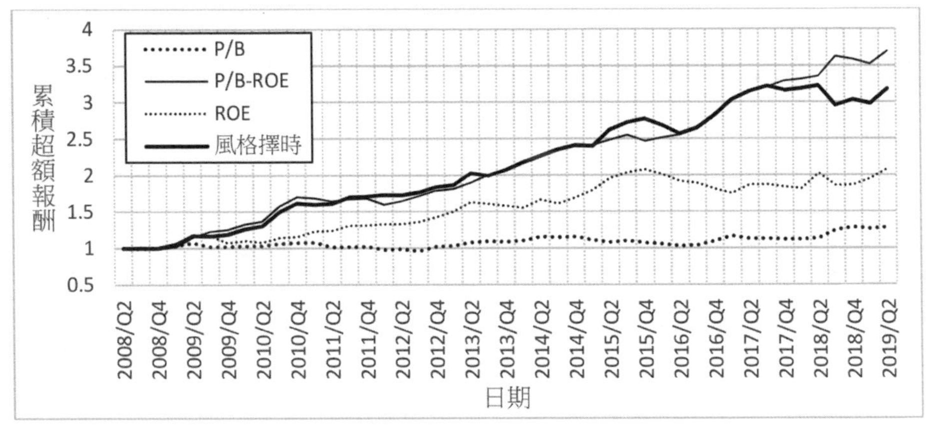

資料來源：作者整理

圖 17-38 風格擇時策略的累積超額報酬：移動視窗四季（含兩個單因子與一個雙因子模型）

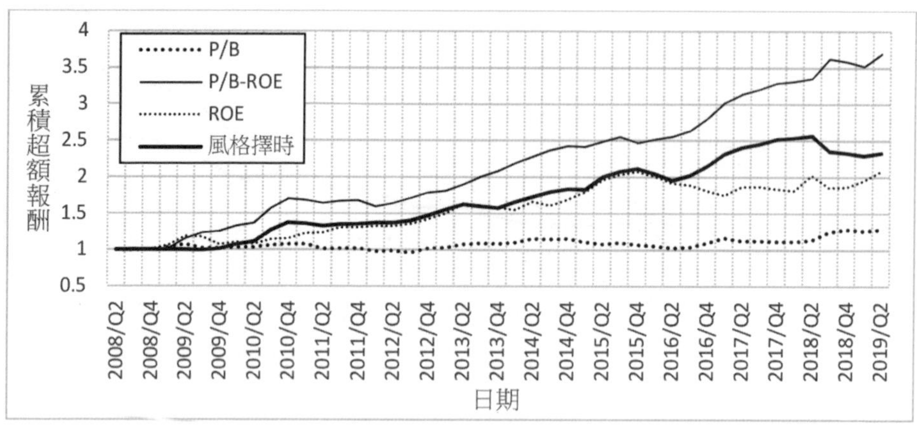

資料來源：作者整理

圖 17-39 風格切換的過程：候選模型含兩個單因子與一個雙因子模型

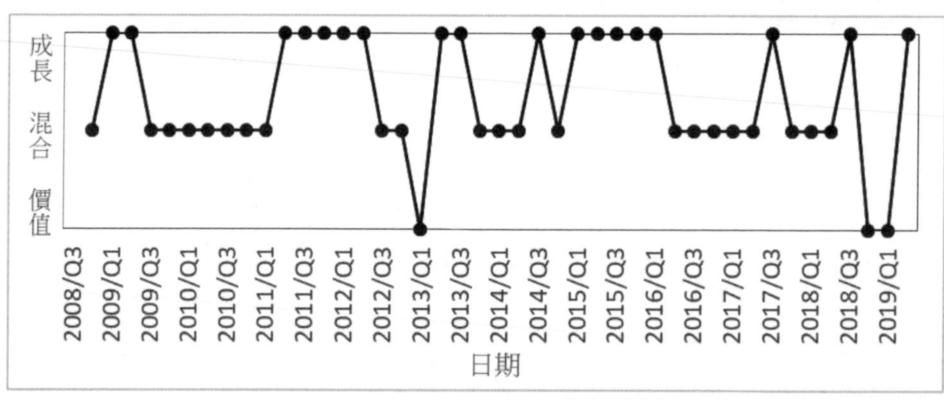

(a) 移動平均時間跨度：一季

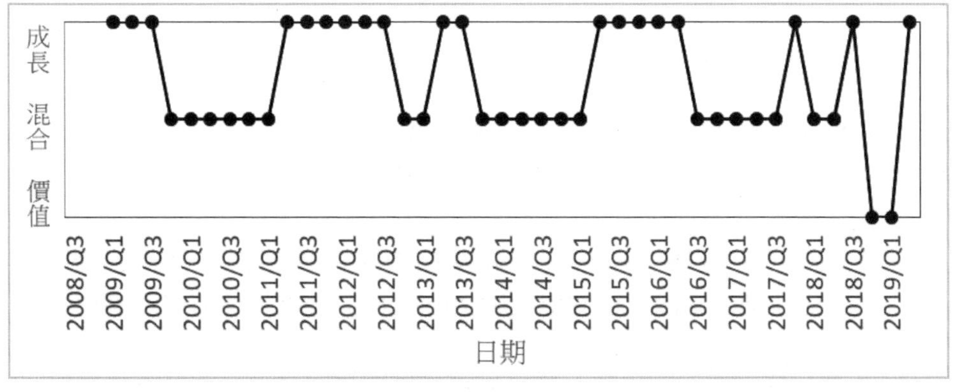

(b) 移動平均時間跨度：二季

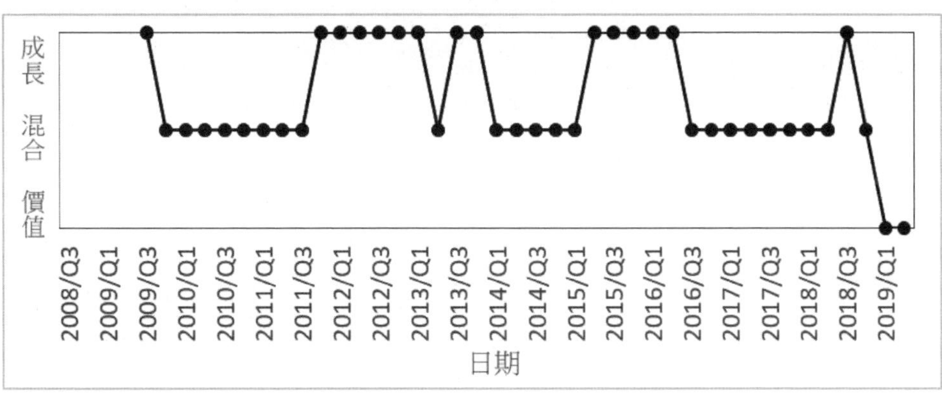

(c) 移動平均時間跨度：四季

資料來源：作者整理

17-4-3 以價值風格與成長風格的兩個單因子、三個雙因子模型組成候選模型

本節以前一節為基礎，候選模型的組合中除了價值風格、成長風格單因子模型，以及它們的等權雙因子模型之外，再配合價值、成長因子的權重組合分別是（0.75, 0.25）與（0.25, 0.75）的二個雙因子模型。回測結果如表 17-6 與圖 17-40 至圖 17-43。可知在候選模型中多加入兩個混合風格模型並無法進一步提高風格擇時策略的績效。這可能是因為這兩個模型的年化報酬率（12.8％與 12.7％）均比原本的等權雙因子模型（18.3％）低很

多。在風險方面，移動視窗一季與二季者有較小的最大回撤，顯示風格擇時策略有較低的風險。

風格切換過程如圖 17-44。可見切換經常是漸變而非驟變，優勢風格的變化並非隨機。經常從成長（或價值）風格切換到混合風格，再從混合風格切換到價值（或成長）風格，而不會直接由成長（或價值）風格切換到價值（或成長）風格。因有五個候選模型，因此隨機猜測的正確率為 20%。表 17-6 顯示這個比率均遠大於 20%，因此優勢風格有可預測性。

表 17-6 風格擇時策略的評估：候選模型含兩個單因子與三個雙因子模型

績效		候選模型					風格擇時策略		
		價值風格	混合風格			成長風格			
		P／B	偏 P／B	P／B-ROE	偏 ROE	ROE	1 季	2 季	4 季
年化報酬率（%）	全期	8.1	12.8	18.3	12.7	12.7	16.3	17.1	15.8
	前期	8.2	14.7	20.5	15.5	15.3	19.0	20.1	15.3
	後期	8.1	10.9	16.2	9.9	10.1	13.7	14.2	16.4
最大回撤（%）		-28.1	-24.4	-25.1	-17.7	-18.6	-19.8	-19.2	-24.9
風格正確率（%）							41.8	38.1	35.0

資料來源：作者整理

圖 17-40 風格擇時策略的年化報酬率：候選模型含兩個單因子與三個雙因子模型

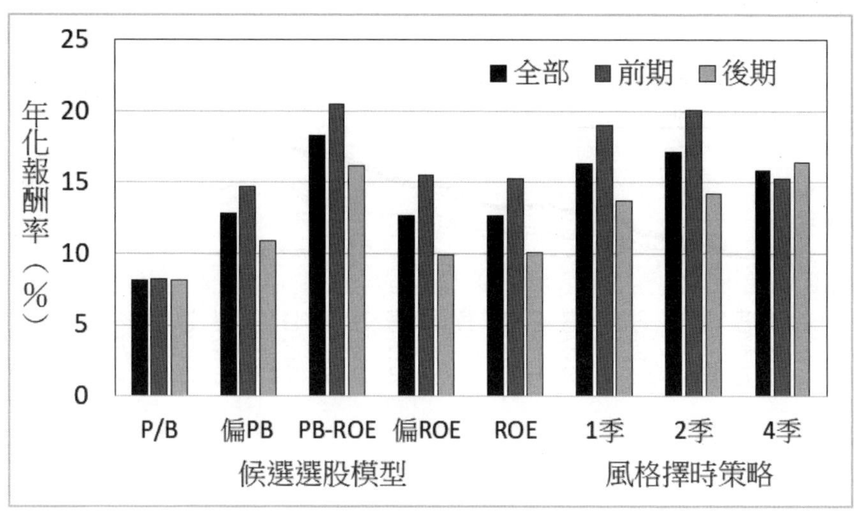

資料來源：作者整理

圖 17-41 風格擇時策略的累積超額報酬：移動視窗一季（含兩個單因子與三個雙因子模型）

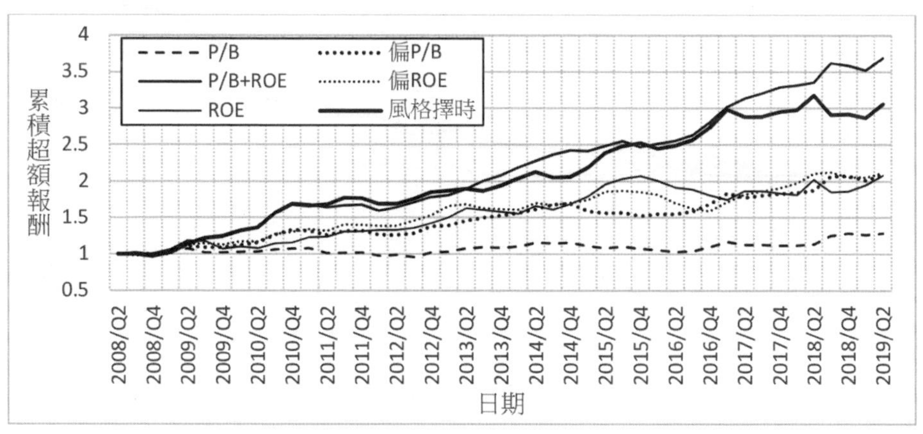

資料來源：作者整理

圖 17-42 風格擇時策略的累積超額報酬：移動視窗二季（含兩個單因子與三個雙因子模型）

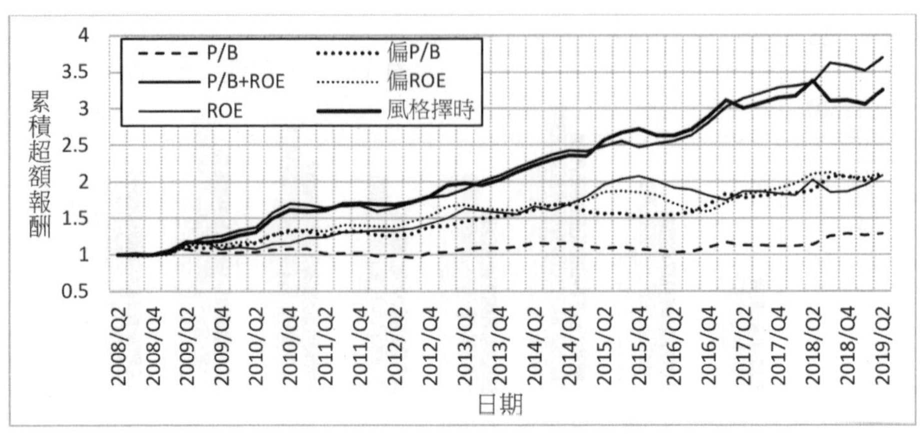

資料來源：作者整理

圖 17-43 風格擇時策略的累積超額報酬：移動視窗四季（含兩個單因子與三個雙因子模型）

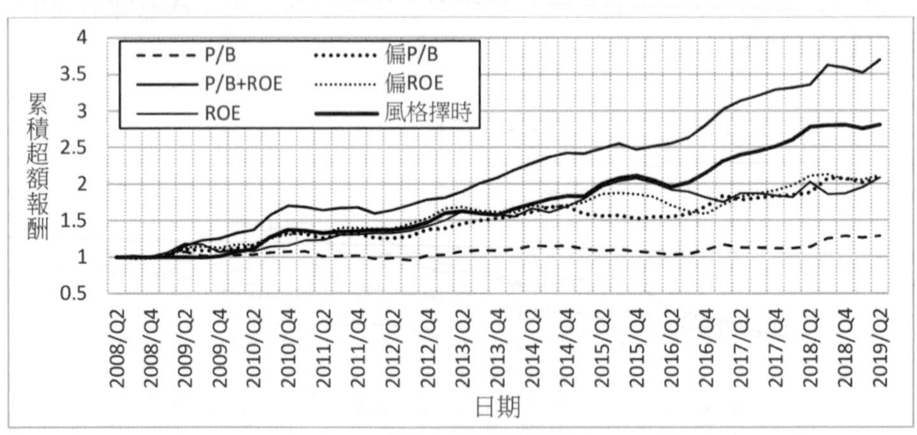

資料來源：作者整理

圖 17-44 風格切換的過程：候選模型含兩個單因子與三個雙因子模型

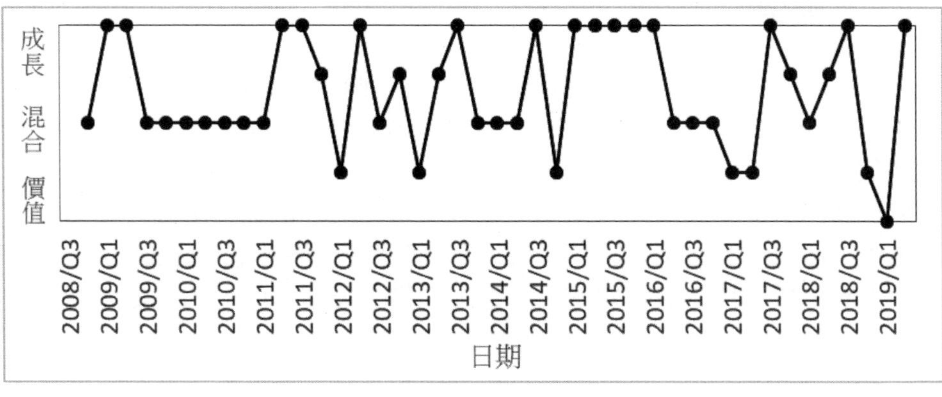

(a) 移動平均時間跨度：一季

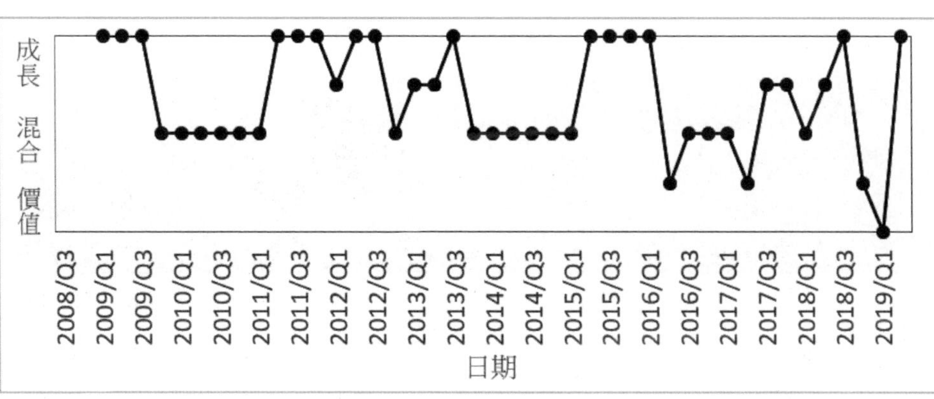

(b) 移動平均時間跨度：二季

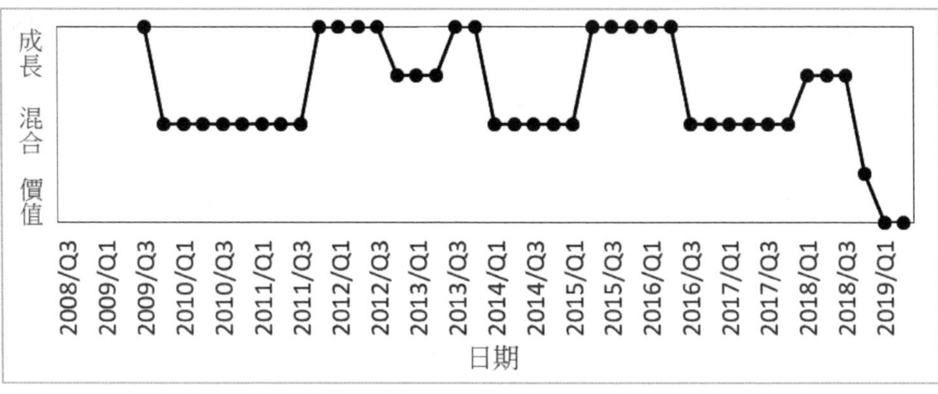

(c) 移動平均時間跨度：四季

資料來源：作者整理

17-4-4 以單因子、雙因子、三因子、四因子模型組成候選模型

本節以前一節為基礎，但候選模型中的二個非等權的二因子模型改用 P／B-ROE-R 三因子模型、P／B-ROE-R-beta 四因子模型。回測結果如表 17-7 與圖 17-45 至圖 17-48。可知在候選模型中多加入三因子、四因子模型並無法進一步提高風格擇時策略的績效。這可能是因為這兩個模型的年化報酬率（15.7%與 15.8%）比原本的雙因子混合風格模型（18.3%）低。在風險方面，風格擇時策略有較小的最大回撤，顯示有較低的風險，這可能是因為新加入的四因子模型有很小的最大回撤（-10.2%）。因有五個候選模型，因此隨機猜測的正確率為 20%。表 17-7 顯示此比率均遠大於 20%，因此優勢風格有可預測性。

表 17-7 風格擇時策略的評估：候選模型含單、雙、三、四因子模型

績效		候選模型					風格擇時策略		
		價值風格	混合風格			成長風格			
		P／B	P／B-ROE	P／B-ROE-R	P／B-ROE-R-beta	ROE	1季	2季	4季
年化報酬率（%）	全期	8.1	18.3	15.7	15.8	12.7	14.6	14.8	16.4
	前期	8.2	20.5	14.2	17.5	15.3	15.8	15.4	18.5
	後期	8.1	16.2	17.3	14.1	10.1	13.5	14.1	14.3
最大回撤（%）		-28.1	-25.1	-22.7	-10.2	-18.6	-16.9	-20.3	-10.2
風格正確率（%）							39.5	30.9	32.5

資料來源：作者整理

圖 17-45 風格擇時策略的年化報酬率：候選模型含單、雙、三、四因子模型

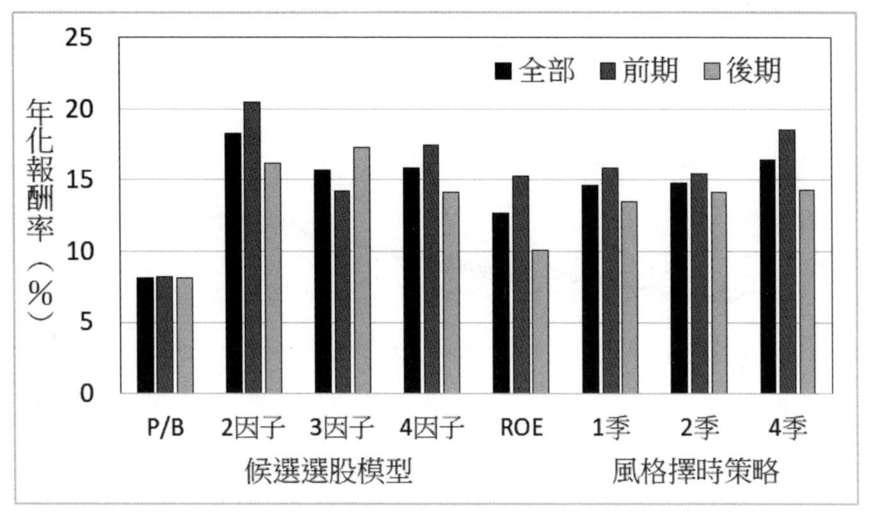

資料來源：作者整理

圖 17-46 風格擇時策略的累積超額報酬：移動視窗一季（含單、雙、三、四因子模型）

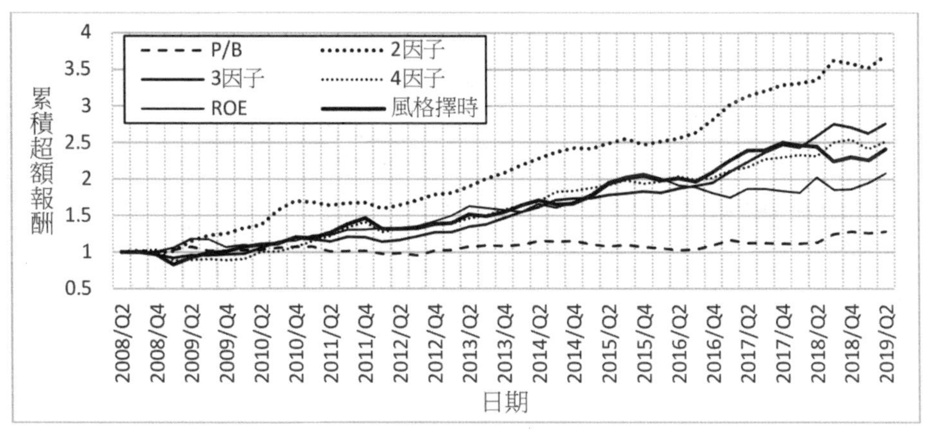

資料來源：作者整理

圖 17-47 風格擇時策略的累積超額報酬：移動視窗二季 （含單、雙、三、四因子模型）

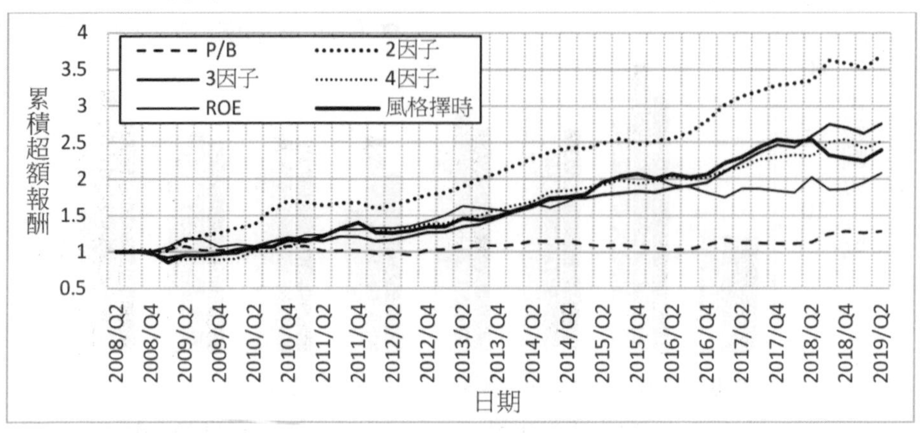

資料來源：作者整理

圖 17-48 風格擇時策略的累積超額報酬：移動視窗四季 （含單、雙、三、四因子模型）

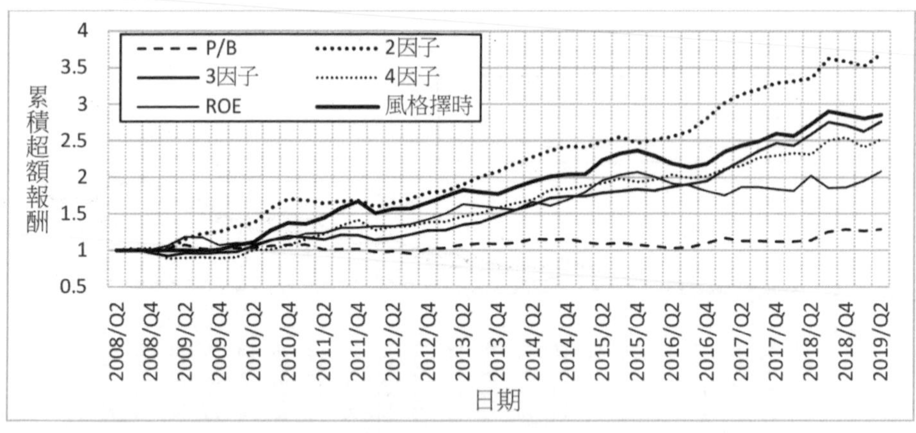

資料來源：作者整理

17-4-5 以價值、成長、規模、風險、慣性五個單因子模型組成候選模型

本節候選模型採用五種不同風格的單因子模型。回測結果如表 17-8 與

圖 17-49 至圖 17-52。由圖表可知，移動視窗是二季與四季者，年化報酬率可超過最佳候選模型（12.7%）。顯示將價值風格與成長風格以外的其他風格模型加入候選模型可以提升風格擇時策略的績效。表 17-8 顯示風格正確率全部大於隨機猜測的 20%，因此風格有部分可預測性。

表 17-8 風格擇時策略的評估：候選模型含五個單因子模型

績效		候選模型					風格擇時策略		
		價值	規模	風險	慣性	成長	1 季	2 季	4 季
年化報酬率（%）	全期	8.1	6.6	9.7	12.4	12.7	11.8	14.9	12.9
	前期	8.2	6.9	13.8	13.5	15.3	15.4	19.6	17.4
	後期	8.1	6.3	5.8	11.4	9.9	8.2	10.4	8.5
最大回撤（%）		-28.1	-14.9	-7.6	-19.5	-18.6	-16.6	-20.5	-14.5
風格正確率（%）							27.9	33.3	30.0

資料來源：作者整理

圖 17-49 風格擇時策略的年化報酬率：候選模型含五個單因子模型

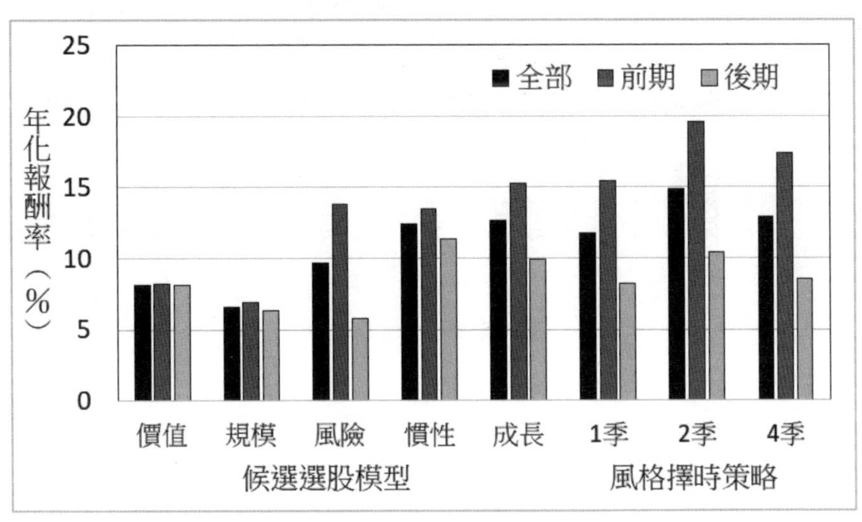

資料來源：作者整理

圖 17-50 風格擇時策略的累積超額報酬：移動視窗一季（含五個單因子模型）

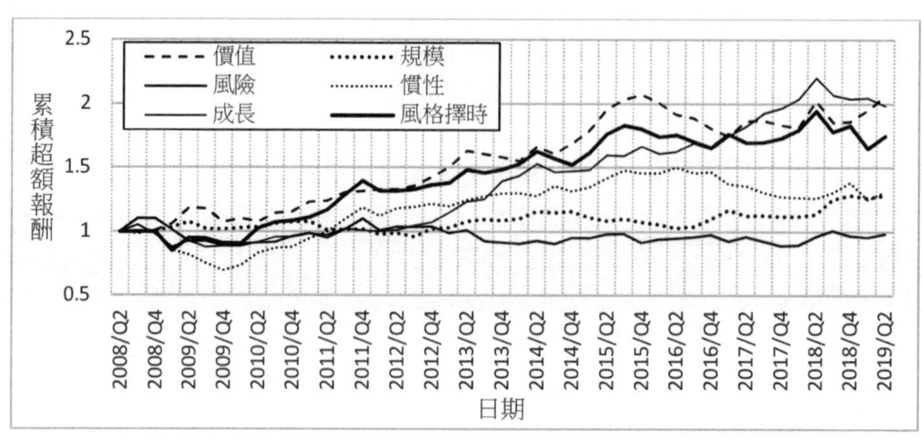

資料來源：作者整理

圖 17-51 風格擇時策略的累積超額報酬：移動視窗二季（含五個單因子模型）

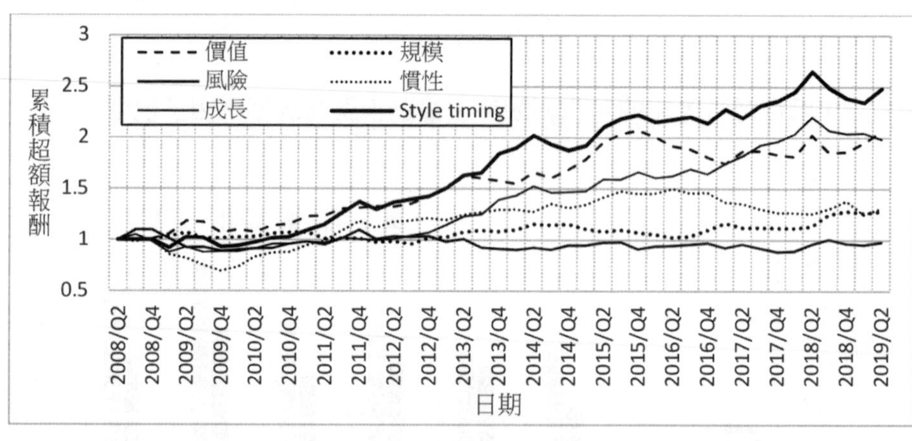

資料來源：作者整理

圖 17-52 風格擇時策略的累積超額報酬：移動視窗四季（含五個單因子模型）

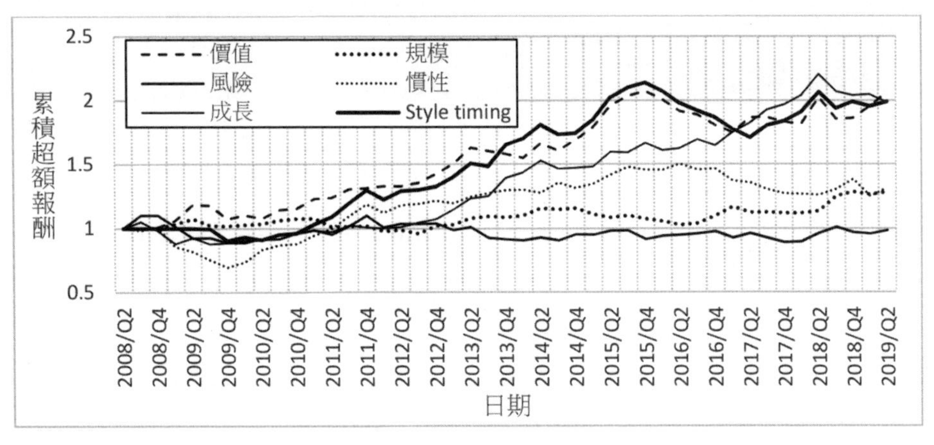

資料來源：作者整理

17-4-6 以價值、成長、規模、風險、慣性五個因子組成的 36 個模型為候選模型

本節候選模型採用實驗計畫中的所有 36 個模型，包含了 5、10、10、5、6 個單、雙、三、四、五因子模型。結果如表 17-9 與圖 17-53 至圖 17-54。圖中虛線為 36 個候選模型的平均值。由圖表可知，將 36 個模型均加入候選模型，並無法達到只含 P／B, ROE, P／B-ROE 三個模型的候選模型就能達到的報酬，但其報酬水準仍可達到接近最佳候選模型的水準。在風險方面，最大回撤的水準接近候選模型的平均水準，顯示風格擇時策略是在不提高風險的情況下，提高了報酬。圖 17-55 顯示，移動視窗一季的累積超額報酬曲線有一段很長的時間持平，代表這段期間其報酬率與大盤相近。移動視窗二季與四季的曲線無此現象，較為平穩。

表 17-9 風格擇時策略的評估：候選模型含 36 個模型

績效	候選模型統計						風格擇時策略		
	最小值	最大值	全距	標準差	平均值	中位數	1 季	2 季	4 季
年化報酬率（%）	6.6	17.8	11.2	3.47	12.16	12.45	13.5	15.0	14.1
年化超額報酬率（%）	-0.2	12.2	12.4	3.5	5.6	5.75	7.1	8.6	7.7
最大回撤（%）	-31.9	-6.2	25.7	7.0	-15.5	-14.4	-17.1	-13.7	-14.6

資料來源：作者整理

圖 17-53 風格擇時策略的年化報酬率：候選模型含 36 個模型

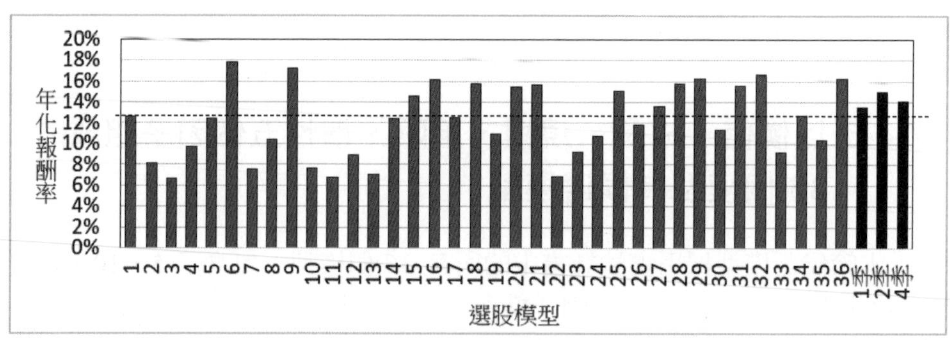

資料來源：作者整理

圖 17-54 風格擇時策略的最大回撤：候選模型含 36 個模型

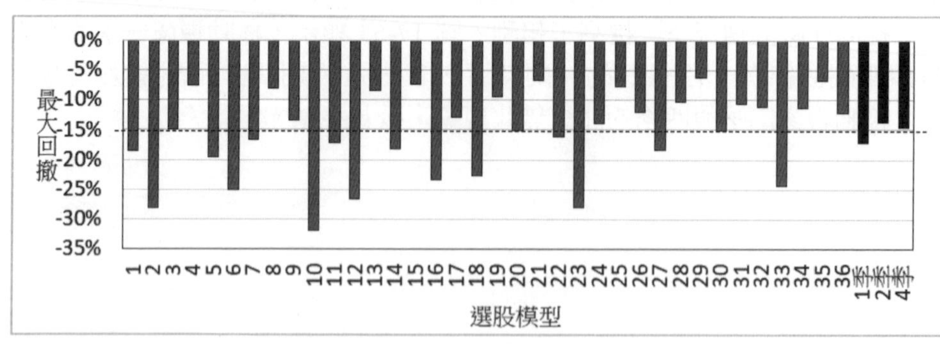

資料來源：作者整理

圖 17-55 風格擇時策略的累積超額報酬：候選模型含 36 個模型

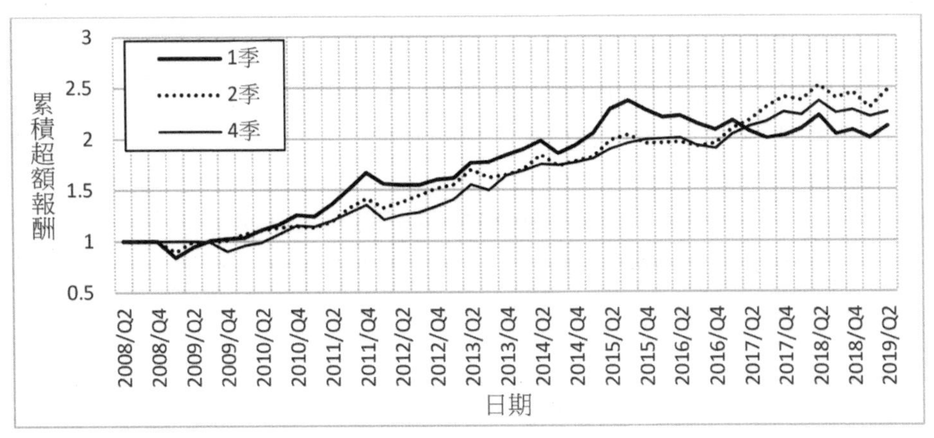

資料來源：作者整理

17-05 對投資人的啟發：風格擇時策略具有應用的價值

本章提出一些深入剖析輪動現象的新方法，並利用剖析的發現，設計出有效的風格擇時策略。我們以台灣的大型股（當季總市值前 20%的股票）為選股池。在每季的季初選出加權評分最高的 10%股票股持有到季底，回測期間為 2008 年 Q3 到 2019 年 Q2，共 11 年，44 季的股市資料。實證結果如下：

1. 風格輪動現象之剖析

(1) 各模型的季超額報酬率時間數列分析顯示，許多模型具有正向的自我相關，證明了選股風格的績效具有連續性，為「多因子風格擇時策略」提供了理論基礎。

(2) 價值風格與成長風格在回測期間各有多次出現連續多季占優勢期間，最長期間可達三年。這顯示市場有明顯的價值風格與成長風格之間的輪動現象。

(3) 價值風格與成長風格的選股能力有明顯的反向關係，具有風格輪動的互補性。

(4) 許多混合價值風格與成長風格的模型具有很高的綜效。這些多因子模型的累積超額報酬曲線在回測期間幾乎是單調上升，表現穩定，不受價值風格與成長風格之間的輪動現象影響，能持續擊敗市場。

(5) 由於多因子模型之間都有很高的相關係數，因此風格彼此相似，缺少風格輪動的互補性。

(6) 依據剖析輪動現象的發現，風格擇時策略的候選模型應該以單因子為主，而且必須包含價值風格因子、成長風格因子，再配合一些具有明顯綜效的多因子模型。

2. 風格擇時策略

(1) 將多因子模型加入候選模型後，可以提升風格擇時策略的績效，雖然通常仍無法超過，但經常可以接近所有候選模型中績效最高者。

(2) 將價值風格與成長風格以外的其他風格模型加入候選模型，可以提升風格擇時策略的績效，甚至超越所有候選模型中績效最高者。

(3) 將大量模型加入候選模型，並無法大幅提升風格擇時策略的績效。

(4) 移動視窗的時間跨度會影響預測下期優勢風格的正確率，通常二季的表現最佳。

(5) 優勢風格具有部分可預測性。

總之，雖然風格擇時策略的績效通常只能接近所有候選模型中績效最高者，但風格擇時策略的有效性是建立在近期優勢風格會持續優勢的假設上，與將來何種風格占優勢無關。只要這個假設在未來仍然有效，風格擇時策略就會有效。而所有候選模型中績效最高者的有效性，是建立在最佳候選模型將來仍會是所有候選模型中最佳模型的假設上，這個假設在未來是否成立是相當不確定的。因此，動態的「多因子風格擇時策略」仍然優於靜態的「多因子模型」，具有應用的價值。

回測實證，市場實戰
加權評分法：最佳選股策略

本章將以前面各章發現的最佳因子投資策略，用 2000 至 2020 共 21 年的股市資料庫回測評估這個策略的績效，幫助投資人了解這個策略的報酬、風險、流動性等績效特性。此外，作者還在 2021 至 2023 年根據此策略在市場實際買賣股票十個財報季，並評估投資績效，證明這個策略是實際可行的高報酬投資方法。

18-01 最佳選股策略：從 2010 至2022 年共 13 年之回測

本書經過了前面幾章的層層測試，發現最佳的因子投資策略為

排名規則：以 ROE-PB-R 等權三因子選股模型對股票評分與排名。
交易規則：在「季財報公告後的第一個交易日」換股。
買入規則：買入「市值最大前 50%」且「加權評分法排名在前 2%」的股票。
賣出規則：賣出排名掉出前 10%的股票。

本章將採用這個因子投資策略，作詳盡的回測，幫助投資人了解這個策略的報酬、風險、流動性等績效特性。回測的方法如下：

- ☐ **回測期間：**2010 年 1 月初到 2022 年 11 月 16 日，將近 13 年的股市資料。
- ☐ **股票樣本：**台灣所有上市及上櫃股票中，市值最大前 50%的股票。
- ☐ **交易成本：**依現行股票交易實務計算。
- ☐ **交易週期：**季財報公告後的第一個交易日。
- ☐ **下市個股：**包含下市個股。
- ☐ **個股權重：**個股相同權重。
- ☐ **交易價格：**當日收盤價。
- ☐ **操作方式：**作多操作。
- ☐ **買入規則：**買入「市值最大前 50%」且「加權評分法排名在最佳前 30 名」的股票。
- ☐ **賣出規則：**賣出所有不滿足買入規則的股票。賣出規則不採取「賣出排名掉出前 10%的股票」是因為（1）回測軟體不容易設定此一規則（2）採用賣出所有不滿足買入規則的股票，相當於「賣出規則不採取賣出排名掉出前 2%的股票」。第 16 章曾證明 2%與 10%的賣出門檻差異很小，年化報酬率大約差不到 1%。

18-02
巨觀：投資組合的績效統計

首先對前述因子投資策略的回測績效作一個巨觀統計，即對投資組合的全期、總體績效進行統計，幫助投資人了解這個策略的特性：

◎ 報酬

投資組合年化報酬率：24.07%
大盤指數年化報酬率：4.54%
期間無風險利率年化報酬率：0.66%
投資組合月報酬的平均：1.98 %

◎ 風險

投資組合年化報酬率標準差：18.43%
大盤指數年化報酬率標準差：15.73%
最大回撤：-32.69%

Beta 值：0.8524
夏普比率（Sharpe Ratio）：1.27
投資組合月報酬的標準差：5.91 %
投資組合月報酬超越大盤次數：96／155
投資組合月報酬超越大盤比率：61.9%

◎ 流動性

平均作多持股數：14.2 檔
平均持有天數（日曆天）：100.0 日
年週轉率：3.58 次
平均手續費占獲利：9.05%
年交易成本：2.09%

18-03 組成的微觀 1：個股報酬統計

雖然前節已經對此一因子投資策略的投資組合作全期、總體績效統計，顯示有很高的報酬，合理的風險與流動性。但投資組合中的個股必然有非常不同的報酬。本節將對投資組合之組成個股的報酬率進行統計，幫助投資人了解個股的報酬率分布特性。

一支股票有可能在回測期間不只一次買進賣出，因此需計算其報酬率平均值。圖 18-1 為曾經買入的 290 支股票的平均報酬率排序後的柱狀圖。其中最大報酬率約 110%，最小約-33%。報酬率的分布明顯不對稱，大於 0 的數目遠多小於 0 的數目。

由於一支股票有可能在多頭市場或空頭市場被買賣，為了消除市場多空的影響，圖 18-2 計算了為曾經買入的股票在持有期相對大盤的報酬率平均值，並排序繪成柱狀圖。其中相對大盤的報酬率最大約 100%，最小約-25%。報酬率的分布明顯不對稱，大於 0 的數目遠多小於 0 的數目。

這兩個圖形顯示，雖然因子投資策略的投資組合的全期、總體績效很好，但選出的股票中仍有不少股票的報酬率低於 0 或低於同期的大盤，因此投資組合有必要包含足夠數量的股數，以消除個股的風險。

將圖 18-2 的相對大盤報酬率柱狀圖改成報酬率累加曲線，如圖 18-3。可以發現，在曾經買入的 290 支股票當中，前 90 支股票的累加曲線到達最低點，顯示這些股票的相對大盤報酬率為負值。前 210 支股票的累加曲線到達 0，顯示這些股票的相對大盤報酬率剛好抵銷。能打敗大盤示靠後面的 80 支股票，而且打敗大盤的累加報酬率中有 80%來自表現最好的 50 支股票，約占全部的 17%。這些不到 1／6 的股票成為幫助投資人打敗大盤的主力。所以不需指望選出的股票每一隻都打敗大盤，少數表現突出的股票才是致勝關鍵。

圖 18-1 個股平均報酬率（含股利）排序柱狀圖

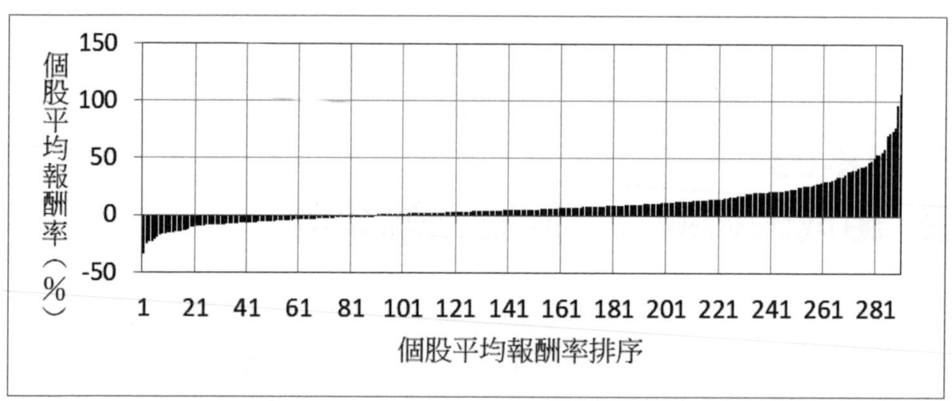

資料來源：作者整理

圖 18-2 個股相對大盤報酬率（含股利）排序柱狀圖

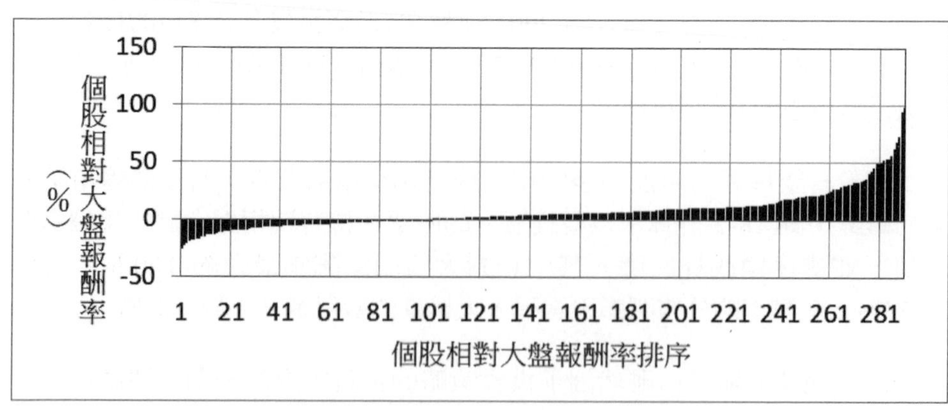

資料來源：作者整理

圖 18-3 個股相對大盤報酬率（含股利）排序報酬率累積圖

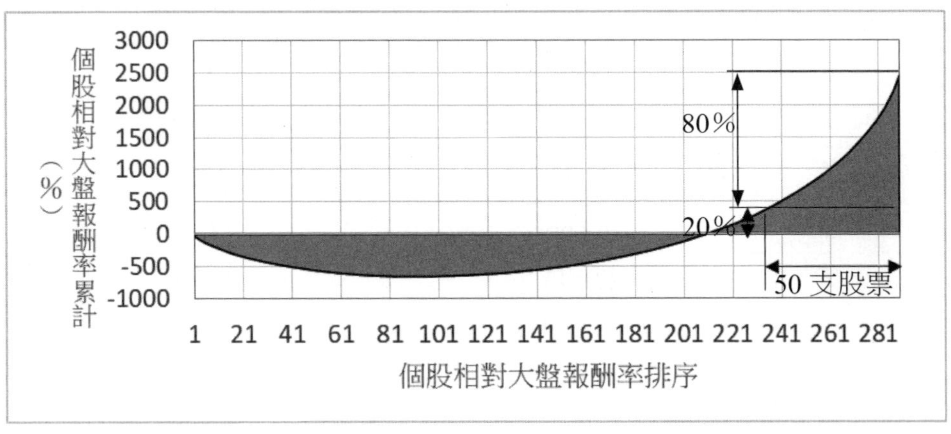

資料來源：作者整理

18-04 組成的微觀 2：交易報酬統計

前一節是以個股為單位做報酬統計，在此將一支股票交易一次視為一筆交易紀錄，其報酬率統計如表 18-1：

- ✓ 在 638 次交易中，絕對勝率 59.2%，相對勝率 58.6%，勝率並不高。
- ✓ 兩者的平均值均遠高於中位數，又有極端大的最大值，顯示在分布的右側有許多不符合常態分布的交易。

每次交易的絕對與相對報酬率直方圖如圖 18-4 與圖 18-5，可見在右側與左側均有許多不符合常態分布的交易，但右側明顯多於左側，顯示因子投資的選股交易中，有許多交易的報酬率十分突出，特別是絕對報酬或相對報酬大於 20%的交易。

將每一筆交易依照相對大盤的報酬率排序，繪成累積圖，如圖 18-6。可以發現，在 638 次交易中，前 550 次交易的累加曲線到達 0，顯示這些交易的相對大盤報酬率剛好抵銷。能打敗大盤示靠後面的 88 次交易，而且打敗大盤的累加報酬率中有 80%來自表現最好的 56 次交易，約占全部的 9%。這些不到 1／10 的交易成為幫助投資人打敗大盤的主力。

表 18-1 交易的報酬率統計

	絕對報酬率（%）	相對報酬率（%）
平均值	7.18	5.73
中位數	2.15	2.12
標準差	22.90	19.95
最小值	-47.66	-33.71
最大值	221.45	193.55

資料來源：作者整理

表 18-2 交易的勝率統計

	絕對報酬	相對報酬
勝	378	374
敗	257	264
平	3	0
N	638	638
絕對勝率	59.2%	58.6%

資料來源：作者整理

圖 18-4 交易的報酬率直方圖：絕對報酬率

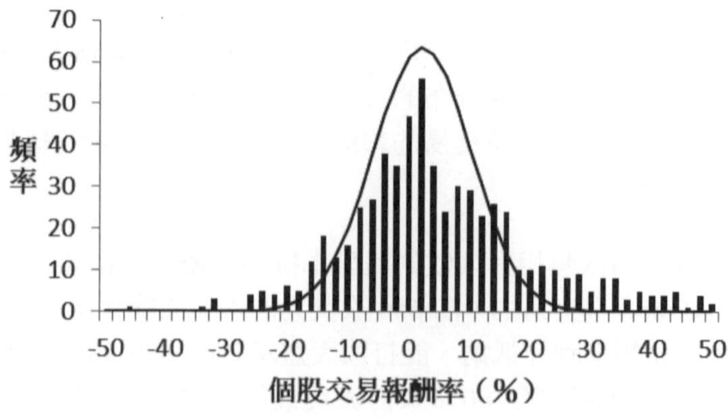

資料來源：作者整理

圖 18-5 交易的報酬率直方圖：相對報酬率

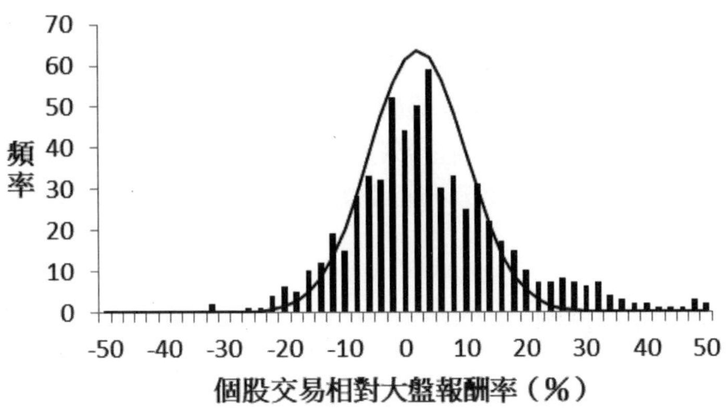

資料來源：作者整理

圖 18-6 交易相對大盤報酬率（含股利）排序報酬率累積圖

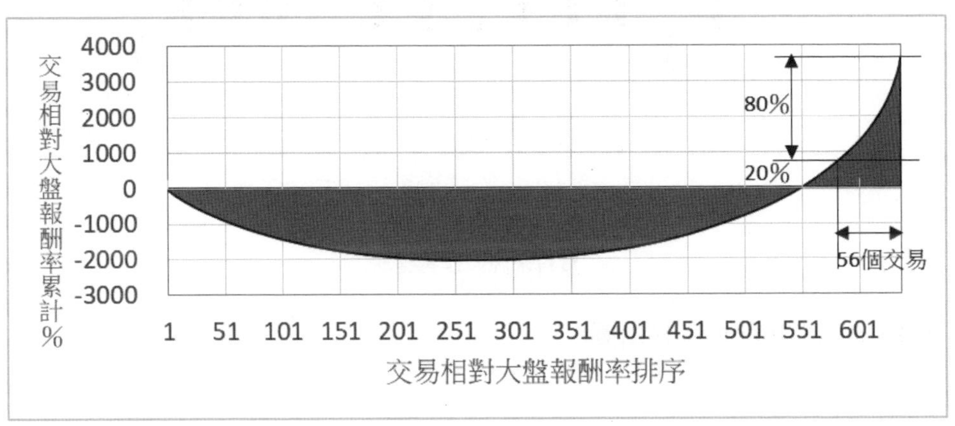

資料來源：作者整理

18-05 時間的微觀 1：年報酬率統計

雖然第二節已經對此一因子投資策略的投資組合作全期、總體績效統計，結果顯示有很高的報酬、合理的風險與流動性。但投資組合中的每一年的報酬必然有很大的差異。本節將對投資組合的時間軸進行微觀分析，對每一年的報酬進行統計，幫助投資人了解動態的績效特性。

每年的年報酬率柱狀圖如圖 18-7，超額年報酬率柱狀圖如圖 18-8，顯示只有在 2011 年因子投資的年報酬率低於大盤（含股利）。超額年報酬率十分穩定，在 13 年中有 9 年在 9%至 22%。在 2013 年有異常高的超額年報酬率，這一年正好是財報公布日開始變更的那一年，可能因此導致該年的回測異常。

圖 18-7 年報酬率柱狀圖

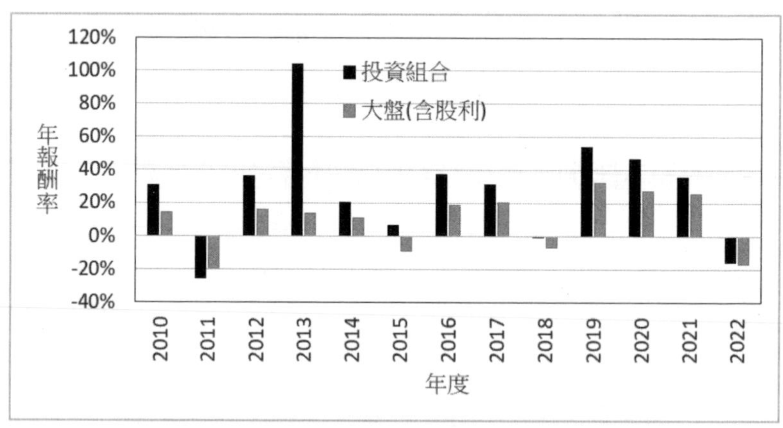

資料來源：作者整理

圖 18-8 超額年報酬率柱狀圖

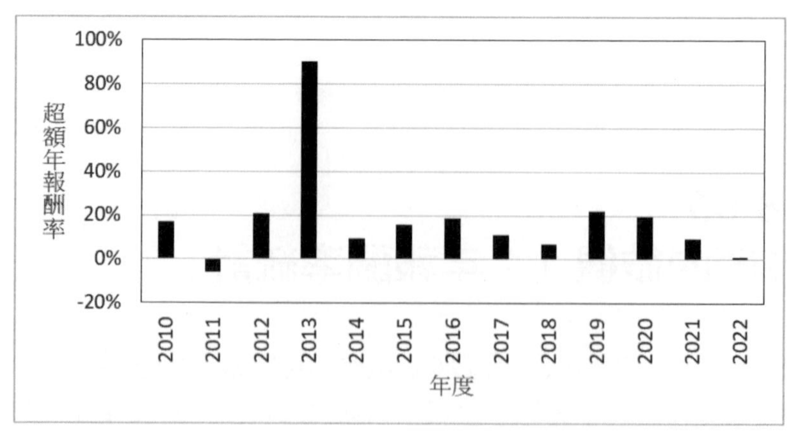

資料來源：作者整理

18-06
時間的微觀 2：年報酬率分解

因子投資與大盤的年報酬率散布圖如圖 18-9，其中 2013 年的例外點已被排除。迴歸分析顯示：

✓ 超額年報酬率（α）=8.64%
✓ 系統性風險係數（β）=1.36

表明因子投資具有可觀的超額年報酬率，有明顯的選股能力，但也具有較高的系統性風險。

因子投資與市場的年報酬率平均值如下：

✓ 因子投資：21.5%（例外點排除前為 27.8%）
✓ 市場（含股利）：9.43%

因子投資的年報酬率可分解如下（圖 18-10）：

因子投資的年報酬率
＝超額年報酬率（α）＋系統性風險係數（β）×市場的年報酬率
＝8.64%＋1.36×9.43%=8.64%＋12.82%＝21.5%

也就是說這 21.5%中，超額年報酬率（α）貢獻了 8.64%，風險溢酬貢獻了 12.82%。其中風險溢酬貢獻可以分解如下：

系統性風險係數（β）×市場的年報酬率
＝（1＋（β－1））×市場的年報酬率
＝市場的年報酬率＋（β－1）×市場的年報酬率
＝9.43%＋（1.36－1）×9.43%＝9.43%＋3.39%＝12.82%

因此風險溢酬中市場貢獻了 9.43%，額外多出的風險貢獻了 3.39%。

圖 18-9 因子投資與大盤的年報酬率散布圖（將例外點排除）：α=8.64%，β=1.36

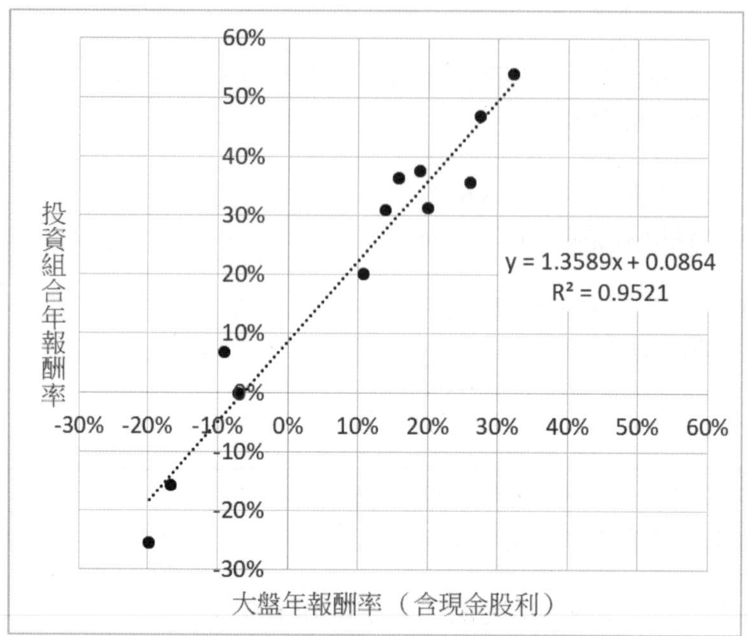

資料來源：作者整理

圖 18-10 因子投資的年報酬率的分解

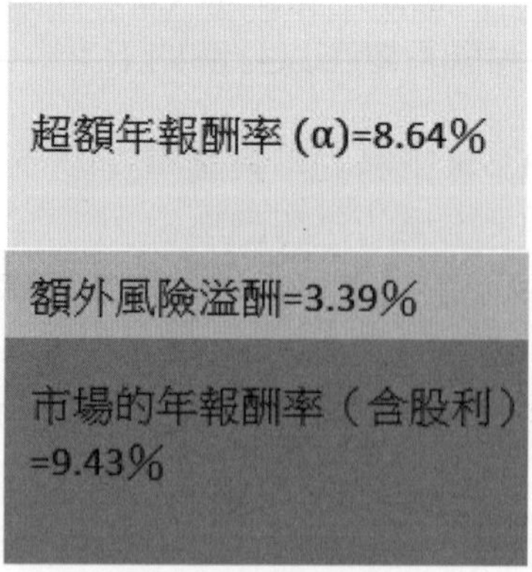

超額年報酬率 (α)=8.64%

額外風險溢酬=3.39%

市場的年報酬率（含股利）=9.43%

資料來源：作者整理

18-07
時間的微觀 3：日報酬率統計

❑ 每日的報酬率統計

每日的報酬率統計如表 18-3，大盤每日報酬率 0.023%，因子投資 0.095%，已經達到巴菲特的水準。這顯然過度樂觀，原因可能是回測與市場實務操作並不 100%吻合。另一個因素是前面提到的，在 2013 年有異常高的超額年報酬率，排除這一年後的因子投資每日報酬率 0.078%。

每日的報酬率絕對勝率統計如表 18-4，大盤絕對勝率 53.3%，因子投資 57.5%，看似差異不大，但已經足以讓因子投資產生可觀的超額報酬。

表 18-3 每日的報酬率統計

	大盤	投組
平均值	0.023%	0.095%
中位數	0.070%	0.160%
標準差	0.995%	1.165%
最小值	-6.31%	-8.37%
最大值	6.37%	5.11%

資料來源：作者整理

表 18-4 每日的報酬率勝率統計（絕對勝率）

	大盤	投組
勝	1,688	1,823
敗	1,480	1,345
交易日	3,168	3,168
勝率	53.3%	57.5%

資料來源：作者整理

❑ 每日的報酬率直方圖統計

將每日的報酬率以直方圖呈現：

✓ 圖 18-11 大盤日報酬率直方圖
✓ 圖 18-12 因子投資日報酬率直方圖
✓ 圖 18-13 因子投資日超額報酬率直方圖

可知均接近常態分布，都有平均值接近 0，但標準差相對很大的特徵。從這些直方很難看出大盤與因子投資日報酬率的分布的差異，為了比較，繪出以下統計圖：

✓ 圖 18-14 大盤與因子投資日報酬率重疊直方圖

可知日報酬率在 0.2%以下者，因子投資的頻率遠少於大盤；反之，在 0.9%以上者，因子投資的頻率遠多於大盤。這顯示因子投資的日報酬率的分布比大盤更靠右側，也就是因子投資的日報酬率高於大盤。為了更進一步看出差異，繪出以下統計圖：

✓ 圖 18-15 大盤與因子投資日報酬率頻率差額柱狀圖

此圖是圖 18-14 大盤與因子投資日報酬率重疊直方圖之頻率差額柱狀圖，可以更清楚地看出在 0.2%以下、0.9%以上，因子投資的頻率分別遠少於、遠多於大盤。這顯示因子投資的日報酬率分布比大盤更靠右側，也就是因子投資的日報酬率高於大盤。

圖 18-11 大盤日報酬率直方圖

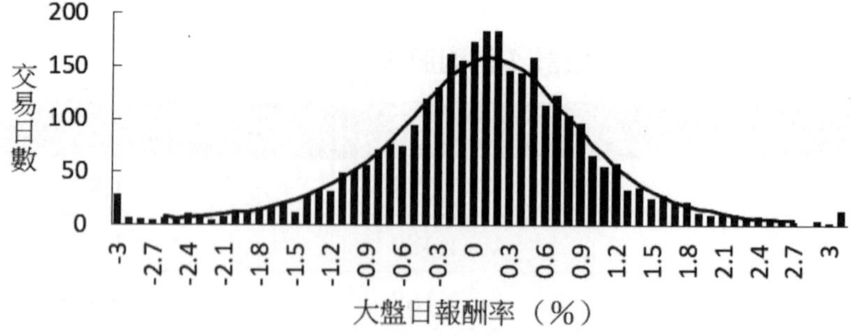

資料來源：作者整理

圖 18-12 因子投資日報酬率直方圖

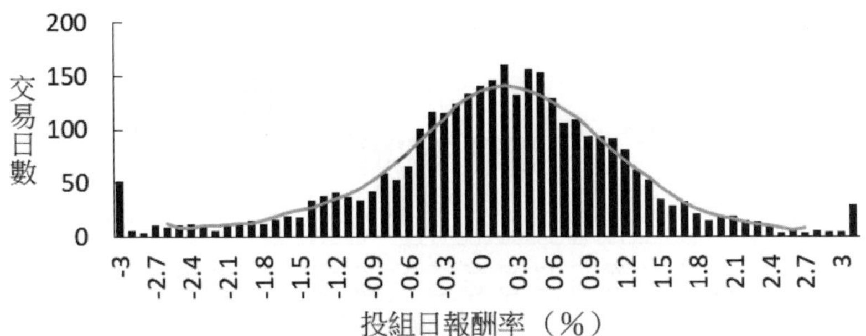

資料來源：作者整理

圖 18-13 因子投資日超額報酬率直方圖

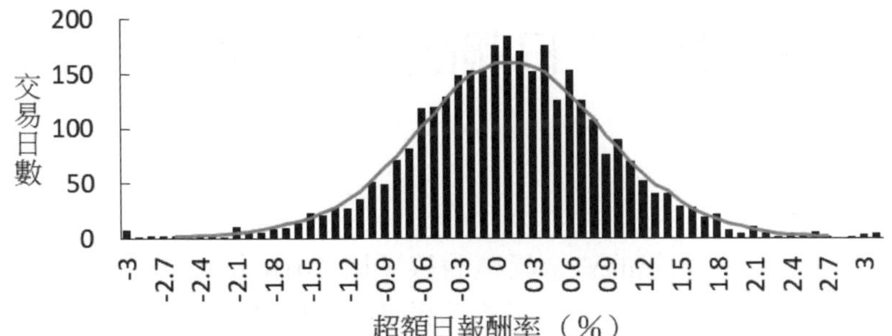

資料來源：作者整理

圖 18-14 大盤與因子投資日報酬率直方圖

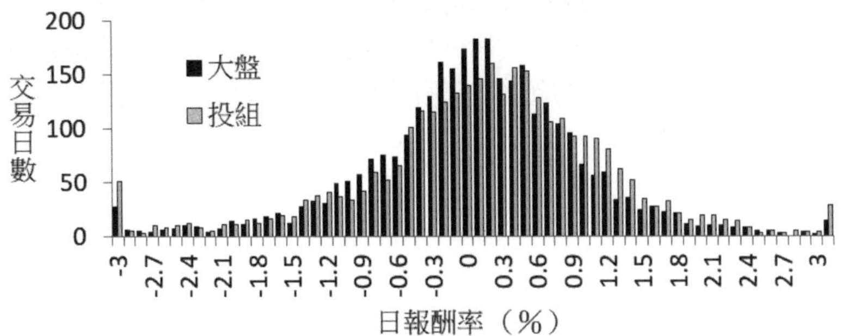

資料來源：作者整理

圖 18-15 大盤與因子投資日報酬率頻率差額柱狀圖

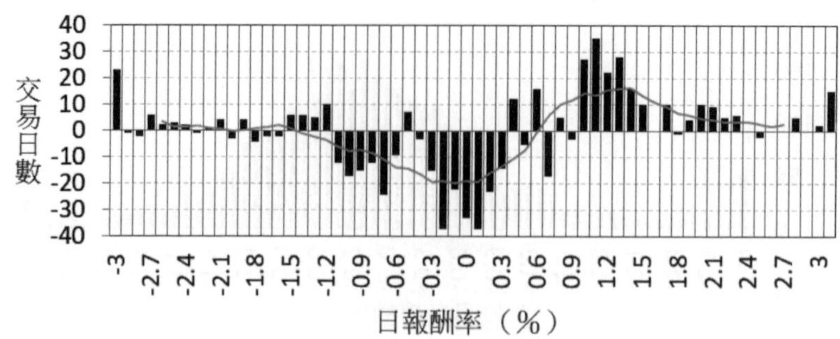

資料來源：作者整理

18-08
時間的微觀 4：日報酬率累積過程

◎ **累積資金曲線**

因子投資與台股大盤的資金累積曲線（以 2010 年年初為 1）的對數尺度圖如圖 18-16。可以發現，因子投資的表現遠優於大盤，前者最終達到 16.1，後者只達到 2.9。

◎ **超額累積資金曲線**

超額報酬累積曲線（以 2010 年年初為 1）的對數尺度圖如圖 18-17。在對數尺度上，累積資金的斜率正比於成長率，即報酬率。因此可發現曲線的斜率除了在 2013 年特別高以外，相當穩定，顯示因子投資穩定地高於大盤。在 2013 年有異常高的超額年報酬率，可能是因為財報公布日開始變更，導致該年的回測異常。

圖 18-16 因子投資與台股大盤的資金累積曲線（以 2010 年年初為 1）的對數尺度圖

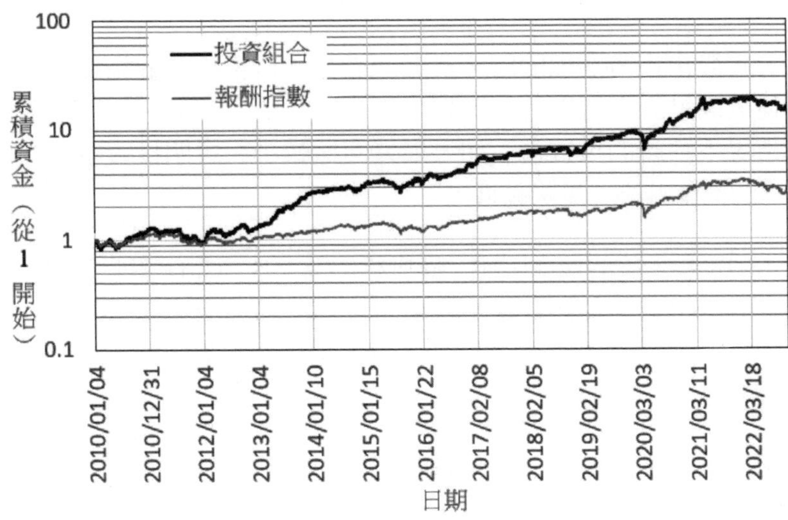

資料來源：作者整理

圖 18-17 因子投資的超額資金累積曲線（以 2010 年年初為 1）的對數尺度圖

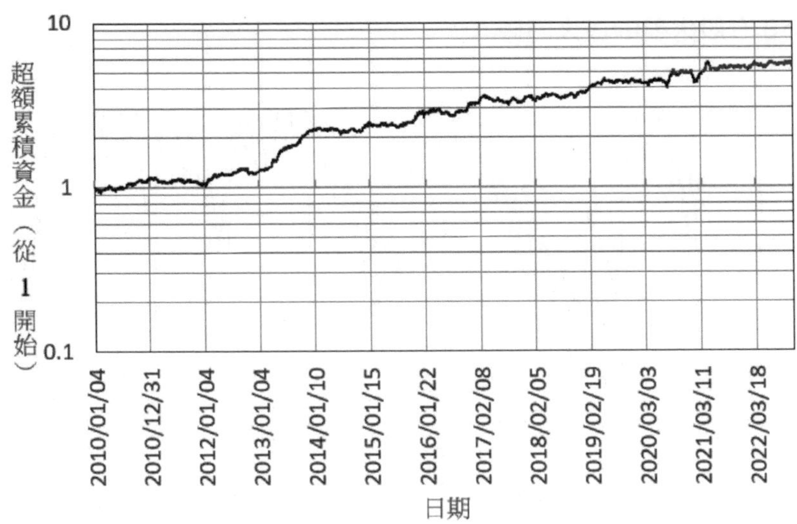

資料來源：作者整理

18-09 時間的微觀 5：日報酬率最大回撤

在考慮股市投資的風險時，最大回撤是一個很重要的指標。它是指投資組合從最高點到最低點的下跌幅度百分比。最大回撤可以用來衡量投資組合在市場下跌時的抵抗力。如果最大回撤較小，說明投資組合在市場下跌時受到的衝擊較小，風險較低。

圖 18-18 是大盤的最大回撤，圖中標出 A、B、C, D 四個最大回撤較大的時期。圖 18-19 是大盤的資金累積曲線（以 2010 年年初為 1），可以發現對應 A、B、C、D 四個最大時期，資金累積曲線都出現下跌的現象，兩者時間點吻合。

圖 18-20 是因子投資的最大回撤，圖 18-21 是因子投資的資金累積曲線，可以發現相似的下跌時間點。因為因子選股也是一種選股策略，無法避免受市場波動影響。比較因子投資與大盤的最大回撤可發現兩者的最大回撤均很大。由於最大回撤為 0 代表目前就是最高點，即再創新高。因子投資最大回撤為 0 的時間遠多於大盤，顯示因子投資經常再創新高。

圖 18-18 台股大盤的最大回撤

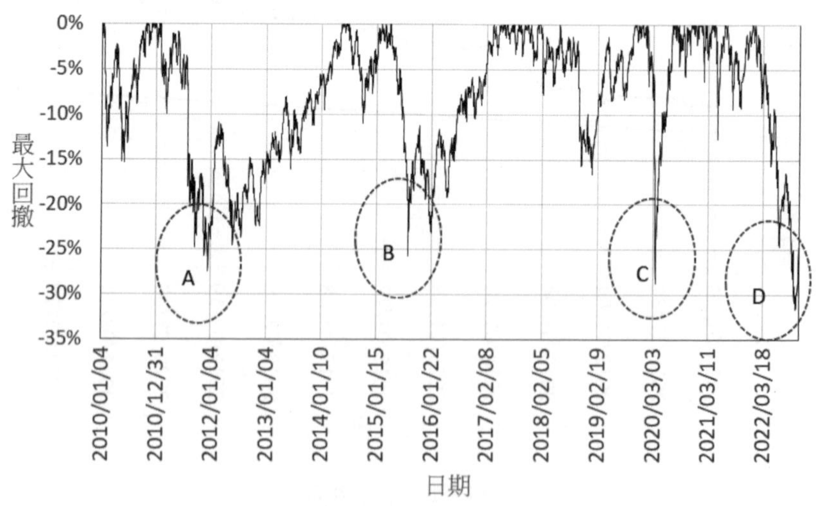

資料來源：作者整理

圖 18-19 台股大盤的資金累積曲線（以 2010 年年初為 1）的對數尺度圖

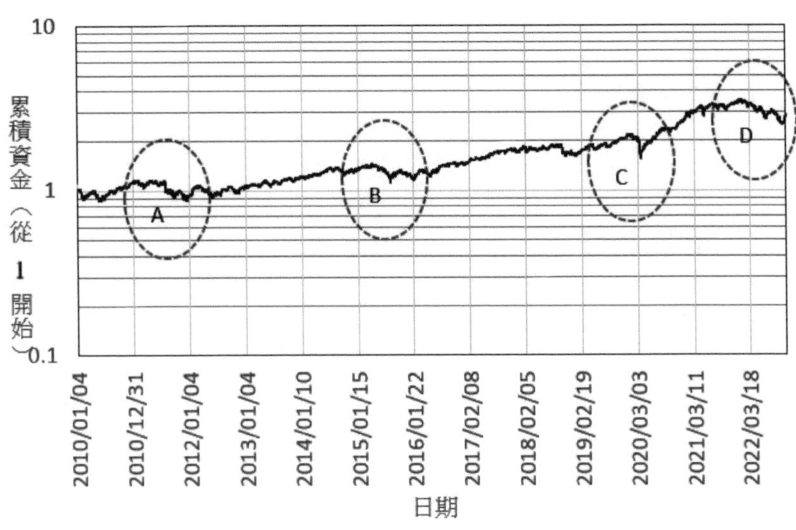

資料來源：作者整理

圖 18-20 因子投資的最大回撤

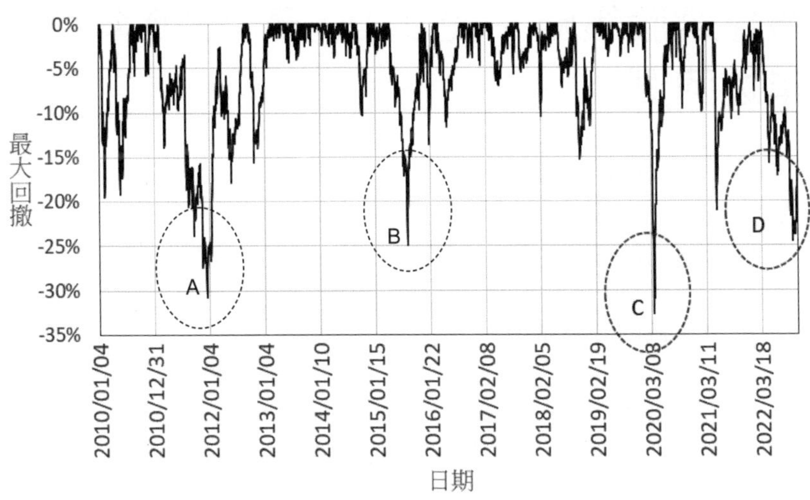

資料來源：作者整理

圖 18-21 因子投資的資金累積曲線（以 2010 年年初為 1）的對數尺度圖

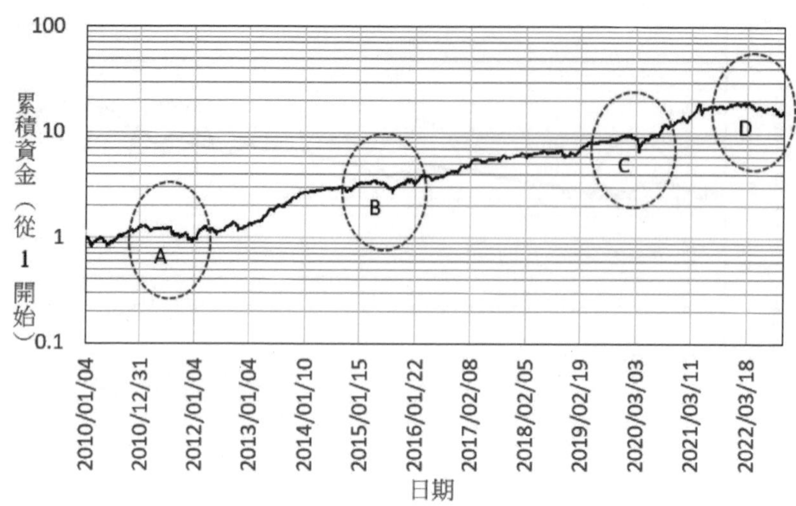

資料來源：作者整理

18-10 最佳選股策略：從 2000 至 2020 年共 21 年之回測

前面各節為 2010 至 2022 年共 13 年的回測結果。為了測試更長的期間，本節測試了 2000 年初至 2020 底共 21 年的回測結果。但要注意，本測試的交易規則為「每個月的第一個交易日」，與前面各節不同。

❑ 巨觀：投資組合的績效統計

首先對上述因子投資策略的回測績效作一個巨觀統計，即對投資組合的全期、總體績效進行統計，幫助投資人了解這個策略的特性，為了和前述的 13 年的回測結果比較，表 18-5 並列了兩者的績效。比較如下：

✓ 報酬

年化報酬率分別為 19.53%與 24.07%，本策略較低一些，原因有二：（1）這段期間的大盤指數年化報酬率比 2010 至 2022 年低（2）第 16 章已經證實「每個月的第一個交易日」 的換股週期報酬率低於「季財報公告後的第一個交易日」者。

✓ 風險

年化報酬率標準差分別為 25.8%與 18.4%，本策略較高一些，原因是這段期間的大盤指數年化報酬率標準差比 2010 至 2022 年高。台灣股市的波動性已經越來越低，進入成熟期。

✓ 流動性

年交易成本分別為 5.20%與 2.09%，本策略較高，這是因為以月為換股週期，週轉率會比以季為換股週期來得高，年交易成本當然較高。這也是本策略的年化報酬率比前述的 2010 至 2022（共 13 年）季報交易策略低的原因之一。

由以上比較可知，21 年的每月交易策略與 13 年的每季交易策略相較，即使換股週期不同、回測期間不同，兩者的績效特性仍十分相似。

表 18-5 最佳選股策略回測績效

	績效指標	2000 至 2020（共 21 年）每月交易	2010 至 2022（共 13 年）季報交易	說明
報酬	投資組合年化報酬率	19.53%	24.07%	
	大盤指數年化報酬率	2.51%	4.54%	
	投資組合月報酬的平均	1.88%	1.98%	
風險	投資組合年化報酬率標準差	25.8%	18.4%	
	大盤指數年化報酬率標準差	20.8%	15.7%	
	最大回撤	-71.6% *	-32.7%	*遇金融海嘯
	Beta 值	0.897	0.852	
	Sharpe Ratio	0.708	1.27	
	投資組合月報酬的標準差	8.90%	5.91%	
	投資組合月報酬超越大盤次數	146／252	96／155	
	投資組合月報酬超越大盤比率	57.9%	61.9%	
流動性	平均作多持股數	13.6 檔	14.2 檔	
	平均持有天數（日曆天）	38.5	100.0	前者每月交易
	年週轉率	8.94 次	3.58 次	前者每月交易
	平均手續費占獲利	12.9%	9.05%	前者每月交易
	年交易成本	5.20%	2.09%	前者每月交易

資料來源：作者整理

❑ 每年的報酬率統計

每年的年報酬率柱狀圖如圖 18-22，超額年報酬率柱狀圖如圖 18-23，顯示

- ✓ 在 21 年間有 6 年的報酬率低於大盤。
- ✓ 輸給大盤幅度最大的四年是 2001，2005，2008，2011 年，但隨後的 2002 至 2003 年，2006 至 2007 年，2009 至 2010 年，2012 至 2013 年都大幅贏過大盤，可見因子投資的超額年報酬率有均值回歸現象。

圖 18-22 年報酬率柱狀圖

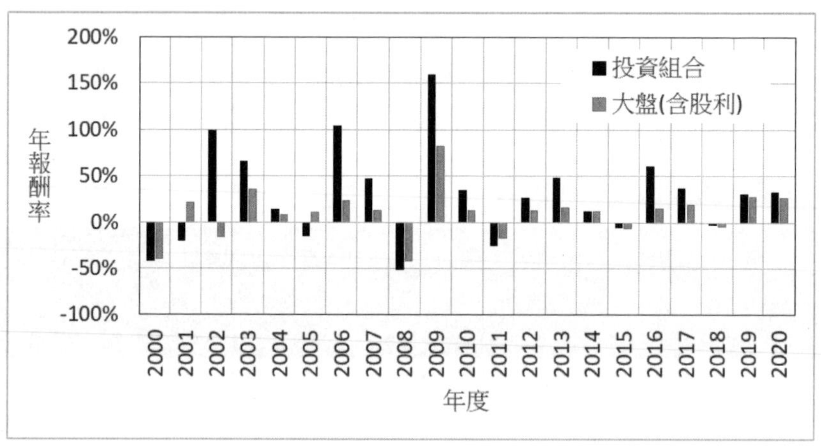

資料來源：作者整理

圖 18-23 超額年報酬率柱狀圖

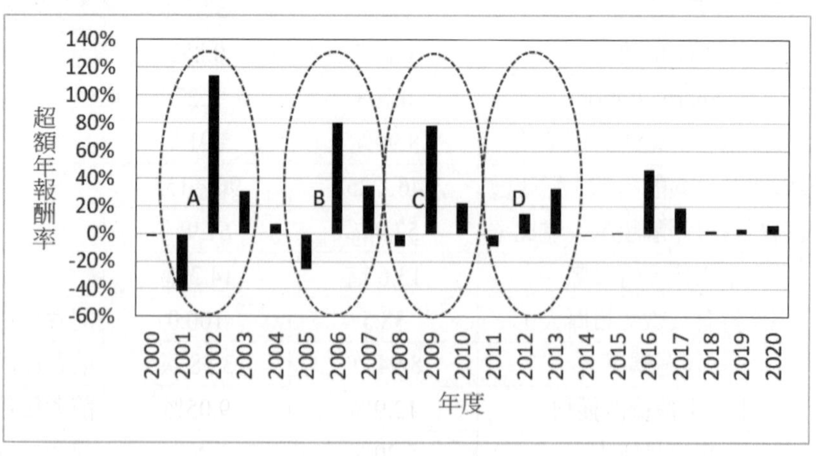

資料來源：作者整理

❑ 累積資金歷程

◎ 累積資金曲線

因子投資與台股大盤的資金累積曲線（以 2000 年年初為 1）的對數尺度圖如圖 18-24。可以發現，因子投資的表現遠優於大盤，前者最終達到 42，後者只達到 1.7，投資 21 年下來，相差 25 倍，差距甚巨。

◎ 超額累積資金曲線

超額報酬累積曲線（以 2000 年年初為 1）的對數尺度圖如圖 18-25。可以發現曲線大致可以分成 A 至 F 六階段，除了 A 以外，其餘六個階段都從大幅成長，再逐漸趨緩，顯示因子投資的超額報酬並不均勻。一個可能的解釋是當因子投資成功後，會有過多的投資人加入，導致策略失效。等到策略失效的時間長達 1 至 2 年，許多投資人退出因子投資，因子投資的機會開始增加，策略再次有效。

圖 18-24 因子投資與台股大盤的資金累積曲線（以 2010 年年初為 1）的對數圖

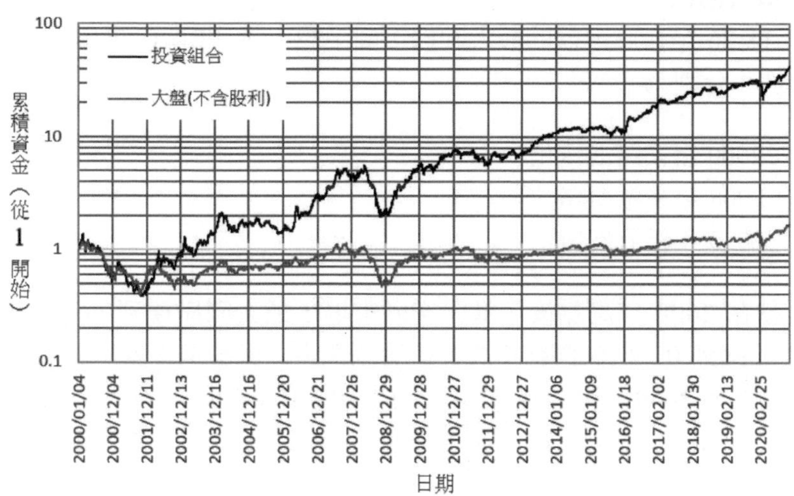

資料來源：作者整理

圖 18-25 因子投資的超額資金累積曲線（以 2010 年年初為 1）的對數尺度圖

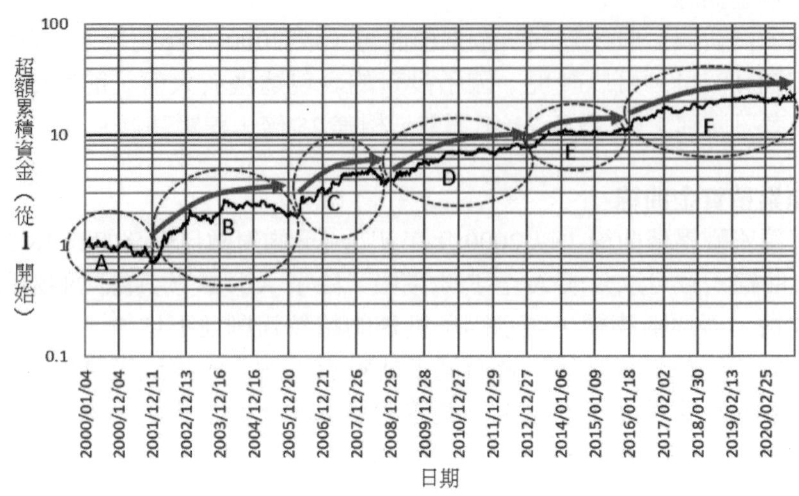

資料來源：作者整理

❑ 報酬最大回撤

圖 18-26 是台股大盤的最大回撤，圖中標出 A、B、C 三個最大回撤較大的時期，分別為

A：2000 年網路泡沫化
B：2008 年金融海嘯
C：2020 年新冠疫情

大盤在 2000 年高點後，進入空頭市場，最大回撤達到 66%，要等到 2017 年才回到 0，代表再創新高。這看似荒謬，但卻是事實，因為 2000 年台股最高點為 10393.59，直到 2017 年才出現 10882.65 的新高點。如果採用含現金股利的台股大盤指數，則在 2000 年高點後，進入空頭市場，最大回撤達到 64%，但到 2007 年就回到 0。但在上述 A、B、C 三期的最大回撤只小 0 至 3%。圖 18-27 是台股大盤的資金累積曲線（以 2000 年年初為 1），可以發現對應 A、B、C 三個最大時期，資金累積曲線都出現下跌的現象，兩者時間點吻合。

圖 18-28 與圖 18-29 是同一時期因子投資的情況，圖中標出 A、B、C 三個最大回撤較大的時期。值得注意的是因子投資在 2001 年底最大回撤高

達 70%，但到 2003 年就回 0。在 2008 年底最大回撤再次高達 65%，但到 2009 年底就回 0。顯示因子投資雖然在空頭市場一樣損失慘重，但在反彈期獲利豐厚，復原能力很強。一個可能的解釋是：市場在上述空頭期陷入恐慌，所有股票不論基本面好壞如何都賣壓沉重；但等到反彈期，許多基本面很好的股票因為在空頭市場股價非理性下跌，出現了價值低估現象。此時因子投資這種重視基本面，傾向買賺錢公司的便宜股票的選股策略可以買到股價低、價值高，上漲潛力大的股票。再加上本章的最佳因子投資策略包含慣性因子，慣性因子評分高代表股票近期報酬率高於市場，顯示市場已經認同股票價值低估，股票開始發揮上漲潛力，因此因子投資在反彈期獲利特別可觀。

比較因子投資與大盤的最大回撤，可知兩者都發生了 2000 年網路泡沫化、2008 年金融海嘯兩次高達 60%至 70%的最大回撤事件。即使是 2020 年的新冠疫情，短短一個月的恐慌就造成了將近 30%的最大回撤。顯示因子投資與大盤都有很大的最大回撤風險。採用財務槓桿的投資人如果運氣很差，在最高點買入，很可能會撐不過最大回撤。但不使用財務槓桿，並採用因子投資策略長期持續投資的投資人，仍可熬過空頭市場，並因為因子投資的超額年報酬率有均值回歸現象，在空頭市場過後的反彈期，獲得豐厚的報酬，累積資金再創新高。

圖 18-26 台股大盤的最大回撤

資料來源：作者整理

圖 18-27 台股大盤的資金累積曲線（以 2010 年年初為 1）的對數尺度圖

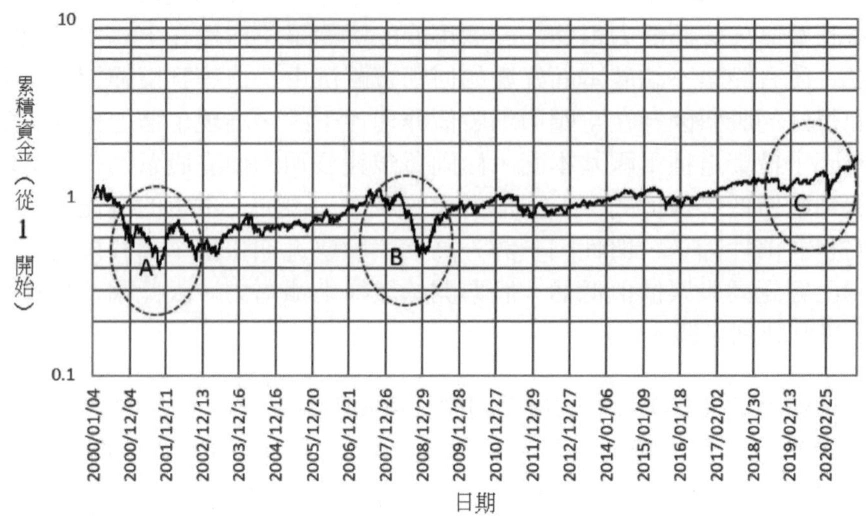

資料來源：作者整理

圖 18-28 因子投資的最大回撤

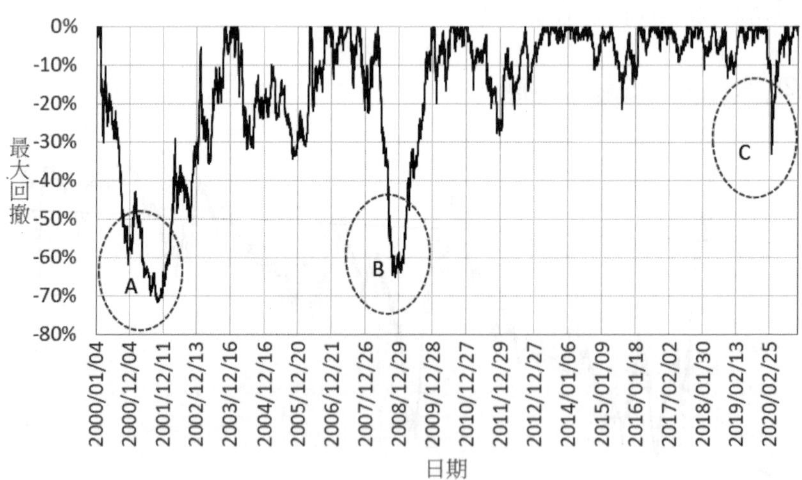

資料來源：作者整理

圖 18-29 因子投資的資金累積曲線（以 2010 年年初為 1）的對數尺度圖

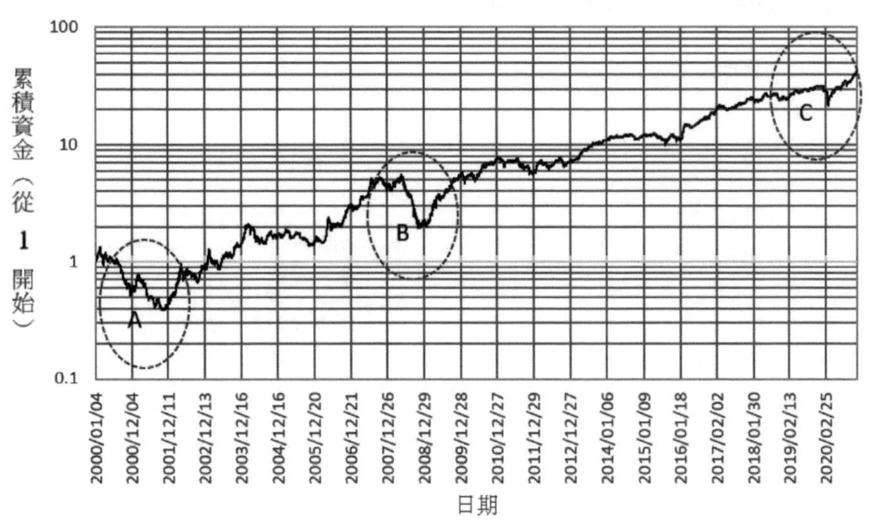

資料來源：作者整理

❑ 交易規則的比較

本章有兩種交易規則的回測：

- ✓ A：在「季財報公告後的第一個交易日」換股，回測期 2010 年至 2022 年，共 13 年。
- ✓ B：在「每個月的第一個交易日」換股，回測期 2000 年至 2020 年，共 21 年。

為了比較本章推薦的選股模型在這兩種交易規則下的回測績效是否有一致性，在此把重疊的 2010 年至 2020 年，共 11 年的年報酬率繪成圖 18-30 的散布圖。由於 2013 年在「季財報公告後的第一個交易日」換股的回測出現約 90%的超額年報酬率，而當年也正好是財報公布日切換的一年，可能因此導致該年的回測異常。因此圖中將 2013 年數據排除。

迴歸分析結果顯示判定係數高達 0.744，代表兩者趨勢相當一致。在「每個月的第一個交易日」換股的年報酬率為在「季財報公告後的第一個交易日」換股的 0.91 倍，再扣掉 1.58%，顯示前者的報酬率較低。

圖 18-30 在「季財報公告後的第一個交易日」換股與在「每個月的第一個交易日」換股的比較（將例外點排除）

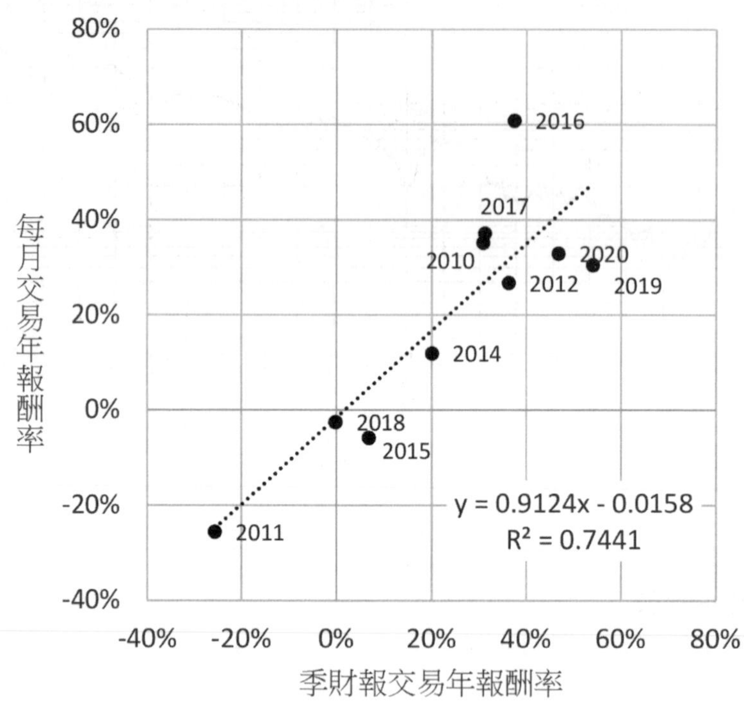

資料來源：作者整理

18-11 最佳選股策略：從 2021 至 2023 年之市場實戰

本書經過了前面幾章的層層測試，發現了最佳的因子投資策略。本章回測了這個策略，證明了此策略在超過 20 年的回測時間內表現很好。雖然作者已經用此策略投資多年，但一直未作詳細記錄。為了更進一步實證此選股策略的市場操作實際績效，自 2021 年開始嚴格依照此策略買賣股票，並詳加記錄。作者從 2021 年 3 月 31 日，使用 2020 年 Q4 財報選股，並投入可觀資金實際買入股票。之後一直持續固定在每一季的季財報公告日隔日換股，直到在 2023 年 5 月 15 日依照 2023 年 Q1 財報換股，一共 10 個財報季。以下將依照上述選股策略在股市實際買賣的稱為「實戰」，將前述回測稱為「實證」。

市場實戰的選股策略如下：

- ☐ **買賣期間：**2021 年 3 月 31 日到 2023 年 7 月 7 日，將近 2.3 年。到 2023 年 7 月 7 日截止是因為本書寫作在這一天截稿，實際上此一投資組合仍持續運作，並且已經在 2023 年 8 月 15 日依照 2023 年 Q2 財報換股，開啟第 11 個財報季。預計將在 2023 年 11 月 15 日依照 2023 年 Q3 財報換股，開啟第 12 個財報季。
- ☐ **買賣股票：**台灣所有上市及上櫃股票中，市值最大前 50%的股票。
- ☐ **交易成本：**含券商實際手續費與證交稅。
- ☐ **交易週期：**季財報公告後的第一個交易日。
- ☐ **個股權重：**個股近似相同權重。換股時會盡可能把賣股得到的資金平均分配給新買入的股票，以維持每一股票資金大約相等，同時避免不必要的買賣交易衍生的交易成本。
- ☐ **交易價格：**依照實際成交價格。實際買賣時，通常在開盤前即下單。賣出股票委託價格以能賣出為原則，通常取前一交易日收盤價降 1%左右。買入股票價格以能買入為原則，一般取前一交易日收盤價加 1%左右。因此實際交易價格通常為開盤價。
- ☐ **操作方式：**作多操作。
- ☐ **買入規則：**買入「市值最大前 50%」且「加權評分法排名在最佳前 40 名」的股票。因為買入股票有市值最大前 50%的限制，且部分股票因財報的營收、盈餘趨勢向下或不穩定而排除，實際上持股約 10 至 17 支。
- ☐ **賣出規則：**賣出持股中所有排名在最佳前 10%以外的股票。

這 10 季的買賣股票紀錄請參見附錄 F，投資績效如下：

1.「實戰」與「實證」的比較

圖 18-31 顯示實戰與實測的累積資金，證實兩者十分相近。這個結果意義重大，因為這證明（1）本章的選股模型具有市場的可實踐性。（2）本章的回測實證績效具有可信性，而不只是虛擬的回測而已。

圖 18-31 實戰與實證的累積資金

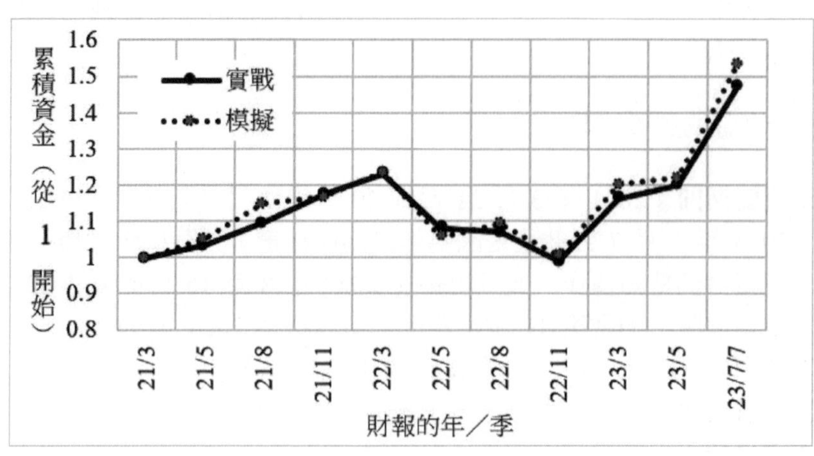

資料來源：作者整理

2. 實戰與市場的比較

為了與市場比較，選擇了具有代表性的元大台灣 50 ETF （0050）。圖 18-32 為實戰與 0050 ETF 兩季季報之間的持有期報酬率，圖 18-33 為實戰相對於 0050 ETF 的持有期超額報酬率，顯示在十個財報季中，因子投資中只有一季輸給 0050 ETF。圖 18-34 顯示實戰與 0050 ETF 的累積報酬率，投資兩年多的最終累積報酬率分別為 46.8%與-1.7%，年化報酬率分別為 18.6%與-0.8%，顯示實戰遠優於同期的 0050 ETF。

圖 18-32 實戰與 0050 ETF 的持有期的報酬率

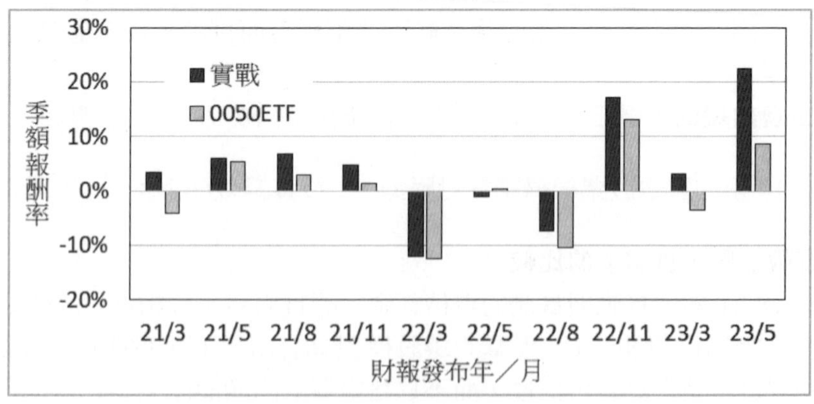

資料來源：作者整理

圖 18-33 實戰相對於 0050 ETF 的超額報酬率

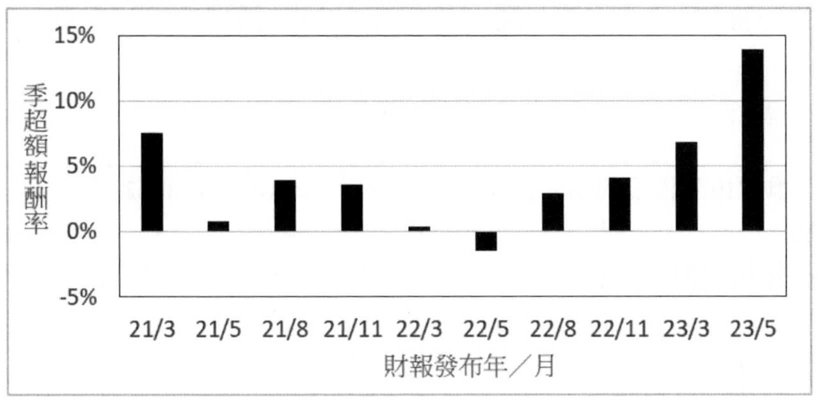

資料來源：作者整理

圖 18-34 實戰與 0050 ETF 的累積報酬率

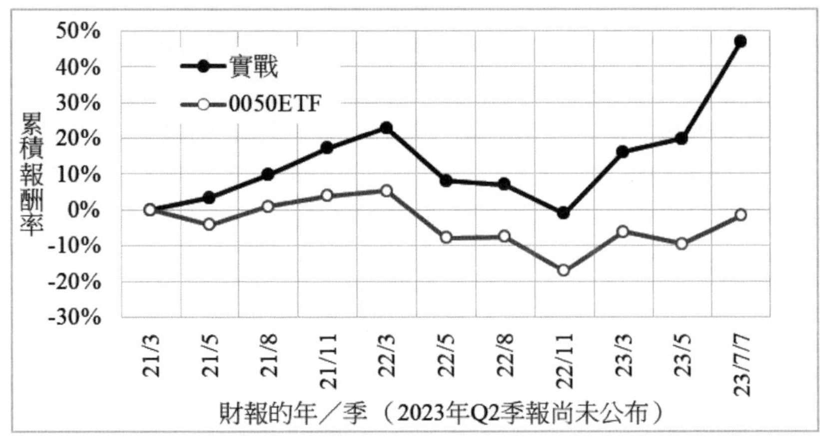

資料來源：作者整理

18-12 對投資人的啟發：最佳選股策略經得起考驗

本章有兩種交易規則的回測，結論如下：

1. 在「季財報公告後的第一個交易日」換股：2010 年至 2022 年

❐ **報酬**

✓ **年化報酬率：**年化報酬率：投資組合 24.07%，大盤指數 4.54%。投資組合明顯較高。

✓ **日報酬率：**日報酬率：投資組合 0.078%，大盤指數 0.023%。

✓ **每筆交易報酬率：**每筆交易的絕對報酬率平均值 7.18%，相對報酬率 5.73%，並不算高。但兩者的平均值均遠高於中位數，顯示為偏態分布。幫助投資人打敗大盤的交易集中在表現好的 1／10 的交易。

❐ **風險**

✓ **報酬率標準差：**年化報酬率標準差：投資組合 18.43%，大盤指數 15.73%。投資組合略高。

✓ **系統性風險：**beta 值 0.8524。投資組合的系統性風險略低於市場平均。

✓ **年報酬率穩定性：**超額年報酬率在 13 年中有 9 年在 9%~22%，十分穩定。

✓ **月報酬率穩定性：**超越大盤次數 96／155 （61.9%）

2. 在「每個月的第一個交易日」換股：2000 年至 2020 年

❐ **報酬**

✓ **年化報酬率：**投資組合 19.53%，大盤指數 2.51%。投資組合明顯較高。

❐ **風險**

✓ **報酬率標準差：**年化報酬率標準差投資組合 25.8%，大盤指數 20.8%。投資組合略高。

✓ **系統性風險：**beta 值 0.897。投資組合的系統性風險略低於市場平均。

✓ **年報酬率穩定性：**在 21 年間有 6 年的報酬率低於大盤。輸給大盤幅度較大的年度，隨後的 1 至 2 年都大幅贏過大盤，可見因子投資的超額年報酬率有均值回歸現象。

- ✓ **月報酬率穩定性：**超越大盤次數 146／252（57.9%）
- ✓ **最大回撤：**因子投資與大盤的最大回撤顯示，在 21 年內兩者均發生了兩次高達 60%至 70%的最大回撤事件（2000 年網路泡沫化、2008 年金融海嘯）。顯示因子投資與大盤均有很大的最大回撤風險。

3. 市場實戰：2021 年至 2023 年

- ✓ 實戰與實證的績效相當一致，證明（1）本章的選股模型具有市場的可實踐性。（2）本章的回測實證績效具有可信性。
- ✓ 因子投資與同期 0050 ETF 年化報酬率分別為 18.2%與-0.7%，顯示實戰遠優於同期的大盤，證明了這個策略是實際可行的高報酬投資方法。

總之，因子投資的主要功能在於發揮因子綜效，在維持與市場相似的風險下，提高報酬率，而不是大幅降低風險。因此投資人在使用因子投資提升獲利的同時，要注意管控投資風險。而管控風險最重要的方法有三個：

- ◎ 足夠多檔股票以消除個股風險、
- ◎ 長期持續投資以消除市場風險、
- ◎ 不用財務槓桿以支持長期持續投資。

投資人能遵從這三個方法管控風險，就可以用因子投資安穩致富。

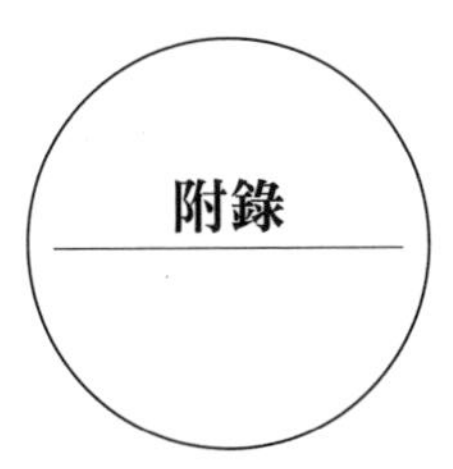

附錄 A 成長價值模型（GVM）股價評價公式

□ 證明方法一

由第五章（5-11）式知

$$P_0 = B_0 \cdot \prod_{t=1}^{\infty} \frac{1+ROE_t}{1+r} \qquad (1)$$

由假設三（5-14）式知

$$\frac{1+ROE_{t+1}}{1+r} = \left(\frac{1+ROE_t}{1+r}\right)^{1/b}$$

上式之

第 1 期為 $\frac{1+ROE_1}{1+r} = \left(\frac{1+ROE_0}{1+r}\right)^{\frac{1}{b}}$

第 2 期為 $\frac{1+ROE_2}{1+r} = \left(\frac{1+ROE_1}{1+r}\right)^{\frac{1}{b}} = \left(\left(\frac{1+ROE_0}{1+r}\right)^{\frac{1}{b}}\right)^{\frac{1}{b}} = \left(\frac{1+ROE_0}{1+r}\right)^{\frac{1}{b^2}}$

第 3 期為 $\frac{1+ROE_3}{1+r} = \left(\frac{1+ROE_2}{1+r}\right)^{\frac{1}{b}} = \left(\left(\frac{1+ROE_0}{1+r}\right)^{\frac{1}{b^2}}\right)^{\frac{1}{b}} = \left(\frac{1+ROE_0}{1+r}\right)^{\frac{1}{b^3}}$

依此類推，第 t 期為

$$\frac{1+ROE_t}{1+r} = \left(\frac{1+ROE_0}{1+r}\right)^{\frac{1}{b^t}} \qquad (2)$$

$$P_0=B_0\cdot\left(\frac{1+ROE_0}{1+r}\right)^{\frac{1}{b^1}}\left(\frac{1+ROE_0}{1+r}\right)^{\frac{1}{b^2}}\cdots\left(\frac{1+ROE_0}{1+r}\right)^{\frac{1}{b^\infty}}=B_0\cdot\left(\frac{1+ROE_0}{1+r}\right)^{\frac{1}{b^1}+\frac{1}{b^2}+\cdots\frac{1}{b^\infty}} \tag{3}$$

令上式中指數部分的總和為 S

$$S=\frac{1}{b^1}+\frac{1}{b^2}+\frac{1}{b^3}+\cdots \tag{4}$$

上式左右兩側乘以 b 得

$$b\cdot S=1+\frac{1}{b^1}+\frac{1}{b^2}+\cdots \tag{5}$$

將（5）式減去（4）式得

$$b\cdot S-S=\left(1+\frac{1}{b^1}+\frac{1}{b^2}+\cdots\right)-\left(\frac{1}{b^1}+\frac{1}{b^2}+\frac{1}{b^3}+\cdots\right)$$

$$S\cdot(b-1)=1$$

$$S=\frac{1}{b-1} \tag{6}$$

將（6）式代入（3）式得

$$P_0=B_0\cdot\left(\frac{1+ROE_0}{1+r}\right)^{\frac{1}{b-1}} \tag{7}$$

$$\text{令 }\frac{1}{b-1}=m \tag{8}$$

$$k=\left(\frac{1}{1+r}\right)^m \tag{9}$$

則（7）式可寫成

$$P_0=k\cdot B_0\cdot(1+ROE_0)^m \tag{10}$$

得證。

□ 證明方法二

把（3）式兩側取 1／b 次方得

$$(P_0)^{1/b}=(B_0)^{1/b}\cdot\left(\frac{1+ROE_0}{1+r}\right)^{\frac{1}{b^2}+\frac{1}{b^3}+\cdots\frac{1}{b^\infty}} \tag{11}$$

將（3）式除以（11）式可得

$$(P_0)^{1-(1/b)}=(B_0)^{1-(1/b)}\cdot\left(\frac{1+ROE_0}{1+r}\right)^{\frac{1}{b}}$$

$$(P_0)^{\frac{b-1}{b}}=(B_0)^{\frac{b-1}{b}}\cdot\left(\frac{1+ROE_0}{1+r}\right)^{\frac{1}{b}}$$

把上式兩側取 $\frac{b}{b-1}$ 次方得

$$P_0=B_0\cdot\left(\frac{1+ROE_0}{1+r}\right)^{\frac{1}{b-1}} \tag{12}$$

同（7）式，得證。

附錄 B 投資人理論的股價方程式

一、質量阻尼彈簧自由振動系統之解

質量阻尼彈簧自由振動系統的微分方程式：

$$my''+cy'+ky=0 \tag{1}$$

阻尼比 $\xi=\frac{c}{2\sqrt{mk}}$ （2）

固有頻率 $\omega_n=\sqrt{\frac{k}{m}}$ （3）

固有週期 $T=\frac{2\pi}{\omega_n}$ （4）

臨界阻尼係數 $C_c=2m\omega_n=2\sqrt{mk}$ （5）

有阻尼固有頻率 $\omega_d=\omega_n\sqrt{1-\xi^2}$ （6）

有阻尼固有週期 $T_d=\frac{2\pi}{\omega_d}$ （7）

欠阻尼下的運動方程式

$$x(t)=Ae^{-\xi\omega_n t}\sin(\sqrt{1-\xi^2}\omega_n t+\phi) \tag{8}$$

其中

$$A=\sqrt{x_0^2+\left(\frac{v_0+\xi\omega_n x_0}{\sqrt{1-\xi^2}\omega_n}\right)^2} \tag{9}$$

$$\phi=\arctan\frac{x_0\sqrt{1-\xi^2}\omega_n}{v_0+\xi\omega_n x_0} \tag{10}$$

上式可分成兩部分：

◎ 指數衰減：振幅以指數函數衰減

$$Ae^{-\xi\omega_n t} \tag{11}$$

◎ 正弦函數振盪：以相同週期通過平衡點

$$\sin\left(\sqrt{1-\xi^2}\omega_n t+\phi\right) \tag{12}$$

由（11）式可知，任意兩個相鄰的週期之間波峰的衰減率

$$\eta=\frac{x_i}{x_{i+1}}=\frac{Ae^{-\xi\omega_n t}}{Ae^{-\xi\omega_n(t+T_d)}}=e^{\xi\omega_n T_d} \tag{13}$$

二、投資人理論的股價方程式之解

由第七章的投資人理論的股價方程式（7-8）式知

$$(R_{t+1}-R_t)+(1-a)\cdot R_t+b\cdot(P_t-\overline{P})=0 \qquad (14)$$

令

$y_t=P_t-\overline{P}$，代表價格 P_t 偏離合理價格 $\overline{P}$ 的位移。

$y'_t=R_t$，代表價格變動的速度，即報酬。

$y''_t=R_{t+1}-R_t$，代表報酬變動的速度，即價格變動的加速度。

可寫成質量阻尼彈簧自由振動系統的形式：

$$y''_t+(1-a)\cdot y'_t+b\cdot y_t=0 \qquad (15)$$

比較（1）式與（15）式可知

$$m=1 \qquad (16)$$
$$c=(1-a) \qquad (17)$$
$$k=b \qquad (18)$$

如果是欠阻尼系統

阻尼比 $\xi<1$ （19）

將（2）式代入上式得

$$\frac{c}{2\sqrt{mk}}<1$$

$$c<2\sqrt{mk} \qquad (20)$$

將（16）至（18）式代入上式得

$$1-a<2\sqrt{1\cdot b}=2\sqrt{b} \qquad (21)$$

$$a+2\sqrt{b}>1 \qquad (22)$$

因此，慣性投資人參數 a 與價值投資人參數 b 越大，超過上式的門檻，會成為欠阻尼系統，股價會有明顯的振盪起伏。

我們進一步假設合理股價 $\overline{P}t$ 為常數，並以 $a=0.9$，$b=0.1$，$P_0=0.5$，$\overline{P}t=100$ 為例，以電腦模擬（14）式的離散股價方程式，得到股價的時間數列如圖 1。由圖可知，週期約為 20 週，任意兩個相鄰的週期之間波峰的衰減率約為 2.7 倍。

為了驗證，我們計算週期、衰減率的理論值如下：

$$c=(1-a)=1-0.9=0.1 \quad (23)$$

$$k=b=0.1 \quad (24)$$

$$\text{阻尼比 } \xi=\frac{c}{2\sqrt{mk}}=\frac{0.1}{2\sqrt{1\cdot 0.1}}=0.158 \quad (25)$$

$$\text{固有頻率 } \omega_n=\sqrt{\frac{k}{m}}=\sqrt{\frac{0.1}{1}}=0.316 \quad (26)$$

$$\text{固有週期 } T=\frac{2\pi}{\omega_n}=\frac{2\pi}{0.316}=19.9 \quad (27)$$

$$\text{臨界阻尼係數 } C_c=2m\omega_n=2\sqrt{mk}=2\sqrt{1\cdot 0.1}=0.632 \quad (28)$$

$$\text{有阻尼固有頻率 } \omega_d=\omega_n 2\sqrt{1-\xi^2}=0.3162\sqrt{1-0.158^2}=0.315 \quad (29)$$

$$\text{有阻尼固有週期 } T_d=\frac{2\pi}{\omega_d}=\frac{2\pi}{0.315}=20.1 \quad (30)$$

$$\text{衰減率 } \eta=\exp(\xi\omega_n T_d)=\exp(0.158\cdot 0.316\cdot 20.1)=2.73 \quad (31)$$

可知，週期的理論值 20.1 週，衰減率的理論值 2.73 倍，與前述股價方程式得離散模擬結果十分接近。

圖 1. 股價方程式在 a＝0.9，b＝0.1，P_0＝0.5，$\bar{P}_t$ ＝1.0 時的股價時間數列

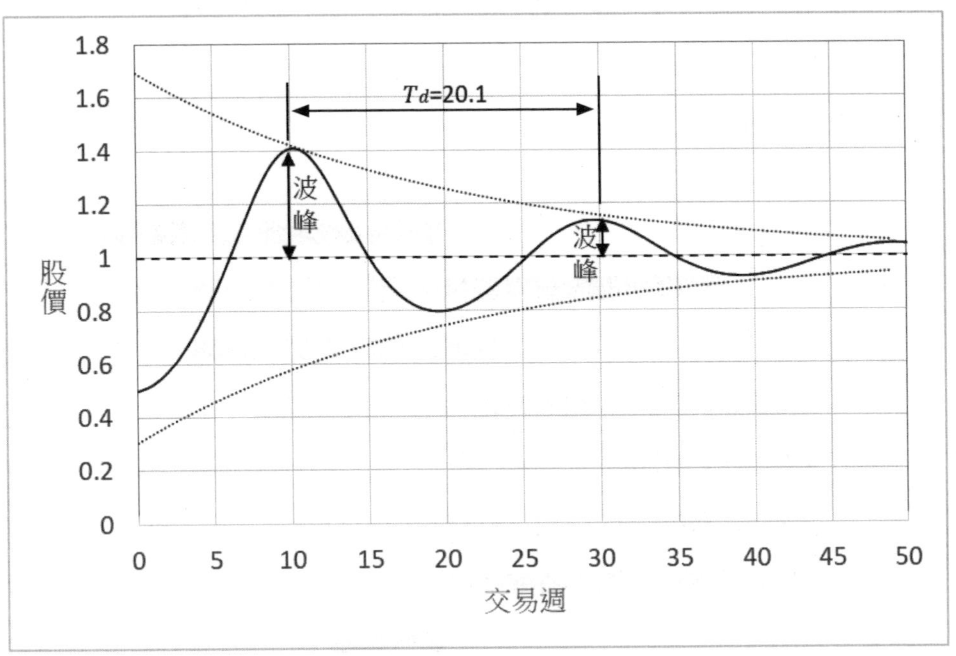

資料來源：作者整理

附錄 C 加權評分法：八個選股因子實驗設計與其回測結果

本書的實證採用加權評分法，配合配方實驗設計。採用 4 至 6 個因子，回測時間橫跨 1997 至 2022 年，共 26 年。所有回測由本人規劃，並由本人與多位研究生共同執行回測與分析，前後歷經 15 年。產生八組回測資料庫，如圖 1 與表 1 至表 3。以下如無特別說明，回測方法如下：

◎ 交易價格：交易價格採用交易當日收盤價。

◎ 交易成本：依現行股票交易實務計算之，即手續費千分之 1.425 及交易稅千分之 3。

◎ 操作方式：作多操作。

◎ 個股權重：回測系統的投資組合組成方式有個股相同權重、市值比重權重兩種模擬方式。為了確保能達成多元分散投資，本研究採用個股相同權重。

圖 1 回測的期間比較

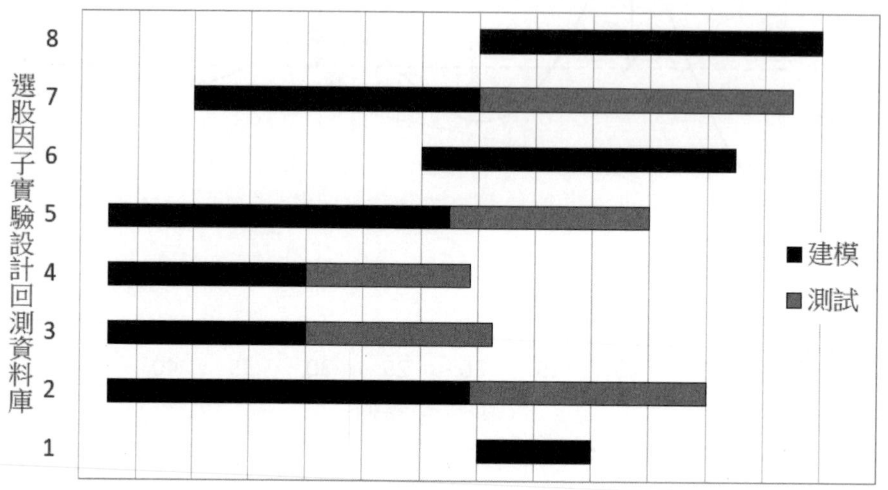

資料來源：作者整理

表 1 回測的期間之比較

回測組編號	開始（年/月）	結束（年/月）	總長度（年）	建模期長度（年）	測試期長度（年）	交易週期	交易時間點
1	2010/1	2013/12	4	4	0	財報季	財報公告日後第 1 個交易日
2	1997/1	2017/12	21	12.75	8.25	財報季	財報公告日後第 1 個交易日
3	1997/1	2010/6	13.5	7	6.5	月	下個月第 1 個交易日
4	1997/1	2009/9	12.75	7	5.75	財報季	財報公告日後第 1 個交易日

回測組編號	開始（年/月）	結束（年/月）	總長度（年）	建模期長度（年）	測試期長度（年）	交易週期	交易時間點
5	1997/1	2015/12	19	12	7	月	下個月第 1 個交易日
6	2008/1	2018/12	11	11	0	季	第 t+2 季初
7	2000/1	2020/12	21	10	11	月	下個月第 1 個交易日
8	2010/1	2021/12	12	12	0	財報季	財報公告日後第 1 個交易日

資料來源：作者整理

表 2 回測的方法之比較

回測組編號	回測法	投資組合規模	交易成本考慮	市值限制
1	Cmoney 線上回測	30 支	有	
2	Cmoney 線上回測	20 支	有	
3	Cmoney 線上回測	1／10	有	
4	Cmoney 線上回測	1／10	有	
5	Excel 離線回測	1／10	無	
6	Excel 離線回測	1／10	無	分全部 ／大型
7	Cmoney 線上回測	30 支	有	
8	Cmoney 線上回測	30 支	有	市值大於中位數

資料來源：作者整理

表 3 回測的因子之比較 資料來源：作者提供

回測組編號	因子數	實驗數	獲利因子	價值因子	慣性因子	風險因子	規模因子	其他因子	其他因子
1	6	63	ROE	PB	R	beta	MV	SG	
2	6	69	ROE	PB	R	beta	MV	PE	
3	6	63	ROE	PB		beta	MV	PE	GVI
4	6	63	ROE	PB	R	beta	MV	SG	
5	5	31	ROE	PB	R	beta	MV		
6	5	36	ROE	PB	R	beta	MV		
7	4	15	ROE	PB	R	beta			
8	4	15	ROE	PB	R			DP	

資料來源：作者整理

〔註 1〕ROE 為季 ROE。beta 為 250 日計算。SG 為近三月營收成長。DP 為殖利率。GVI 為成長價值指標。

〔註 2〕第 5, 7 組回測的慣性因子為前一個月股票總報酬率，其餘採用前一季股票總報酬率。

〔註 3〕第 2 組回測的 PE 是近四季本益比，第 3 組回測的 PE 是預估本益比。

本書各章使用的資料庫如下：

◎ 第 5 組資料庫：第 13 章

◎ 第 6 組資料庫：第 8 章至第 10 章、第 12 章、第 14 章、第 15 章、第 17 章

◎ 第 7 組資料庫：第 7 章、第 16 章

以下只列出本書使用最多的第 6 組資料庫。

第 6 組資料庫

◎ 股票樣本：台灣所有上市、上櫃股票，含已下市個股。分成全部股、大型股（以市值最大的前 20%組成）二個資料庫。

◎ 回測期間：2008 年 Q1 至 2018 年 Q4，共 11 年，44 季的股市資料。

◎ 交易週期：採用第 t 季財報，於 t+2 季的季初選股，並持股一季。

◎ 買賣規則：由 CMoney 系統下載季資料，採用第 t 季財報，以五因子評分法，於 t+2 季季初選股，買入評分最高 1／10 股票做為投資組合，並持股一季。

◎ 資料來源：由 CMoney 系統下載季資料，以 Excel 回測產生。

表 4 選股概念權重

模型	編號	模型名稱	選股概念權重				
			大股東權益報酬率 ROE 概念	小股價淨值比 P／B 概念	大前季報酬率 R 概念	小市場風險因子 beta 概念	大總市值 MV 概念
單因子	1	ROE	1	0	0	0	0
	2	PB	0	1	0	0	0
	3	R	0	0	1	0	0
	4	beta	0	0	0	1	0
	5	MV	0	0	0	0	1
雙因子	6	ROE-PB	1／2	1／2	0	0	0
	7	ROE-R	1／2	0	1／2	0	0
	8	ROE-beta	1／2	0	0	1／2	0
	9	ROE-MV	1／2	0	0	0	1／2
	10	PB-R	0	1／2	1／2	0	0
	11	PB-beta	0	1／2	0	1／2	0
	12	PB-MV	0	1／2	0	0	1／2
	13	R-beta	0	0	1／2	1／2	0
	14	R-MV	0	0	1／2	0	1／2
	15	beta-MV	0	0	0	1／2	1／2
三因子	16	ROE-PB-R	1／3	1／3	1／3	0	0
	17	ROE-PB-beta	1／3	1／3	0	1／3	0
	18	ROE-PB-MV	1／3	1／3	0	0	1／3

模型	編號	模型名稱	選股概念權重				
			大股東權益報酬率 ROE 概念	小股價淨值比 P／B 概念	大前季報酬率 R 概念	小市場風險因子 beta 概念	大總市值 MV 概念
三因子	19	ROE-R-beta	1／3	0	1／3	1／3	0
	20	ROE-R-MV	1／3	0	1／3	0	1／3
	21	ROE-beta-MV	1／3	0	0	1／3	1／3
	22	PB-R-beta	0	1／3	1／3	1／3	0
	23	PB-R-MV	0	1／3	1／3	0	1／3
	24	PB-beta-MV	0	1／3	0	1／3	1／3
	25	R-beta-MV	0	0	1／3	1／3	1／3
四因子	26	ROE-PB-R-beta	1／4	1／4	1／4	1／4	0
	27	ROE-PB-R-MV	1／4	1／4	1／4	0	1／4
	28	ROE-PB-beta-MV	1／4	1／4	0	1／4	1／4
	29	ROE-R-beta-MV	1／4	0	1／4	1／4	1／4
	30	PB-R-beta-MV	0	1／4	1／4	1／4	1／4
五因子	31	5F	1／5	1／5	1／5	1／5	1／5
	32	ROE 軸點	6／10	1／10	1／10	1／10	1／10
	33	PB 軸點	1／10	6／10	1／10	1／10	1／10
	34	R 軸點	1／10	1／10	6／10	1／10	1／10
	35	beta 軸點	1／10	1／10	1／10	6／10	1／10
	36	MV 軸點	1／10	1／10	1／10	1／10	6／10

資料來源：作者整理

表 5 回測績效指標（全部股）

模型	編號	模型名稱	回測績效指標					
			季報酬率平均值（%）	季超額報酬率（%）	季系統性風險 beta	個股相對勝率（%）	個股絕對勝率（%）	年化報酬率（%）
單因子	1	ROE	4.39	1.46	0.95	54	53	15.5
	2	PB	4.97	1.68	1.15	54	53	18.2
	3	R	3.32	0.52	0.98	47	46	11.4
	4	beta	4.10	1.70	0.73	54	52	14.6
	5	MV	1.76	-0.66	0.84	52	52	5.4
雙因子	6	ROE-PB	6.48	3.16	1.13	59	56	25.0
	7	ROE-R	5.13	2.31	1.01	55	52	19.8
	8	ROE-beta	4.57	2.58	0.78	59	58	18.0
	9	ROE-MV	2.72	0.56	0.84	54	54	9.9
	10	PB-R	4.66	1.45	1.03	50	50	18.4
	11	PB-beta	5.01	2.29	0.93	56	54	19.9
	12	PB-MV	2.48	0.26	0.97	53	52	8.8
	13	R-beta	4.10	2.45	0.82	54	50	15.9
	14	R-MV	2.77	0.51	0.87	52	51	10.1
	15	beta-MV	1.73	0.26	0.68	56	55	5.6
三因子	16	ROE-PB-R	5.89	2.80	1.05	56	53	22.4
	17	ROE-PB-beta	5.92	3.41	0.93	62	58	24.5
	18	ROE-PB-MV	3.85	1.29	0.97	57	56	14.8
	19	ROE-R-beta	4.53	2.81	0.82	58	55	20.3
	20	ROE-R-MV	3.67	1.51	0.91	55	54	14.0
	21	ROE-beta-MV	2.90	1.00	0.74	58	58	10.7
	22	PB-R-beta	4.69	2.22	0.90	53	51	18.5

模型	編號	模型名稱	回測績效指標					
			季報酬率平均值（%）	季超額報酬率（%）	季系統性風險beta	個股相對勝率（%）	個股絕對勝率（%）	年化報酬率（%）
三因子	23	PB-R-MV	2.88	0.45	0.91	52	52	10.6
	24	PB-beta-MV	1.76	0.71	0.81	56	54	5.7
	25	R-beta-MV	2.90	1.34	0.75	56	54	10.7
四因子	26	ROE-PB-R-beta	5.46	3.53	0.96	59	55	25.2
	27	ROE-PB-R-MV	4.21	2.03	0.95	56	55	17.9
	28	ROE-PB-beta-MV	3.46	1.99	0.81	61	59	13.1
	29	ROE-R-beta-MV	3.29	1.81	0.77	57	56	12.4
	30	PB-R-beta-MV	3.23	1.83	0.82	56	53	12.1
五因子	31	5F	4.39	2.63	0.86	60	57	20.0
	32	ROE 軸點	5.26	2.60	0.94	58	56	20.6
	33	PB 軸點	4.55	1.98	1.00	55	54	17.9
	34	R 軸點	4.72	2.00	0.97	52	51	17.8
	35	beta 軸點	4.03	2.44	0.72	59	56	15.6
	36	MV 軸點	2.68	0.76	0.77	56	55	9.7

資料來源：作者整理

圖 2 風險報酬圖（全部股）

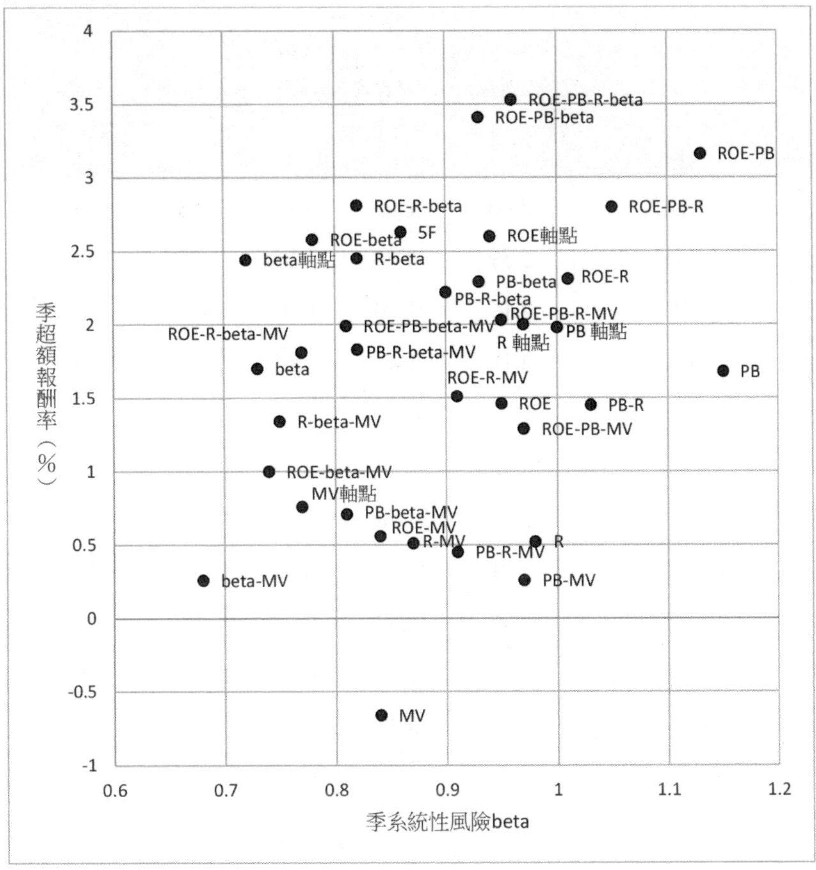

資料來源：作者整理

附錄

表 6 回測績效指標（大型股）

模型	編號	模型名稱	回測績效指標					
			季報酬率平均值（%）	季超額報酬率（%）	季系統性風險beta	個股相對勝率（%）	個股絕對勝率（%）	年化報酬率（%）
單因子	1	ROE	3.46	1.65	1.05	53	53	12.7
	2	PB	2.39	0.66	0.98	53	53	8.2
	3	R	2.19	1.70	0.98	52	51	12.4
	4	beta	2.18	1.42	0.65	59	59	9.7
	5	MV	1.73	0.56	0.73	57	56	6.6
雙因子	6	ROE-PB	3.58	2.74	1.13	60	57	17.6
	7	ROE-R	4.07	2.78	0.97	57	54	17.3
	8	ROE-beta	3.01	1.52	0.70	59	59	12.8
	9	ROE-MV	2.04	0.59	0.97	53	53	9.3
	10	PB-R	2.58	1.01	0.87	54	55	11.3
	11	PB-beta	1.41	0.48	0.84	58	55	7.1
	12	PB-MV	2.20	0.61	0.96	54	53	9.9
	13	R-beta	3.21	2.49	0.70	59	56	13.5
	14	R-MV	2.31	1.83	0.89	53	51	10.3
	15	beta-MV	2.29	0.86	0.61	60	59	10.2
三因子	16	ROE-PB-R	3.92	2.42	0.98	58	56	15.7
	17	ROE-PB-beta	3.15	1.87	0.81	61	59	12.6
	18	ROE-PB-MV	3.83	2.37	1.12	60	58	15.8
	19	ROE-R-beta	4.17	2.70	0.72	60	58	15.6
	20	ROE-R-MV	3.17	2.40	0.97	56	53	13.4
	21	ROE-beta-MV	2.99	1.69	0.68	59	59	12.7
	22	PB-R-beta	2.45	1.54	0.75	57	56	10.8

模型	編號	模型名稱	回測績效指標 季報酬率平均值（%）	季超額報酬率（%）	季系統性風險 beta	個股相對勝率（%）	個股絕對勝率（%）	年化報酬率（%）
三因子	23	PB-R-MV	2.69	1.08	0.88	53	54	11.7
	24	PB-beta-MV	1.30	0.53	0.83	59	55	6.7
	25	R-beta-MV	3.45	2.61	0.68	61	57	14.4
四因子	26	ROE-PB-R-beta	3.33	2.66	0.77	60	57	15.8
	27	ROE-PB-R-MV	3.67	1.98	0.96	58	55	14.0
	28	ROE-PB-beta-MV	3.18	1.78	0.76	61	59	13.4
	29	ROE-R-beta-MV	3.74	2.79	0.76	60	58	15.4
	30	PB-R-beta-MV	2.48	1.69	0.72	57	56	10.9
五因子	31	5F	3.46	2.58	0.79	61	57	15.6
	32	ROE 軸點	4.50	2.72	0.91	58	57	16.7
	33	PB 軸點	2.44	0.98	0.92	56	54	10.8
	34	R 軸點	3.40	2.63	0.91	56	53	16.2
	35	beta 軸點	2.61	1.60	0.62	60	59	11.4
	36	MV 軸點	2.88	2.04	0.71	61	57	12.3

資料來源：作者整理

圖 3 風險報酬圖（大型股）

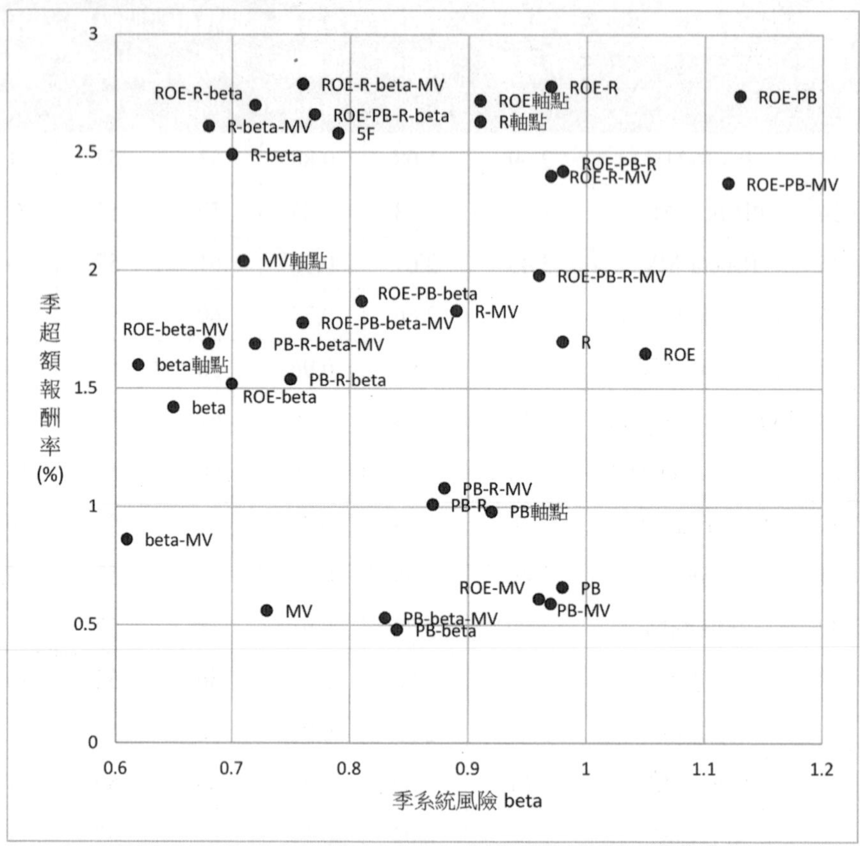

資料來源：作者整理

附錄 D
加權評分法：離線與線上回測之比較

一、導論

回測系統可以分成兩大類（參考圖 1）

◎ 線上（on line）回測系統：上網連線資料庫，以特定的回測系統回測各種預設的選股模型，例如加權評分法。這種方的主要缺點是黑箱模型，不易於比較與驗證，但回測結果理論上較為精確。

◎ 離線（off line）回測系統：下載資料庫，以一般的試算表軟體回測各種自設的選股模型。這種方的主要優點是白箱模型，易於比較與驗證，但回測結果理論上較為粗略。

兩種系統的優缺點比較如表 1。如果能夠驗證離線回測系統的準確性與線上回測系統相似，或者兩者的回測結果存在一個簡單的線性關係，不但可以互相驗證兩者回測的可靠度，也可利用離線回測系統速度快的優勢，先進行的大規模的選股模型的回測，再針對有潛力的模型以較精確但速度較慢的線上回測系統進行驗證。這樣的作法可以融合線上、離線這兩種回測系統的優點，避開其缺點。

為了比較兩種系統的回測結果，本研究先以實驗計畫法有系統地回測加權評分法的各種權重組合。接著提出兩種方法比較兩者的回測結果：

◎ 原始數據比較法：以散布圖與線性迴歸分析比較兩者的原始回測數據之差異。

◎ 迴歸模型比較法：以二階迴歸分析建構因子權重與選股績效之模型，再比較兩者的模型之差異。

表 1 選股策略的線上回測系統 ／ 離線回測系統的優缺點之比較

	線上（on line）回測系統	離線（off line）回測系統
優點	◎ 理論上較為精確	◎ 白箱模型，易於比較與驗證 ◎ 易於保存策略的隱密性 ◎ 執行回測速度極快
缺點	◎ 黑箱模型，不易於比較與驗證 ◎ 不易於保存策略的隱密性 ◎ 執行回測速度較慢	◎ 理論上較不精確

資料來源：作者整理

圖 1. 選股策略的線上回測系統 ／ 離線回測系統

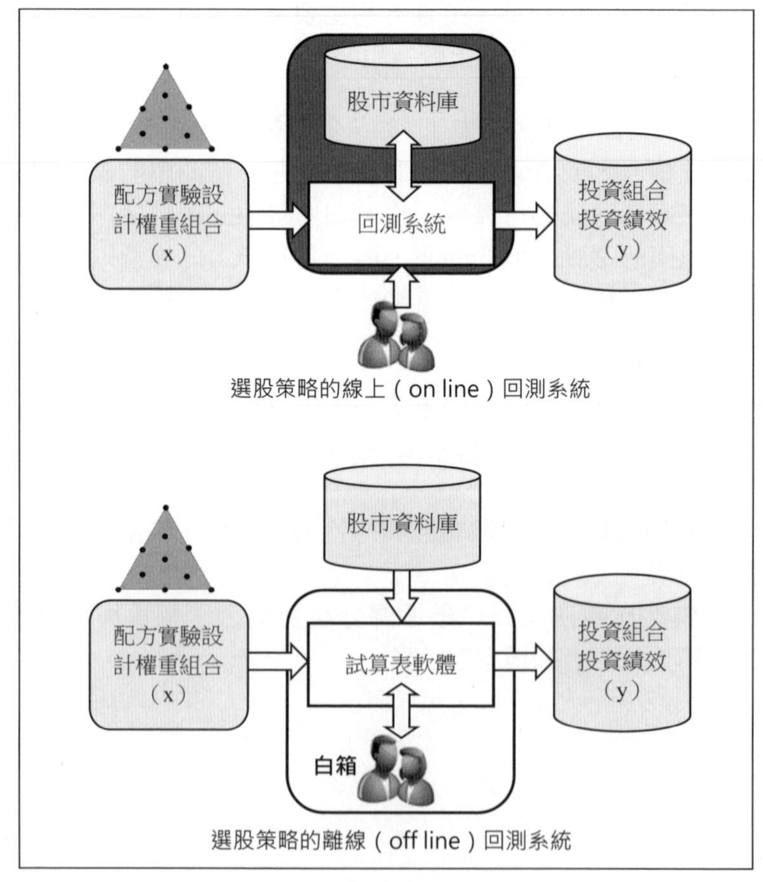

資料來源：作者整理

二、回測方法

回測系統可以分成兩大類：

◎ 線上（on line）回測系統：上網連線資料庫，以特定的回測系統回測各種預設的選股模型。

◎ 離線（off line）回測系統：下載資料庫，以一般的試算表軟體回測各種自設的選股模型。

本研究嘗試了一個線上回測系統，二個離線回測系統，分述如下各節（圖 2）。

圖 2. 回測系統

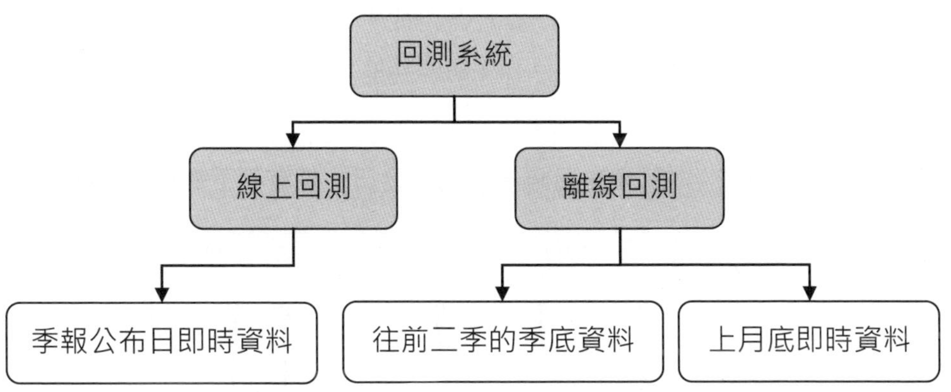

資料來源：作者整理

2-1 線上回測系統：季報公布日即時資料

線上回測系統上網連線資料庫，以特定的回測系統回測各種預設的選股模型。其特徵是在財報發佈日之隔一天為交易日，持有到下一個財報發佈日（圖 3）。使用的資訊以交易日前一日可以取得的資訊為準，例如股價淨值比的分子股價採用財報發佈日的收盤價。

本研究的線上回測系統的設定如下：

◎ 股票樣本：台灣所有上市、上櫃股票，含已下市個股。

◎ 回測期間：2009 年 1 月初到 2015 年 12 月底，共 7 年間的股市資料。

◎ 交易週期：2013 年之前，證券交易法規定公開發行公司於每年 4 月

30 日、8 月 31 日、及 10 月 31 日前發佈財報。2013 年之後，改每年 5 月 15 日、8 月 14 日、及 11 月 14 日，與隔年 3 月 31 日前發布財報。本研究以上述財報發布日之隔一天為交易日。

◎ 交易價格：交易價格採用交易當日收盤價。

◎ 交易成本：依現行股票交易實務計算之，即手續費千分之 1.425 及交易稅千分之 3。

◎ 操作方式：作多操作。

◎ 買賣規則：買入規則為買入評分最高 10%的股票做為投資組合。賣出規則為賣出評分不是評分最高 10%的股票。其中股東權益報酬率、總市值、前期報酬率三個因子取採用由大到小排序，即越大得分越高。股價淨值比、市場風險因子（β）二個因子取採用由小到大排序，即越小得分越高。

◎ 個股權重：回測系統的投資組合組成方式有個股相同權重、市值比重權重兩種模擬方式。為了確保能達成多元分散投資，本研究採用個股相同權重。

圖 3 線上回測系統：財報發布日隔一天為交易日，持有到下個財報發布日。

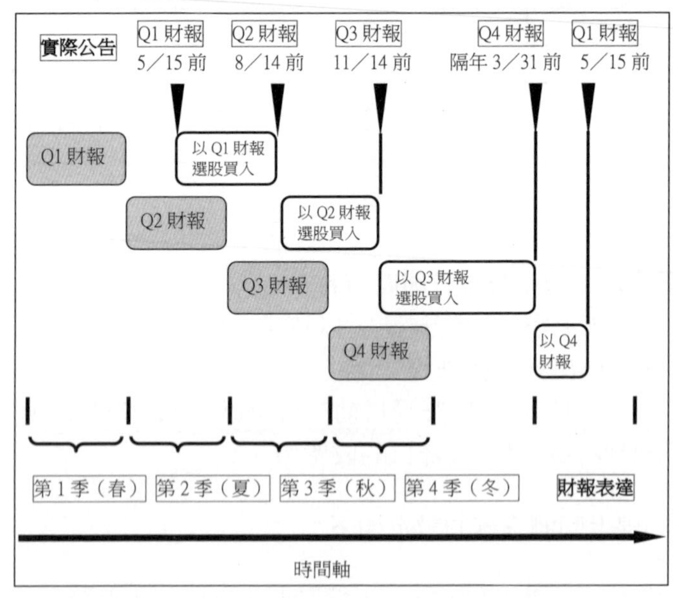

資料來源：作者整理

附錄

2-2 離線回測系統：前二季底資料

離線回測系統下載資料庫，以一般的試算表軟體回測各種自設的選股模型。其特徵是假設依據第 t 季的財報選出的股票在第 t+2 季季初交易，持有一季，以避免先視偏差（圖 4）。使用的資訊以第 t 季的季末可以取得的資訊為準，例如股價淨值比的分子股價採用 t 季季末的收盤價，而非交易日前一日的收盤價。

具體方法如下：

(1) 下載每季財報資料。
(2) 每季資料的因子使用 Excel 的 Rank 函數計算排名，再正規化到 0 至 1 之間，得到單因子評分。
(3) 再以公式計算多因子的加權評分。
(4) 最後對加權評分進行排序，選出評分最高的 10%股票。
(5) 計算依據第 t 季的財報選出的股票在第 t+2 季的季報酬率的平均值。
(6) 依據各季的季報酬率的平均值計算年化報酬率等績效指標。

圖 4 離線回測系統：第 t 季的財報的選股在第 t+2 季初交易，持有一季。

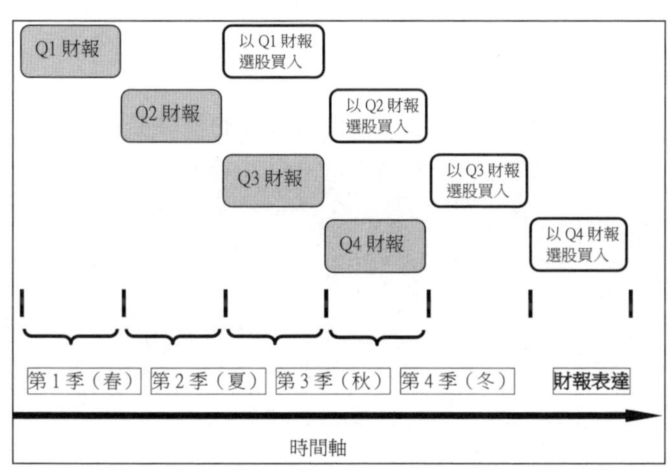

資料來源：作者整理

2-3 離線回測系統：上月底即時資料

此離線回測系統的特徵是假設依據每個月月底的已公開資訊選股，選出的股票在下個月月初交易，持有一個月，以避免先視偏差。使用的資訊以每個月月底的已公開的資訊為準，例如股價淨值比的分子股價採用每個月的月底收盤價，而分母每股淨值採用每個月月底當時已經公告的最新財報為準。

具體方法如下：

(1) 下載每月月底的最新已公開財報與股價等計算得到選股因子資料，以及下個月的股票月報酬率。
(2) 每月資料的因子使用 Excel 的 Rank 函數計算排名，再正規化到 0 至 1 之間，得到單因子評分。
(3) 再以公式計算多因子的加權評分。
(4) 最後對加權評分進行排序，選出評分最高的 10%股票。
(5) 計算依據選出的股票在下一個月的月報酬率的平均值。
(6) 依據各月的月報酬率平均值計算年化報酬率等績效指標。

三、原始數據比較法

上述三種回測方法的結果如表 2，其散布圖如圖 5 至 7。可知兩種離線回測系統的結果十分相似，判定係數達到 0.851；線上回測系統則與上月底即時資之離線回測系統較相似。

表 2 選股概念權重的實驗設計與三種回測方法的實驗結果

編號	選股概念權重組合					年化報酬率		
	大ROE概念	小PB概念	大總市值概念	小系統性風險概念	大前月報酬率概念	線上回測系統：季報公布日即時資料	離線回測系統：前二季底資料	離線回測系統：上月底即時資料
1	1	0	0	0	0	27.1	26.8	24.8
2	0	1	0	0	0	19.0	28.6	22.3
3	0	0	1	0	0	11.9	11.8	10.8
4	0	0	0	1	0	30.7	24.8	21.3
5	0	0	0	0	1	17.4	21.2	18.5
6	1／2	1／2	0	0	0	29.3	35.6	29.4
7	1／2	0	1／2	0	0	19.8	19.5	17.3

編號	選股概念權重組合					年化報酬率		
	大ROE概念	小PB概念	大總市值概念	小系統性風險概念	大前月報酬率概念	線上回測系統：季報公布日即時資料	離線回測系統：前二季底資料	離線回測系統：上月底即時資料
8	0	1／2	1／2	0	0	39.8	29.4	30.7
9	1／2	0	0	1／2	0	38.4	31.5	27.4
10	0	1／2	0	1／2	0	14.0	17.3	13.7
11	0	0	1／2	1／2	0	25.7	30.0	24.3
12	1／2	0	0	0	1／2	20.7	24.2	22.4
13	0	1／2	0	0	1／2	18.8	15.5	15.9
14	0	0	1／2	0	1／2	19.6	19.0	15.5
15	0	0	0	1／2	1／2	18.5	28.5	24.4
16	1／3	1／3	1／3	0	0	24.3	22.4	19.2
17	1／3	1／3	0	1／3	0	35.8	35.1	31.0
18	1／3	0	1／3	1／3	0	43.8	32.6	33.1
19	0	1／3	1／3	1／3	0	24.9	20.9	23.2
20	1／3	1／3	0	0	1／3	26.8	24.8	21.9
21	1／3	0	1／3	0	1／3	42.7	29.5	30.5
22	0	1／3	1／3	0	1／3	15.6	18.8	16.8
23	1／3	0	0	1／3	1／3	18.4	17.3	16.4
24	0	1／3	0	1／3	1／3	33.3	26.7	26.1
25	0	0	1／3	1／3	1／3	26.7	21.6	20.2
26	1／4	1／4	1／4	1／4	0	19.4	25.5	23.6
27	1／4	1／4	1／4	0	1／4	22.3	27.1	22.8
28	1／4	1／4	0	1／4	1／4	47.1	35.7	30.9
29	1／4	0	1／4	1／4	1／4	34.9	23.8	25.6
30	0	1／4	1／4	1／4	1／4	23.8	24.9	19.8
31	1／5	1／5	1／5	1／5	1／5	30.3	30.2	26.2

資料來源：作者整理

圖 5. 31 種加權評分選股策略的回測值之散布圖：年化報酬率線上回測 vs 離線回測（前二季底資料）

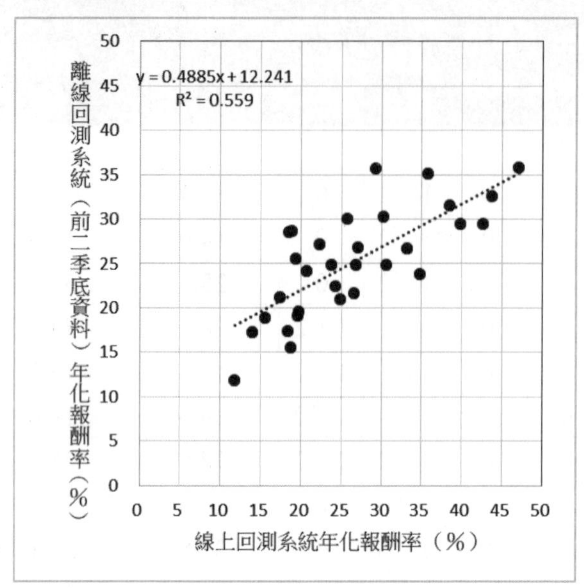

資料來源：作者整理

圖 6. 31 種加權評分選股策略的回測值之散布圖：年化報酬率線上回測 vs 離線回測（上月底即時資料）

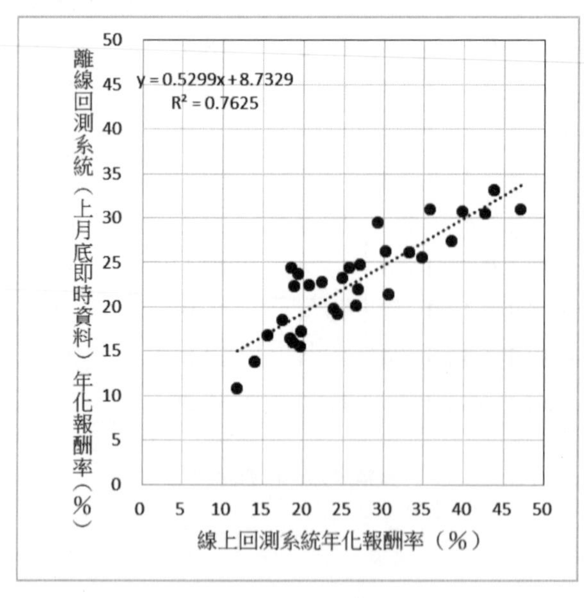

資料來源：作者整理

圖 7. 31 種加權評分選股策略的回測值之散布圖：年化報酬率離線（前二季底資料）vs 離線（上月底即時資料）

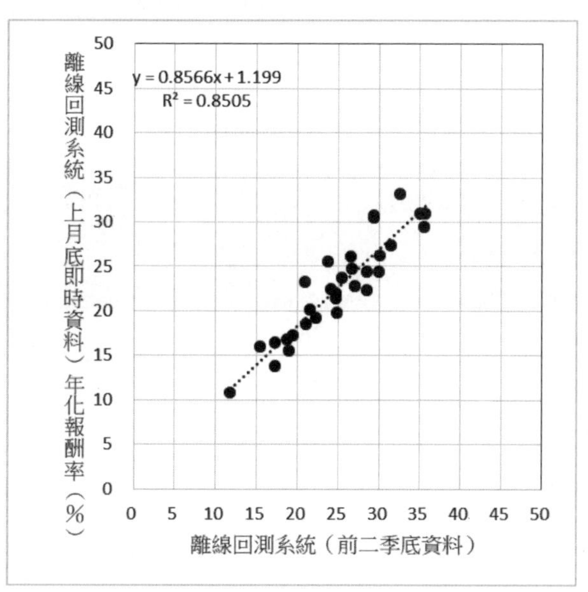

資料來源：作者整理

四、迴歸模型比較法

我們使用了二階多項式函數進行迴歸分析，建立了以因子權重預測績效指標的模型。其結果如表 3。因為有五個選股概念的權重，因此每個迴歸公式有 5 個線性項，10 個交互作用項，故有 15 個迴歸係數。

用迴歸係數判定自變數對因變數的影響之原則如下：

◎ 線性項的係數：如果線性項的係數大於線性項的係數之平均值，則此線性項的效果為正，否則為負。

◎ 二次項的係數：如果二次項的係數大於 0，代表在此邊上迴歸估計值是一個凸函數，反之，凹函數。

依據上述原則，由表 3 可知，各回測方法的結果十分相似。在線性項方面，大 ROE 概念有助於提升年化報酬率，但大總市值概念會降低年化報酬率。在二次項方面，ROE*PB，ROE*beta，ROE*R，beta*R 具有最強的正向交互作用，也就是 ROE 高的股票如果同時具有小 PB、小 beta、大慣性等特性，或者股票同時具有小 beta、大慣性特性，具有提升年化報酬率的綜效。而 PB*MV 則具有最強的負向交互作用，也就是 PB 小的股票如果同時是大型股，會有較小的年化報酬率。

表 3. 三種回測方法的迴歸模型：年化報酬率

	線上回測系統：季報公布日即時資料			離線回測系統：前二季底資料			離線回測系統：上月底即時資料		
項	迴歸係數	顯著性		迴歸係數	顯著性		迴歸係數	顯著性	
ROE	26.4			26.4			24.1		
PB	18.2			28.2			22.1		
MV	12.8			11.8			10.8		
beta	29.1			24.5			21.0		
Return	14.9			20.9			17.9		
ROE*PB	40.5	0.067	*	37.3	0.000	***	30.0	0.000	***
ROE*MV	-8.3	0.692		-0.4	0.960		-0.1	0.992	
ROE*beta	53.4	0.019	*	16.3	0.044	*	35.1	0.000	***
ROE*R	87.1	0.001	***	32.5	0.000	***	32.7	0.000	***
PB*MV	-18.3	0.386		-15.9	0.049	*	-16.0	0.007	**
PB*beta	14.3	0.496		17.1	0.035	*	11.5	0.042	*
PB*R	37.1	0.090	*	-1.0	0.894		14.8	0.012	*
MV*beta	-10.4	0.619		-11.2	0.151		1.7	0.747	
MV*R	22.7	0.285		11.5	0.142		5.1	0.346	
beta*R	19.0	0.368		21.7	0.010	**	22.1	0.001	**

資料來源：作者整理

〔註 1〕表中 ROE、PB、MV、beta、R 分別代表大 ROE 概念、小 PB 概念、大總市值概念、小系統性風險概念、大前月報酬率概念的權重。

〔註 2〕符號*代表顯著性<0.1，**代表顯著性<0.01，***代表顯著性<0.001

五、討論

值得注意的是，本研究無論哪一個回測方法，報酬率都有明顯高估的傾向。那麼回測還有意義嗎？為了探討這個問題，在此將報酬率分成三種層級（圖 8）：

◎ 實際回測報酬率：是指回測系統的得到的報酬率。
◎ 理論回測報酬率：是指回測系統的資料、方法完美無瑕下得到的報酬率。
◎ 市場操作報酬率：是指將選股策略實際應用到市場可以得到的報酬率。

這三種報酬率之間存在兩種誤差：

◎ 回測系統誤差：是指回測系統因為資料、方法的瑕疵造成之差距。
◎ 市場操作誤差：是指資料、方法無瑕疵的回測系統與市場實際操作上，因為滑價等市場因素所造成的差距。

雖然存在這兩種誤差，只要回測系統能正確估計各種風格的選股策略的報酬率之相對大小，即使絕對大小有誤差，運用報酬率相對較佳的選股策略在市場實務上，即使無法得到回測能達到的報酬率，還是能夠創造報酬相對較高的投資績效。

圖 8. 報酬率的三種層級與二種誤差

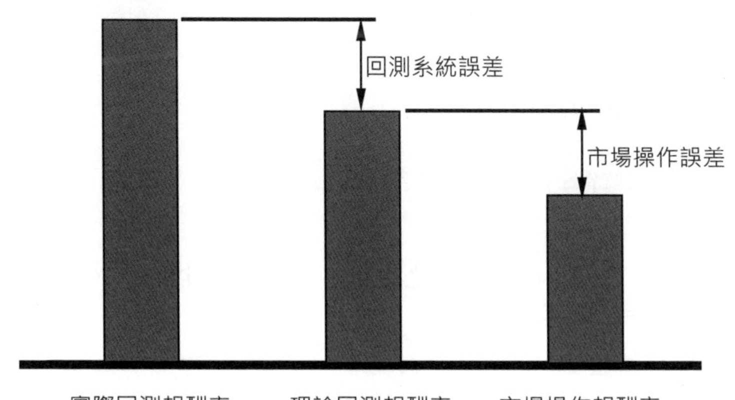

資料來源：作者整理

六、結論

回測系統可以分成線上（on line）與離線（off line）兩種。前者是黑箱模型，不易比較與驗證，且速度慢，但回測結果理論上較為精確。後者是白箱模型，易比較與驗證，且速度快，但回測結果較為粗略。本文旨在探討兩種系統的回測結果是否相似。本研究的回測系統包括

◎ 季報公布日即時資料之線上回測系統
◎ 前二季底資料之離線回測系統
◎ 上月底即時資料之離線回測系統

並以實驗計畫法有系統地回測不同風格的 31 種選股策略。其次以原始數據比較法、迴歸模型比較法探討回測系統的回測結果。研究結果顯示，這三種回測方法的結果高度相似。因此在回測時，可利用離線回測系統速度快的優勢，先進行的大規模的選股模型的回測，再針對有潛力的模型以較精確但速度較慢的線上回測系統進行驗證。這樣的作法可以融合線上、離線這兩種回測系統的優點，避開其缺點。本書的回測即採用這種混合策略。

附錄 E
加權評分法：3 階模型之建構與優化

一、模型建構與分析

配方實驗的迴歸分析公式通式為

$$E(y) = \sum_{i=1}^{q}\beta_i x_i + \sum_{i<j}^{q}\sum\beta_{ij}x_i x_j + \sum_{i<j<k}^{q}\sum\sum\beta_{ijk}x_i x_j x_k + \cdots + \beta_{12\cdots q}x_1 x_2 \cdots x_q$$

二階迴歸分析公式為

$$E(y) = \sum_{i=1}^{q}\beta_i x_i + \sum_{i<j}^{q}\sum\beta_{ij}x_i x_j$$

三階迴歸分析公式為

$$E(y) = \sum_{i=1}^{q}\beta_i x_i + \sum_{i<j}^{q}\sum\beta_{ij}x_i x_j + \sum_{i<j<k}^{q}\sum\sum\beta_{ijk}x_i x_j x_k$$

例如三個成份時的三階公式如下：

$$E(y) = \beta_1 x_1 + \beta_2 x_2 + \beta_3 x_3 + \beta_{12}x_1x_2 + \beta_{13}x_1x_3 + \beta_{23}x_2x_3 + \beta_{123}x_1x_2x_3$$

第 13 章使用二階迴歸分析，相同的數據改用三階迴歸分析會較準確嗎？由於三階迴歸分析得項次太多，採用逐步迴歸分析，結果如表 1 與表 2。表 1 比較了預測模型的樣本內與樣本外之調整後的判定係數（代表可解釋的變異比例），可知月系統性風險（β）、總市值預測模型的樣本內與樣本外之模型解釋能力相近。雖然月超額報酬率（α）的樣本外模型解釋能力比樣本內低了不少，但其調整後的判定係數仍然高達 76.4%，這顯示月超額報酬率 α 預測模型的樣本外之模型解釋能力仍然相當高。但值得注意的是三階迴歸與二階迴歸相較，在樣本外的預測能力並未提高，甚至在月系統性風險（β）還降低。表 2 為選股概念權重與投組績效之迴歸模型的迴歸係數，可見三階迴歸模型中確實有一些三階項在逐步迴歸分析中存活下來。對月超額報酬率（α）最顯著的三階項為 PB*ROE*R。

表 1 預測模型的樣本內與樣本外之調整後的判定係數

期間	月超額報酬率（α）（%）	月系統性風險（β）	總市值（億元）
1997 年至 2008 年期間（樣本內）	98.1%	56.9%	95.4%
2009 年至 2015 年期間（樣本外）	76.4%	31.9%	94.2%

資料來源：作者整理

表 2 選股概念權重與投組績效之迴歸模型的迴歸係數

迴歸模型的項	月超額報酬率（α）（%）		月系統性風險（β）		總市值（億元）中位數之自然對數	
	係數	顯著性	係數	顯著性	係數	顯著性
PB	1.088		0.900		3.348	
ROE	1.077		0.874		3.980	
R	0.479		1.121		3.908	
beta	0.706		0.777		3.509	
MV	0.324		0.588		6.616	
PB * ROE	0.782	0.001*	—	—	—	—
PB * R	1.318	0.000*	—	—	—	—
PB * beta	1.387	0.000*	—	—	-3.494	0.000*
PB * MV	-0.552	0.012*	—	—	—	—
ROE * R	1.021	0.000*	—	—	—	—
ROE * beta	1.787	0.000*	—	—	—	—
ROE * MV	—	—	—	—	3.370	0.000*
R * beta	1.486	0.000*	—	—	—	—
R * MV	—	—	—	—	2.613	0.005*
beta * MV	0.922	0.000*	—	—	—	—
PB * ROE * R	5.994	0.000*	—	—	—	—
PB * ROE * beta	—	—	—	—	—	—
PB * ROE * MV	3.615	0.010*	—	—	—	—
PB * R * beta	—	—	-8.020	0.009*	—	—
PB * beta * MV	—	—	—	—	14.81	0.012*
PB * R * MV	-2.922	0.031*	—	—	—	—
ROE * R * beta	—	—	-4.223	0.146		
ROE * R * MV	-1.912	0.118	—	—	—	—

迴歸模型的項	月超額報酬率（α）（%）		月系統性風險（β）		總市值（億元）中位數之自然對數	
	係數	顯著性	係數	顯著性	係數	顯著性
ROE * beta * MV	—	—	-8.288	0.007	—	—
R * beta * MV	-4.136	0.004	—	—	-9.468	0.095

註：顯著性加*號者代表通過 5%的顯著水準。

資料來源：作者整理

各績效指標的配方等高線圖如圖 1 至圖 3（方法同第 13 章不再贅述）。可見（上述各圖中的三角形的編號由左而右，再從上而下）

❒ 超額報酬率（α）

交互作用高，所有因子都有影響。第 1 張圖顯示，三角形內部顏色較深，表示超額報酬率較高，且形狀不是單純的橢圓形，代表三角形的三個角落的因子具有三階交互作用，對照表 2，PB * ROE * R 確實是最顯著的三階交互作用。

❒ 系統性風險（β）

交互作用比 α 低。小 beta, 大市值是主要因子。第 4、7、9 張圖顯示，三角形內部顏色較淡，表示系統性風險較低，且形狀不是單純的橢圓形，代表三角形的三個角落的因子具有三階交互作用，對照表 2，完全吻合。

❒ 總市值

交互作用低，大市值是主要因子。

圖 1 選股概念權重與投組績效之等高線圖：月超額報酬率（α）（%）

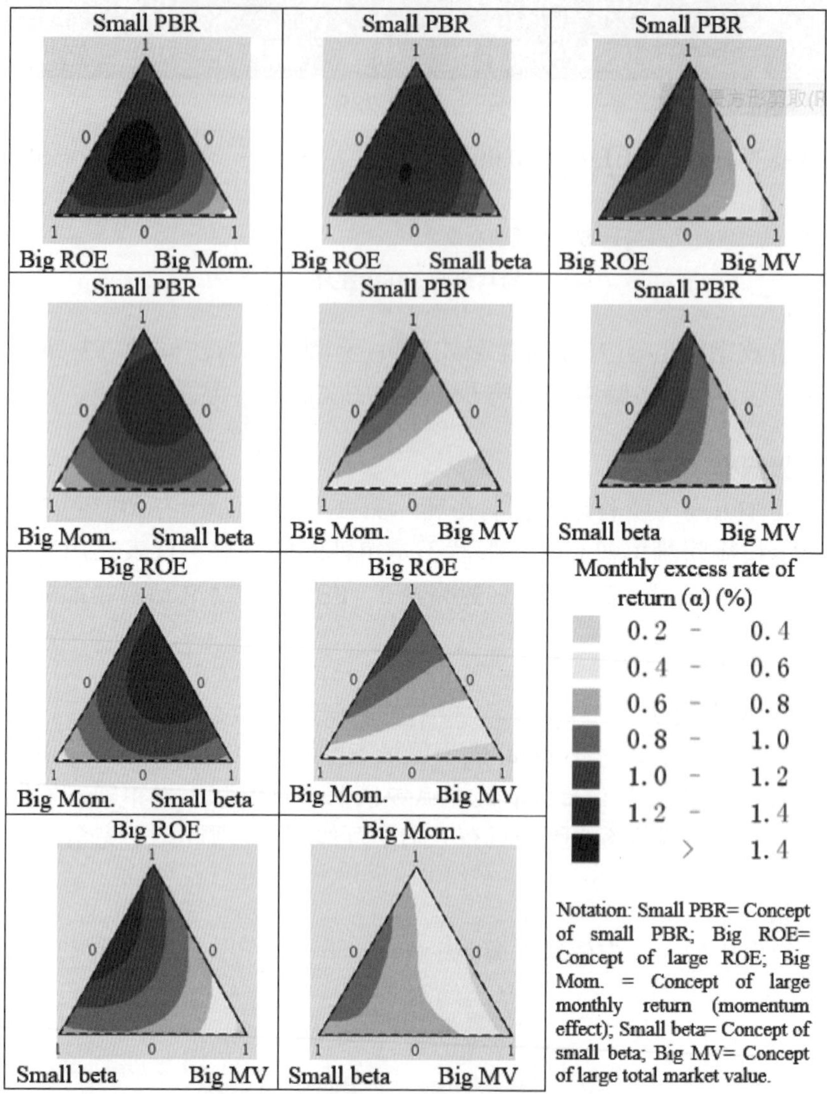

資料來源：作者整理

圖 2 選股概念權重與投組績效之等高線圖：月系統性風險（β）

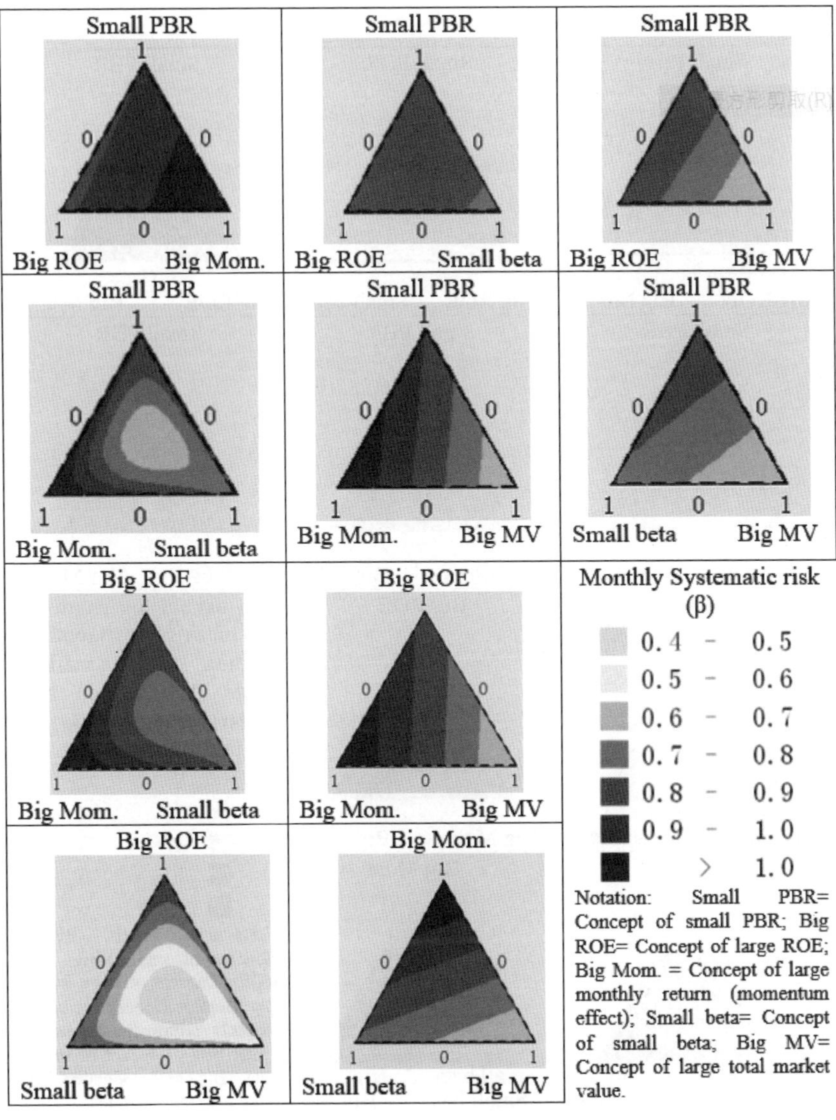

Notation: Small PBR= Concept of small PBR; Big ROE= Concept of large ROE; Big Mom. = Concept of large monthly return (momentum effect); Small beta= Concept of small beta; Big MV= Concept of large total market value.

資料來源：作者整理

圖 3 選股概念權重與投組績效之等高線圖：總市值（億元）中位數之平均值之自然對數

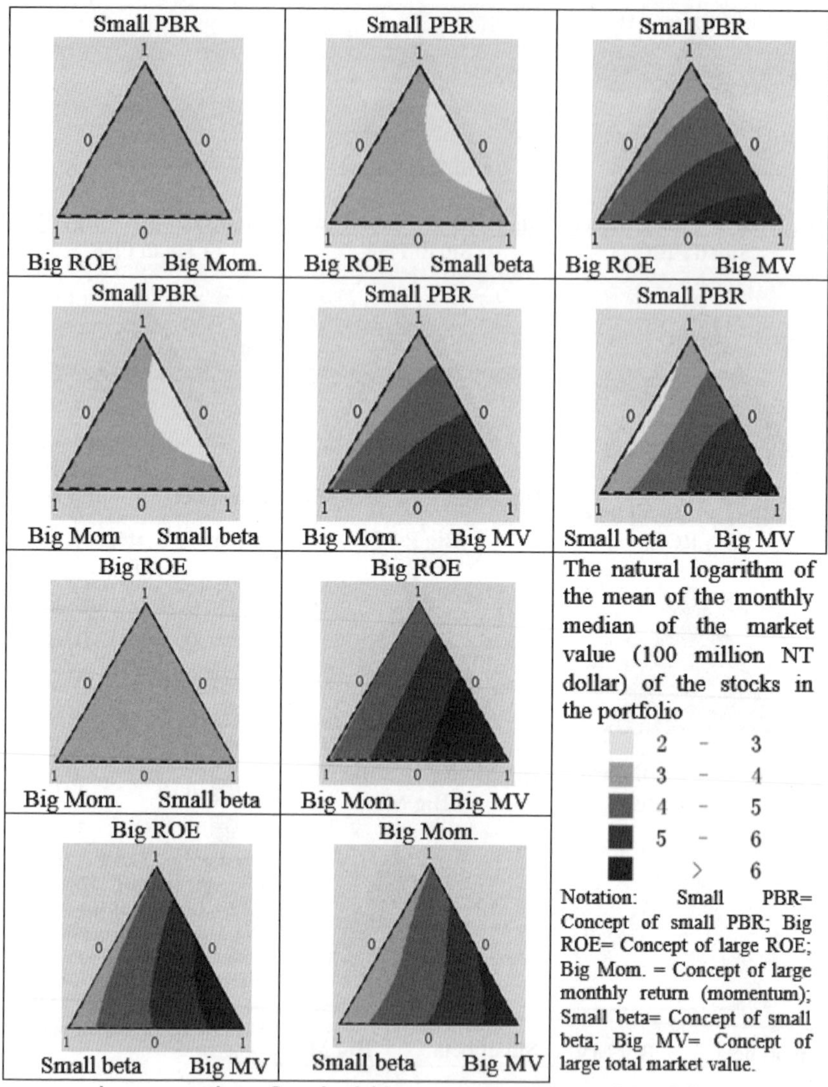

資料來源：作者整理

二、權重優化與驗證

方法同第 13 章不再贅述。

2-1 風險限制下的報酬率最大化

結果如圖 4。可見風險限制寬鬆時，以 ROE, P／B, R 選股。風險限制嚴格時，以 MV, ROE, beta 選股。在三階模型中，回測時 PB-ROE-R 三因子報酬的表現很好，在最佳化中也是如此。

圖 5 圓黑點為 31 個實驗設計的權重組合，在建模期（1997 至 2008 年）之投資組合的回測績效。左上方曲線是最佳化權重用建模期迴歸公式的「預測值」連成的風險-報酬關係曲線。顯示基於三階模型的最佳化績效，比二階模型更能產生更佳的綜效前緣。

為了驗證以基於建模期（1997 至 2008 年）的樣本建構的預測模型之最佳化產生的權重組合，是否也適用於測試期（2009 至 2015 年）的股市，將這些最佳化的權重在測試期進行回測。圖 6 顯示基於三階模型的最佳化績效，比二階模型更能達到左上方：代表更低風險、更高報酬的投資績效。

圖 4 月系統性風險（β）限制下的報酬率最大化之選股概念權重

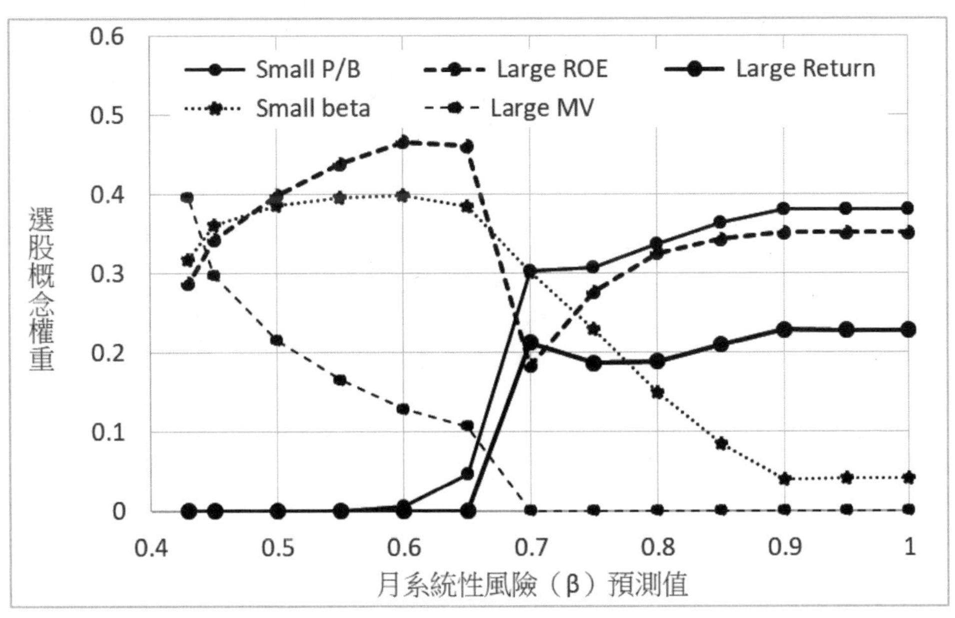

資料來源：作者整理

圖 5 月系統性風險（β）限制下的報酬率最大化之風險-報酬關係：建模期

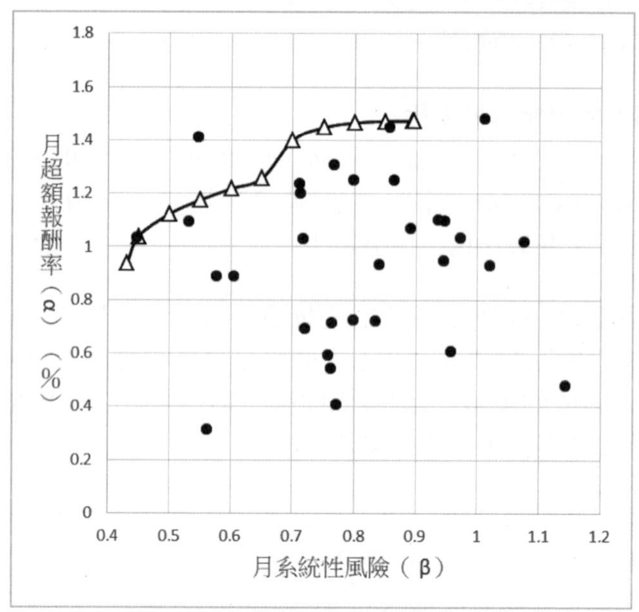

資料來源：作者整理

圖 6 月系統性風險（β）限制下的報酬率最大化之風險－報酬關係：測試期

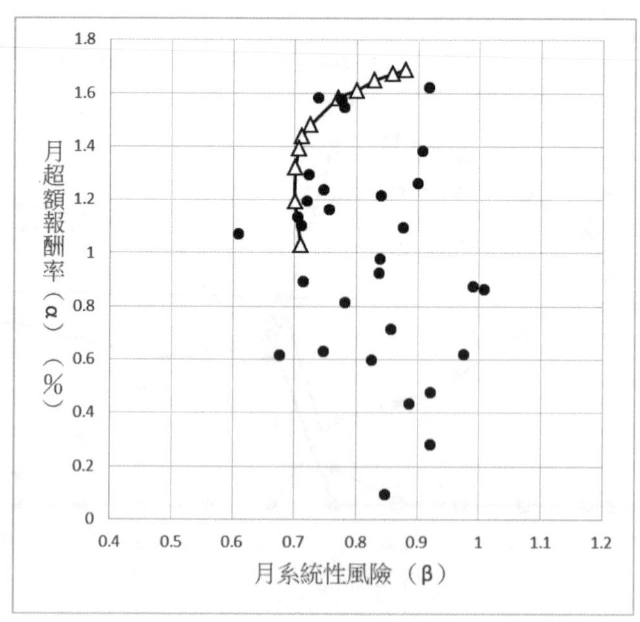

資料來源：作者整理

2-2 總市值限制下的報酬率最大化

結果如圖 7。可見市值限制寬鬆時，以 ROE、P／B、R 選股。市值限制嚴格時，以 MV、ROE 選股。

圖 8 圓黑點為 31 個實驗設計的權重組合，在建模期（1997 至 2008 年） 之投資組合的回測績效。右上方曲線是最佳化權重用建模期迴歸公式的「預測值」連成的總市值－報酬關係曲線。可見最佳化模型產生的權重組合構成的投組，其總市值－報酬連成的曲線接近所有 31 個實驗設計的投資組合的總市值－報酬表現的右上方，構成一個總市值－報酬的效率邊緣，與預期一致。

為了驗證以基於建模期（1997 至 2008 年）的樣本建構的預測模型之最佳化產生的權重組合，是否也適用於測試期（2009 至 2015 年）的股市，將這些最佳化的權重在測試期進行回測。圖 9 顯示此曲線接近所有 31 個實驗設計的投資組合的總市值-報酬表現的右上方邊緣，構成一個總市值－報酬的效率邊緣。

圖 7 總市值限制下的報酬率最大化之選股概念權重

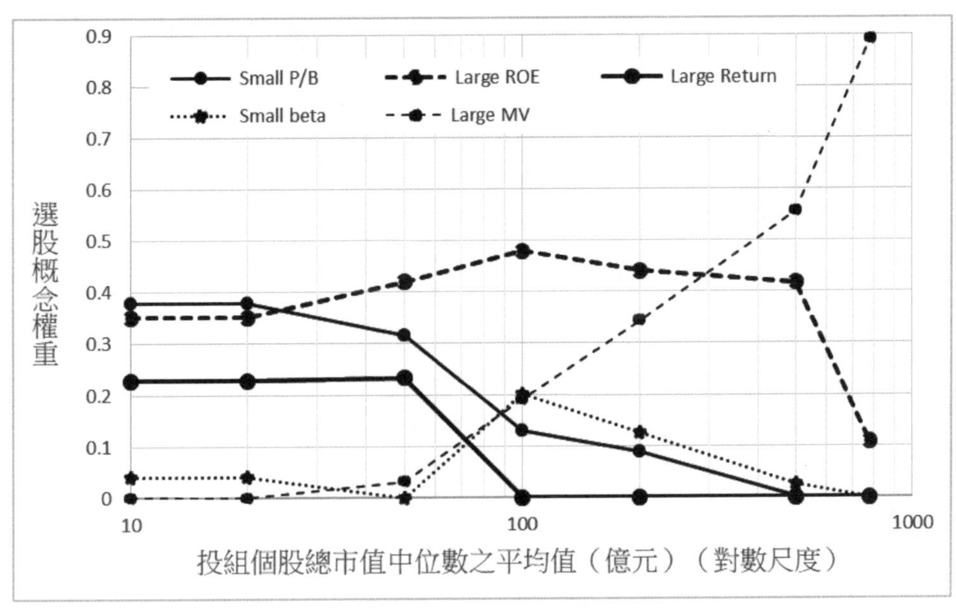

資料來源：作者整理

附錄

圖 8 總市值限制下的報酬率最大化之總市值-報酬關係：建模期

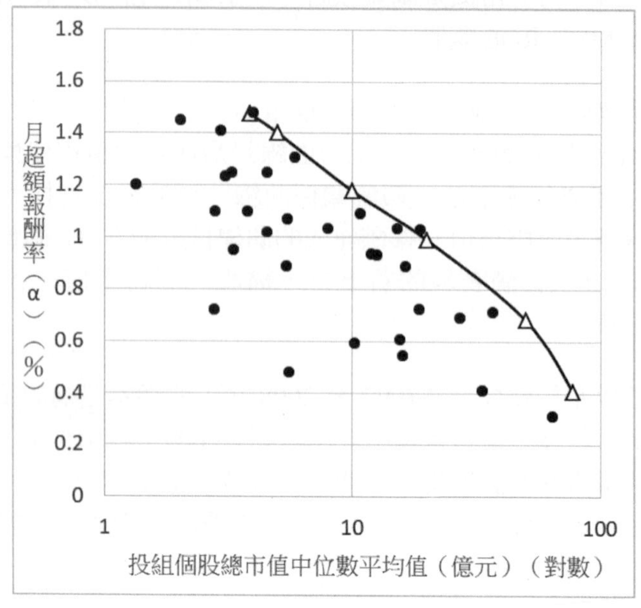

資料來源：作者整理

圖 9 總市值限制下的報酬率最大化之總市值-報酬關係：測試期

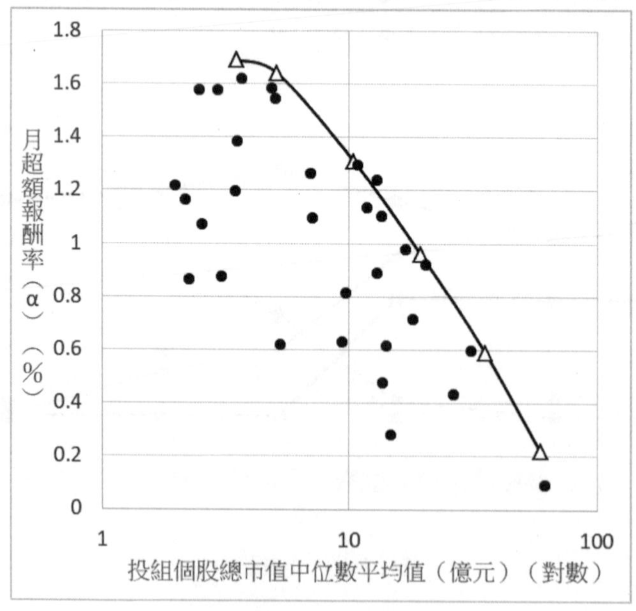

資料來源：作者整理

三、對投資人的啟發：3 階模型比 2 階模型精確

二階迴歸與三階迴歸的選股因子比較如表 3。本章對投資人的啟發如下：

1. 三階迴歸與二階迴歸的預測模型相似，雖然樣本內數據更為精確，但樣本外數據並未更準確。
2. 三階迴歸與二階迴歸的最佳化結果相似，但略有不同。主要差異是在風險或市值的限制寬鬆下，慣性因子 R 的重要性超越風險因子 beta。三階模型的最佳化結果更吻合回測的慣性因子是重要選股因子的預期。

表 3 二階迴歸與三階迴歸的選股因子比較

模式	限制	二階迴歸	三階迴歸
系統性風險限制	寬鬆	以 ROE, P／B, beta 選股	以 ROE, P／B, R, beta 選股
	嚴格	以 MV, ROE 選股	以 MV, ROE, beta 選股
總市值限制	寬鬆	以 ROE, P／B, beta 選股	以 ROE, P／B, R, beta 選股
	嚴格	以 MV, ROE 股	以 MV, ROE 選股

資料來源：作者整理

附錄 F
財報選股實戰交易紀錄
2020 年 Q4 至 2023 年 Q1

A 持有期（2021 年 3 月 29 日至 2021 年 5 月 14 日）的交易紀錄

	支	股票代號
上期	0	
賣出	0	
保留	0	
買入	14	9945 2823 1312 4930 1109 2357 1604 2204 6116 1907 6005 4306 1467 1313
持股	14	9945 2823 1312 4930 1109 2357 1604 2204 6116 1907 6005 4306 1467 1313

B 持有期（2021 年 5 月 14 日至 2021 年 8 月 13 日）的交易紀錄

	支	股票代號
上期	14	9945 2823 1312 4930 1109 2357 1604 2204 6116 1907 6005 4306 1467 1313
賣出	4	4930 1604 1907 1467
保留	10	9945 2823 1312 1109 2357 2204 6116 6005 4306 1313
買入	7	2511 6020 4716 1417 1452 2430 1455
持股	17	9945 2823 1312 1109 2357 2204 6116 6005 4306 1313 2511 6020 4716 1417 1452 2430 1455

C 持有期（2021 年 8 月 15 日至 2021 年 11 月 12 日）的交易紀錄

	支	股票代號
上期	17	9945 2823 1312 1109 2357 2204 6116 6005 4306 1313 2511 6020 4716 1417 1452 2430 1455
賣出	11	2823 1109 2357 6116 6005 4306 1313 4716 1417 1452 1455
保留	6	9945 1312 2204 2511 6020 2430
買入	4	2915 4746 3036 1605
持股	10	9945 1312 2204 2511 6020 2430 2915 4746 3036 1605

D 持有期（2021 年 11 月 14 日至 2022 年 3 月 30 日）的交易紀錄

	支	股票代號
上期	10	9945 1312 2204 2511 6020 2430 2915 4746 3036 1605
賣出	5	2204 2511 6020 2430 4746
保留	5	9945 1312 2915 3036 1605
買入	3	3706 5469 6191
持股	8	9945 1312 2915 3036 1605 3706 5469 6191

E 持有期（2022 年 3 月 30 日至 2022 年 5 月 13 日）的交易紀錄

	支	股票代號
上期	8	9945 1312 2915 3036 1605 3706 5469 6191
賣出	7	9945 1312 2915 3036 3706 5469 6191
保留	1	1605
買入	12	2515 2104 2545 1612 1802 2430 2332 4938 6269 1109 3211 9927
持股	13	1605 2515 2104 2545 1612 1802 2430 2332 4938 6269 1109 3211 9927

F 持有期（2022 年 5 月 15 日至 2022 年 8 月 12 日）的交易紀錄

	支	股票代號
上期	13	1605 2515 2104 2545 1612 1802 2430 2332 4938 6269 1109 3211 9927
賣出	11	2515 2104 1612 1802 2430 2332 4938 6269 1109 3211 9927
保留	2	1605 2545
買入	12	2201 1451 6605 8213 2204 6147 2641 2362 6223 2449 1104 8942
持股	14	1605 2545 2201 1451 6605 8213 2204 6147 2641 2362 6223 2449 1104 8942

G 持有期（2022 年 8 月 14 日至 2022 年 11 月 11 日）的交易紀錄

	支	股票代號
上期	14	1605 2545 2201 1451 6605 8213 2204 6147 2641 2362 6223 2449 1104 8942
賣出	7	1605 2201 6605 2204 2362 1104 8942
保留	7	2545 1451 8213 6147 2641 6223 2449
買入	8	3231 2363 2062 2030 2337 2027 8936 3056
持股	15	2545 1451 8213 6147 2641 6223 2449 3231 2363 2062 2030 2337 2027 8936 3056

H 持有期（2022 年 11 月 13 日至 2023 年 3 月 27 日）的交易紀錄

	支	股票代號
上期	15	2545 1451 8213 6147 2641 6223 2449 3231 2363 2062 2030 2337 2027 8936 3056
賣出	7	2545 1451 2363 2062 2030 2027 8936
保留	8	8213 6147 2641 6223 2449 3231 2337 3056
買入	6	3706 5469 2387 6191 1605 3679
持股	14	8213 6147 2641 6223 2449 3231 2337 3056 3706 5469 2387 6191 1605 3679

I 持有期（2023 年 3 月 27 日至 2023 年 5 月 12 日）的交易紀錄

	支	股票代號
上期	14	8213 6147 2641 6223 2449 3231 2337 3056 3706 5469 2387 6191 1605 3679
賣出	4	2337 3706 1605 3679
保留	10	8213 6147 2641 6223 2449 3231 3056 5469 2387 6191
買入	1	6139
持股	11	8213 6147 2641 6223 2449 3231 3056 5469 2387 6191 6139

J 持有期（2023 年 5 月 14 日至 2023 年 7 月 7 日）（截稿時本期尚未結束）的交易紀錄

	支	股票代號
上期	11	8213 6147 2641 6223 2449 3231 3056 5469 2387 6191 6139
賣出	8	8213 6147 2641 6223 2449 3056 5469 2387
保留	3	3231 6191 6139
買入	6	1525 4766 4123 2211 2393 2362
持股	9	3231 6191 6139 1525 4766 4123 2211 2393 2362

附錄 G 基於成長價值模型（GVM）之「統一價值成長 ETN （020018）」

統一價值成長 30N 是一個採用本書「成長價值模型」建構的因子投資 ETF。成立以來績效比較如圖 1 與表 1。統一價值成長 30N 年化報酬率 18.7%，遠高於同期的元大台灣 50 的 6.1%。

圖 1 累積資金比較（2020 年 8 月 1 日至 2023 年 5 月 19 日，2.8 年）

資料來源：作者整理

表 1 績效比較（2020 年 8 月 1 日至 2023 年 5 月 19 日, 共 2.8 年）

金融商品	累積報酬率	年化報酬率
統一價值成長 30N	61.5%	18.7%
元大台灣 50	18.0%	6.1%

資料來源：作者整理

參考文獻

第 3 章 因子兵團圍攻效率市場城堡

Bonne, G., Roisenberg, L., Kouzmenko, R., & Zangari, P. （2020）. MSCI integrated factor crowding model.

Eugene, F., & French, K. （1992）. The cross-section of expected stock returns. *Journal of Finance*, 47（2）, 427-465.

Fama, E. F., & French, K. R. （2015）. A five-factor asset pricing model. *Journal of financial economics*, 116（1）, 1-22.

Fama, E. F., & French, K. R. （2016）. Dissecting anomalies with a five-factor model. *The Review of Financial Studies*, 29（1）, 69-103.

Fama, E. F., & French, K. R. （2017）. International tests of a five-factor asset pricing model. *Journal of financial Economics*, 123（3）, 441-463.

Hou, K., Xue, C., & Zhang, L. （2020）. Replicating anomalies. *The Review of financial studies, 33*（5）, 2019-2133.

Jenna Ross （2020）. Unlocking the Return Potential in Factor Investing, https://www.visualcapitalist.com/factor-investing/

Nakagawa, K., Ito, T., Abe, M., & Izumi, K. （2019）. Deep recurrent factor model: interpretable non-linear and time-varying multi-factor model. arXiv preprint arXiv:1901.11493.

Novy-Marx, R., & Velikov, M. （2016）. A taxonomy of anomalies and their trading costs. *The Review of Financial Studies, 29*（1）, 104-147.

第 4 章 複製巴菲特的報酬異常

Asness, C. S., Frazzini, A., & Pedersen, L. H. （2019）. Quality minus junk. *Review of Accounting Studies*, 24（1）, 34-112.

Frazzini, A., Kabiller, D., & Pedersen, L. H. （2013）. Buffett's alpha. （No. w19681）. *National Bureau of Economic Research.*

Frazzini, A. and L. H. Pedersen （2014）, Betting Against Beta. *Journal of Financial Economics*, Vol. 111, No. 1, 1-25.

Otuteye, E., & Siddiquee, M. （2019）. Buffett' s alpha: further explanations from a behavioral value investing perspective. *Financial Markets and Portfolio Management*, 33（4）, 471-490.

第 5 章 現在價值與未來價值合一

Kong, D., Lin, C. P., Yeh, I. C., & Chang, W. （2019）. Building growth and value hybrid valuation model with errors-in-variables regression. *Applied economics letters, 26*（5）, 370-386.

Yeh, I. C., & Hsu, T. K.（2011）. Growth value two-factor model. *Journal of Asset Management, 11*, 435-451.

Yeh, I. C., & Lien, C. H. （2017）. Growth and value hybrid valuation model based on mean reversion. *Applied Economics, 49*（50）, 5092-5116.

Yeh, I. C. （2023）. Comparisons of Residual Income Model and Growth Value Model, *Applied Economics incorporating Applied Economics.* DOI:10.1080/00036846.2023.2176448

第 8 章 價值因子與獲利因子的股票報酬率歷程完全不同

iu, Y. C., & Yeh, I. C. （2014）. Which drives abnormal returns, over-or under-reaction? Studies applying longitudinal analysis. *Applied Economics, 46*（26）, 3224-3235.

C., & Hsu, T. K. （2014）. Exploring the dynamic model of the returns value stocks and growth stocks using time series mining. *Expert s with Applications, 41*（17）, 7730-7743.

第 10 章 走進選股因子的虛擬實境，探索報酬率

Yeh, I. C., Liu, YC. （2023）. Exploring the growth value equity valuation model with data visualization. *Financial Innovation*, https://doi.org/10.1186/s40854-022-00400-2

第 13 章 因子兵團展開陣勢

Liu, Y. C., & Yeh, I. C. （2017）. Using mixture design and neural networks to build stock selection decision support systems. *Neural Computing and Applications*, *28*, 521-535.

Yeh, I. C., & Liu, Y. C. （2020）. Discovering optimal weights in weighted-scoring stock-picking models: a mixture design approach. *Financial Innovation*, *6*（1）, 1-28.

第 14 章 往高報酬開疆闢土

Yeh, I. C. （2023）. Synergy frontier of multi-factor stock selection model. *OPSEARCH*, *60*（1）, 445-480.

第 17 章 機動調整選股風格，擴大戰果

Yeh, I. C., & Lien, C. H. （2022）. Multi-factor style rotation–an empirical study in the US stock market. *Applied Economics Letters*, DOI:10.1080/13504851.2022.2136354

台灣廣廈國際出版集團
Taiwan Mansion International Group

國家圖書館出版品預行編目（CIP）資料

台股安穩因子投資法：每年花 8 小時，報酬近 20%，天天睡得著的股票投資法 / 葉怡成著. -- 初版. -- 新北市：財經傳訊出版社, 2023.12
面；　公分（view；66）
ISBN 978-626-7197-42-4(平裝)
1.CST: 股票投資 2.CST: 投資技術 3.CST: 投資分析

563.5　　112017545

財經傳訊
TIME & MONEY

台股安穩因子投資法

每年花 8 小時，報酬近 20%，天天睡得著的股票投資法

作　　者／葉怡成
編輯中心／第五編輯室
編 輯 長／方宗廉
封面設計／張天薪．**內頁排版**／菩薩蠻數位文化有限公司
製版．印刷．裝訂／東豪．承傑、紘億．秉成

行企研發中心總監／陳冠蒨
線上學習中心總監／陳冠蒨
媒體公關組／陳柔彣
數位營運組／顏佑婷
綜合業務組／何欣穎
企製開發組／江季珊

發 行 人／江媛珍
法律顧問／第一國際法律事務所 余淑杏律師．北辰著作權事務所 蕭雄淋律師
出　　版／財經傳訊
發　　行／台灣廣廈有聲圖書有限公司
地址：新北市235中和區中山路二段359巷7號2樓
電話：（886）2-2225-5777．傳真：（886）2-2225-8052

代理印務．全球總經銷／知遠文化事業有限公司
地址：新北市222深坑區北深路三段155巷25號5樓
電話：（886）2-2664-8800．傳真：（886）2-2664-8801
郵政劃撥／劃撥帳號：18836722
劃撥戶名：知遠文化事業有限公司（※單次購書金額未達1000元，請另付70元郵資。）

■出版日期：2023年12月
ISBN：978-626-7197-42-4